U0904358

2014

中国农垦统计年鉴

CHINA STATE FARMS STATISTICAL YEARBOOK

中华人民共和国农业部农垦局　编

中国农业出版社

《2014中国农垦统计年鉴》编辑委员会

2014 ZHONGGUO NONGKEN TONGJI NIANJIAN BIANJI WEIYUANHUI

《2014中国农垦统计年鉴》编辑人员

2014 ZHONGGUO NONGKEN TONGJI NIANJIAN BIANJI RENYUAN

主　　编：叶长江

副 主 编：曲晓飞　胡玉玲　王　生　程维歧

编辑人员：（按垦区顺序排列）

吴家雄　张　维　杜丽岩　高保萍　吕　红　刘淑惠　曹泽红

刘　洲　李忠义　端　静　郑迎春　闫崔峰　张敏志　万燕燕

张同政　李光辉　汪才清　罗超意　刘鸿飞　韦汉东　谭家史

马晓玲　徐　东　王　犁　周　力　于智勇　涂卫东　白永录

蒋　玲　陈　宁　赵海涛　闫香国　欧春莹　谭　华　姜丹丹

拉　巴　王晓宇　赵喜君　王　峰　崔新民　陆雅丽

数据处理：胡玉玲　程维歧

审　　核：胡玉玲

光明食品(集团)有限公司

BRIGHT FOODS (GROUP) CO., LTD.

企业愿景

核心主业突出、行业领先，市场有竞争力、品牌有影响力、职工有凝聚力的综合食品跨国集团。

企业使命

安全、优质、健康食品的模范供应商，上海城市主副食品的主要承担者，全球布局、跨国经营的中国食品领军品牌。

企业精神

自强不息、开拓创新、凝聚众力、追求卓越。

核心价值观

激情、创业、诚信、勤俭、包容。

“8+2”产业结构

乳业、糖业、肉业、粮油、蔬菜、现代农业、品牌食品、分销零售、地产物流、金融服务。

“12550888500”战略目标

上海市5～8家本土化跨国公司之一，国际化经营指数达到25%，资产证券化率达到50%，核心业务收入、主营业务利润、混合经济比重分别达到80%，自然进入世界500强。

砥砺进取铸辉煌

中国热带

农业部部长韩长赋、副部长余欣荣、中国农业科学院党组书记陈萌山一行在热科院调研

与南京农业大学开展合作

中国热带农业科学院是国家级热带农业科研机构，其前身是1954年在广州成立的华南热带林业科学研究所。61年来，该院致力热带农业科研，在培育引进热区农业新品种、促进我国热区现代农业发展、保障国家天然橡胶和特色农产品有效供给等方面取得了巨大科技成就，为热区创造了巨大的经济价值。

在61年发展历程中，中国热带农业科学院研发集成了一大批产业关键技术，在海南、广东、广西、云南等9省、自治区催生了一大批特色热带农业新兴产业，获得授权专利500多项，取得了近50项国家级科技奖励成果和1 000多项部省级科技奖励成果，极大地推动了天然橡胶等重要热带经济作物、南繁种业、热带粮食作物、热带冬季瓜菜、热带畜牧、热带海洋生物资源研究领域发展，使我国热作产业从无到有、从弱到强，为保障国家天然橡胶战略物资安全和热带农产品有效供给、促进热区农民持续增收做出了突出贡献。

在天然橡胶产业支撑方面，中国热带农业科学院打破了国际橡胶界公认的“北纬17°以上是植胶禁区”论断，创造了在北纬18°～24°大面积种植橡胶树的世界奇迹，并提前30年实现了橡胶树种植

研发出菠萝叶纤维系列科技产品

与攀枝花市合作推广种植芒果新品种，在当地形成支柱产业

香蕉标准化生产示范园

在广西武鸣大

耕耘热土再奋发

农业科学院

材料良种化，天然橡胶行业95%以上的技术、75%的相关国家标准和行业标准由中国热带农业科学院制定，推动了我国橡胶种植业的3次产业升级。

中国热带农业科学院还率先完成世界首张木薯全基因组测序与光合产物高效运输与积累模型，选育木薯12个高产优质华南系列新品种，直接推动形成了年产值达100亿元的生物能源朝阳产业；选育了系列芒果优良新品种，促进了我国晚熟芒果优势产业带的建立；推广胡椒、咖啡、可可、剑麻集约化生产技术，使我国这四大作物的单产位居世界先进水平；攻克了油棕组培苗的关键技术，可望大规模种植；创新香草兰人工授粉方法，研发相关科技产品8大类80多种，成果转化率达90%以上，转化直接经济效益近5亿元，带动社会经济效益超过50亿元……

中国热带农业科学院不仅重视科研研发，还重视科研成果的转化和输出，热带农业科技“走出去”为国家科技外交屡立新功。中国热带农业科学院先后与16个国际科技组织、30多个国家和地区建立学术交流和合作研究关系，建立了FAO热带农业研究培训参考中心、国际科技合作基地等11个国际合作平台，承担了100多项国际合作项目。中国热带农业科学院以项目为桥梁，把科技的种子播撒到了90多个国家，极大地提高了我国热作产业的国际影响力和竞争力。

油棕育种研究取得重大突破

新一代橡胶木综合利用技术

在垦区推广橡胶割胶新技术

积推广木薯新品种　脱毒甘蔗种苗生产示范基地　南繁试验基地　在援刚果（布）农业技术示范中心培训当地学员

大兴安

局 长 刘仁刚

大兴安岭垦区位于内蒙古呼伦贝尔市东部，分布在鄂伦春和莫力达瓦达斡尔两旗境内，事业区总面积为1 904万亩，是一个以农牧业为基础，集工、商、贸等多元产业发展的大型现代企业集团。该垦区为农业部五家直供垦区之一，呼伦贝尔市重点打造农牧业产业化骨干企业，全国百家无公害农产品垦区之一，全国农垦农机标准化示范垦区之一，中德两国农业现代化示范项目的首家合作垦区。

垦区始建于1960年，50多年来累计生产优质商品粮50多亿千克，为国家经济建设和边疆稳定做出了重要贡献。垦区自然生态环境良好，远离工业污染，是少有的一片净土。2014年总播种面积221.1万亩，总人口6.7万人。全年实现销售收入42.7亿元，生产总值16.9亿元，人均纯收入16 097元/（人·年），职均收入55 386元/（人·年），粮食总产量5.4亿千克，牧业年度牲畜存栏30.7万头（只）。

德方专家看苗情

自治区主席巴特尔（左二）视察垦区

玉米航化

局领导在基层调研

全国百家无公害示范基地

现代化大农业快速崛起

玉米播种面积从2010年不足万亩在四年时间增至45万亩；建立了现代化农业信息系统、农机作业GPS导航定位系统；推进100万亩有机、绿色食品认证、自治区第十六大扬程灌区甘河节水农业项目和农业部玉米物联网项目；投资1.48亿元购入各类大中型耕、种、收农机具175台套；

农机展示

中德示范场机车展示

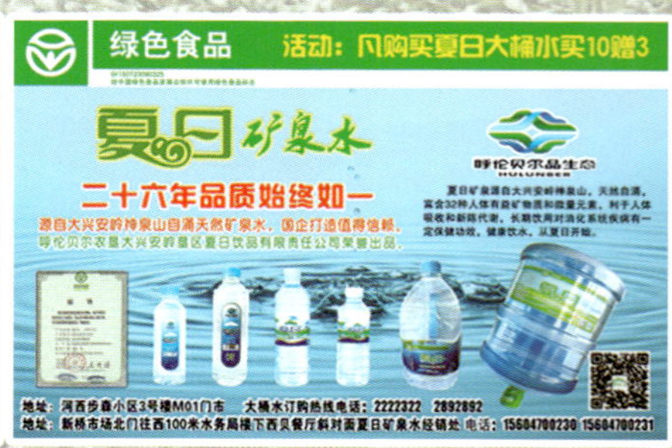

自治区名牌产品夏日矿泉水

岭农垦

党委书记　邸　发

创新四种耕地经营模式；基本形成了一套中国北方高寒半干旱地区玉米、大豆高效栽培模式。

农区畜牧业方兴未艾

坚持全局一品发展肉羊，通过贷款扶持使肉羊存栏达到30.68万只。积极探索创新形成了畜牧业"六统一"养殖模式，建成肉牛、肉羊、生猪标准化养殖小区145栋；"12364"肉羊养殖模式深入人心；购置打捆机、搂草机、打茬机等牧业机械，使玉米秸秆得到循环利用，实现了过腹增值。

产业布局已见雏形

发展全局一品肉羊产业，形成了"龙头加基地、基地带农户"的良性发展格局；累计建成粮仓31.8万吨、烘干塔15座；夏日矿泉水实现提档升级，进一步扩大产能和销量；与各大企业加强在农机设备、生资、建材、石油等流通领域的合作；盛产的小麦、芸豆、玉米、肉牛、肉羊等绿色、有机、无公害农畜产品畅销市场；"雪松"牌绿色食品大豆、"夏日"牌矿泉水、"兴安绿源"牌大豆系列产品和肉质食品成为内蒙古自治区名牌产品。

大力发展生态畜牧业

居民幸福指数节节攀升

五年来垦区借助国家政策支持，使19 278户42 856人喜迁新居，实现了他们多年的新居梦。在医疗卫生、文化广场、街区巷道、生态保护等民生项目相继落地，新农垦展示出新形象；两年来与六家金融机构合作为职工提供低息贷款7.3亿元。企业形成了四个"六统一"管理模式，发展步入正规化、标准化轨道。

按照农业部农垦局提出的"联合联营联盟，打造国际大粮商"计划，大力实施"走出去"战略，抓好龙头产业化和安居富民两大工程，垦区经济实力不断壮大，在实现"两个率先"目标的征途上奋力前行。

垦区种畜养殖场

自治区名牌产品

职工文化生活

危旧房改造

宁夏农垦 主动适应
打造一

改革发展是当今时代的主旋律。2014年，宁夏回族自治区党委、政府审时度势，出台了《自治区党委、人民政府关于进一步深化农垦改革发展的实施意见》，这是在宁党发〔2009〕9号、宁党发〔2010〕33号文件的基础上进一步深化改革发展的意见。宁夏农垦集团面对复杂多变的形势和艰巨繁重的任务，牢牢把握稳中求进总基调，紧紧围绕改革发展主题，统筹做好稳增长、转体制、保稳定、惠民生等工作，各项事业都取得了新的成绩。

第一，确立了农垦市场化、企业化改革发展的方向和定位

宁夏农垦改革历经多次，始终在寻求一条有宁夏特色的现代农垦发展之路。自治区党委、政府高度重视农垦改革发展，6年出台了3个重要文件，梯次推进农垦集团化发展。宁党发〔2009〕9号文件主要解决了政策边缘化问题和社会事业及历史遗留问题，宁党发〔2010〕33号文件主要是整顿和加强农垦土地管理，2014年出台的23号文件明确了农垦体制的顶层设计，提出以建立现代企业制度为核心的4项改革任务，赋予7条支持政策，确立打造一流大型国有现代农业集团的目标，使宁夏农垦迈上了农垦市场化、企业化改革发展的新征程。汪洋副总理于2014年9月23号视察宁夏，在贺兰山奶业茂盛牧场现场听取了农垦改革发展情况及草畜一体化汇报，给予了充分肯定。

宁夏回族自治区召开深化农垦改革动员大会

第二，发挥了引领示范现代农业和“保供给、做示范”的作用

当前，农垦集团的主业是现代农业板块，目标是实现企业增效、职工增收、引领示范能力增强，发挥“保供给、做示范”的作用。在保供给方面，有几个产业在全区有一定的占比，粮食总产量达到38.6万吨，占到了全区1/10，酿酒葡萄种植面积占全区1/3，优质安全鲜奶产量占全区1/6，旅游接待人次占全区1/10，供应蔬菜4.6万吨、水产1万多吨、鲜猪肉近4 000吨，切实履行了“米袋子”和“菜篮子”职能。在做示范方面，宁夏农垦整垦区是国家级现代农业示范区，在引进、示范、推广新品种、新技术、新设备等方面做了大量工作，在农业机械化、水肥一体化、节水灌溉等方面发挥了重要的示范引领作用，提升建设了21个示范基地，建成了5个国家级示范基地，5个自治区级科技创新中心，率先引进应用葡萄限根栽培、黄河含沙水自流灌溉等先进技术，率先建成农业机械标准化体系，率先大面积推广高效节水循环农业，多层次发挥示范作用。在引领现代农业方面，宁夏农垦许多优势产业走在全区前列，在全国也有一定影响，例如草畜一体化，体现出了“国家队”的水平；例如节水农业，推进实施宁夏·以色列现代农业合作项目，集成应用先进技术、节水设备、优良品种，取得“四省、三促、两增”效应，自治区在农垦召开高效节水农业现场观摩会，许多市县区组团前来参观学习。葡萄限根栽培技术转化应用，虽然发展面积不大，但效益显

宁夏农垦西夏王玉泉国际葡萄酒庄

新常态 全面深化农垦改革

流大型国有现代农业集团

著，作为农垦亮点接受了全区产业发展和重点工作交流会议代表的检阅。这些都为宁夏农垦集团公司今后稳健发展赢得了支持。

第三，积极应对各种不利因素影响，经济发展实现了稳中有进

2014年，面对农产品价格走低、房地产有价无市、奶业国内市场国际化、服务业趋缓低迷等严峻形势，宁夏农垦集团公司坚持问题导向，加强管理、降本增效，下好先手棋，打好主动仗，较好地完成了年度目标任务。一是经济发展速度稳中提高。一方面有大的宏观环境的影响，另一方面改革力度这么大，分散精力、人力、财力，但仍然实现了经济稳中增长、稳中提高，集团各项经营指标都有了相当幅度的提高。二是产业发展质量有明显提升。在2014年大多数媒体报道有的个体户、民企的奶销售不出去，出现倾倒牛奶的现象，宁夏农垦奶业奶质量好，经受住了市场的考验，扛住了价格下降的冲击，奶业营业收入、利润分别同比增长112.8%、100%。三是项目投资总额继续增加。没有因为转企改制而影响基础设施投资、项目建设投资、固定资产投资。全年完成固定资产投资17.10亿元，债券资金项目、土地整治和农业综合开发项目、亚行项目、农垦创业城开发项目等重大项目、重大工程为宁夏农垦集团公司的长远发展积攒了后劲。

2015年是继续推进深化改革的关键一年，是“十二五”收官之年，是“十三五”规划之年，也是宁夏农垦真正转为企业、以现代企业制度运行的第一年。宁夏农垦将主动认识新常态、适应新常态、引领新常态，坚持稳中求进工作总基调，主动适应经济发展新常态，以提高经济发展质量和经济效益为中心，以体制机制改革和开放整合协作为动力，以产业转型升级和企业转型增效为主攻方向，以强化市场营销和经营管理为抓手，坚持创新驱动、项目带动和依法治企，稳增长、提质量，转体制、活机制，转方式、调结构，全力推动市场化、企业化改革发展，为打造一流现代农业集团奠定基础。实现营业收入33.5亿元，同比增长10.9%；实现利润总额1.33亿元，同比增长9%；职均收入达到3.16万元，同比增长9%。

①宁夏农垦　收获金色
②宁夏农垦玉泉营葡萄苗木脱毒繁育中心
③宁夏农垦优质苜蓿生产基地
④洋牛入驻贺兰山农牧场
⑤宁夏农垦生态渔业公司渔民起鱼

金昌水泥集团公司干法生产线

甘肃省农垦集团有限责任公司

敦煌农场职工住宅

莫高国际酒庄文化酒窖

甘肃农垦创建于1953年，经历了多次体制改革和调整，2002年在省农垦总公司的基础上整体改制，组建甘肃省农垦集团有限责任公司，加挂农垦事业管理办公室的牌子，一套班子，两块牌子。2010年，省委、省政府在深化农垦改革的实施方案中决定，撤销农垦事业管理办公室，加挂农垦事业办公室的牌子。全垦区现有总人口10.1万人，职工3.2万人，离退休1.9万人。所属企业37户，其中农牧企业17户，工商及其他企业19户，事业单位1户，分布在10个市州、30个县（市、区），拥有亚盛、莫高两家上市公司。土地总面积810万亩，其中耕地面积90万亩、草地371万亩、林地49万亩，水利用地11万亩，建设用地11.5万亩，其余为未利用土地（主要为戈壁荒滩）。

“十一五”期间，甘肃农垦致力于农业产业化经营和现代农业建设，发挥比较优势，发展特色经济和优势产业，培育出了啤酒原料、葡萄酒、马铃薯、食品加工、制种、果品蔬菜、草畜、中药材、节水、建材化工等十大产业，部分产业发展处于省内或国内领先水平，初步构建起了现代产业体系。创建了4个国家级、12个省级农业产业化重点龙头企业，2个国家级现代农业示范区和1个国家级绿色农业示范区。2013年年底，垦区实现国内生产总值18.35亿元，主营业务收入54.46亿元，利税8.87亿元，职均收入30 055元，企业总资产达到172亿元。

甘肃农垦现已成为全省最大的现代农业企业集团，全省农业战线上的“国家队”“排头兵”。

啤酒花产业

马铃薯产业

苜蓿草产业

广东省农垦集团公司（总局）

2014年12月5日，广东燕塘乳业股份有限公司在深圳证券交易所成功挂牌上市（股票代码：002732）。中国奶业协会理事长刘成果，农业部农垦局局长王守聪，广东省政协常委、人大环资委主任赖诗仁，广东省农垦集团公司（总局）董事长（局长）雷勇健、总经理（副局长）陈少平等领导一起敲响上市宝钟。

广东农垦创建于1951年8月，其前身是在特殊的历史背景下，根据党中央、国务院“一定要建立我们自己的橡胶生产基地”的决定，最初由中国人民解放军两个整师、一个独立团的两万多名官兵为主体组建的华南垦殖总局，叶剑英元帅任首任局长。

建垦以后，根据中央和省的安排，陆续接收安置了大批复退军人、大中专毕业生、上山下乡知青、归难侨以及水库移民等。1969年改为广州军区生产建设兵团；1974年恢复广东省农垦总局体制；1994年在省级机构改革中成建制转为广东省农垦集团公司，与广东省农垦总局实行“两块牌子、一套班子”管理。广东农垦是农业部直属垦区，农业部授权广东省农垦总局对所属垦区国有资产实施监督管理职能。总局机关位于广州市天河区。广东农垦现有土地总面积340多万亩，总人口37万多人，其中从业人员12万多人。

近年来，广东农垦围绕“两个率先”（率先实现农业现代化、率先全面建成小康垦区）和“三个定位”（国家重要战略资源和优质农产品的生产保障基地、国家现代农业的示范区、国家农业“走出去”发展的排头兵）战略目标，主要从事天然橡胶、蔗糖、粮油、畜牧、乳业、剑麻、农产品物流与营销、房地产及物业管理、酒店旅游等九大产业板块的生产经营，现已建成国内A股上市企业1家、农业产业化国家重点龙头企业4家、广东省农业龙头企业10家。2014年，垦区完成总产值321.8亿元，出口商品总额62.8亿元；集团实现主营收入210亿元（不含事业单位总收入28.8亿元），利税总额6.8亿元，其中利润3.6亿元。

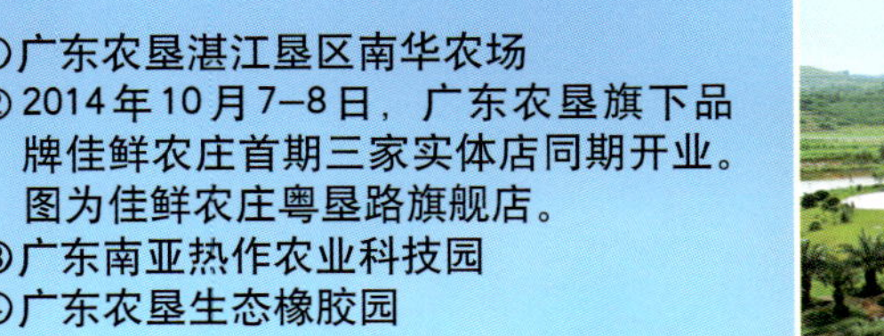

①广东农垦湛江垦区南华农场
②2014年10月7–8日，广东农垦旗下品牌佳鲜农庄首期三家实体店同期开业。图为佳鲜农庄粤垦路旗舰店。
③广东南亚热作农业科技园
④广东农垦生态橡胶园

广垦橡胶集团有限公司旗下泰国广垦橡胶（湄公河）有限公司

从"机械化"走向"智慧化"
江西探索现代农业新路径

云山摘桃

燕山青茶基地

当江西农业正在为提高机械化比例而努力之时，江西农垦开始了现代农业新路径的探索实践——推广普及智慧农业。

所谓智慧农业，是农业生产的高级阶段，它集移动互联网、云计算和物联网技术为一体，遥感农业生产。农垦企业职工足不出户，只要手指轻轻一按，就可以控制作物生长，实现质量追溯，提高生产效率。

把菜地搬上互联网

在恒湖垦殖场职工陈勇的蔬菜大棚里，一个灰盒子挂在他的前方，上面有根黑色天线，这是远程控制终端。"以前种菜全凭经验、靠感觉，有了这个终端，我可以从手机上接收短信，随时了解棚内的温度、湿度，进行相应的管理，不仅可以监控温度、湿度，还实现了水肥一体化、蔬菜病虫害远程诊断等立体化管理。"

把菜地搬上互联网只是智慧农业的一个微镜头。目前，江西省75个国有农场正在兴建智能温室、电脑机房。在梅岭垦殖场，大棚蔬菜已实现自动化、半自动化生产，并与智能系统对接，实现精确化生产。消费者通过互联网还可远程监控整个生长过程，从而放心消费。

五星垦殖场丰收

从田头追溯到货架

"您查询的是云山集团畜牧水产良种公司园艺场生产的水蜜桃，产品经检验合格，请放心食用！"打开一盒水蜜桃，消费者只需用手机扫描一下二维码信息，就会弹出一个"农业部农垦农产品质量追溯项目"的界面，详细记录了水蜜桃的种植基地、种植农户、采摘日期、销售去向等详细信息。这是江西农垦云山集团在全系统率先推行农垦农产品质量追溯系统的一个样本。该集团的相关负责人说，建立质量追溯体系，使他们去年种植的水蜜桃单价提高了50%。

保障农产品质量安全，既要在生产上做文章，也要在管理上下功夫。江西农垦把农产品质量追溯体系建设作为农垦培植绿色生态品牌、质量安全品牌和新型信息化品牌的一项重大战略性举措来抓，与移动、联通、电信共同探索建立农产品质量可追溯产品信息服务与电商平台。目前，农垦系统农产品质量追溯体系项目建设单位累计达24个、创建单位达37个，追溯基地面积达60万亩，建设数量、规模、建设质量位居全国前列。2014年，全省农垦新增10家企业纳入了国家财政农垦农产品质量追溯项目建设计划，列全国农垦第一位。

康山场智能工厂化连栋温室大棚

建设城市"天空农场"

江西农垦正组织有关专家抓好科学规划，在全省都市逐步推进"天空农场"建设，让蔬菜替代盆景，把葡萄覆盖楼顶阳台，让菜园果园成为都市里的靓丽风景。在引导有条件的市民建设家庭"天空农场"的同时，江西农垦将组织农业科技有限公司投资建设集都市观光、娱乐、展示、交流、科普于一体的创意农业主题公园。

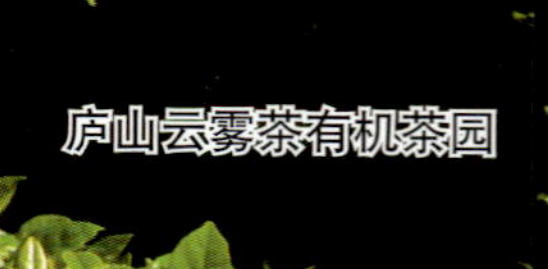

庐山云雾茶有机茶园

江苏农垦

2014年，江苏农垦实现营业收入208.4亿元，增长13.2%；实现利润总额27.67亿元，增长30.92%；集团年末总资产235.61亿元，增长22.72%；实现粮食总产10.61亿千克，增长14.06%。集团资产规模、营业收入、利润总额、粮食产量全面迈上“2字头”的新台阶。

苏垦米业：苏垦米业进入全国大米行业十强，形成了集科研、生产、加工、销售、贸易于一体的经营格局。

现代农业建设实现新突破

粮食生产实现“十一连增”，周年亩产增加68.6千克，粮食总产增加1.175亿千克。结构调整扎实推进，垦区规模化苗木面积突破万亩，建成省级现代渔业产业园区，云台农场花果山外向型高效农业示范区被纳入国家“一带一路”农业国际合作示范区。发挥农发公司平台效应，大华种业被认定为国家育繁推一体化种子企业，苏垦米业与青啤集团合作建设2万亩出口产品原粮基地，苏垦物流产品中标多个省份政府招标采购项目。物质装备和技术创新能力稳步提高，分别与南京农业大学、农业部南京农机化所、国睿集团构建了协同创新体系，中德作物生产与农业技术示范园项目成功落户垦区。种植基地内优外拓，农发公司秋播国有权益面积同比增长6.2%，6个分公司全面实现统一生产经营；外拓基地战略协议面积增加到123万亩，秋播种植20万亩。农产品质量优势更加显现，实行质量可全程追溯农产品增至7个，苏垦米业成为全国稻米质量追溯标杆企业。

房地产：江苏通宇房地产在规划设计、产品开发等方面形成了一定的竞争优势，年开发量在10万平方米以上，投资回报率在南京同类企业中处于领先水平。

车间：承德苏垦银河连杆公司在商用车汽车连杆领域具备多品种大批量的生产能力，名列国内高档乘用车汽车连杆市场占有率第一。

二、三产业升级取得新业绩

产品研发成果丰硕，正大天晴新增产品研发立项52个。固定资产投资稳健增长，完成国有固定资产投资25.25亿元。主业经营拓展有力，制药企业亿元以上规模产品18个，苏垦银河销售收入、利润分别增长26.4%和54%。资本运作多元拓展，金象传动在“新三板”成功挂牌，牵头运作省农产品流通产业发展基金，参股省农产品交易市场和省铁路发展投资公司。品牌建设坚持不懈，新增3个中国驰名商标。

美好家园打造迈出新步伐

场域经济平稳增长，垦区实现生产总值126.07亿元，比上年增长11.83%；缴纳税金20.7亿元，增长25.76%。全年职工人均收入4.88万元，比上年增长15.83%；农场居民人均纯收入2.24万元，增长13.48%。制定农场办社会职能改革试点实施方案，落实财政专项资金6 258万元，启动民生项目54个。垦区农场纳入全省农村环境综合整治试点范围，城镇建设与民生工程相得益彰。

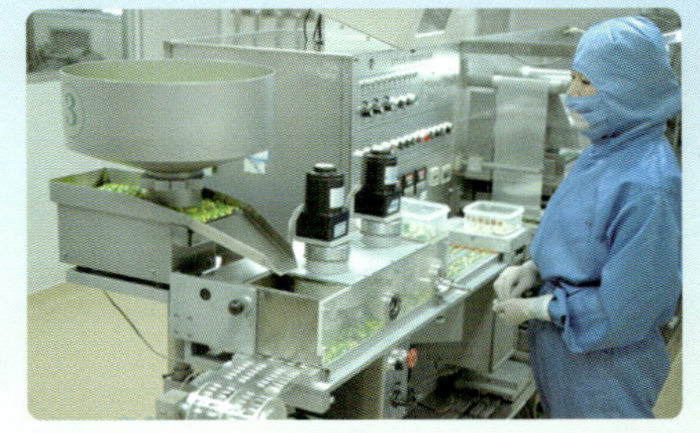

医药制造：制药业是江苏农垦五大支柱产业之一，多年来，正大天晴（集团）位列江苏医药业前10强、中国医药业前50强，并成为全国肝药领域第一品牌。

现代农业：现代农业发展步伐加快，示范带动作用逐步增强。垦区农业基础设施完善，组织化、标准化、现代化、规模化程度较高，是江苏最具优势的良种繁育基地、优质商品粮基地和特色农业、高效农业示范基地。垦区形成了种子、稻米、啤麦、畜禽、果蔬五大农产业。

海拉尔农垦

公司总经理李洪斌在那吉屯指挥农垦“十个全覆盖”工作

海拉尔农牧场管理局成立于1955年，是农业部三大直供垦区之一，海拉尔农垦以农牧业为基础产业。2003年年底，经内蒙古自治区人民政府批准，按照“集团化、股份化、产业化”的方向实行转制，组建了海拉尔农垦（集团）有限责任公司。集团公司下设16个农场、7个直属企业和2个参股公司。施业区面积1.5万平方公里，分布在呼伦贝尔市7个旗、市、区，土地确权面积2 032万亩，拥有1 000万亩草场，460万亩耕地，实行了集中耕种、统一经营，各类从业人员4.3万人。

2014年是海拉尔农垦经济再上一个新台阶的重要一年。在农产品市场异常波动巨大冲击的严峻挑战下，扎实推进垦区各项工作，取得了显著成效。实现总收入109亿元，同比增长9.2%；实现生产总值42亿元，同比增长5.56%。职均收入59 696元，同比增长15.34%；人均收入29 180元，同比增长20.69%。其中：种植农作物430万亩，生产粮油10.98亿千克，比上年增加1.95亿千克；牲畜存栏86.08万头（匹、只），比上年增加12.32万头（匹、只）；牛奶总产量41.02万吨，比上年增加5.62万吨；肉类总产量1.72万吨，比上年增加451吨。

2015年，海拉尔垦区将围绕“稳农、兴牧、强工、搞活流通”十字经营方针，推进“粮、油、薯、乳、肉、草”六大产业发展，建设十个种养基地，培育八个工业企业龙头，加快建设现代农牧业，大力发展多元产业，以“54321”为载体（五化：住房砖瓦化、街区巷道硬化、主街道亮化、营区高标准绿化、生活环境净化美化。四有：每个生产队有一个致富的产业、每个家庭有一个致富的项目、每个家庭有一个完善的社会保障、每个生产队有一个职工群众休闲活动的娱乐场所。三通：通国电、自来水、有线电视和网络。两区：职工群众有一个舒适的生活区，有一处人畜分离养殖小区，彻底实现人畜分离，改善人居环境，提高幸福指数。一强：加强基层党组织建设，使基层党支部成为坚强的战斗堡垒，充分发挥共产党员的先锋模范带头作用，引领职工群众多产业增收，最终使垦区的干部职工群众耕作在广袤的田野上、生活在绿色的城堡中），以“1623”规划为目标（16个农牧场场部打造成人居环境优美、服务功能齐全的农垦新城镇，保留的23个生产队建设成新农垦示范队），强力推进垦区新型城镇化和美丽乡村建设，力争早日实现“两个率先”（率先实现农业现代化、率先全面进入小康社会）的目标。

海拉尔垦区谢尔塔拉农场现代化小城镇

油菜育种调查

合适佳芥花油小包装

标准化养殖场

上库力农场牦牛养殖场

奋进中的河南农垦

副省长王铁到黄泛区农场调研

近年来，河南农垦紧紧围绕实现“两个率先”目标任务，充分发挥农垦组织化、集约化、规模化优势，以加快经济结构调整和转变发展方式为主线，以项目带动和种业联盟联营联合为抓手，创新发展思路，谋求改革突破，不断加快农垦现代农业建设，推进农垦经济持续稳定发展，有效地发挥了农垦示范带动作用。

2014年垦区实现生产总值17.47亿元，同比增长15.84%；实现利润总额9 900万元；人均纯收入达11 000元；粮食播种面积67.23万亩，总产量达30.68万吨，实现“十一连增”；生猪出栏51.77万头，肉类总产3.8万吨；工业销售产值31.86亿元。自2012年起，垦区9个省、市属国有农场办社会职能改革每年争取财政奖励资金3 115万元。全省农垦危房改造项目共计22个，危房改造数量2 398套，配套资金4 173万元。垦区全年招商引资2亿多元；黄泛区农场与塔吉克斯坦签订的《关于共建中塔农业科技示范中心的谅解备忘录》《关于加强农业产业项目合作谅解备忘录》，标志着农场的“走出去”项目已得到双方国家层面的支持，对今后加快该场经济发展提供了强有力的保障。目前，黄泛区农场在塔吉克斯坦长期租赁土地1 350公顷，与当地农户合作经营土地4 000公顷，年加工籽棉10万吨的轧花厂已完成选址及初步设计。通过实施高产创建攻关、质量追溯、农技推广、现代农业示范区农场建设等项目，辐射带动周边15万亩耕地，良种覆盖率达到98%以上；耕种收综合机械化率95%，跨区作业39万亩，农垦示范带动作用显著增强。

塔吉克斯坦阿里马尔东副总理、卡西莫夫部长参观黄泛区农场在塔小麦新品种示范田

农场夏粮喜获丰收

黄泛区农场场史馆建成开馆

黄泛区农场场史馆于2014年6月开始筹建，2015年5月建成并正式对外开放。建成后的场史馆南北长166米，东西宽68米，占地面积11 288平方米，总投资600余万元。室外由奋进园、福满路、大事记园、鉴畅园组成；园内有花坛广场、拓荒者雕塑、周恩来决策建农场雕塑、铁艺造型、展示长廊、毛主席祝愿台等；室内共分为九个展厅，分别为序厅、艰苦创业厅、日新月异厅、农场情怀厅、硕果累累厅、和谐农场厅、示范引领厅、农场产业厅和未来展望厅。场史馆对黄泛区农场的过去、现在、未来分别做了真实、详尽的回顾和展望。旨在全面展现老一辈农垦人，历经艰险、不畏困难的创业历程，弘扬“艰苦奋斗、勇于开拓、爱岗敬业、争创一流”的农场精神，鞭策后人继承传统、开拓创新。

场党委书记、场长谢天丁（中）等参观场史馆

场史馆开馆仪式

周恩来决策建农场塑像

拓荒者塑像

河北国营沽源牧场

河北省政协副主席、省委宣传部部长艾文礼来塞北管理区视察

河北省石家庄市委副书记邢国辉到塞北管理区现代牧场调研

河北国营沽源牧场辖4个分场，总面积267平方千米，耕地面积8 310公顷，总人口2.4万人。2013年，全场完成地区生产总值15亿元，同比增长3.6%；其中第一产业增加值完成3.2亿元，同比增长6.4%；第二产业增加值完成11.1亿元，同比增长2.8%；第三产业增加值完成6 960万元，同比增长3.6%。单位地区生产总值能源消耗同比下降4.03%。全场实现规模以上工业总产值38.2亿元，同比增长13.21%；规模以上工业增加值为10.4亿元，同比增长5.3%；实现财政收入1.35亿元，同比下降4.39%，地方一般预算收入实现6 215万元，同比下降19.08%。全社会固定资产投资完成8.8亿元，同比下降42.6%。社会消费品零售总额完成4 311万元，同比增长13.1%。农民人均纯收入7 776元，同比增长13.4%。城镇居民人均可支配收入17 013元，同比增长12.8%。在岗职工年平均工资25 274元，同比增长0.7%。

【调整产业结构，促进主导产业发展】 结合场情实际，启动了“乳业提升”工程。投资450万元，完成了存栏4万头的3个奶牛养殖园区“三通一平”工程，建成高标准砂石路8.2公里，打井3眼，架设供电线路6千。存栏2.85万头奶牛的塞北田园生态、张家口昌江等5个养殖项目正式签约，北京桑德4万头奶牛粪污发酵提纯沼气项目达成合作意向，为实现乳业产值翻番、各项经济指标翻番奠定了坚实的产业基础。全年共完成投资11.36亿元，实施各类项目17项，其中新建续建项目7项，前期项目10项，列入省市重点项目5项。塞北诺干牧业奶牛养殖场投产进牛，榆树沟煤矿项目完成核准，这些项目的实施、落地为培育新的经济增长点，增强产业核心竞争力提供了强有力的保障。

【明确发展定位，农业经济稳步推进】 围绕创建国家级现代农业示范区的目标，明确了引领干旱、半干旱、高寒地区的现代农业发展定位，全面推进农业产业发展。全年实现农业总产值6.18亿元，同比增长20.1%，其中畜牧业完成4.4亿元。全场新建、改造节水灌溉工程覆盖面积1.9万亩，达到4.53万亩；种植马铃薯3.3万亩、饲草7万亩，辐射带动周边旗县种植马铃薯10万亩、饲草30万亩；奶牛实际存栏达到3.4万头，同比增长14.2%；年产鲜奶达到18万吨，同比增长35.9%。

【加快城镇建设，功能设施不断完善】 实施了8项重点城建工程，完成投资4 857.6万元。对《城市总体规划》进行了修编，确定了“一轴两区四组团”的城镇发展格局；新建续建保障性住房365套；实施了二级汽车客运站、供热管网改造、市政道路及附属设施修建、雨水管网工程、西山森林公园等一批城建重点项目。

【注重改善民生，社会事业成效显著】 全年共投入资金1.2亿元，占当年财政支出的75%。扎实推进就学、就业、就医、社保、安居五大惠民工程。全场实现新增就业757人，城镇、农村医保实现全覆盖；招聘教师、医护人员23名，完成了青少年活动中心、教师公寓等工程建设，购置了洗胃机、尿液分析仪等一批医疗设备，使医疗教育水平得到明显提升。

1. 塞北玫瑰城旅游项目
2. 蒙古人家
3. 弘基农业——希望的田野
4. 现代牧业——转盘挤奶

热烈祝贺安徽省潘村湖农场建场60周年

庆祝建场60周年

团结奋进的场领导班子

风雨兼程六十载　芦荡荒滩变粮仓

地处淮河苏皖交界处的安徽省潘村湖农场始建于1954年。全场面积36平方公里，常住人口5 000余人。现有耕地3.2万亩，绿化苗木800亩。

六十年前的潘村湖，芦苇丛生，杂草连天。经过几代农垦人的艰苦创业，昔日的芦荡草滩已建成享誉江淮大地的安徽省最大常规种子加工和输出基地，每年向社会提供优质小麦、大豆良种达2 500万千克，以及无公害蔬菜200多万千克，经济效益和社会效益显著。近年来，农场抓住实施保障性住房项目工程的机遇，加快场部中心区小城镇建设步伐，场容场貌焕然一新，成为当地新农村建设的典范。

“雄关漫道真如铁，而今迈步从头越。”走过了六十年风雨历程的潘村湖农场，又站在一个新的起点扬帆远航，意气风发的农垦人必将继续抒写新的更加辉煌的发展篇章！

场部办公区

农场小城镇建设初具规模

潘村湖农场现代农业示范园核心区

现代农业耀五三

如果把江汉平原比作一块碧绿的翡翠，位于大洪山南麓的五三农场就是镶嵌在这块翡翠上一颗耀眼的明珠。

这里是“农耕圣地”。

湖北省国有五三农场，国土面积223平方公里，是著名的屈家岭文化遗址所在地，是全国重点文物保护单位和全国100家大遗址之一，发现了5 000年前中国第一粒人工稻种、第一只彩陶纺轮、第一座隔墙连间式住房遗迹，形成了长江中游、江汉平原最具代表性的农耕文化。

这里是“农垦明珠”。

1952年，由原国家主席李先念同志在湖北工作期间亲自破土奠基，曾是湖北创建最早、规模最大的国有农场。经过几代人的艰苦奋斗，昔日的百里荒原成为湖北重要的商品粮棉油基地、农业机械化和农业科技推广示范基地，在湖北农业战线起到了示范作用，被誉为荆楚大地上的“农垦明珠”。

这里是“农谷核心”。

2007年6月，五三农场被农业部确定为全国农垦系统百家现代农业示范区之一，在《现代农业示范区建设总体规划》中首次创造性提出打造“中国农谷”的构想。创新发展，实干快上，引起了湖北省委、省政府的重视，2012年2月，湖北省委、省政府提出把“中国农谷”建设作为湖北农业大省向农业强省跨越的一面旗帜，上升为湖北省级战略，正式确定五三农场为“中国农谷”。

随着中国农谷品牌的日益彰显，五三农场逐步探索出一条体制机制创新和新型工业化的发展之路。2014年，围绕“四个一”工程，即经济开发区产能力争达到100亿元，工业增加值达到10亿元，建成区达到10平方公里，新落户亿元企业10家，掀起了谈项目、抓项目、跑项目、上项目的高潮。五三农场以湖北农谷实业股份有限公司为平台，进一步发挥国有农场优势，盘活现有存量，整合壮大资产，破解企业融资难题，与中国建设银行合作，推出“助保贷”项目扶持企业发展。

随着中国农谷核心区建设的快速推进，袁隆平、陈焕春、曹文宣等国内知名院士在五三农场建立工作站，联想佳沃、隆平高科、凯瑞百谷、广州奈美、中农高科五大研发中心和基地相继在五三农场规划和建设。目前，五三农场以鲜果、蔬菜、特种水产、梅花鹿繁养、畜牧养殖和有机循环农业为重点板块基地已初具规模。五三农场以龙头带动基地，基地促进龙头，正积极从扶持农产品加工重点龙头企业的基地建设、技术改造、新技术应用推广、新产品开发、质量标准体系建设、市场体系建设和品牌建设等方面进一步促进农业产业化龙头企业做大做强。

美丽的宜居小区

活力西江　魅力绿城

广西农垦国有西江农场

2012年，农场合唱队以场歌《可爱的家园》参加广西企业歌曲演唱大赛，荣获三等奖

广西农垦国有西江农场隶属广西农垦局，属国有大型二档企业，位于广西贵港市。1953年建场，农场现有土地12.24万亩，下辖13个农业分场，6个公司及8个改制工业单位，1个社区。全场辖区内现有人口25 962人，其中在职职工1 319人，耕种土地的家属1 316人，退休职工2 399人。

农场以“建设现代甘蔗园，发展特色农业，做强房地产，拓展物流业”为经营战略，企业呈现出自我发展旺盛的生命力。2009、2010年，连续两年被评为广西农垦基地农场甘蔗生产评比第一名。西江旭远现代农业公司蔬菜基地项目已成功被农业部列为国家级蔬菜标准园。2013年，基地作为第二届中越青年大联欢活动贵港分会场农业交流之旅农业项目的实地参观考察点之一，向越南青年展现了现代农业的风采。在项目合作方面，农场与民营企业共同合作开发建设的贵港首个规模超百万平米的一站式国际级城市综合体——凯旋国际，计划总投资20亿元，建设工期6年。2014年6月1日，首期开盘当日销售额超2.1亿元。在民生工程方面，启动了广西农垦最大的危改工程，整个危改工作已全部完成3 672户开工建设任务。

2012年6月，中共中央组织部授予农场党委“全国创先争优先进基层党组织”荣誉称号；2011年12月，中国农林水利工会全国委员会授予农场工会“全国农林水利系统模范职工之家”荣誉称号；2012、2013、2014年间，先后获得了首批广西农垦“文明单位”，广西壮族自治区第二批“和谐企业”、第十四批自治区“文明单位”，广西贵港市第八批“文明单位”的荣誉称号。

西江农场场长李震（图右八）等领导与合作方共同剪彩，开启凯旋国际营销中心的大门

2013年11月25日，中越青年农业交流之旅活动走进西江旭远公司。西江农场党委书记李蔚（前左三）接过越南青年代表团贵港分团团长阮春雄赠送的礼物

今日西江，场部风光

甘蔗是西江农场的主导产业之一
图为：甘蔗收割机正在作业

辽宁省东港市五四农场

五四农场

辽宁省东港市五四农场成立于1963年，是以水稻种植、加工、销售为主导产业的中型国有农垦企业。农场下设4个农业分场，现有人口5 310人，全场总面积43.16平方公里，其中水稻面积3万亩，港湾养殖面积1.2万亩。

丹东东港是全国种植越光稻米最好的地区，五四农场又是引进种植越光稻米的第一个农场，生产的越光米米质及口感可与日本越光米相媲美。农场大胆投资建设了粮米加工厂，注册了“海阗”“五四农场”两个大米品牌，并签约成为全国首批农垦农产品质量安全追溯单位。五四农场大米在丹东地区已经有100多家经销点，先后在沈阳、大连、丹东、凤城、宽甸、东港建立自营品牌店，产品供不应求。2011年“海阗”“五四农场”两个大米品牌被评为丹东市著名商标；2012年“海阗”大米荣获第十届中国国际农产品交易会金奖；2013年“五四农场”大米被选为“十二运”指定用米；2014年辽宁特色产品采购订货会上被评为最受消费者喜爱的品牌。

农场同大连水产学院、辽宁省海洋生物研究所等院校科研机构建立了长期技术合作关系。经过几年的不断探索，发展高标准无公害水产品苗种繁育基地4家，3万多平方米，年培育各类水产品苗种量在100亿尾以上，并被农业部定为无公害水产苗种繁育基地。养殖的品种由单一的对虾养殖发展到海参、海蜇、梭子蟹、牙鲆鱼、河豚、缢蛏、文蛤、杂色蛤等十几个品种，水产品年产量18 000吨以上，形成品种搭配合理、可持续发展的良好态势，为水产品的深加工奠定了基础。

米业加工车间　　港湾养殖

五四农场丰收稻田一景

生态武湖，崛起新城　　空中看武湖，处处可见高科技的温室大棚

湖北省国营武湖农场

湖北省国营武湖农场位于武汉市黄陂区最南端，紧邻长江，1960年围垦，1962年设置农场编制，隶属孝感行政署农垦局和黄陂县双重管理，1983年改属武汉市管理，2005年设立黄陂区人民政府武湖街道办事处。国土面积74.51平方公里，下辖7个分公司，20个生产队，常住人口6万人。

近年来，武湖抢抓湖北省“四化同步”示范乡镇试点、“经济发达镇行政管理体制改革”试点机遇，不断探索“四化同步、产城融合、城乡一体”的特色发展之路，先后荣获“全国文明街”“国家现代农业示范区”“国家农产品加工示范基地”“全国农业科技十佳园区”“全国农业先进集体”等荣誉。2013年，武湖实现全口径财政收入12亿元，实现农工人均纯收入17 726元。综合经济实力自2012年以来连续两年位居全省百强乡镇第七位，在全市“三农”综合考评中勇夺“三连冠”。2013年在全国农垦系统百强农场中位列31位，在全省农场中位列第1位。

吃在武湖　品绿色食品

【惠尔康饮品、九州乳品、仟吉西饼、禾季糕点、新辰茶叶、绿色蔬菜、新辰泡藕丁、雨润火腿肠、汉口精武鸭脖子等】

以加工企业为龙头 以生态旅游为载体

云台农场转型升级打造产业链一体化

江苏农垦云台农场现代农业在转型升级过程中，用工业化管理格局，拉长、增粗产业链，以农产品加工企业为龙头，以农业生态旅游为载体，打造产业链一体化。在充满乡村气息和别样风情的生态农业观光园里，游客可摘、可吃、可购，2014年，水生花卉园接待游客突破4万人，成为乡村旅游的新亮点。

上海农交会期间客户在品尝云台吉本多产品，倍加青睐

吉本多车间

游客在荷花中

荷花节游客纷至沓来

丰富的农副产品

企业文化 凝聚人心

梅花鹿

发展高效生态畜牧业

内蒙古国营扎兰河农场

扎兰河农场始建于1974年，经过40年的开发建设，现已发展成为施业区总面积185万亩，耕地13.6万亩，可利用草原面积16.5万亩，总人口4 836人，辖十二个农牧生产队、四个场直单位和一个特色鹿场的现代化国有企业。

农场位于大兴安岭山脉东南麓，生态环境优良，群山环绕，水草丰美。甘河、奎勒河、扎赉河、查尔巴奇河等13条河流环抱全场，施业区内河流交错，水质优良，周边50公里内无任何工业企业，为绿色食品开发和发展畜牧业提供了得天独厚的有利条件，农场经营方针逐步向以农养牧、以牧促农、农牧结合方式转变。

2004年11月扎兰河农场被农业部确定为“全国百家无公害农产品示范基地农场”。同年12月，被内蒙古自治区农牧业厅确定为“内蒙古无公害农产品生产基地”。2015年3月被农业部确定为农产品质量追溯信息体系建设单位。

2014年按照“稳农、兴牧、强工、搞活流通”十字经营方针，全年实现生产总值13 261万元，其中第一产业增加值11 467万元、第二产业增加值805万元、第三产业增加值989万元，实现利润总额601万元、职均收入5.9万元、人均收入1.6万元，牧业年度存栏34 734头（匹、只）。同时较好地完成了新农垦建设、党的建设和精神文明建设等各项工作。

2015年主要预期发展目标：实现生产总值13 525万元，职均收入6.2万元，人均收入1.76万元，预计实现经营利润602万元。

扎兰河农场鸟瞰图

新疆农垦科学院分析测试中心

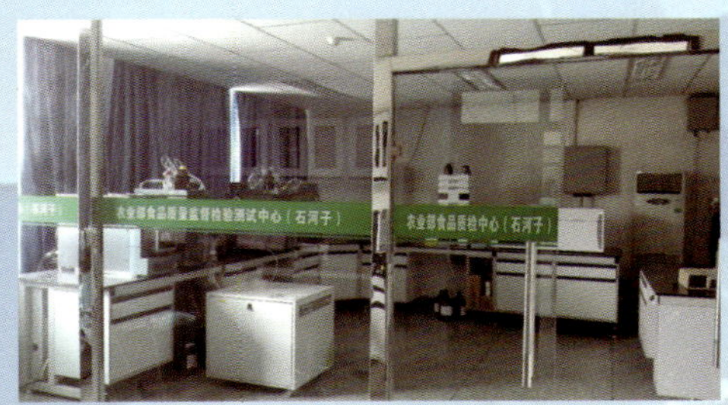
中心实验室

检测设备

新疆农垦科学院分析测试中心，同时分别挂：农业部食品质量监督检验测试中心（石河子）、新疆农垦绿色食品环境监测站、新疆生产建设兵团食品质量检验测试中心、新疆生产建设兵团粮油产品质量监督检验中心。

主要承担中国绿色食品发展中心指定的西北五省的绿色食品的抽查检测，并向中国绿色食品发展中心和新疆维吾尔自治区、兵团绿色食品管理部门提供监测报告；开展绿色食品环境（空气、土壤、水质）的监测工作；承担兵团范围内粮食收储企业检验能力认定、粮食质量安全监管、粮食质量争议处理等质量检验中的技术性工作。

2010年成立的“新疆生产建设兵团农产品质量安全研究所”，2011年12月29日，被确定为“农业部农产品贮藏保鲜质量安全风险评估实验室（石河子）”，主要承担农业部和新疆区域的农产品质量安全风险评估工作。2012年又成立“兵团食品质量安全检测所”，主要承担兵团食品药品监督管理局下达的食品餐饮行业风险评估和食品质量安全监测工作。

近三年来，中心完成300多次企业的咨询和产品检验工作，完成新疆各地县和企业的人员培训800多人次，为兵团粮食系统、经贸系统、农业系统检验人员2 000人次，完成职业技能鉴定约500人次。

主持制定国家农业行业标准11项，新疆地方标准4项；协助企业制定企业标准多项；主持完成国家科技攻关项目“加工番茄无公害生产及系列产品开发”和“无公害食品啤酒花关键技术研究与示范”子课题；累积接受社会各界委托检验样品10万个，提供检测参数近150万个；编撰出版《饮料分析与检验》一书；获得两项兵团科技进步三等奖；多次配合技术监督部门、工商管理部门、公安部门查处假冒、伪劣食品、农业投入品。

湖北省国营三湖农场

城镇化小区

三湖农场（江陵县三湖管理区）始建于1960年9月，国土面积61.04平方公里，其中耕地5.6万亩，林地1.7万亩，精养渔池3 000亩，总人口1.5万人，职工7 000人，辖3个分场、26个生产队，1家国有参股企业及20家民营企业，18家农业专业合作社。农场2006年被农业部确定为省部共建的“百家社会主义新农村建设示范联系点”；2007年被农业部确定为“百家农垦现代农业建设示范区”；2013年被农业部确立为全国农垦农机标准化示范农场，被荆州市确定为市县共建的“四化同步”发展试点单位。2014年实现工农业总产值7.3亿元，国民生产总值2.7亿元、税收528万元、人均收入1.35万元，同比分别增长17.7%、17.4%、120%和16.4%。

2014年实现工业总产值4.5亿元，同比增长28.6%，占农场经济比重达61.6%。农业重点推进结构调整和培育新型经营主体，2014年共流转土地3.2万亩，占承包面积的57.1%。培育了54个家庭农场。组建了18个专业合作社（协会），三湖黄桃被确定为国家地理标志保护产品，城镇建设重点围绕推进“三区并建”展开，即工业园区建设、新农村社区建设和城镇新区建设。着力打造“宗炳故里、黄桃之乡、秀美三湖”的亮丽名片。

荆州市粤盛实业有限公司　机械收割　高质量农田水利基础设施

桂热芒71号

桂热芒71号是广西壮族自治区亚热带作物研究所从白象牙芒实生后代的变异单株中经20年选育研究培育成的新品种。

1. 品种特征特性

植物学特征：多年生常绿乔木，枝扩展，树冠密，高2.5～3.5米。叶密生于枝顶，革质，长圆状披针形，长18.0～30.0厘米，宽5.0～6.0厘米，顶端急尖或渐尖，基部狭楔形至楔形，叶缘波状，主脉明显。嫩叶紫红色，老叶深绿色。叶柄粗壮，长2.6～3.5厘米；花无柄或具柄，长3～4毫米，萼片卵形分裂，花瓣5片，被柔毛，淡黄色；花盘肉质，5裂，雄蕊5枚，4枚退化，仅1枚发育，花药紫红色；雌蕊1枚，花柱线形。核果长椭圆形，长13.2～17.4厘米，宽8.3～10.0厘米，厚7.8～9.4厘米，成熟果果皮浅黄绿色至黄色，果核扁平，纤维少，多胚。

生物学特性：嫁接苗种植后2～3年开花结果。在广西南宁、百色花期为3月中下旬至4月中下旬，在四川攀枝花为2月上旬至3月中旬，两性花百分率为29.2%。成熟期在广西南宁市、四川攀枝花市为8月上旬，在广西百色为7月下旬。果实发育期约120天，丰产稳产。

2. 产量表现

生产性试验结果，在广西南宁20龄树、田林18龄树高接换种第3至第4年连续2年平均单株产量分别为34.8千克、45.6千克，亩产2 679.6千克和1 504.8千克；四川米易17龄树高接换种第2至第3年连续2年平均单株产17.1千克，亩产1 419.3千克。

3. 品质表现

果皮浅黄绿色至黄色、细滑、光亮，套袋果实果皮呈淡黄色，外观好。果肉浅黄色、质地细滑，纤维少，汁液丰富，可食率76.5%，可溶性固形物含量14.0%，总糖11.4%，可溶性糖5.88%，总酸0.09%，维生素C 57.3毫克/100克，维生素A 44.5微克/100克。

木薯新品种

华南13号

审定编号：热品审2015001

国内大面积收获产量情况

选育单位：中国热带农业科学院热带作物品种资源研究所
主要选育者：李开绵　叶剑秋　肖鑫辉　王　明　张　洁
吴传毅　安飞飞　朱文丽　林世欣　宋红艳

品种来源：源自中国热带农业科学院热带作物品种资源研究所SC8013的自然杂交F1代。

特征特性：该品种为多年生直立灌木，无毛，株高2～3米，主茎直径3～6厘米，三分杈，分枝角度30°～45°，块根圆锥形，薯外皮黄褐色，内皮乳黄色，肉质白色。圆锥花序顶生，蒴果椭圆形，种皮硬壳质，具黑色斑点。喜阳性、不耐荫蔽，喜高温，不耐霜雪。在年8个月以上的无霜期、平均温度16℃以上的地区均可种植，适宜年降水量600～6 000毫米、土壤pH3.8～8.0的地区生长。鲜薯干物率41.92%，淀粉29.25%。该品种高产，淀粉含量高，中抗细菌性枯萎病、高抗朱砂叶螨，适应性广。

产量表现：历年生产性试验，鲜薯平均产量43.36吨/公顷，比对照华南205增产38.13%。

栽培技术要点：选用新鲜，粗壮密节，芽点完整，不损皮芽，无病虫害的主茎作种苗。一般2～4月份种植，采用平放种植方式，亩植500～800株。施足基肥，合理追肥。植后30～40天，苗高15～20厘米时，进行第一次中耕除草。植后60～70天进行第二次中耕除草。一般追肥2～3次，壮苗肥以氮为主，于植后30～40天内施用，结薯肥以钾为主并适施氮肥，于植后60～90天施用。加强病虫害防治。

适宜区域：适宜在海南、广西、广东、云南、福建、江西等省、自治区的木薯宜植区种植。

推广应用：该品种在海南、广西、广东、江西和福建等省区和柬埔寨等国木薯主产区具有很好的适应性，丰产性和稳产性明显，品质优良，抗病虫害。特别是近年来由于我国中资涉农企业在柬埔寨农业投资的增多，把我国的华南系列新品种和新品系通过国合项目和其他途径逐步引进到柬埔寨，其中我国的华南13号木薯品种脱颖而出，一夜成为许多企业和农户的当家品种，累计推广面积超200万亩以上。2015年选育的具有自主知识产权的木薯新品种华南13号在柬埔寨大放异彩，超越泰国KU50和越南KM89等木薯品种产量和淀粉含量，说明我国木薯选育种水平达到国际化领先水平。

①②柬埔寨项目执行现场　③④华南13号收获现场

住宅效果图

海南现代农业展示示范园（鸟瞰图）

白沙黎族自治县老周三村发展规划图

海南省农垦设计院

海南省农垦设计院创建于1954年，经过近60年的不断发展，已成为海南省一家跨行业、综合性的甲级设计院。该院具有甲级农业工程设计、甲级工程咨询、甲级建筑工程设计、甲级测绘、乙级城乡规划、乙级土地规划、乙级风景园林设计、乙级岩土勘察及土工试验、丙级水利行业设计、丙级公路专业设计和工程造价等专业资质。2006年1月获长城（天津）质量认证中心ISO9001：2000“质量管理体系认证证书”。全院设15个部门，1个二级企业（丽景园林公司），4个分院（洋浦分院、儋州分院、三亚分院、三亚金泉分院）。全院现有在岗员工141人，其中中高级职称70人。

建院初期，为开发建设海南岛，建立我国最大的天然橡胶生产基地，该院对全岛的土地资源进行勘测、调查，并与其他单位（部门）合作完成了海南岛第一代1：10000航测地形图的外业测绘工作，并以其自身力量为主完成全岛性土地资源、农业区划和森林资源的调查、土壤普查等工作。完成垦区近些年的五年规划等等，逐渐建立完善垦区的土地管理信息系统。

三年间，参加或承担编制了较大的经济发展规划和产业结构调整规划10余项，完成城市、开发区、城镇及国有农场场部小城镇等规划60多宗。2012年承担垦区17个场，1 300多个队的场队规划工作，现正在开展中。完成农业工程设计项目300多宗，编制工程咨询及可行性研究报告400余项，完成各种比例尺的地形测量70多万亩，完成岩土工程勘察7万余延米，完成各种大、中、小型的工业与民用建筑设计项目共50多万平方米。2013年完成海南省农业厅委托的《5万亩南繁育种科研核心区建设总体规划》，为我国南繁科研育种基地建设和我国粮食安全具有重要的指导作用。2013年还负责完成《塞拉利昂共和国天然橡胶产业项目土地资源调查报告》，为海胶集团在塞拉利昂发展3万公顷橡胶提供了可靠依据，也为我院今后承接国外项目奠定一定的基础。

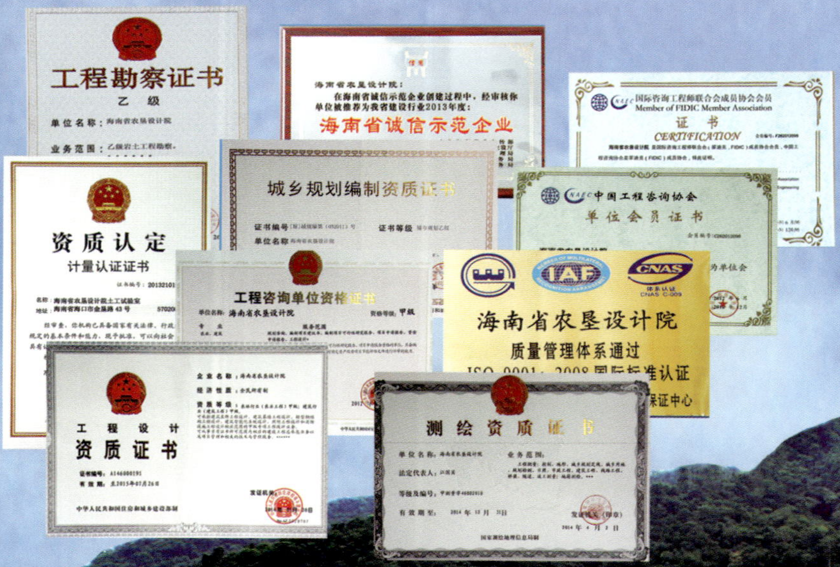

近三年获奖项目：《琼海东红农场场部城区及周边1:1000数字化地形测量》获海南省优秀测绘工程三等奖；《海南省太阳能建筑一体化建筑设计》获海南省住房和城乡建设厅优秀工程三等奖；《海南省现代化农业展示示范园建设项目可行性研究报告》获海南省工程咨询协会优秀工程咨询成果二等奖。

2011年起，我院主持编制了：中华人民共和国农行业标准《橡胶树种植基地建设标准》（NY/T 2167—2012）及《橡胶树苗木繁育基地建设标准》（NT/T 2166—2012），2012年9月1日由农业部发布实施。

五指山茶园

中国热带农业科学院分析测试中心
农业部热带农产品质量监督检验测试中心

中心大楼

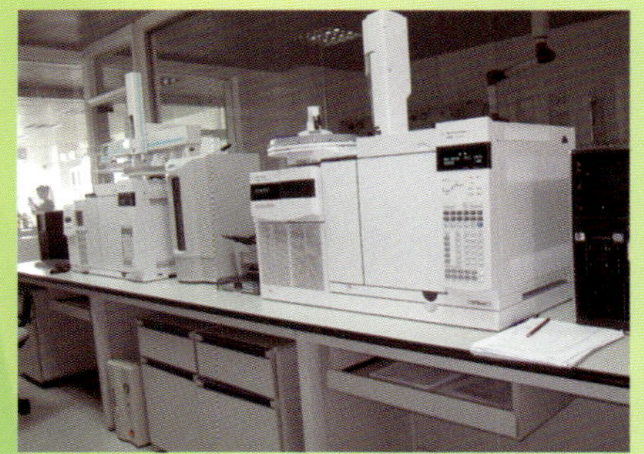

气质联用仪

中国热带农业科学院分析测试中心是集农产品质量安全科技创新和检验检测服务为一体的中央级农业事业单位。内设农业标准研究室、检测技术研究室、农药安全评价研究室、风险评估和政策法规研究室、质量安全控制技术研究室等5个研究室。中心拥有农业部热带农产品质量监督检验测试中心、农业部农药登记残留试验单位、农业部热作产品质量安全风险评估实验室和海南省热带果蔬产品质量安全重点实验室等平台。中心现有人员中，高级职称人员占30%以上，研究生学历人员占近60%。中心拥有国内先进的实验室和设备条件，配备了液质联用仪、气质联用仪、液相色谱仪、电感耦合等离子体质谱仪和扫描电子显微镜等各种先进仪器设备，总值3 000多万元。

多年来，中心根据自身特点和国家对热带农产品质量安全的需求，强化单位科技创新能力建设，在标准制定和宣贯、检测技术研究、风险分析和官方评议等方面取得了可喜的成果。近5年来，科技成果通过鉴定成果2项；获得省部级成果5项；发表论文239篇，其中SCI收录29篇；出版科技著作5部；专利申请总数87件，其中国家发明专利14件、实用新型发明专利73件；获得授权总数70件，其中国家发明专利4件、实用新型专利66件；另外颁布标准10项，其中国家标准1个，行业标准6个，地方标准3项；软件著作权2项。

同时，中心多年来为国家和热区各行业提供了大量的科技服务和检测服务。其中承担的农业部公益检测任务包括：全国省会城市蔬菜例行监测、农产品质量安全监督抽查、无公害示范基地监测、绿色食品市场监察、全国热带水果质量安全普查、农垦农产品质量安全追溯系统建设等。

中心将以热带农产品质量安全为研究对象，着重解决热带农产品质量、安全、标准和检测技术中的重大科技问题，在热带农产品质量安全检测技术、监控技术、热带农产品风险分析技术等领域进行技术创新。力争将中心建设成为国内领先、国际先进，集科技创新和科技服务于一体的热带农产品质量安全研究机构，成为我国热带农产品质量安全体系的技术核心。

中国热带农业学科院湛江实验站

站领导班子（刘实忠站长、副书记，范武波书记、副站长，窦美安副书记、副站长，刘洋助理）

建成试验大棚（1920平方米）

中国热带农业科学院湛江实验站成立于1979年，2002年更名为现名。现有在编在岗人员45人，其中博士5人，硕士14人，副高以上职称7人（正高2人）。现设有中国热带农业科学院热带旱作农业研究中心，下设热带旱作作物育种与栽培研究室、农业水资源高效利用研究室、热带农业科技推广中心。拥有抗旱生理生化、旱作分子生物学等实验室，建设天然橡胶种苗繁育基地、甘蔗脱毒健康种苗繁育基地及热带盆栽观叶花卉标准化生产试验示范基地200多亩。

湛江实验站紧紧围绕国家旱作节水农业发展的需求，以热区主要旱地作物为重点研究对象，进行热区旱作资源创新与利用，开展热区旱作节水技术的引进、集成与示范推广工作，为热区旱作农业发展提供强有力的科技支撑。先后承担了国家天然橡胶产业技术体系湛江综合试验站、国家自然科学基金、农业部行业科技子课题项目、海南省自然科学基金、产学研联合攻关等项目30多项，发表论文近100篇（SCI收录4篇），授权实用新型专利8项，申报发明专利4项。

实验仪器设备

广东燕塘乳业股份有限公司

广东燕塘乳业股份有限公司由广东省燕塘投资有限公司、广东省粤垦投资有限公司、广东省湛江农垦集团公司及广东中科白云创业投资有限公司等股东出资而成，是集种植、牧场、研发、加工、销售于一体，目前华南地区规模最大的乳制品生产企业之一。

一直以来，燕塘乳业秉承"市场导向，科技领先，质量第一，顾客至上"的经营理念，实现从牧场到餐桌全程质量管理，以优质的牧场、先进的生产线、完备的检测系统、严谨的食品安全管理体系、完善的配送体系、立体化的销售网络，为消费者的健康生活提供优质的产品及服务。不懈的努力和辛勤的付出，使燕塘牛奶深受消费者喜爱和信赖，先后被评为"消费者满意食品品牌"和"最受消费者推崇奖"。燕塘乳业还先后获得农业产业化国家重点龙头企业及全国农产品加工业示范单位等荣誉称号。

燕塘乳业将一如既往地坚持"用心传递新鲜，品质成就未来"的质量方针，以促进消费者健康为己任，用心缔造"好牛，好奶，高品质"，始终如一地为消费者提供新鲜、安全、营养的好牛奶。

完善的配送及营销网络

先进的生产线

全国农垦现代化养殖示范场——燕塘红五月奶牛场

广东省丰收糖业发展有限公司

广东省丰收糖业发展有限公司成立于1995年12月，是广东省湛江农垦集团公司属下的国有企业，由原广东省国营调丰糖厂、广东省国营收获农场、广东省国营南光农场合并组建而成，是一家集贸、工、农一体化，产、供、销一条龙的大型现代化企业。

公司现为农业产业化国家重点龙头企业、广东省重点农业龙头企业、农业部现代化农业示范区、农业部无公害农产品生产示范基地。现有甘蔗、橡胶、菠萝三大主导产业，拥有土地面积22万余亩，总人口11 176人，在职员工3 029人。公司拥有一家自营糖厂、两个农业分公司，一家控股罐头厂。2014年资产总额达33.44亿元，实现社会生产总值12.94亿元，国内生产总值5.22亿元，主营业收入4.07亿元，职工劳均收入3.6万元。

白砂糖、菠萝罐头、菠萝浓缩汁是公司三大工业主产品，拥有"蜂泉"牌一级白砂糖和"三叶"牌菠萝罐头两个中国名牌产品。

公司近年来获得"广东省文明单位""广东省模范纳税户""广东省先进集体""广东省生态示范场""广东省厂务公开先进单位"农行"AAA级信用企业"和"黄金客户""广东省五一劳动奖状"和"广东省先进基层党组织""湛江农垦先进单位""广东省农业产业化重点龙头企业"等多项荣誉称号。

"三叶"牌菠萝罐头

"蜂泉"牌一级白砂糖

甘蔗生产基地

菠萝生产基地

南亚热带作物名优示范基地

江西东华种畜禽有限公司

江西东华种畜禽有限公司是一个集农、牧、科、工、贸为一体的综合性企业，注册资金1 219万元，现有生产基地面积700亩，场舍及厂房面积8万平方米，拥有一个年出栏种猪、商品猪6万头的省一级种猪场；一个存笼10万羽的东乡黑羽绿壳蛋鸡原种场；一个年加工饲料1万吨饲料加工厂和一个低胆固醇鸡深加工厂。公司资产总额11 165万元，2014年销售收入7 977万元。

公司是江西省农业产业化龙头企业，在抚州市率先成立院士工作站的科技型企业，是中国家禽协会常务理事单位、江西省家禽协会和养猪协会副理事长单位、中国农业大学动科院产学研基地。公司连续4年被省农业发展银行评为AA+级信用企业和优质客户。

公司的主要产品有：华绿牌保健蛋系列产品、华绿苏鸡、种鸡、种猪、商品猪、苗鸡等。2013年公司禽蛋产品已进入国家农垦农产品追溯系统，从生产到餐桌，全程可监管，质量可追溯。

可追溯宝贝蛋

华绿宝贝蛋、养生蛋是利用我国珍稀地方鸡种和现代高科技生物技术培育而成的一种低胆固醇、高微量元素、维生素、氨基酸、卵磷脂的保健鸡蛋。在1996年和1998年分别荣获国家绿色食品和保健食品标志。曾先后荣获首届中国国际食品博览会金奖，首届中国国际农业科技年会精品金奖，第二届中国农产品博览会银奖。该产品畅销全国20多个省市，年销售保健蛋900万枚。

祖名豆制品股份有限公司

祖名立体豆奶

祖名豆制品股份有限公司位于杭州市滨江区，是集研发、生产、销售于一体的大型豆制品生产企业，另外在扬州和湖州安吉还建有大型生产基地。祖名公司总占地256亩，拥有标准厂房面积15万平方米，年加工大豆能力10万吨，是国内最大的豆制品生产加工企业之一。

“做健康食品，关注人类健康！”是公司的发展宗旨。公司1994年创办，经过20多年的不断努力，已经发展成为全国豆制品行业二十强，杭州市政府豆制品定点生产企业、浙江省农业龙头企业、浙江省科技农业龙头企业以及全国农产品加工示范企业。

公司先后荣获“杭州市名牌产品”、“浙江省名牌产品”、“浙江省著名商标”等一系列荣誉称号。另外，公司还是国家豆制品标准的主要起草单位之一。

祖名立体豆奶精选来自黑龙江黑土地的非转基因大豆，经过筛选去杂和灭酶浸泡后，通过现代化磨浆和离心设备获得原浆，经过煮浆、配料调配和过滤均质，再经过UHT杀菌后灌装到立体包装袋中，最终经巴氏杀菌后冷却和进入冷库储存，通过冷链运输系统运送到各个销售网点。祖名立体豆奶是确保安全、营养价值高的生鲜豆奶产品，最大限度保留了大豆中的各种营养成分，口感细滑，适合各种年龄段的消费者。

祖名豆制品股份有限公司

制浆设备

豆奶杀菌槽

光明种业有限公司

光明种业良种繁育中心

光明种业综合检测中心

光明种业有限公司为光明米业（集团）有限公司的下属子公司，有崇明和大丰两个生产加工基地。注册资金5 000万元。主要从事稻麦良种的选育、扩繁、生产和销售，现有员工600人，其中大专以上学历为441名，研究生12名，聘请专家3名。

光明种业有限公司在海南三亚和昆明建有南繁和西繁基地，在上海崇明岛及江苏大丰建立稻麦良种繁育核心区200亩，种子生产田60 000余亩，已经形成具备年产优质稻麦良种6万吨生产能力。

光明种业有限公司现建有种子检验室两座，可进行国家规定的种子检验项目的检测。引进了进口的加工和烘干设备，年加工能力达到30 000吨。建造了16 000平方米的种子专用标准库房，以及300平方米的种子低温库。

从2011年成立至今，先后研发出光明系列的新品种5个，分别是“光明粳1号”“光明粳2号”“光明麦1号”“光明麦2号”“光明糯1号”。目前、具有自主经营权的稻麦品种有“银香18”“花优14”“花11”“花22”“海花1号”“空诱1号”等。

2013年，光明种业有限公司共实现稻麦种子销售60 000余吨，良种辐射区域到达上海、江苏、安徽、河南等地。

重庆金穗种业有限责任公司

与中国农业科学院作物科学研究所合作签约仪式

与重庆市农业科学院合作签约仪式

重庆金穗种业有限责任公司是由重庆市农业投资集团有限公司控股、重庆市农业科学院共同投资组建的集科研、生产、加工、销售为一体的国有大型现代种业企业，注册资本金1亿元。公司拥有员工105人，其中研究员5人，高级农艺师10人，农艺师12人，技术员30多人，本科以上学历员工占60%以上。是中国农垦种业联盟副主席单位、重庆市农业产业化龙头企业、重庆市"诚实守信"种子企业，重庆市唯一一家经重庆市科委命名的优质水稻育种企业。

公司以"专注种子事业，树立民族品牌"为目标，组建自有的种子工程技术中心，开展水稻、玉米、小麦、杂粮等作物育种研究，并与中国农业科学院、重庆市农业科学院、三峡农业科学院以及全国40多家高等院校、科研院所、种业企业建立了长期稳定的科研和品种合作关系。公司拥有自主知识产权品种30多个，主营水稻、玉米品种川优8377（国审）、渝香203（国审）、渝优7109（国审）、渝优865、金穗98、金穗36等深受广大种植户的喜爱。

公司在重庆、陕西、辽宁、海南、云南等地拥有水稻、玉米育种基地1 000多亩；在重庆、四川、贵州、湖南、甘肃等地常年建有稳定的种子生产基地2万余亩；在重庆璧山、甘肃酒泉建有加工仓储中心。公司以市场为导向，坚持"市场成就品牌"的经营理念，设立县级代理商200多个，直销点近5 000个。公司立足重庆，辐射四川、云南、贵州、湖南等长江中上游区域；在甘肃酒泉投资组建甘肃经禾种业有限公司，积极拓展东华北、黄淮海玉米种子市场；在长江中下游推进重组并购，抢占长江中下游水稻种子市场；在越南、马来西亚、柬埔寨等东南亚国际市场开展广泛业务合作进军国际市场。

重庆金穗种业有限责任公司怀着"用科技圆梦中国农场主"的理想和信念，搭建商业化科研育种平台体系，创新科研管理机制，充分发挥科研、人才优势，孜孜以求致力于农业增产、农民增收，力争将公司打造成全国一流的现代种业企业。

金穗公司垫江制种基地

四川崇州"川优8377"展示基地

甘肃经禾种业有限公司酒泉玉米加工中心

新疆塔里木河种业股份有限公司

董事长李军华向兵师领导介绍公司情况

董事长李军华（左一）田间指导

新疆塔里木河种业股份有限公司（简称：塔河种业）成立于2002年12月30日。是全疆首家跨地区、跨师局，集农作物种子育、繁、推、加、销为一体的国有控股种业公司。现由新疆塔里木农业综合开发股份有限公司、隆平高科、塔农开发、巴楚种子四家股东单位组成，2012年11月公司重组成为新疆塔里木农业综合开发股份有限公司控股子公司。公司设有6个职能部门，1个销售中心、1个研发中心、3个加工厂、1个粮食分公司、1个控股子公司、3个参股公司。

公司成立以来，以农业种子产业化经营为目标，充分发挥新疆特有的种质资源优势，形成种子生产专业化、加工机械化、质量标准化、经营集团化、育繁推销一体化的现代化种子生产经营企业。公司主要经营产品涉及棉花（包括长绒棉、陆地棉、彩色棉、抗虫棉）、水稻、小麦、瓜果、蔬菜、苗木花卉等种子，农副产品深加工和农药、微肥等农业高科技产品，以及农业技术服务、培训，进出口等业务。

公司在加大科技技改投入，狠抓种子质量，创“塔里木河”牌棉种，树龙头企业形象等方面做了大量卓有成效的工作。公司相继被评为兵团和国家级农业产业化重点龙头企业、中国种业50强、国家3A级诚信企业、新疆名牌、中国名牌（西北种子行业仅此一家）、国家、自治区3A级标准化良好行为试点企业、国家生物领域高技术产业化示范工程、中国种业骨干企业（全疆仅两家）、中国种业AAA级信用企业、企业技术中心等荣誉称号。

为适应棉花产业精准种子技术的要求，切实提高种子质量，公司加大了对良繁基础设施、种子生产设备、仓储条件等方面建设，已逐步形成了种子生产专业化、加工机械化、质量标准化、经营集团化，育、繁、推、加、销一体化的现代化种子经营企业。目前公司拥有自主知识产权品种28个，每年承担着国家级长绒棉种子资源的利用与保存，国家级内陆棉西北区的新品种区试、示范；自治区、兵团、师、团级的各类区试、试验课题，为一师乃至南疆地区农业发展起到了很大的推动作用。

“科技领先，共创诚信种业”，是塔河种业企业文化的精髓。公司将继续以开拓市场、技术创新为己任，以经济效益为核心、以追求股东权益最大化为目标，努力抓好育种基地建设与示范，积极引导、组织和服务于农户生产，达到农业、企业增效与农户增收的多赢效果。公司在今后5～10年甚至更长的时间内，立志成为国内棉种行业的领先者、西北种衣剂及农化产品的领先者、疆内粮种行业的领先者、南疆园林绿化种苗及特色农作物种子的领先者。

公司办公楼

江苏省大华种业集团有限公司

公司成立于1993年，下辖18家分公司、4家控股子公司，集种子专业化生产、标准化加工、集团化经营、规范化管理于一体，具有基地规模大、研发能力强、设施设备先进、品牌信誉好、行业地位高等特点。注册资本1.33亿元，职工近600人，2013年底资产总额5.6亿元，种子销售收入10.9亿元，经营量近30万吨。是中国种业信用明星企业、农业产业化国家重点龙头企业、行业信用等级AAA级企业、江苏省创新型企业、中国产学研合作创新示范企业。

上海农场种子公司

种子加工和生产车间（一）

种子加工和生产车间（二）

上海农场种子公司全称为上海黄海农贸总公司种子粮油分公司，是专业从事农作物种子育、繁、供于一体的国有种子企业。公司成立于1996年，现有管理员工36人，大学以上学历占六成。公司拥有：现代化种子专用仓库10 000平方米，标准化种子生产基地70 000亩，两套丹麦进口共计15吨/小时种子加工线，四套共计660吨/小时种子专业低温干燥线和400平方米标准化种子检测中心。

公司下设：销售中心、科技中心、结算中心、加工中心、检测中心等5个职能部门，销售网点覆盖上海、江苏、浙江、安徽、福建、湖南、湖北、广东、广西、江西、山东、河南等省份，并建立了较完善的市场营销网络体系、新品种选育推广示范体系、种子生产管理体系、种子加工储运体系、种子质量监控体系和种子售后服务体系。

公司自成立之初便牢固树立了为“三农”服务的指导思想，奉行“质量第一、用户第一、信誉第一、服务第一”的宗旨，坚持走“以质量求生存、以质量求发展、以质量求效益”的道路，始终把种子质量视为企业的生命线，高标准、严要求地开展各项种子质量管理活动。同时，公司十分注重科技在产业发展中的先导作用，密切联系联合种子科研院校、院所，开展多种形式合作，并逐步形成了育、繁、推一体化，产、加、销一条龙的种子生产、经营管理模式。

10吨/小时谷物加工线

3号烘干线（PRO-200-300 HB)7台

新疆塔里木河种业股份有限公司

董事长李军华向兵师领导介绍公司情况

董事长李军华（左一）田间指导

新疆塔里木河种业股份有限公司（简称：塔河种业）成立于2002年12月30日。是全疆首家跨地区、跨师局，集农作物种子育、繁、推、加、销为一体的国有控股种业公司。现由新疆塔里木农业综合开发股份有限公司、隆平高科、塔农开发、巴楚种子四家股东单位组成，2012年11月公司重组成为新疆塔里木农业综合开发股份有限公司控股子公司。公司设有6个职能部门，1个销售中心、1个研发中心、3个加工厂、1个粮食分公司、1个控股子公司、3个参股公司。

公司成立以来，以农业种子产业化经营为目标，充分发挥新疆特有的种质资源优势，形成种子生产专业化、加工机械化、质量标准化、经营集团化、育繁推销一体化的现代化种子生产经营企业。公司主要经营产品涉及棉花（包括长绒棉、陆地棉、彩色棉、抗虫棉）、水稻、小麦、瓜果、蔬菜、苗木花卉等种子，农副产品深加工和农药、微肥等农业高科技产品，以及农业技术服务、培训，进出口等业务。

公司在加大科技技改投入，狠抓种子质量，创“塔里木河”牌棉种，树龙头企业形象等方面做了大量卓有成效的工作。公司相继被评为兵团和国家级农业产业化重点龙头企业、中国种业50强、国家3A级诚信企业、新疆名牌、中国名牌（西北种子行业仅此一家）、国家、自治区3A级标准化良好行为试点企业、国家生物领域高技术产业化示范工程、中国种业骨干企业（全疆仅两家）、中国种业AAA级信用企业、企业技术中心等荣誉称号。

为适应棉花产业精准种子技术的要求，切实提高种子质量，公司加大了对良繁基础设施、种子生产设备、仓储条件等方面建设，已逐步形成了种子生产专业化、加工机械化、质量标准化、经营集团化，育、繁、推、加、销一体化的现代化种子经营企业。目前公司拥有自主知识产权品种28个，每年承担着国家级长绒棉种子资源的利用与保存，国家级内陆棉西北区的新品种区试、示范；自治区、兵团、师、团级的各类区试、试验课题，为一师乃至南疆地区农业发展起到了很大的推动作用。

“科技领先，共创诚信种业”，是塔河种业企业文化的精髓。公司将继续以开拓市场、技术创新为己任，以经济效益为核心、以追求股东权益最大化为目标，努力抓好育种基地建设与示范，积极引导、组织和服务于农户生产，达到农业、企业增效与农户增收的多赢效果。公司在今后5～10年甚至更长的时间内，立志成为国内棉种行业的领先者、西北种衣剂及农化产品的领先者、疆内粮种行业的领先者、南疆园林绿化种苗及特色农作物种子的领先者。

公司办公楼

江苏省大华种业集团有限公司

公司成立于1993年，下辖18家分公司、4家控股子公司，集种子专业化生产、标准化加工、集团化经营、规范化管理于一体，具有基地规模大、研发能力强、设施设备先进、品牌信誉好、行业地位高等特点。注册资本1.33亿元，职工近600人，2013年底资产总额5.6亿元，种子销售收入10.9亿元，经营量近30万吨。是中国种业信用明星企业、农业产业化国家重点龙头企业、行业信用等级AAA级企业、江苏省创新型企业、中国产学研合作创新示范企业。

上海农场种子公司

种子加工和生产车间（一）

种子加工和生产车间（二）

上海农场种子公司全称为上海黄海农贸总公司种子粮油分公司，是专业从事农作物种子育、繁、供于一体的国有种子企业。公司成立于1996年，现有管理员工36人，大学以上学历占六成。公司拥有：现代化种子专用仓库10 000平方米，标准化种子生产基地70 000亩，两套丹麦进口共计15吨/小时种子加工线，四套共计660吨/小时种子专业低温干燥线和400平方米标准化种子检测中心。

公司下设：销售中心、科技中心、结算中心、加工中心、检测中心等5个职能部门，销售网点覆盖上海、江苏、浙江、安徽、福建、湖南、湖北、广东、广西、江西、山东、河南等省份，并建立了较完善的市场营销网络体系、新品种选育推广示范体系、种子生产管理体系、种子加工储运体系、种子质量监控体系和种子售后服务体系。

公司自成立之初便牢固树立了为“三农”服务的指导思想，奉行“质量第一、用户第一、信誉第一、服务第一”的宗旨，坚持走“以质量求生存、以质量求发展、以质量求效益”的道路，始终把种子质量视为企业的生命线，高标准、严要求地开展各项种子质量管理活动。同时，公司十分注重科技在产业发展中的先导作用，密切联系联合种子科研院校、院所，开展多种形式合作，并逐步形成了育、繁、推一体化，产、加、销一条龙的种子生产、经营管理模式。

10吨/小时谷物加工线

3号烘干线（PRO-200-300 HB）7台

河南省汤阴县畜牧场

河南省汤阴县畜牧场有两个分场，分场在汤阴县城南宜沟镇索下扣村东和宜沟镇将城村东。是河南省一家农垦企业，主要以农业为主。截止到2014年，全场总人口182人，有在职职工50人，退休职工50人。有固定资产125万元，在建工程300万元。总耕地面积1 360余亩，主要由家庭农场承包。还带动周边面积2 000余亩。该场是一家集科研、生产、经营于一体的科技型种子企业，曾被评为河南省农业示范场。现有仓库1 000平方米，设有高效农业示范田110亩，拥有无公害农产品检测化验室、种子质量检验室、虫情测报室及各类检验仪器设备27台套，各类农业机械43台。该场种子生产过程坚持“五把关”“六统一”。“五把关”就是严把种子引进关，严把试验繁育关，严把穗行穗系关，严把去杂剔劣关，严把机收入库关。“六统一”就是统一种植、统一供种、统一机械作业、统一技术指导、统一田间检验、统一收储加工。种子年生产量100万千克，发挥了龙头企业带动作用，坚持双赢、共同发展让利于农户。

汤阴县畜牧场现场观摩

河南省西平县老王坡种业有限公司

河南省西平县老王坡种业有限公司由西平县老王坡农场出资组建，注册资金500万元，具有独立法人资格。公司现有各类专业技术人员48人，其中高级职称2人，中级职称4人。公司以河南省小麦种子基地西平县老王坡农场为生产基地，拥有大型农业机械100多套，仓储能力1 200多万千克，水泥晒场6万平方米，日加工能力50吨的种子加工成套设备2套，检验室80平方米，考种室20平方米，拥有先进的种子检验设备和配套完善的种子加工贮藏设施，20 000多亩种子基地集中连片，实行统一品种布局、统一生产管理、统一物资供应、统一检验收储、统一品牌销售。公司以小麦、玉米、大豆、芝麻等农作物种子生产经营为主，年经营各类农作物种子1 000多万千克，销售范围遍及豫、皖、苏、鄂、陕等100多个县市区及国营农场。公司多次被评为“种子生产经营诚信企业”“守合同重信用”企业。

种用老王坡

粮食打的多

省、市、县领导视察种子基地

专家在田间指导种子生产

种子观摩会现场

河南黄泛区地神种业有限公司

农业部种子管理局局长张延秋到地神公司调研

河南黄泛区地神种业有限公司是一个集种子科研、生产、经营及技术服务于一体的现代化种子企业，注册资本10 000万元。2011年与中垦农业资源开发股份有限公司通过股权转让，成为其控股子公司。

目前，公司下设一个五二子公司、一个民权分公司、一个农业科学研究所、一个海南育种基地。有稳定的标准化种子繁育基地面积11万亩。小麦、玉米、棉花、大豆、花生等作物自主产权品种16个，其中国审品种3个，省审品种13个。仓库容量6 000万千克，成套加工设备42台套，日加工能力达200万千克，主产品小麦种子畅销豫、皖、苏、鄂、鲁、陕等省200多个县市，年均种子销售量5 000多万千克。

公司为河南省高新技术企业，河南省农业产业化重点龙头企业，中国种业骨干企业，省级企业技术中心，河南省博士后研发基地，AAA级种子行业信用企业。“地神”商标为“中国驰名商标”。

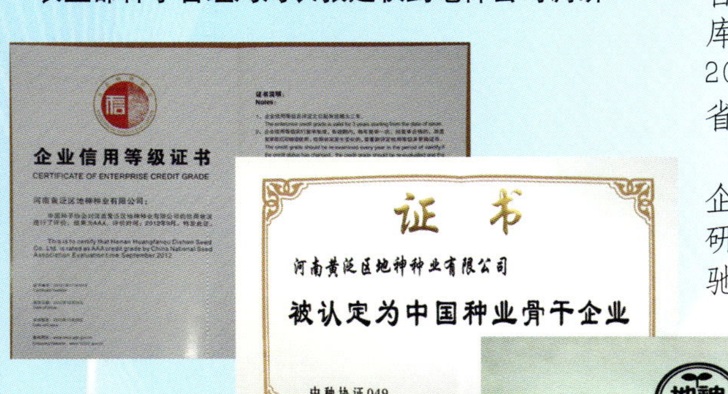

地　　址：河南省黄泛区农场地神区建设西路351号
邮　　编：466632
电　　话：0394—2562482　2579186
传　　真：0394—2579139
邮　　箱：dszybgs@163.com

河南省兆丰种业公司

河南省兆丰种业公司是集科研、生产、经营于一体的科技型种子企业，国家万亩小麦原良种繁育基地、全国种子“三百工程”成员单位、全国种子工作先进单位、全省质量管理先进企业、农业产业化省重点龙头企业、河南省高新技术企业，连续8年被评为“河南省种子诚信企业”。

“兆丰”牌种子2005年被评为河南省名牌农产品。“兆丰”商标2008年被认定为河南省著名商标。公司现有技术人员28人，其中高级职称6人、中级职称15人，注册资金5 616万元，总资产1.5亿元，年销种子3 000多万千克。信用等级为AAA，履行合同状况良好。

办公楼

公司从事种子生产经营已有30多年历史，技术力量雄厚，基础设施健全，检测检验设备先进。拥有国内先进、省内一流的种子成套加工线3条，种子仓库21 000多平方米、低温低湿库400平方米、晒场45 000多平方米、种子检验室150多平方米。具有自主知识产权或买断生产经营权的小麦品种有：许农7号、国审许农5号、国审淮麦29、国审淮麦25、国审豫农949、郑麦379、周麦19等；玉米品种有：驻玉309；大豆品种有：许豆3号、许豆6号、许豆8号等。“兆丰”品牌享誉豫、皖、鲁、鄂、苏、陕、冀的大部分地区，深受农民朋友喜爱。

加工线

湖北农垦联丰种业集团有限公司

柴湖分公司基地建设开工仪式

湖北农垦联丰种业集团有限公司组建于2009年6月，是一家集科研育种、良种繁育、经营推广为一体的专业化种业公司。公司注册资金4000万元，主要生产经营小麦、大麦、杂交棉、常规粳稻等农作物良种。现有国审鄂杂棉26号F1、鄂杂棉6号、三杂棉4号F1、鄂抗棉13号、鄂麦596、鄂麦18号、鄂裸大麦507等多个自主知识产权的农作物品种。公司成立有农垦联丰农业科学研究院，专门从事良种选育工作，现有独资和控股分公司5个（湖北三湖种子有限公司、湖北农垦联丰张集农业开发有限公司、湖北农垦联丰清河农业发展有限公司、湖北农垦联丰柴湖种业有限公司及湖北银丰农业科技发展有限公司），拥有种子生产基地6万亩，在建种子生产基地10万亩，建有日加工能力300～400吨的烘干中心2个，具有2万吨农作物良种仓储能力。

公司负责人与李梅芳研究员查看鄂麦596长势

400吨种子烘干设备　　良种基地烘干中心

甘肃黄羊河集团种业有限责任公司

农业部种子管理局副局长马淑萍调研公司规模化玉米制种基地及玉米去雄机使用情况

甘肃黄羊河集团种业有限责任公司成立于2003年，是一家集科研、生产、加工、销售为一体的高科技现代化种业企业。

公司地处河西走廊东端绿洲农业区黄羊河农场境内，注册资本8 100万元，拥有自己的育种科研机构，在职员工42人，其中具有本科以上学历38人，玉米育种专家2名。公司建有现代化良种加工中心及配套的仓储设施，年实现销售收入1.4亿元，创利税2 500万元。

公司以“标准化、规模化、集约化、机械化”的国家级玉米制种基地建设要求为标准，依托黄羊河农场“大产业、大条田、大农机、大流转、水肥一体化”的工程优势和膜下滴灌、精量播种、干播湿出等技术优势，建设玉米制种基地5万余亩，率先在河西地区实现了制种玉米全程机械化操作推广应用。

“海吉204”玉米机械去雄机

编者说明

BIANZHE SHUOMING

一、《2014中国农垦统计年鉴》是一部全面反映国民经济和社会发展情况的综合性资料刊。全书内容分为专载和十个部分，即：综合、农场组织、人口、从业人员和劳动报酬、固定资产投资、农业、工业、建筑业、交通运输、批发零售贸易、餐饮业、商品量、出口、物资、科研、教育、卫生、附录，并附有主要统计指标解释。反映了2014年全国农垦经济和社会发展情况，非国有经济资料的主要统计数据、内蒙古大兴安岭、内蒙古海拉尔、西藏国有农场情况及部分企业的经济指标资料。

二、《年鉴》中使用的度量衡单位均采用国际统一标准计量单位。亩为非法定计量单位。

三、《年鉴》中符号含义的说明：

“…”表示数据不足本指标最小单位数；

“空格”表示无指标数据；

“#”表示其中的主要项；

“–”表示数据不可比。

四、垦区经济与社会发展情况的排列以国家行政区划排序为准；农场按生产总值排序，取消农管局类型的农场。

五、《年鉴》资料来源于全国农垦2014年统计年报资料，是全国农垦广大统计工作者辛勤劳动的成果。农垦局的有关处室和各垦区统计部门及基层综合统计人员为此书的出版做了大量的工作，并提供了宝贵资料，在此表示诚挚的谢意。

六、限于编辑水平，该书在编纂中难免出现疏漏之处，敬请农垦系统的同志和统计界的各位同仁提出宝贵意见，以便今后不断改进。

编　者

2015年6月

目　　录

一、思考与展望

二、垦区经济与社会发展情况

三、主要经济与社会指标

附录

一

思考与展望

推动农垦成为国家掌控农业产业的战略力量

新一届中央领导集体空前重视“三农”工作，十八届三中全会在“三农”理论和政策上实现了重大突破，习近平总书记多次深刻阐述做好新形势下“三农”工作的战略思想，提出了很多新理念、新论断和新举措。这些战略部署是今后推动农垦事业大发展的行动指南和强大武器。农垦是老一辈革命家亲手缔造的屯垦戍边、保障供给、培养人才的特殊组织，是服从服务于国家核心利益的战略力量，具有鲜明的战略性、先导性和公共性特征。经过几代农垦人的顽强奋斗，农垦事业发展已经站在了新的高起点上，处于改革的最关键时期。

农垦系统必须深入学习、深刻领会新时期“三农”工作的战略思想，特别是习近平总书记关于中国人的饭碗任何时候都要牢牢端在自己手上、我们的饭碗应该主要装中国粮、打造我们自己的国际大粮商等战略要求，紧紧围绕率先实现农业现代化、率先全面建成小康的目标任务，抓住机遇启动“农垦国际大粮商”培育计划，努力把农垦建设成为农业战线上的国家队、农业现代化的主力军、国家宏观调控的突击队、新型城镇化的样板区、培养职业农民的大学校，巩固提升国家对农业战略产业的可持续掌控能力。

深刻理解新型农地制度，积极投身到农村土地流转和适度规模经营中，力争在国内再造一个新农垦

十八届三中全会《决定》明确提出，鼓励承包经营权在公开市场上向专业大户、家庭农场、农民合作社、农业企业流转，赋予农民承包经营权抵押、担保权能。中央农村工作会议进一步强调，要不断探索农村土地集体所有制的有效实现形式，落实集体所有权、稳定农户承包权、放活土地经营权。这种“三权分置”的新型农地制度，特别是鼓励农业企业成为承接土地经营权流转的载体，是我国农村改革的重大创新，是拓展农垦发展空间的重大机遇。

农垦是专业化的农业生产经营主体，现代农业建设水平全国领先，广泛参与农村土地经营权流转，不仅不会造成非农化、非粮化，而且可以严防死守耕地红线、显著提高农业综合生产能力和产业化经营水平，增强粮食的国家掌控能力。目前，全国农垦耕地面积近666.7万公顷，粮食单产高出全国平均120多千克，商品率高达91%。农垦要紧紧抓住农村土地综合开发和农业后继乏人的契机，再经营666.7万公顷耕地，保守估算可以增加粮食产量100亿千克以上。农垦的粮食总产将达到全国总产的10%以上，商品量将达到600亿千克以上，按年人均消费200千克原粮测算，可以满足一半以上城市人口的消费需求。由于农垦的农产品质量可追溯、在经营中可实现储备功能，是流动的绿色大粮仓，在关键时刻能调得出、应得急、顶得上，切实起到保障国家粮食安全和农产品质量安全的核心作用。

发展适度规模经营是我国农业现代化的必然趋势。农垦在稳妥推进国际“走出去”的同时，要下决心在国内先“走出去”，组建专业化的农业生产经营团队“走出垦区”，一方面积极参与土地公开市场流转交易，以承租流转农村土地方式，直接扩大农垦农业资源掌控范围。另一方面，在我国经营自家承包地的普通农户仍占大多数的状况下，着力做大做强农垦农业社会化服务业，增强社会化服务的实施广度和参与深度，以代耕代种代销代加工、投资入股经营等方式，带动农村新型经营主体和小规模农户发展，进一步扩大农垦农业资源覆盖范围。

深刻理解新型农业经营体系，持续推进农垦农业经营方式创新，拉长加粗农业全产业链

十八届三中全会提出，坚持家庭经营的基础地位，推进家庭经营、合作经营、集体经营、企业经营等共同发展，这是农业经营方式的重大创新。习近平总书记强调，要加快构建以家庭经营为基础、合作与联合为纽带、社会化服务为支撑的立体式复合型现代农业经营体系。多年来，农垦不仅农业生产力发展走在前列，经营体制机制也体现了“新型”和“现代”的特征，代表着现代农业的发展方向。今后农垦要继续总结经验，推进农业经营制度焕发新的活力。

农垦创新完善农业经营体系，必须牢牢把握两条原则：一是土地所有制性质是国有，不是集体；二是劳动者身份属性是国有企业职工，不是农民。农垦农业经营的基本主体是农场，农场的根本性质是国有农业企业。虽然多数农场采取职工家庭承包的农业经营形式，适应农业自然生产的产业特性，但农工承包国有土地和农场间是债权关系，与农民承包集体土地的用益物权有着根本区别。农垦要着力强化和拓展国有农场的统一经营职能，注重发挥新型农业经营主体的比较优势，充分调动各方面发展生产的积极性。

创新完善农垦农业经营体系，需要放在城乡发展一体化的大格局中、农业国际竞争的大背景下加以谋划。国际农业寡头无一不是采取全产业链发展战略，在产业高端抢先布局，从而获取低成本领先优势，实现全球范围的资源和市场掌控。农垦要大力推动“集团公司＋农场”“集团公司＋农场＋合作组织”“集团公司＋农场＋社会化服务组织”等农业经营模式，把生产环节交给农场和农工，打造专业化、集约化的原料生产基地，同时立足农垦自有基地这一无可比拟的核心竞争力，将优势资源集中到战略产业和产业高端，有效整合从农资供应到终端销售的所有环节，特别是要占据产业链核心环节，始终掌握农业战略产业发展的主动权。

深刻理解新型农业现代化道路，着力强化前沿技术的集成创新，更好地发挥农垦的骨干引领功能

中央农村工作会议提出，要努力走出一条生产技术先进、经营规模适度、市场竞争力强、生态环境可持续的中国特色新型农业现代化道路。这是在新时期推进农业现代化的重大战略抉择，充分体现了对我国基本国情农情和现代化建设规律的深刻把握。示范引领我国现代农业发展，是农垦成立之初就担负的历史使命，也是今天农垦发展的重要职责。农垦要深刻把握新型农业现代化的精准内涵，不断强化试验探索，确保新型农业现代化始终走在全国前列。

习近平总书记指出，农业的出路在现代化，农业现代化关键在科技进步。推进农垦新型农业现代化，必须紧紧抓住战略着力点，深入实施“前沿农垦”战略，占领农业科技的制高点。要在有效整合垦区内外科技资源上下功夫，组建农业战略产业科技创新联合体，集中力量突破一批前沿技术。同时，坚持以产业发展需要为导向，以企业创新为主体，推进源头立项和生产需求嫁接，提高农业前沿科技转化为现实生产力的速度和水平。

种业是推进农业现代化的“生命线”，是提升农业战略产业掌控能力的基石。“一粒种子、一两黄金”，这是集中国家力量发展天然橡胶产业最初的真实记录。推进“前沿农垦”战略，必须把振兴民族种业放在突出位置。要发挥农垦优势，下大力气推动种业企业联合起来做大做强，着力提升品种创新能力，集中力量在关键领域和核心技术方面持续攻关，力争取得实质性突破。

信息化是发展现代农业的制高点，是打造国际大粮商的核心措施。总的看，农垦信息化具有全技术手段、全产业链、全管理环节等特点，具有良好的发展基础。农垦在培育国际化大粮商计划中，要充分瞄准物联网、云计算、大数据等信息技术最前沿，以农产品质量全国追溯平台、商贸流通平台、新型城镇化管理、职业农民培养等为切入点，重点在先行先试和集成应用上下功夫，提高农业生产智能化、管理精准化和营销网络化水平，全面打造“智慧农垦”。

深刻理解新型城镇化道路，突出把握农垦小城镇建设重点，打造区域经济社会发展先导区

中央城镇化工作会议提出，要走中国特色、科学发展、以人为本、注重质量的新型城镇化道路。习近平总书记强调，解决好人的问题是推进新型城镇化的关键。李克强总理要求，要解决好进城常住的农业转移人口落户城镇、城镇棚户区和城中村改造、中西部地区的城镇化“三个 1 亿人”的问题。这是中央立足全局、着眼长远提出的重大战略要求，农垦要从“稳一方、保全局”的职责和实施国际大粮商培育计划的重要措施上，去认识和推进新型城镇化，找到新型城镇化与农业现代化相辅相成发展的突破口，将农场建设成为新型城镇化的样板区。

农垦有 1 700 多个小城镇星罗棋布地分布在全国各地，特别是中西部和边疆地区。近年来，农垦危旧房改造累计完成 160 多万户，农场城镇面貌有了翻天覆地的变化，已经成为小城镇发展的样板和区域发展新的增长极。推进农垦新型城镇化发展，不仅实现了农业转移人口以较低成本和代价就地就近集聚的城镇化，而且充分利用农垦农业组织化、农工职业化等优势，促进城乡要素平等交换，有效解决了农业兼业化、农民老龄化、农村空心化问题。

推进农业转移人口市民化是推进新型城镇化的首要任务。农垦在逐步完善社会保障政策的同时，要以危旧房改造为突破口，重点解决小城镇的住房、道路、饮水等基础设施和教育、医疗、文化等基本公共服务问题；要培育和壮大农垦主导产业，广辟稳定的就业增收新渠道，带动周边农民向农场集聚，完成农民向企业职工的身份转变，实现农场变城镇、农民变市民；要加快建立农垦新型劳动和用工制度，完善招录、职业培训和考核体系，积极推动新型职业农民培育和农村实用人才培养，吸引更多的年轻的高素质人才投身农业，让职业化的农工队伍生生不息。

推进农垦新型城镇化要将生态环境保护放在更加突出位置，推动城镇合理布局、生态和谐。农垦丰富的自然资源、优良的生态环境、浓郁的人文底蕴，在城镇化进程中必须要保护好、传承好。要着力促进农业可持续发展，大力推行以减量化再利用、低消耗低排放为重点的新型农作模式，使农业资源永续利用。要全面推进人居环境综合整治，切实改变污水乱排、垃圾乱扔状况，不留任何脏乱差死角，建设“绿色农垦”、“美丽农垦”。

深刻理解新型国家粮食安全战略，大力推进垦区间联合联盟联营，增强国家农业宏观调控的话语权

习近平总书记指出，保障国家粮食安全是一个永恒的课题，任何时候这根弦都不能松；要坚持以我为主，立足国内、确保产能、适度进口、科技支撑的国家粮食安全战略。当前，我国粮食安全基础仍不稳固，确保粮食安全任务依然艰巨。实施新形势下国家粮食安全战略，面临的很大挑战在于主动权掌控不够，农业宏观调控的工具相对匮乏，往往陷入“调控悖论”的困局。在国内，储备调节的手段单一，农产品增产不增收、优质不优价；在国际，我国农产品消费和贸易所占比例很大，但缺乏话语权，特别是市场定价权和利润分配权不强。究其根源，一个主要的原因是国家对农业战略产业的掌控能力不强，没有我们自己的国际大粮商。

习近平总书记强调，要有打造我们自己的国际大粮商的信心。农垦拥有大基地、大产业和大企业的独特优势，具备完整的现代农业产业体系，人才、技术、资本与市场全面联通，是实施农业宏观调控最强有力的抓手，是打造国际大粮商最现实、最可行的载体。全国农垦要坚定举起“打造农垦国际大粮商”这面旗帜，以谷物、天然橡胶、奶业等三大农业战略产业为重点，以科技创新、种子产业、仓储运销业等三大关键环节为平台，实施联合、联盟、联营三大经营战略，推广产业化、集团化和股份化等三大现代经营模式，通过资源集聚与资本运作相结合等现代经营方式，组建大型行业联盟和企业集团，用政府的手、采取市场化的手段，牢牢把握农业战略产业的话语权和控制力。

同世界顶级农业跨国公司竞争不是一件容易的事情，要有真本事才行，农垦一定要大胆地去争一争。农垦的“垦”字，原意就是探索创新，就是敢于开拓、勇往直前。只要全国农垦联合起来、抱团经营，就一定可以和世界农业寡头一较高低，创造农垦新的辉煌。农垦要牢固树立机遇意识、进取意识和责任意识，从中华悠久灿烂的历史文化中，挖掘创造出中国式的商业业态和经营模式，走出一条中国特色的跨国农业集团发展道路，抢占未来世界农业发展制高点，使得农垦成为国家农业宏观调控的“终极武器”、保障国家粮食安全和农产品质量安全的“定海神针”。

充分发挥农垦在确保国家粮食安全中的骨干作用

中共十八大以来，习近平总书记对国家粮食安全提出了一系列战略思想和科学论断，深入阐释了新时期确保国家粮食安全的基本遵循和战略重点，深刻揭示了中国特色社会主义现代化建设的客观规律。农垦系统要深入学习、深刻领会，充分发挥农业战线的“国家队”作用，积极探索培育农垦国际大粮商，推动农垦成为实施国家粮食安全战略的可靠支柱。

深刻理解新时期国家粮食安全战略的科学内涵

深刻理解新时期国家粮食安全战略的艰巨使命。习近平总书记指出，保障国家粮食安全是一个永恒的课题，任何时候这根弦都不能松，任何时候都不能轻言粮食过关了；要坚持以我为主、立足国内、确保产能、适度进口、科技支撑的国家粮食安全战略。这些重要论述，充分体现了对历史经验教训的深刻总结，对当前形势的清醒认识，对未来趋势的科学研判。我国作为拥有 13 亿多人口的发展中大国，粮食需求总量巨大，解决吃饭问题是国家长治久安的基石，在整个社会主义现代化建设进程中，对粮食安全的任何问题务必时刻保持高度警惕和警觉，绝不能盲目乐观、心存侥幸。

深刻理解新时期国家粮食安全战略的核心理念。习近平总书记指出，中国人的饭碗任何时候都要牢牢端在自己手上，粮食安全的主动权必须牢牢掌控在自己手中；在粮食问题上现在是紧平衡，调不好就会失衡。这些重要论述，表明了我们任何时候都要增强对粮食的掌控能力，紧紧抓住粮食调控的主动权。目前，我国粮食安全基础仍不牢固，特别是供应的稳定性和可靠性不够，市场话语权不强，必须用市场化的办法全面提高国家对粮食的控制力和影响力。

深刻理解新时期国家粮食安全战略的根本底线。习近平总书记指出，我们的饭碗应该主要装中国粮；立足国内基本解决我国人民吃饭问题；确保谷物基本自给，口粮绝对安全；靠别人解决吃饭问题是靠不住的。这些重要论述，突出了坚持以我为主、立足国内的重要原则，使得保障国家粮食安全的底线更加明确。国际粮食市场存在巨大的不确定性，影响因素极其错综复杂，将 13 亿人的吃饭问题寄予其中很不现实，任何时候都要始终绷紧提高粮食产能这根弦。

深刻理解新时期国家粮食安全战略的关键支撑。习近平总书记指出，要调动保护好农民种粮和主产区抓粮“两个积极性”，特别是首次从更高层面，提出打造我们自己的国际大粮商新的战略要求。这些重要论述，特别强调了如果没有可靠的生产主体、没有自己的国际大粮商，保障国家粮食安全就缺乏有效的载体，只能在国内市场调控中捉襟见肘，在国际市场竞争中处处被动。面对国际农业垄断寡头对跨国粮食贸易的垄断格局，在更好发挥各级政府、传统农户、新型农业经营主体、农业企业等作用的同时，更要发挥国有农业企业的主导作用，着力培育我们自己的国际大粮商，强化农业产业的国内资源整合集聚和跨国布局。

准确定位农垦在确保国家粮食安全中的作用

农垦是政府职能和市场作用有机结合的制度产物，集中体现了中国特色社会主义的鲜明特征；农垦具有大基地、大产业和大企业的独特优势，是打造我们自己的国际大粮商最可行载体。农垦系统要将粮食的战略产业属性和农垦的国有企业属性相融合，坚持不懈地探索培育农垦国际大粮商，成为国家实施粮食和农业宏观调控最有力抓手，充分发挥农垦在确保国家粮食安全中的骨干作用。

农垦始终服从服务于国家核心利益需要。农垦在发展历程中始终把国家战略需要作为职责所系。无论是在革命战争和改革发展年代，还是在三年自然灾害时期、“非典”、汶川地震等应急时刻，农垦都坚决彻底地第一时间完成国家指令，发挥了抓得住、调得动、能应急的“国家队”作用。实施新形势下国家粮食安全战略，农垦是国家可以直接发挥掌控力的载体平台，是任何时刻都可以依赖的不可替代的核心，是足以抵御任何风险考验的“压仓石”。

农垦直接拥有现代化大型粮食生产基地。全国农垦现有耕地面积624.3万公顷，部分已经建设成为国际一流的商品粮生产基地。2014年，农垦粮食产量350多亿千克，特别是粮食商品率达到91%，并且绝大部分是口粮。据测算，如将农垦系统耕地全部建设成为旱涝保收高标准良田，到2020年农垦土地年生产的商品粮可达到500亿千克，可以满足35%左右的城市人口一年的口粮需要。如果加上通过各种形式掌握的农村土地和海外生产基地的产能，农垦在确保国家粮食安全中将会发挥更大作用。

农垦大型农业企业集团在竞争中集体崛起。2014年，农垦企业资产总额达到12 115.58亿元(不包括土地等资源性资产)，近13年累计盈利超过1 200亿元。目前，全国农垦已有3大垦区集团年营业总收入超过1 000亿元，已经基本具备同世界最雄厚跨国公司同台竞争和较量的实力。从追赶系数来看，到2020年农垦将有2～3家企业集团进入世界500强，有5～10家企业集团年营业总收入超过1 000亿元。随着垦区间联合联盟联营的深入推进，农垦完全可以培植出世界级一流的现代农业企业集团。

农垦现代农业的发展水平走在全国前列。农垦耕种收综合机械化率、农田有效灌溉率、病虫害统防统治比率达到87%、63%和75%，分别高于全国平均28、12和30个百分点。据专家测算，农垦农业现代化水平综合评价指数达到51.9，高出全国平均24.5个百分点。在《全国现代农业发展规划》中，农垦规模化农业区被列为率先实现区域。农垦在已有成绩和经验的基础上，可以充分利用先发优势，在全国率先实现农业现代化。

农垦在农业“走出去”中发挥着引领作用。目前，农垦农业“走出去”整体规模处于“排头兵”位置，境外产业涵盖粮食、油料、糖料、天然橡胶、畜禽等国内主要农产品，经营领域涉及生产、加工和贸易等所有环节。特别是近几年，农垦企业跨国兼并重组取得重大进展，在发达国家的农业“走出去”也迈出坚实步伐。按照目前的发展势头，农垦将在全球逐步形成内外相联、产销衔接、优势互补、相互促进的一体化产业格局。

着力探索培育我国本土的农垦国际大粮商

国际大粮商是通过宽领域、全产业链的全球布局，通过产业高端和资本运作等，掌控利润的分配、实现利润的最大化。国际大粮商不只局限于粮食的范畴，而是树立“大食物”、“战略产业”的理念，面向整个粮棉油糖胶乳肉等农业战略产业。实践证明，在粮食和农业领域发挥市场决定性作用和更好发挥政府作用，最有效的办法是培育具有市场话语权的国际大粮商，以政府的手、市场化的运作方式达到宏观调控目标。

理清农垦国际大粮商的培育思路。我国的国情农情决定了我国的大粮商与发达国家的大粮商有着本质的区别。既不能等同于一般以追求利润最大化为目的的农业跨国公司，也不能等同于发达国家以对外倾销富余农产品为目的的大粮商。我国的国际大粮商是以粮食特别是谷物作为生产经营的核心，拥有自己大基地的生产商、保障国内市场稳定的供应商、带动农民走向市场的龙头、稳步实施“走出去”战略参与全球化竞争的市场主体。培育农垦国际大粮商，基本目标是要打造全球化、宽领域、全产业链、产业高端、资本运作的现代农业产业集团，掌控资源、价格和利润分配的话语权，提升生产能力、供应能力和掌控能力；根本措施是实施联合联盟联营战略，通过资源集聚与资本运作相结合等现代经营方式，组建产业化和股份化大联盟、大集团，行使供求调控、稳定市场的国家职责。

夯实农垦国际大粮商的产能基础。农垦国际大粮商有自己的大粮仓。着力加强商品生产基地建设，推动农田水利建设取得大进展，实现旱涝保收高标准农田全覆盖，加快推动以大型农业机械、农用航空为重点的农业规模生产工具变革，打造稳固的国家粮食战略应急基地。整合垦区内外科技资源，探索组建水稻、种业等科技创新联合体，推动农垦种业企业联合重组，形成以企业为主体的综合性农业科技创新、技术集成和转化应用平台。加强物联网等农业信息技术的集成应用和试验示范，探索搭建全国性农产品质量追溯体系和农垦主要农产品全程可追溯电子商务平台。建立农垦职工新型劳动用工制度，大力推进新型职业农工的培育。

完善农垦国际大粮商的供应体系。农垦国际大粮商有全产业链的供应网络。科学确定与农垦粮食综合生产能力相配套的供给能力布局，全面加强烘干、仓储、加工和物流体系建设，打造全国农垦整体的粮食供销体系，确保无论是在平时状态还是应急状态，都能够实现及时有效的粮食调运。坚持按比较优势布局、按市场需求布局的原则，从资源和市场这两个基点出发，构建以国内外主要农产品产区为原点，以国内大中型城市群为终点，以重要的港口城市和交通枢纽为节点，全面联结生产基地、加工中心和营销渠道的铁路、汽运、海运、空运网络体系，以及相应的仓储、码头、中转站等配套设施。

强化农垦国际大粮商的掌控能力。农垦国际大粮商是有竞争力的市场主体。继续深入推进农场化、垦区集团化改革，完善母子公司的双层体制，构建以国有农场为基本经营单元的大型农业跨国集团组织框架。强化国有农场的统一经营和管理服务职能，形成统分结合的农业经营利益共同体。重点推进“产业公司＋国有农场＋家庭农场”的农业经营模式，推动农业产业链向高端延伸，形成纵向一体化的农业经营体制。着力做大做强农业社会化服务业，探索组建专业化农业生产经营团队“走出垦区”，带动农村新型经营主体和小规模农户发展。围绕世界农业资源状况和国家外交战略需要，着力推进境外优质资源和企业的并购重组，围绕产业上中下游整合形成横跨全球的农业全产业链。在聚焦粮食的同时，逐步在食品、化肥、饲料、物流、贸易、金融等相关领域开展宽领域、多元化经营。

像历史上黑龙江北大荒的沼泽变良田、新疆的戈壁变绿洲、海南云南的炎荒变胶园等一样，新的时代条件下探索打造农垦国际大粮商同样是开拓者的艰难事业。这就需要新一代农垦人继续弘扬“艰苦奋斗、勇于开拓”的南泥湾精神和农垦精神，坚持不懈地走出一条中国特色的跨国现代农业产业集团培育道路，为实施新时期国家粮食安全战略作出更大贡献，在我国农垦发展史上续写新的篇章。

实施联合联盟联营　培育农垦国际大粮商

粮食作为战略物资和特殊商品，使用价值具有不可替代性，供求的价格弹性偏低。实践证明，在粮食领域发挥市场决定性作用和更好发挥政府作用，最有效的办法是培育具有市场话语权的国际大粮商，以政府的手、市场化的运作方式达到宏观调控目标。农垦作为农业国有大企业，要以培育国际大粮商为战略载体和平台，确保国家粮食安全，发挥在经济社会发展全局中的重要作用。

培育农垦国际大粮商，首要目标是保障国家粮食安全，确保主要农产品价格调控在合理水平

我国是世界人口最多的国家，是粮食生产大国、消费大国和进口大国。近年来，随着经济社会快速发展，农产品供求关系开始向总量基本平衡、结构性紧缺转变，并将长期处于紧平衡的状态。紧平衡是粮食安全的理想状态，更是高风险状态，既要防止供给不足造成“米贵伤民”，也要防止供给宽松造成“谷贱伤农”，必须时刻牢牢掌握宏观调控的主动权。因此，培育农垦国际大粮商必须从中国国情出发，从粮食安全的新形势出发，既不能等同于一般以追求利润最大化为目的的农业跨国公司，也不能等同于发达国家以对外倾销富余农产品为目的的国际大粮商。农垦国际大粮商首先是保证我国粮食安全的国际大粮商，是我国本土的大粮商，发展中既要算“经济账”，更要算“政治账”、“社会账”。

培育农垦国际大粮商，必须着力提升国内主要商品粮产能，积极争取国际粮食和农产品市场话语权

我国人多地少水缺的资源禀赋，决定了确保粮食安全必须集中力量保基本，确保谷物基本自给、口粮绝对安全，同时择机适当适度进口粮食，调剂市场。如果我们将吃饭问题全部寄期望于国际市场，不仅会受制于人，付出高昂的代价，而且从世界粮食贸易和分配体系来看也不现实、不可靠和不可持续。农垦具有众多生产基地的独特优势，农垦国际大粮商首先是生产商，必须始终坚持“我们的饭碗应该主要装中国粮”的方针。在国内农垦要立足垦区，再通过产业化服务“走出垦区”，着力打造绿色的流动的大粮仓，力争到2020年直接掌控的商品粮总量达到500亿千克以上，在保障粮食供应、稳定市场价格和救灾救济救急等方面起到关键作用，真正成为令党和国家放心的“一把米”。同时，农垦国际大粮商要树立全球化视野，加快推进跨国经营，到世界主要粮食富余产区布局仓储物流设施，掌握第一手的粮源，直接参与世界粮食市场竞争，从源头和根本上打破少数垄断寡头操控国际粮价的被动局面，一方面防止通过价格传导冲击国内生产和农民增收，另一方面，也能调控国际粮食市场、切实承担起发展中大国的责任。

培育农垦国际大粮商，要大力推进联合联盟联营，构建不同类型主体间的“联合舰队”

从世界范围看，国际大粮商没有放之四海而皆准的发展模式，虽然其中具有某些共性特征，但更多的还是基于所在国资源禀赋、历史文化和经济体制等因素演化而成。农垦国际大粮商既要吸收发达国家国际大粮商的有益经验，更要发挥中国特色社会主义制度优势，广泛调动和凝聚各方面的力量，形成适合中国国情的发展模式。在纵向上，农垦国际大粮商要打造质量全程可追溯的农业全产业链，从培植生产能力到供应能力，再到培植市场竞争能力，形成大型垦区集团带动产业公司、国有农场、新型经营主体和传统农户的一体化发展格局，形成对农业战略产业的掌控能力。在横向上，农垦国际大粮商要在垦区间形成紧密连接的基础上，全面构建涵盖地方政府、科研院所、金融资本、民营企业、集体经济组织及非政府组织的战略联盟，大力发展混合所有制经济，放大农垦国有经济的影响力和控制力。

农垦国际大粮商是扎根农村的大粮商，拥有以产权为纽带的生产基地，同广大农工和农民构成新型经济共同体。农垦国际大粮商不仅要占据产业链高端，而且要以先进生产要素带领农民闯市场，保护和增进农民的经济利益。农垦国际大粮商通过将农民家庭经营纳入企业经营体系，一方面为农民构筑了稳定的就地就近就业创业渠道，促进农民就地市民化、职业化和新型城镇化进程；另一方面，以企业为载体实现城乡间生产要素的双向流动和平等交换，全面激发“四化”同步发展的原动力。

注：以上三篇文章作者为农业部农垦局局长王守聪。

垦区经济与社会发展情况

2014年全国农垦经济和社会发展统计公报

农业部农垦局

2015年6月12日

2014年，全国农垦系统认真贯彻落实党中央、国务院稳增长、促改革、调结构、惠民生的一系列决策部署，积极应对经济下行压力造成的不利影响，克服困难，迎难而上，紧紧围绕垦区率先基本实现农业现代化，率先全面建成小康社会的目标，全面深化农垦改革，调整优化产业结构，转变发展方式，大力培育现代农业企业集团，着力改善和发展民生，提升发展质量和综合实力，农垦经济和社会在新常态下实现平稳健康发展。

一、综合

全年农垦经济实现生产总值6 420.37亿元，比上年增长9.5 %（图1）。其中，第一产业增加值1 743.45亿元，增长5.6%；第二产业增加值2 866.25亿元，增长12.1%；第三产业增加值1 810.67亿元，增长11.4%。第一、第二、第三产业增加值占农垦生产总值的比重分别为27.2%、44.6%和28.2%。人均生产总值46 129元，同比增长8.4%；人均纯收入持续增长，达到13 495元，扣除物价上涨因素，比上年实际增长7.6%（图2）。

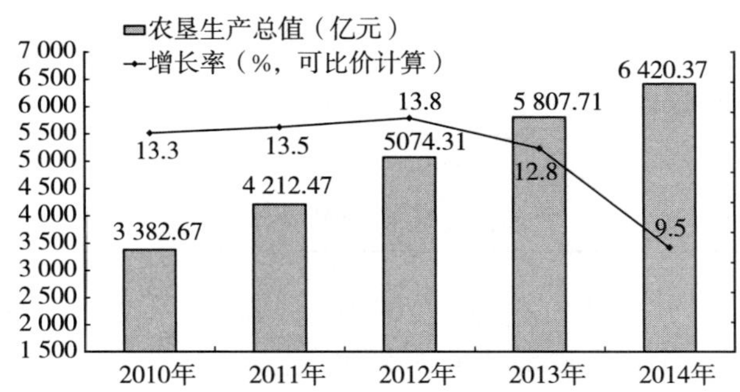

图1 2010—2014年农垦生产总值及增长速度

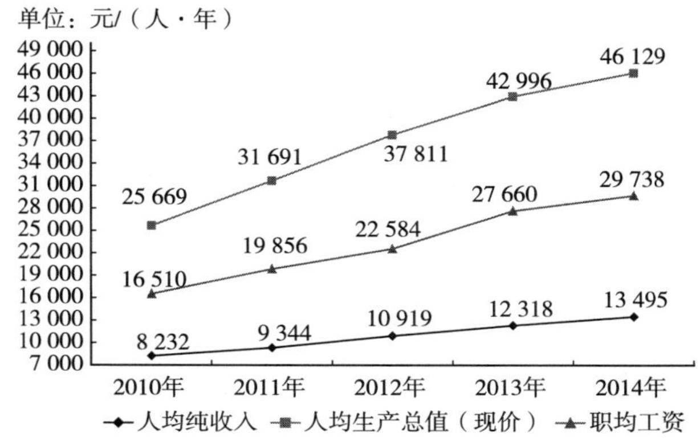

图2 2010—2014年农垦人均指标情况

二、农业

全年实现农业总产值3 415.23亿元，比上年增长6.3%。其中：种植业产值2 201.18亿元，林业产值124.87亿元，牧业产值899.31亿元，渔业产值189.87亿元。

全年农作物播种面积为6 907.30千公顷，比上年增加242.47千公顷，增长3.6%。其中：粮食播种面积4 923.60千公顷，增加83.77千公顷，增长1.7%，占农作物播种面积的71.3%；棉花面积906.26千公顷，增加135.30千公顷，增长17.6%；油料面积364.41千公顷，增加7.87千公顷，增长2.2%；糖料面积84.33千公顷，比上年减少26.92千公顷，降低24.2%。

粮食产量再攀新高，实现“十一连增”，总产量达到3 538.07万吨，比上年增产118.19万吨，增长3.5%（图3）；可供商品粮3 233.30万吨，比上年增加191.75万吨，商品率为91.4%。以谷物、天然橡胶、奶业等农业战略产业为重点，以科技创新、种子产业、仓储运销业等三大关键环节为平台启动建立了农垦种业、乳业和天然橡胶的联盟。主要农产品产量见表 1。

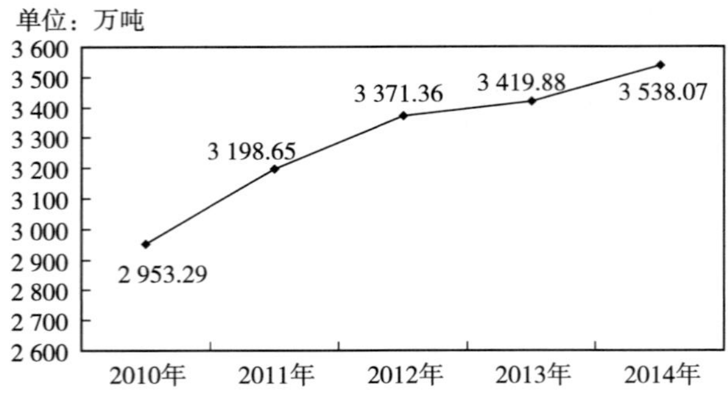

图 3　2010—2014 年农垦粮食总产量

表 1　2014 年主要农产品产量

产品名称	产量（万吨）	比上年增长（%）
粮食	3 538.07	3.5
棉花	211.39	20.0
油料	82.57	2.7
糖料	706.82	−16.5
水果	547.11	14.5
茶叶	4.96	12.5

受市场波动的影响，畜牧业生产有所下降。畜牧业占农业总产值比重为 26.3%，与上年持平；牲畜年末存栏总数及主要畜产品产量见表 2。

表 2　2014 年牲畜年末存栏总数及主要畜产品产量

产品名称	单位	产量与年末数	比上年增长（%）
大牲畜总头数	万头	276.08	−6.6
其中：奶牛	万头	139.20	−5.1
猪存栏	万头	1 256.82	−4.3
羊存栏	万只	1 438.47	10.4
肉类总产量	万吨	261.46	−8.7
牛奶	万吨	375.14	−6.7
禽蛋	万吨	46.72	−2.2

全年水产品产量 153.43 万吨，比上年增长 1.6%。其中：淡水产品产量 123.36 万吨，增长 3.1%；海水产品产量 30.07 万吨，减少 4.1%。对虾产量 4.75 万吨，减少 8.8%。

全年植树造林面积 53.57 千公顷，退耕还林 2.08 千公顷，退耕还草 1.31 千公顷。

农业机械化水平稳步提高，年末农业机械总动力 2 725.90 万千瓦，比上年增长 6.7%；大中型农用拖拉机 19.25 万台，增长 8.9%；农用小型及手扶拖拉机 32.09 万台，减少 3.6%；联合收获机 5.29 万台，比上年增长 9.3%。

三、工业和建筑业

全年完成工业增加值 2 214.15 亿元，比上年增长 13.6%。实现工业总产值 8 686.58 亿元，增长 14.1%。其中：国有工业总产值 1 935.92 亿元，占工业总产值的 22.3%；非国有工业总产值 6 750.66亿元，占工业总产值的 77.7%。其中：轻工业产值 5 307.89 亿元，占工业总产值的 61.1%。产值 100 亿元以上的农垦工业主要产业创产值 8 086.18 亿元，占工业总产值的 93.1%。其中产值前 10 位的行业是农副食品加工业 1 897.85 亿元，石油加工、炼焦及核燃料加工业 716.13 亿元，食品制造业 706.37 亿元，非金属矿物制品业 445.71 亿元，化学原料及化学制品制造业 422.06 亿元，有色金属冶炼和压延加工业 398.98 亿元，纺织业 269.41 亿元，金属制品业 265.50 亿元，电力、热力生产和供应业 264.19 亿元，酒、饮料和精制茶制造业 249.83 亿元。

主要工业产品产量见表 3。

表 3　2014 年主要工业产品产量

产品名称	单位	产量	比上年增长（%）
混配合饲料	万吨	876.31	13.0
食用植物油	万吨	407.32	18.6
成品糖	万吨	283.57	13.1
乳制品	万吨	371.76	6.7
＃液体乳	万吨	349.44	16.0
饮料酒	万千升	168.37	−0.6
水泥	万吨	2 741.25	−12.7
砖	亿块	176.90	2.5
发电量	亿千瓦时	622.35	26.9

年末建筑企业 4 203 个，从业人员 29.28 万人，全年实现增加值 652.09 亿元；年末固定资产原值达 310.58 亿元；全年施工房屋建筑面积达 34 905.59万米^2。

四、运输业、批发零售贸易业、服务业及出口商品

全年共完成货运量 27.93 亿吨，客运量 4.30 亿人，实现营业收入 415.12 亿元。

年末批发零售贸易业、住宿餐饮业、服务业营业单位总数 12.62 万个，拥有固定资产原值 671.63 亿元，营业用房总面积 2 751.35 万米^2，从业人员 97.46 万人，全年完成商品销售额和营业收入 6 589.40 亿元。

全年出口供货商品总金额 944.84 亿元（图 4），比上年增加 106.84 亿元，增长 12.7%。出口商品供货总额超过 10 亿元的垦区分别是：新疆生产建设兵团 673.29 亿元、广东 62.80 亿元、黑龙江 44.42 亿元、湖北 40.56 亿元、江西 31.84 亿元、辽宁 28.19 亿元、河北 15.41 亿元和广西 14.53 亿元，上述 8 个垦区出口金额合计达 911.04 亿元，占全国农垦出口商品总金额的 96.4%。

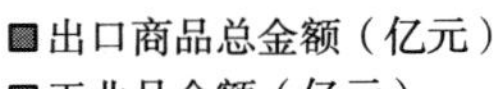

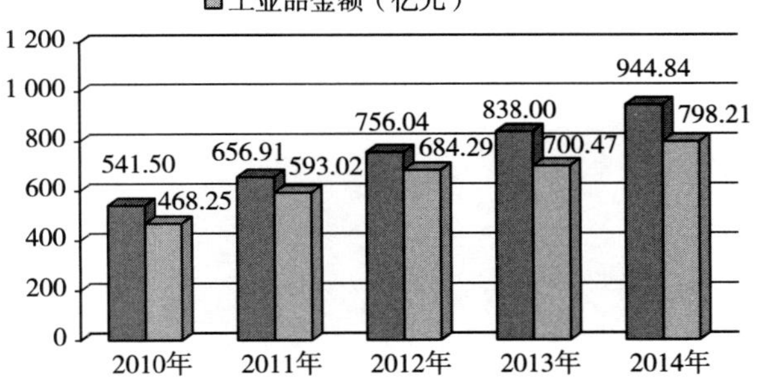

图 4　2010—2014 年农垦出口情况

五、科技、教育、卫生

年末全系统拥有科研单位 361 个，职工 4.10 万人，其中，科技人员 3.26 万人。全年科研经费 39.81 亿元，增长 33.3%；其中，国家拨款 7.89 亿元，占科研经费 19.8%；企业自筹 18.65 亿元，占科研经费 46.8%。

各类学校 1 305 所，教职工 9.10 万人，在校学生 100.16 万人，当年毕业生 26.62 万人。其中：普通中学 565 所，在校学生 33.95 万人，当年毕业生 10.82 万人；小学 659 所，在校学生 41.65 万人，当年毕业生 7.16 万人。

医疗单位 4 705 个，其中：医院 1 865 所，疗养院 8 所；医务人员 7.89 万人，其中：医生 2.58 万人，病床 6.53 万张。

六、固定资产投资

全年固定资产投资总额 4 555.78 亿元（图 5），比上年增加 559.50 亿元，增幅为 14.0%；当年新增固定资产 3 089.00 亿元。其中：第一产业投资额 487.52 亿元，占投资总额的 10.7%；第二产业投资额 2 239.08 亿元，占投资总额的 49.1%；第三产业投资额 1 829.18 亿元，占投资总额的 40.2%。全年国有固定资产投资总额 1 380.36 亿元，占投资总额的 30.3%。

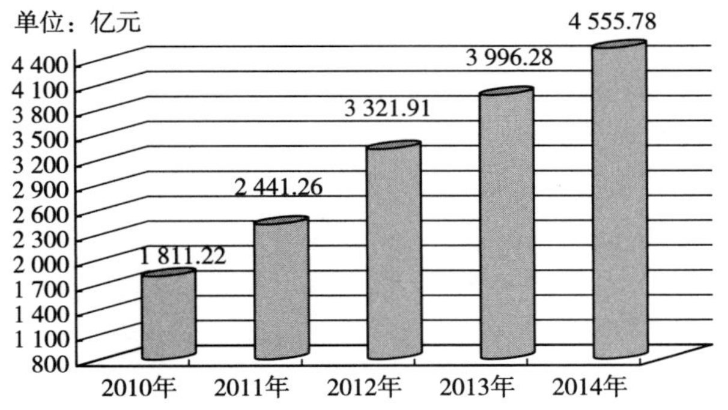

图 5　2010—2014 年农垦固定资产投资情况

新增固定资产主要是：大中型拖拉机 13 945 台，小型及手扶拖拉机 12 331 台，联合收割机 2 974台，农用运输车 3 186 辆，水库 26 座，橡胶定植 7.53 千公顷，输电线路 3 101 千米，学校用房 28.10 万米^2，住房 5 463.91 万米^2。

七、人口、就业和劳动工资

年末农垦系统总人口 1 420.34 万人，比上年增加 7.60 万人，增长 0.5%；全年人口出生率为 7.9‰，人口死亡率为 4.9‰，人口自然增长率为 3‰。

年末社会从业人员 675.67 万人。其中：第一产业 328.17 万人，第二产业 162.77 万人，第三产业 184.73 万人，分别占社会劳动者总数的 48.6%、24.1%和 27.3%。

年末职工 299.15 万人，其中：在岗职工 278.34 万人。全年工资总额 844.34 亿元，职工年平均工资 28 224 元，增长 8.0%。

八、无公害农产品、绿色食品、有机食品生产

年末全系统种植业无公害农产品、绿色食品、

有机农产品认证数达到 1 098 个，带动种植农户数达到 50.46 万户。其中：绿色 A 级农作物种植面积 865.47 千公顷，产量 541.34 万吨；无公害、绿色、有机茶叶认证数 52 个，从事种植农户数达到 4.06 万户。其中：绿色 A 级面积 3.54 千公顷，产量 9 722 吨；无公害、绿色、有机水果认证数达到 146 个，从事种植农户数达到 6.43 万户。其中：绿色 A 级面积 58.83 千公顷，产量 30.52 万吨。

九、资源消费

主要资源消费量中：钢材 386.71 万吨，比上年减少 0.5%；木材 330.16 万米^3，减少 4.2%；水泥 1 884.83 万吨，减少 3.7%；煤炭5 993.84万吨，增长 22.5%；成品油 312.09 万吨，增长 3.0%；电 915.40 亿千瓦时，增长 17.0%。万元生产总值消费钢材 0.060 吨，比上年减少 7.7%；万元生产总值消费木材 0.051 米^3，比上年减少 12.1%；万元生产总值消费水泥 0.294 吨，比上年减少 10.9%；万元生产总值消费煤炭 0.934 吨，比上年增长 13.3%；万元生产总值消费电力1 426 千瓦时，增长 8.2%；万元生产总值消费成品油 0.049 吨，比上年减少 3.9%。

注：1. 农垦生产总值、各产业增加值、工农业总产值等价值指标均按现价计算，增长速度按可比价计算。

2. 公报数据如有出入，以《中国农垦统计年鉴》为准。

3. 新疆生产建设兵团数据为快报数。

北京农垦2014年经济和社会发展统计公报

北京首都农业集团有限公司

北京农垦成立于1949年，历经65年改革、改制、发展、壮大，现已成为在畜禽良种繁育、养殖、食品加工、生物制药、物产物流等方面具有领先或明显行业优势的大型农业企业。

北京农垦下辖9个农场（二级企业，含5个三级农场），9个国有及国有控股二级公司，21个控股及参股合资企业，年末总人口66 268人。

2014年，北京农垦资产总额577.89亿元，负债总额419.8亿元，资产负债率72.6%；所有者权益158.09亿元，归属母公司所有者权益120.43亿元。实现营业收入345.4亿元，同比增长75.4%；实现利润总额7.3亿元，同比减少2.6%。

一、综合情况

2014年北京农垦在推动转型升级中保持经济稳中有进，在抓好重点项目中增强发展后劲，在创新发展方式中激发经济活力，在防范经营风险中提升管控水平。全年经济运营形势平稳，经济总量稳步增长，综合实力进一步增强，经济效益、职工收入不断提高。

本年度统计数据包含大发畜产公司。

（1）2014年北京农垦生产总值56.58亿元，比上年的54.53亿元增加2.05亿元，增长3.76%；营业盈余6.42亿元。

第一产业增加值13.53亿元，比上年的14.74亿元下降10.9%。

第二产业增加值15.72亿元，比上年的13.3亿元增长18.2%。

第三产业增加值27.33亿元，比上年的26.48亿元增长3.21%。

（2）2014年年末国有企业从业人员42 687人，其中在岗职工38 616人；从业人员人均劳动报酬51 012元，同比减少2.5%，其中在岗职工人均劳动报酬52 063元。

（3）北京农垦土地总面积7 347.1公顷，其中耕地面积1 433.5公顷。

二、产业布局

（一）第一产业

1. 农牧渔业总产值 北京农垦拥有14个农场，其中5个降为三级企业。2014年实现农牧渔业总产值87.45亿元，比上年的69.97亿元增加17.48亿元，增长24.98%。

（1）农业产值20 163.53万元，比上年的9 221.79万元增加10 941.74万元，增长高达118.65%。主要原因是统计口径的变动，即2012年三元绿化工程的产值13 362万元计入本项目，2014年根据农垦综合年报制度的要求，将此项业务计入三产，因此变动差异较大。

若以2014年口径相比，2012年农业产值为6 080.6万元，本年增加3 141.19万元，增长51.66%，主要原因是农产品产量和价格的提升。

（2）林业产值585.21万元，比上年的266.6万元增加318.61万元，增长119.5%，主要原因是平原造林任务的增加。

（3）牧业产值85.38亿元，比上年的69.12亿元增加16.26亿元，增长23.52%。牧业从2011年的84.46亿元减至2012年的72.49亿元，再至今年的69.12亿元，凸显畜牧行业面对不利因素较多：饲料价格逐年上涨导致营业成本逐年增加；疫情影响致使种猪肥猪销售量减少，单价降低，收入下降；人工成本提高等，这些都使得企业的生产经营步履维艰。

2. 农牧业生产情况

（1）本年末奶牛牛群存栏8万头，比上年的5.89万头增加2.11万头，增幅35.8%；牛奶总产量306 258吨，比上年的230 167吨增加76 091吨，增长33.06%。

（2）本年末生猪存栏7万头，比上年的6万头增加 1 万头；猪肉产量 5 425 吨，比上年的 4 326 吨增加 1 099 吨，增长 25.4%。

(3) 本年末家禽存栏 653 万只，比上年的 718 万只减少 64 万只；禽蛋产量 47 296 吨，比上年的 43 146 吨增加 4 150 吨；禽肉产量 199 153 吨，比上年的 216 054 吨减少 16 901 吨。

(4) 本年度粮食作物播种面积 441 公顷，比上年的 582 公顷减少 141 公顷；粮食总产量 2 491 吨，比上年的 3 275 吨减少 784 吨，下降 23.94%。上述两项指标下降的原因主要是政府占地种植结构的调整。

(5) 本年度蔬菜播种面积 64 公顷，比上年的 59 公顷增加 5 公顷；产量 1 263 吨，比上年的 1 195吨增加了 68 吨，主要原因是自然灾害所致。

(6) 本年末果园实有面积 283 公顷，比上年的 335.9 公顷减少 52.9 公顷；果品产量 853.6 吨，比上年的 973.9 吨减少了 120.3 吨，下降了 12.3%。

(二) 第二产业

北京农垦的“十二五”经济发展规划和战略，是以做大、做强食品加工为目标，通过主辅分离、辅业改制和压缩管理层级等措施，逐步实施企业结构调整，并取得显著成效，且发展态势依然良好。

(1) 工业企业 35 个，运营企业相对稳定。工业总产值全年完成 77.13 亿元，比上年的 64.89 亿元增加 12.24 亿元，增长 18.86%。其中食品制造、加工业总产值 66.45 亿元，占工业总产值的 86.15%。工业总产值从 2012 年的 59.39 亿元到 2013 年的 64.89 亿元，2014 年达到 77.13 亿元。

工业企业全年实现主营收入 78.4 亿元，比上年的 66.69 亿元增加 11.71 亿元，增长 17.56%；利润总额－28 348.83 万元，比上年的－12 577 万元增亏 15 771.83 万元，增亏 125.4%。三元食品新增加的外埠企业部分亏损、原材料价格上涨、人工成本增加以及受政策性产能结构调整的影响，三元食品本年度亏损 31 292.95 万元，致使工业企业的整体规模和收入虽大幅增长，但经济效益反而下降。

(2) 建筑企业 4 个，年末从业人员 72 人，劳动报酬 555.66 万元，同比增加 76.06 万元，增长 15.86%；本年竣工项目 2 个；房屋建筑竣工面积 1 万米^2。

(三) 第三产业

(1) 运输业 2014 年业绩较平稳，全年实现营业收入 2.17 亿元，与上年持平。

(2) 批发零售业全年实现营业收入 41.18 亿元，比上年的 30.64 亿元增加 10.54 亿元，增长 34.4%。

(3) 住宿餐饮业全年实现营业收入 29.31 亿元，比上年的 29.18 亿元微增。

(4) 服务业全年实现营业收入 30.65 亿元，比上年的 29.1 亿元微增。

(5) 全年外贸出口供货商品金额 6.34 亿元，比上年的 7.01 亿元减少 0.67 亿元，降幅 9.56%，主要是华都出口业务受中日关系紧张影响。

三、固定资产投资

全年固定资产投资总额 18.06 亿元，比上年的 12.3 亿元增加 5.76 亿元，增幅达 46.83%。其中国有固定资产投资总额 15.3 亿元，占投资总额的 84.72%，较去年的 7.7 亿元增长 98.7%。

投资总额中用于第一产业的投资为 6.65 亿元，比上年的 3.52 亿元增加 3.13 亿元，增长 88.92%，占投资总额的 36.82%，显示北京农垦对第一产业的投资力度在加大。用于第二产业的投资为 5.19 亿元，比上年的 3.31 亿元增加 1.88 亿元，增长 56.8%，占投资总额的 28.73%，比上年增加 5.2 个百分点。用于第三产业的投资为 6.22 亿元，比上年的 5.55 亿元增长 12.07%，占投资总额的 34.44%。

2014 年当年新增固定资产 12.69 亿元。

四、非国有经济

北京农垦非国有经济 2014 年受年初 H7N9 禽流感的影响，生产总值、利润总额两项指标同时下降，跌幅较大。

2014 年非国有经济生产总值完成 17.42 亿元，比上年的 20.48 亿元减少 3.06 亿元，下降 14.94%；非国有经济全年共实现利润总额 3 416.61亿元，比上年的 1.24 亿元大幅减少，下降 72.45%。上述两项指标下降的企业主要有华都集团和麦当劳。非国有经济从业人员 14 859 人，较上年的 22 468 人，减少 7 609 人。

五、2014 年统计培训工作

北京农垦是新中国成立初期成立的老国有企

业，长期以来，从业人员素质和管理水平相对较低，统计工作普遍不被重视。绝大部分企业不设统计专职岗位，统计工作由其他岗位的人员代管，对于统计工作的持证上岗也形同虚设，致使统计岗位人员流动频繁、更迭不休，统计工作没有正规的交接手续和交接清单，统计数据和资料得不到完整、连续的保存和存档，严重影响统计工作的质量。

面对上述问题，我们有针对性地多次组织基层统计人员，认真学习农业部农垦局、北京市统计局有关统计数据的上报要求、编制方法和填报注意事项，为及时、准确地完成各类统计报表的上报工作做好充分的准备。

其次，我们根据统计工作填报中经常出错的相关问题，分业务板块举办统计专题培训班，请农业部农垦局的统计专家和北京市统计局的专职人员到北京农垦现场进行报表填报指标讲解和系统操作指导，加深、强化和巩固了统计人员对各项统计报表指标的理解及填报要求，为顺利完成统计年报工作打下良好的基础。

由于统计人员的整体素质有了很大提升，2014年北京农垦高质量、无差错地完成了国家统计局北京市稽查总队的各类临时性统计稽查工作。

六、2014 年统计工作重点

2014 年北京农垦将把统计工作的重点从以往单纯地在集团汇总报表，转移到深入基层调查研究、了解情况工作上来。坚持尊重科学、求真务实的工作作风，及时、全面掌握统计数据的真实状况，发现问题，现场予以指导和纠正，及时为基层企业解决疑难问题，将检查和督促有机结合起来并落到实处，以提高统计工作的整体管理水平。

天津农垦 2014 年经济和社会发展统计公报

天津农垦集团总公司

天津农垦有 39 个直属单位，共有 115 个经营单位，其中农林牧渔业 35 个，工业 17 个，建筑业 2 个，商业 10 个，社会服务业及其他行业 51 个，分布在天津市郊区县和市内各区。2014 年农垦总人口 1.8 万人，其中职工 0.5 万人。土地 7 149 公顷，其中耕地 2 612 公顷，以现代农牧业及产品深加工、酒业与奶业、物产物流业三大板块为主业，以金属制品业、纸制品业为非主业。近年来，天津农垦以发展都市农业和农产品加工业为特征，多个强势产业并举，发展多元所有制经济，实施股权投资，整合资源，专业化经营，发挥优势，在“农”字上做文章，形成了农垦特有的发展模式，为做强做大农垦奠定了基础。“十二五”期间，天津农垦总资产规模 220 亿元，发展触角不断扩张，被列为天津企业 100 强。2014 年天津农垦广大干部职工在认真按照集团总公司的工作思路和具体部署，贯彻落实天津农垦“再创业”指导思想下，认真履行岗位职责，齐心协力完成了各项经济指标。

一、2014 年度全系统主要经济指标完成情况

1. 经济总量情况 2014 年天津农垦资产总额 249 亿元。实现生产总值 16.7 亿元，其中第一产业 2.8 亿元，第二产业 2.6 亿元，第三产业 11.3 亿元。比上年生产总值的 14.7 亿元，增长了 13.6%，其中第一产业增长了 27.3%，第二产业减少了 3.7%，第三产业增长了 16.5%。营业收入 165 亿元，比上年的 144 亿元增加了 21 亿元，同比增长了 14.6%；实现利润总额全年完成 5.9 亿元，比上年的 5.6 亿元增加了 0.3 亿元，同比增长了 5.3%；固定资产投资完成额 4.5 亿元，比上年的 5.7 亿元减少了 1.2 亿元，同比减少了 21.1%；在岗职工人均纯收入 8.55 万元，比上年的 7.96 万元增加了 5 900 元，比上年增长 7.4%。

2. 农牧业生产情况 进一步推进农牧业结构优化调整。农垦年末耕地面积 2 612 公顷，由于调整种植结构，改善农田水利设施，采用优良品种和先进科学技术，加大农业设施建设投入，种植业生产得以稳步发展。农作物总播种面积 2 743 公顷，比上年的 2 825 公顷减少了 82 公顷，其中粮食播种面积 1 924 公顷，比上年的 2 503 公顷减少了 579 公顷，棉花播种面积 101 公顷，比上年的 19 公顷增加了 82 公顷，粮食总产 14 230 吨，比上年 17 877 吨减少了 3 647 吨，棉花产量 145 吨，比上年 61 吨增加了 137.7%。草坪种植面积 26.7 公顷，提供商品草皮 21 万米^2。果园面积 313 公顷，比上年的 307 公顷增加了 6 公顷，增长了 2%，水果总产量 3 520 吨，比上年的 2 499 吨增长了 40.8%。

奶牛年末存栏达到 2.43 万头，比上年的 2.14 万头增加了 2 900 头，成母牛 1.3 万头，比上年的 1.2 万头增加了 1 000 头，全年牛奶总产量 12.6 万吨，比上年的 11.1 万吨增加了 1.5 万吨，比上年增长 13.5%。

水面养殖面积 641 公顷，比上年增加了 37 公顷，水产品总产量 8 671 吨，比上年的 7 609 吨增加了 1 062 吨，增长了 13.9%，其中甲鱼产量 3 吨，比上年的 2 吨增加了 1 吨，增长了 1.5%，创产值 15 万元，比上年减少了 1 万元，减少了 0.6%。

3. 农垦工业企业情况 天津农垦工业生产总值 2.6 亿元，比上年的 2.7 亿元，减少了 3.7%，实现工业总产值 13 亿元，比上年的 17 亿元，减少了 4 亿元，其中骨干企业中法合营王朝葡萄酿酒有限公司资产总额 14 亿元，实现生产总值 3 744 万元、利润总额−1.5 亿元、完成工业总产值 4.1 亿元。全年生产葡萄酒 2 万吨，比上年同期的 2.05 万吨，减少了 500 吨，同比减少幅度为 2.4%。全年工业外贸出口额 4 593 万元，比上年的 4 272 万元增加了 321 万元，增加了 7.5%，其中出口葡萄

酒12吨，葡萄酒产业仍为全国规模最大的全汁高档葡萄酒生产企业之一。为保持葡萄酒生产优势，企业将继续增加投入，为更高、更大的跨越奠定坚实基础。农垦乳品加工业在保障产品质量和开发新产品上下工夫，在市场上深受消费者的欢迎，扩大了市场占有率。全年生产乳制品7.22万吨，比上年的7.83万吨减少了6 100吨，减少了7.8%。农垦包装业全年完成纸箱3 105吨、塑料包装7 998吨，全年生产塑料电线5.4万千米。

4. 第三产业情况 天津农垦第三产业实现生产总值11.3亿元，比上年的9.7亿元增长了1.6亿元，同比增长16.5%。壳牌机动石油服务有限公司在继续扩大规模的基础上，全年营业额和实现利润比上年同期有较大增长。农垦出租汽车公司现有出租汽车318辆，天津农垦的特色经营不断壮大。

5. 三资企业情况 三资企业完成生产总值5.8亿元，占全系统生产总值的35%。其中中法合营王朝葡萄酿酒有限公司完成生产总值3 744万元，天津壳牌石油储运有限公司完成生产总值52 366万元。

6. 固定资产投资完成情况 2014年天津农垦完成固定资产投资4.5亿元，比上年的5.7亿元减少1.2亿元，同比减少了21.1%。其中第二产业天津兴华制造有限公司2014年完成投资0.3亿元。第三产业工农联盟农场华鼎高科技创业中心计划总投资6.9亿元，2014年本年完成投资3.7亿元。天津壳牌石油储运有限公司南港油库一期工程总投资2.3亿元，2014年完成投资0.4万元。天津市武清农场天津皇朝家俬有限公司2014年完成投资0.1亿元。

7. 职工收入情况 2014年末天津农垦从业人员7 541人，比上年的7 557人减少了16人，减少3.1%，其中职工人数5 469人，在岗职工4 735人。全年从业人员人均年收入7万元，比上年的6.4万元，增长了9.4%。职工人员人均年收入7.7万元，比上年的7.1万元，增长了8.5%。在岗职工人均年收入8.5万元，比上年的8万元，增长了6.3%。国有及国有控股企业全年从业人员劳动报酬5.31万元，比上年同期的4.77万元增长了11.3%。全年共有不在岗员工734人，发放不在岗员工生活费1 634万元，全系统离、退休、退职人员9 799人，发放离、退休、退职人员生活费总额25 553万元。目前，在确保下岗职工基本生活费的基础上，天津农垦将继续做好企业富余职工的分流安置和再就业工作。

8. 文教、卫生情况 2014年天津农垦已将企业办中小学全部移交当地。目前还有1所成人中等学校，学校已被天津农学院买去，仅有4人在原校址临时办公。场办医疗卫生单位3个，病床56张，医务人员27人，其中医生12人。

二、2014年统计工作思路

1. 认真贯彻执行《统计法》 《统计法》规定"统计的基本任务是对国民经济和社会发展情况进行统计调查、统计分析、提供统计资料和统计咨询意见，实行统计监督。"因此有必要组织全系统统计人员认真学习《统计法》，要让每个统计人员树立良好的统计职业道德，坚持实事求是的精神，与弄虚作假的现象做坚决斗争，使统计工作规范化、科学化、制度化。

2. 抓好业务培训，提高统计人员业务素质 2014年天津农垦组织系统内企事业单位综合统计人员进行了统计从业人员培训。总公司今后还要不断对基层统计人员进行业务培训，主要学习统计基础知识和新统计专业知识，搞好国有和非国有经济的统计工作，提高和完善各种统计工作和任务，从而提高全系统统计人员整体业务水平。

河北农垦2014年经济和社会发展统计公报

河北省农垦局

2014年，河北垦区在省委、省政府和农业部的正确领导下，坚持以邓小平理论、“三个代表”重要思想和科学发展观为指导，认真贯彻落实全国农垦专业会议精神，围绕全年发展目标，积极发展现代农业，推进垦区经济的发展。坚持以人为本，推进农场改革，突出科技创新，加快结构调整，全面提高经济总量。垦区社会事业全面稳定发展，经济实力进一步提升，实现了年初确定的预期目标。

一、综合

农垦经济平稳增长，经济总量又上新台阶。全年实现农垦生产总值超400亿元大关，达到428.07亿元，比上年增长7.29%（图1）。其中，第一产业增加值42.78亿元，增长10.12%；第二产业增加值231.04亿元，增长0.23%；第三产业增加值154.25亿元，增长18.98%。2014年人均GDP净增加5 273元，达到94 445元，比上年增长5.91%。人均纯收入12 881元，比上年增长7.91%。

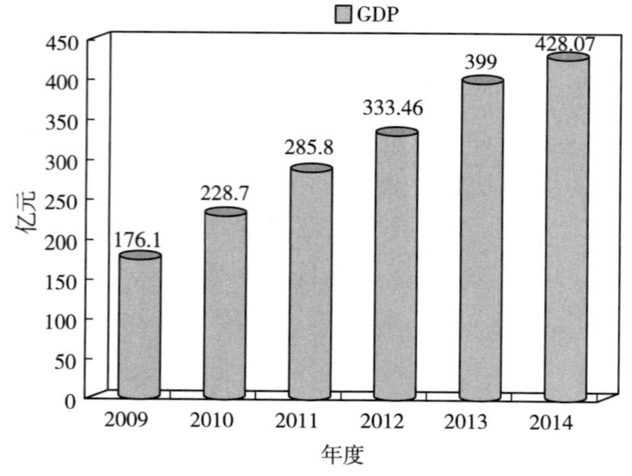

图1　农垦生产总值

2014年各农场发挥自身优势，积极调整产业结构，特色主导产业对经济发展起到了龙头拉动作用。一、二、三产业增加值在农垦生产总值中的比重分别为9.99%、53.98%、36.03%，第一产业比重比上年上升了0.26个百分点，第二产业比重比上年下降了3.81个百分点，第三产业比重比上年上升了3.54个百分点（图2）。

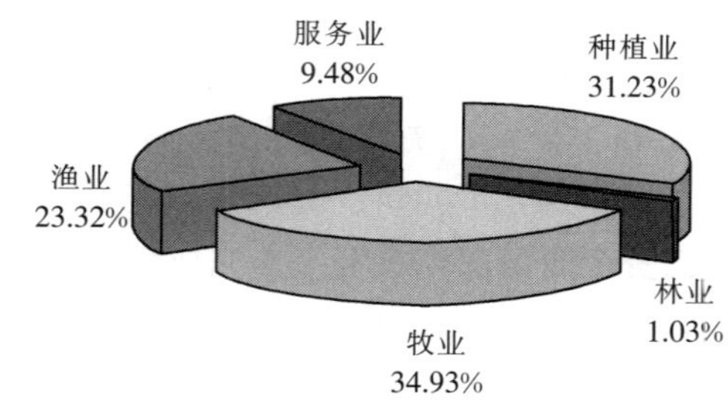

图2　农林牧渔业产值比例结构

二、农业

2014年，垦区切实贯彻落实惠农强农政策，加快农业科技推广，加强现代农业建设，农业综合生产能力平稳增强。全年实现农林牧渔业总产值90.96亿元，比上年下降1.17%。其中：种植业产值28.41亿元，增长4.33%；林业产值0.94亿元，下降18.97%；牧业产值31.77亿元，增长4.54%；渔业产值21.21亿元，下降17.79%；服务业产值8.62亿元，增长15.55%。

全年农作物总播种面积为101.12千公顷，比上年减少1.93千公顷，下降1.87%。其中：粮食作物播种面积72.51千公顷，比上年增加1.35千公顷，增长1.90%，占农作物总播种面积的71.71%；棉花面积12.23千公顷，减少2.21千公顷，下降15.30%；油料面积1.60千公顷，增加0.08千公顷，增长5.54%；蔬菜、瓜类面积6.61千公顷，增加1.37千公顷，增长26.15%。其他作物7.94千公顷，减少2.53千公顷，下降24.16%。

垦区全年农作物总用种量14 737吨，其中，杂交水稻4 917吨，杂交玉米1 422吨，棉花401

吨。种子基地种子播种面积 4 188 公顷，生产量合计 20 225 吨；加工厂 7 个，加工生产能力 16 375 吨；种子公司 8 个；年末从业人员 416 人，其中技术人员 68 人；种子质量检验室 7 个，种子检验人员 19 人。

2014 年粮食总产量 45.17 万吨，比上年减少 3.23 万吨，下降 6.67%。为国家提供商品粮 40.45 万吨，比上年减少 2.72 万吨，下降 6.30%，商品率为 89.56%，商品率比上年增长 0.37 个百分点（表 1、图 3）。

表 1　主要农产品产量

农作物名称	2014 年产量（吨）	比上年增长（%）
一、粮食	451 667	−6.67
其中：稻谷	190 871	−8.77
小麦	75 888	−0.56
玉米	144 852	5.74
二、油料	1 424	−23.11
其中：花生	899	−5.86
油菜籽	138	−67.98
三、棉花	18 486	−9.58
四、糖料	9 980	9.89
五、蔬菜、瓜类	322 881	33.37
六、其他作物	254 786	−17.89
其中：青饲料	254 786	−17.89

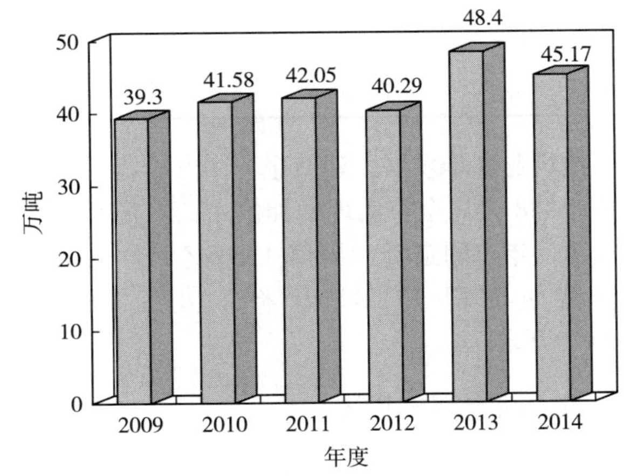

图 3　粮食产量

畜牧业保持健康发展。2014 年年末大牲畜存栏 18.36 万头。奶牛数量达到 16.91 万头，增加 2 万头，比上年增长 13.41%；牛奶总产量 51.97 万吨，增长 5.76 万吨，比上年增长 12.46%。察北、沽源、大曹庄三个农场牛奶产量分别达到 24.47 万吨、12.32 万吨和 7.56 万吨，占全垦区牛奶总产量的 85.32%（表 2、图 4）。

表 2　牲畜年末存栏及畜产品产量

牲畜种类	2014 年产量	比上年增长（%）
大牲畜总头数（万头）	18.36	13.75
其中：奶牛（万头）	16.91	13.41
猪存栏（万头）	31.93	−0.75
羊存栏（万只）	12.84	29.36
其中：绵羊（万只）	12.57	29.99
家禽（万只）	264.88	4.76
肉类总产量（万吨）	6.30	0.32
其中：猪肉（万吨）	3.65	2.82
禽肉（万吨）	2.21	−1.78
牛奶（万吨）	51.97	12.46
禽蛋（万吨）	1.13	1.8

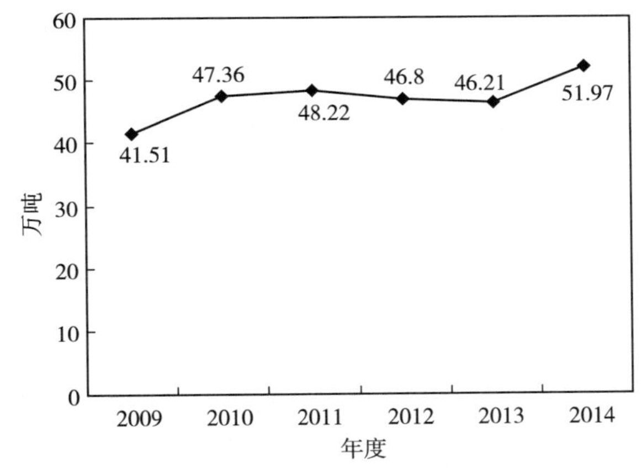

图 4　农垦牛奶产量

水产养殖业保持平稳发展。年末水产品养殖面积 17 837 公顷，比上年下降 3.19%。养殖面积中淡水 9 921 公顷，海水 7 916 公顷。全年水产品总产量 134 960 吨，比上年减少 3 459 吨，下降 2.50%。其中：淡水产品产量 101 899 吨，下降 3.71 %；海水产品产量 33 061 吨，增长 1.43%。对虾产量 22 702 吨，比上年下降 14.63%。

全年植树造林面积 4.51 千公顷，其中用材林 0.17 千公顷，经济林 0.33 千公顷，防护林 3.87 千公顷，特种用材林 0.14 千公顷。年末林地面积 77.38 千公顷。

农业基础设施建设得到加强，农业生产机械化水平进一步提高。年末农业机械总动力 110.45 万千瓦，比上年增长 4.51%。农用排灌动力机械 13 146台、14.64 万千瓦，大中型农用拖拉机4 188台，小型拖拉机 22 766 台，播种机 1 883 台，联合收获机 500 台，机动割晒机 1 101 台，机动脱粒机 5 913 台，农用运输车辆 7 804 辆。水稻工厂化育秧设备 58 套，温室 366 万米^2，大棚 542 万米^2。实际机耕面积 81.18 千公顷，占年末耕地面积的比重达 82.82%，当年机播面积 89.66 千公顷，占农作物总播种面积的比重达 88.67%，机械收获面积 64.45 千公顷，占农作物总播种面积的 63.74%。

三、工业和建筑业

2014 年第二产业实现增加值 231.04 亿元，比上年增长 0.23%，增加值占农垦生产总值的 53.97%，其中工业增加值 190.48 亿元，比上年增长 2.01%；建筑业增加值 40.55 亿元，比上年下降 7.38%。

工业保持平稳发展。2014 年工业企业总数为 1 122个，其中国有工业企业及规模以上的非国有工业企业 188 个，销售产值 807.54 亿元，增长 4.75%。乳制品产量 62.15 万吨，比上年增长 13.35%，液体乳产量 58.19 万吨，比上年增长 16.06%（图 5、表 3）。

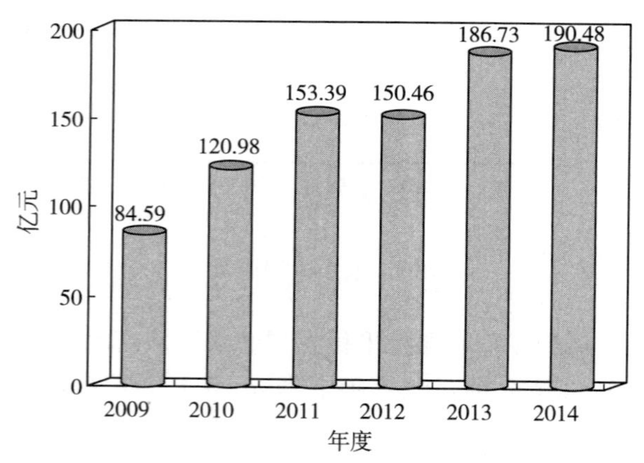

图 5 工业增加值

2014 年实现工业总产值 910.79 亿元，比上年增长 7.44%。国有工业总产值 219.86 亿元，下降 17.63%；轻工业总产值 446.96 亿元，增长 3.19%；规模以上工业企业总产值 827.78 亿元，增长 7.87%。主要工业产品总产值为：农副食品加工业 29.56 亿元，增长 13.3%；食品制造业 82.5 亿元（主要为乳制品制造业），增长 23.13%；纺织业 3.49 亿元，增长 0.04%；纺织服装、服饰业 3.59 亿元，下降 0.01%；家具制造业 18.73 亿元，增长 14.98%；化学原料及化学制品制造业 18.73 亿元，增长 21.15%；造纸及纸制品业 6.71 亿元，下降 0.45%；黑色金属冶炼及压延加工业 57.67 元，下降 7.51%；金属制品业 17.79 亿元，增长 12.88%；交通运输设备制造业 40.02 亿元，增长 0.25%；石油加工及炼焦业 436.77 亿元，增长 10.64%；石油和天然气开采业 84.01 亿元，下降 1.82%。

表 3 2014 年主要工业产品产量

产品名称	绝对数（吨）	比上年增长（%）
原盐	82 065	−6.81
大米	673	91.19
小麦粉	5 763	−2.52
混、配合饲料	382 520	40.23
乳制品	621 457	13.33
#液体乳	581 926	16.06
饮料酒（千升）	5 514	3.63
#白酒	5 514	4.1
柴油	99 742	16.2
燃料油	904 025	468.53
焦炭	253 000	持平
水泥	347 987	−11.53
机制纸及纸板	26 870	6.2
钢材	1 139 047	306.21

建筑业稳步发展。建筑企业 140 个，年末从业人员 8 338 人。全年实现增加值 40.56 亿元，下降 7.35%，年末固定资产原值 4.26 亿元，全年施工房屋建筑面积 165.41 万米^2，房屋竣工面积 130.33 万米^2。

四、固定资产投资

固定资产投资增速较快。固定资产投资对垦区经济持续增长起着较强推动作用。2014 年全垦区完成固定资产投资总额 475.52 亿元，比上年增加 115.16 亿元，增长 31.96%（图 6）。国有固定资产投资 45 亿元，比上年下降 28.10%；非国有固定资产投资 430.52 亿元，比上年增长 44.58%。

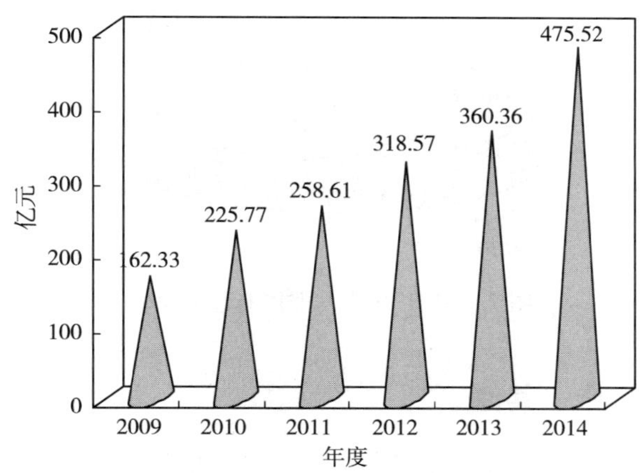

图 6　固定资产投资比较图

二、三产业投资额增加显著。第一产业投资36.76亿元，比上年下降12.06%；第二产业投资289.17亿元，比上年增长21.74%；第三产业投资149.59亿元，比上年增长84.61%。一、二、三产业在固定资产投资中比重为12.94∶60.81∶31.46。

固定资产投资中，国家预算内资金3.55亿元，国内贷款18.51亿元，自筹资金428.25亿元，其他资金25.22亿元。当年新增固定资产315.95亿元。

当年新增生产能力主要有：喷灌面积332公顷，造林697公顷，大中型拖拉机215台，联合收割机32台，输电线路17千米，变电设备35台，学校0.5万米^2，住房10.9万米^2；公路90千米，畜禽生产用房0.4万米^2，机制纸及纸板558吨。

五、运输业、批发零售贸易业、服务业及出口商品

交通运输业全年完成货运量56 132万吨，客运668.9万人次；年末单位个数5 918个，从业人员11 877人，运输工具6 560台；营业总收入21.74亿元，比上年增长34.61%。

批发零售业、餐饮业、服务业年末单位个数12 768个，固定资产原值29.32亿元，比上年增长4.75%，营业用房面积50万米^2，增长3.67%；营业总收入266.61亿元，比上年增长2.62%，其中批发零售业206.27亿元、餐饮业20.57亿元、服务业39.77亿元，分别比上年增长1.96%、1.48%、6.82%；批发零售业、餐饮业、服务业营业网点数15 161个，年末从业人员5.56万人。

全年出口商品总金额15.41亿元，比上年增长53.99%。其中农产品60万元；水产品8 064万元，增长10%；工业品146 022万元，增长69.29%。

六、科研、教育、卫生

2014年年末全垦区拥有科研单位11个，其中省、地属科研单位1个，场属10个；从业人员191人，其中科技人员143人。科研经费2 865万元，其中国家拨款1 167万元，省地局自筹282万元，企业自筹1 416万元。

教育事业健康发展。2014年年末全垦区拥有学校97所，教职工4 595人，其中教师4 165人；在校学生47 962人，当年毕业生12 467人。其中成人高等学校1所，普通中等专业学校2所，成人中等专业学校1所，普通中学17所，职业中学1所，小学75所。

卫生服务体系建设得到加强。2014年年末全垦区共有分场以上医疗单位131个，病床1 719张，其中医院36个；从业人员1 824人，其中医生754人。

七、人口、职工、收入与社会保障

年末垦区总人口45.49万人，全年出生人口6 888人，出生率为15.2‰；死亡人口2 719人，死亡率为6‰；自然增长率为9.2‰。

年末全垦区从业人员28.21万人，比上年增长1.66%。其中第一产业11.08万人，与上年持平；第二产业9.22万人，增长10.16%；第三产业7.91万人，增长2.59%。

职工生活水平稳步提高。2014年全垦区实现人均纯收入12 881元，比上年增长7.91%。垦区危房改造工作自2011年开展以来，职工居住条件得到改善，年末职工实有住房面积1 440.36万米^2，比上年增长3.72%，人均住房面积31.78米^2。

八、绿色、有机食品、无公害农产品

截至2014年年末，垦区认证了31个绿色、有机食品、无公害农产品，带动37 952个农户。其中种植业7个，含水稻4个、玉米1个、蔬菜2个。已认证的绿色食品A级面积2 165公顷，产量19 808吨；已认证的有机食品面积633公顷，产量4 918吨；已认证的无公害农产品面积6 633公顷，

产量 74 918 吨；渔业 3 个，含淡水鱼 1 个、海水鱼 1 个、蟹 1 个。已认证的绿色食品 A 级面积 2 500公顷，产量 2 625 吨；已认证的无公害农产品面积 1 775 公顷，产量 1 343 吨；畜牧业 17 个，其中生猪 3 个、肉牛养殖 1 个、奶牛养殖 11 个、羊养殖 1 个、蛋鸡 1 个。已认证的无公害农产品中，牛奶产量 145 179 吨；加工业 4 个，均为乳制品。

九、非国有经济

非国有经济在河北农垦经济总量中起着决定性的作用。2014 年，非国有经济全年实现农垦生产总值 253.84 亿元，比上年增长 7.25%，占全社会经济总量的 59.3%（图 7）。其中第一产业增加值 16.02 亿元，增长 8.39%；第二产业增加值 145.11 亿元，增长 7.08%；第三产业增加值 92.71 亿元，增长 7.32%。各产业在非国有经济农垦生产总值中所占比重分别为：6.31%、57.17%、36.52%。第三产业增长显著。

年末非国有经营单位 21 415 个。其中集体经济 106 个，个体企业 19 298 个，私营企业 1 986 个，港澳台及外商企业 25 个。从业人员 17.12 万人，其中第一产业 4.27 万人，第二产业 6.35 万人，第三产业 6.49 万人。从业人员报酬总额 34.17 亿元，人均收入 19 962 元，增长 2.91%；全年共实现利税 96.19 亿元，增长 62.29%。

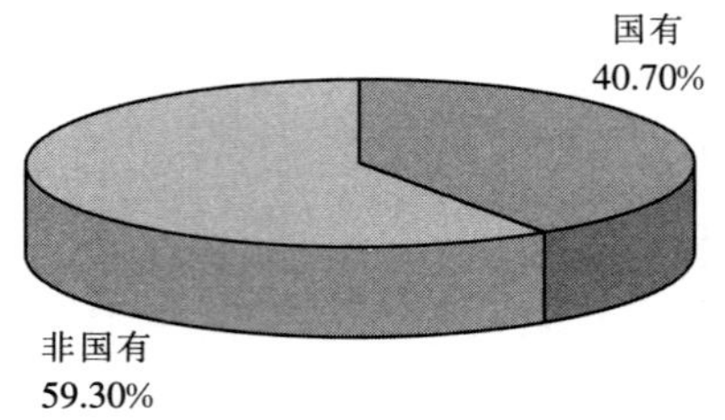

图 7　GDP-国有与非国有经济比较

十、其他

全垦区 33 个农牧场中，生产总值超过 1 亿元的有 10 个。这 10 个农牧场共有职工 6.39 万人，耕地 81.03 千公顷。2014 年实现生产总值 424.16 亿元，占垦区生产总值的 99.09%。其中农业增加值 43.84 亿元，工业增加值 194.12 亿元，利润总额 25.02 亿元，销售税金 36.31 亿元。生产总值列前三位的是中捷农场、柏各庄农场、南大港农场，生产总值分别为 119.07 亿元、103.08 亿元、78 亿元。

2014 年年末全垦区拥有大中型工业企业、龙头企业 20 家，全年完成总产值 454.95 亿元，销售产值 426.26 亿元。完成增加值 152.61 亿元。年末资产总额 497.88 亿元，固定资产原值 613.17 亿元，从业人员 1.8 万人，实现利税总额 30.4 亿元。

截至 2014 年年底，全垦区共有“三资”企业 27 家。企业投资总额约 9.65 亿元，其中外方投资总额 7.53 亿元，我方投资总额 2.12 亿元。

山西农垦2014年经济和社会发展统计公报

山西省农业厅农垦局

2014年山西农垦在农业部农垦局、省委、省政府和省农业厅的正确领导下，深入贯彻落实中共十八届三中、四中全会精神，坚持以科学发展观为指导思想，围绕垦区发展目标，扎实推进各项工作的开展，较好地完成了年度的目标任务。

一、综合

2014年，山西垦区拥有国有农场26个，垦区总人口33 360人，其中农场人口27 797人。社会从业人员16 118人，其中第一产业7 354人，第二产业4 115人，第三产业4 649人。年末国有单位从业人员4 284人，其中在岗职工3 409人，其他从业人员875人。职工年均收入16 193元，同比增长4.44%，人均纯收入7 733元，同比增长12.45%。

土地总面积22 782公顷，由于大同奶牛场和太原农牧场地处当地经济开发区，政府占用土地，土地总面积比上年减少136公顷。耕地面积6 752公顷，比上年减少15公顷。牧草地面积5 761公顷，林地面积6 018公顷，居民点及工矿用地面积1 470公顷，其他面积1 939公顷。

垦区全年实现生产总值59 281万元，比上年增长1.47%。其中第一产业增加值14 660万元，比上年增长13.91%；第二产业增加值25 010万元，比上年减少8.76%；第三产业增加值19 611万元，比上年增长8.12%，一、二、三产业增加值在生产总值中的比重分别为25∶42∶33。

二、农业生产情况

2014年实现农林牧渔业总产值28 835万元，比上年增长5.87%。其中农业产值12 390万元，比上年增长22.84%，牧业产值16 061万元，比上年减少5.56%。农林牧渔业商品产值22 763万元。粮豆商品量25 066吨，商品率为70%。肉类商品量为3 591吨，商品率为95.6%。

2014年全年农作物种植面积为6 301公顷，比上年增加19公顷，增长0.27%。其中粮豆播种面积5 388公顷，比上年增加205公顷，增长4%，占农作物总播种面积的85.5%；油料种植面积130公顷，比上年增加62公顷，增长92%；其他作物种植面积230公顷，比上年减少291公顷，减少56%。

粮食总产量继续保持增长，其他农产品产量均有不同程度增加（表1）。

表1　主要农产品产量

农作物名称	产量（吨）	比上年增减（%）
粮食	35 714	11.59
其中：小麦	1 029	18.41
玉米	32 493	14.47
油料	347	140.97
其中：向日葵	98	−11.71
蔬菜、瓜果	16 270	−2.41

2014年畜牧业生产受市场影响，呈下降趋势。经过近几十年的高速发展，奶牛业遇到前所未有的困难，饲草价格高，奶价持续低迷，奶牛质量下降，牛奶收购量急剧下降等问题，使得奶牛养殖业效益大幅降低。

年末大牲畜存栏1.35万头，比上年增加0.74%。其中良种及改良乳牛1.16万头，比上年减少8.66%；年末猪存栏0.92万头，比上年增长22.67%；羊年末存栏7.07万只，比上年增加6.07万只，主要原因是增加了应县畜牧养殖园区肉羊养殖场存栏数；家禽存栏3.41万只，比上年减少35.17%。肉类总产量3 755.81吨，比上年增加2 183.71吨，增长139%。其中：猪肉产量1 369.74吨，比上年增加72.74吨，增长5.61%；牛肉产量145.95吨，比上年增长5%；羊肉产量2 155.02吨，比上年增加2 082.02吨；禽肉产量85.1吨，比上年减少22%；牛奶产量34 214吨，比上年减少 3 388 吨，减少 9.01%。

年末水果种植面积 50 公顷，比上年增加 6 公顷，增长 14%，其中苹果种植面积 32 公顷。水果产量 566 吨，比上年增长 59%，其中苹果产量 347 吨。

农业生产机械化水平逐年提高。2014 年垦区农业机械总动力 25 338 千瓦，比上年增长 5.12%。其中柴油发动机动力 11 600 千瓦，比上年增长 0.89%，电动机动力 8 236 千瓦，比上年增长 0.39%。拥有大中型拖拉机 55 台，农用排灌机械 717 台，比上年增加 44 台。农用运输车 185 辆。发展设施农业温室大棚 470 224 米^2，大棚100 687 米^2。当年实际机耕面积 5 924 公顷，占当年耕地面积的 87.7%，当年实际机播面积 5 334 公顷，占农作物播种面积的 99%。农场用电量 2 414 万千瓦时，比上年增长 15.78%。有效灌溉面积 3 820 公顷，比上年增加 440 公顷，增长 13.02%。其中滴灌面积 1 757 公顷，比上年增加 1 097 公顷。增加的主要原因是红旗牧场争取到当地农作物滴灌节水项目 667 公顷，大同奶牛场和金沙滩农牧场实施了农业部 2014 年粮食作物滴灌节水技术项目 400 公顷。机电井 287 眼，已配套 264 眼。

三、工业生产情况

2014 年，工业生产企业仍在低位运行，由于材料、人工费用的增加，大型工业项目、主要工业产品等发展出现连续滑坡，企业盈利能力下降，企业亏损面扩大。工业产品产量、价格走势、经济效益均不容乐观，企业生产经营仍比较困难。生产煤焦油和商品混凝土的企业因环评原因停产。

表 2　主要产品产量

名　　称	计量单位	2014 年产量	比上年增长（%）
饲料	吨	14 410	1.49
家具	件	700	持平
精矿粉	吨	1 433	持平
蛭石	吨	2 400	−99.47
化学农药原药	吨	2 932	−33.39
花岗石板材	吨	64 500	持平
鲜、冷藏肉	吨	20 100	0.5
铁合金	吨	22 372	
其他钢材	吨	6 850	
农用化肥	吨	1 400	

年末国有及非国有工业企业 56 家，全年实现工业产值 45 014 万元，比上年减少 17.42%。实现主营业务收入 37 733 万元，比上年减少 21.98%。利润亏损 166 万元。其中 2 家国有工业企业全部停产，职工工资、设备折旧造成亏损 102 万元。

四、第三产业

第三产业的快速增长为经济总体增长提供了有力补充，内部结构进一步优化。2014 年批发零售、餐饮、服务业年末单位 1 094 个，从业人员 3 882 人，实现销售总额或营业收入 3.8 亿元。其中：批发零售业年末单位 877 个，实现销售总额或营业收入 3.04 亿元；餐饮服务业年末单位 166 个，实现销售总额或营业收入 0.61 亿元；服务业年末单位 51 个，实现销售总额或营业收入 0.15 亿元。

年末交通运输业 48 个，从业人员 134 人，实现营业总收入 599 万元，与上年持平，其中货运 559 万元，比上年减少 6.52%。

2014 年学校都归属地方所有。年末医疗卫生单位 12 个，比上年增加 2 个，从业人员 122 人。

五、固定资产投资

2014 年固定资产投资 26 593 万元，比上年减少 20.3%。其中：非国有投入 21 096 万元，占总投资额的 79%；国有投资 5 497 万元，占总投资额的 21%。按工程用途分：第一产业投资 5 506 万元，第二产业投资 21 000 万元，第三产业投资 87 万元。一、二、三产业投资比例 21∶78∶1。当年新增固定资产 35 688 万元。

六、非国有经济

非国有经济成分的比重越来越大，实力不断增强，经过多年的积累和发展，非国有经济成为拉动垦区经济的主力。2014 年垦区非国有经营单位个数 1 497 个，从业人员 9 307 人，从业人员劳动报酬19 669万元，人均收入达到 21 134 元，完成生产总值 47 292 万元，比上年增长 0.62%，占全垦区经济总量的 79%，其中：第一产业 3 159 万元，比上年增长 55.69%；第二产业 26 099 万元，比上年减少 8.38%；第三产业 18.34 万元，比上年增长 9.4%。全年实现利润 9 894 万元，上缴税金 2 016万元。

内蒙古农垦2014年经济和社会发展统计公报

内蒙古自治区农业厅农场管理局

2014年，内蒙古农垦全面贯彻落实中共十八届三中、四中全会精神，根据农业部农垦局推进“两个率先”和实施“三联”战略、打造国际大粮商计划的新任务，着力推进现代农牧业发展，增强和壮大农垦主导产业；着力推进先进适用技术先行先试，不断提高农业科技化水平，增加农产品经济效益；着力推进民生改善，不断提高垦区职工生活水平，增强垦区凝聚力，努力推进农垦经济社会持续稳定发展。

一、综合情况

2014年全区农垦拥有农牧场个数104个，总人口49.56万人，其中农牧场人口44.4万人。经济实现生产总值150.71亿元，同去年相比增长9.2%。其中第一产业增加值84.48亿元，增长7.3%；第二产业增加值41.84亿元，下降14.87%；第三产业增加值24.39亿元，增长8%。第一、二、三产业增加值占生产总值的比重分别为56∶28∶16。人均纯收入11 580元，同比增加10%。

年末农垦社会从业人员238 102人，其中第一产业181 885人，第二产业21 079人，第三产业35 138人，二、三产业的从业人员同比略有下降，三产同比增长4%。

土地总面积5 356 981公顷，其中耕地面积660 308公顷，牧草面积2 447 321公顷，林地面积248 107公顷，水面面积82 692公顷，果园面积1 193公顷。

年末实有住房面积1 425万米^2，同比增加112万米^2，其中当年新建61万米^2，同比增加3万米^2。居民生活水平得以提高。

锡林河煤化工纳入乌拉盖国有企业，整体影响了2015年统计年报的相关指标增减。今年有两大重点交通运输企业在乌拉盖统计范围内导致各指标数量增加，乌拉盖2014年新增褐煤体质企业，导致原煤消耗量大增。近年来乌拉盖经济迅速发展，特别是煤炭企业规模扩大，深化户籍改革、城镇化水平不断提高，吸引各地区外来人员入驻创业、择业，导致乡镇户数、乡镇人口、外来人数不断增加。

随着城镇化改造，农场住房条件得到改善，供暖及集中供暖面积增加导致水、煤、电等能源消耗量增加。而乌拉盖企业的增加也导致水、电、煤等能源消耗量大增。

二、农业

2014年，全垦区生产基础建设进一步加强，农业投入继续加大。通过产业结构的优化和调整，经济效益显著提高，全年实现农林牧渔总产值1 586 960万元（现行价，下同），同比增长47%。其中种植业产值940 175万元，林业产值8 666万元，牧业产值628 013万元，渔业产值10 106万元。

农作物播种面积693 997公顷（含租赁面积），同比增长2.5%。其中粮食作物播种面积503 294公顷，油料作物播种面积166 713公顷。主要农产品产量见表1。

表1　主要农产品产量

产品名称	2014年实际数量（吨）	同比增长（%）
粮食	2 005 034	6.87
其中：稻谷	20 247	13.3
小麦	431 693	37.9
玉米	1 167 171	持平
大豆	213 952	47.9
其他谷物	48 265	−21.5
薯类	99 027	−21.5
油料作物	305 725	19.6
其中：油菜籽	222 380	22.5
葵花籽	83 345	12.7
糖料	22 312	−23.3

2014 年小麦播种面积增加了 20 193 公顷，大豆播种面积增加了 8 412 公顷。

畜牧业生产稳定，大小畜存栏 351 万头（只）。肉类产量 9 万吨，同比增加了 14.1%（表 2）。

表 2　牲畜年末存栏及主要产品产量

产品名称	2014 年实际数量	同比增长（%）
大牲畜（万头）	38.58	−4.9
羊	312.29	13.7
猪	21	9.4
肉类总产量（吨）	90 183	14.1
其中：牛肉	27 217	5.9
羊肉	34 713	18.5
猪肉	19 794	3.3
牛奶（吨）	575 166	1.5
羊绒（吨）	196	持平
禽蛋（吨）	5 772	−0.7

全年植树造林 4 424 公顷，零星植树 64 万株，木材采伐量 536 米^3，比去年同期下降了 90.28%。

农业生产条件得到进一步改善，年末机械总动力 1 970 033 千瓦，同比增长了 5.2%。其中柴油发动机动力 1 745 287 千瓦，汽油发动机动力 108 760千瓦，电动机动力 108 901 千瓦。大中型拖拉机 12 406 台，同比增长了 17.4%；小型拖拉机 49 085 台，同比增长了 5.9%。农用排灌机械 5 212台（套），农用水泵 18 321 台。

农业基础设施建设进一步加强，年末拥有机电井 22 603 眼，其中已配套 18 508 眼。

农用化肥施用总量（折纯量）148 869 吨，同比增长了 7.4%。其中施用于农作物的数量为 103 181吨。生物肥施用量 22 422 吨，有机肥施用量 158 102 吨。测土配方施肥面积 109 281 公顷。

有效灌溉面积 167 257 公顷，其中机灌面积 47 473公顷，电灌面积 50 178 公顷，节水灌溉面积 113 632 公顷。

农用塑料薄膜使用量 3 066 吨，其中地膜使用量 1 948 吨。地膜覆盖面积 12 074 公顷。

农田基本建设机械 3 288 台。其中推土机 729 台，挖掘机 2 532 台，开沟机 27 台。

三、工业和建筑业

2014 年实现工业总产值（现行价）532 527 万元。煤炭已成为工业产值最高的产业，2014 年煤炭开采和洗选业实现产值 303 769 万元，食品制造业 79 271 万元。主要工业产品产量见表 3。

由于巴彦淖尔市农垦在实行体制改革，工业项目受到很大冲击，工业总产值降低了 7 亿元。

表 3　主要工业产品产量

产品名称	2014 年实际数量	同比增长（%）
原煤（吨）	15 530 000	−26.1
小麦粉（吨）	27 190	23.3
饲料（吨）	54 203	−29.9
食用植物油（吨）	46 957	−46.9
白酒（吨）	1 761	13.2
人造板（米^3）	225 000	78.9
水泥（吨）	410 000	17.1

建筑业发展平稳，年末农垦全社会拥有固定资产 36 028 万元。全年施工房屋建筑面积 52.75 万米^2，增加了 37.21 万米^2。

年末拥有机械设备总台数为 1 097 台。

四、交通运输业

2014 年交通运输业实现营业总收入 73 511 万元。现有主要运输工具 3 230 台，其中载货汽车 1 815台，载客汽车 662 台。全年完成客货运输量分别为 381 万人和 12 376 万吨。

五、批发和零售贸易、餐饮业

2014 年批发零售业实现销售总额或营业收入 263 410 万元。年末拥有固定资产原值 60 164 万元。

批发和零售业、餐饮业、服务业年末营业单位 5 675 个，从业人员 16 498 人。

六、科研、教育和卫生

年末拥有科研机构 12 个，科技人员 92 人。全年科研经费 267 万元，其中国家拨款 15 万元，占科研经费的 0.56%；企业自筹 252 万元，占科研经费的 94.4%。

年末垦区拥有各类学校 25 所。其中普通中学 3 所，小学 21 所。教职员工 956 人，其中教师 798

人。在校学生 4 029 人，其中当年新招生 849 人。当年毕业生 813 人。

年末垦区拥有各类医疗机构 302 个，其中医院 72 个，病床 1 455 张。医务人员 1 769 人，其中医生 1 007 人。

七、固定资产投资

年末农垦全社会完成固定资产投资 618 967 万元，同比增长 6.2%。总投资额中，用于第一产业 205 048 万元，第二产业 283 816 万元，第三产业 130 103 万元。当年新增固定资产 311 563 万元。

八、新增生产能力及主要物资消费量

当年新增生产能力：有效灌溉面积 5 019 公顷，造林 3 842 公顷，果树定植 87 公顷，草原建设 804 公顷，联合收割机 253 台，大中型拖拉机 1 067台，小型拖拉机 744 台，机引农具 1 330 台，公路建设 487 千米，输电线路 243 千米，畜禽生产用房 16.1 万米^2。全年主要物资消费：钢材22 253 吨，木材 36 484 米^3，水泥 190 371 吨，煤炭 480 293吨，成品油 91 374 吨。

辽宁农垦2014年经济和社会发展统计公报

辽宁省农垦局

2014年辽宁农垦在农业部、省委、省政府的正确领导下，全面贯彻落实中共十八大会议精神，以加快发展现代农业、努力提高职工生活水平为中心，以深化改革为动力，转变作风，扎实工作，淡化“速度情结”，强化“质量关切”，各项工作扎实推进。

一、综合

2014年，辽宁垦区拥有国有农场109个，政企合一农场52个，纯农场57个。年内平均总人口92.6万人，其中从业人员47.05万人，其中第一产业24.23万人，第二产业12.87万人，第三产业9.95万人，各业人员所占比重分别为52∶27∶21。年末国有单位从业人员28.93万人，其中在岗职工23.43万人，其他从业人员5.5万人，从业人员年劳动报酬为18 750元/人。

土地总面积512 412公顷，其中耕地154 835公顷，占30%，其中水田94 126公顷，占耕地的61%，旱田60 709公顷，占耕地的39%；林地69 887公顷，占土地总面积的14%；牧草地22 182公顷，占4%；水面84 259公顷，占16%；果园12 069公顷，占2%；居民点及工矿用地53 394公顷，占10%；其他106 474公顷，占21%。

小城镇39个，比上年增加5个，小城镇人口177 109人，占总人口数的19%，小城镇占地面积10 152公顷，占土地总面积的2%。

全年实现生产总值3 104 842万元，比上年增长12%，其中第一产业979 927万元，比上年增长10%；第二产业1 545 424万元，比上年增长14%；第三产业579 471万元，比上年增长12%。一、二、三产业比重为31∶50∶19。人均生产总值33 530元，比上年增加4 025元。全年以增加值计算的全社会劳动生产率为65 990元，比上年增加7 081元。人均纯收入14 068元，比上年增加1 441元，高于全省农村人均纯收入1 200元以上。年末实有住房面积3 069万米^2，人均住房33.15米^2。

非国有经济迅猛发展。年末经济单位59 135个，比2013年增加1 103个，其中集体经济91个，个体经济53 284个，私营经济5 742个，港澳台及外商经济18个。按三次产业划分，第一产业30 219个，第二产业7 587个，第三产业21 329个。年末从业人员25.77万人，占全部从业人员的55%，从业人员劳动报酬为512 925万元，平均每人每年为19 905元。全年实现生产总值2 131 613万元，占全部生产总值的69%，比上年增长5%。其中第一产业314 811万元，第二产业1 276 298万元，第三产业540 504万元，一、二、三产业所占比重为15：60：25。当年固定资产投资额为2 858 389万元，比上年增长8%，占总投资额的89%。资产总额为4 375 375万元，固定资产原值5 144 258万元，比上年增长15%。实现税金为268 936万元，比上年增长6%，实现利润465 441万元，比上年增长6%。

固定资产投入力度减弱。全年固定资产投资额为3 194 434万元，增长8%，其中非国有2 858 389万元，占总投资额的89%，国有336 045万元，占11%。按工程用途分：第一产业487 574万元，比上年增长20%；第二产业1 261 463万元，比上年下降21%；第三产业1 445 379万元，比上年增长51%。一、二、三产业投资比为15∶40∶45，2013年为14∶54∶32。按资金来源划分：国家预算内资金24 975万元，下降8%，占1%；国内贷款467 055万元，下降54%，占15%；利用外资157 951万元，增长8%，占5%；自筹资金2 447 532万元，增长57%，占76%；其他资金96 921万元，占3%。

年末外贸出口供货商品金额281 884万元，比上年增长1%，其中直接出口143 289万元。出口额中：农产品45 724万元，下降7%，占16%；

水产品 10 800 万元，下降 7%，占 4%；工业品 220 150 万元，增长 5%，占 78%；畜产品 5 210 万元，占 2%。出口的主要品种有花卉、水产品、家具、水果、药材、调料、工业品等。

农林牧渔业商品的产值为 1 479 670 万元，比上年增长 11%，占农业总产值的 77%。粮豆商品量为 1 145 337 吨，粮食商品率为 82%；油料商品量为 5 953 吨，商品率为 95%；肉类商品量为 263 381吨，商品率为 84%。

实现生产总值超 1 亿元的农场 45 个，比上年增加 1 个，增加的是鞍山市台安县新华农场、营口盖州二台农场、铁岭市两家子农场，减少的是锦州市北山农工商公司、葫芦岛市大台山果树农场。超 1 亿元农场实现生产总值 2 604 607 万元，占全省农垦生产总值的 84%。排在前 10 位的农场依次是铁岭市种畜场 306 619 万元，锦州大有农场 241 222万元，营口西海农场 169 840 万元，锦州市果树农场 130 000 万元，阜新市农场 128 638 万元，抚顺高湾种畜场 104 226 万元，盘锦前进农场 99 205 万元，盘锦清水农场 79 591 万元，盘锦唐家农场 77 299 万元，盘锦新兴农场 74 959 万元。

二、农业

农业生产继续保持平稳发展态势。全年实现农业产值 1 926 306 万元，比 2013 年增长 8%。其中种植业产值 867 174 万元，比 2013 年增长 4%；林业产值 34 644 万元，比 2013 年下降 14%；牧业产值 507 401 万元，比 2013 年增长 15%；渔业产值 517 087 万元，比 2013 年增长 10%。各业在农业总产值中的比重为 45∶2∶26∶27。农林牧渔服务业产值 79 665 万元，比 2013 年增长 52%。农业总产值按经济类型分：国有 1 045 138 万元，与 2013 年持平；集体 25 404 万元，比 2013 年增长 14%；个体 778 185 万元，比 2013 年增长 19%；其他 77 597万元，比 2013 年增长 21%；所占比重为54∶1∶40∶5。

粮食产量达到 1 393 852 吨，与 2013 年持平，在遭遇严重干旱情况下，水稻增产 3.8 万吨，弥补了旱田作物的减产。农作物播种面积 169 865 公顷，比 2013 年减少 2 195 公顷。其中：粮食作物播种面积 152 444 公顷，比 2013 年减少 463 公顷，占总播种面积的 90%；油料作物 2 627 公顷，占 2%；蔬菜、瓜类 14 030 公顷，占 8%。在粮食作物中：水稻播种面积 97 052 公顷，占粮食作物播种面积的 64%；玉米 46 609 公顷，占 31%；高粱 908 公顷，占 1%；谷子 2 015 公顷，占 1%。在粮食总产量中：水稻总产 1 026 752 吨，占 74%；玉米339 467吨，占 24%；豆类 15 721 吨，占 1%。

年末大牲畜存栏 10.37 万头，比上年减少 0.17 万头。其中牛 8.04 万头，比上年减少 0.11 万头；马 0.22 万头，比上年增加 0.02 万头。年末生猪存栏 101.66 万头，比上年减少 5.93 万头。家禽存栏 5 683 万只，比上年增加 939 万只。肉类总产量 312 155 吨，增加 14 084 吨，增长 5%。其中：猪肉 127 989 吨，增长 4%；牛肉 14 271 吨，比上年增长 8%；羊肉 2 590 吨，下降 17%；禽肉 147 345 吨，下降 7%。牛奶产量 147 345 吨，下降 1%。禽蛋 92 719 吨，增加 4 969 吨，增长 6%。

水产品总产量 497 780 吨，比上年增加 9 760 吨，增长 2%。其中淡水 250 535 吨，增加 21 134 吨，增长 9%；海水 247 245 吨，减少 11 374 吨，下降 4%。在水产品总产量中：鱼类 207 131 吨，减少 20 540 吨；虾蟹类 146 393 吨，增长 69%；贝类 144 256 吨，减少 24 378 吨，下降 14%。

年末水果种植面积 12 069 公顷，其中苹果种植面积 7 485 公顷，占水果面积的 62%；梨 1 631 公顷，占 14%；桃 1 150 公顷，占 10%；葡萄 712 公顷，占 6%。水果总产量达到 175 977 吨，比上年下降 7%（减产的主要原因是受干旱影响）。水果总产量中：苹果 117 027 吨，占水果总产量的 67%；梨 18 369 吨，占 10%；桃 16 431 吨，占 9%；葡萄 13 433 吨，占 8%。

全年植树造林 4 264 公顷，其中用材林 1 216 公顷，经济林 631 公顷，防护林 1 793 公顷，特种用材林 224 公顷。当年零星植树 168.74 万株。年末实有育苗面积 177 公顷，幼林抚育 3 744 公顷，成林抚育 5 049 公顷。木材采伐量 15 635 米^3。

农业生产机械化水平逐年提高。年末农业机械总动力 1 181 275 千瓦，比上年增加 44 828 千瓦，增长 4%，其中柴油机发动机动力 859 778 千瓦，汽油发动机动力 91 943 千瓦，电动机动力 179 290 千瓦，其他机械动力 50 264 千瓦。拥有大中型拖拉机 4 489 台，比上年增加 149 台；小型及手扶拖拉机 11 753 台，比上年减少 244 台；农用排灌动力机械 21 434 台；联合收获机 1 061 台，比上年增加 135 台；农用运输车 15 237 辆。当年实际机耕面积 141 620 公顷，占年末耕地面积的91%。当年实际机播面积 105 405 公顷，占农作物播种面积的68%。当年机械收割面积 93 904 公顷，占收获面积的55%。农场用电量 176 761 万千瓦时，比上年减少 5 235 万千瓦时，下降 3%。农药施用量 2 500 吨，减少 83 吨。农用化肥施用量 100 980 吨，比上年增加 1 446 吨。生物肥施用量 9 355 吨，比上年减少 2 478 吨；有机肥施用量 157 500 吨，比上年减少 3 562 吨。有效灌溉面积 146 393 公顷，比上年减少 461 公顷。沼气池 3 090 个，减少 54 个，机电井 4 663 眼，排灌站 263 个。

三、第二产业

1. 工业 年末国有及非国有规模以上工业企业 515 个，比上年减少 48 个，实现工业销售产值 7 324 565 万元，比上年下降 18%，实现销售收入 6 610 446 万元，比上年下降 18%（主要是工业企业减少所致）。实现产值 6 722 466 万元，产值超10 亿元的产业为石油加工、炼焦及核燃料加工业 1 356 573万元，农副食品加工业 1 335 338 万元，专用设备制造业 567 464 万元，有色金属冶炼及压延加工业 553 649 万元，其他制造业 304 834 万元，金属制品业 290 708 万元，非金属矿物制品业 280 879 万元，汽车制造业 268 323 万元，木材加工和木、竹、藤、棕、草制造业 203 317 万元，医药制造业 136 032 万元，食品制造业 126 552 万元，纺织业 117 284 万元，其他采矿业 113 612 万元。大中型及龙头企业 22 个，实现产值 477 647 万元。

主要工业产品中，饮料酒 356 830 千升，比上年增长 5%，乳制品 127 478 吨，比上年下降 8%，服装 514 万件，水泥 19 万吨，红砖 12 148 万块。

2. 建筑业 年末建筑企业 316 个，比上年减少 1 个，从业人员 27 602 人，比上年减少 1 482 人，年末固定资产原值 144 123 万元，年末拥有机械设备 4 626 台，全年施工房屋建筑面积 578.98 万米^2，比上年减少 205.62 万米^2，竣工房屋面积 350.2 万米^2。

四、交通运输、批发零售业、餐饮业、服务业

年末运输单位 6 362 个，比上年减少 105 个，年末从业人员 16 317 人，固定资产总值 100 681 万元，主要运输工具 10 934 台，实现营业总收入 177 814 万元，全年货运量 28 570 万吨，客运量 4 581万人。

批发零售业年末单位 8 505 个，比上年增加 200 个，从业人员 36 733 人，从业人员劳动报酬 67 831 万元，固定资产总值 142 730 万元，销售额 584 523 万元。

住宿餐饮业 1 955 个，增加 309 个，从业人员 17 546 人，从业人员劳动报酬 39 889 万元，年末固定资产总值 73 861 万元，营业收入 160 538 万元。

服务业年末单位 3 192 个，从业人员 17 852 人，从业人员劳动报酬 36 844 万元，年末固定资产原值 71 650 万元，营业收入 117 387 万元。

五、其他

年末医疗单位 628 个，减少 64 个，其中医院 94 个，病床 3 167 张，职工 2 642 人，其中医生 1 212人。

年末科研单位 26 个，比上年增加 1 个，其中省属 1 个，场属 25 个，职工 580 人，科技经费 593 万元，实验地面积 278 公顷。

吉林农垦2014年经济和社会发展统计公报

吉林省农垦局

2014年，吉林垦区在农业部农垦局和省农委党组的领导下，以中共十八大精神为指引，深入贯彻科学发展观，以提高经济发展质量和效益为中心，以稳增长、调结构、惠民生为出发点，进一步提升第一产业质量，扩大二三产业总量，多渠道促进职工增收，着力改善民生，全年垦区经济社会各项事业实现平稳健康发展。

一、综合情况

吉林农垦系统现有独立核算企业90个和4个乡镇。全垦区总人口29.13万人，其中从业人员年末人数14.67万人，第一产业10.08万人，第二产业0.76万人，第三产业3.83万人，各业人员所占比重分别为69∶5∶26。年末国有单位从业人员4.92万人，其中在岗职工3.12万人，其他从业人员1.80万人。职工年平均工资11 170元，同比上涨6.38%。人均纯收入8 150元，增长10.8%。年末实有住房面积640万米^2，人均住房面积22米^2。

土地总面积316.3千公顷，比上年增加1.73千公顷。耕地面积123.75千公顷，比上年增加2.59千公顷。牧草地面积69.51千公顷，林地面积33.99千公顷，水面面积3.12千公顷，果园面积2.78千公顷，居民点及工矿用地24.54千公顷，其他面积48.6千公顷。

2014年全垦区实现生产总值41.25亿元，比上年增长12.5%。一、二、三产业增加值占国民生产总值的比重分别为44∶37∶19。其中：一产增加值17.97亿元，增长12.5%；二产增加值15.11亿元，增长8.23%；三产增加值8.17亿元，增长21.2%。人均生产总值14 142元，比上年增长9.2%。实现工农业总产值85.61亿元。农林牧渔业商品产值为34.67亿元，商品率为95%。粮豆商品量为79.99万吨，商品率为95.3%，同比增加1.3个百分点；油料商品量为1.20万吨，商品率为91%；肉类商品量为4.69万吨，商品率为98.9%，增加7个百分点。外贸出口商品总金额达到1 700万元，同比增长18.9%，出口蜂蜜1 000吨，烤花生200吨。

全年固定资产投资额2.29亿元，比上年增长10.96%，其中非国有投入1.64亿元，占总投资额的71.8%；国有投入6 458万元，占28.1%。第一产业4 303万元，第二产业16 933万元，第三产业1 662万元，一、二、三产业投资比例19∶74∶7。在资金投入来源中，国家预算内资金3 761万元，占比16.4%，自筹资金18 579万元，占比81%。当年新增固定资产9 279万元。

二、农业

（1）以提高粮食综合产能为重点，稳步推进一产发展。全年实现农林牧渔业总产值36.31亿元，与上年基本持平。其中农业产值21.57亿元，牧业产值14.50亿元，林业产值与渔业产值分别为60万元、264万元。

全年农作物总播种面积为122.5千公顷，比上年增加1 112公顷。其中粮豆播种面积113.83千公顷，比上年增加3 351公顷，占农作物总播种面积的93%；油料作物播种面积6.15千公顷，比上年减少2 227公顷；其他作物播种面积2.53千公顷，比上年增加650公顷。

（2）由于旱灾影响，粮食总产量略低于上年。全年粮豆产量83.91万吨，比上年减产1.23万吨，减少1.5%（表1）。高产创建活动成果显著，前郭灌区莲花泡机械化农场单季稻亩产达到851千克。

表1　主要农产品产量

农作物名称	产量（吨）	比上年增长（%）
粮食	839 127	1.45
其中：稻谷	360 668	2.06

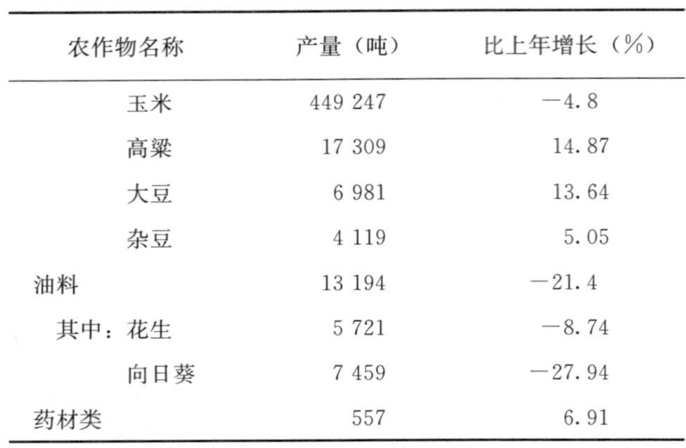

（续）

农作物名称	产量（吨）	比上年增长（%）
玉米	449 247	−4.8
高粱	17 309	14.87
大豆	6 981	13.64
杂豆	4 119	5.05
油料	13 194	−21.4
其中：花生	5 721	−8.74
向日葵	7 459	−27.94
药材类	557	6.91

（3）市场不景气情况下，畜牧业稳中有升。2014 年大牲畜存栏 4.83 万头，同比减少 0.06 万头，其中黄牛 4.03 万头，良种及改良种乳牛 0.40 万头（表 2）。

表 2　牲畜年末存栏及畜产品产量

种　类	计量单位	产 量	比上年增长（%）
大牲畜总头数	万头	4.83	−1.22
其中：黄牛	万头	4.03	1.77
猪存栏	万头	20.96	−8.33
羊存栏	万只	20.5	6.66
家禽	万只	389.6	9.72
肉类总产量	吨	47 454	4.99
其中：猪肉	吨	23 516	6.61
禽肉	吨	18 531	6.23
牛奶	吨	10 990	−8.75
禽蛋	吨	51 222	−6.02
鹿茸	千克	15 081	−21.36

（4）农业生产机械化水平均衡发展，机收机械化率提高显著。2014 年年末农业机械总动力 106.6 万千瓦，同比增长 1.96%。大中型农用拖拉机 5 075台，增加 884 台，小型及手扶拖拉机 21 617 台。当年实际机耕面积 106.39 千公顷，占年末耕地面积的 85.97%；实际机播面积 105.73 千公顷，占农作物播种面积的 85.44%；机械收获面积 65.03 千公顷，占农作物播种面积的 52.56%，同比提高 10 个百分点。

三、工业

2014 年垦区工业平稳发展，实现工业总产值 49.29 亿元，与上年基本持平。主要产品产量：碾米 24 万吨，增加 6.4 万吨；机制纸及纸板 3.61 万吨，增加 0.66 万吨；中成药 1 095 吨，增加 53 吨；水泥 61.95 万吨，增产 8 万吨；糖果 2 000 吨；饮料酒 65 吨；商品混凝土 4.8 万吨；砖 1 215 万块。

四、交通运输、批发零售业、餐饮业、服务业

垦区第三产业快速发展，各业均有提高。

交通运输业年末单位 346 个，从业人员 2 779 人，固定资产原值 1.04 亿元，拥有载货汽车 3 320 辆，载客汽车 186 辆，全年货运量 66.28 万吨，客运量 201.66 万人，营业总收入 5 729 万元。

批发零售业年末单位 3 755 个，年末从业人员 2.71 万人，从业人员报酬 7.77 亿元，固定资产原值 3.85 亿元，销售总额 26.65 亿元。

住宿餐饮业年末单位 710 个，年末从业人员 3 288人，从业人员报酬 6 755 万元，固定资产原值 2.57 亿元，全年营业收入 7 913 万元。

服务业年末单位 680 个，年末从业人员 2 494 人，从业人员报酬 6 059 万元，固定资产原值 6 736万元，全年营业收入 1.46 亿元。

黑龙江农垦2014年经济和社会发展统计公报

黑龙江省农垦总局统计局

2014年，面对全球复苏依然乏力和国内经济下行的严峻挑战，垦区各级在总局党委的正确领导下，全面深化改革，着力改善民生，努力克服不利因素影响，推进了垦区经济和社会健康发展。

一、综合

经济实力显著增强。初步核算，垦区全年实现地区生产总值（GDP）1 133.5亿元，按可比价格计算，比上年增长5.6%（图1）。人均生产总值达到66 286元，增长6.7%，以当年平均汇率折算人均地区生产总值为10 791美元，比上年增加398美元。全年实现公有经济增加值680.9亿元，增长9.2%，非公有经济增加值452.6亿元，增长0.7%。

三次产业稳步增长。第一产业增加值543.7亿元，增长4.3%，第二产业增加值250.0亿元，增长1.4%，第三产业增加值339.8亿元，增长12.1%。一、二、三产业对垦区当年经济增长的贡献率分别为36%、6%和58%。

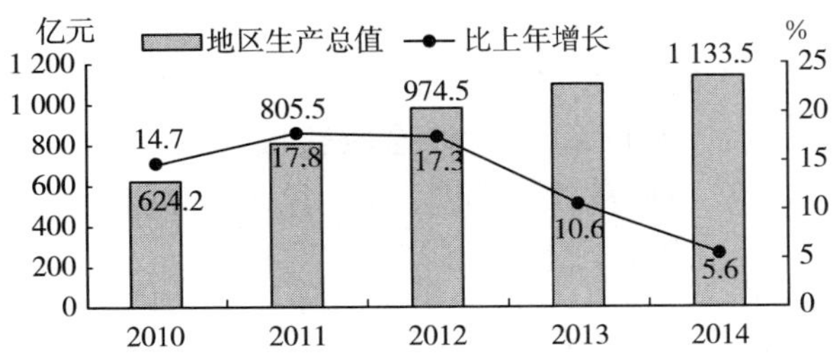

图1　2010—2014年全垦区地区生产总值及其增长速度

经济结构调整呈现新变化。三次产业结构为48.0∶22.1∶29.9，第三产业比重比上年提高2.7个百分点，第一产业比重降到50%以下；农、林、牧、渔业结构为80.7∶0.9∶17.7∶0.7，牧业比重比上年下降2.6个百分点；公有和非公有经济结构为60.1∶39.9，非公有经济比重比上年下降2.0个百分点。

二、农、林、牧、渔业

粮食生产连续11年实现播种面积、综合单产和总产量历史性突破。2014年垦区种植各种农作物286.2万公顷，比上年下降0.6%，实现农业增加值438.7亿元，增长6.9%。其中粮食种植面积282.4万公顷，比上年增长0.7%，占全部农作物的比重达98.7%。高产作物水稻和玉米分别达到151.0万公顷和84.3万公顷，两者占粮食作物面积的比重较上年下降4.3个百分点，但仍高达83.3%，为垦区粮食产能的持续扩大奠定了基础（图2、表1）。粮食综合单产实现7 723千克/公顷，比上年增长2.1%。粮食综合生产能力再创历史新高，总产量达到218.1亿千克，增产5.95亿千克，比上年增长2.8%。在黑龙江省粮食生产中的地位和对国家粮食安全的贡献进一步增强，粮食产量占全省和全国的比重分别为34.9%和3.6%，对全省和全国粮食增量贡献率为25.0%和11.5%。为国家提供商品粮205.5亿千克，粮食商品率达94.2%，比上年提高0.1个百分点。

历经67年的开发建设，垦区已累计生产粮食3 283.4亿千克，累计向国家交售商品粮2 631.4亿千克。垦区每年提供的商品粮总量可以保障全国1.2亿城镇人口一年的口粮供应，为国家粮食安全提供重要保障。

“三品一标”工作成果进一步强化，质量追溯工作质量进一步优化，检测体系工作任务进一步细化。2014年，垦区全年种植绿色有机农作物236.1万公顷，其中绿色食品作物种植监测面积216.7万公顷，占垦区种植面积的75.7%，有机作物种植面积19.5万公顷，占垦区种植面积的6.8%。绿色食品获证企业101家，有效使用绿色食品标志产品数282个；有机农产品企业67家，有机农产品达到296个；无公害农产品产地认定面积262.8万公顷，无公害农产品409个。到2014年年末，垦区累计获得国家地理标志产品 8 个，累计获得全国农业标准化示范场 24 个，创建全国绿色食品原料标准化基地 45 个。垦区农产品质量追溯系统覆盖规模逐年扩大。2014 年垦区共有农产品质量追溯项目建设单位 62 家，追溯“三品一标”农产品扩展到 10 大类 80 余个品种。垦区农产品检验检测体系建设全面展开，建成了部级质检中心 3 个，6 个重点县级和 3 个县级农产品质检站项目稳步推进。

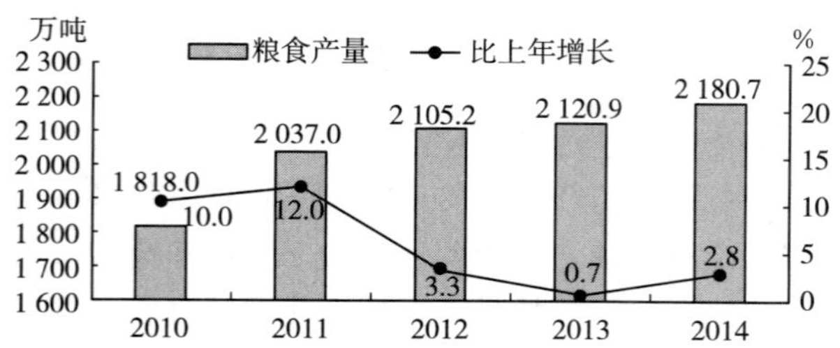

图 2　2010—2014 年粮食产量及其增长速度

表 1　2014 年主要农产品产量

产品名称	产量（万吨）	比上年增长（%）
粮食	2 180.7	2.8
其中：水稻	1 337.7	−3.5
小麦	3.9	−29.9
玉米	714.0	8.8
大豆	109.3	76.1
杂豆	5.9	10.2
马铃薯（折粮）	8.7	69.8
油料	0.8	−23.8
亚麻	0.1	2.3
甜菜	0	−100
蔬菜	19.8	−20.3
瓜类	18.3	−32.9
饲料作物	120.6	−31.0

森林垦区建设持续推进，生态经济型林业得到快速发展。2014 年垦区林业继续推进“绿在我身边、共创森林垦区”活动，全面实施林业生态护农工程、林业产业富民工程和农垦城镇森林靓化工程，使垦区园林化档次明显提高，林业产业得到稳步发展。全年实现林业增加值 5.2 亿元，比上年下降 10.4%。当年完成造林绿化 0.67 万公顷，新建义务植树基地 769 个，完成农牧田防护林 996 条（块），绿色通道 423 千米；完善场部绿化 56 个，绿化广场 38 个，小区 191 个，街道 162 条，游园 30 个，庭院 6 个；完成江河湖库植被恢复人工造林 88.4 公顷。使城镇暨管理区绿化覆盖率提高 1 个百分点，达到 40%，区域森林覆盖率达 17.1%。全年未发生大的森林、草原火灾，森林过火面积控制在 0.5‰以下，林业有害生物成灾率控制在 2.8‰以下，森林无公害防治率达 90%以上。严厉查处毁林、毁湿案件，有效地控制、打击了毁林、毁湿高发势头，较好地保护了森林、湿地安全。

畜牧业呈现转型升级发展态势，垦区绿色健康养殖基地的建设步伐加快。全年实现增加值 96.2 亿元，比上年下降 4.5%。年末垦区“两牛一猪”存栏分别为黄牛 4.5 万头、奶牛 15.1 万头和生猪 99.8 万头，全年肉蛋奶产量分别为 32.4 万吨、4.3 万吨和 46.6 万吨。

渔业发展势头良好。全年实现渔业增加值 3.6 亿元，比上年下降 6.6%。全年养殖面积为 2.43 万公顷，水产品产量 3.66 万吨，比上年增长 6.2%。

农业基础设施继续强化，现代化水平显著提高。年末垦区有效灌溉面积达 161.0 万公顷，下降 1.9%，其中节水灌溉面积 27.1 万公顷，增长 1.5%；机电井 8.6 万眼，下降 1.7%。现有粮食处理中心 318 座，种子加工厂 58 个，金属粮仓 2 355 座，水泥晒场 3 000 万米^2，农用飞机场 70 处。粮食仓储能力达到 1 255 万吨，比上年增长 15.5%。农机装备能力显著提升，截至 2014 年年末，垦区建设完善了 400 个现代农机装备作业区，农业生产田间作业综合机械化率提高到 98.6%。年末拥有农用机械总动力 931.0 万千瓦，比上年增长 4.0%；农用大中型拖拉机 7.3 万台，增长 6.5%，其中 100 马力① 以上拖拉机 7 520 台，增加 388 台；机动水稻插秧机 7.5 万台，增长 2.5%；联合收获机 3.04 万台，增长 6.9%。现有农用飞机 57 架，垦区航化作业面积 167.6 万公顷，比上年下降 5.8%（图 3）。

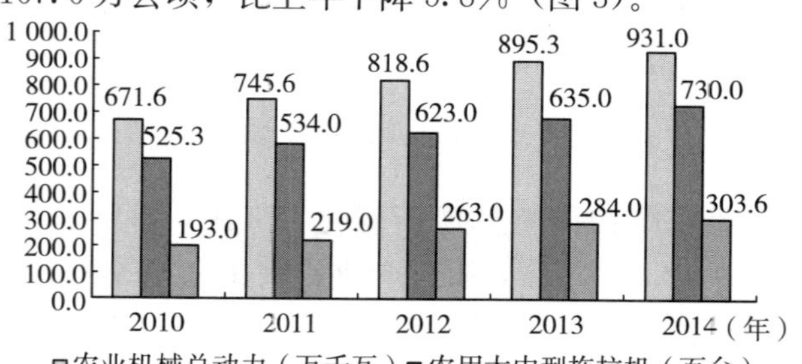

图 3　2010—2014 年农业机械情况

① 马力为非法定计量单位。1 马力=735.50 瓦。

三、工业和建筑业

工业生产平稳增长，整体实力不断增强。2014年，垦区突出抓好工业重点产业项目建设，大力推进农业产业化经营，工业经济总体运行良好。全年实现工业增加值191.4亿元，比上年增长6.3%（图4）。其中食品加工业实现增加值116.5亿元，增长7.1%，占全口径增加值的比重达60.9%；其中规模以上企业实现增加值78.4亿元，下降6.7%；省级以上龙头企业实现增加值54.2亿元，下降4.4%。在全部工业增加值中，轻工业增加值154.5亿元，下降1.0%；重工业增加值36.8亿元，增长35.7%。其中国有及国有控股企业增加值65.9亿元，增长3.1%，非公有企业增加值95.0亿元，下降1.3%。2014年主要工业产品产量见表2。

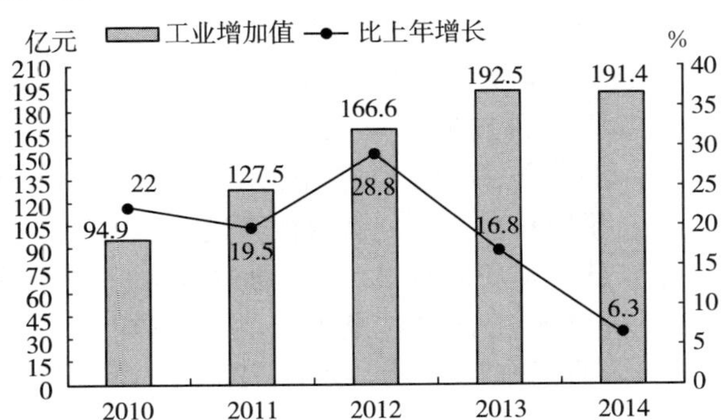

图4　2010—2014年工业增加值及其增长速度

表2　　2014年主要工业产品产量

指标名称	计量单位	产量	比上年增长（%）
小麦粉	万吨	13.7	-30.5
大米	万吨	487.0	-13.7
食用植物油	万吨	182.5	13.0
乳制品	万吨	27.8	-4.8
其中：液体乳	万吨	23.5	-5.1
鲜冷藏冻肉	万吨	17.4	25.2
白酒	千升	80 162	-25.1
配混合饲料	万吨	35.5	-8.5
豆粕	万吨	663.9	-2.1
中成药	万吨	1 739	-64.8
化肥（实物量）	万吨	10.4	-70.9
水泥	万吨	105.1	-33.6
发电量	亿千瓦时	10.2	4.7
豆制品	万吨	2.94	-60.8
淀粉	万吨	3.24	-42.9

工业企业效益稳定增长。全部工业企业（不含个体）全年实现主营业务收入948.5亿元，比上年增长0.4%，其中国有及国有控股企业主营业务收入621.6亿元，增长1.6%；实现利润13.2亿元，下降40.5%，其中国有及国有控股企业亏损0.8亿元，减亏0.8亿元。

建筑业稳步发展。全年实现建筑业增加值58.7亿元，比上年下降10.0%，其中国有及国有控股企业增加值15.9亿元，比上年下降9.1%。当年新开工的单位工程施工个数4 144个，比上年减少684个。当年单位工程竣工个数4 072个，比上年减少547个。年内房屋建筑施工面积和竣工面积分别达到325.2万米^{2}和277.9万米^2，分别比上年下降39.3%和44.5%。实现利税16.6亿元，下降30.0%，其中国有及国有控股企业利税3.3亿元，下降42.1%，实现利润总额10.9亿元，下降34.3%，其中国有及国有控股企业利润总额1.2亿元，下降60.0%。

四、固定资产投资

固定资产投资强度减弱。全年完成固定资产投资总额211.4亿元，比上年下降29.9%（图5）。从用途上看，生产性建设投资129.9亿元，下降27.9%，非生产性建设投资81.5亿元，下降32.9%。从产业投向上看，第一产业59.1亿元，下降29.9%，占28.0%；第二产业32.6亿元，下降47.8%，占15.4%，其中工业32.3亿元，下降46.5%；第三产业119.9亿元，下降22.5%，占56.7%。从投资主体看，公有控股经济投资115.5亿元，下降34.1%；非公有控股经济投资95.9亿元，下降24.0%。在投资总额中500万元及以上项目完成投资124.6亿元，下降33.3%；亿元以上项目完成投资39.4亿元，下降31.3%。

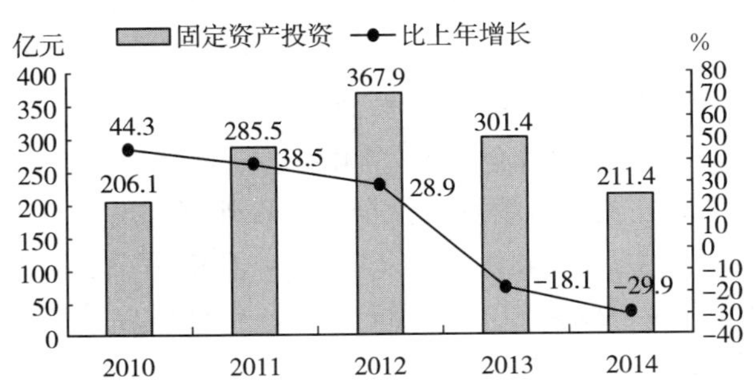

图5　2010—2014年固定资产投资及其增长速度

五、交通运输、通讯和旅游业

交通运输能力增强。全年垦区完成运输场站、公路养护等投资 1.4 亿元。新建农场客运站 3 个；完成农村公路养护设备购置 628 台套。全年共完成道路客运量 0.1 亿人次，客运周转量 6.3 亿人公里，货运量 0.2 亿吨，货运周转量 19.4 亿吨公里，分别比上年增长 6.1%、－7.2%、－27.3% 和 43.4%。

公路建设取得新成果。2014 年年末，全年完成公路建设投资 24.8 亿元，增长 2.5%，其中境内省属第二条建三江至抚远（黑瞎子岛）高速公路完成投资 20.5 亿元。新建农村公路 293 千米，使垦区农村公路硬化里程达到 11 199 千米，为垦区新农村建设做出了突出贡献。

通信事业健康发展。年末农垦通信拥有通信线路 27 730 千米，比上年增长 1.3%。其中光缆线路总长度 18 714 皮长公里，增加 749 皮长公里。垦网固定电话达到 26.7 万部，比上年下降 5.6%，垦网户均固定电话普及率达到 43.7%，比上年减少 10.5 个百分点。宽带用户达到 18.6 万户，比上年增加 0.6 万户，增长 3.3%。

旅游业蓬勃发展。全年累计接待国内外旅游者 593.7 万人次，实现旅游收入 28.2 亿元，比上年分别增长 5.8%和 7.3%。年末，垦区拥有 A 级以上景区 46 个，比上年增加 2 个，其中 AAAA 级景区 7 个，AAA 级景区 16 个。

六、国内贸易和对外经济

消费品市场平稳运行。全年垦区实现社会消费品零售总额 198.1 亿元，比上年增长 11.5%，其中国有及国有控股企业 42.4 亿元，增长 12.7%。其中农场及农场以下消费品零售额 167.8 亿元，增长 11.3%；批发零售贸易业消费品零售额 167.9 亿元，增长 11.7%；住宿和餐饮业零售额 30.2 亿元，增长 10.6%；食品类商品零售额 77.8 亿元，增长 14.4%，占全部零售额的比重为 39.3%。

对外贸易持续发展。全年实现外贸进出口总额 25.8 亿美元，比上年增长 2.8%，其中出口总额实现 9.8 亿美元，比上年增长 7.7%；进口总额实现 16 亿美元，比上年增长 1.9%。

招商引资和对外经济贸易合作有新突破。全年签订国内外经济技术合作项目 352 项，其中利用外资项目 52 项。实际利用国内外资金 76.2 亿元，其中合同利用外资到位额 1 亿美元。

“走出去”战略稳步推进。垦区已在俄罗斯、澳大利亚、泰国、巴西、莫桑比克、安哥拉、朝鲜、老挝及我国香港等 13 个国家和地区开展对外农业投资与合作。2014 年，垦区境外开发土地 20.27 万公顷，粮豆产量 3.75 亿千克。新增投资 4.4 亿元。境外就业总人数 2 070 人，其中中方 1 010人，返销粮食 15 万吨，产值 10.7 亿元，利润9 686.8万元。累计投资 23.4 亿元，累计生产粮豆 21.85 亿千克。

七、科技、教育、卫生、文化和体育

科技事业成果丰硕。2014 年年末垦区拥有专业科研机构 19 个，技术推广中心（站）113 个，省级科技成果推广示范基地 11 个，国家级农业科技园区 1 个，省级农业科技园区 3 个，国家级工程技术中心 1 个，省级工程技术中心 5 个，生产力促进中心 2 个，科技进步贡献率达到 68.2%。全年垦区各级科技投入 11.1 亿元，比上年下降 17.5%。垦区科技自主创新取得新进展，通过总局及省审（认）定新品种 22 个，通过鉴定科技成果 64 项。获黑龙江省科技奖励 4 项。新增农业部“科技入户直通车”14 辆，累计 123 辆。北大荒集团与新一代专网通信有限公司合作开发的“北大荒物联网”网站公益板块上线运行。农业、农机制造业物联网，以及低成本广域覆盖等国家信息化重大专项在垦区试验示范。新增专利 178 个，累计 1 651个。

教育事业稳步发展。垦区在全省率先建成学前教育服务体系，垦区公办幼儿园达到 109 所，学前三年毛入园率达到 91%，在全省率先完成了学前三年行动计划和学前教育的普及；义务教育阶段学校全部通过标准化验收，九个管理局 143 所学校全部通过省政府评估验收，其中 64 所学校达到了省先进学校标准。完成率 100%，先进率 44.8%，成为黑龙江省第一个通过“标准化”评估验收的地市级单位；高中阶段毛入学率达 100%，优质教育比例达到 65%以上；国家现代农村职业教育改革试验区建设全面启动，各级各类教育办学质量普遍提高。年末垦区有独立普通小学 26 所，招生 0.94 万人，在校生 6.1 万人，毕业生 1.2 万人；普通中学 126 所，招生 2.2 万人，在校生 7.2 万人，毕业生

2.2 万人；普通高等院校 3 所，招生 0.9 万人，在校生 3.1 万人，毕业生 0.8 万人；中等职业教育学校 10 所，招生 0.4 万人，在校生 1.9 万人，毕业生 1.2 万人。2014 年垦区高考考生 9 950 人，共录取 8 927 人，其中本科 6 239 人，专科 2 688 人，高职单招录取 490 人。

医疗卫生服务体系不断完善。加快各类综合配套改革，推进农（牧）场和管理区医疗机构一体化管理，积极探索将基层医疗卫生机构纳入事业单位管理，鼓励和引进医疗卫生人才到垦区基层服务。年末垦区共有各级各类卫生机构 1 110 个。综合医院 125 所，有总局总医院 1 所，管理局中心医院 7 所，神经精神病专科医院 1 所，疗养院 1 所；农场级医院（挂社区卫生服务中心牌子，承担社区卫生服务功能）115 所；卫生监督所（挂疾病预防控制中心牌子）125 个。卫生技术人员 12 705 人；执业医师和执业助理医师 4 498 人，注册护士 4 723 人。拥有住院床位和观察床位 10 777 张。2014 年，报告国家法定乙类、丙类传染病 17 种，报告发病人数 1 817 例，其中乙类传染病 11 种 1 636 例，丙类传染病 6 种 181 例。报告发病率 129.68/10 万，报告发病率与 2013 年同期相比上升了 10.32%。报告死亡 6 例，报告死亡率 0.43/10 万，报告病死率为 0.33%。

文化事业全面发展。年末垦区共有对外开放的博物馆（场史纪念馆）59 个，文化（文体）馆 65 个，图书馆（室）222 个，社区、管理区综合文化活动室 427 个，文化广场、主题文化公园 257 个。现有一报四刊，《北大荒日报》全年总印数 2 117 万份，杂志 4 种，全年总印数 31.2 万册。制作了各类专题片 15 部；举办了“垦区纪念新中国成立六十五周年书法美术摄影作品展”，共征集作品 1 200余幅，展出获奖作品、特邀名家作品 150 余幅，充分展示了北大荒文化艺术事业取得的成就；省体育局和农垦联合在八五二农场成功举办了中国龙舟公开赛和全国钓鱼锦标赛。央视媒体、龙视媒体和网站向全国人民充分宣传展示了现代北大荒、绿色北大荒、幸福北大荒，提升了北大荒文化的影响力。2014 年垦区继续实施文化信息资源共享工程，建设了全彩 LED 文化信息流动展示系统 10 套，更新了 9 个管理局、27 个农场的电子阅览室设备和文化信息资源采集设备，目前，文化信息资源库库存总量达到 90TB。

广播电视事业稳步发展。各级广播电视台站共开办专栏 180 余个，累计播出 1 600 余期，省级以上媒体播发新闻 268 余条。农垦广播电视台开辟电视栏目 11 个，播出 1 420 期，农垦广播电视台和网络电视台共播出新闻 20 000 余条。“龙广·北大荒之声”实现了 24 个频点覆盖，自办栏目《北大荒新闻》《农科天地》和《北大荒文化》3 个，共计播出 665 期。继续推进数字电视平移，目前用户已达到 37.3 万户。

体育事业深入开展。年末垦区拥有体育场馆 151 个，全年组织各类体育运动会及体育比赛 1 120次，有 16.8 万人参加了各种类型的体育运动项目。继续加大全民健身工程投入力度，积极争取国家体育彩票公益金资助，落实全民健身工程 11 个；垦区启用农垦体育彩票公益金建设室外健身路径工程 60 个，建设室内多功能活动室 50 个。在全省第十三届运动会上，垦区代表队获得 16 金、6 银、9 铜优异成绩。

八、社会保障和环境保护

社会保险工作深入开展。社会保险体系逐步建立健全，保障范围进一步扩大。年末垦区参加企业职工基本养老保险 88.4 万人，其中在职参保 48.2 万人，离退休人员 40.2 万人，全年累计发放养老金 83.4 亿元，比上年增长 17.5%；参加机关事业养老保险 5.6 万人，其中参保职工 3.4 万人，离退休人员 2.2 万人；参加城镇社会养老保险 0.9 万人，其中享受待遇人数 0.6 万人。参加基本医疗保险 133.8 万人，其中参加职工医疗保险 74.2 万人，参加居民医疗保险 59.6 万人，全年支付医疗保险基金 16.9 亿元，比上年增长 9.7%。参加失业保险 43.5 万人，全年发放失业金 684.3 万元。参加工伤保险 38.7 万人，全年支付工伤保险基金 622.4 万元，比上年增长 10.4%。参加生育保险 38.1 万人，支付生育保险基金 4 336 万元，比上年增长 67.4%。

保险事业加快发展。全年保费收入 27.1 亿元，比上年下降 1.5%，其中农险保费收入 23.0 亿元，比上年下降 2.0%，农业保险承保面积 7 539 万亩。全年赔付额 16.4 亿元，比上年下降 40.8%，其中农险赔付金额 14.7 亿元。

资源环境保护力度加大。年末垦区已建各级各类自然保护区 21 个，总面积 51.5 万公顷，占垦区土地总面积的 9.1%。继续加强农村环境保护和自然生态保护工作，2014 年垦区获得国家级生态乡镇称号（农场）10 个，省级生态局（管理局）3 个，省级生态乡镇（农场）1 个，省级生态村（管理区）27 个，生态系列创建工作走在全省前列。狠抓污染防治工作，列入“十二五”松花江流域规划的 8 个项目完成率达 50%，95%以上的农场开展饮用水源地划分工作，认真做好污染减排工作，全垦区新建在建生活污水处理项目 20 个、规范化畜牧养殖项目 53 个、大气脱硫项目 4 个，严格控制污染物排放量，如期完成年度减排目标。

九、人口与人民生活

人口保持低速增长。全年垦区人口出生率为 4.61‰，比上年下降 0.4 个千分点，人口自然增长率为−0.76‰，比上年上升 0.65 个千分点。年末垦区常住总人口 169.7 万人，比年初减少 2.5 万人。其中农场人口 149.0 万人，占总人口的 87.8%。

从业人员薪酬保持高增长。年末垦区从业人员 78.0 万人，年从业人员劳动报酬 236.2 亿元，从业人员年平均劳动报酬 27 403 元/人，比上年增长 7.0%；年末全部在岗职工 39.6 万人，在岗职工年平均工资为 30 336 元/人，比上年增长 9.4%。

农场职工生活水平大幅提高。全年农场职工家庭人均纯收入达到 25 226 元，比上年增加 2 335 元，增长 10.2%（图 6）。其中工资性收入、家庭经营性收入、财产性收入和转移性收入同比分别增长 8.3%、12.3%、2.4%和 9.3%，占人均纯收入的比重分别达到 22.0%、44.5%、2.4% 和 31.1%。

农场职工家庭人均生活消费支出 48 898 元，比上年增长 7.6%，其中食品消费支出所占比重（即恩格尔系数）为 32.1%。耐用消费品数量稳中有增，年末，平均每百户农场职工家庭拥有彩色电视机 105 台、洗衣机 96 台、电冰箱 89 台、空调 1.8 台、摩托车 54 辆、热水器 56 台、微波炉 22 台、照相机 33 台、家用计算机 68 台、移动电话 210 部、生活用汽车 14 辆。

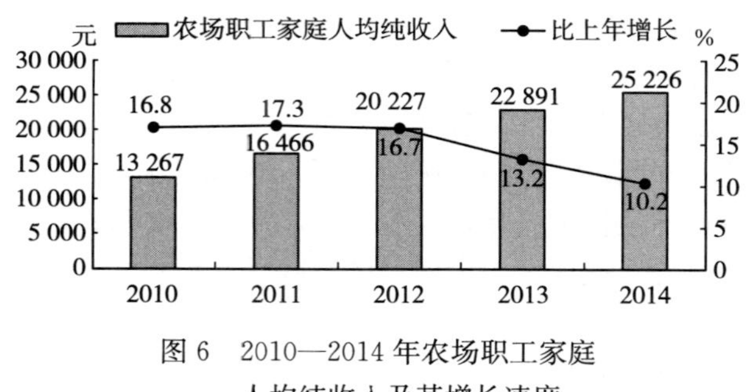

图 6　2010—2014 年农场职工家庭人均纯收入及其增长速度

居民居住条件和环境得到持续改善。垦区继续加快城镇居民住宅基础设施、公共设施建设步伐。到年末，垦区居民住房面积达到 5 361.9 万米^2，比上年增长 0.1%，人均住房面积 31.6 米^2，比上年增加 0.4 米^2。城镇集中供热面积 3 617 万米^2，比上年增长 4.8%；城镇硬化道路长度 3 230 千米，硬化率 100%；城镇人均绿地面积 44.5 米^2，增长 5.2%；城镇化率达到 85.8%，比上年提高 0.1 个百分点。

居民储蓄存款继续增加。年末垦区居民储蓄总额 402.3 亿元，比上年增长 26.2%，人均储蓄额 23 699 元。

注：1. 地区生产总值、各产业增加值、人均地区生产总值和农场职工家庭人均纯收入及其构成项目绝对数按现价计算，增长速度按可比价格计算。

2. 公报数据为初步统计数据，最终数据以《2015 年黑龙江垦区统计年鉴》为准。

上海农垦2014年经济和社会发展统计公报

光明食品集团有限公司

2014年是光明食品集团第三个三年计划中的第二年，广大职工在集团战略的引领下，围绕市场化、专业化、国际化、证券化、规范化和人才战略的思路，积极推进各项改革发展措施，圆满完成了全年的目标任务。

一、综合

2014年，光明食品集团全年实现增加值152.8亿元，比上年增长8.1%。其中：第一产业增加值15.4亿元，比上年增长20.5%，占总增加值的10.1%；第二产业增加值50.7亿元，比上年下降4.8%，占总增加值的33.2%，其中工业增加值48.3亿元，建筑业增加值2.4亿元；第三产业增加值86.7亿元，比上年增长15.2%，占总增加值的56.8%。

2014年，光明食品集团工农业总产值（按现行价）347.3亿元，比上年增长16.4%。

2014年，光明食品集团出口商品总金额9.4亿元，比上年增长3.2%。其中：工业出口9.1亿元，比上年增长5%；农业出口0.3亿元，比上年下降31.7%。

2014年，光明食品集团固定资产投资完成额20亿元，比上年下降5.5%。

2014年，光明食品集团年末从业人员13.7万人，比上年增长5.1%。

二、第一产业

2014年，在国家坚持农业基础地位不动摇，加快推进农业现代化的政策激励下，广大农业工人辛勤劳动，光明食品集团农业、畜牧业、渔业产量全面增长。

2014年完成农业总产值550 655万元，比上年增长14.7%。其中：种植业193 119万元，比上年增长12.1%；林业4 763万元，比上年下降42.4%；畜牧业297 854万元，比上年增长20.9%；渔业54 919万元，比上年增长3.6%。

2014年，种植业生产情况：粮食播种面积42 871公顷，比上年下降1.7%；粮食总产量33.3万吨，与上年持平；蔬菜产量22.9万吨，比上年增长11.7%；西瓜产量42 596吨，比上年增长75.7%；鲜切花1 169万枝；盆栽花卉613万盆；草坪销售量118万米^2。全年新增造林面积149公顷。

2014年，养殖业生产情况：生奶产量、生猪上市量、禽蛋产量和水产品产量增长。全年牛奶产量30.4万吨，比上年增长10.3%；生猪上市量79.1万头，比上年增长24.2%；家禽上市量77.4万只，比上年下降28.3%；禽蛋产量6 507吨，比上年增长14.5%；鸽子上市量41.9万羽，比上年增长10.7%。全年水产品产量41 220吨，比上年增长7.4%，其中鱼类产量38 759吨，虾蟹类产量2 461吨。

三、第二产业

2014年光明食品集团的工业企业规模有所扩大，产量比上年有更大增长，产品销售进一步发展。

2014年，全年完成工业总产值292.2亿元，比上年增长16.7%，工业销售产值为291亿元，比上年增长18.2%，产销率99.6%。大中型企业总产值235.2亿元，占80.5%；农副食品加工业、食品制造业和饮料制造业企业总产值为261.4亿元，占总产值的89.5%。

全年工业企业主要产品产量见表1。

表1　全年工业企业主要产品产量

产品名称	计量单位	产量	比上年增减（%）
大米	吨	91 663	－19.1
成品糖	吨	1 271 964	51.4

（续）

产品名称	计量单位	产量	比上年增减（%）
糖果	吨	20 909	3.9
乳制品	吨	1 165 905	17.5
其中：液体乳	吨	1 154 225	31.8
罐头	吨	65 345	8.1
味精（谷氨酸钠）	吨	22 906	4.3
蜂蜜营养制品	吨	16 101	13.9
饮料酒	千升	99 405	−0.7
软饮料	吨	366 695	−13.1

建筑业生产情况：全年完成建筑业施工产值17.7亿元，比上年下降16.4%。施工面积201.3万米^2，竣工面积65.3万米^2。

四、第三产业

2014年，光明食品集团的商业、住宿餐饮业、服务业稳步发展。房地产业销售比上年有所回落。

年末，批发零售贸易业的营业网点有4 019个，比上年下降1.3%，营业面积101.4万米^2。

营运的出租车辆11 369辆，比上年下降3.4%。

全年房地产销售面积80.5万米^2，比上年下降35.9%；销售额69亿元，比上年下降39.6%。

五、固定资产投资

2014年，光明食品集团完成固定资产投资20亿元，比上年下降5.5%。固定资产投资总额中，第一产业6.3亿元，比上年下降5.4%；第二产业8.3亿元，比上年增长11.8%；第三产业5.4亿元，比上年下降23.8%。一、二、三产业的投资比重分别为31.5%、41.6%和26.9%。当年新增固定资产16.1亿元。

六、职工和工资

2014年，光明食品集团年末从业人员136 595人，比上年增长5.1%。其中：第一产业8 866人；第二产业43 862人；第三产业83 867人。一、二、三产业的从业人员比重分别为6.5%、32.1%和61.4%。第三产业中批发和零售业的从业人员49 096人，占全部从业人员的35.9%。

2014年，光明食品集团全部职工人数93 466人，其中在岗职工人数88 019人。

2014年，光明食品集团从业人员年平均报酬48 395元，比上年增长9.1%；全部职工年平均工资52 350元，比上年增长13.7%；在岗职工年平均工资55 646元，比上年增长13.2%。

注：1. 公报中提到的增加值按现行价格计算。

2. 公报中的统计数据口径是集团控股企业财务合并、事业单位和控股财务不合并的单位。

江苏农垦2014年经济和社会发展统计公报

江苏省农垦集团有限公司

2014年，面对复杂多变的经济环境，集团上下坚决贯彻省委、省政府决策部署，严格落实省国资委工作要求，坚持稳中求进、改革创新，突出质量效益、风险防控，注重作风改进、民生改善，较好地完成了董事会确定的年度经营目标任务，集团经济继续保持平稳较快发展态势。

一、综合

2014年，垦区实现生产总值126.12亿元，比上年增长11.88%。其中：第一产业增加值24.19亿元，比上年增长7.13%；第二产业增加值65.41亿元，比上年增长12.62%；第三产业增加值36.52亿元，比上年增长13.88%。三次产业比重为19∶52∶29，非农产业比重较上年提高1个百分点。人均生产总值净增加4 299元，达到62 665元，比上年增长7.37%。

集团经济发展取得新成效。集团经济继续保持平稳较快发展态势。全年实现营业收入208.4亿元，增长13.2%；利润总额27.67亿元，增长30.92%；归属集团母公司净利润11.69亿元，增长39.24%。经济增加值18.45亿元，增长36.63%；净资产收益率18.64%，提高2.03个百分点。截至2014年年末，集团总资产235.61亿元，集团净资产98.44亿元，归属集团母公司所有者权益68.3亿元。集团资产规模、粮食产量、营业收入、利润总额全面迈上“2字头”的新台阶，归属集团母公司净利润迈上10亿元的新台阶。

二、农业

粮食产量再创历史新高。在自然灾害频发重发的情况下，实现粮食总产比上年增加12.56万吨，粮食总产再次刷新垦区最高纪录。农发公司18个万亩示范区全部完成省部级高产创建目标，其中新洋分公司小麦攻关田单产达到695.8千克，弶港、黄海分公司水稻示范方单产达到775千克，均创全省单产历史最高水平。

主要农产品产量见表1，牲畜年末存栏总数及主要畜产品产量见表1、表2。

表1　主要农产品产量

指　标	单位	数量	比上年增减（%）
稻谷	万吨	51.87	12.34
小麦	万吨	37.49	22.96
大豆	万吨	0.12	71.43
油料	万吨	0.09	−10.00

表2　牲畜年末存栏总数及主要畜产品产量

指　标	单位	数量	比上年增减（%）
肉类总产量	万吨	6.26	−7.39
猪牛羊肉	万吨	1.87	−13.82
禽肉	万吨	4.38	−4.37
生猪年末存栏	万头	7.32	−3.05
牛年末存栏	万头	0.54	25.25
羊年末存栏	万只	1.51	−22.56
家禽年末存栏	万只	443.05	10.19
肉猪出栏数	万头	21.26	−13.29
禽蛋产量	吨	13 385	−0.88
牛奶产量	吨	13 320	25.09

三、工业和建筑业

2014年，垦区拥有工业企业335个，其中规模以上44个。全年实现工业总产值（现行价）195.63亿元，比上年增长11.32%。产品销售收入198.63亿元，比上年增长11.16%。

产品研发成果丰硕。正大天晴新增产品研发立项52个，获得生产批件9个，产品线进一步向肿瘤和呼吸（感染）领域拓展。苏垦银河组织新品技术攻关17项，达成新品量产交付200万件，占公司产品总销量的 22.35%。金象传动研制高速齿轮箱取得阶段性进展，已进入试制阶段。

主业经营拓展有力。勤奋药业坚持推动政府调整药用和食用氯化钾出口政策，氯化钾出口业务呈现大幅度恢复性增长。主要工业产品产量见表 3。

表 3 主要工业产品产量

指标	单位	数量	比上年增减（%）
大米	吨	370 382	22.33
食用植物油	吨	8 827	2.59
棉纱	万吨	2.61	−2.61
针织服装	万件	3 246	−15.51
电子元件	万只	46 850	−0.06

建筑业稳步发展。2014 年建筑业实现产值 140 619 万元，比上年增长 9.63%；实现增加值 51 168万元，比上年增长 8.64%；实现利润总额 13 099 万元，比上年增长 15.96%；上缴税金 3 288万元，比上年增长 1.26%。

四、第三产业

2014 年，垦区第三产业完成营业收入 125.1 亿元，比上年增长 5.56%。其中批发零售贸易业 87.99 亿元，比上年增长 5.86%；餐饮业 3.03 亿元，比上年增长 5.21%；服务业 34.08 亿元，比上年增长 4.83%。

通宇公司实施精准营销策略，收到在售项目定购款 13.22 亿元。九个项目梯次推进，新增储备土地两块，合作开发谢营项目进展顺利。苏舜公司一手抓辅业清理整合，一手抓主业运行质量，发展能力快速提升，主业营业收入、利润分别增长 19% 和 210%。收购、新建东风本田、东风悦达起亚、克莱斯勒三个 4S 店。

五、固定资产投资

2014 年，全垦区完成固定资产投资总额 34.95 亿元，比上年增长 39.02%，基本建设投资完成 30.51 亿元，占固定资产投资总额的 87.29%。其中生产性固定资产完成 27.98 亿元，占固定资产投资总额的 80.05%。

在全部固定资产投资中，第一产业完成 3.83 亿元，第二产业完成 10.29 亿元，第三产业完成 20.83 亿元，分别占投资总额的 10.95%、29.44%、59.61%，其中通宇房地产公司投资 13.85 亿元。

在全部固定资产投资中，国有固定资产投资完成 25.78 亿元，比上年增长 29.35%，占投资总额的 73.76%。

六、科技、卫生

2014 年，全垦区共有各级各类科技专业技术人员 826 人。全年投入科研经费 53 319 万元，比上年增长 0.51%。

2014 年，卫生事业继续改善，全垦区共有医疗单位 17 个，其中医院 17 个，病床 1 082 张，各类卫生技术人员 1 047 人，其中医生 456 人。全年医疗卫生经费支出 15 653 万元，比上年增长 10.99%。

七、人口和职工收入

2014 年，全垦区总人口 202 155 人，其中农场人口 172 753 人，总人口比上年增加 7 571 人。全垦区人口出生率 7.25‰，人口死亡率 6.2‰，人口自然增长率为 1.05‰。2014 年，全系统平均社会从业人员 90 082 人，其中第一产业 28 460 人，第二产业 31 986 人，第三产业 29 636 人，分别占全部从业人数的 32%、35%、33%。职工收入继续提高，垦区职工全年平均收入 48 812 元，比上年增长 15.83%。2014 年垦区农场居民人均纯收入 22 380 元，较上年增长 13.48%。

八、非国有经济

2014 年，全垦区非国有增加值 568 306 万元，比上年增长 7.35%，其中第一产业增加值 135 032 万元，第二产业增加值 216 822 万元，第三产业增加值 216 453 万元，分别比上年增长 3.27%、6.01%、11.51%。三次产业比重为 24∶38∶38。年末非国有经营单位 17 960 个，其中私营企业 941 个，个体经济 17 019 个。从业人员 59 548 人，其中第一产业 15 513 人，第二产业 20 612 人，第三产业 23 423 人。从业人员收入总额 252 643 万元。营业收入为 166.66 亿元，占全部收入的 40.8%。全年共实现利税 185 877 万元，其中利润 161 064 万元。当年非国有经济完成固定资产投资额 91 736 万元。

九、其他

（1）全系统17个农场（含农发分公司）中，生产总值超过1亿元的有15个。这15个农场平均职工人数为44 956人，耕地面积68 850公顷。2014年实现生产总值964 888万元，占垦区生产总值的76.51%。其中：农业增加值218 555万元，占垦区生产总值的17.33%；工业增加值177 083万元，占垦区生产总值的14.04%。销售税金17 229万元，利润总额199 976万元。东辛农场、海安农场、弶港农场列生产总值前三位。

（2）全系统有大中型工业企业8家，共实现现价总产值980 687万元，销售产值986 867万元，增加值421 854万元，增加值占垦区全部工业企业增加值的69.96%。年末固定资产原值285 560万元，职工人数8 909人，实现利税总额461 760万元。

浙江农垦2014年经济和社会发展统计公报

浙江省农业厅农场管理局

2014年，浙江垦区认真贯彻落实中共十八届三中、四中全会和省委十三届四中全会精神，紧紧围绕打造高效生态农业强省、特色精品农业大省的总目标，以省级现代农业园区和粮食生产功能区建设为平台，以加快推进现代农场建设为主线，进一步创新体制机制，大力推进农场水环境治理和美丽农场建设；深入推进以危旧房改造为重点的住房解困，进一步改善农场民生；推进现代农业建设，进一步提升农场产业发展水平和示范带动能力，促进农场转型发展。

1. 农垦经济平稳运行 2014年全系统实现生产总值21.7亿元，与上年基本持平。其中第一产业增加值1.35亿元，第二产业增加值20.12亿元，第三产业增加值0.23亿元，三次产业增加值比重为7：92：1，垦区89%的生产总值来自萧山农垦。垦区人均生产总值40 190元，与上年基本持平。实现利润3.5亿元，上交税金2.1亿元。

2. 农业生产稳定发展 全年农业总产值6.9亿元，其中牧业产值3.8亿元；全年农作物播种面积4 716公顷，其中粮食作物播种面积1 920公顷，粮食总产量10 221吨；水果总产量14 702吨；茶叶总产量3 660吨；水产品总产量3 217吨；全年肉类总产量21 643吨，其中出栏生猪24.9万头，数量减少的主要原因是浙江省开展“五水共治”“三改一拆”行动，垦区位于禁养区的部分猪场进行关停搬迁。

3. 工业生产总体趋好 全年完成工业总产值124.3亿元，与上年基本持平，主要是农副产品加工业、纺织业、化学纤维制造业等，其中萧山农垦工业总产值占垦区的89%。

4. 固定资产投资态势良好 全年完成固定资产投资3.4亿元，与上年基本持平。其中第一产业完成投资0.1亿元，第二产业完成投资3.3亿元。非国有经济单位仍是农场投资的主体，占农场固定资产投资的99%。

5. 外贸出口有所增长 全年外贸出口商品总金额7.17亿元，比上年增长较多。出口商品主要是速冻蔬菜、茶叶、汽车配件、童车等。

2014年垦区围绕改革和发展的中心任务，扎实推进，狠抓各项工作落实。

一、加强现代农场建设，提升示范带动能力

一是开展农场水环境治理和美丽农场建设。贯彻落实《浙江省农业厅关于全力推进农业水环境治理全面加强农业面源污染防治的实施意见》，通过广泛调研、下发《关于大力推进国有农场水环境治理、加快美丽农场建设的意见》、举办推进水环境治理建设美丽农场研讨班暨国有农场场长经理培训班、建立国有农场水环境治理情况月报制度、编制《浙江省开展美丽农场建设试点工作方案》等一系列措施，大力推进农场水环境治理和美丽农场建设。全省农场系统搬迁或整改辖区内畜禽养殖场（户）48户，其中搬迁3户，排放不达标整改45户，新增沼液循环利用1 080吨；完成推广测土配方施肥666公顷，推广配方肥431.8吨，应用有机肥2 427.7吨，回收农业废弃物186.1吨；关停或搬迁污染企业35家，其中关停12家，搬迁23家；清理疏浚河道48千米，清理河面、库面垃圾695吨，拆除沿岸违法建筑11 000米^2；加大人居环境治理力度，修建垃圾集中堆放点28处，新增垃圾桶217个，新建集污管网10千米，有658户农场居民生活污水接入集污管网。二是推进农垦农产品质量追溯等项目建设。组织开展全省农垦农产品质量追溯系统建设项目培训，指导开展农垦农产品质量追溯建设，加强量化考核和网上监管，开展项目动态监管、工作指导等日常性工作，确保项目顺利开展。目前，全省已有19家农场（公司、农民专业合作社）列入全国农垦农产品质量追溯单位，其中8家列入农业部农垦局农垦农产品质量追溯系统

建设单位，11 家列入创建单位。组织实施 2 个农垦农业技术试验示范项目。组织 3 家单位开展农垦畜牧高产攻关活动，通过制订工作方案，明确攻关目标，落实具体措施，攻关目标比去年均有较大提高。三是推进农场“两区”建设。根据“两区”建设现场会精神，督促指导各地国有农场立足自身优势，积极争取当地政府和各有关部门的重视和支持，把农场现代农业发展列入当地“两区”建设总体规划。目前，全省已有 25 家国有农场列入省级现代农业园区和省级粮食生产功能区，其中有 14 个现代农业综合区、4 个主导产业示范区、6 个特色农业精品园和 1 个粮食生产功能区，园区规划建设面积达 3 800 多公顷。

二、深入推进国有农场危旧房改造，切实改善农场民生

深入贯彻落实《浙江省人民政府办公厅关于做好国有农场危旧房改造工作的通知》《关于做好国有农场危旧房改造工作的实施意见》和保障性住房建设要求，继续组织实施危旧房改造计划，切实加快危旧房改造进程。一是争取危旧房改造计划。做好 2014 年国有垦区危旧房改造及配套设施建设项目中央预算内投资计划申报及组织实施工作，下达中央预算内危旧房改造计划 1 020 户，落实补助资金 1 805.4 万元。配合省建设厅等部门进一步核实和确认 2015—2017 年国有农场危旧房改造规划计划。二是加强督促检查。根据省领导在《审计反映我省部分农场危旧房改造进展缓慢》上的批示精神以及审计建议意见，及时组织两个调研督查组，对危旧房改造进展缓慢的部分农场进行专门调研督查。建立重点项目农场联系制度，局领导带队先后对 10 余个项目单位危房改造工作进行实地检查，督促农场加快工作进程、确保工作质量。三是加强部门配合。根据省领导批示精神，主动与省建设厅、省“三改一拆”行动领导小组办公室沟通协调，联合下发进一步加快推进国有农场危旧房改造项目实施工作的通知，明确从今年起国有农场危房改造目标任务列入省政府对各地政府“三改一拆”工作专项督查和年度目标考核，从 2015 年起列入省政府对各市政府保障性安居工程年度目标任务考核，以进一步加快推进国有农场危旧房改造项目实施工作。联合省建设厅、省“三改一拆”办进行督查。四是开展全省国有农场危旧房安全排查工作。根据《住房和城乡建设部关于组织开展全国老楼危楼安全排查工作的通知》、省政府危旧房大排查电视电话会议精神，组织对国有农场所属建筑年代较长、建设标准较低、失修失养严重的农场职工住宅和农场所属公共场所，特别是列入危旧房改造计划还未进行改造的危旧房和危旧房改造在建工程进行全面排查，共排查建筑面积 34 万余米^2，查出隐患危旧房 23 万米^2，督促存在问题的农场及时采取整改措施，加固修缮 4.8 万米^2，停用 10.6 万米^2，拆除 3.5 万米^2，搬离 479 户，确保农场住房安全。

三、维护职工合法权益，推动农场社区和谐稳定

继续完善农场职工社会保障，职工养老、医疗、最低生活保障等覆盖面进一步扩大，养老、医疗保险率分别达到 100%和 99%，部分农场家属工、遗属、精简人员等社会保障问题已基本解决，困难家庭基本纳入城镇居民最低生活保障。继续加强国有农场土地确权发证工作，对权属来源合法、界址清楚、面积准确、无争议的土地，督促尽快登记办证；对存在权属争议的土地，要求各地严格按照国办发［2001］8 号文件及相关法律规定确定权属并登记发证，全省国有土地确权率和发证率分别达到 97.6%和 73.2%，走在全国中小垦区前列。妥善处理农场职工信访，努力维护农场社区和谐稳定。继续提高农场抗灾救灾能力，指导农场系统做好雨雪冰冻天气防御工作。明确全省国有农场水库安全管理责任人，并在浙江国有农场与“三品一标”网上公布，加强汛期现场检查，督促农场健全和落实相关安全生产责任制度，确保农场山塘水库安全。开展农场扶贫工作，按照申报贫困农场标准要求，组织 13 家农垦场申请并被列入“十三五”国家扶贫开发规划，其中 5 家农场被纳入重点扶贫计划。.

安徽农垦 2014 年经济和社会发展统计公报

安徽省农垦集团有限公司

2014 年是实施“十二五”规划关键的一年，一年来，在垦区上下共同努力下，面对经济下行的大环境，集团公司领导准确研判经济走势，把握农垦经济运行规律，创新工作方法，推进经济转型发展，垦区保持经济规模持续扩大、产业结构逐步优化、盈利水平不断提高的良好发展态势，圆满完成了年度目标任务。2014 年实现营业收入 29.4 亿元，同比增长 42.27%，其中主营业务收入 26.8 亿元；利润总额 2.44 亿元，增长 16.8%，均创历史新高。

2014 年垦区开展了具有战略性全局性的工作，主要有：搭建农业投资平台得到了省政府的充分肯定，正在积极推进之中；涉农政策普惠制落实到农垦已经实现；土地作价注资工作进展顺利，有望进一步增强集团的竞争力；现代农业全程社会化服务体系建设开展了试点，正在积极推进之中；全省第一家种业创投公司正式成立，拓展了农垦经营功能；种业上市申报获得中国证监会的受理，取得了实质性进展；“减人不减基数”历史遗留问题得到了圆满解决，垦区养老保险工作进一步规范；历时 5 年的保障房建设实现了冲刺收官，垦区民生一号工程基本完成。

一、主要经济指标完成情况

垦区主要经济指标完成情况见表 1。

表 1　垦区主要经济指标完成情况

指标名称	单位	2014 年	2013 年	增长（%）	指标名称	单位	2014 年	2013 年	增长（%）
农垦生产总值	万元	238 797	227 431	5.0	第三产业比重	%	33.14	27.70	19.6
其中：国有部分	万元	161 989	196 218	−17.4	人均生产总值	元/（人·年）	18 545	17 483	6.1
国有部分比重	%	67.80	86.30	−21.4	全员劳动生产率	元/（人·年）	40 231	37 425	7.5
第一产业增加值	万元	108 917	103 267	5.5	工农业总产值	万元	408 925	413 584	−1.1
第二产业增加值	万元	50 745	61 168	−17.0	农业总产值	万元	202 326	186 562	8.4
第三产业增加值	万元	79 135	62 996	25.6	工业总产值	万元	206 600	227 022	−9.0
第一产业比重	%	45.61	45.41	0.4	在岗职工年均收入	元/（人·年）	28 883	24 738	16.8
第二产业比重	%	21.25	26.90	−21.0	垦区人均年纯收入	元/（人·年）	17 869	15 623	14.4

二、第一产业

2014 年安徽农垦粮食总产 34.70 万吨，比上年增长 10.7%，其中小麦 18.47 万吨，同比增长 18.3%；水稻 10.90 万吨，同比增长 2.6%；大豆 3.35 万吨，同比增长 8.3%。粮食亩产 418 千克，比去年增长 9.8%。全年农作物总播种面积 5.9 万公顷，与去年持平。全年粮食作物播种面积 5.53 万公顷，在稳定粮食种植面积的同时，优化品种结构，大力发展现代农业、高效农业及养殖业。抓好农业部粮棉油高产创建项目，增强示范带动能力。主要农业产业化龙头企业在集团公司资金、项目、政策等叠加扶持下逐步扩大产能，巩固企稳回升势头，全年农业总产值按现价计算增长 8.4%。

油料播种面积为 819.8 公顷，比上年增长 24.4%，总产量 1 895 吨，同比增长 24.1%；棉花播种面积 668.8 公顷，比上年减少 44.2%，总产量 1 132 吨，同比下降 45.5%；全年干毛茶产量

12 743 吨，同比增长 43.6%；园林水果 29 819 吨，同比增长 610.1%。

全年蔬菜瓜类种植面积 1 752 公顷，比上年增长 16.5%，实现产值 2.03 亿元，比上年增长 6.3%。种植业结构继续调整，为高效农业的进一步发展奠定了基础。

皖垦种业继续保持小麦主业在省内的主导优势，主推品种稳居省内领先地位。现代农业示范区物联网建设加快推进，示范区建设水平升级。以提高“三率”为目标的农业创新能力建设不断加强，测土配方施肥技术实现了全覆盖，新购农业机械 937 台，小麦秸秆粉碎还田率 77.5%，午季秸秆禁烧工作全面启动，秋季得到全面落实。水稻机插秧面积 34%，机械深松面积 11.58 万亩，机采优质茶和物理防治茶园面积逐步扩大。完成了质量可追溯农产品网上销售前期准备。高效农业面积 0.56 万公顷，亩均效益 4 203 元。场外流转土地 1.214 万公顷，拓展了垦区发展空间。农田林网化率进一步提高。

畜牧业渔业方面，当年出栏猪 7.2 万头，同比增长 3.1%；出栏家禽 469.0 万只，同比增长 21.9%；肉类总产量 15 313 吨，同比上升 12.9%；水产品产量 5 543 吨，同比上升 18.6%。

全年农业固定资产投资 1.78 亿元，其中国有投资 1.54 亿元，主要用于农业综合开发、现代农业、农田水利基本建设、土地复垦、农机购置等项目。全系统家庭农场纯收入 77 953.3 万元，比上年增长 16.1%。

三、第二产业

垦区年末工业企业 145 个，实现工业总产值 20.66 亿元，同比下降 9.0%；工业产销率 90.2%，同比下降 2.7%。工业增加值率 15.7%，同比下降 8.6%。

建筑业方面，全年完成建筑业产值 6.77 亿元，同比增长 2.9%。

四、第三产业

面对严峻的市场挑战，酒店业主动适应消费变化，积极调整营业结构，经营模式进一步创新，推动了主体酒店托管模式改革。房地产业战略性调整取得积极成效，收缩市县，集中合肥，增强政策和市场的应对能力。全年完成营业收入 13.25 亿元，实现利润总额 1.15 亿元。新的经济增长点快速发展，类金融业逐步成长为集团三大主业之外的主要经营业态。皖垦小贷、参保国元农业保险等经营取得良好绩效。全年类金融业实现利润 5 000 多万元，占集团 2014 年利润总额的 1/5。银企合作不断加强，银行授信农垦 15 亿元，有力保障了集团发展的资金需求。

五、对外经济

农业“走出去”步伐加快，皖津公司已开垦 8 个农场，土地开发总面积 1 万公顷，盈利能力进一步增强。垦地合作规划编制完成，并在多数场进一步推进，全年争取地方政府兑现各类合作资金 7 687万元。

六、固定资产投资

全社会固定资产投资总额 6.59 亿元，同比下降 32.3%。其中国有投资完成 5.91 亿元，同比增长 8.6%，非国有投资 0.68 亿元，下降 81.5%，二者比重为 89.7%、10.3%。

在全部投资中，投资于第一产业 1.78 亿元，第二产业 0.19 亿元，第三产业 1.54 亿元，住宅建设 3.07 亿元；第一产业同比上升 23.6%，第二产业下降 86.5%，第三产业上升 123.1%，住宅建设下降 50.5%。

七、人口、生活及从业人员情况

农场基础设施条件进一步提高，辖区内长途通信线路 1 390 千米，与上年持平；沙石及以上等级公路 1 347 千米，同比增加 45 千米；水泥晒场 107.1 万米^2，与上年持平。生活条件进一步改善，农场人均住房面积 37.2 米^2，比上年增加 4.1 米^2；自来水管线长度、使用管道水、电视、电话、互联网用户均比上年增加。

垦区年末总人口 12.44 万人，比去年略下降。

全社会年末从业人数 59 345 人，与去年比略有下降。其中第一产业 34 587 人，第二产业 10 141人，第三产业 14 617 人，其比重分别为 58.3%、17.1%和 24.6%，产业比重与去年持平。

国有单位年末从业人数 38 688 人，与去年同期比略有下降。其中第一产业 32 040 人，第二产业 2 973 人，第三产业 3 675 人，其比重分别为 82.8%、7.7%和 9.5%，从业人数从第一产业向第三产业转移。

劳动者年总收入 16.17 亿元，比去年增长 13.3%。国有从业人员总收入 10.8 亿元，同比增长 13.6%；承包家庭农场人员平均收入 25 028 元，比去年增长 17.6%。全系统在岗职工平均工资 28 883元，比去年增长 16.8%；人均纯收入 17 869 元，同比增长 14.4%。

全国农垦新型城镇化会议在垦区成功召开。总计 24 767 套、总建筑面积 150 多万米^2 的垦区保障房建设项目，经过 5 年的艰苦努力，全部完成了总体竣工验收，职工群众花园小区全部建成，基本实现了楼房化、花园式、全覆盖的新型城镇化目标。同时经受了国家审计署对垦区保障房建设项目的多次专项审计，2013 年又争取保障房配套设施建设的中央补助资金 2 281 万元。经过多方协调争取，14 个农场基本养老保险缴费基数实现了规范运作，企业每年减少 1 500 万元养老保险费支出；部分场参保前欠发退休人员生活费已补发 1.09 亿元，兑现了 3 年基本补发完毕的承诺，垦区职工的养老保险各项政策基本全部落实。完成了 19 个农场电力资产移交，移交账面资产 6 604 万元，涉及用电户数 55 171 户，减轻了农场和职工负担；总投资 1.5 亿元的二期电改正在积极实施，有力地保障了农场发展和居民生产生活用电。

福建农垦2014年经济和社会发展统计公报

福建省农业厅农垦处

2014年，全省农垦系统认真贯彻中共十八大、十八届三中、四中全会精神，根据中央和省委、省政府以及部局和厅里的工作部署，结合全省农垦的实际，继续加快民生建设，加强现代农业建设，不断推进产业发展，维护垦区和谐稳定，扶贫开发，各项工作都取得一定成效。

一、概况

全省农垦系统现有独立核算企业124个，其中农场113个，工业企业5个，商业6个，与上年保持一致。土地总面积115千公顷，比上年减少1.44%，耕地面积10.8千公顷，比上年减少1.26%。全省农垦系统总人口23.54万人，比上年增长0.46%，从业人员10.82万人，比上年减少3.22%。全垦区完成国民生产总值52.79亿元，扣除价格因素（下同），比上年增长5.3%，人均国民生产总值23 102元，比上年增长5.91%。一、二、三产的比例为19∶70∶11，相比于去年的21∶68∶11，第一产业所占的比例下降了2个百分点，第二产业所占的比例上升了2个百分点，第三产业所占的比例保持不变。出口商品总金额4.78亿元，比上年增长13.36%。出口商品企业恢复出品速度较快。人均纯收入9 707元，与上年基本持平（按可比口径）。福建省农垦经济是多种经济成分并存，国有、集体、个体、私营、三资经济成分在国民生产总值中所占比例分别为18∶4∶11∶38∶29，非国有经济所占比例达78%，比上年增加2个百分点。非公经济占绝对比例，继续得到迅速发展。

二、第一产业

虽然受到旱灾、冻害、台风、暴雨等自然灾害影响，但由于各种惠农政策得到较好落实，农业生产继续保持稳定。第一产业增加值10.27亿元，比上年减少0.59%。农业总产值23.18亿元，比上年减少3.9%。农业总产值中国有、集体、个体、私营、三资经济所占比例分别为55∶13∶21∶8∶3。国有经济仍保持优势，占了55%，非国有经济所占比例达45%，比上年减少2个百分点。农林牧渔结构为49∶4∶36∶11，农业产业结构有所调整。

种植业结构进一步调整，农产品产量有增有减。农作物总播种面积22 032公顷，比上年减少3.7%，复种指数达205%，比上年减少4个百分点，其中粮食种植面积11 361公顷，比上年减少5.53%。水果种植面积12 216公顷，比上年减少1.56%。茶叶种植面积4 372公顷，比上年减少17.51%。主要农产品产量见表1。

表1 主要农产品产量

指标名称	产量（吨）	比2013年增减（%）
粮食	62 618	−5.30
油料	3 918	−9.47
甘蔗	24 029	−7.82
水果	112 898	1.63
茶叶	6 991	−1.27

造林绿化面积保持稳步发展。全垦区现有林地总面积54 781公顷，比上年增长0.26%。森林覆盖率达47%，与上年持平。2014年全垦区共完成造林面积1 575公顷，比上年减少6.69%。木材采伐24 359米^3，比上年少采伐4 061米^3，减少14.29%；毛竹采伐320万根，比上年少砍3.5万根，减少1.08%。森林面积有所减少，采伐量也比去年有所减少。

畜牧业生产全面下滑。主要畜产品产量和牲畜存栏量见表2。

受气候与市场价格因素影响，渔业生产有所下降。全年水产品产量30 046吨，比上年减少0.43%，

表 2　主要畜产品产量和牲畜存栏量

指标名称	计量单位	产量	比 2013 年增减（%）
肉类总产量	吨	45 383	－10.86
其中：猪肉	吨	40 127	－9.98
禽蛋	吨	5 659	－23.81
牛奶	吨	4 391	－48.19
牛年末存栏	头	11 905	－6.19
猪年末存栏	头	395 623	－22.21
猪全年出栏	头	556 628	－8.48

养殖面积 1 989 公顷，比上年减少 5.29%。

橡胶生产：诏安县建设农场种植橡胶 74 公顷，总计 5 万株。还未开割。

农业现代化水平有所改善。年末全垦区拥有农业机械总动力 77 619 千瓦，比上年增长 0.81%。全年化肥施用量（折纯量）38 288 吨，比去年少施 2 143 吨，减少 5.3%。全年农药施用量达 1 336 吨，比上年多用 333 吨，增长 33.2%。

三、第二产业

工业生产稳定增长。工业增加值 35.33 亿元，比上年增长 7.88%，工业产值 118.18 亿元，比上年增长 14.68%，其中非国有经济所占比例达 97% 以上，占绝对主导地位。私营企业经济所占比例大大提高，主要原因是垦区大力发展、完善工业园区、开发区建设，积极鼓励发展非公经济，新引进一批非公的工业企业，更新改造提高产品的档次，以提高企业经济效益。主要工业产品产量见表 3。

表 3　主要工业产品产量

指标名称	计量单位	产量	比 2013 年增减（%）
原煤	吨	28 900	－65.39
液体奶	吨	1 195	－14.34
罐头	吨	5 895	335.7
饮料酒	千升	6 096	－13.95
软饮料	吨	4 910	10.59
精制茶	吨	4 495	3.03
机制纸	吨	3 820	9.14
水泥	吨	435 605	14.63
砖	万块	20 286	5.92
发电量	万千瓦时	11 342	－1.78

建筑业继续保持稳定增长。建筑业增加值达 1.62 亿元，比上年增长 67.71%。年末固定资产原值 999 万元，比上年增长 2.36%。今年施工房屋建筑面积 43.35 万米^2，比上年减少 16.55%。年末拥有机械设备总台数 330 台，比上年减少 10 台。

四、第三产业

第三产业保持持续平稳发展。第三产业增加值达 5.57 亿元，比上年增长 1.2%，占国民生产总值比重达 11%，与上年持平。

运输业保持发展。营业总收入 14 613 万元，比上年减少 2.89% 。其中货运收入 12 283 万元，比上年增长 3.52%。年末拥有主要运输工具 1 163 台，比上年减少 2 台。

商业、餐饮业、服务业保持稳定发展。年末营业单位数 3 363 个，比上年减少 108 个，减少 3.11%。商品销售总额或营业收入达 14.82 亿元，比上年增长 14.88%。年末固定资产原值 3.50 亿元，比上年减少 13.58%。

五、市场经济

农业商品产值、商品率及出口供货商品金额有所增长。农业商品产值 18.35 亿元，比上年增长 4.2%，商品率 79%，比上年上升了 3 个百分点。出口供货商品金额 4.78 亿元，比上年增长 13.36%。

六、农垦从业人员生活

农垦从业人员生活水平有所提高。全省农垦系统人均纯收入 9 709 元，比上年增长 0.24%（同口径比较）。人均住房面积 33.12 米^2，比上年减少 2.4 米^2，减少 6.76%。

江西农垦2014年经济和社会发展统计公报

江西省农垦事业管理办公室

2014年，在中共十八大、十八届三中、四中全会精神的指引下，江西垦区深入贯彻落实省委十三届八次、九次、十次全会精神，在省农业厅党委的坚强领导下，按照“深化改革、新型城镇化建设、发展升级”三部曲的总要求，积极适应新常态，全面融入新常态，在推动农垦经济进入高效率、低成本、可持续的中高速增长阶段进程中，呈现“一稳二快四优化”的良好态势。一稳即在下行压力不断加大的背景下，农垦经济增速虽有所放缓，但依然实现平稳较快发展。二快即快速推进以危房改造为引领的新型城镇化建设和以农产品质量追溯体系建设为重点的新型信息化建设。四优化即不断优化农业经济结构、工业经济结构、旅游产业结构和招商引资结构。现将2014年江西垦区经济建设和社会发展情况报告如下。

一、基本情况

1. 全垦区独立核算企业个数统计 2014年，江西垦区增加两家垦殖场，即南昌市青山湖区扬子洲垦殖场、九江市湖口县武山垦殖场。垦区现有独立核算农垦农工商公司6个，即乐平市农垦农工商公司、景德镇市农垦农工商公司、鹰潭市独立核算农垦农工商公司、贵溪市农垦农工商联合公司、上饶市铅山农垦农工商公司、九江市农垦农工商公司（表1）。

表1 全垦区独立核算企业统计

指标名称	计量单位	2014年实际	上年同期
独立核算企业合计	个	164	162
1. 垦殖场、企业集团	个	156	154
其中：企业集团	个	9	9
其中：场办工业	个	1 034	939
场办商业	个	2 124	1 883
场办建筑业	个	84	70
场办运输业	个	287	264
2. 独立核算的工业企业	个	2	2
3. 独立核算的农垦农工商公司	个	6	6

全年农垦年末总户数372 400户，较上年增长4.93%；总人口1 263 606人，较上年增长3.66%；年内出生人口10 443人，人口自然增长率为4.94‰；年内死亡人口4 473人，死亡率3.7‰；土地总面积691 496.79公顷，较上年增长1.62 %。其主要原因：新增南昌市青山湖区扬子洲垦殖场、九江市湖口县武山垦殖场，新余市南英垦殖场30多个生产大队，以及抚州市沟树垦殖场加挂乡镇牌子，统计口径有所变化。

2. 主要经济指标平稳较快发展 在下行压力不断加大的不利形势下，经济保持全面持续健康发展（表2）。

表2 主要经济指标

指标名称	计量单位	2014年实际	上年同期	增减率（%）
生产总值	万元	1 993 943	1 835 308	8.64
其中：第一产业增加值	万元	253 737	237 146	7.00
第二产业增加值	万元	1 298 103	1 182 371	9.79
第三产业增加值	万元	442 103	415 791	6.33
工农业总产值	万元	6 619 488	5 648 759	17.18
其中：工业产值	万元	6 107 783	5 159 787	18.37
农业产值	万元	511 705	488 972	4.65
全垦区固定资产总投入	亿元	219.73	201.22	9.20
人均纯收入	元/年	10 422	9 621	8.33

2014 年，一、二、三次产业结构比例由 2013 年的 13∶64∶23 变化为 13∶65∶22 。

3. 经济效益方面 垦区盈利能力持续强势增长，增盈的局面得到巩固，盈亏相抵后盈利 60 334.9万元，较去年增长 0.92%。在全省农垦 164 个独立核算企业中，盈利企业 109 个，盈利面为 66.5%；盈利企业盈利额为 64 238.94 万元，亏损企业亏损额为 3 904.03 万元。

4. 农场按工农业总产值大小排序 2014 年，全省农垦工农业总产值达到上亿元的场（企业集团、厂）45 家，比上年增加了 2 家。其中：本年新增加了 3 家，即南昌垦区扬子洲垦殖场、景德镇垦区荷塘垦殖场、九江垦区武山垦殖场；本年减少了 1 家，即抚州垦区翠雷山垦殖场。具体见表 3（按工农业总产值大小顺序排列）。

表 3 农场按工农业总产值大小排序

排　序	农场名称	工农业总产值（万元）	人均年纯收入（元）
1	共青场	3 718 531	17 700
2	云山集团	280 069	8 010
3	梅岩场	233 035	10 868
4	桑海场	168 495	18 000
5	新岗山场	149 688	8 259
6	大茅山场	145 497	9 128
7	恒丰场	145 301	9 866
8	黄岗山场	109 447	6 480
9	芙蓉场	101 718	8 950
10	墨山场	94 504	7 320
11	罗家场	92 816	11 863
12	南英场	72 970	12 500
13	红星场	70 817	7 510
14	花亭场	68 808	8 416
15	西郊场	59 326	14 850
16	介桥场	52 952	13 250
17	阁山场	50 432	11 368
18	旭光场	49 649	8 499
19	九龙山场	46 800	10 960
20	五府山场	44 496	8 480
21	武夷山场	39 897	8 458
22	上十岭场	39 800	10 600
23	赛湖场	34 136	10 334
24	刘家站场	33 710	8 500
25	长红场	28 237	7 620
26	万埠场	27 291	7 700
27	饶丰场	24 598	8 666
28	洋峰场	23 572	4 798
29	干州场	22 366	7 480
30	恒湖场	20 887	10 604
31	东风场	20 533	9 823
32	乐丰场	20 352	8 104

（续）

排　序	农场名称	工农业总产值（万元）	人均年纯收入（元）
33	怀玉山场	19 902	8 478
34	鸡冠山场	19 797	12 610
35	五星场	19 720	7 000
36	永平场	18 438	8 290
37	扬子洲场	16 213	9 850
38	鸦鹊湖场	13 112	8 483
39	金坪场	12 701	8 740
40	高家岭场	11 955	8 382
41	七里岗场	11 724	7 196
42	银山场	11 681	8 353
43	石花尖场	11 669	7 100
44	荷塘场	11 661	11 377
45	武山场	10 479	8 615

二、工业方面

2014年，电子信息、新能源新材料、现代轻纺、商务物流成为垦区工业新的增长点，一大批现代企业竞相落户共青开发区，成为农垦工业转型升级的精彩缩影。园区经济成为支撑带动垦区工业的核心力量，园区经济产值占工业总产值的比重超过95%以上。云山工业园区的食品加工、生物制药、包装材料和新型材料四大产业的规模优势、集聚效应有增无减。共青开发区培育形成了电子电器、新能源、现代物流等一批接续替代产业，打造了工业经济升级版，特别是总投资350亿元的汉能控股共青城3GW光伏产业集群项目，一期投资已达60亿元，整个项目建成投产后，可实现年销售收入400亿元，年税收20亿元，提供就业岗位1万个。

2014年，全垦区实现工业产值610.78亿元，比上年增长18.37%；工业企业实现增加值117.84亿元、利润36.01亿元，分别比上年增长10.62%、17.37%。

其中规模较大的上5亿元的行业有19个，较上年增加3个，累计完成工业产值581.04亿元，占工业总产值95.13%，比上年同期增长20.52%。其中纺织服装、服饰业产值146.97亿元，较上年下降17.78%，计算机、通信和其他电子设备制造业产值146.29亿元，较上年增长63.69%，化学原料和化学制品制造业产值30.95亿元，较上年增长22.89%。

这些产值上5亿元的行业见表4（按产值大小顺序排列）。

表4　产值5亿元以上行业合计

排　序	指标名称	企业个数（个）	工业产值（万元）	占工业总产值（%）
	5亿元以上行业合计	913	5 810 444	95.13
1	纺织服装、服饰业	178	1 469 676	24.06
2	计算机、通信和其他电子设备制造业	94	1 462 906	23.95
3	化学原料和化学制品制造业	44	309 474	5.07
4	通用设备制造业	35	300 195	4.91
5	非金属矿物制品业	111	297 726	4.87
6	医药制造业	22	280 133	4.59
7	电气机械和器材制造业	21	183 137	3.00
8	纺织业	19	183 049	3.00

（续）

排　序	指标名称	企业个数（个）	工业产值（万元）	占工业总产值（%）
9	农副食品加工业	66	178 533	2.92
10	造纸及纸制品业	23	170 163	2.79
11	木材加工和木竹藤棕草制品业	81	161 863	2.65
12	有色金属矿采选业	2	139 690	2.29
13	食品制造业	30	114 643	1.88
14	家具制品业	20	107 173	1.75
15	酒、饮料和精制茶制造业	27	104 692	1.71
16	金属制造业	27	98 560	1.61
17	电力、热力生产和供应业	32	87 320	1.43
18	其他制造业	66	83 322	1.36
19	石油加工、炼焦和核燃料加工业	14	78 189	1.28

从轻重工业方面看，江西农垦工业发展还是以轻工业为主，轻工业产值 486.65 亿元，占工业总产值的 79.68%。

主要工业产品产量分别为：原煤 772 482 吨，大米 1 368 739 吨，饮料酒 113 096 千升，纱 31 679吨，人造板 70 372 米^3，机制纸 76 918 吨，中成药 17 441 吨，手机 3 200 万台，黄金4 012千克，发电量 76 743 万千瓦时。

三、农业方面

2014 年，江西垦区粮食产量达 72.07 万吨，实现“十一连丰”。完成了粮棉油高产创建、水稻新品种展示、水稻高产模式等项目的实施，引进超级稻一晚新品种“甬优 12”，并进行百亩示范，亩产达 837.4 千克，创造了农垦试种“甬优 12”亩产首破 800 千克的纪录，走在全省前列；水稻双季机插单产创全国最高水平，连片亩产达 1 297.4 千克。同时，蔬菜、水果、茶叶等快速发展，设施农业市场不断发展壮大；生猪养殖标准化、规模化、产业化集中度进一步提升；现代渔业基本实现鱼池标准化、道路网络化、排灌独立化、养殖机电化，经验收合格的水面超过 933.3 公顷；“猪沼棉、猪沼果、猪沼林、猪沼鱼、猪沼茶”等高效立体循环农业模式得到进一步推广，农业面源污染实现有效控制；土地流转趋势不断加强，一批龙头企业、专业合作社、种养殖大户、家庭农场等新型农业经营主体脱颖而出，以专业合作组织为骨干的新型农业社会化服务体系初步形成。在推动垦区土地确权发证工作的同时，积极实施垦区土地增减挂、造地增粮等工程。据统计，全省农垦已批复实施的土地增减挂项目 129 个，涉及面积 438 公顷，实施增减挂项目新增耕地 559.8 公顷。

2014 年实现农业增加值 253 737 万元，比上年增长 7.00 %，完成农业产值 511 705 万元，占工农业总产值的 7.73%。其中：种植业产值 263 949.4万元，占农业总产值的 51.58%；林业产值 38 231.5 万元，占农业总产值的 7.47%；牧业产值 133 661.6 万元，占农业总产值的 26.12 %；渔业产值 47 038.5 万元，占农业总产值的 9.19 %；服务业产值 28 824 万元，占农业总产值的 5.63%。农作物方面情况见表 5。

表 5　农作物情况

指　标	播种面积（公顷）		比 2013 年增减（%）	产量（吨）		比 2013 年增减（%）
	2014 年	2013 年		2014 年	2013 年	
农作物合计	140 443	136 304	3.04	—	—	—
其中：粮豆	104 997	101 000	3.96	720 669	686 812	4.93
油料	15 507	15 331	1.15	31 163	31 109	0.17

（续）

指　标	播种面积（公顷）		比 2013 年增减（%）	产量（吨）		比 2013 年增减（%）
	2014 年	2013 年		2014 年	2013 年	
棉花	2 915	3 456	−15.65	8 952	8 337	7.38
茶叶	5 982	5 988	−0.10	4 228	4 212	0.38
水果	9 307	9 309	−0.02	79 418	80 623	−1.49

畜牧业方面情况见表 6。

表 6　畜牧业情况

指　标	计量单位	2014 年	2013 年	比上年增减（%）
大牲畜存栏	万头	4.03	3.9	3.33
其中：奶牛	万头	0.45	0.45	0
牛奶产量	吨	13 701	13 811	−0.80
生猪出栏	万头	91.32	92.02	−0.76
肉类总产量	吨	90 361	89 732	0.70
其中：肉类交售量	吨	82 457	81 240	1.50
商品率	%	91.25	90.54	0.78

水产业方面：2014 年，全垦区水产品养殖面积 19 483 公顷，其中精养鱼池 1 032 公顷。全年水产品产量 44 728 吨，其中养殖产量 32 181 吨，占水产品总产量的 71.95%。

土地总面积情况见表 7。

表 7　土地总面积情况

指　标	2014 年	占土地总面积（%）	2013 年	占土地总面积（%）
土地总面积（公顷）	691 496.79	—	680 451.30	—
其中：耕地	83 154.35	12.03	81 100.79	11.92
林地	474 708.09	68.65	467 303.90	68.68
水面	30 369.48	4.39	30 063.90	4.42
宜林荒山	6 702.92	0.97	6 437.75	0.95
茶桑、果园	15 523.96	2.24	15 523.32	2.28

林地面积情况见表 8。

表 8　林地面积情况

指　标	2014 年	占林地总面积（%）	2013 年	占林地总面积（%）
林地总面积（公顷）	474 708	—	467 304	—
其中：用材林	300 499	63.30	295 984	63.34
经济林	40 355	8.50	40 077	8.58
防护林	93 627	19.72	92 034	19.69
薪炭林	17 838	3.76	16 849	3.61
特种用材林	22 389	4.72	22 360	4.78
当年造林面积（公顷）	4 679	—	4 976	—
当年幼林抚育面积（公顷）	21 784	—	21 355	—

四、农业商品产值及出口商品总金额方面

农产品商品量情况见表 9。

表 9 农产品商品量情况

指 标	计量单位	2014 年	2013 年	比上年增减（%）
农业商品产值	万元	433 071	370 954	16.75
粮豆	吨	563 228	441 036	27.71
棉花	吨	7 760	7 196	7.84
肉类	吨	82 457	81 240	1.50
其中：猪肉	吨	75 409	75 196	0.28

出口商品情况见表 10。

表 10 出口商品情况

指 标	计量单位	2014 年	2013 年	比上年增减（%）
出口商品总金额	万元	318 410	301 619	5.57
其中：水产品	万元	1 100	1 200	－8.33
工业产品	万元	309 452	292 550	5.78
其中：纺织品	万元	16 926	16 600	1.96
出口的主要产品	—	—	—	—
其中：手机	万台	2 170	1 800	20.56
活性炭	吨	5 215	5 215	0
羽绒制品及服装	万件	888	192.3	361.78
瓷砖	万米^2	107	105	1.9
异抗坏血酸钠	吨	15 001	15 001	0
龙虾	吨	860		

五、固定资产投资方面

2014 年，江西垦区共完成固定资产投资总额 2 197 281万元，较上年增长 9.2%。其中：第一产业 42 190 万元，占投资总额的 1.92%；第二产业 1 426 312 万元，占投资总额的 64.91%；第三产业 728 779 万元，占投资总额的 33.17%。

六、科技、教育、卫生事业方面

2014 年，全垦区科研单位 7 个，职工 706 人，其中科研人员 418 人，占职工人数的 59.21 %，科研经费 2 980 万元。

有医疗卫生单位 39 个，其中医院 23 个，病床 341 张，从业人员 391 人，其中医务人员 343 人，占职工人数的 87.72%。

有各类学校 52 所，教职工人数 1 091 人，其中教师 951 人，在校学生 13 683 人，其中新招收的学生 3 747 人，当年毕业生 3 166 人。其中：普通中等学校 1 所（即江西省通用技术工程学校），有教职员工 82 人，其中教师 68 人，在校学生 2 890人，当年新招收学生 924 人，当年毕业生 1 412人；普通中学 5 所；职业中学 1 所；小学 45 所。

七、劳动工资与人口方面

2014 年，全省农垦年末从业人员数 306 898 人，离开本单位仍保留劳动关系的职工有 49 095 人，其中内部退养职工 2 072 人，全年从业人员劳动报酬和生活费 488 874 万元，年人均收入 15 929 元，较上年增加 890 元。

八、非国有经济方面

2014 年，全垦区 13 729 户非国有经营单位拉动了区域经济跨越发展。其中：集体经济 39 个，私有经济 2 257 个，港澳台经济 10 个，个体经济 11 423 个。现有从业人员 140 708 人，从业人员收入 259 449 万元，年人均收入 18 439 元，较上年增加 817 元。实现生产总值 1 008 006 万元，资产总额 786 937 万元，年末固定资产原值 504 336 万元，全年实现利润 68 640 万元，税金 36 101 万元。

山东农垦2014年经济和社会发展统计公报

山东省农业厅农垦局

2014年，山东农垦在省委、省政府的正确领导和农业部的关心指导下，在全省农垦系统的共同努力下，紧紧围绕推进农垦改革发展这一主线，解放思想，大胆创新，加快转变经济发展方式，积极调整产业结构，着力保障和改善民生，农垦经济和各项社会事业均呈现出平稳较快发展的良好局面。

一、综合

截至2014年年底，全省共有国有农场14个，土地总面积37 808.64公顷，耕地面积14 612.96公顷，总人口23 062人。垦区实现国民生产总值218 139万元（现价，下同），同比增长41%。其中第一产业增加值67 790万元，同比增长20%；第二产业增加值135 583万元，同比增长54%；第三产业增加值14 766万元，同比增长40%。一、二、三产业增加值分别占生产总值的31%、62%、7%。人均纯收入13 484元，同比增长6.8%。

二、第一产业

粮食产量稳步提升。垦区粮食播种面积15 675公顷，比上年增长5 041公顷，其中水稻种植面积增长1 986公顷，高粱种植面积增长1 560公顷。粮食总产99 284吨，同比增长51%，其中小麦总产30 266吨，比上年增长20%；稻谷产量31 210吨，比上年增长13 683吨；高粱产量9 887吨；玉米产量26 179吨；棉花总产3 004吨，蔬菜11 928吨，瓜果6 697吨。

畜牧养殖业平稳发展。大牲畜年末存栏8 540头，猪年末存栏1万头，羊年末存栏1万只，家禽103万只。肉类总产量10 076吨；牛奶产量40 683吨，比上年增长20%；禽蛋产量582吨，比上年增加362吨。水产养殖面积5 660公顷，水产品总产量7 999吨，其中鱼类产量2 781吨，虾蟹类产量3 398吨，贝类产量935吨。

植树造林工作扎实开展。当年造林面积621.6公顷，其中防护林585.6公顷，零星植树113.7万株，当年育苗面积116.8公顷，采伐木材1 077米^3。

农业机械化水平不断提升。全年拥有农业机械总动力5.95万千瓦，比上年增长3%。拖拉机及配套机械方面：拥有大中型拖拉机530台，小型及手扶拖拉机1 372台，大中型拖拉机配套农具539部，小型农具814部，播种机573台，排灌机械914台，农用水泵1 548台，滴喷灌溉机械143套，植保机动喷雾机965台，联合收获机114台，脱粒机52台。农副产品加工机械方面：拥有粮食加工机械31台，棉花加工机8台，油料加工机4台。畜牧业机械方面：拥有牧草播种机2台。牧草收割机2台，牧草打捆机2台。农田基本建设机械方面：拥有推土机22台，挖掘机16台，开沟机19台。当年机播面积达到14 330公顷。全年农用化肥施用总量9 273吨，有机肥施用量3 206吨，农药施用量351吨，使用农用塑料膜452吨。农田水利建设方面，累计建设机电井889眼，排灌站14座，有效灌溉面积12 336公顷，其中机灌面积9 747公顷，电灌面积2 216公顷。

全年完成农林牧渔业总产值117 747万元，比上年增长13%。其中农业总产值47 921万元，比上年增长21%；林业总产值2 744万元，比上年减少9%；牧业总产值17 756万元，比上年增长16%；渔业总产值49 326万元，比上年增长7%。为社会提供商品粮豆97 525吨，比上年增长58%，商品率达98%；提供棉花商品2 541吨，商品率达84%；提供肉类商品9 964吨，比上年增长10%，商品率达99%。

三、第二产业

2014年，全省农垦累计发展工业企业27个，国有企业7个。其中非金属矿采选业4个，农副食品加工业5个，石油加工及炼焦业2个，化学原料制造业8个，非金属矿制品业4个，通用设备制造业3个，金属制品业1个。实现工业总产值1 010 857万元，比上年增长17%；完成工业销售产值983 972万元，比上年增长16%；实现利润总额74 709万元，比上年增长30%。从业人员1 925人，从业人员年劳动报酬总额6 268万元，人均年收入32 561元。

主要工业产品产量方面：原盐359 923吨，小麦粉260吨，砖8 073万块，泵10 500台，燃烧油29万吨，液化石油气13万吨。

年末建筑业单位6个，从业人员551人，从业人员年报酬总额2 487万元。建筑业单位固定资产原值5 020万元，拥有机械设备156台。

四、第三产业

年末交通运输业单位12个，从业人员152人，从业人员年报酬808万元，拥有固定资产原值2 698万元，载货汽车30辆，载客汽车10辆。全年货运量110.4万吨，客运量1.5万人，实现营业总收入3 480万元。

年末批发零售业单位208个，从业人员627人，实现营业收入16 277万元；餐饮业单位48个，从业人员172人，实现营业收入3 071万元；服务业单位109个，从业人员381人，实现营业收入2 289万元。

五、固定资产投资和新增生产能力

2014年，山东农垦固定资产投资总额279 845万元，其中第一产业投资66 967万元，占投资总额的24%；第二产业投资97 795万元，占投资总额的35%；第三产业投资115 083万元，占投资总额的41%。当年新增固定资产总额266 103万元。

六、从业人员及劳动报酬

2014年，山东农垦社会年末从业人数10 231人，其中第一产业社会从业人数5 679人，第二产业2 892人，第三产业1 660人。国有单位在岗职工4 511人，在岗职工劳动报酬12 253万元。国有单位年末从业人员7 023人，报酬总额18 515万元。

七、非国有经济基本情况

2014年，垦区非国有经营单位469个，其中集体经济5个，个体经济178个，私营经济286个。非国有经营单位资产总额653 290万元，固定资产138 055万元。拥有从业人员5 946人，从业人员劳动报酬32 880万元。非国有经济实现国内生产总值184 331万元，实现利润102 691万元，上缴税金21 801万元。

河南农垦2014年经济和社会发展统计公报

河南省农业厅农场管理局

2014年，河南农垦广大干部职工在农业部农垦局和河南省委、省政府的正确领导下，坚持科学发展观，深入贯彻落实中共十八大和十八届三中、四中全会精神，紧紧围绕实现“两个率先”目标任务，以加快经济结构调整和转变发展方式为主线，以企业增效、职工增收和示范带动作用增强为目标，以项目带动和农垦改革为抓手，创新发展思路，谋求改革突破，不断加快现代农业建设，河南农垦经济社会保持平稳较快发展。

一、综合

2014年，河南农垦经济保持健康发展，全年实现生产总值174 738万元（现价，下同），比2013年的150 844万元增长15.8%。其中：第一产业增加值86 420万元，比2013年的70 473万元增长22.6%；第二产业增加值57 006万元，比2013年的52 617万元增长8.3%；第三产业增加值31 312万元，比2013年的27 753万元增长12.8%。一、二、三产业增加值在生产总值中的比重分别为49.5∶32.6∶17.9。农垦一、二、三产业及各项社会事业得到长足发展，职工群众生活条件进一步提高，人均年纯收入11 000元。收入的增加得益于主要农作物产量增加，农产品市场价格的稳步上涨以及各种支农惠农政策的落实，畜牧业生产稳步提高、农垦工业企业的快速发展、非国有经济的稳定发展。

二、农业

农业生产保持平稳发展。2014年实现农、林、牧、渔业总产值197 916万元，比2013年的178 590万元增长10.8%。其中：种植业产值110 329万元，比2013年的99 010万元增长11.4%；林业产值1 137万元，比2013年的868万元增长31%；牧业产值78 435万元，比2013年的71 313万元增长10%；渔业产值8 015万元，比2013年的7 399万元增长8.3%。农、林、牧、渔比重为55.8∶0.6∶39.6∶4。

全年农作物播种面积为57 093公顷，比2013年的55 080公顷增加2 013公顷，增长3.7%。其中：粮食播种面积44 819公顷，与2013年的44 817公顷持平，占农作物播种面积的78.5%；油料面积6 559公顷，比2013年的5 820公顷增加739公顷，增长12.7%；棉花面积980公顷，比2013年的1 108公顷减少128公顷，降低11.6%。水果面积2 057公顷，比2013年的1 906公顷增加151公顷，增长7.9%。

2014年，河南农垦加大了对农田水利、农机等农业基础设施的投入力度，进一步满足了农业生产需求，增强了农业综合生产能力。大力发展高效设施农业，促进农业技术推广，粮食生产高产创建活动成效显著，粮食产量持续增长，实现“十一连增”。粮食总产量达到306 816吨，比2013年的275 834吨增产30 982吨，增长11.2%；商品粮252 647吨，商品率为82.3%。油料和棉花产量较2013年有所减少，水果产量较2013年增长较大。主要农产品产量见表1。

表1　主要农产品产量

产品名称	2014年产量（吨）	比2013年增减（%）
粮食	306 816	11.2
#大豆	16 929	12.2
棉花	873	−30.5
油料	22 379	−3.8
水果	58 020	16.9

畜牧业生产继续保持较快增长势头，生猪养殖量增长较快，奶牛、家禽养殖量有所增加。全年实现牧业总产值78 435万元，占全系统农林牧渔业总产值的比重为40%，与上年持平。牲畜年末存栏总数及主要畜产品产量见表2。

表 2 牲畜年末存栏总数及主要畜产品产量

指标名称	计量单位	2014 年产量	比 2013 年增减（%）
大牲畜存栏	头	11 786	3.2
奶牛	头	7 330	13.3
猪年末存栏	万头	39.2	13.6
猪年末出栏	万头	51.8	16.1
肉类总产量	万吨	3.8	15.2
牛奶	吨	7 339	29.7
水产品	吨	7 615	−3.1

各农场加大了对农业的投入，化肥、农用塑料薄膜等使用量增加，农业机械总动力、机电井数量、设施农业等农业基础设施建设投入加大，生产条件改善。农业生产机械化程度有所提高，年末农业机械总动力 29 万千瓦，比 2013 年的 27 万千瓦增长 7.4%；大中型农用拖拉机 1 313 台，比 2013 年的 1 186 台增长 10.7%；农用小型及手扶拖拉机 7 593 台，比 2013 年的 7 811 台降低 2.8%；播种机 3 931 台，比 2013 年的 3 491 台增长 12.6%；联合收获机 698 台，与 2013 年的 697 台基本持平。

三、工业和建筑业

2014 年，河南农垦工业企业坚持以市场为导向，加大了结构调整的力度，经营水平不断提高，市场竞争力不断增强，效益同步提高，整体实力不断增强。同时，一些规模较大的企业积极进行技术改造，运用先进的科学技术，节约了成本，增加了效益，提升了优势产业，增强了市场竞争力，取得了良好的经济效益。

河南农垦现有工业企业 54 个，全年实现工业总产值 33.3 亿元，比 2013 年的 27.8 亿元增长 20%；完成工业增加值 52 433 万元，比 2013 年的 48 903 万元增长 7.2%。其中国有及规模以上非国有工业企业 25 个，全年实现工业销售产值 31.9 亿元。主要工业企业的主要产品稳定增长，产品产量见表 3。

表 3 主要工业产品产量

产品名称	2014 年产量（吨）	比 2013 年增减（%）
方便面	68 861	45.7
中西药	2 800	11.6
酒精	81 760	−13
饮料酒	2 409	−33
乳制品	14 306	0.8
面粉	74 480	235.2
饲料加工	154 270	21.7
硫酸	48 045	−11.8
农用磷肥	4 086	−29.3

年末建筑企业 11 个，从业人员 1 760 人，全年实现增加值 4 573 万元。年末固定资产原值 3 608万元。全年施工房屋建筑面积达 26 万米^2。

四、人口、就业和劳动工资

2014 年，河南农垦年末总人口 180 908 人，比 2013 年的 173 850 人增长 4%。其中农场人口 135 943 人，场带农村人口 44 965 人。农垦年末社会从业人员 63 959 人，其中第一产业 47 169 人，第二产业 10 342 人，第三产业 6 448 人，第一产业、第二产业从业人员数平稳增长，第三产业从业人员数与 2013 年基本持平。国有经济从业人员 47 876人，其中在岗职工 33 554 人，在岗职工全年劳动工资 5.02 亿元，职工年人均工资 14 964 元，比 2013 年的 13 079 元增长 1 885 元，增幅为 14.4%。

湖北农垦2014年经济和社会发展统计公报

湖北省农垦事业管理局

2014年，是贯彻落实中共十八届三中、四中全会精神，推进农垦改革发展的关键之年。湖北农垦在湖北省委、省政府的正确领导下，在农业部及相关部门的大力支持下，按照稳中求进的总基调，主动适应经济发展新常态，进一步解放思想，抢抓机遇，开拓创新，坚持“三抓三突破两率先”工作目标，以科学发展观统领工作全局，围绕调整优化产业结构，转变经济发展方式，做强优势产业，全面超额完成了年初的目标任务，实现了经济跨越式发展。通过全系统努力，出现了农垦工业快速发展，企业效益大幅度增长，职工收入稳步提高，社会事业全面进步的良好局面。

一、农垦综合情况

2014年，湖北农垦经济较快发展，经济规模迅速扩大，职工收入快速增长，产业结构调整加快，一产业比重逐步缩小，二产业比重逐步增大。全年实现农垦生产总值868亿元（现价），比上年增加133亿元，按可比价计算增长16%（下同）。其中：第一产业增加值94.2亿元，增长8.1%；第二产业增加值590亿元，增长18.8%；第三产业增加值184亿元，增长12%。人均创增加值5.9万元，一、二、三产业增加值占生产总值的比例为10.8∶68∶21.2，产业结构进一步优化。全系统人均纯收入14 200元，比上年增加1 900元，增长15.4%。实现工农业总产值1 962亿元（现价），比上年增长13.6%。垦区国有经济实现利润2.64亿元，上缴税金（全社会）136亿元。

全省农垦国有农场中，增加值超过1亿元的农场有45个，总值达863亿元，占全省农垦增加值的99%。排在前几名的农场是：东西湖农管局528亿元，汉南农管局114亿元，武湖农场29亿元，龙感湖农场19亿元，五三农场18.6亿元，总口农场16.6亿元，后湖农场12.8亿元。

2014年年末，湖北农垦拥有国土面积34.64万公顷，与上年持平，其中耕地面积13.59万公顷，比上年减少66公顷。年末国有及国有控股工业企业93家，国有商业企业15家，分场201个，农业渔业生产队2 150个。

2014年年末，湖北农垦拥有46.6万户家庭，145.6万人，比上年增加0.6万人，人口出生率为9.8‰，人口死亡率为4.7‰，人口自然增长率为5.1‰，低于全省同期水平。

二、农业发展情况

2014年，湖北农垦积极调整农业种植结构，主要农产品产量粮、棉、油、渔、肉、果等均有小幅度增长，带动农业职工收入稳步增长。全系统全面实施了农业税费改革、粮食补贴、农机补贴和农资综合补贴等政策，各项惠农政策提高了农工的种粮积极性。全年实现农业总产值198亿元，比上年增加16亿元，增长8.8%，其中种植业产值96亿元，畜牧业产值47亿元，渔业产值49亿元，林业产值2.8亿元。

全年农作物播种总面积29.5万公顷，比上年减少0.7万公顷。其中粮食播种面积17万公顷，与上年增加0.5万公顷；棉花播种面积3万公顷，比上年减少1.7万公顷；油料面积3.3万公顷，增加700公顷。主要农产品产量见表1。

表1　主要农产品产量

农产品名称	计量单位	2014年	2013年	增减（%）
粮食	万吨	102.7	95.4	8.1
棉花	万吨	4.24	6.67	−36
油料	万吨	9.38	9.36	0.2
蔬菜瓜类	万吨	209	191	9.5
肉类	万吨	19.6	19.5	0.7
水产品	万吨	42.6	41.4	2.8
水果	万吨	10.1	9.4	7.2

农垦畜牧、水产业生产平稳增长、势头良好。大牲畜年末存栏 4.2 万头；肉猪出栏 205 万头，增长 1%；肉类总产量 19.6 万吨，增长 0.7%；禽蛋总产量 5.1 万吨；水产品总产量 42.6 万吨，增长 2.8%；牛奶 2.6 万吨。

2014 年，垦区农业生产条件进一步改善，年末全系统拥有农业机械总动力 183 万千瓦，其中大中型拖拉机 8 090 台；小型拖拉机 4.81 万台；排灌机械 2.52 万台；农用运输车 8 897 台。农业用电量 4.7 亿千瓦时，农业化肥施用折纯量 16.0 万吨。当年机械播种面积 6.6 万公顷，机械收割面积 14.6 万公顷。新增造林面积 3 437 公顷，新增水泥晒场 10 万米^2，新增输电线路 136 千米。

三、工业和建筑业发展情况

2014 年，湖北农垦工业实现了跨越式发展，近年来招商引资项目、工业园区项目已陆续投产，并产生效益，产值规模迅速扩大，企业效益明显提高，全系统规模以上的工业企业达 745 家。

2014 年，全垦区实现工业增加值 490 亿元，按可比价比上年增长 19.4%；实现工业总产值 1 765亿元（现价）。国有及规模以上的非国有工业企业实现产品销售收入 1 270 亿元，实现利润 98.7 亿元。主要工业产品产量见表 2。

表 2　主要工业产品产量

名称	计量单位	产量	增减（%）	名称	计量单位	产量	增减（%）
水　泥	万吨	353	15	乳制品	万吨	26.4	60
红　砖	亿块	35	9.7	饮料酒	万吨	26.9	−24
玻　璃	万箱	1 251	1	家　具	万件	69.4	−1
棉　纱	万吨	30.728	5.5	发　电	亿度	1.44	1
机织布	万米^2	36 877	20	植物油	万吨	88.9	−5.5
机制纸	万吨	8.5	−21	饲　料	万吨	137	−2.2
人造板	万米^3	15.1	−29	自来水	万吨	10 228	45
服　装	万件	4 438	8.4	软饮料	万吨	178	−2

2014 年年末，垦区拥有大中型工业企业 55 家，其中大型企业 9 家，中型企业 46 家，实现工业总产值 469 亿元，实现工业增加值 130 亿元，共创利税 36.4 亿元（以上工业指标均为全社会口径）。

2014 年农垦建筑业平稳增长，经济效益进一步好转，全年共实现增加值 99.5 亿元（现价），比上年增长 19.4%。年末拥有各类建筑单位 795 个（含个体），从业人员 13.8 万人，年末固定资产原值 47.7 亿元，各种机械总台数 3.4 万台，全年完成施工建筑总面积 8 233 万米^2，建筑工程造价 569 亿元。

四、第三产业及对外贸易

2014 年，湖北农垦系统第三产业得到进一步发展，经营领域不断拓宽，结构更趋合理，服务水平进一步提高。全系统共拥有批发零售贸易单位 3.2 万个（含个体，下同），从业人员 7.7 万人，实现销售收入 568 亿元；服务业单位 4 899 个，从业人员 1.2 万人，营业收入 11 亿元；旅馆及餐饮业年末营业单位 6 346 个，从业人数 2.1 万人，营业收入 38.8 亿元。有个体运输户 1.1 万个，各类运输车辆 2.56 万台，全年运输业总收入 17 亿元。

2014 年，由于实施积极的出口政策，湖北农垦商品出口呈快速增长态势，全年外贸出口供货商品金额为 40.5 亿元，比上年增加 6 亿元，增长 18%。出口生猪 5.3 万头，再制蛋 732 万枚，罐头 4 000 吨，服装 131 万件，冷冻食品 1 400 吨。出口金额最高的 5 个农场分别是：东西湖农场 21 亿元，后湖农场 10 亿元，龙王嘴农场 1.3 亿元，五三农场 1.1 亿元，华严农场 1 亿元。

五、固定资产投资

随着国家拉动内需政策的出台，2014 年湖北省国有农场工业园区、土地整理、新村镇建设力度明显加大，全年投资超过 1 亿元的农场有 41 个，全年完成固定资产投资 779 亿元，比上年增加 193 亿元，增长 33%。其中第一产业投资 71 亿元，第二产业投资 520 亿元，第三产业投资 187 亿元。(按全社会口径统计)。全年改造危旧房 3.5 万套。

六、科研、教育、卫生

湖北农垦继续坚持“科教兴垦”的战略，加大教育和科研资金投入，促进农垦经济发展，农垦系统教育、卫生基础设施得到较大改善。2014 年垦区拥有科研单位 35 个，从业人员 1 244 人，其中科技人员 383 人，投入科研经费 2 954 万元。全系统教育事业继续平稳发展，年末垦区共有各类学校 266 所，教职工 1.15 万人，在校学生 12.5 万人，当年毕业生 3.1 万人。通过多年的努力农垦系统卫生医疗条件有了较大改善，2014 年年末拥有医疗单位 608 个，其中医院 85 所，病床 7 377 张，医生2 802人。

七、职工就业、劳动报酬、职工生活

2014 年湖北垦区国有单位从业人员 39.2 万人，其中国有职工 37.2 万人，比上年有少量减少。垦区国有单位从业人员劳动报酬及生活费 92.8 亿元，比上年增长 18%。

2014 年湖北垦区社会平均从业人数为 83.6 万人，比上年增加 4.2 万人，其中第一产业为 34.8 万人，第二产业为 31.3 万人，第三产业为 17.4 万人。农垦从业人员劳平收入 21 253 元，人均纯收入 14 200 元，增长 15%。

2014 年湖北农垦有 25.4 万退休人员和 28.5 万在职人员进入社保，退休农工月平均工资 1 170 元，月增资 180 元，退休非农工月平均工资 1 770 元，月增资 150 元，全系统当年发放退休费 42.5 亿元，社保净收入 30.8 亿元，解决了农垦职工老有所养的问题。全系统年末住房面积 5 198 万米^2，户均面积为 111 米^2。

八、主要不足及存在的问题

湖北省国有农场经过综合改革和连续多年的平稳发展，垦区经济和社会事业取得了显著成效，但也存在一些不足，主要表现在：(1) 农业生产基础条件仍然比较薄弱，抵御自然灾害能力还不强；(2) 农场职工住房、教育、医疗、交通等生活基础设施还不够完善；(3) 少数农场发展较慢。

湖南农垦2014年经济和社会发展统计公报

湖南省农垦局

2014年，湖南农垦在农业部农垦局和省农业厅的正确领导下，灵活把握政策方针，全面普及指导，突出区域重点，使全省农垦经济总体保持平稳较快发展，各项社会事业取得新进步。特别是在现代农业建设、南亚热作生产、特色产业发展、危旧房改造、扶贫开发等方面取得了显著成绩。

一、综合

经济保持高速稳定增长。2014年，全垦区总人口数为69.2万人，农场人口58.9万人。人均生产总值为21 810元，比上年增加1 277元，增幅11.2%。实现国民生产总值136.6亿元，其中第一产业增加值69.48亿元，比上年增加2%；第二产业增加值89.19亿元，比上年增加13.6%；第三产业增加值3.9亿元，比上年增加16.9%。人均纯收入10 098元，比上年增加698元，增幅达7.4%。

危房改造年度任务全面完成。湖南农垦从2011年起连续搞了4年危房改造，累计下达任务16.63万套。面对这项时间紧、配套少、底子薄、任务重、要求高的民生工程，在厅党组的领导和省直相关部门以及垦区当地党委政府的大力支持下，从省局到各项目实施单位上下一盘棋，强化领导，统筹安排、精心组织，扎实工作，战胜困难，全面完成了危房改造目标任务。全年危房改造任务为44 998套，实际开工44 998套，开工率达100%，基本建成32 002套，实现了按时、保质、保量、零事故的工作目标。

二、农业

农业生产稳定增长。2014年，湖南农垦农作物播种面积151 003公顷，比去年增加744公顷，其中粮食播种面积95 547公顷，比去年增加631公顷；油料种植面积23 631公顷，增加0.48%；棉花种植面积7 012公顷，与去年持平；蔬菜种植面积20 298公顷，与去年基本持平。粮食总产量62.77万吨，增长0.35%，其中稻谷产量57.64万吨，增长0.61%。

现代农业示范迈出重大步伐。示范区建设成效显著，大通湖水稻高产示范区，君山、西洞庭棉花高产示范区，西湖油菜高产示范区，屈原生猪高产示范区等示范区建设，都取得较好成效。西湖、西洞庭和大通湖管理区继屈原管理区之后，又被农业部认定为第二批国家现代农业示范区，自此，湖南垦区国家级现代农业示范区实际已有4家。

农业综合生产能力继续提高。全垦区新增农田有效灌溉面积62 009公顷，新增造林面积1 527公顷，新增果树定植32公顷，新增茶树定植85公顷，受国家农机补贴政策影响，新增大中型拖拉机388台，小型及手扶拖拉机12台。

2014年5～7月，湖南中部及西南部遭受了严重的旱灾，造成受灾面积10 254公顷，其中绝收216公顷。受灾面积中：旱灾面积7 565公顷；病虫灾面积1 066公顷，其中绝收115公顷；霜冻灾1 022公顷，其中绝收23公顷。成灾人口7 866人，减产粮食7 002吨、棉花1 765吨、油料11 136吨，直接经济损失8 832万元。

三、工业和建筑业

工业生产进入稳定期。2014年，垦区工业经济出现一定增长，第二产业完成总产值74.2亿元，比上年增长14.52%，完成增加值25亿元。同时，工业园区建设态势良好，常德农垦办和西洞庭管理区通过积极争取，落户的大型食品加工企业达50多家，2014年园区投入建设的资金逾2亿多元，园区加工业产值达12.6亿元，增长30%。通过结构调整，淘汰落后工艺和产能，龙型经济产业链基本形成，并引导带动了周边地区的快速发展。

建筑业稳步发展。全垦区建筑企业291个，比上年增加1个。年末从业人数12 931人，比上年增加85人，增加0.6%。年末固定资产原值17 385万元，比上年增加9万元。

四、固定资产投资

固定资产投资总量有所增加。2014年，全垦区完成固定资产投资总额为103.7亿元，比上年增加1.3%。第一产业固定资产投资29.5亿元，其中国有27.84亿元，分别比上年增长了1.72%和1.65%。

五、科学技术和教育

年末垦区拥有各类科研单位22家，与上年持平，科研人员和技术工人人数保持稳定，总人数为763人，与上年持平。因贯彻省里相关文件精神，农场办教育、医疗卫生等职能进行了剥离，以往因教育遗留下来的债务也在进一步化解当中。

六、资源与环境保护

2014年垦区继续把粮食生产放在重要位置，确保粮食生产不动摇。全年未出现建设违规占用耕地的现象，耕地面积减少的势头进一步趋缓。农工环保意识得到加强，全年未发生重大面源污染事件，全年新增造林面积37公顷，新增果树定植23公顷，少砍伐树木8 700米^3，荒山变成了青山，生态环境得到明显改善。

七、人口与社会保障

2014年年末，全省农垦总人口为69.2万人，比去年增加0.29万人。其中农场人口58.98万人，城镇人口14.4万人，小城镇化进程得到发展，人口进一步集中。

社会保障工作全面发展。全省农垦职工参加基本养老保险人数25.94万人，企业参加基本养老保险的离退休人员12.89万人，参加失业保险人数7.7万人，参加医疗保险人数30万人，全年发放企业离退休人员基本养老金15.67亿元，社会化发放基本养老金15.67亿元，社会化发放人数12.89万人，企事业参保离退休人员人均养老金1 013元/月，离退休职工的生活待遇进一步提高。

广东农垦2014年经济和社会发展统计公报

广东省农垦总局

2014年，广东农垦深入学习贯彻中共十八届三中、四中全会和中央领导对新时期农垦改革发展的重要讲话精神，认真贯彻落实农业部和省委、省政府的决策部署，统筹做好各项工作，努力克服经济下行、大宗农产品价格持续低迷和遭受严重自然灾害等重重困难，保持了经济社会稳定发展、职工和居民生活水平稳定增长的态势，在“率先实现农业现代化，率先全面建成小康垦区”的征程中迈出新步伐。

一、综合

2014年，广东农垦实现生产总值139.49亿元，比上年增长8.0%，其中第一产业增加值43.53亿元，增长3.4%，对GDP增长的贡献率为13.8%；第二产业增加值61.33亿元，增长7.0%，对GDP增长的贡献率为38.6%；第三产业增加值34.63亿元，增长16.6%，对GDP增长的贡献率为47.6%。三次产业结构由上年的32.60∶44.39∶23.01变为31.21∶43.97∶24.82。人均农垦生产总值达36 701元，增长7.1%。国有在岗职工年均纯收入41 853元，增长10.2%，垦区居民人均纯收入20 041元，增长10.8%。全年国有企业营业总收入达210亿元，增长19.2%，实现利润3.6亿元，增长12.7%（图1）。

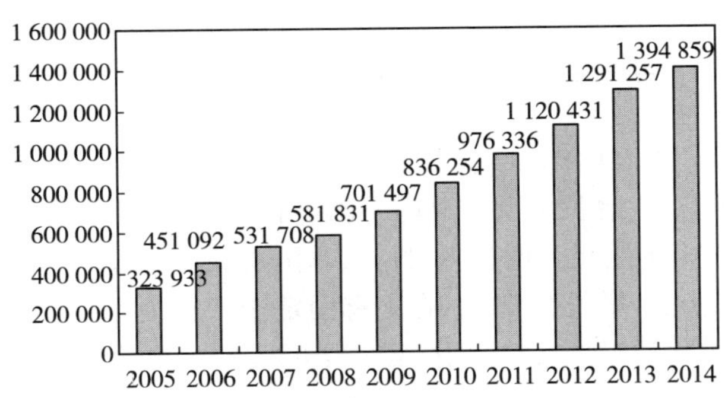

图1　2005—2014年农垦生产总值（万元）

垦区经济和社会发展存在的主要困难和问题是：垦区面临自然灾害影响巨大，先后遭受超强台风“威马逊”和“海鸥”的正面袭击，直接经济损失超过30亿元，致使垦区经济社会发展、职工和居民收入水平增速均下降4～5个百分点；经济下行压力大，垦区主产品橡胶、蔗糖、生猪等价格持续低迷，经营效益下滑，给企业带来较大困难；垦区新兴产业和现代服务业正在建设之中，尚未形成规模，一些投资项目还面临落地难、推进慢、融资渠道单一、经济效益不明显的问题；产业集团规范管理和运作机制有待完善；干部队伍的思想观念和行为方式未能较好地适应新形势要求，高素质人才不足的矛盾日益凸显。

二、农业

2014年，广东农垦实现第一产业增加值43.53亿元，增长3.4%，占生产总值的31.21%。农业总产值按现行价计算达79.81亿元，增长5.6%，农业商品产值为76.25亿元，农业商品率为95.5%。

2014年，实现农作物总播种面积4.24万公顷，负增长11.9%，其中粮食播种面积0.88万公顷；糖蔗种植面积2.32万公顷，负增长20.5%；油料播种面积0.30万公顷，同上年基本持平；蔬菜播种面积0.63万公顷，增长12.5%。

垦区国内外橡胶年末实有面积5.51公顷，其中国内基地橡胶年末实有面积4.53万公顷，比上年略减，其中当年新定植、更新定植18 269亩；油茶年末实有5 151公顷，其中当年新种1 900公顷；水果年末实有面积3.20万公顷，增长27.0%；剑麻0.23万公顷，负增长23.3%；茶叶562公顷，负增长18.7%。

全年生猪饲养量170.94万头，增长4.4%，其中年末存栏66.48万头，增长1.9%；牛年末存栏2.63万头，其中奶牛0.95万头；家禽饲养量

1 750.3万只，增长 4.2%；全年水产养殖面积 0.41 万公顷。

全年粮食产量 5.86 万吨，负增长 1.3%；糖蔗产量 140.58 万吨，负增长 37.9%；油料产量 0.80 万吨，负增长 8.0%；蔬菜产量 15.45 万吨，增长 8.1%；干胶产量 17.11 万吨（包含海外、海南和云南），负增长 4.1%；水果产量 66.14 万吨，增长 1.6%；剑麻直纤维产量 6 140 吨，负增长 26.5%；茶叶产量 779 吨，负增长 23.7%。

全年肉类总产量 11.44 万吨，增长 6.3%，其中猪肉产量 9.07 万吨，增长 6.1%；禽肉产量 2.25 万吨，增长 6.6%。禽蛋产量 3 347 吨。全年水产品产量 3.63 万吨，增长 2.8%，其中海水养殖 1.12 万吨，淡水养殖 2.51 万吨。鲜牛奶产量 3.79 万吨。

全年农业固定资产投入 7.26 亿元，增长 15.1%。年末农业机械总动力为 36.74 万千瓦，增长 4.9%。全年农用化肥施用量（折纯）6.15 万吨，农用塑料薄膜用量 832 吨，农药施用量 6 374 吨，农场用电量 45 090 万千瓦时，有效灌溉面积达 18 400 公顷。

三、工业和建筑业

2014 年，实现第二产业增加值 61.33 亿元，增长 7.0%，占生产总值的 43.97%。

2014 年，垦区各类工业企业 540 家，其中国有及非国有规模以上工业企业 114 家，全年实现工业增加值 54.34 亿元，增长 7.2%，其中国有及非国有规模以上工业增加值 49.34 亿元，占 90.8%。全年实现工业总产值按现行价计算（下同）为 179.30 亿元，增长 10.4%，其中轻工业产值 162.49 亿元，占工业总产值的 90.6%；重工业产值 16.81 亿元，占工业总产值的 9.4%。国有及非国有规模以上工业总产值 164.20 亿元，占工业总产值的 91.6%。工业产品销售率为 94.5%。全年实现工业利润 13.28 亿元，应缴税金 6.07 亿元。

2014 年垦区二十二大类工业产品中，产值排前 10 位的行业是：其他制造业产值 54.88 亿元，占 30.6%；食品加工业产值 44.39 亿元，占 24.8%；食品制造业产值 34.36 亿元，占 19.2%；金属制品业产值 7.79 亿元，占 4.3%；塑料制品业产值 7.37 亿元，占 4.1%；造纸及纸制品业产值 5.92 亿元，占 3.3%；家具制造业产值 4.55 亿元，占 2.5%；建筑材料业产值 3.91 亿元，占 2.2%；服装及其他纤维制品制造业产值 2.93 亿元，占 1.6%；木材加工及竹藤、棕草制造业产值 2.39 亿元，占 1.3%。这十大产业创产值 168.49 亿元，占工业总产值的 93.97%（表 1、图 2）。

表 1　2014 年垦区工业主要产品产量及其增减情况

产品名称	计量单位	产量	比上年增减（%）
机制糖	吨	442 987	−12.2
罐头	吨	3 421	21.2
酒精	吨	35 164	−42.4
乳制品	吨	109 250	−0.3
食用油	吨	465 945	18 172.4
有机复混肥	吨	75 592	−9.8
剑麻（绳、布、条）	吨	7 820	13.6
地毯	万米^2	21.9	−8.8
水泥	吨	401 000	7.7
家具	万件	354.1	1.5

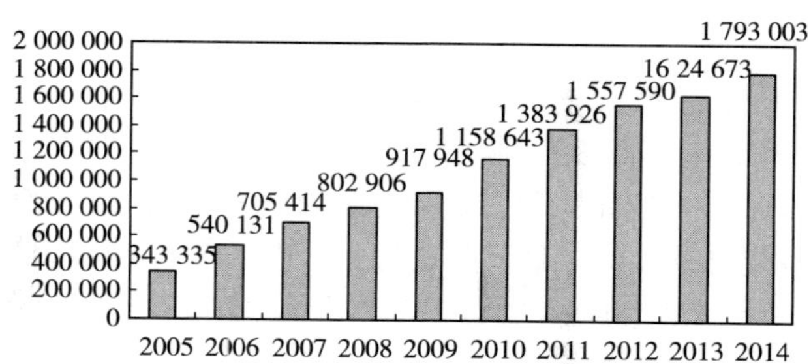

图 2　2005—2014 年工业总产值（万元）

2014 年，垦区完成建筑业产值 18.41 亿元，增长 8.1%，房屋施工面积 98.53 万米^2，房屋竣工面积 81.53 万米^2。建筑业增加值达 6.99 亿元，增长 5.6%，实现利润总额 16 142 万元，应缴税金 6 252 万元。

四、固定资产投资

2014 年，垦区完成固定资产投资总额 25.62 亿元，增长 8.7%，其中国有固定资产投资完成 15.44 亿元，增长 8.2%，非国有投资完成 10.18 亿元，增长 9.5%。在国有固定资产投资额中，基本建设投资 12.81 亿元，占 83.0%，更改措施投资 2.63 亿元，占 17.0%（图 3）。

分三次产业看，第一产业投资 7.26 亿元，增长15.1%。第二产业投资6.52亿元，增长32.3%。第三产业投资11.84亿元，负增长4.0%。主要投向两大主产业、六大支柱产业和公益民生工程。

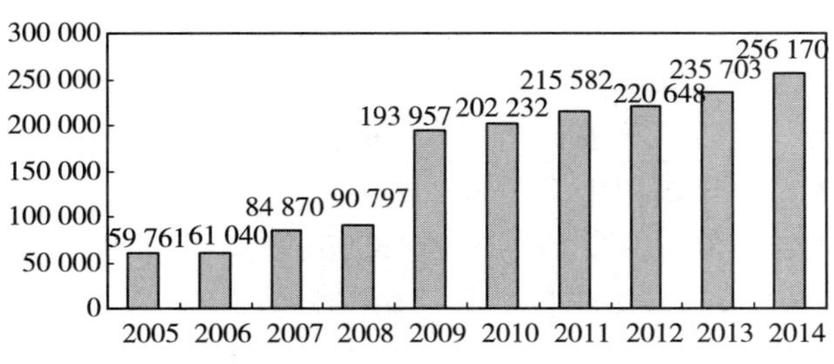

图3　2005—2014年固定资产投资（万元）

五、交通运输业、批零贸易业、餐饮业、服务业、房地产业及出口商品

2014年，全年完成交通运输业总产值6.99亿元，比上年增长12.6%，全年盈利8 010万元，应缴税金3 515万元。全年完成交通运输业增加值3.78亿元，比上年增长8.9%。现有载货汽车1 743辆，载客汽车978辆；全年货运量587.50万吨，货运周转量27 432万吨公里；客运量753.71万人，旅客周转量92 078万人公里。

2014年，全年实现社会消费品零售额18.99亿元，增长39.7%。年末批零贸易业、餐饮业、居民服务业营业单位总数达4 463个，从业人员17 524人，年末固定资产原值25.20亿元，营业用房58.77万米^2，销售和营业总额186.35亿元，增长23.2%，利润总额62 890万元，应缴税金20 922万元。

2014年，垦区房地产开发企业1个，从业人员72人，年内销售商品房11 511米^2，利润总额−3 308万元，缴纳税金5 759万元。

2014年，全垦区共有物业管理公司12个，物业管理人员达776人，年末实有可出租房屋面积64.70万米^2，已出租房屋面积63.81万米^2，出租率达98.6%。物业管理公司营业或服务收入达14 111万元，增长8.7%，其中物业管理费收入4 345万元，占总收入的30.8%；出租写字楼及宿舍收入达2 497万元，占总收入的17.7%；出租厂房收入4 976万元，占总收入的35.3%。

2014年，出口商品总金额达到62.78亿元，增长9.0%。出口创汇金额100 899万美元，增长7.9%。其中工业品出口达59.22亿元，占出口总额的94.3%（图4）。

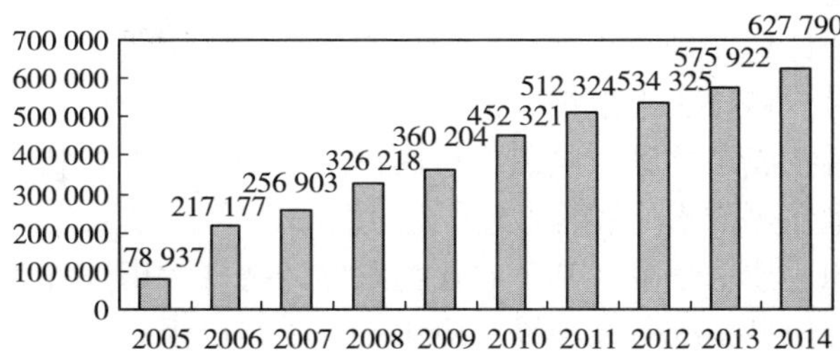

图4　2005—2014年出口商品总金额（万元）

六、科技生产、土地

2014年年末，垦区共有科研单位50家，其中省地级5家，农技推广站47个，科研从业人员277人，全年投入科研经费2 952万元。垦区农业综合机械化水平、农业科技贡献率和良种覆盖率分别达到70%、69%和100%。

科技试验与推广。一是推进主产业在机耕、机管、机收各生产环节上的机械化进程。据统计，今年主产业机械耕作推广面积达到120万亩次，其中甘蔗机管率达76%。二是建设生态胶园，推广葛藤覆盖。全年新种植的0.12万公顷橡胶园中全部种植葛藤。三是提升土壤有机质。通过增施有机肥、甘蔗叶和菠萝叶粉碎回田、种植绿肥、增施石灰等措施，推进垦区甘蔗园、橡胶园、麻园、油茶园的土壤改良。四是研究和推广生产节约化技术。推进橡胶的割制改革，在推广4～5天一刀的基础上，推行7天一刀的割法，并试验10天一刀技术。

标准化、品牌建设。一是垦区无公害农产品、有机食品、荣获部省名牌产品称号产品等均通过有效期复审。二是推动丰收菠萝罐头、名富番石榴、华海蒸青绿茶三个追溯产品完善追溯制度和追溯系统建设。三是在第五届广东现代农业博览会上，组织征集垦区剑麻、白砂糖、菠萝罐头、牛奶、番石榴、红江橙、蒸青绿茶、金萱红茶、华煌茶叶等四类共12个名优特色产品参展，集中展现广东农垦现代农业发展成果。

项目建设。一是农机补贴项目，落实2014年中央财政农机购置补贴资金3 000万元，其中预算内1 780万元，转移支付1 220万元，项目实施单位39个。二是水利建设项目，2014年度水利建设项目共3个，其中小型农田水利建设项目资金3 210.19万元，项目实施单位32个；小型农田水利设施建设补助资金项目资金计划安排 3 000 万元，项目实施单位 7 个；中央水利建设基金项目资金计划安排 900 万元，项目实施单位 10 个。

科技成果申报。组织各下属单位积极申报各类科技成果奖励。组织广垦热作所《测土配方施肥技术在热带水果和橡胶上的应用推广》、广东农工商职业技术学院《基于农业物联网的智慧大田远程监控信息系统研究与推广应用》等项目申报省农技推广奖。目前，农业部剑麻及制品质量监督检验测试中心《快速测定剑麻叶片纤维含量技术研究及应用》已通过科技成果鉴定，正申报科技进步奖。

安全生产。2014 年，全面落实以安全生产“一岗双责”为核心的安全生产责任制，全年垦区各级签订的安全生产责任书达 4 000 多份。全年安全事故的发生率比上年有所下降，杜绝了重伤以上安全生产事故的发生，为实现“两个率先”、建设幸福垦区提供了安全保障。

一是组织安全生产检查。全年垦区各单位组织的各种检查达 500 多次。二是推进企业安全生产标准化工作。广垦橡胶茂名加工厂、丰收糖业公司、湛江农垦第二机械厂等企业通过了安全生产标准化达标认证。目前垦区通过安全生产标准化认证达标的企业已达 11 家。三是推动安全社区建设。对南华、火星、葵潭、红五月和铜锣湖农场的安全社区建设工作进行考核评价。四是组织开展以“强化红线意识、促进安全发展”为主题的第 13 个“安全生产月”活动。

2014 年，垦区年末土地总面积 228 696 公顷，其中已开垦利用 214 441 公顷，占 93.8%，内有耕地 37 922 公顷。全年新增土地确权发证 0.153 万公顷，累计确权发证总面积是 20.55 万公顷，国有土地确权发证率达到 96.7%，居全国农垦系统前列。清理收回历史被占土地 487 公顷。通过加强土地专项审计和清理工作，运用信息化手段，规范农场土地管理，垦区共清理出超承包合同面积和无承包合同面积 1.71 万公顷，每年可增加收益 7 000 多万元。

七、教育和卫生

教育事业方面：2014 年，垦区优化学校布局，控制办学规模，提升教学质量，完成危旧校舍改造 1.02 万米^2，鸡山、红五月、华海、红湖 4 所学校通过义务教育示范性学校验收。农工商学院撤并了广州大观路校区，节约管理运行成本 1 000 多万元，在 2014 年全省普通高校毕业生就业工作评估中被评为“优秀”等级；湛江农工商职校秋季招生 4 800 多人，目前在校生规模近万人。

2014 年，垦区有各类学校 147 所，教职工 5 145人，在校学生 86 140 人，当年毕业生 21 250 人。其中：普通高等学校 1 所，在校学生 20 730 人，当年新招生人数 6 257 人，当年毕业生 6 159 人；中专 1 所，在校学生 6 951 人，当年毕业生 1 650人；技工学校 2 所，在校学生 2 738 人，当年毕业生 868 人；普通中学 44 所，在校学生 20 606 人，当年毕业生 6 537 人；小学 99 所，在校学生 35 115 人，当年毕业生 6 036 人；幼儿园 55 所，入园儿童 8 844 人，当年毕业儿童 3 173 人。

卫生事业方面：2014 年，投入卫生事业建设资金近亿元，实施 17 个医院门诊住院用房改造和医疗设备购置项目。省农垦中心医院年度各项医疗收入突破 4 亿元。

目前垦区现有医疗单位 62 个，其中省地级医院 4 个，场级医院 55 个，病床 5 692 张，比上年增加了 99 张，卫生技术人员 3 919 人，其中医生 1 539人。平均每个医生承担服务人口量为 247 人。

八、公路、小城镇和安居工程建设

2014 年，垦区投入公路建设资金 4 500 万元，完成农场公路硬底化改造 100 千米。自 2006 年至今，累计完成了 2 974 千米农场公路硬底化改造。

2014 年加快推进安居工程和基础设施项目建设。全年投入一事一议项目建设资金 1.12 亿元，实施农场各类建设项目 496 个。投入水库移民财政资金 9 558.4 万元（含移民直补资金 5 566.8 万元），扶持移民安置农场建成一批基础设施和经营性物业。全力抓好垦区 1 065 户水库移民安居工程的收尾工作，至年底已竣工 730 户，其中 531 户特困户危房改造全部完成。开展义务植树造林 1 120 公顷，创建“生态文明示范社区”98 个。新建成幸福农场 11 队、南华农场 9 队、胜利农场 14 队、葵潭农场葵峰管区、铜锣湖农场场部 5 个农业部“美丽乡村”示范点。

九、人口、职工与垦区居民收入

2014 年全垦区年末总人口 37.98 万人，全年出生人口 3 276 人，年内死亡人口 1 934 人。

2014年年末垦区国有职工总数4.98万人，其中国有在岗职工4.86万人，其中长期职工4.44万人。全年国有在岗职工纯收入合计204 725万元，国有在岗职工年均纯收入41 853元，增长10.2%（图5）。

2014年年末从业人员120 374人，其中从事第一产业54 407人，占从业人员总数的45.2%；从事第二产业32 214人，占从业人员总数的26.8%；从事第三产业33 753人，占从业人员总数的28.0%。从业人员年平均收入35 030元，增长9.9%。

2014年垦区居民人均纯收入20 041元，增长10.8%。

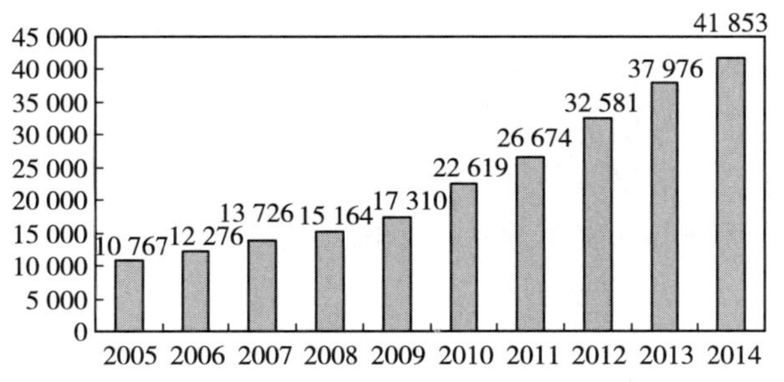

图5 2005—2014年国有在岗职工年人均纯收入（元）

十、农综、农业产业化重点龙头企业和境外企业基本情况

2014年，投入财政资金2 260万元，实施一批农业综合开发项目；新建成1 533.3公顷高标准农田和17个小型农田水利设施，改良土壤3 333.3公顷。新增农机具960多台（套），主产业机械耕作推广面积120万亩（次）。

2014年年末，垦区共有10家省级以上龙头企业，其中4家为国家级龙头企业。垦区境外企业达21家，境外企业从业人员1 406人，境外企业全年总收入34.88亿元。

十一、营业收入、利润

2014年实现营业总收入210亿元，比上年增长19.2%。增长的主要原因：一是有效应对国内外复杂形势以及主产品价格下跌等不利因素影响；二是不断壮大支柱产业，整合优势资源，完善产业集团运营机制，例如广垦粮油公司通过并购茂名长晟公司增加收入15.2亿元；三是商品流通企业贸易额进一步扩大。

2014年，广东农垦全年盈利3.6亿元，比上年同期（同口径）增长12.7%（图6）。利润增长的主要原因是：一是有效应对全球经济低迷和国内原材料、劳动力价格上涨、主营业务毛利率同比下降及自然灾害等不利因素的影响；二是燕塘投资公司、广垦橡胶集团通过“三旧”改造，通过土地流转实现效益的增值；三是利用垦区优势，整合优质资源，通过并购重组，增加利润近亿元；四是物业出租服务企业提高服务质量和档次，提升物业出租价格，服务业利润稳定增加，同比增长8.7%。

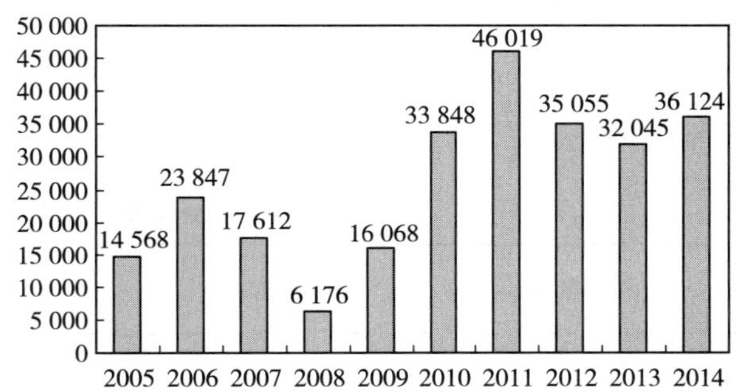

图6 2005—2014年利润总额（万元）

十二、非国有经济

2014年，垦区实现非国有经济生产总值69.11亿元，增长8.3%，占垦区经济总量的49.5%。其中第一产业增加值9.75亿元，第二产业增加值42.41亿元，第三产业增加值16.95亿元，各产业占非国有经济总量的比重分别为14.1%、61.4%、24.5%。非国有经营单位个数5 899个，从业人员达5.78万人，其中第一产业1.95万人，第二产业2.06万人，第三产业1.77万人。从业人员总收入23.13亿元，从业人员年平均报酬40 013元，增长3.0%。全年共实现利税25.72亿元，增长7.2%，其中利润20.15亿元，增长7.6%。

广西农垦 2014 年经济和社会发展统计公报

广西壮族自治区农垦局

2014 年，面对复杂严峻的国际国内形势和艰巨繁重的改革发展稳定任务，面对经济发展新常态，广西农垦管区坚持稳中求进工作总基调，统筹做好稳增长、促改革、调结构、惠民生等各项工作，经济社会发展稳中有进，实现了经济社会持续稳定发展。

一、综合

管区经济平稳发展。2014 年，管区实现全社会经营总收入[1] 1 181.3 亿元，比上年增长 12.1%；实现地区生产总值[2] 417.9 亿元，按可比价[3]计算比上年增长 10.0%，比全国高 2.6 个百分点，比全区高 1.5 个百分点。其中，第一产业增加值 47.2 亿元，增长 3.9%；第二产业增加值 262.6 亿元，增长 10.8%；第三产业增加值 108.1 亿元，增长 10.8%。三次产业对管区 GDP 增长的贡献率分别为 3.6%、61.9%、34.5%，分别拉动管区经济增长 0.4 个百分点、6.2 个百分点、3.4 个百分点（表 1、图 1、图 2）。

表 1　2014 年广西农垦主要经济指标与 2005 年对比

指标名称	计量单位	2005 年	2014 年	2014 年比 2005 年增长（倍）
地区生产总值	亿元	43.5	417.9	6.0
全社会经营总收入	亿元	118.3	1 181.3	9.0
全社会工业增加值	亿元	21.1	199.3	6.3
全社会固定资产投资	亿元	11.7	281.0	23.1
招商引资到位资金	亿元	6.8	208.0	29.8
居民人均纯收入	元/（人·年）	6 799	21 641	2.2

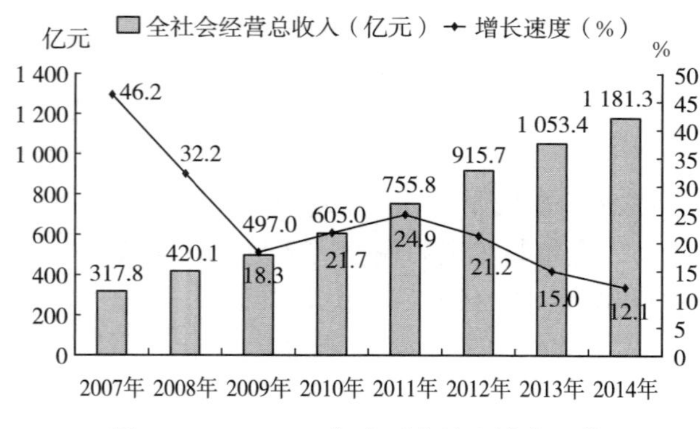

图 1　2007—2014 年广西农垦全社会经营总收入及其增长速度

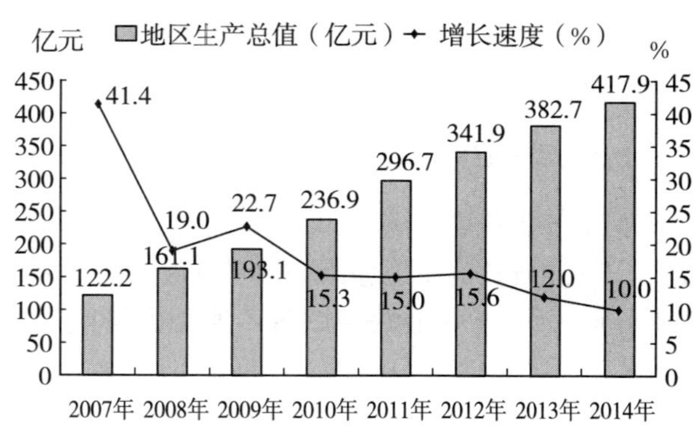

图 2　2007—2014 年广西农垦地区生产总值及其增长速度

从三次产业结构看，第一、二、三产业增加值占地区生产总值的比重分别为11.3%、62.8%、25.9%，与2013年相比，一产下降0.7个百分点，二产下降0.1个百分点，三产提高0.8个百分点（图3）。

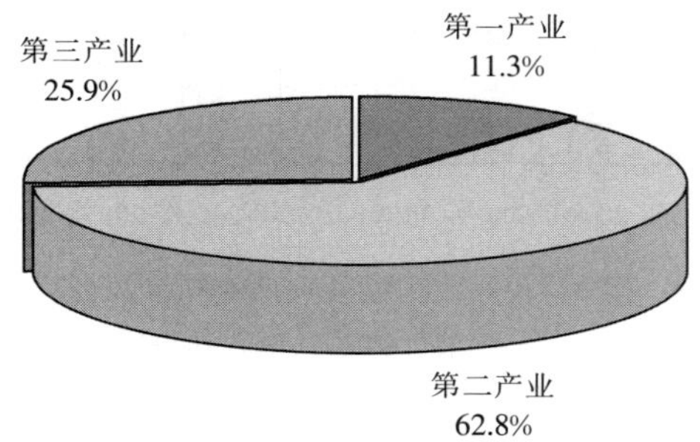

图3　2014年广西农垦地区生产总值构成

二、农业

农业生产形势总体向好。全年管区实现全社会农业总产值78.8亿元，比上年增长3.8%。农、林、牧、渔业产值在农业总产值中的比重分别为40.5%、4.2%、52.1%、3.2%。与上年相比，种植业提高1.4个百分点、林业提高0.1个百分点、畜牧业下降1.3个百分点、渔业下降0.2个百分点（图4）。

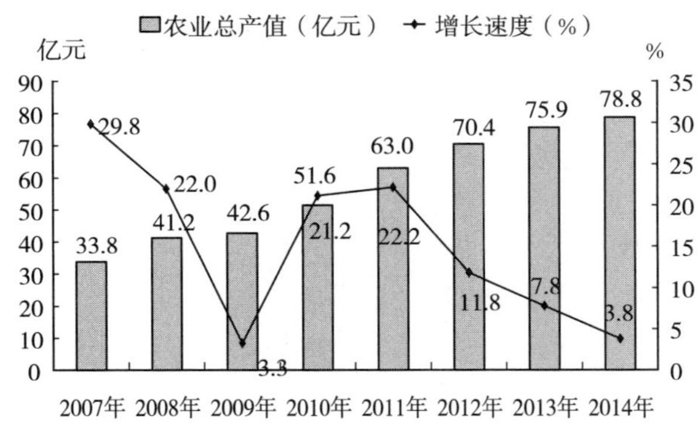

图4　2007—2014年广西农垦农业总产值及其增长速度

种植业结构调整力度大。2014年，管区甘蔗种植面积2.2万公顷，比上年减少633.3公顷、下降2.8%；剑麻种植面积0.34万公顷，比上年减少613.3公顷、下降15.2%；茶叶种植面积595.1公顷，比上年减少55.3公顷、下降8.5%；水果种植面积1.02万公顷，比上年增加806.7公顷、增长8.6%（表2）。

表2　2014年广西农垦主要农作物播种面积情况

指标名称	年末种植面积（万，公顷）	比上年增长（%）
甘蔗	2.2	－2.8
剑麻	0.34	－15.2
茶叶	0.06	－8.5
水果	1.02	8.6
其中：柑橙	0.35	－1.6
蔬菜	0.27	1.0

部分农作物因灾减产。甘蔗生产受到9号台风“威马逊”、15号台风“海鸥”的严重影响，全年产量234.6万吨，比上年下降3.2%。东风、新兴、黔江、西江等农场的甘蔗产量均比上年大幅减产。剑麻收割面积比上年下降12.5%，剑麻纤维产量1.94万吨，比上年下降11.3%。茶叶干毛茶全年产量968吨，比上年下降9.4%。水果产量25.7万吨，比上年增长1.6%。其中，柑橙产量14.1万吨，比上年下降0.6%；香蕉产量7.2万吨，比上年下降8.2%。金光农场有405.1公顷香蕉因受台风灾害绝收。

生猪出栏量保持增长。全年生猪饲养量达493.4万头，比上年增长8.9%。其中，出栏肉猪193.3万头，增长7.4%；出售仔猪128.6万头，增长8.4%；出售种猪7.1万头，下降19.5%。

渔业产量下降。全年水产品产量1.63万吨，比上年下降4.1%。其中，钦州企业总公司对虾产量1 103吨，减产689吨、下降38.4%。2014年广西农垦主要农产品产量情况见表3。

表3　2014年广西农垦主要农产品产量情况

指标名称	计量单位	产量	比上年增长（%）
甘蔗	万吨	234.6	－3.2
剑麻纤维	万吨	1.9	－11.3
干毛茶	吨	968	－9.4
水果	万吨	25.7	1.6
其中：柑橙	万吨	14.1	－0.6
蔬菜	万吨	14.3	5.9
橡胶	吨	192	－5.9
生猪出栏头数	万头	193.3	7.4
肉类总产量	万吨	14.7	7.2
水产品	万吨	1.6	－4.1

现代农业建设扎实推进。2014 年，管区 10 家甘蔗基地农场共 1.07 万公顷种植面积列入自治区优质高产高糖糖料基地建设试点计划，获得国家和自治区财政专项资金 32 193.2 万元。全年管区国有农业固定资产投资 7.9 亿元，比上年增长 82.3%。新增有效灌溉面积 741 公顷，其中新增喷灌面积 724 公顷。年末农业机械总动力达 27.7 万千瓦，比上年增长 1.5%。农作物测土配方施肥面积达 1.67 万公顷，比上年增长 10.8%。绿色食品、有机食品、无公害农产品（下称“三品”）认定规模进一步扩大，农产品质量追溯系统建设稳步发展。2014 年年末，管区“三品”认证数量达 54 个，12 个企业共有 11 种农产品实现全程质量可追溯。年末管区拥有国家农业标准化示范场、综合示范区各 3 个，农业部畜禽标准化示范场 7 个，农业部水产健康养殖示范场 3 个，热作（园艺）标准化示范园 19 个。

三、工业

工业总量增加，增速下降。2014 年，管区实现全社会工业总产值 569.0 亿元，比上年增长 13.9%；实现工业增加值 199.3 亿元，比上年增长 11.8%，其中规模以上工业[4]增加值 183.2 亿元，增长 16.5%（图 5 至图 7、表 4）。

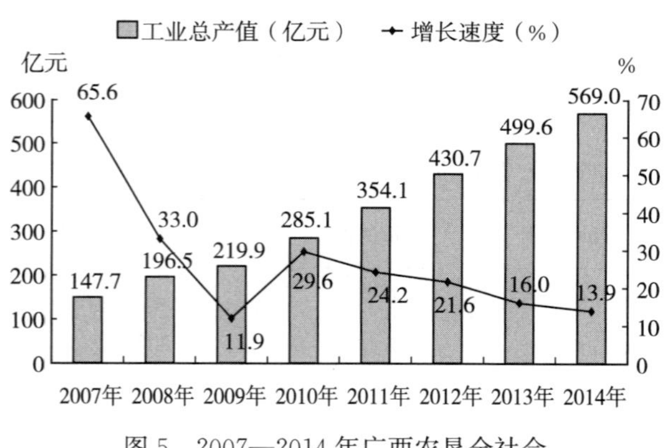

图 5 2007—2014 年广西农垦全社会工业总值及其增长速度

工业增速呈回落态势。2014 年全社会工业总产值增长速度 13.9%，比 2013 年的 16.0%回落 2.1 个百分点。2014 年全社会工业增加值增长速度 11.8%，比 2013 年的 16.5%回落 4.7 个百分点。

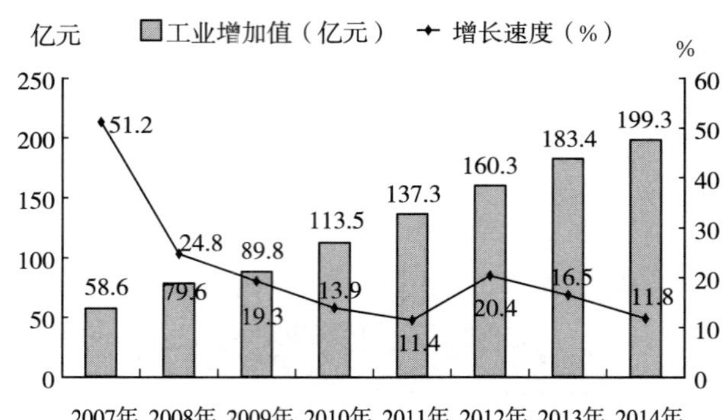

图 6 2007—2014 年广西农垦全社会工业增加值及其增长速度

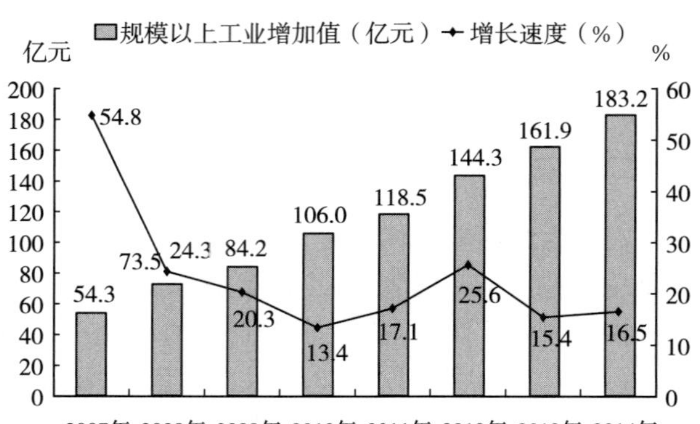

图 7 2007—2014 年广西农垦规模以上工业增加值及其增长速度

表 4 2014 年广西农垦主要工业产品产量情况

指标名称	计量单位	产量	比上年增长（%）
机制糖	万吨	84.8	1.9
酒精	万吨	22.3	1.0
剑麻制品	万吨	4.4	－4.7
成品茶	吨	2 710	－5.7
淀粉	万吨	32.7	－0.4
软饮料	万吨	17.8	－30.5
乳制品	吨	1 674	－54.7
人造板	万米^3	161.2	12.4
水泥	万吨	49.5	3.0
砖	亿块	11.9	17.3
饲料	万吨	63.8	16.7

非公有制工业是管区工业的主体。2014 年，管区非公有制工业生产单位 702 个，实现工业增加值 169.1 亿元，是国有工业增加值的 5.6 倍。非公有制工业增加值同比增长速度 16.3%，拉动管区

GDP 增长 6.1 个百分点。

国有工业整体经济效益下滑。2014 年，国有工业实现工业总产值 87.5 亿元，比上年下降 13.3%；实现规模以上工业增加值 26.2 亿元，比上年下降 7.0%。从国有工业主要产品看，增产的产品主要有：机制糖 84.8 万吨，增长 1.9%；朗姆酒 7 584 吨，增长 87.2%；成品茶 889 吨，增长 17.3%；机制砖 5 614 万块，增长 19.1%。减产的产品主要有：淀粉 25.1 万吨，下降 0.5%；软饮料 16.4 万吨，下降 34.0%；酒精 8.7 万吨，下降 14.7%；剑麻制品 9 585 吨，下降 15.5%。全年国有规模以上工业实现利润 1.0 亿元，比上年下降 56.8%。

四、固定资产投资

全社会固定资产投资高位运行，增速下滑。2014 年，管区完成全社会固定资产投资 281.0 亿元，比上年增长 3.8%，增速比上年回落 11.2 个百分点（图 8）。

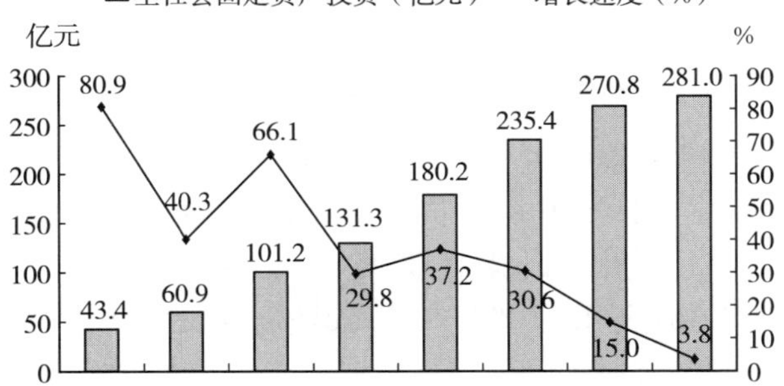

图 8　2007—2014 年广西农垦全社会固定资产投资及其增长速度

非公有制经济投资活跃。当年在建的非公有制经济固定资产投资项目 427 个，占管区全部在建项目 702 个的 60.8%。非公有制经济完成投资额 231.3 亿元，占管区总额的 82.3%。

投资结构进一步优化。从产业看，一产、三产投资分别比上年增长 53.8%、12.4%，二产投资下降 8.6%。从建设类型看，房地产开发、更新改造、基本建设、其他投资分别增长 28.3%、5.3%、2.7%、7.4%，私人建房投资下降 39.4%（表 5）。

重大项目投资贡献大。2014 年管区在建固定资产投资项目 702 个，其中计划总投资 500 万元以上项目 550 个，当年完成投资额 278.3 亿元，占管区总额的 99.0%；计划总投资亿元以上项目 176 个，完成投资额 219.7 亿元，占管区总额的 78.2%。

表 5　2007—2014 年广西农垦全社会固定资产投资结构比

年度	一、二、三产业固定资产投资结构比
2007 年	2.4∶72.1∶25.5
2008 年	2.3∶71.2∶26.5
2009 年	4.2∶70.6∶25.2
2010 年	4.2∶60.5∶35.3
2011 年	4.0∶51.3∶44.7
2012 年	4.3∶46.6∶49.1
2013 年	4.6∶50.0∶45.4
2014 年	6.8∶44.0∶49.2

五、产业园区

产业园区是管区经济发展的主力军和领跑者。全年管区 14 个产业园区（工业集中区）完成地区生产总值 308.4 亿元，占管区的 73.8%，比上年增长 11.5%，高于管区平均水平 1.5 个百分点；实现全社会工业增加值 162.4 亿元，占管区的 81.5%，比上年增长 12.7%，高于管区 0.9 个百分点；完成全社会固定资产投资 231.4 亿元，占管区的 82.3%，比上年增长 5.5%，高于管区 1.7 个百分点；招商引资到位资金 189.7 亿元，占管区的 91.2%，比上年增长 11.2%。年末，园区实有外来投资企业 838 家，比上年增加 87 家；规模以上工业 254 家，比上年增加 16 家（图 9 至图 11）。

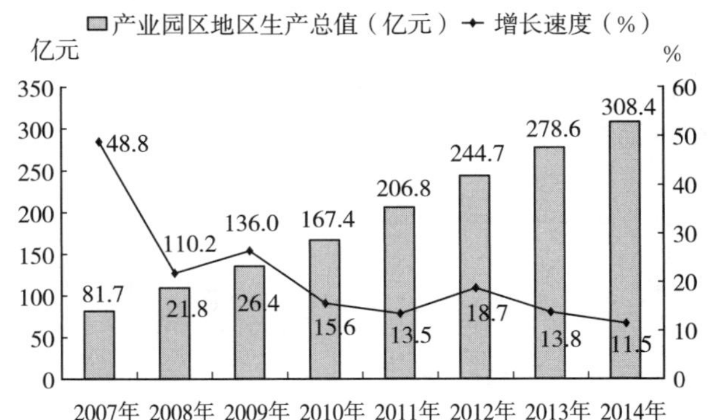

图 9　2007—2014 年广西农垦产业园区地区生产总值及其增长速度

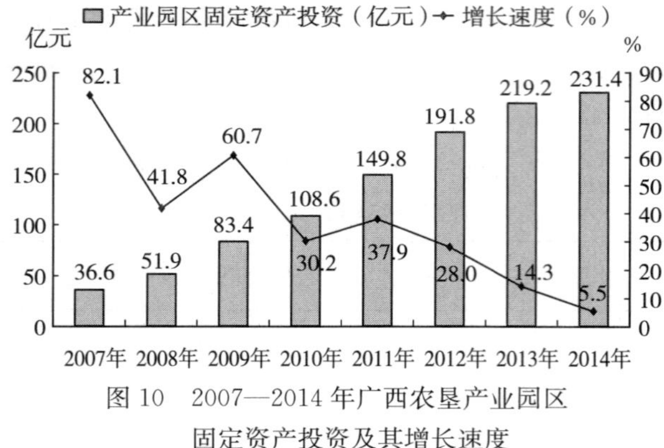

图 10　2007—2014 年广西农垦产业园区固定资产投资及其增长速度

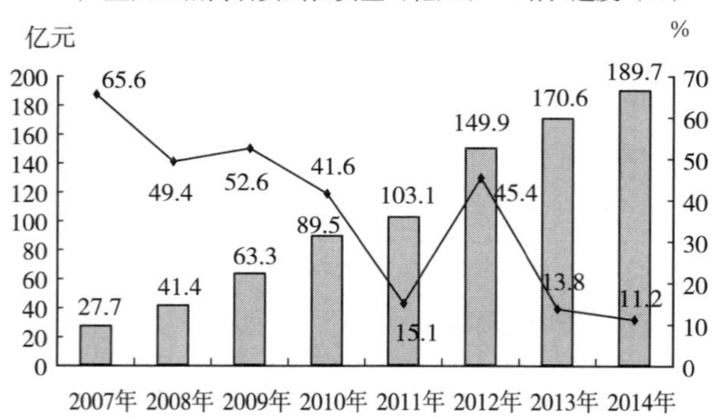

图 11　2007—2014 年广西农垦产业园区招商引资到位资金及其增长速度

六、对外开放

2014 年，管区完成招商引资到位资金 208.0 亿元，比上年增长 12.2%。与北京二商集团加强合作，实现贸易额 10.2 亿元，比上年增长 16%。实现进出口总额 18.3 亿元，比上年增长 8.4%，其中明阳生化集团进出口总额 6.3 亿元，增长 18.7%。中国·印度尼西亚经贸合作区累计完成投资 1.15 亿美元，入园企业总数 29 家。越南归仁木薯淀粉加工仓储项目基本完工。积极参加第 11 届中国—东盟博览会、商务与投资峰会经贸活动并取得预期效果（图 12、图 13）。

图 12　2007—2014 年广西农垦外来投资企业

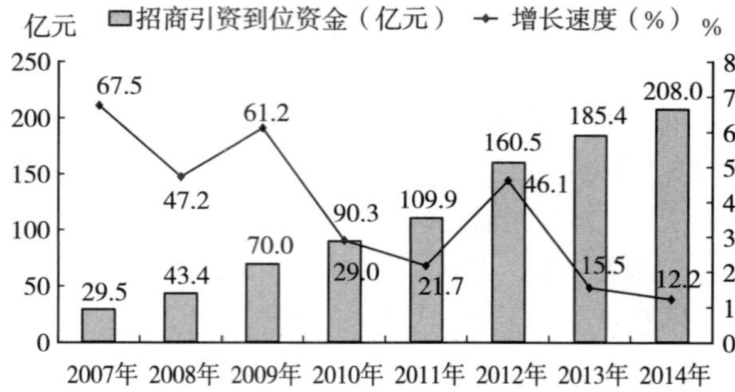

图 13　2007—2014 年广西农垦招商引资到位资金及其增长速度

七、科研

年末，管区有科研单位 3 家，从业人员 620 人，其中科技人员 277 人。全年管区企事业单位实施科研项目 72 个，建立甘蔗品比试验区 11 个、大田试验区 10 个，组织新品种试验示范 30 个。获得广西科学技术进步奖二等奖 2 项、三等奖 5 项，广西技术发明三等奖 1 项。获得国家发明专利、实用新型专利、外观专利共 46 项。

八、人口、就业、社会保障

管区年末总人口 38.0 万人，比上年增长 2.9%。社会从业人员 20.8 万人，比上年增长 1.9%。其中，外来就业 17.7 万人，增长 3.1%；农垦在册职工 31 225 人，离退休（含退职）40 592 人（图 14）。

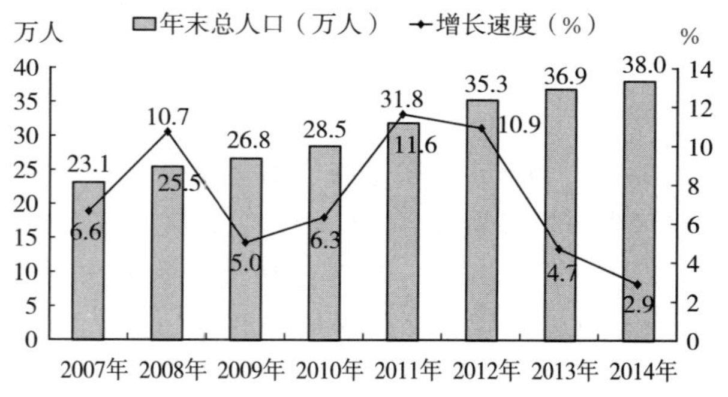

图 14　2007—2014 年广西农垦总人口及其增长速度

居民及职工收入增加。2014 年，管区居民人均纯收入 21 641 元，比上年增加 1 987 元/人，增长 10.1%。农垦在岗职工人均纯收入 34 135 元，比上年增加 3 403 元/人，增长 11.1%（图 15）。

图 15　2007—2014 年广西农垦居民人均纯收入及其增长速度

社会保障更加完善。2014 年，农垦在册职工养老、医疗、失业、工伤、生育参保率分别为 100.0%、95.6%、32.0%、79.6%、12.0%。管区纳入城镇居民最低生活保障家庭 7 801 户、共16 652人，全年发放最低生活保障金 3 618.2 万元。

职工危房改造建设任务基本完成。“十二五”时期管区列入国家和自治区保障性住房建设规划和计划的 51 600 户（套）职工危房改造工程建设任务，到 2014 年年底基本完成，已建成 50 700 户（套），占计划任务总数的 98.2%，累计完成投资约 68 亿元，累计争取到国家和自治区财政专项资金补助 10.8 亿元。居民人均住房面积达 31.9 米^2，职工群众生活居住条件和环境大大改善，场容厂貌焕然一新。

注释：[1] 广西农垦全社会经营总收入：是指管区所有国有企事业单位、非公企业、个体家庭年内从事生产经营、提供劳务所得的全部收入。该项指标是 2002 年自治区农垦局创立、报自治区统计局备案并开展统计至今。其计算公式如下：

广西农垦全社会经营总收入＝现价农业总产值＋工业主营业务收入＋工业其他业务收入＋工业应上交的增值税＋建筑业总收入＋交通运输业和仓储业营业收入＋批发和零售、住宿和餐饮业销售总额或营业收入＋房地产业总收入＋科研和专业技术服务业总收入＋居民服务业和修理业的营业收入＋文教卫生总收入＋其他行业营业收入

[2] 地区生产总值（GDP）：是指一个国家（地区）所有常住单位在一定时期内生产活动的最终成果。本公报是按收入法计算，它等于劳动者报酬、生产税净额、固定资产折旧和营业盈余之和。

[3] 本公报中，地区生产总值、各产业增加值绝对数按现价计算，增长速度按不变价格计算。

[4] 本公报中，规模以上工业的统计口径：2006—2010 年为“年主营业务收入 500 万元及以上的工业法人企业”，2011—2014 年为“年主营业务收入 2 000 万元及以上的工业法人企业”。

海南农垦2014年经济和社会发展统计公报

海南省农垦总局

2014年，是海南农垦改革发展攻坚之年，是实施农垦“十二五”规划的关键之年。在省委、省政府的关心和支持下，在总局党委和总局的坚强领导下，垦区上下认真贯彻中共十八大和十八届三中、四中全会以及习近平总书记系列重要讲话精神，继续深化农垦改革，勇于应对各种挑战，奋力攻坚克难，锐意开拓进取，努力适应经济发展新常态，加快经济发展步伐，促进了农垦经济和社会的稳定发展。

一、综合及主要指标

（1）农垦系统经营总收入361.9亿元，比上年下降7.3%（与上年对比，下同），其中：①农垦集团公司营业总收入212.4亿元，下降16.7%；②农场国有经济总收入3亿元，下降29.2%；③农垦自营经济总收入127.2亿元，增长12.7%；④农垦医疗机构经营总收入19.3亿元，增长5.5%。

（2）工农业总产值（当年价）143.4亿元，按可比价计算增长5.8%。

（3）固定资产投资59.4亿元，下降6.9%。

（4）社会消费品零售总额26.55亿元，增长14.8%。

（5）天然橡胶干胶总产15.6万吨，下降8.6%。

（6）农垦劳动者人均报酬4.66万元，增长10.2%；农垦人均纯收入1.37万元，增长12.3%。

二、农林牧渔业

全年完成农林牧渔业总产值（现价）126.71亿元，按可比价计算比上年增长7.7%。产值构成：农业57.15亿元，林业37.04亿元，畜牧业27.86亿元，渔业4.66亿元（表1）。

表1　主要农产品产量及增长

项　　目	计量单位	产量	比2013年增减（%）
粮食	万吨	14.85	2.0
糖料	万吨	30.09	−20.6
蔬菜	万吨	29.10	5.3
水果	万吨	54.35	−2.9
#荔枝	万吨	6.56	7.4
龙眼	万吨	2.03	4.4
芒果	万吨	16.99	−5.4
香蕉	万吨	18.64	−8.5
柑橘橙柚	万吨	0.89	−0.2
橡胶干胶	万吨	15.64	−8.6
胡椒	万吨	1.21	4.4
槟榔干果	万吨	3.72	3.5
椰子	万个	1 159.74	−3.4
干毛茶	吨	485	−14.5
肉类总产量	万吨	10.60	1.7
#猪牛羊	万吨	8.33	2.1
禽肉	万吨	2.03	1.6
禽蛋	万吨	0.41	−0.1
水产品总产量	万吨	2.94	4.3

全年天然橡胶当年新定植和更新定植面积5 086.7公顷，下降8.6%；胡椒种植面积140公顷，增长249.9%；槟榔种植面积420公顷，增长106.2%；水果种植面积1 746.7公顷，增长4.0%（表2）。

表 2　主要农业作物年末到达面积及增长

项　　目	计量单位	面积	比 2013 年增减（%）
天然橡胶	万亩	373.86	−0.5
热带作物	万亩	37.27	3.3
＃胡椒	万亩	8.04	2.5
槟榔	万亩	27.16	3.7
椰子	万亩	2.06	持平
茶叶	万亩	0.89	−17.0
水果	万亩	50.72	−2.4
＃荔枝	万亩	9.52	0.5
芒果	万亩	19.96	−4.5
香蕉	万亩	8.13	−4.7
林地（含自然林）	万亩	172.49	0.2
＃人造林	万亩	80.04	−4.4
水产品养殖	万亩	5.21	6.9
农作物播种	万亩	80.51	1.3
＃粮食	万亩	37.73	1.9
糖料	万亩	6.98	−13.9
瓜菜	万亩	23.89	5.5

三、工业及建筑业

全年完成工业总产值（当年价）16.7 亿元，按可比价计算比上年下降 6.7%。分轻重工业看，轻工业产值 5.3 亿元，下降 6.7%；重工业产值 11.4 亿元，下降 6.6%。分经济类型看，国有经济产值 8.2 亿元，下降 5.7%；非国有经济产值 8.5 亿元，下降 7.6%。工业产品产销率 90.7%，比上年提高 2.5 个百分点。

表 3　主要工业产品产量及增长

项　　目	计量单位	产量	比 2013 年增减（%）
发电量	万千瓦时	14 493	105.9
水泥	万吨	46	−40.3
成品糖	万吨	3.37	−24.1
人造板	万米^3	3.79	18.0
锯材	万米^3	20.78	35.1
木制家具	万件	14	7.7
塑料制品	吨	518	−6.2
汽车大中修	辆	881	−2.5
橡胶初加工设备	台	128	−62.9
花岗石板材	万米^2	7.90	−18.3

全年建筑业完成产值 43.49 亿元，按可比价计算比上年下降 14.7%。全年房屋施工面积 193.31 万米^2，下降 16.3%；房屋竣工面积 118.72 万米^2，下降 30.5%，其中住宅面积 104.65 万米^2，下降 35.3%。

四、社会消费品零售总额

全年社会消费品零售总额 26.55 亿元，增长 14.8%。其中：批发零售业 21.82 亿元，餐饮业 3.84 亿元，分别增长 14.1%和 16.2%。

五、交通运输业

全年完成营运总收入 6.08 亿元，增长 4.5%；货物运输周转量 8 912 万千米，下降 5.7%，旅客运输周转量 8 171 万人千米，增长 10.1%。

六、外贸出口

全年完成出口总额 4 908 万元，增长 2.8%，创汇 805 万美元，增长 2.8%。

七、卫生

农垦医疗卫生机构 81 个，病床总数 6 958 张，增长 9.2%。年末职工 8 789 人，其中：医务人员 6 895 人，医生 2 612 人。

八、固定资产投资

全年完成固定资产投资总额 59.42 亿元，下降 6.9%。投资构成为：第一产业投资 12.31 亿元，增长 14.1%；第二产业投资 2.27 亿元，增长 142.9%；第三产业投资 44.84 亿元，下降 14.0%。资金来源为：国家投资 2.04 亿元，增长 7.0%；国内贷款 1.28 亿元，增长 88.5%；利用外资 4.50 亿元，下降 4.1%；企事业单位自筹 21.73 亿元，增长 14.3%；其他资金 29.87 亿元，下降 20.5%。在固定资产投资总额中，省重点项目完成投资额 31.7 亿元，完成年度计划 85%。

九、职工群众收入和家庭生活水平

全年劳动者报酬总额 77.71 亿元，增长 6.9%。其中：在岗职工工资 26.81 亿元，下降 10.6%；自营经济纯收入 50.90 亿元，增长 19.2%。劳动者人均报酬 46 630 元，增长 10.2%，其中在岗职工平均工资 27 882 元，增长 6.6%；自营经济纯收入 18 748 元，增长 16.1%。农垦人均纯收入 13 741 元，增长 12.3%。

垦区职工家庭私人小轿车拥有量 11 685 辆，增长 27.6%。其中：农场（含海胶分公司）9 172 辆，增长 34.3%，平均每千户拥有小轿车 31 辆，比上年增加 8 辆。

垦区人均住宅面积 23.5 米^2，比上年增加 0.5 米^2，增长 2.2%；户均住宅面积 66.7 米^2，比上年增加 3 米^2，增长 4.7%。

十、人口与职工

农垦户籍总人口 92.95 万人，增长 0.5%。农垦常住总人口 89.36 万人，增长 2.1%，其中：农场场部人口 24.65 万人。全部职工人数 12.70 万人，下降 17.9%，其中：在岗职工 9.62 万人，下降 16.1%。离退休及病退人员 21.18 万人，增长 5.5%。

垦区人口出生率 12‰，死亡率 5‰，自然增长率 7‰。

重庆农垦2014年经济与社会发展统计公报

重庆市农业投资集团有限公司

2014年，重庆农垦沉着应对宏观经济下行的各种挑战，聚力实施“创新、整合、调优”，聚焦经营发展质量提升，取得较好经营成效，集团保持了连续8年的快速增长。

一、综合

垦区主要经济指标继续保持较快增长。截至2014年年底，重庆农投集团资产总额达到125亿元，较上年同期增长10%；其中控股部分达到102亿元，较上年同期增长6%。经营收入实现106亿元，较上年同期增长5%；其中，控股部分实现58亿元，较上年同期增长12%。利润实现4.5亿元，较上年同期增长13%；其中，控股部分实现3.7亿元，较上年同期增长23%，主要经济指标全面完成市国资委下达的考核指标任务。2014年全集团实现生产总值（GDP）166 868万元，较2013年增长11.5%，高于全市经济发展水平。其中，第一产业实现增加值13 877万元，增长16.3%；第二产业实现增加值106 692万元，增长10.2%；第三产业实现增加值46 299万元，增长13.3%。人均生产总值79 423元，较2013年增长9.3%（图1）。

垦区职工收入保持增长，集团发展氛围和谐稳定。2014年，集团控股企业职工人均工资增幅13.55%，连续5年保持10%以上的增长，“五险一金”全覆盖；年末实有住房面积67.158万米²，人均年末住房面积较2013年增加1.33米²；企业离退休干部和困难群体得到普遍帮扶慰问，全年涉及3 354人次，帮扶慰问金额达120.33万元；全年垦区无较大集访群访事件发生。

二、第一产业

农业经济快速发展。2014年垦区实现农林牧渔业总产值86 300万元，较2013年增长25%，其中畜牧业产值占农业总产值的84.1%。垦区年末存栏奶牛2.30万头，较2013年增长4.5%，中以

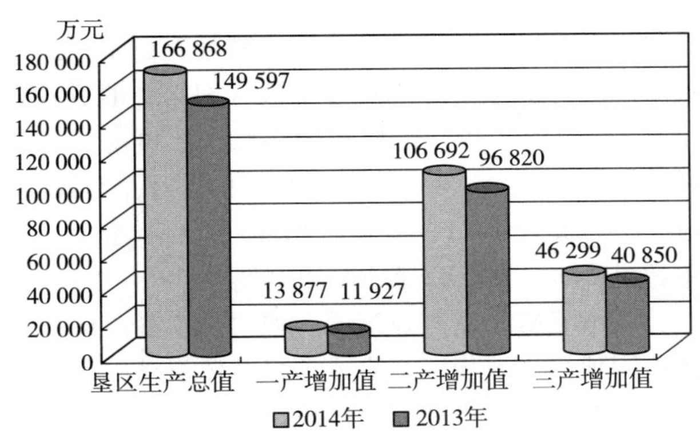

图1 集团生产总值（GDP）及构成

合作天宁万头牧场正式运营2年短时间内，创造了成母牛全年平均单产10.1吨的佳绩；在国内生猪行情持续探底全行业继续亏损的情况下，垦区生猪养殖企业逆势布局推进养殖结构优化，积极应对全行业市场行情下行压力，实施“CRP”恢复性良性改进、“PIC”替代性平稳退出、特色猪养殖起步，实现养殖板块经营总体平稳，2014年年末生猪存栏5.67万头，与2013年保持基本持平；年末家禽存栏58.6万只，较2013年增长15%；全年肉类总产量10 094吨，与2013年基本持平；牛奶产量85 000吨，增长23%；禽蛋产量4 557吨，增长13%；有机鱼经过前两年投入期，2014年实现产销2 606吨，增长170%。

三、第二产业

工业经济稳健增长。2014年年末垦区实现工业总产值878 283万元，增长8.5%；产销率达到99%；产品销售收入871 941万元，增长8.3%；工业增加值103 363万元，较2013年增长10.2%；通过调整产品结构优化产品战略、推进精细化管理提升盈利能力、加强市场研判提升市场应对能力等措施，2014年产业链终端市场需求疲软的情况下，垦区工业企业实现利润19 900万元，比2013年增

长 10%；亏损户仅 1 户，比 2013 年减少 1 户。

建筑业重信誉保质量。垦区唯一的建筑企业全年施工面积 31 万米^2，比 2013 年增长 7%；竣工面积 5 万米^2，全年实现营业收入 48 626 万元，增长 15%；实现利润 1 271 万元，增长 26.1%。

四、第三产业

探索推进生鲜农产品电子商务。依托天友现有地面服务系统，建成“友生活”生鲜电商平台，形成集电子商务、社区冷链物流、品牌农业于一体的重庆线上冻品 B2B、B2C 交易模式和满足消费者健康食品需求的 O2O 模式。“友生活”生鲜电商平台运营仅 3 个月，冻品 B2B、B2C 模式实现交易额超过 300 万元；O2O 模式拥有粉丝量 3 000 余个、订单超过 2 000 个。商业地产快速发展。

新增冷链物流产业资源。取得白市驿冷链物流产业园项目用地指标，完成项目总体设计方案、铁路专用线用地审核和专用线设计施工方案。布点江苏扬州，新获土地 17.13 公顷，启动建设新的 18 万吨规模冻库。2014 年集团冷链物流市场实现商品交易值近 200 亿元，比 2013 年增长 14%。

深化商业地产模式。“宏帆广场”已在四川邻水、宣汉、南江实现动工，总建筑面积 180 万米^2。宏帆公司与四川平昌、云南保山、广东高州等多个城市达成协议，共同开发“宏帆广场”城市综合集。

存量资产取得实质性进展。农垦大厦二期工程于 2014 年 12 月 22 日正式封顶，项目建设按计划有序推进。

五、固定资产投资

2014 年固定资产投资 30 183 万元，主要投资于第一产业畜牧业发展、第二产业工业技改扩能以及房地产和冷链物流建设。从具体项目看，主要用于新建陕西农垦牧业奶牛示范场、提升垦区畜牧业养殖基础设施建设、渔业天然水域牧场建设、乳业加工基地技改扩能和冷库扩容项目等。

六、2014 年主要工作及成效

（一）创新模式，提升集团发展水平。

一是乳业产业起步建设“智慧牧场”。实施数字化牧场建设，全新探索中国现代牧场经营模式，整合以色列阿菲金公司牧场信息化管理系统，准确记录每一头牛每一天的生长数据，时时对数据进行分析和处理，自动生成每头牛的“每日健康报告”，形成“智慧牧场”新模式。天宁牧场创造了成母牛 2014 年全年平均单产 10.1 吨的佳绩，其数字化管理成果被阿菲金公司通过“全球卫星大讲堂”向国内外 500 多家牧场现场直播，予以推广。接轨大数据和网云技术、升华“智慧牧场”技术基础，发起设立阿牧网云公司、天宁牧场管理学院，搭建改造提升传统牧场的在线牧场管理平台。二是生态渔业建成“四位一体”的轻资产运作模式。三峡生态渔业集品牌、标准、技术、专利四个要素于一体，获得“三峡鱼”品牌有机认证，建成生态鱼养殖 4 项地方标准，成为国家三峡生态养殖综合标准化示范区，形成 4 项专利技术，获得国家“重大星火计划项目”支撑，基本建立起三峡生态渔业可持续、可复制的发展新模式。三是探索推进种业缩链营销和大户直销。因应农业生产组织形态变化，针对长期以来种子行业销售多环节、层层加价的经销代理模式严重缺陷，推进缩链营销，建立企业直达村社的销售模式，直接服务小批量农业种植户，种子价格直接让利农户达 15%；推进大户直销，试点选择 20 余户农业大户，建立企业直供销售体系，种子价格直接让利农户达 30%。

（二）整合资源，形成集团新的战略支撑点。

一是签订“中垦乳业”战略合作协议。抢抓农垦“三联”战略机遇，联合宁夏、陕西两个垦区，整合乳业产业优势资源，三方已签订“中垦乳业”战略合作协议，共同发起设立中垦乳业股份有限公司，占领中国乳业产业竞争制高点，面向未来打造全国性乳业上市平台。二是整合多省市水域资源。新建长江三峡库区万州、涪陵 0.2 万公顷水域牧场，集团在三峡库区总水域面积超过 0.4 万公顷；整合贵州天柱 0.27 万公顷、甘肃文县 0.53 万公顷水域资源，开展生态养殖。三是整合奶牛良种繁育高端技术。整合北京美加农公司胚胎牛核心技术，占领奶牛良种繁育技术制高点，形成集团发展奶牛产业的重要科技支撑。目前，集团已正式托管经营美加农公司，以美国胚胎牛技术开展奶牛良种繁育和牛犊产业化市场销售，选点甘肃张掖临泽县、宁夏吴忠红寺堡区打造 2 个万头胚胎受体牛养殖园区。

（三）优化管理，提升集团业务计划执行能力。

一是抗逆能力、盈利能力明显增强。从控股部分利润指标看，实施年度业务计划管理3年来，利润增长能力持续向好。2012年较上年增长12%，2013年较上年增长26%，2014年在宏观经济下行压力增大、全行业增速放缓的背景下，集团利润总额仍保持23%的快速增长。二是刚柔相济强化适应市场能力。根据市场行情和环境条件变化，通过调研适时调控所属企业相应指标和管控重点，将考核的刚性与管理的柔性有机结合，突出业务计划执行情况的过程辅导，增强业务计划执行的导向性、调控性，使之更符合行业实际和市场要求。三是加强管理诊断提升管理水平。集团领导先后20多次深入一线，对所属专业公司、项目公司进行管理诊断，找准企业管理短板，突破制约发展瓶颈，加强对标管理，提升企业管理水平。

（四）深化改革，提高集团经营发展活力。

一是推动事业单位企业化改革。探索推进事业单位改革，设立独立法人企业，搭建事业单位科研成果直接与市场对接、实现转化的运行平台，破解长期以来科研成果不能有效转化的难题，引入市场机制提升事业单位转化为企业从业人员收入待遇，实现人均工资提升16%，确保改革平稳有序。二是推进混合所有制改革。发起设立中外合资企业——万隆融资租赁公司，破解农业现代化融资瓶颈，打造农业产业链综合金融服务平台，经过8个多月运营，已与多家银行、设备制造商、担保公司等建立战略合作关系，形成遍布全国10多个省（自治区、直辖市）的专业营销服务网络，服务对象延伸至农业、医疗、消防、节能环保等多个行业的近30家企业，全年实现融资租赁规模超过6亿元。

（五）安全管理取得实效。

一是生产安全深入推进。全年，集团公司组织开展4次全系统安全大检查，集团和所属各单位召开安全专题会议共计500余次，开展各类安全检查近1 000次，排查重要安全隐患800余次，投入安全隐患整改资金超过1 200万元，隐患整改率达96%以上。集团全年未发生安全生产死亡事故和较大伤亡事故。二是切实加强食品安全工作。强化“三品一标”认证，集团主要大宗产品的认证率达100%；强化农产品生产全过程管理，建立原料采购、生产加工、仓储物流、销售终端每一环节的农产品安全保障体系，确保从源头到终端的安全；强化检验检测体系建设，农垦农产品质检站顺利通过“双认证”并投入运行，全面启动农产品检验检测工作。

四川农垦 2014 年经济和社会发展统计公报

四川省农业厅农垦局

2014 年，四川农垦在各级党委、政府和四川省农业厅党组的领导下，在农业部农垦局的指导下，坚持以邓小平理论、“三个代表”重要思想和科学发展观为指导，认真贯彻落实中共十八大、十八届三中全会、省委十届四次、五次全会精神和全国农垦专业会议精神，紧紧围绕积极发展现代农业，以科学发展观统领农场社会经济发展，推进农场经济又好又快发展，扎实推进社会主义新农村示范场建设，坚持以人为本，坚持改革开放，转变经济发展方式，突出科技创新，加快结构调整，实施创新驱动，提高经济增长总量。全省农场系统实现示范带动作用明显增强，推进了农场经济社会全面协调可持续发展。

一、农场经济持续健康平稳发展

2014 年四川农垦总的经济形势是：经济得到又好又快发展，生产安全，场区社会继续保持稳定，民生工程得到较大发展，尤其是农场系统棚户区改造取得显著成效，全省农场系统地震灾后恢复重建后的农场经济得到较大发展，新农村示范场建设取得新进展，全面完成年初制定的各项目标任务。

（一）综合

四川农垦统计报表汇总企业数 42 个，较上年减少 1 个（系资阳市雁江区伍隍园艺场改制为民营企业，不再是农垦企业，不纳入农垦场统计范畴）。2014 年四川农垦经济总量继续保持增长态势，实现了农场经济效益和职工收入、生活水平平稳发展的良好态势，全年农垦实现国民生产总值 22 092.11万元，扣除减少一个农场的因素影响比上年增加 560.52 万元，较上年增长 2.6%。其中，第一产业增加值 6 382.3 万元，较上年增加 806.11 万元，增长 14.45%；第二产业增加值 12 571.84 万元，较上年减少 576.33 万元，减少 4.38%；第三产业增加值 3 137.97 万元，较上年增加 120.74 万元，增长 4.0%。第一、第二、第三产业增加值占农垦生产总值的比重分别为 28.9%、56.9%、14.2%，第一产业比重较上年上升 5.1%，第二产业比重下降 3.6%，第三产业比重上升 0.3%。人均农垦生产总值 16 243 元，扣除减少统计农场人口因素的影响，较上年实际同比增加 263 元，增长 1.61%；人均纯收入 6 472 元，与上年持平；职均收入 21 986 元，与上年持平。

土地总面积 500 041 公顷，比上年减少 12 公顷，主要是统计的农场减少 1 个。其中：耕地 898 公顷，牧草地 348 431 公顷，林地面积 42 102 公顷，水面 89 公顷，茶果桑园 1 113 公顷，宜林地面积 1 131 公顷，可垦荒地面积 369 公顷，居民点及工矿用地面积和其他面积 105 908 公顷。

（二）农牧渔业

切实抓好农产品生产，在“稳面积、优结构、增单产、提质量”上下功夫。2014 年主要农业产品产量在播种面积不变的情况下稳中有升。全年农作物总播种面积为 1 067 公顷，比上年减少 1 公顷（系减少农场的耕地面积）。其中：粮食播种面积 510 公顷，占农作物总播种面积 47.8%；油料、蔬菜、瓜类、烟叶面积 163 公顷，较上年减少 1 公顷，占农作物总播种面积 15.3%；其他作物面积 394 公顷，占农作物总播种面积 36.9%。农作物总产量 11 932 吨，较上年增加 1 098 吨。其中：粮食产量 4 332 吨，较上年增加 22 吨；油料、蔬菜、瓜类等产量 1 051 吨，较上年减少 16 吨；其他作物（主要是青饲料和啤酒花）6 549 吨，较上年增加 1 098 吨。

茶、果、桑等经济作物产量有升有降。茶叶产量 1 036 吨，较上年增加 42 吨；水果产量 1 903 吨，因水果生产大小年的缘故，较上年减少 184 吨；桑产量 19 吨，较上年减少 9 吨。

畜牧业继续保持稳定增长。牧业总产值比上年增加 626 万元，增长 11.5 个百分点；牲畜年末存栏总数10.89万头（只），较上年减少0.81万头，主要是规模化饲养的猪场减少1个；大牲畜年末存栏数较上年增加0.1万头，年末奶牛规模化养殖场2个；主要畜产品产量中肉类2 016吨，扣除规模化饲养的猪场减少1个的影响，肉类产量与上年持平；牛奶产量7 592吨，较上年较少1 314吨，主要是凉山彝族自治州西昌农场奶牛发生口蹄疫病，宰杀大量奶牛所致。全年扩大淡水养殖，产品产量较上年增加19吨。

全年实现农林牧渔业总产值9 405万元（不含农林牧渔服务业）。其中：农业产值3 413万元，林业产值24万元，牧业产值5 936万元，渔业产值32万元。

全年植树造林1公顷；木材采伐135米^3，较上年增加75米^3。森林覆盖率8.42%。

加快现代农业进程，提高农业机械化程度，2014年四川农垦使用农业机械总动力达3 330千瓦。

（三）第二产业

发展环境友好型产业，加大第二产业的转型升级，积极配合地方政府环境保护政策执行，对污染环境的重工业实行“关、停、并、转”。全年农垦实现工业增加值12 572万元，较上年减少576万元，减少4.38%，实现利润1 683万元。实现工业总产值27 583.9万元，较上年减少6.2%。从工业主要行业划分看：食品制造业1 168.6万元，酒、饮料和精茶制造业22 638万元，纺织业472万元，电力生产3 305.3万元。从所有制形式划分看：国有工业总产值572万元，占工业总产值2.1%，较上年上升0.7个百分点；非国有工业总产值27 011.9万元，占工业总产值97.9%。其中：轻工业产值24 278.6万元，占工业总产值88%，较上年上升6.4个百分点。全年工业企业10家，其中轻工业9家，重工业1家。全省农垦规模以上企业2家。

因企业改制四川全省农垦已无建筑企业、运输企业。

（四）餐饮业、服务业

调整产业结构，加强第三产业的发展，促进农场增收，转移富余劳动力。2014年年末餐饮业、服务业营业单位总个数4个，从业人员365人较上年增加102人，拥有固定资产原值6 701万元，营业用房总面积8 728米^2，实现销售或营业收入2 288万元，比上年增加696万元，同比增长43.7%。

（五）固定资产投资

固定资产投资稳定增长，全年已完成固定资产投资8 317万元，其中：第一产业投资额536万元，占总投资额6.44%；第二产业投资额7 781万元，占总投资额93.56%。争取多渠道融资，从资金来源看投资额，其中：国家预算内资金369万元，占总投资额的4.4%；国内贷款2 100万元，占总投资额的25.2%；自筹资金5 808万元，占总投资额的69.8%；其他资金40万元，占总投资额的0.6%。农垦场自筹资金占比最大。

当年新增固定资产8 095万元，较上年增加4 817万元，增长了1.5倍，主要是四川省农场生产发展改造投入进入竣工验收阶段。

（六）人口、职工和劳动报酬

年末全垦区总人口13 601人，全年出生人口32人，年内死亡人口34人。

年末社会从业人员7 086人，扣除减少农场因素的影响，较上年实际减少223人。其中第一产业5 785人，第二产业909人，第三产业392人，分别占社会劳动从业人员总数的81.6%、12.8%、5.5%。

从业人员劳动报酬继续保持提高。年末职工7 086人，其中：在岗职工2 926人，其他人员4 160人。全年从业人员劳动报酬8 802.43万元，较上年增加189.03万元。其中在岗职工劳动报酬6 433.13万元，其他从业人员劳动报酬2 369.3万元。职工年平均工资21 986元，人均纯收入6 472元。

（七）非国有经济

非国有经济继续保持良好的增长态势，继续实现盈利。2014年非国有经济完成生产总值12 109万元，比上年减少967万元，同比减少7.4%，主要是农垦企业调整产业结构所致。其中：第一产业增加值1 655万元，第二产业增加值10 454万元，分别占非国有经济总量的13.7 %和86.3%，与上年比较第一产业占比增加4.1%；无第三产业。年末非国有经济从业人员1 238人，其中：第一产业347人，第二产业891人。从业人员劳动报酬3 213万元，年人均收入25 953元，较上年增加224元。全年实现利税4 690万元，其中，利润1 758万元。

二、2014 年农场经济得到长足发展

一是狠抓农场现代农业发展力度。发展农场现代农业，是农场立足之本和发展之基。根据全省农场实际，按照高产、优质、高效、生态、安全的要求，农垦局加大了农场现代农业发展力度。在有条件的农场，建立各具特色的农产品生产示范基地，全面提升农场现代农业建设水平。同时根据农场优势和市场需求，进一步调整优化结构，建设了一定规模的茶果、奶牛、肉羊、肉禽、蔬菜等种养业生产基地，朝着规模化、标准化生产方向发展。向社会提供一定数量的优质安全的名特优新稀农产品、绿色食品、有机食品、名牌产品和特色产品。在农场现代农业建设中，大力推广农业优质安全高效绿色的适用技术。建立完善以农场为主体、市场为导向、产学研结合的技术创新体系和农场与基地农户相连的技术推广体系，提高科技创新能力和成本转化能力。加大推广种养业优质安全高效适用新技术、新品种推广力度，特别是在加大防冻抗低温、抗干旱、疫病防治和生态环保技术推广力度。围绕省上的优势农产品区域布局，加大优化农场农业产业结构。重点狠抓了种子种苗，优质种牛、种猪、种羊、种禽等的引进和繁育。结合省上产业示范基地建设，扎实抓好现代示范场建设，提高农场农业科技创新、新技术应用能力和社会地位，在现代农业发展中发挥示范带动作用。

二是扶持、壮大二、三产业发展。对农场二、三产业发展，农垦局始终坚持了以农业为基础，以农业产业化经营为主要模式。以市场为导向，以营销为抓手，以农产品加工为重点。第二产业发展，主要以农产品精深加工为主，进一步巩固提高乳业、酒业等优势产业，打造名牌产品，提高产品市场竞争能力。充分利用全国糖酒会、农博会这些平台，加强对各类产品的营销促销，提高各类产品的效益。第三产业发展，主要是积极拓展农业功能，发展经营以生态、观光、旅游、休闲娱乐和产前产中产后服务为一体的现代服务业，提高农场的综合经济效益。

三、严格督查，推进四川农垦棚户区改造

四川农垦棚户区改造工程是一项重大的民生工程，惠及四川省 20 个市州的 93 个农场。自 2011 年开展这项工作以来，四川农垦高度重视，狠抓落实。2014 年，主要抓了 2013 年下达的改造任务和申报 2015 年改造计划。一是积极协调国家有关部委、省级有关部门，争取对农场棚户区改造的支持，全面落实了补助配套资金及各项优惠政策。二是下达的棚户区改造计划任务，已全面开工，并且到年底能完工 94%以上。三是加强督查，组织督查组到市州开展督查，确保了棚户区改造工程的建设质量和廉政建设。四是积极与四川省发改委、住建厅协商，申报 2015 年农场系统棚户区改造计划，现已完成计划申报，并得到住建厅确认。已完成棚户区改造的农场，极大改善了农场职工的居住和生活条件。对促进农场经济社会发展，建设和谐农场打下了坚实基础。

四、加强指导，扎实推进社会主义新农村示范场建设

2014 年，继续按照四川省政府函（2007）12 号文件确定的把农场建设成为社会主义新农村示范场的目标要求。2014 年年初，给各地农场主管部门提出明确建设要求，积极协调各有关部门，推进新农村示范场建设目标任务。各地也加大了社会主义新农村示范场建设力度，为落实好省上提出的“经济发展、生活富裕、和谐文明、场容整洁、管理民主、示范带动”的总要求，各级农场主管部门积极协调地方各级政府，把示范场建设纳入到县上新农村建设规划，优先组织实施。认真总结社会主义新农村示范场的经验，加以宣传、推广。及时总结两个农场已开展示范场建设试点工作的经验，在四川农垦推广。通过抓落实，推动了新农村示范场建设。

五、创新机制，农场改革取得新进展

2014 年，四川农垦在农业部农垦局指导下，采取多种形式推进农场改革，提高农场运行效率和管理效能。按照国家和省上对企业事业单位改革的政策，分类指导四川农垦改革工作。要求企业性质的农场，重点是逐步建立现代企业制度，促进多种所有制经济共同发展。事业性质的农场要继续强化为“三农”服务的职能，重点解决人员岗位制和分配制度的改革。2014 年，在省属场进行了改革试点，一是下达目标任务；二是优化岗位组合；三是拉大分配。通过改革，切实解决人浮于事、干好干

坏一个样的问题。深化农场改革，农垦局着手解决两大创新问题。一是体制创新，建设新型农场。通过体制创新，鼓励全省范围内有能力的农场开展联合，发展大农场。二是经营机制创新，加强农场土地承包管理，减少土地承包纠纷，提高土地承包效益。在坚持农场职工承包经营制度不变的基础上，有条件的农场可以调整土地承包关系，由农场集体和有能力的职工统一实行生产经营，推动现代农业发展，提高土地生产率。抓住农村土地流转契机，采取农场集体承包、农场职工承包、联合多人承包等模式，开辟农场发展新路子。

贵州农垦2014年经济和社会发展统计公报

贵州省农业厅农垦局

2014年，贵州农垦系统在各级党委政府的领导和支持下，加快推进垦区危房改造工作进度，调整和优化种植业、养殖业结构。经过全系统广大干部职工的共同努力，艰苦奋斗，克服了种种困难，经济增长回升态势明显，人均收入水平得到大幅提高，市场适应能力得到加强，经济和社会发展取得了较好的成绩，全垦区生产总值4.2亿元，比去年增加5 140万元，实现盈利837万元，比2013年略有增加。

一、基本情况

2014年贵州垦区农垦企业37个，比2013年减少1个，原有4个民寨村，2014年已全部下放属地，贵州垦区目前不再附带管理农村村镇；农垦年末总人口为24 336人，比去年减少1 636人，年末在职职工总数为4 743人，比去年减少112人；人均纯收入6 214元，比去年增加483元，增长8.4%。

二、农业情况

农牧渔业总产值31 487万元（现价），比去年增加7 926万元，增加33.6%，原因是贵州垦区奶牛场近两年来大规模更新奶牛种群，牛奶产量和质量大幅增加，2015年还将有较大幅度增长；垦区总面积17 171公顷，与去年相比没有变化；农作物播种面积2 693公顷；粮食产量6 357吨，比去年略有减少；茶叶产量4 377吨，比去年略有增加；水果产量9 120吨，比去年增加348吨，也是贵州垦区水果产量首次突破9 000吨；牛奶产量46 245吨，与去年持平；奶牛存栏数2.57万头，比上年减少0.1万头，原因为淘汰了大量的低产奶牛。

三、工业情况

工业总产值64 471万元（现价），比去年增加2 912万元，增幅4.7%，主要原因为2014年新引进3 000头优质奶牛开始投产。原煤产量2014年14 600吨，比2013年减少近60%，原因为贵州垦区唯一煤矿5月份再次冒顶停工；混合饲料产量2 613吨，比去年略有增加；名优茶产量超过1 200吨；水电发电量120万千瓦时，与去年持平。

四、评价

（一）主要问题

2014年，贵州农垦总体形势保持良好势头，亏损企业亏损额度大幅减少，但是自然灾害的影响较2013年大，盈利总额虽然略有增加，但是增幅较小（盈利净增54万元），而且农垦系统进入社会养老统筹后，虽然保障了退休职工的养老金，但企业缴费负担仍然十分沉重，部分企业不能按时缴纳社保基金现象仍然存在，特别是职工医疗保险方面，因没有统一政策，各农垦农场入保方式、补贴水平不一，职工困难较大；各地区企业办社会职能因为各方面原因暂时不能剥离，企业负担仍然严重；垦区危房改造全面推进后，职工出现大面积借债建房，负债较高，这些已成为制约贵州农垦企业的进一步发展的主要因素。

（二）发展形势

2014年，贵州垦区在加大企业改革力度的情况下，通过经济转向，着重加大了效益明显的产业投入，特别是乳业、茶业和水果业有较大的发展，茶叶生产由以往的生产普通茶重点转向生产名优茶为主，质量得到提高，因而增加了产品的附加值，提高了经济效益；乳业在得到地方政府支持后，2012年净增的优质品种奶牛0.3万头已全面投产，单产明显超过原有牛群，发展形势喜人。

云南农垦 2014 年经济和社会发展统计公报

云南农垦集团有限责任公司

2014 年，在省委、省政府的坚强领导和农业部农垦局关心支持下，云南农垦全面贯彻落实中共十八大和十八届三中、四中全会精神，紧紧围绕“稳增长、调结构，转方式、促发展”的工作思路和目标，干部群众共同努力，主动作为，扎实工作，克服前期干旱、低温、橡胶推迟开割、主产品天然橡胶价格持续低位徘徊等不利因素影响，积极采取应对措施，确保垦区各项生产经营活动有序有效开展，改革工作稳步推进，经济平衡运行，产业结构调整稳步推进，社会保障和民生得到有效改善，垦区保持了经济发展及社会和谐的良好局面。

一、综合

垦区经济总量（GDP）保持持续增长，产业结构调整初见成效，第一、二产业同比有所下降，但第三产业增长迅猛，经济形势整体良好。

2014 年云南农垦实现生产总值（现价，下同）42.0 亿元，同比增长 8.7%。其中第一产业增加值 26.43 亿元，同比下降 0.5%；第二产业增加值 3.77 亿元，同比下降 8.1%；第三产业增加值 11.79 亿元，同比增长 48.4%（图 1）。

一、二、三产业结构从 2013 年的 68.8∶10.6∶20.6 调整为 62.9∶9.0∶28.1。

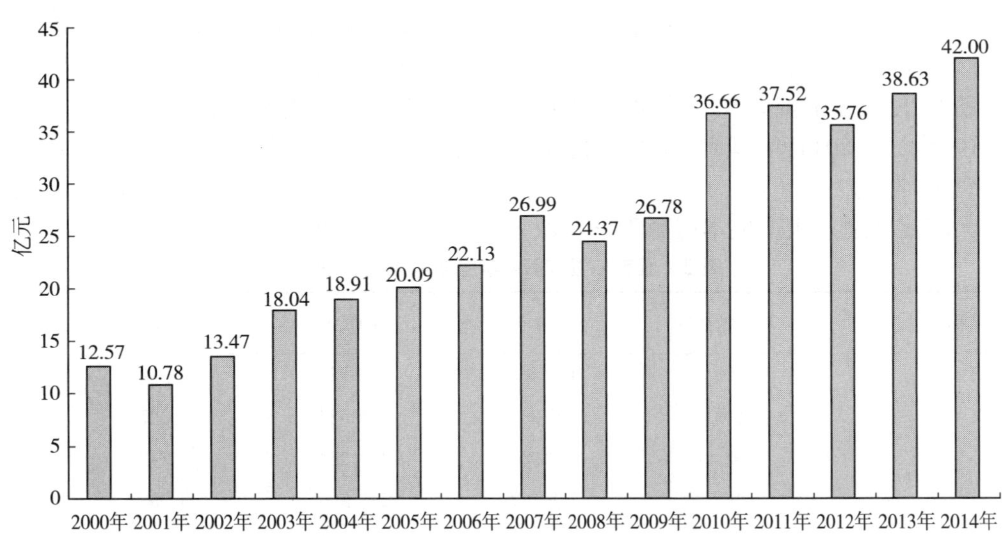

图 1　云南农垦历年生产总值

完成工农业总产值 64.5 亿元，其中工业总产值 12.7 亿元，农业总产值 51.8 亿元，同比分别下降 12.3%、1.6%、14.5%。

二、第一产业

农业生产在橡胶价格大幅度下跌及遭受自然灾害的情况下，主要农作物保持了稳定的种植规模。橡胶、茶叶、水果、糖料（甘蔗）、肉类等主要农产品产量均保持增长态势。相对天然橡胶产业遇冷的趋势，垦区加快特色农业发展步伐，进一步调整优化产业结构，茶叶、水果、咖啡等特色产业出现良好的发展态势。

1. 橡胶种植面积、投产面积、橡胶产量不同程度增长　云南农垦农业产业支柱作物天然橡胶种植面积连续多年保持增长，但由于热区土地资源限制，增长速度逐步趋缓。截至 2014 年年末，垦区共种植橡胶 145 455 公顷，同比增长 1.0%，其中国有橡胶 118 591 公顷，同比减少 1.1%。橡胶投产面积有所增长，2014 年橡胶平均开割面积 101 209 公顷，同比增长 1.3%。云南农垦 2014 年农业产值情况见表 1。

表 1　云南农垦 2014 年农业产值情况（万元）

指标名称	2014 年	2013 年	增减量	增减（%）
农林牧渔业总产值	518 147	606 190	−88 043	−14.5
其中：公有经济	360 560	480 201	− 119 641	−24.9
一、种植业（农业）产值	136 986	101 623	35 363	34.8
其中：粮食产值	16 490	13 189	3 300	25.0
糖料（甘蔗）产值	19 599	19 049	550	2.9
茶叶产值	20 408	11 781	8 627	73.2
水果产值	64 826	49 933	14 893	29.8
二、林业产值	349 121	481 704	− 132 583	−27.5
其中：橡胶产值	339 241	473 660	− 134 419	−28.4
公有经济橡胶产值	306 767	431 974	− 125 207	−29.0
三、牧业产值	22 565	15 579	6 985	44.8
四、渔业产值	9 428	6 599	2 829	42.9

2014 年垦区生产橡胶 14.39 万吨，同比增产 0.15 万吨，同比增长 1.1%；其中国有橡胶产量 11.82 万吨，同比下降 0.9%。全垦区橡胶亩产 94.8 千克，基本保持上年水平（表 2）。

橡胶销售价格大幅度下降，2013 年橡胶销售均价为 18 300 元，而 2014 年橡胶销售均价为 12 725元，下跌 30.5%。

由于胶价大幅度下跌，生产成本居高不下，橡胶收购加工数量比上年减少。2014 年全年收购加工橡胶 12.5 万吨，同比下降 7.4%。

2. 茶叶种植面积基本稳定，但产量大幅度增长　近年来普洱茶产品持续热销，从而拉动了垦区职工茶叶生产的积极性。到 2014 年年末垦区茶叶种植面积 4 670 公顷，比上年减少 27 公顷，减幅为 0.6%；全年生产干毛茶 10 548 吨，同比增加 1 588吨，增幅为 17.7%。

表 2　云南农垦 2014 年主要农业生产情况

指标名称	计量单位	2014 年	2013 年	增减量	增减（%）
年末实有橡胶面积	公顷	145 455	143 987	1 468	1.02
橡胶年均开割面积	公顷	101 209	99 882	1 327	1.33
橡胶总产量	吨	143 906	142 364	1 542	1.08
其中：国有橡胶产量	吨	118 207	119 260	−1 053	−0.88
橡胶平均亩产	千克	94.8	95	…	−0.21
收购加工橡胶	吨	125 104	135 114	−10 010	−7.41
粮食作物播种	公顷	10 805	12 079	−1 274	−10.55
粮食总产量	吨	57 132	58 858	−1 726	−2.93
甘蔗种植面积	公顷	4 744	4 448	296	6.65
甘蔗产量	吨	456 820	448 049	8 771	1.96
蔬菜瓜果种植面积	公顷	1 613	2 132	−519	−24.34
蔬菜瓜果产量	吨	22 695	33 423	−10 728	−32.10
茶叶种植面积	公顷	4 670	4 697	−27	−0.57
茶叶产量	吨	10 548	8 960	1 588	17.72
水果种植面积	公顷	9 797	8 427	1 370	16.25

（续）

指标名称	计量单位	2014年	2013年	增减量	增减（%）
水果总产量	吨	194 497	160 928	33 569	20.86
咖啡种植面积	公顷	1 143	1 334	−191	−14.33
咖啡产量	吨	1 472	1 188	285	23.96
肉类总产量	吨	8 035	6 908	1 127	16.31
水产品产量	吨	7 800	5 620	2 180	38.79

3. 水果种植面积和产量增长幅度较大 受市场拉动的影响，优质水果产销两旺，垦区职工生产水果积极性高涨。2014年垦区水果种植面积达到9 797公顷，同比增加1 370公顷，增幅为16.3%。水果产量19.45万吨（其中：香蕉10.8万吨、柑橘橙柚1.2万吨、葡萄4.5万吨、菠萝1.2万吨、芒果1.1万吨），同比增加3.4万吨，增长20.9%。河口四农场的香蕉、弥勒东风农场的葡萄、堂上农场的柑橘、勐底农场的芒果已成为省内热销产品。

4. 粮食种植面积和产量不同程度下降 2014年垦区粮食种植面积10 805公顷，同比减少10.6%，生产粮食57 132吨，同比减少2.9%。

5. 糖料（甘蔗）的种植面积和产量不同程度增长 2013/2014榨季垦区种植甘蔗4 744公顷，同比增长6.7%，整个榨季产甘蔗45.68万吨，同比增长1.9%。

6. 畜牧业、渔业生产与上年相比不同程度增长 2014年垦区肉类总产量为8.35吨，同比增长16.3%。全年生产水产品7 800吨，同比增长38.8%。

三、第二产业

虽然建筑业高速增长，但由于工业生产的下滑，第二产业生产及经济效益均不及去年。

2014年垦区共完成第二产业增加值3.77亿元，同比下降8.1%，其中工业增加值3.5亿元，同比下降12.3%；建筑业增加值0.26亿元，同比增长152%。

2014年垦区共实现工业总产值12.71亿元，比上年减少0.2亿元，同比下降1.6%，其中国有企业完成工业总产值9.63亿元，比上年减少0.58亿元，同比下降5.7%。

由表3可以看出垦区主要工业品种食糖、胶鞋、人造板材、咖啡粉、钢模板、汽车配件、热作机械产量均不同程度下降，以上产品2014年实现工业产值4.97亿元，同比减少0.95亿元；虽然酒精、发电、精制茶、金属硅、马铃薯片、水泥产量有所增长，增产产品实现工业产值5.8亿元，同比增加0.52亿元。无法抵消减产产品产量下降对产值的影响，因此2014年度工业产值有所下降。

表3 云南农垦2014年主要工业产品产量

产品名称	计量单位	2014年	2013年	增减量	增减（%）
食糖	吨	55 407	59 139	−3 732	−6.31
酒精	吨	4 778	4 046	732	18.08
发电量	万千瓦时	38 747	36 120	2 628	7.27
各种胶鞋	万双	468	549	−81	−14.72
人造板材	米^3	45 173	157 152	− 111 979	−71.26
精制茶	吨	6 942	6 899	43	0.63
金属硅	吨	14 819	13 959	860	6.16
马铃薯片	吨	1 060	895	165	18.44
咖啡粉	吨	389	454	−65	−14.26
水泥	吨	213 588	160 989	52 599	32.67

（续）

产品名称	计量单位	2014 年	2013 年	增减量	增减（%）
钢模板	吨	2 784	4 380	−1 596	−36.44
汽车配件	套	7 960	11 401	−3 441	−30.18
热作机械	台	189	209	−20	−9.57

各类工业企业全年亏损 1 423 万元，由盈利转为亏损，2014 年工业企业实现利润 1 979 万元。

就全垦区综合情况来看，2014 年工业企业加大销售力度，工业品产销率好于上年。各工业企业全年完成工业销售产值 12.37 亿元，同比增长 6.0%。工业品产销率为 97.3%，比 2013 年提高 7 个百分点。

四、第三产业

第三产业增长迅猛，2014 年全垦区第三产业实现增加值 11.79 亿元，比上年增加 3.84 亿元，同比增长 48.4%。

1. 交通运输业收入及利润同比增长 2014 年垦区拥有各类主要运输工具 6 624 辆，交通运输业实现营业收入 19 571 万元，比去年增加 4 128 万元，同比增长 26.7%。实现利润 3 879 万元，同比增长 23.1%。

2. 贸易、住宿、餐饮及服务业收入大幅增长，但效益不及上年 2014 年垦区贸易、住宿、餐饮及服务业大幅增长，实现营业收入 23.01 亿元，同比增加 10.59 亿元，增幅为 85.2%；贸易、住宿、餐饮及服务业上缴税金 6 956 万元，同比增加 3 092万元，增幅为 80.0%；贸易、住宿、餐饮及服务业实现利润 1.06 亿元，同比减少 0.35 亿元，减幅为 24.8%。

五、固定资产投资

固定资产投资大幅度增加。2014 年，固定资产投资总额为 10.4 亿元，比上年增加 1.3 亿元，同比增长 14.0%。第一产业投资额 2.1 亿元，同比下降 42.4%，其中橡胶投资额 1.61 亿元，同比下降 46.8%；第二产业投资额 1.58 亿元，同比增长 79%；第三产业投资额 6.7 亿元，同比增长 47.5%。

六、劳动报酬

垦区人均年收入及劳动者年收入继续增长，但国有从业人员年均工资有所下降。

2014 年垦区人均年收入为 12 734 元，比上年增加 1 141 元，增幅为 9.8%；垦区劳动者年均劳动收入 14 706 元，比上年增加 1 462 元，增幅为 11.0%。

从业人员收入结构不平衡，垦区公有经济以橡胶产业为主，过去橡胶产业从业人员工资性收入高于其他农业产业，由于 2014 年橡胶销售均价比上年下跌 30%，因此橡胶产业从业人员工资性收入下降，但垦区其他农作物产量增长且价格好于去年，同时非公经济保持高速增长，其他农作物及非公经济收入的增长抵消了橡胶岗位收入的减少，因此垦区劳动者年均劳动收入呈现增长。

七、非国有经济

非公经济及管区经济高速增长，但实现利润不及上年。

2014 年云南垦区非公及管区经济实现生产总值 19.50 亿元，占垦区生产总值的 46.4%，生产总值同比增长 171%。

非公及管区经济劳动报酬 12.42 亿元，比上年增加 6.81 亿元，同比增长 121.5%。

非公及管区经济上缴税金 8 047 万元，比上年增加 6 269 万元，同比增长 165%。

非公及管区经济实现利润 2.26 亿元，比上年减少 0.7 亿元，同比下降 23.6%。

陕西农垦2014年经济和社会发展统计公报

陕西省农垦集团有限责任公司

2014年是承上启下的一年，是农垦集团在新的起点上由起步迈向腾飞的关键一年。一年来，集团公司新一届领导班子以中共十八大和十八届三中、四中全会精神为指引，紧紧围绕“两个率先”（率先实现农业现代化、率先全面建成农垦小康社会）奋斗目标，以现代农业建设为主线，以开放办垦为抓手，深化改革，加快发展，创新管理，优化结构，农垦经济在宏观经济增速回落、下行压力增大和农业自然灾害频繁等复杂形势下，继续保持良好的发展势头，农垦各项工作出现了新局面，取得了新发展。

在我国经济增长放缓、农作物病虫害偏重发生和煤炭市场需求疲软等复杂形势下，2014年全省农垦实现国民生产总值47 213万元（现价，下同），同比增加6.60%。其中：第一产业增加值29 832万元，同比增加19.63%；第二产业增加值9 332万元，同比减少21.84%；第三产业增加值8 049万元，同比增加8.56%。

全省实现农业总产值37 490万元，农林牧渔服务业总产值4 146万元，工业总产值13 562万元。

一、农业

一是夏粮生产获得丰收。4个农场种植小麦取得较好收成。小麦总产、单产比全省平均水平高出52.8%。

二是强化经营管理。各农场对农业种植、农产品贸易、生态观光和建筑等经营性项目，根据产业不同情况，广泛推行了股份制、模拟股份制及对外租赁承包等方式，全力搞好经营，增加效益；对电管站、医院等服务性单位，积极推行独立核算、定额包干管理，努力增收节支。

三是积极开展农产品贸易。各企业树立大资源、大市场、大流通的经营理念，走出农垦，走向周边，走向市场，广泛开展了以粮食和水果为主的农产品贸易活动，进一步拓展了经营领域，增加了经营收入。同时，也开阔了视野，积累了经验，锻炼了队伍，企业对市场的感知和认识加深了，经营和市场营销能力提高了。

农垦迎来了难得的发展机遇：

一是中央农村工作会议和2015年中央1号文件，作出全面深化农村改革、加快推进农业现代化建设一系列重大战略部署，并对农垦改革发展提出明确要求；在此基础上，国务院有望今年出台指导农垦改革发展的重要文件，这将是新时期农垦发展难得的历史机遇，农垦的春天来了。

二是农业部农垦局提出推进联合、联盟、联营战略，建设农业大基地、大企业、大集团，增强对农业战略产业的掌控力，壮大农垦整体实力等一系列新的改革发展思路，作为我国农垦的发祥地和南泥湾精神的传承人，陕西农垦在“三联”战略实施过程中，是大有可为、大有作为的。

三是国家把建设丝绸之路经济带的“一路一带”战略列入优化经济发展空间格局实施的三大重点战略之一，这将给处于丝绸之路重要位置的陕西省带来难得的发展新机遇，也将给陕西农垦带来难得的发展新机遇。

四是农垦集团坚持以现代农业建设为主线，大力实施开放办垦战略，加快推进“一体两翼”经济布局的发展思路和良好开局，得到了省委、省政府主管领导和有关部门的肯定和支持，农垦集团发展的外部环境非常有利。

2014年陕西农垦共产粮食63 347吨。主要农作物产量如下：稻谷1 424吨，小麦16 873吨，玉米40 103吨，大豆568吨。油料合计658吨，其中花生552吨，向日葵106吨。棉花939吨，水果总产量7 237吨，蔬菜、瓜类26 245吨。

2014年农垦克服畜禽类疫病影响，共生产牛奶3 918吨，肉类1 494吨，禽蛋109吨，水产品44吨。存栏奶牛0.12万头，猪1.29万头，羊4.26万只。

二、工业

农垦是一个特殊的社会经济系统，具有企业性、社会性、区域性等多重特征。我们要准确把握农垦的这些行业特征和内在规律，在农业部农垦局的宏观指导和有关配套政策的支持下，借鉴兄弟垦区的成功经验，积极稳妥地推进工业体制改革。

一是到 2014 年年底，大荔农场荔北油脂厂政策性破产圆满结束，318 名职工得到妥善安置，核销银行债务 8 200 万元，破产费用 4 701 万元，除油脂厂整体资产拍卖所得 318 万元外，财政拨款和转移支付资金 4 345 万元。

二是棚户区改造廉租房建设项目两期工程完成并通过验收。共建房 899 套，建筑面积 69 317 米^2，完成投资 13 677 万元，配套工程也已完成 80%。

三是英考公司整合在基本保持了股民和职工稳定的前提下有序推进，运营成本大幅降低，官池养殖中心经营实现良性循环。

2014 年全省共实现工业总产值 13 562 万元。

2014 年主要工业产品产量有：原煤 601 200 吨，液体乳 3 600 吨。

三、商贸服务业

2014 年商业年末经营单位 27 个，商品销售总额 374 万元。住宿餐饮业年末经营单位 21 个，营业收入 1 100 万元。服务业经营单位 17 个，营业收入 3 064 万元。

四、固定资产投资

陕西省农垦固定资产投资 7 535 万元，其中：第一产业 2 698 万元，占投资总额的 35.80%；第二产业 809 万元，占投资总额的 10.74%；第三产业 4 028 万元，占投资总额的 53.46%。

按投资来源划分，国家预算内资金 1 208 万元，自筹资金 6 207 万元，其他资金 120 万元。当年新增固定资产 1 458 万元。

五、劳动工资、人口

2014 年年末农垦社会从业人员 9 335 人，其中：第一产业 7 383 人，第二产业 537 人，第三产业 1 415 人，分别占总数的 79.09%、5.75%、15.16%。

农垦从业人员中，属于国有经济从业人员的共有 4 519 人，劳动报酬 9 241 万元。其中：在岗职工 4 441 人，劳动报酬 9 052 万元；其他从业人员 78 人，劳动报酬 189 万元。农场的国有经济从业人员有 4 216 人，劳动报酬 8 459 万元。全年人均纯收入 8 526 元。

六、科研、文教、卫生

农垦现有医疗单位 12 个，医院 12 所，病床 184 张，从业人员 157 人，其中：医生 48 人。

近两年来，农垦办中小学校部分移交地方政府，农垦现有学校 1 所，教职工 26 人，其中：教师 26 人。在校生 761 人，当年新招生 351 人，当年毕业生 626 人。

甘肃农垦2014年经济和社会发展统计公报

甘肃省农垦集团有限责任公司

2014年是我国全面深化改革的第一年，也是甘肃农垦集团公司执行“十二五”规划承上启下、落实垦区实现两个“率先”和打造百亿元企业集团关键的一年。一年来，在甘肃省委、省政府的正确领导下，在农业部农垦局和省国资委的监管支持下，甘肃省农垦集团认真贯彻落实中央和甘肃省的重要决策部署，坚持一手抓农垦改革，一手抓百亿集团打造，进一步解放思想、转变作风，用改革创新的思维与举措，谋划和推动农垦发展，各方面工作扎实推进，成效明显。

一、综合

2014年甘肃垦区经济呈现稳定态势，实现了企业良性发展。农业坚持加快推进垦区现代农业建设，在大力发展规模、集约和统一经营，加快作物结构调整，引进和推广先进农机、农艺和水利装备，提高农业综合生产能力等方面走在了全省前列。工业加大资源优化配置力度，谋划重大项目，壮大主导产业，强化生产经营管理，提高产品质量和产能，创新营销举措，主要目标任务顺利完成。

全垦区现有土地面积549.84千公顷，年末实有耕地面积65.2千公顷。年末拥有总人口86 994人，其中农场人口69 363人；年末社会从业人员28 916人，其中，第一产业从业人员19 775人，第二产业从业人员6 586人，第三产业从业人员2 555人，一、二、三产业从业人员分别占年末社会从业人员的比重为68.38∶22.78∶8.84；全垦区完成生产总值14.56亿元元，同比增长2.67%，其中第一产业增加值7亿元，同比下降5.07%；第二产业增加值6.18亿元，同比增长7.86%；第三产业增加值1.34亿元，同比增长21.34%；利税总额−0.5亿元；职均收入3.76万元，比2013年增长3.3%，国有资产保值增值率100%。人均生产总值16 731元，比2013年减少454元，下降2.6%；人均收入10 895元，比2013年增加1 692元，增长18.4%。

二、第一产业

2014年甘肃垦区农业生产在受到病虫、霜冻等自然灾害和国内经济增长放缓的情况下，积极实时地调整种植结构，压缩粮食作物、油料等种植面积，加大苜蓿等经济作物的面积，保持了农业生产稳中有升的良好局面。

2014年甘肃垦区完成农作物种植面积70.7千公顷，比2013年增长3%，其中，粮食种植面积32.56千公顷，比2013年下降15.2%，粮食总产25.72万吨，比2013年下降6%。在粮食作物中，小麦播种面积12.4千公顷，比2013年下降52%，小麦总产7.2万吨，比2013年下降30%；啤酒大麦播种面积1.4千公顷，比2013年下降73%，啤酒大麦总产0.88万吨，比2013年下降74%；玉米播种面积15.75千公顷，比2013年增长13%，玉米总产15.96万吨，比2013年增长37%；马铃薯播种面积2.44千公顷，比2013年增长3%，马铃薯总产1.54万吨，比2013年下降19.8%；棉花播种面积4.67千公顷，比2013年增长16.2%，皮棉总产0.8万吨，比2013年增长23%；油料播种面积6.93千公顷，比2013年增长5.3%，油料总产2.57万吨，比2013年增长14.7%；啤酒花种植面积0.85千公顷，比2013年下降4.5%，啤酒花总产0.26万吨，比2013年下降13.3%；药材种植面积4.68千公顷，比2013年增长36%；牧草种植面积9.82千公顷，比2013年增长2.2%，牧草总产5.61万吨，比2013年增长5.8%；果园面积3.76千公顷，比2013年增长9.3%，果园总产3.41万吨，比2013年下降27.6%。

2014年甘肃垦区大牲畜年末存栏1.47万头，比2013年增长16.7%；猪年末存栏2.26万头，比2013年增长3.7%；羊年末存栏21.91万头，比 2013 年增长 13.8%；家禽年末存栏 24.12 万只，比 2013 年下降 10.7%；肉类总产量 0.52 万吨，比 2013 年增长 40.5%，其中猪肉 2 248 吨，牛肉 773 吨，羊肉 1 884 吨，禽肉 293 吨，兔肉 15 吨；牛奶总产量 0.12 万吨，比 2013 年下降 36.8%；禽蛋总产量 0.27 万吨，与 2013 年基本持平。

三、第二产业

甘肃农垦工业面临行业产品需求量大幅下降，原材料价格持续上涨，生产成本大幅上升，流动资金匮乏，造成经济效益明显下滑等不利因素和压力。积极适应市场变化，发展新项目，开发新产品，寻找新出路，拓展新市场。各企业加快科技研发与创新步伐，狠抓产品质量与成本管控和市场营销工作，加强品牌建设工作力度，使农垦产品的市场竞争力得到了很大提升。

2014 年，全垦区实现工业增加值 6.17 亿元，工业销售产值 14.1 亿元，同比增长 7.86%，主营业务收入 21.26 亿元。水泥 33 万吨，比 2013 年下降 86%。葡萄酒 0.7 万吨，比 2013 年下降 17.6%。啤酒 17.19 万千升，比 2013 年增长 7.9%；皮棉加工 0.16 万吨，比 2013 年下降 23.8%；饲料 0.81 万吨，比 2013 年下降 22.9%；番茄酱 0.41 万吨，比 2013 年增长 215.4%；宣肺止咳露 0.05 万吨，比 2013 年下降 76.2%；糯玉米糁子 1.37 万吨；中药饮片 0.16 万吨。

四、固定资产投资完成情况

固定资产投资一直是甘肃农垦工作中的重点，多年来，甘肃垦区狠抓项目建设不放松，经过不懈的努力，不断完善农业生产基础设施建设，大大地增强了抵御自然灾害的能力，特别是节水灌溉设施的建设和面积的不断扩大，极大地降低了缺水干旱对农业生产的影响和危害。与此同时，职工生活基础设施的建设，使垦区职工的居住、生活、文化娱乐等方面有了很大的改善，使职工的生活质量有了进一步的提高。工业生产在加强重点项目建设的同时，注重农产品深加工的建设，为垦区工业生产增添了新的活力。

经过积极与水利、林业、农业、财政、发改、住建、国土、交通等部门协调，主动沟通，多渠道地争取到高效节水、农业综合开发、退耕还林、饮水安全、保障性安居工程、公路建设等中央和省上各类项目资金 46 573 万元，全垦区通过企业自筹、银行贷款，并鼓励非国有和职工积极投资等多种办法加大投资力度，保证了各种项目的顺利实施和进度的完成。

2014 年，全垦区共完成固定资产投资总额 13.95 亿元，其中国有 13.38 亿元，占固定资产投资总额的 95.9%。投资按用途分：第一产业 5.61 亿元，其中国有 5.46 亿元；第二产业 2.19 亿元，其中国有 1.8 亿元；第三产业 6.15 亿元，其中国有 6.12 亿元。一、二、三产业完成投资分别占全年固定资产投资总额的比重为 40.22 ∶ 15.7 ∶ 44.08。投资按资金来源分，国家预算内资金 3.3 亿元，其中国有 3.17 亿元；国内贷款 1.44 亿元，其中国有 1.38 亿元；自筹资金 7.29 亿元，其中国有 6.99 亿元；其他资金 1.92 亿元，其中国有 1.84 亿元。当年新增固定资产 6.15 亿元，其中国有 5.01 亿元。

五、第三产业

2014 年，全垦区拥有科研单位 10 个，从业人员 483 人，其中科技人员 213 人，科技经费投入 2 982万元，其中国家拨款 1 387 万元，省地局自筹 47 万元，企业自筹 1 548 万元。

共有成人高等学校、成人中等专业学校各一所，拥有教职工 123 人，其中教师 105 人。在校学生 9 387 人，当年新招生 3 765 人，当年毕业生 2 278人。

拥有医疗单位 37 个，从业人员 357 人，其中医生 116 人，拥有病床 602 张。

拥有批发零售业、住宿餐饮业和服务业经营单位 304 个，其中国有及国有控股 28 个；年末从业人员 1 035 人，其中国有及国有控股 590 人；从业人员报酬 3 608 万元，其中国有及国有控股 2 130 万元；年末固定资产原值 28 039 万元，其中国有及国有控股 26 597 万元；销售总额或营业收入 49 710万元，其中国有及国有控股 44 978 万元。

青海农垦2014年经济和社会发展统计公报

青海省农垦局

2014年，青海农垦积极发展高原现代农牧业，大力提高农业综合生产能力，农牧业生产形势比较稳步向好。

截至2014年年末，青海农垦共有各类企业农场19个，农垦系统土地总面积为50.21万公顷，其中：耕地面积为25 866公顷，播种面积28 126公顷；粮食作物播种面积16 341公顷，油料面积9 216公顷，全年粮食总产达到31 297吨，油料产量9 190吨。年末总人口为50 174人，其中农场人口为34 118人，社会从业人员18 547人，国有经济从业人员7 500人，其中农场国有经济从业人员6 800人。年末实有住房面积57万米^2。畜牧业稳中有增，大牲畜存栏4.69万头，猪存栏0.71万头，羊存栏34.98万只，牛羊繁活率、出栏率均略高于上年，肉类产量2 711吨，牛奶产量152吨，羊毛产量547吨。由于2014年油料、蔬菜等农产品价格攀升，农业生产增收，收入较去年有一定上涨，畜牧业生产稳步增长。2014年实现国民生产总值4.94亿元，较去年增加7.5%。其农垦企业人均收入7 800元，比去年增长15.5%。

宁夏农垦2014年经济和社会发展统计公报

宁夏回族自治区农垦事业管理局

2014年，是农垦改革发展史上具有跨时代意义的一年。在宁夏回族自治区党委、政府的正确领导下，宁夏农垦认真贯彻落实中共十八大和十八届三中、四中全会精神，继续深化农垦改革，坚持稳中求进工作总基调，进一步解放思想，着力推进管理体制和经营机制转型，着力推进优势特色产业优化升级，着力提高集团化经营管理水平，着力保障和改善民生，强化企业经营、项目带动、科技支撑和组织保障，推进“两个率先”和“三增”目标取得新突破，推动农垦经济和社会又好又快发展。

一、综合

2014年，宁夏农垦经济保持较快发展，经济总量稳步增长，职工收入不断提高。全年实现农垦生产总值（现价，下同）22.01亿元，比上年增长9.6%（图1）。其中，第一产业增加值10.84亿元，增长9.7%；第二产业增加值7.03亿元，增长9.9%；第三产业增加值4.14亿元，增长8.9%。一、二、三产业增加值构成比例为49∶32∶19（2013年比例为49∶32∶19）。

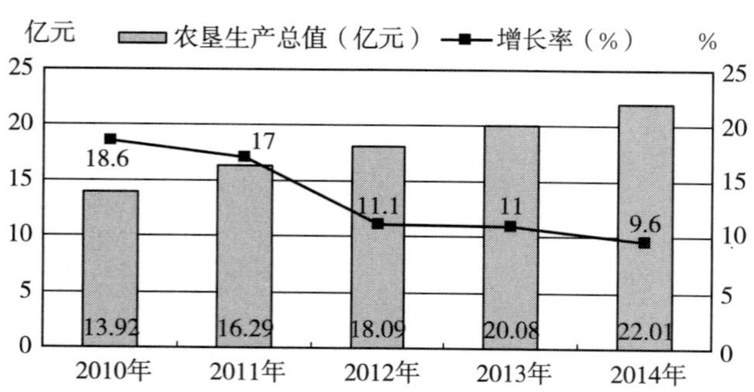

图1　2010—2014年农垦生产总值及增长速度

2014年宁夏垦区人均纯收入为17 256元，比上年增加1 898元，增长12.4%，是上年全区农民人均纯收入6 931元的2.49倍，是上年全区城镇居民人均可支配收入21 833元的79%。垦区职均收入29 031元，比上年增加2 677元，增长10.2%。

2014年垦区总户数43 904户，总人口143 291人，其中：达到小城镇规模农场个数14个。年末单位从业人员人数15 692人，其中：职工人数15 593人。离退休职工19 657人。年末单位从业人员工资总额56 982万元，职工人均工资收入32 733.2元，比上年增长11.6%。

二、农业

2014年，宁夏农垦狠抓优势特色产业，以国家级现代农业示范区为依托，以“一特三高”理念引领现代农业，推进优势特色产业提质增量，充分发挥优势特色产业的龙头带动作用，农业经济综合实力不断增强。全年实现农林牧渔服务业总产值25.63亿元（现价，下同），比上年增长10.7%，其中：种植业14.59亿元，增长7.8%；林业0.53亿元，增长35.9%；牧业8.63亿元，增长27.7%；渔业1.09亿元，增长9%；服务业0.79亿元，下降14.1%（图2）。

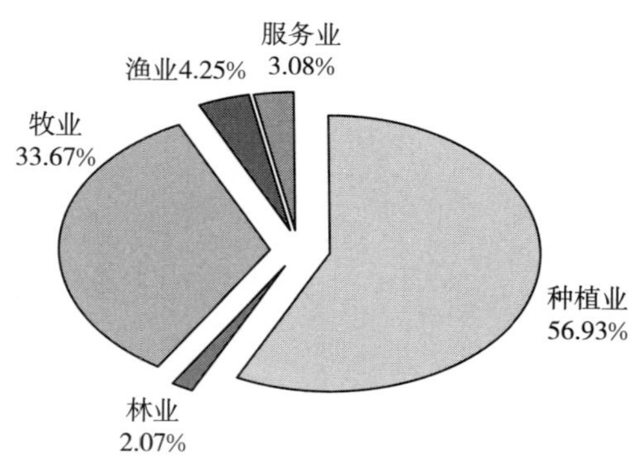

图2　农林牧渔业产值比例结构图

由于垦区种植业结构调整，粮食种植面积增加，2014年农作物总播种面积41 511公顷，比上年增加1 738公顷，增长4.4%，主要是今年玉米播种面积增加。全年粮食播种面积35 479公顷，比上年增加1 333公顷，增长3.9%。其中：夏粮播种面积855公顷，下降5%；秋粮播种面积34 624公顷，增长4.1%。春小麦播种面积824公顷，增长0.5%；冬小麦播种面积31公顷，下降61%；水稻播种面积10 700公顷，下降4.6%；玉米播种面积23 806公顷，增长8.4%。

全年粮食总产量35.42万吨，比上年下降0.7%，占宁夏回族自治区粮食总产量377.9万吨的9.4%。其中：夏粮产量0.57万吨，下降5.4%；秋粮产量34.85万吨，下降0.6%（表1）。

表1　2014年垦区种植业基本情况

产　　品	产　量	比上年增长（%）
粮食产量（吨）	354 186	－0.7
其中：小麦（吨）	5 679	－5.4
水稻（吨）	84 985	－9.4
玉米（吨）	263 318	2.5
油料（吨）	3 681	－12.3
蔬菜（吨）	75 264	7.8
水果（吨）	49 338	38.1
其中：葡萄（吨）	26 524	32.2

畜牧业快速发展。国有奶产业发展势头强劲，实力进一步增强，面对今年乳品国内市场国际化压力，充分发挥“十统一”管理优势，取得了显著成效。国有奶产业全年实现总产值4.02亿元，比上年增长69.6%，占畜牧业总产值的46.6%；年末奶牛存栏2.84万头，增长20.9%，占总存栏数的61.7%；奶产量11.01万吨，增长1.18倍，占总产量的62.6%，极大地推动了垦区畜牧业的发展（表2）。

2014年水产养殖业保持稳步增长。年末养殖面积0.72万公顷，比上年增长2.9%，全年水产品产量11 599吨，增长1.3%。

2014年植树造林面积342公顷，其中：经济林150公顷，防护林192公顷。当年零星植树24.45万株。

2014年垦区农业基础设施建设不断加强，农业机械化水平进一步提高，年末拥有大中型拖拉机2 377台，比上年增长5.5%；拥有联合收割机630台，增长3.3%；农业机械总动力30.67万千瓦，增长9.8%。

表2　2014年垦区畜牧业基本情况

产品或存栏	数　量	比上年增减（%）
年末大牲畜存栏（头）	51 233	10.4
年末牛存栏（头）	51 122	10.3
其中：奶牛（头）	46 018	9.7
年末羊存栏（只）	80 969	12.1
其中：山羊	24 446	7.9
绵羊	56 523	14.0
猪年末存栏（头）	39 463	－0.8
其中：能繁母猪（头）	4 790	－6.9
当年牲畜出栏		
其中：牛出栏（头）	10 076	－5.9
羊出栏（只）	45 395	6.9
生猪出栏（头）	50 766	14.9
家禽出栏（百只）	4 179	－3.7
肉类总产量（吨）	6 310	－5.4
其中：猪肉产量（吨）	3 345	6.6
牛肉产量（吨）	1 562	－1
羊肉产量（吨）	730	－7.4
禽肉产量（吨）	671	－3.9
牛奶产量（吨）	175 912	50.7
禽蛋产量（吨）	1 005	－10.5

三、工业和建筑业

工业经济保持较快增长。年末垦区工业企业个数59个，其中：国有及年销售收入2 000万元以上的工业企业6个。全年实现工业总产值（现价）12.14亿元，比上年增长10.3%；实现工业增加值4.65亿元，增长15.3%，占第二产增加值的66.1%，其中：西夏嘉酿啤酒有限公司实现工业增加值2.17亿元，增长18%，占工业增加值46.7%（表3）。

表3　2014年垦区工业产品产量

产　　品	数　量	比上年增减（%）
鲜肉（吨）	1 381	13.4
乳制品（吨）	25 745	－2
其中：酸奶（吨）	835	7.1
饮料酒（千升）	216 741	13.5
其中：啤酒（千升）	211 888	14.8

（续）

产　　品	数　量	比上年增减（%）
白酒（千升）	416	－17.3
葡萄酒（千升）	4 337	－22.4
其中：西夏王（千升）	2 460	4.7
混配合饲料（吨）	38 445	41
大米（吨）	19 365	－19.6

建筑业稳健发展。年末建筑企业 18 个，从业人员 2 175 人，全年实现建筑业增加值 2.38 亿元，比上年增长 0.6%，占第二产业增加值的 33.9%。当年房屋建筑施工面积 55.8 万米²，总竣工面积 28.3 万米²。

四、固定资产投资

2014 年固定资产投资继续增强，尤其是重点项目建设的推进，增强了宁夏垦区发展后劲。全年完成固定资产投资总额 18.07 亿元，比上年增长 10.7%。其中：国有投资 17.66 亿元，增长 16.8%，非国有投资 0.41 亿元，下降 65.6%（图 3)。

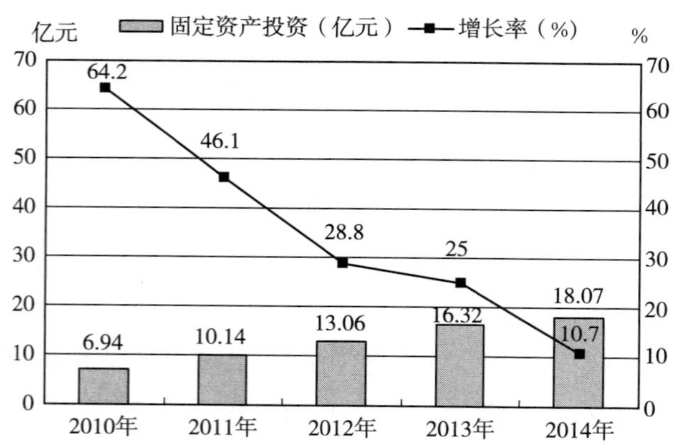

图 3　2010—2014 全社会固定资产投资及增长速度

在当年固定资产投资中，基本建设完成投资 16.53 亿元，增长 13.2%，占总投资额的 91.5%；更新改造完成投资 1.54 亿元，占总投资额的 8.5%。

在当年主要投资项目中，完成奶牛场续建新建项目 1.62 亿元；盐碱地改良，退耕还林，能源、林果产业项目等农业基本建设项目 0.06 亿元；酒堡建设项目 0.28 亿元；葡萄酒加工园区基础设施项目 0.05 亿元；危房改造续建新建及配套设施工程 1.69 亿元；高标准农田建设、中低产田改造和试验基地建设等业综合开发项目 0.59 亿元；2014 年“村村通”道路工程场镇道路建设 0.31 亿元；“一事一议”建设项目对农场进行美化、绿化 0.25 亿元；财政小农水建设项目农田水利设施建设 0.2 亿元；2014 年移民项目建设移民安置区和住房及其他配套设施 1.66 亿元；农垦创业城建设项目 10.24 亿元。

五、交通运输业、批零贸易业、住宿和餐饮业、旅游业、房地产业及出口商品

2014 年，全年拥有载货汽车 332 辆，载客汽车 570 辆，实现货运量 152 万吨，客运量 357 万人；实现营业收入 8 424 万元。

年末批零贸易业、住宿和餐饮业营业单位总数 1 542 个，从业人员 4 496 人，拥有固定资产原值 26 144 万元，营业用房面积 10.48 万米²，实现社会消费品零售额 41 676 万元，比上年增长 3.5%，其中：批发零售贸易业 31 863 万元，增长 4.6%；住宿餐饮业 9 813 万元，增长 0.12%。

宁夏垦区特色旅游业，继续保持良好的发展势头。年末实现增加值 12 953 万元，比上年增长 0.5%；全年接待游客 122 万人次，增长 2.5%；实现旅游收入 2.36 亿元，增长 0.4%；实现利润 2 690万元，有力带动了垦区第三产业的发展。

宁夏垦区房地产开发企业 1 个，从业人员 80 人，年内开发面积 36.4 万米²，销售面积 2.7 万米²，利润 380 万元，缴纳税金 680 万元。

2014 年垦区商品出口主要以供港蔬菜为主，年末商品出口总金额 3 618 万元，出口蔬菜 3 553.6吨。

六、绿色、有机食品、无公害农产品

年末宁夏垦区绿色、有机、无公害农产品认证数 38 个，带动农户 2 768 人，其中：从事农作物蔬菜种植 5 个，带动农户 1 465 人，种植面积绿色 A 级 129 公顷，产量 21 693 吨；碧宝枸杞 5 个，带动农户 467 户，种植面积无公害农产品 326 公顷，产量 880 吨；西夏啤酒 7 个；西夏王葡萄酒 9 个，带动农户 342 人；灵农猪肉 1 个，带动农户 265 人，无公害农产品产量 1 381 吨；贺兰山牌清真羊肉系列羊肉 5 个，金夏贡米 1 个，带动农户 229 人；沙湖水产品 5 个，无公害农产品产量 37 吨。

七、科研和教育

年末农垦科研单位1个；科研职工26人，其中：科研人员15人；争取科研经费22万元。

年末中等职业中专学校1所，教职工68人，其中：教师40人。在校学生1 037人，比上年增长7.5%，其中：中等专业教学点学生213人，下降22.3%；成人高等教育点学生824人，增长19.2%；当年毕业学生319人，下降24.6%。

八、非国有经济

2014年宁夏垦区非国有经济实现生产总值6.86亿元，比上年增长3.6%，占垦区经济总量的31.17%。其中：第一产业增加值3.32亿元；第二产业增加值1.35亿元；第三产业增加值2.19亿元。各产业在非国有经济中的构成比例为48∶20∶32。年末非国有经济单位个数10 351个，从业人员28 291人，从业人员总收入43 464万元，实现利税14 864万元，其中利润13 339万元。

新疆生产建设兵团2014年经济和社会发展统计公报

新疆生产建设兵团统计局　国家统计局兵团调查总队

2014年，在党中央重视关怀和自治区党委统一领导下，在援疆省市无私援助下，面对国际国内复杂严峻的经济形势，兵团上下深入贯彻中共十八大、十八届三中、四中全会和第二次中央新疆工作座谈会精神，按照兵团党委六届十二、十三次全委（扩大）会议总体部署，着眼新疆社会稳定和长治久安总目标，坚持稳中求进、改革创新、提质增效，着力深化改革、扩大开放、改善民生、维护社会大局和谐稳定，统筹推进各项工作，经济社会保持持续健康发展。

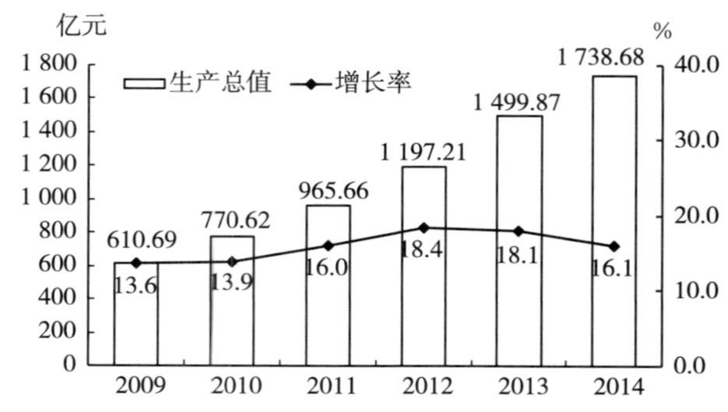

图1　2009—2014年兵团生产总值及其增长速度

一、综合

兵团年末总人口273.29万人，比上年增长1.2%。其中，男性143.47万人，女性129.82万人。性别比为110.5（女=100）。全年出生人口1.71万人，出生率为6.30‰；死亡人口1.27万人，死亡率为4.60‰；人口自然增长率为1.64‰。

初步核算，全年实现生产总值1 738.68亿元，比上年增长16.1%。其中，第一产业增加值416.96亿元，增长7.9%；第二产业增加值776.86亿元，增长22.2%；第三产业增加值544.86亿元，增长14.3%。三次产业占生产总值比重为24∶45∶31。三次产业对经济的贡献率分别为12.9%、61.7%和25.4%，分别拉动经济增长2.1、9.9和4.1个百分点。人均生产总值63 989元，比上年增长14.7%（图1）。

全年兵团国有控股农工建交商企业预计实现利润60.33亿元，比上年减少5.55亿元。

初步统计，全年上缴各类税费168.56亿元。

年末兵、师国资委监管1 219户企业，资产总额2 933.25亿元，所有者权益总额723.41亿元。监管企业中竞争类企业1 144户，其中，国有独资公司和多个国有股东出资公司411户、混合所有制公司688户、全民所有制企业45户。

全年新疆居民消费价格比上年上涨2.1%，其中，食品价格上涨3.6%，居住价格上涨1.9%（表1）。农业生产资料价格下降2.3%。工业生产者出厂价格下降3.8%，工业生产者购进价格下降2.5%。固定资产投资价格上涨0.3%。

全年兵团农产品生产者价格下降4.8%。工业生产者出厂价格下降0.1%，工业生产者购进价格下降0.2%。

年末从业人员131.95万人。年末在岗职工71.64万人。全年新增就业10.14万人。年末城镇登记失业率2.63%。

全年组织执行外国专家项目26项，引进国（境）外专家61人次。

1月25日，五师双河市获批。10月20日，三师41团草湖镇获批。兵团已有7座城市，6个建制镇。预计城镇化率达到64%。

表 1　2014 年新疆居民消费价格增减变动情况

指　　标	比上年增长（%）
居民消费价格总水平	2.1
#城　市	2.3
农　村	1.7
食　品	3.6
#粮　食	3.3
肉禽及其制品	−0.9
油脂类	−2.7
蛋　类	3.5
水产品	3.3
菜　类	1.6
烟酒及用品	0.6
衣　着	1.9
家庭设备用品及服务	1.1
医疗保健和个人用品	1.3
交通和通信	0.4
娱乐教育文化用品及服务	0.4
居　住	1.9

二、农业

全年农作物播种面积 1 327.85 千公顷。其中，粮食种植面积 279.15 千公顷，增长 2.9%；棉花种植面积 700.57 千公顷；油料种植面积 53.52 千公顷，增长 6.1%；甜菜种植面积 23.89 千公顷，下降 10.1%；蔬菜种植面积（含菜用瓜）81.21 千公顷，增长 16.2%。

作物精量半精量播种面积 893 千公顷，比上年增长 5.8%。其中，棉花精量播种面积 519.1 千公顷，增长 0.6%。测土配方施肥面积 860 千公顷，增长 26.0%。

有效灌溉面积 1 206.91 千公顷，其中高新节水灌溉面积 940.12 千公顷。

全年粮食产量 222.89 万吨，比上年增长 8.0%；棉花产量 163.61 万吨，增长 11.7%（图 2）；油料产量 16.99 万吨，下降 0.9%；甜菜产量 203.57 万吨，下降 6.0%。

主要农、畜产品产量保持增长，见表 2。

种植业耕、种、收综合机械化率 93%。采棉机 1 720 台，机采棉面积 453 千公顷，棉花机采率

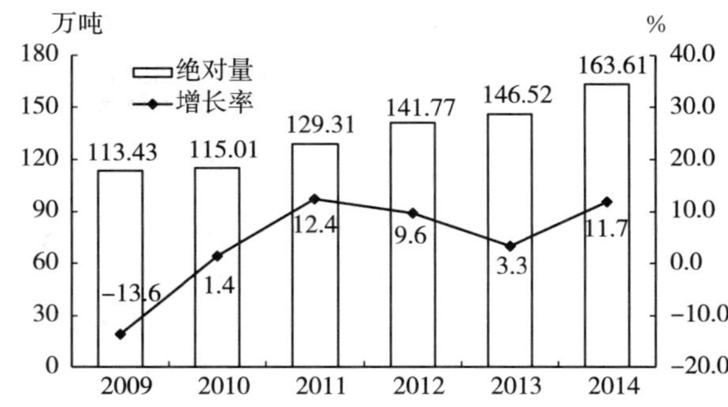

图 2　2009—2014 年棉花产量及其增长速度

65%。畜牧业机械化水平 70%，林果业机械化水平 54%，设施农业机械化水平 36%。

表 2　2014 年主要农、畜产品生产情况及其增长速度

指　　标	计量单位	绝对数	比上年增长（%）
粮　食	万吨	222.89	8.0
棉　花	万吨	163.61	11.7
油　料	万吨	16.99	−0.9
甜　菜	万吨	203.57	−6.0
蔬　菜	万吨	614.85	24.5
#工业用番茄	万吨	374.90	29.6
水　果	万吨	276.74	26.4
年末牲畜存栏头数	万头（只）	730.78	16.2
#牛	万头	44.37	11.2
猪	万头	151.97	12.4
羊	万只	530.55	17.9
年内牲畜出栏头数	万头（只）	783.35	11.5
肉类总产量	万吨	37.72	11.9
羊毛产量	万吨	1.52	13.4
禽蛋产量	万吨	7.62	17.2
牛奶产量	万吨	59.07	9.1
水产品产量	万吨	4.42	12.5

畜禽良种推广覆盖率达到 95%，牛羊良种推广覆盖率达到 72%以上，优质高产饲草种植收获加工示范田达到 1.3 千公顷，养殖粪污资源化利用率达到 65%。

年末各级农业产业化龙头企业 476 个。其中，国家级 15 家，兵团级 90 家，销售收入过 10 亿元的有 18 家。龙头企业带动种植面积 1 061 千公顷、

牲畜饲养量513万头、禽类饲养量1 068万只、养殖水面面积8.7千公顷，带动团场和农村农户近126万户。

已建成1个全国农业产业化示范基地，4个全国现代农业示范区，4个全国农产品加工示范基地，24个全国“一村一品”示范团场。

完成“三品”（即有机农产品、无公害农产品、绿色食品）认证225个，认证面积达到433千公顷，完成农产品地理标志认证20个。

三、工业和建筑业

初步核算，全年实现全部工业增加值519.22亿元，比上年增长22.1%。规模以上工业增加值增长23.9%，其中，国有控股企业增长10.0%；轻工业增长24.0%，重工业增长23.8%（图3）。

图3　2009—2013年全部工业增加值及其增长速度

全年规模以上工业中，煤炭开采和洗选业增加值比上年增长4.1%，农副食品加工业增长32.2%，食品制造业增长27.8%，酒饮料和精制茶制造业增长21.1%，纺织业增长1.1%，化学原料及化学制品制造业增长23.8%，非金属矿物制品业增长18.2%，有色金属冶炼及压延加工业增长28.1%，电力、热力的生产和供应业增长7.0%。

主要工业产品产量大部分保持增长（表3）。

表3　2014年全部工业主要产品产量及其增长速度

产品名称	计量单位	绝对数	比上年增长（%）
发电量	亿千瓦时	571.90	26.0
#火电	亿千瓦时	542.75	24.7
水电	亿千瓦时	11.58	−6.2
精制食用植物油	万吨	77.24	26.1

（续）

产品名称	计量单位	绝对数	比上年增长（%）
乳制品	万吨	13.66	8.5
番茄酱罐头	万吨	51.50	64.3
饮料酒	万千升	24.58	−4.3
软饮料	万吨	74.00	79.2
纱	万吨	21.09	−13.0
布	亿米	0.59	5.4
机制纸及纸板	万吨	14.90	−11.7
农用氮、磷、钾化学肥料（折纯）	万吨	53.15	−49.1
初级形态的塑料	万吨	137.10	8.3
塑料制品	万吨	83.92	27.2
硅酸盐水泥熟料	万吨	1 282.04	−5.2
水　泥	万吨	1 868.95	1.3
钢　材	万吨	111.17	93.5
原　铝	万吨	223.22	53.6

全年规模以上工业企业实现利润98.58亿元，比上年增长23.2%（表4）。

表4　2013年规模以上工业企业实现利润及其增长速度

指　　标	绝对数（亿元）	比上年增长（%）
规模以上工业	98.58	23.2
#国有控股企业	17.92	−27.6
#有限责任公司	18.94	−40.0
股份有限公司	18.28	59.2
外商及港澳台商投资企业	3.88	—
#私营企业	48.98	44.3

年末共有各类园区29个，其中国家级经济开发区5个，自治区级园区3个，兵团级园区21个。园区规划面积475.49千米^2，实际开发面积245.42千米^2，入园企业2 000余家。

初步核算，完成建筑业增加值257.64亿元，比上年增长22.3%（图4）。

各类建筑施工单位签订合同额1 739.29亿元，比上年增长33.8%。全年房屋建筑施工面积6 870万米^2，增长26.0%。

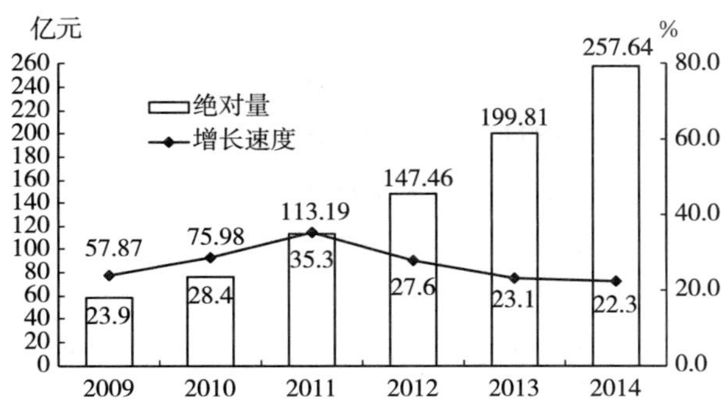

图 4 2009—2014 年建筑业增加值及其增长速度

四、固定资产投资

全年全社会固定资产投资 1 761.33 亿元，比上年增长 16.7%。其中，第一产业 123.93 亿元，增长 42.9%；第二产业 788.21 亿元，增长 14.6%；第三产业 849.19 亿元，增长 15.5%（表 5）。固定资产投资三次产业构成为 7∶45∶48。民间固定资产投资 770.33 亿元，增长 23.7%，占固定资产投资的比重为 43.7%。按南北疆分，南疆垦区投资 445.71 亿元，增长 25.5%；北疆垦区投资 1 315.62 亿元，增长 13.9%（图 5）。

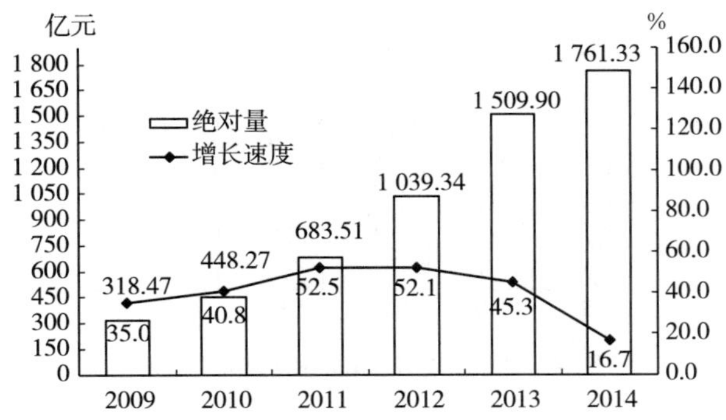

图 5 2009—2014 年全社会固定资产投资及其增长速度

全年房地产开发投资 219.15 亿元，比上年增长 18.8%。商品房销售面积 375.06 万米^2，增长 2.9%。其中，住宅 307.19 万米^2，下降 1.1%。商品房待售面积 140.12 万米^2，增长 86.2%。商品房销售额 165.24 亿元，增长 12.7%。

表 5 2014 年全社会固定资产投资及其增长速度

指 标	绝对数（亿元）	比上年增长（%）
全社会固定资产投资	1 761.33	16.7
#房地产开发投资	219.15	18.8
按经济类型分		
#国有经济	705.31	7.4
集体经济	1.03	−23.1
私营个体	471.06	67.1
其 他	583.93	2.4
按用途分		
#第一产业	123.93	42.9
第二产业	788.21	14.6
第三产业	849.19	15.5

（续）

工业完成投资 785.83 亿元，比上年增长 14.6%。其中，制造业完成投资 422.72 亿元，增长 12.6%；电力、燃气及水的生产和供应业完成投资 341.35 亿元，增长 15.6%（表 6）。

表 6 2014 年分行业全社会固定资产投资及其增长速度

指 标	绝对数（万元）	比上年增长（%）
总 计	17 613 292	16.7
农、林、牧、渔业	1 239 348	42.9
采矿业	217 606	46.1
制造业	4 227 208	12.6
#农副食品加工业	381 613	81.3
食品制造业	97 601	−55.1
酒、饮料和精制茶制造业	99 895	27.6
纺织业	95 385	−37.3
石油加工、炼焦及核燃料加工业	670 486	127.9
化学原料及化学制品制造业	1 349 182	98.2
非金属矿物制品业	422 662	−12.8
黑色金属冶炼及压延加工业	151 790	−49.2
有色金属冶炼及压延加工业	468 690	−40.9
电力、热力、燃气及水的生产和供应业	3 413 505	15.6
建筑业	23 751	2.3
批发和零售业	654 081	36.9
交通运输、仓储和邮政业	991 440	13.7
住宿和餐饮业	119 140	46.2
信息传输、软件和信息技术服务业	28 741	244.3
金融业	5 193	−20.7
房地产业	4 385 640	5.5
租赁和商务服务业	17 850	395.4
科学研究和技术服务	8 266	7.7

（续）

指　　标	绝对数（万元）	比上年增长（%）
水利、环境和公共设施管理业	1 875 689	45.1
居民服务、修理和其他服务业	26 534	−12.2
教　育	170 346	52.2
卫生和社会工作	50 779	−3.5
文化、体育和娱乐业	90 191	15.4
公共管理、社会保障和社会组织	67 984	−60.7

交通运输业完成投资 67.14 亿元，比上年增长 8.6%。新建改扩建公路 2 172 千米。

农田水利及水利工程完成投资 49.54 亿元，比上年下降 0.6%。

以民生为主的“十件实事”完成投资 383.8 亿元。其中，新建保障性住房 11.6 万户，实施城镇棚户区改造 9.04 万户，基本建成 13 万户，完成投资 158 亿元。建设完成农村安居工程 4.7 万户，完成投资 19.5 亿元。解决 35.82 万居民和 6 万学校师生饮水，完成投资 3.7 亿元。建设通营连公路 1 837千米，完成投资 12.3 亿元。新建 40 个团场卫生公厕和 40 个团场环卫设施。新建 28 个团场社区综合服务中心、17 个团场综合文化中心、21 个团场养老服务设施、20 个团场殡仪服务站。

固定资产投资建设资金来源总额 1 743.39 亿元，其中本年资金 1 675.30 亿元。本年资金来源中，国家预算内资金 219.85 亿元，国内贷款 223.44 亿元，自筹资金 1 044.82 亿元，其他资金 187.19 亿元。在自筹资金中，企事业单位自有资金 807.10 亿元，增长 9.6%。

全年新增固定资产 1 165.60 亿元，比上年增长 32.6%。主要新增生产能力或效益：原煤开采 60 万吨，洗煤 220 万吨，塑料树脂及共聚物 10 万吨，啤酒 3 万吨，其他酒 1.23 万吨，钾肥 7 000 吨，其他汽车制造 600 辆/年，水泥 120 万吨，棉纺锭 3.80 万锭，焦炭 960 万吨，电解铝 73 万吨，发电装机容量 176.10 万千瓦，输电线路 1 811 千米，城市自来水供水能力 6 万吨/日，城市污水处理能力 5.55 万吨/日，医院 831 个床位/5.54 万米²，各类学校 10 480个学生席位/6.69 万米²。

五、国内贸易

全年批发零售业商品销售总额 2 437.26 亿元，比上年增长 14.5%。

全年社会消费品零售总额 458.82 亿元，比上年增长 19.0%，扣除价格因素，实际增长 17.0%。按消费形态统计，实现商品零售额 387.33 亿元，增长 19.6%；实现餐饮收入 71.49 亿元，增长 15.6%（图 6）。

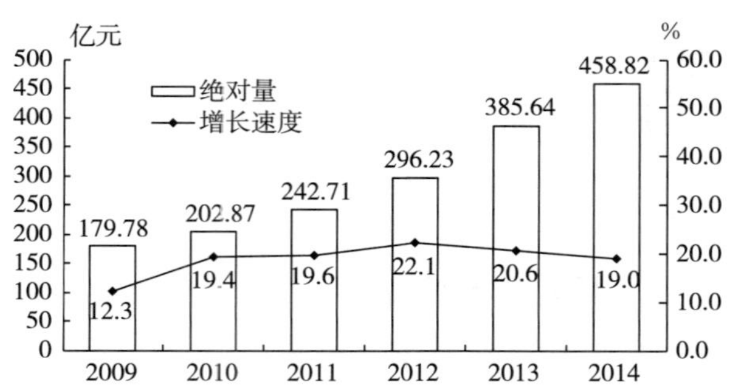

图 6　2009—2014 年社会消费品零售总额及其增长速度

六、对外经济

全年货物进出口总额 119.88 亿美元，比上年增长 3.4%。其中，货物出口 109.55 亿美元，增长 5.7%；货物进口 10.33 亿美元，下降 15.5%（图 7）。

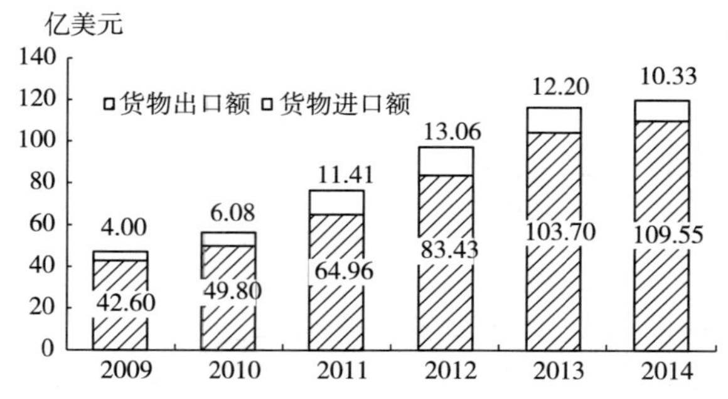

图 7　2009—2014 年货物进出口总额

全年实际利用外资 2.28 亿美元，比上年增长 5.4%。

全年对外承包工程和劳务合作营业额 5.80 亿美元，比上年增长 18.0%。对外投资 8 604 万美元，增长 4.9 倍。

全年招商引资项目 1 560 个，当年引进兵团以外项目到位资金 1 040.57 亿元，比上年增长 37.4%，其中，第一产业 50.60 亿元，增长 1.2 倍；第二产业 680.55 亿元，增长 32.5%；第三产业 309.42 亿元，增长 40.5%。与 19 个援疆省市产业合作项目 421 个，引进兵团外到位资金 496.44 亿元。

全年对口援疆项目187个，总投资49.99亿元，其中援助资金16.77亿元。当年援疆项目全部开工，实际完成投资48.20亿元，到位援助资金15.33亿元。其中，改善民生项目96个，完成投资41.44亿元，到位援助资金12.33亿元；支持产业发展项目20个，完成投资5.41亿元，到位援助资金1.98亿元；组织及人才建设项目60个，完成投资1.18亿元，到位援助资金0.88亿元；其他项目11个，完成投资0.17亿元，到位援助资金0.14亿元。

七、交通运输和旅游

年末民用汽车保有量22.66万辆，比上年末增长16.1%。民用轿车11.63万辆，增长22.5%。

民用汽车中，载客汽车14.11万辆，增长22.1%；载货汽车5.49万辆，增长11.3%；其他汽车3.07万辆，增长1.1%。

全年道路运输旅客周转量98.99亿人公里、货物周转量401.51亿吨公里，分别比上年增长19.8%和38.7%（表7）。

表7　2014年道路运输业营运情况

指　　标	计量单位	绝对数	比上年增长（%）
货物周转量	亿吨公里	401.51	38.7
#个体	亿吨公里	361.83	41.2
货运量	亿吨	4.11	35.9
#个体	亿吨	3.52	39.1
旅客周转量	亿人公里	98.99	19.8
#个体	亿人公里	69.35	23.4
客运量	亿人	1.82	20.3
#个体	亿人	1.32	20.0
营运收入	亿元	177.80	38.2
#个体纯收入	亿元	65.87	27.3

年末公路通达里程33 677千米。其中，一级53千米、二级2 447千米、三级5 120千米、四级11 151千米。

年末执管飞机37架。全年总飞行时间3 523小时，起落3 372架次。其中，用于农林牧业飞行2 657小时，作业处理土地面积245.66千公顷；工业飞行461小时。

年末拥有旅游企业302家。其中，国家等级景区（点）44个，全国红色旅游经典景区3个，全国工农业旅游示范点12家，全国休闲农业与乡村旅游示范县4个，全国休闲农业与乡村旅游示范点4个，星级农家乐33个，旅游星级饭店62家，旅行社133家，旅游规划资质单位1家，旅游集团公司6家。全国优秀旅游城市1座，导游员2 479人。全年旅游直接就业人员2.6万人，间接就业人员10万人。

全年接待旅游者913.2万人次，比上年增长15.4%。旅游总收入44.38亿元，增长15.0%。

八、金融

全年驻疆银行金融机构对兵团贷款余额1 810亿元，比上年增长16.0%。

兵团农业银行年末各项本外币存款余额1 033.27亿元，比年初增长6.0%。其中，个人存款546.80亿元，增长5.6%；单位存款480.85亿元，增长6.2%。各项贷款年末余额475.93亿元，增长21.3%。

全年企业实现各类债券融资181.5亿元，比上年增长26.9%。其中，发行短期融资券68.0亿元，私募债券52.0亿元，企业债36.0亿元，中期票据25.5亿元。

九、人民生活和社会保障

根据城乡一体化住户调查，全年兵团居民人均可支配收入22 803元，比上年增长10.3%，扣除价格因素，实际增长8.0%，其中：城镇常住居民人均可支配收入27 558元，比上年增长10.2%，扣除价格因素，实际增长7.7%；连队常住居民人均可支配收入13 930元，比上年增长11.5%，扣除价格因素，实际增长9.6%。

全年在岗职工工资总额414.54亿元，比上年增长15.7%。在岗职工平均工资49 668元，比上年增加5 625元，增长12.8%。

年末参加职工养老保险人数152.26万人，比上年末增加1.85万人。参加社会养老保险人数14.60万人，增加1.40万人。参加基本医疗保险人数231.22万人，增加4.74万人。其中参加职工基本医疗保险人数129.19万人，增加0.25万人，参加居民基本医疗保险人数102.03万人，增加4.49万人。参加失业保险人数65.19万人，减少0.18万人。参加工伤保险人数70.63万人，增加1.01万人。参加生育保险人数66.74万人，增加0.83万人。

全年受理劳动保障监察投诉案件1 507件，结案

1 505 件，结案率 99.9%；受理劳动保障行政复议案件 35 件，结案 35 件，结案率 100%；受理劳动争议案件 1 568 件，结案 1 432 件，结案率 91.3%。

十、教育、科学技术和文化体育

年末有各类学校 562 所，在校学生 47.17 万人，教职工 4.15 万人。普通高等学校在校生 4.99 万人，比上年增长 2.3%；招生 1.39 万人，增长 2.6%；毕业生 1.23 万人，减少 0.5%（表 8）。小学适龄儿童入学率 99.74%，初中适龄人口入学率 96.48%。

年末有科学研究与技术开发机构 18 个。

表 8　2014 年各类学校基本情况

计量单位：所、人

指　标	学校数	在校生数		教职工人数		毕业生数
			新招生		专任教师	
合计	562	471 695	132 628	41 473	32 708	131 347
普通高等学校	6	49 862	13 853	4 539	2 964	12 309
成人高等学校	2	22 831	8 320	629	429	4 927
中等职业学校	21	32 861	10 732	1 592	1 092	12 393
普通中学	247	147 701	48 629	29 676	13 843	49 702
小学	52	162 814	26 379	11 581	28 854	
幼儿园	234	55 626	24 715	5 037	2 799	23 162

全年各级科技部门共获得财政（财务）拨款总额 4.57 亿元，比上年增长 16.3%。争取科技部等各类国家科技计划项目批准立项 219 项，到位资金 2.46 亿元；兵团本级科技计划项目 409 项，项目年投入强度每项 28.85 万元。

全年批准建设产业技术创新联盟 2 家、工程技术研究中心 3 家、各类科技服务机构 5 家，12 家高新技术企业通过认定。

全年获国家科技进步奖二等奖 1 项。获兵团科技进步奖 54 项，其中一等奖 5 项，二等奖 17 项，三等奖 32 项。专利申请量 1 079 件，增长 22.6%，其中申请发明专利 420 件。2 项专利被授予中国专利优秀奖。

年末有广播电视播出机构 197 座，其中兵团级广播电视台 1 座，师级电视台和广播电台各 1 座，师级广播电视台 13 座。农牧团场广播电视站 176 座，分场及工矿企业广播电视站 5 座。广播电视综合覆盖率分别达到 98.0%和 99.4%，兵团卫视综合频道进入 24 省市有线电视网络。实施数字电影放映工程，全年放映 24 721 场次。

年末有群艺馆 1 座，军垦博物馆 1 座，国家三级图书馆 1 座。8 个师建有文化中心（文化宫），125 个团场建有文化活动中心。师团有文化广场 102 个。建有文化信息资源共享工程兵团级分中心 1 个、团级分中心 81 个、连队服务点 2 297 个，有不可移动历史文物点 542 处，兵团级爱国主义教育基地 23 个。兵团 4 个专业文艺团体下基层演出 284 场次。业余文艺团体 658 个，常年活跃在基层一线。

年末有公开发行各级各类报纸 21 家，期刊 15 家，内部资料（刊型、报型）38 家。出版社 1 家，全年出版图书 237 种。拥有网站 66 家，新华网、中新网、经济日报网、中广网均设有兵团频道。兵团手机报用户达 30 万户。实施“东风工程”和“农家书屋”工程，向援疆省（自治区、直辖市）各级党政机关和兵团基层干部职工免费赠送《兵团日报》等 5 种报刊 25 977 份，为 17.36 万手机用户免费赠阅兵团手机报，为 2 050 个农家书屋配送了图书、期刊和电子音像制品。

全年为 336 个连队（社区）配发标准篮球架器材各一套，建成全民活动健身中心 3 个、社区多功能运动场 70 个，人均体育场地面积达到 1.6 米^2。

兵团参加全国第十二届学生运动会，参加 4 个大项、11 个小项比赛。女子跳高获得全国第七名。兵团代表团获得“体育道德风尚奖”和“团体总分优胜奖”。2 人分别获得非竞技类初中组“全国十佳活力园丁”和“全国十佳阳光少年”金奖。

十一、卫生和社会服务

年末有各类卫生机构 1 353 个（含营利性卫生机构），各类卫生技术人员 23 824 人。其中，执业和执业助理医师 8 415 人，注册护士 10 300 人。每千人执业（助理）医师 3.13 人，每千人注册护士 3.80 人，每千人有医院床位 7.30 张。传染病报告发病率（甲乙类传染病）315/10 万，婴儿死亡率 7.44‰，孕产妇死亡率 32.34/10 万。

全年兵团最低生活保障 9.2 万人，下达低保资金 5.7 亿元，发放资金 5.5 亿元。发放医疗救助资金 1.2 亿元，20.5 万人次得到医疗救助。

全年国家抚恤、补助各类优抚对象 0.39 万人，接收安置退役士兵 931 人。

年末有各类收养性单位 117 个，床位数 11 285 张，在院收养人数 5 772 人。

十二、资源、环境和安全生产

年末已建成水库 135 座，总库容 33.58 亿米^3。其中：大型水库 10 座，中型水库 31 座，小型水库 94 座。已建成水电站 91 座、泵站（含节水工程首部）3 494 座、水闸 5 995 座、机电井 28 404 眼（均为浅层地下水机电井）。堤防建设长度1 810.16 千米，堤防保护人口 136.37 万人，保护耕地面积 520.07 千公顷。现有 2 000 亩以上灌区 109 处，2 000 亩以上灌区中，干、支、斗渠道长度 37 556.23千米。

全年水利工程供水量 121.76 亿米^3（含向区外供水）。其中，农业灌溉供水 106.45 亿米^3，工业生产供水 3.07 亿米^3，城镇生活供水 1.04 亿米^3，乡村生活供水 0.63 亿米^3，向生态环境供水 5.74 亿米^3。

全年总灌溉面积 1 522.88 千公顷。其中，其中耕地灌溉面积 1 136.35 千公顷，林地灌溉面积 171.31 千公顷，园地灌溉面积 176.87 千公顷，牧草地灌溉面积 17.99 千公顷。节水灌溉面积 1 202.23千公顷，其中：喷灌面积 12.97 千公顷，微灌面积 1 136.50 千公顷，低压管灌面积 0.22 千公顷，渠道防渗节水面积 52.54 千公顷。

全年批准建设用地 6.95 千公顷，供应土地 5.93 千公顷，土地出让合同价款 69.69 亿元。

全年规模以上工业企业综合能源消费量 2 530.80万吨标准煤，比上年增长 21.6%。其中，煤炭消费量 4 099.98 万吨，增长 30.3%；汽油消费量 0.39 万吨，下降 3.4%；柴油消费量 7.25 万吨，增长 60.1%；天然气消费量 20 835.55 万米^3，增长 10.1%；电力消费量 548.38 亿千瓦时，增长 30.2%；热力消费量 3 151.08 万百万千焦，增长 20.0%。

全年化学需氧量排放量 9.81 万吨，比上年下降 0.6%；氨氮排放量 0.52 万吨，下降 0.6%；二氧化硫排放量 16.91 万吨，增长 9.8%；氮氧化物排放量 14.92 万吨，增长 12.4%。

全年农作物受灾面积 340.84 千公顷，其中绝收 14.19 千公顷。全年因干旱、大风冰雹等自然灾害造成直接经济损失 13.95 亿元。

全年兵团工矿商贸企业共发生职工死亡事故 7 起，事故死亡 31 人。亿元生产总值生产安全事故死亡人数 0.018 人。工矿商贸企业就业人员 10 万人生产安全事故死亡人数 3.309 人。煤矿百万吨死亡人数为 2.872 人。

注释：

[1] 生产总值、各产业增加值绝对数按现价计算，增长速度按可比价格计算。

[2] 本公报中数据均为初步统计数或预计数，最终数据以《2015 年兵团统计年鉴》为准。

[3] 本公报中三次产业按照国家新的划分标准将农、林、牧、渔服务业由第一产业划归至第三产业。

[4] 2012 年国家统计局实施了城乡一体化住户调查改革，统一了城乡居民收入名称、分类和统计标准。按照国家统计局要求，2014 年起各地只发布全体及分城乡新口径数据，不再发布老口径数据。本公报中常住居民人均可支配收入数据为新口径数据，常住居民是指在兵团管辖区域内居住或即将居住 6 个月以上的人口，既包括了兵团职工，也包括在兵团管辖区域内常住的非职工家庭。新老口径相比，可支配收入中“工资性收入”新增了单位提供的实物和服务部分、住房公积金；“转移净收入”扣减了社保支出等；“财产净收入”扣减生活贷款利息等相应支出，并新增城镇常住居民自有住房折算净租金。

[5] 本公报中南疆垦区为一、二、三、十四师，北疆垦区为四、五、六、七、八、九、十、建工师、十二、十三师及

兵团直属单位。

资料来源：

本公报中国有控股农工建交商企业实现利润、全年上缴各类税费数据来自财务局；监管企业数据来自国资委；全疆居民消费价格、农业生产资料价格、工业生产者出厂价格、工业生产者购进价格和固定资产投资价格指数来自国家统计局新疆调查总队；外国专家、新增劳动力就业、登记失业率、养老保险、医疗保险、失业保险、工伤保险、生育保险、劳动保障监察数据来自人力资源社会保障局；农作物精量播种面积、测土配方施肥面积、农业机械化水平、良种推广、龙头企业、“三品一标”、农业示范区数据来自农业局；工业园区数据来自工信委；公路通达里程数据来自交通局；“十件实事”、驻疆银行机构对兵团贷款、兵团企业融资数据来自发改委；兵团农行存贷款数据来自农行兵团分行；货物进出口、利用外资、对外承包工程、劳务合作数据来自商务局；招商引资、对口援疆项目数据来自援疆办；飞机、飞行时间数据来自航企局；旅游方面数据来自旅游局；学校、在校生、教职工、毕业生、入学率、运动会获奖情况数据来自教育（体育）局；科学研究机构、科技经费、科技项目、科技奖项、专利数据来自科技局；广播、电视、出版、文化方面数据来自宣传部；卫生机构、卫生技术人员、医院床位、传染发病率、婴儿死亡率、孕产妇死亡率数据来自卫生局；城市和建制镇个数、收养单位、低保补助、医疗救助、优抚数据来自民政局；水利设施、供水量、灌溉面积数据来自水利局；建设用地、供应地、土地出让数据来自国土局；设市建镇情况、主要污染物排放量数据来自建设（环保）局；工矿商贸企业死亡人数、安全生产数据来自安监局；其他数据均来自兵团统计局和国家统计局兵团调查总队。

新疆地方国有农场
2014年经济和社会发展统计公报

新疆维吾尔自治区农业厅农场管理局

2014年，新疆地方国有农场在自治区党委、人民政府及农业部的正确领导下，认真贯彻中共十八大会议精神，紧紧围绕自治区农村工作会议确定的各项工作任务，以实现农场增效、职工增收为目标，不断深化体制改革和机制创新，提高农场经济运行质量和效益，实现了新疆地方国有农场经济和社会又好又快发展。

一、综合

2014年全区地方国有农场完成国民生产总值237 445万元，比上年增长5.49%，其中第一产业增加值165 472万元，增长22.78%；第二产业增加值39 135万元，减少7.68%，第三产业增加值32 838万元，减少31.4%，国民经济中三次产业比例为69∶16∶15，人均纯收入9 039元，比上年增加724元。

二、农业

2014年，新疆地方国有农场战胜低温、旱灾、风雹、病虫害等自然灾害的不利影响，充分发挥农业企业特有优势，继续保持了社会经济全面发展的好势头。完成农林牧渔业总产值347 872万元。其中，农业产值达278 459万元，林业产值8 008万元，牧业产值达57 059万元，渔业产值4 346万元，农林牧渔服务业产值2 015万元。按经济类型划分，国有为240 985万元，增长2.81%；集体为42 384万元，增长2.53%；个体为61 354万元，增长0.19%；其他经济类型为3 149万元，增长1.39%。

1. 种植业 全年农作物播种面积92 255公顷，其中：粮食播种面积36 180公顷，比上年减少233公顷；棉花播种面积42 569公顷，较去年增加707公顷；糖料播种面积1 215公顷，较去年增加13公顷；油料播种面积5 150公顷，较去年增加174公顷；瓜菜种植面积5 251公顷，较去年增加109公顷；其他作物播种面积为896公顷，较去年增加71公顷，其主要产品产量见表1。

表1 主要农产品产量

产品名称	计量单位	2014年	比上年增减（%）
粮食	吨	276 508	6.48
棉花	吨	89 169	2.9
油料	吨	12 434	3.1
甜菜	吨	62 959	0.45
瓜菜	吨	173 085	2.77
麻类	吨	2 082	22

2014年，新疆地方国有农场不同程度地遭受了洪涝、旱灾、病虫害、霜冻及风雹灾等自然灾害，受灾面积达14 412公顷，绝收面积达2 536公顷。其中：粮食受灾面积3 422公顷，减产粮食2 457吨，棉花受灾面积10 830公顷，减产棉花8 171吨，糖料受灾面积138公顷，减产糖料1 408吨，直接经济损失13 273万元。

2. 畜牧业及水产业 2014年新疆地方国有农场畜牧业发展总体呈下降趋势，主要牲畜和畜禽产品产量见表2。

表2 主要牲畜和畜禽产品产量

产品名称	计量单位	2014年	比上年增减（%）
大牲畜	万头	7.12	15.22
猪	万头	5.15	−1.52
羊	万只	32.1	1.58
家禽饲养量	万只	136.20	5.1
肉类总产量	吨	10 263	−4.23
牛奶产量	吨	16 220	−3.85
禽蛋产量	吨	9 968	0.33

2014 年新疆地方国有农场水产品养殖面积为3 378公顷，水产量为 1 875 吨，比上年增加 1.02%。

3. 水果及林业 2014 年新疆地方国有农场水果生产保持平稳发展，总面积 40 370 公顷，较去年增加 380 公顷，总产 178 554 吨，较去年增产3.36%，其主要产品见表 3。

表 3 主要水果产品产量

产品名称	计量单位	2014 年	比上年增减（%）
苹果	吨	50 684	2.01
梨	吨	45 810	0.04
葡萄	吨	72 298	6.92
桃	吨	1 735	2.05
红枣	吨	2 636	22.15
其他水果	吨	5 391	－0.33

2014 年新疆地方国有农场林地总面积 48 514 公顷。当年新造林 3 308 公顷，其中用材林 201 公顷，经济林 2 095 公顷，防护林 1 010 公顷，薪炭林 2 公顷。当年零星植树 368 万株，育苗面积 436 公顷，其中当年新育面积 88 公顷。

2014 年新疆地方国有农场生产条件进一步改善，农业机械总动力为 367 040 千瓦，拥有大中型农用拖拉机 3 516 台，机械总动力 132 151 千瓦，小型拖拉机 8 452 台，机械总动力 102 421 千瓦，大中型拖拉机配套农机具 4 450 台，小型拖拉机配套农机具 27 969 台，联合收获机 170 台，推土机 263 台，挖掘机 95 台，开沟机 230 台，农用运输汽车 1 265 辆。农场用电量 13 565 万千瓦时，农用化肥施用总量（按折纯量计算）28 120 吨，农药施用量 382 吨，农用塑料薄膜使用量 3 414 吨。

三、工业和建筑业

2014 年新疆地方国有农场完成工业产值70 627万元，比上年增加 3.41%。按行业划分，煤矿开采和洗选业 2 396 万元，占 3.39%；农副食品加工业 11 680 万元，占 16.54%；食品制造业7 536万元，占 10.67%；纺织业 26 302 万元，占37.24%；非金属矿制品业 4 723 万元，占 6.68%。其主要工业产品见表 4。

表 4 主要工业产品产量

产品名称	计量单位	2014 年	比上年增减（%）
原煤	吨	115 866	－2.1
小麦粉	吨	16 632	0.85
食用植物油	吨	11 203	2.78
胶合板	米^3	31 950	1.02
砖	万块	37 127	－0.26
发电量	万千瓦时	1 467.3	－3.33
棉纱	万吨	2.29	0.43
奶粉	吨	256	3.64

年末建筑业单位 68 个，其中国有 14 个，年末从业人员 1 863 人，拥有固定资产原值 6 751 万元，机械设备总数为 753 台，全年施工房屋建筑面积37 万米^2。

四、固定资产完成情况及新增生产能力

2014 年，完成固定资产投资 23 475 万元（含国有 18 178 元），其中第一产业 15 928 万元，占67.85%，第二产业 3 845 万元，占 16.37%，第三产业 3 702 万元，占 15.76 %；按资金来源分，国家预算内资金 4 137 万元，占 17.62%，自筹资金3 995万元，占 17.01%，当年新增固定资产 14 982 万元，其中国有 12 020 万元。

全年造林面积 3 308 公顷，新增大中型拖拉机55 台、5 238 千瓦，小型拖拉机 22 台、833 千瓦，农用运输车 115 辆，新建公路 33 千米，电话线路3 千米，住房 9.42 万米^2。

五、科研、教育和卫生

2014 年，新疆地方国有农场有科研单位 8 所，科技人员 109 人，科技经费 281 万元，企业自筹281 万元。

六、人口、土地

2014 年，新疆地方国有农场年末总人口270 944人，年末土地总面积 721 067 公顷，其中耕地面积 101 603 公顷，牧草地面积 299 170 公顷，已利用牧草地面积 140 934 公顷，林地面积 48 514 公顷，水面面积 4 348 公顷，果园面积 36 536 公顷，可垦荒地面积 17 821 公顷，宜林地面积12 352公顷，居民点及工矿用地面积 28 803 公顷，其他面积 171 920 公顷。

七、非公有经济发展情况

2014 年，新疆地方国有农场年末非国有经营单位 2 365 个，其中，第一产业 387 个，第二产业 289 个，第三产业 1 689 个。年末从业人员有 8 288 人，从业人员劳动报酬 10 046 万元，生产总值 43 485万元，当年固定资产投资为 5 458 万元，年末资产总额 20 646 万元，固定资产原值为 16 141 万元，应缴税金 1 252 万元，利润总额 7 515 万元 。

新疆地方国有牧场 2014 年经济和社会发展统计公报

新疆维吾尔自治区畜牧厅产业发展与牧场管理局

2014 年新疆地方国有牧场广大干部职工在农业部农垦局和自治区畜牧厅的正确领导下，全区地方国有牧场广大干部职工全面贯彻中共十八大、十八届三中、四中全会和中央经济工作会议、第二次中央新疆工作座谈会精神，深入落实自治区第八次党代会和八届六次、七次、八次全委（扩大）会议部署以及自治区党委经济工作会议、稳定工作会、“访民情惠民生聚民心”工作。继续以“改造提升传统畜牧业、开拓创新现代畜牧业”为方向，以牧业增效、农牧民增收为核心，坚持统筹规划、科学布局、突出重点、分类指导，狠抓中央、自治区支牧惠牧政策的落实和重点民生工程建设，紧紧围绕新疆跨越式发展和长治久安两大历史任务，坚持不懈地抓好“强供给、保生态、促发展、惠民生”的各项工作及国有牧场改革工作，较好完成了各项工作任务，全区国有牧场发展进一步取得积极的成效。

一、综合

2014 年，新疆有 123 个地方国有牧场（本年度减少 1 个国有牧场，是巴州若羌县铁木力克牧场改制，撤场建村），其中自治区属 3 个，地州属 5 个，县属 115 个，土地总面积 1 157.48 万公顷。2014 年年末总人口 45.31 万人，其中社会从业人员 22.43 万人。全年实现生产总值（按现行价计算增加值）57.33 亿元，比上年增长 19.26%，其中：第一产业生产总值（按现行价计算增加值，以下同）48.41 亿元，比上年增长 19.26%；第二产业生产总值 5.4 亿元，比上年增长 35.8%；第三产业生产总值 2.16 亿元，比上年减少 64.2%。国有牧场经济中仍然以畜牧养殖业和种植业为主，农畜产品深加工能力有一定提升。

二、农牧业生产

2014 年，国有牧场农作物总播种面积为 25.83 万公顷，较上年增长 45.76%，其中：粮食播种面积 10.16 万公顷，增加 26.5%；油料面积 1.82 万公顷，减少 3.7%；棉花面积 9.96 万公顷，增长 94.5%。

主要农产品产量：2014 年粮食总产量 77.6 万吨，较上年增长 14.64%，其中：小麦 18.06 万吨，减少 7.6%；玉米 48.97 万吨，增长 6.27%；油料总产量 3.6 万吨，减少 17%；棉花总产量 20.87 万吨，增长 154.2%。

2014 年年末国有牧场牲畜存栏 445.6 万头（只），较上年增长 10.11%，其中：牛 42.72 万头，增长 7.58%；羊 380.68 万只，增长 10.47%。

主要畜产品产量：2014 年国有牧场肉类总产量 7.4 万吨，同上年相比减少 26.71%，其中：牛肉 2.18 万吨，减少 16.15%；羊肉 4.66 万吨，增加 54.8%。牛奶总产量 15.45 万吨，较上年增加 6.7%。绵羊毛总产量 5 443 吨，较上年减少 80.8%。

2014 年完成农林牧渔业总产值 68.06 亿元，较上年增长 8.55%，其中农业产值 34.77 亿元，增长 2.78%；牧业产值 30.49 亿元，增长 19.15%；林业产值 2.7 亿元，减少 18.43%；渔业产值 910 万元，增加 131.55%。

农业机械化装备程度不断提高，农用拖拉机结构变化明显，技术结构不断优化，进一步改善了农业生产条件，年末农业机械总动力 531 042 千瓦，大中型农用拖拉机 5 301 台，小型拖拉机 12 328台。

三、固定资产投资

全年固定资产投资总额 123 629 万元，比上年增加 28.2%。投资总额中用于第一产业的投资 81 688万元，占投资总额的 51.53%；第二产业投资为 22 259 万元，占投资总额的 14.04%；第三产业为 54 549 万元，占投资总额的 34.43%。其中国家预算内资金 4.26 亿元，自筹资金 10.14 亿元。

四、教育、卫生

2014 年，自治区所属牧场学校及地县牧场移交当地政府管理。

现有卫生医疗单位 14 个，病床 133 张；医务人员 101 人，其中：医生 37 人。

五、人口、就业和劳动工资

2014 年年末全疆地方国有牧场总人口 453 107 人，社会从业人员 224 267 人。其中：第一产业从业人员 204 665 人，占总从业人员 91.25%；第二产业从业人员 5 987 人，占总从业人员 2.67%；第三产业从业人员 13 615 人，占总从业人员 6.08%。从业人员劳动报酬 28.81 亿元，在岗职工劳动报酬 25.1 亿元。年人均收入 12 844 元，较上年人均增加 5 904 元，增长 15.19%。

中国热带农业科学院2014年基本概况

中国热带农业科学院

一、基本概况

中国热带农业科学院（简称“热科院”）创建于1954年，前身是设立在广州的华南热带林业科学研究所，1958年从广州迁至海南儋州，1965年研究所升格为华南热带作物科学研究院，1994年经国家有关部门批准更为现名。热科院建院60周年以来，老一辈革命家周恩来、朱德、邓小平、叶剑英、董必武、王震等，新一代国家领导人习近平、胡锦涛、江泽民、温家宝等都给予了亲切关怀。

热科院现有科技干部职工4 000多人，科技人员总量达2 200人，高级专业技术人员500多人，博士近400人。拥有享受政府特殊津贴专家、国家级有突出贡献专家、中央直接联系高级专家、新世纪百千万人才工程国家级人选、农业部有突出贡献的中青年专家、中华农业英才奖获得者等在内的各类高级专家180多人。

热科院在橡胶、木薯、香蕉等热带作物的基础性研究方面，部分成果处于国际领先水平。紧密结合热区农业发展需要，不断创新，研究、推广了一大批橡胶、木薯、水果、香饮料作物等新品种、新技术，为满足国家战略需要、确保热带农产品有效供给、带动农民增收提供了强有力的支撑。

先后承担了“973”计划、“863”计划、国家科技支撑计划等一批重大项目和联合国粮食及农业组织（FAO）、联合国开发计划署（UNDP）等国际组织重点资助项目，取得科技成果1 000多项。其中包括国家发明一等奖、国家科技进步一等奖在内的国家级奖励近50项，部、省级奖励400多项，授权专利近500项；获颁布国家和农业行业标准近400项；开发科技产品200多个品种。

二、人员情况

2007年农业部核定我院编制总数5 500人，其中：财政拨款补贴人员编制4 300人、经费自理人员编制1 200人。2014年年末常住总人口11 768人，比2013年减少393人，年内平均人口11 657人，少数民族2 421人，从业人员4 137人，比2013年减少149人，其中：在职人员2 920人，其他人员1 217人。全年职工劳动报酬28 100.00万元，比2013年增加4 637万元，人均纯收入23 878元/人，比2013年增加4 841元/人，大幅增长的原因是全院根据海南省绩效工资补发了2014年绩效工资。年末实有住房面积38.04万米^2。

三、第三产业

截至2014年12月31日，热科院有土地52宗，总面积4 541.77公顷，已确权取得土地证。其中：耕地面积617.00公顷，林地面积2 030.37公顷（橡胶面积1 710.54公顷），水面面积41.86公顷，茶果桑园23.95公顷，可垦荒地面积30.81公顷，宜林地面积98.64公顷（宜植橡胶面积72.30公顷），居民点及工矿用地面积339.00公顷，其他面积1 360.14公顷。耕地面积中：水田134.53公顷，旱地76.78公顷。

热科院属科学研究和综合技术服务业，生产总值均列入第三产业增加值中。全年生产总值73 465.83万元，比2013年增加45 800.60万元，增加165.56%，其中：固定资产折旧比2013年增加45 009.16万元，增加的原因是热科院执行新会计制度，制度要求对以前年度固定资产计提折旧，2014年计提折旧造成。

生产总值中：科学研究和综合技术服务业生产总值73 040.80万元，增长169.02%；批发和零售业132.00万元，减少46.20%；住宿和餐饮业202.43万元，增长11.57%；租赁和商务服务业90.60万元。其他产业中，从事批发零售业、住宿餐饮业的单位4个，主要分布在批发零售业、住宿餐饮业、服务业、租赁业，从业人员70人，营业收入 1 536 万元（表 1）。

表 1　生产总值情况

生产总值情况（万元）	2014 年	2013 年	增减额	比上年增减（%）
科学研究和综合技术服务业	73 040.80	27 150.42	45 890.38	169.02
批发和零售业	132.00	245.37	−113.37	−46.20
住宿和餐饮业	202.43	181.44	20.99	11.57
租赁和商务服务业	90.60	88.00	2.60	2.95
合计	73 465.83	27 665.23	45 800.6	137.34

全年农林牧渔业总产值 3 253.10 万元，比 2013 年减少 26.49%，其中：农业产值 826.10 万元，比 2013 年减少 38.86%；林业产值 1 358.68万元，比 2013 年减少 31.63%（其中橡胶产值1 190.68万元，比 2013 年减少 38.79%）；牧业产值 990.76 万元，比 2013 年减少 0.87%；渔业产值 77.56 万元，比 2013 年减少 11.74%。减少的原因：（1）橡胶价格逐年下降（从 2014 年 2.3 万元/吨减少到 2013 年 1.3 万元/吨）；（2）水稻种植面积减少；（3）台风灾害影响；（4）经济作物如药材类种植面积大幅度减少（表 2）。

表 2　农林牧渔业总产值情况

指标名称	2014 年	2013 年	增减额	比上年增减（%）
农林牧渔业总产值（万元）				
农林牧渔业总产值（万元）	3 253.10	4 425.74	−1 172.64	−26.49
农业产值	826.10	1 351.24	−525.14	−38.86
林业产值	1 358.68	1 987.21	−628.53	−31.63
其中：橡胶产值	1 190.68	1 945.10	−754.42	−38.79
牧业产值	990.76	999.41	−8.65	−0.87
渔业产值	77.56	87.88	−10.32	−11.74

农作物播种面积 229.60 公顷，总产量2 798.70 吨，单产 12 189.46 千克。其中，粮食产量 1 859.45 吨，比 2013 年增加 225.37 吨，增长 13.79%；油料产量 5.05 吨，比 2013 年减少 6.75 吨，减少 57.20%；新增麻类作物 2.83 公顷，产量 9.60 吨；新增糖类作物 8.70 公顷，产量 475 吨；蔬菜、瓜类产量 440 吨，比 2013 年增加 284.58 吨，增长 183%；因受风灾影响和更新换代，减少药材，新增其他作物 4.26 公顷，产量 9.60 吨。

热带亚热带作物年末种植面积 190.98 公顷，总产量 156.48 吨，比 2013 年减少 44.84 吨，减少 22.27%，主要分布在剑麻、胡椒、咖啡、椰子、油棕、可可、槟榔等热带作物。其中：椰子种植面积 112.68 公顷，产量 19.78 万个，比 2013 年增加 10.33 万个；油棕种植面积 34.60 公顷，比 2013 年减少 18 公顷；2014 年南药以种植槟榔为主，种植面积 27.40 公顷，产量 15.42 吨。

当年造林面积 340 公顷，比 2013 年增长 106.24%，其中：薪炭林 85 公顷，特种用材林 102 公顷；当年零星植树 119 公顷，幼林抚育面积 170 公顷，成林抚育面积 187 公顷，采伐木材 2 588.90米^3，森林覆盖率达 53.7%。

全年水果产量面积 70.55 公顷，产量约 251.30 吨，比 2013 年增加 43.3 吨，增长 20.82%，水果主要分布在香蕉、菠萝、荔枝、龙眼、芒果、火龙果和其他热带水果（毛叶枣）等。

肉类总产量 441.44 吨，比 2013 年增加 72.21 吨，增长 19.55%，其中：猪肉产量 376.24 吨，比 2013 年增长 7.08%；牛肉产量 3.65 吨；羊肉产量 10.10 吨；禽肉产量 51.45 吨 。

水产品总产量 155.12 吨，全部养殖淡水鱼类，比 2013 年减少 11.74%，养殖面积 20.69 公顷，比 2013 年减少 4.48%。

四、科学技术

热科院下属 15 个预算单位，包括 6 个非营利科研机构、5 个农业事业单位和 4 个拟转企所（其中包含试验场、附属中小学、后勤服务中心 3 个附属单位），分布在海南、广东“二省六市”，拥有国家工程技术研究中心、国家重点实验室培育基地、农业部重点开发实验室等 30 多个科研条件平台和 1 个博士后科研工作站。2014 年，是热科院建院 60 周年，也是热科院“十三五”发展的“规划年”。在农业部的正确领导下，全院干部职工团结一心，紧密围绕热带农业科技工作中心，扎实工作，开拓进取，较好地完成了年初部署的各项目标和任务。

1. 加强顶层设计、拓展重点学科领域 按照全产业链谋划，以热区“双增”为目标，以种质资源收集、评价、保存及创新利用为产前研究，以节本、高效、生态、安全为产中研究，以功能性产品研发为产后研究，明确了热带经济作物、南繁种业、热区粮食作物、冬季瓜菜、热带海洋资源和热带畜牧六大重点研究领域；确立了由 16 个一级学科和 47 个二级学科组成的农林牧综合性热带农业重点学科体系。

2. 科技项目质量和数量较上年度稳步增加 新增立项 720 多项，其中竞争性经费较 2013 年增长 20.5%，科技经费 32 042.52 万元，比 2013 年增长 1.14%，其中：国家拨款 29 156.01 万元、省地局自筹 2 759.74 万元、企业自筹 126.77 万元。获批筹建部省级以上平台 5 个，3 个海南省重点实验室和工程技术研究中心均顺利通过验收，1 个部级检测中心通过复评。

3. 科技产出成绩显著 2014 年获部省级以上科技奖励 32 项，国审新品种 12 个，获授权专利 321 件，其中发明专利 108 件。发表三大索引收录论文 394 篇，其中 SCI 收录影响因子 3.0 以上的 60 篇，是 2013 年的 2 倍。

4. 研究生培养稳步推进、学术氛围更加浓厚 84 名导师资格获得确认，热科院与国外大学和研究机构联合培养研究生的途径不断拓展。全年培养硕士毕业生 118 名、博士毕业生 14 名。组织全院范围学术报告会 30 多场，邀请 50 名院内外不同领域的专家开展学术讲座。

五、橡胶生产

橡胶年末实有面积 1 662.54 公顷，全年干胶总产量 907.44 吨。年内实际到达开割面积1 239.97公顷，当年新开割面积 68.66 公顷，开割到达株数 33.51 万株。橡胶生产总产值1 179.68万元，比 2013 年减少 712.42 万元，减少 37.65 %。

六、固定资产

截至 2014 年 12 月 31 日，热科院资产总额 19.01 亿元，比 2013 年减少 1.34 亿元，减少 6.58%，其中：固定资产价值 6.49 亿元，比上年减少 2.67 亿元，减少了 29.12%。2014 年固定资产投资总额为 2.00 亿元，比 2013 年减少 0.27 亿元，减少 11.89%，包括基本支出（办公设备、专业设备、交通工具）和项目支出两部分。2014 年新增固定资产 1.85 亿元，比 2013 年增加 0.78 亿元，增长 72.89%。主要原因是：新建房屋、购置大型仪器设备、在建项目通过验收等。

七、教育和卫生

全年院属普通中学 1 所，小学 5 所。教职工数共计 181 人，其中教师 137 人。在校生 1 906 人，其中新招生 552 人，当年毕业生 459 人。现有医疗单位 2 个，医务人员 16 人，其中医生 6 人。

八、其他

2014 年第 9 号 17 级超强台风“威马逊”和 13 级强台风“海鸥”，造成全省受灾农作物面积 162.97 千公顷，倒塌房屋 23 163 间，基础设施严重损坏，直接经济损失 177 亿元，受其影响，全省 18 个市县 219 个乡镇 292.271 万人受灾。热科院万宁、文昌、儋州、湛江等院区均受灾严重，科研基础设施和种质资源圃都遭受不同程度的破坏。进入 2014 年以来，受春末夏初高温、四月五月对流、盛夏各地降水异常偏多、晚秋暴雨、低温阴雨范围广、雷击事件等恶劣天气影响，热科院分布在海南省和广东省的院属各单位均受到农业重创，部分农田和低洼地区受淹，早稻、冬种瓜菜生长缓慢，瓜菜果实畸形不能正常膨大，生理性落花、落果现象较为严重；荔枝“沤花”现象较为明显；部分香蕉花蕾受冻。全年各类自然灾害造成农业直接经济损失为 2 997.82 万元，农作物受灾面积 2 457.57 公顷，造成约 12 公顷的土地绝收。

广州农垦2014年经济和社会发展统计公报

广州风行发展集团

2014年，广州风行发展集团在农业部农垦局、广州市国资委的正确领导下，以全面发展主导产业为主线，积极应对市场变化，强化企业日常管理，提高经营效益，加快乳业重点项目建设，全面推进各项工作。集团经济运行情况良好，主要经济指标保持稳步增长。

一、综合情况

风行集团按照市国资委制定的突出主业、做大做强的工作指导方针，通过产业整合、结构调整，已形成以乳业发展为主线，打通上下游产业链，建立产供销一体化的现代产业发展模式。一方面立足本地市场，加强渠道建设，创新营销方式，树立良好品牌形象，使乳品产销量持续保持快速增长势头；另一方面集中资源，着力建设现代化奶牛养殖基地及乳制品生产研发基地，增强集团发展后劲，两个项目已列入广州市政府重点扶持的都市农业发展项目。同时利用集团拥有的优质物业及土地资源，大力发展现代服务业，通过合作开发、经营等多种形式，盘活现有物业资产，提高经营收益，为乳业发展提供资金保障，确保重点建设项目如期完成。

风行集团现有子公司2家，各级独立核算企业25家，职工人数1 667人，土地总面积51公顷。

2014年风行集团实现国内生产总值25 325万元，同比增长27.29%，其中：第一产业因奶源市场需求旺盛，原料奶价格上升，实现6 834万元，同比增长30.69%；第二产业受益于乳制品产销量持续快速增长，实现11 661万元，同比增长15.46%；第三产业征地补偿收入及租赁业务收入的同比增长，实现6 830万元，增长49.55%。实现利润总额21 057万元（同比新增转让属下新花城公司30%国有股权的投资收益12 282万元），同比增长229.09%。人均年收入56 751元，同比增长4.92%。

二、农业生产情况

由于风行集团原有的农用地已全部被政府征收，目前集团已没有农业用地及农作物生产。

三、畜牧业生产情况

风行集团畜牧业以奶牛饲养为主，上年原有牧场3个，在建牧场1个，分布在广州市郊。2014年集团加快在建牧场重点项目建设，努力实现标准化养殖目标，进一步提升现代化牧场管理水平，2014年年底在建牧场A区已完工，并将原有的一个牧场搬迁至新建牧场，现规模化奶牛养殖场共3个。年末奶牛总存栏6 600头，比上年增加200头，增长3.13%，其中从新西兰引进优良品种奶牛500头；能繁殖母畜3 400头，比上年减少1 280头；当年生仔畜2 200头，比上年减少500头。为实现集团乳业的战略目标，牧场建设在不断扩建与续建中，牧业在现有存栏规模基础上，主要通过加强管理、生产挖潜、提高单产等手段，保持鲜奶产量稳步增长，满足乳制品加工需要。全年实现生鲜奶产量24 672吨，比上年增加2 472吨，增长11.14%，实现销售收入15 042万元，同比增长21.73%；出口鲜奶6 281吨，同比减少344吨，实现销售收入3 830万元，比上年增加553万元。当年通过绿色食品认证的乳制品2个，产量1 421吨。预计集团新建牧场全面投产后，将新增奶牛存栏7 200头，鲜奶产量3万吨。

四、工业生产情况

根据广州市国资委产业整合的要求，风行集团工业原有药业板块已被划拨至广州医药集团管理，目前主要以乳制品加工为主，2014年纳入统计范围的工业企业1个，与2013年相同。全年实现工业销售产值51 958万元，同比增加9 324万元，增长21.87%，持续保持快速增长势头；实现利润总额 146 万元，同比下降 91.41%，主要原因是国内奶源市场紧张，原料奶价格的上涨，燃料、包装材料价格及人工成本等均有不同幅度的上升，同时，销售扩区增量所致直营门店费用、广告费、运输费、差旅费、营销人员工资等增幅较大。

主要产品产量完成情况：2014 年集团生产乳制品 36 094 吨，比上年增加 781 吨，其中液体乳 32 798 吨，同比增加 745 吨。

五、批发零售、服务业情况

风行集团 2014 年纳入统计范围批发零售、服务业企业 20 个，主要经营成品油销售、物业租赁、投资管理等业务，其中：正常经营企业 14 个，关停企业 6 个；年末从业人员 132 人，其中：批发零售业 28 人，服务业 104 人；全年实现营业收入 19 725万元，同比增长 9.20%，其中：批发零售业营业收入 14 245 万元，同比下降 1.67%；服务业营业收入 5 480 万元，同比增长 53.24%，主要原因是征地补偿收入同比增长 1 530 万元；年末固定资产原值 3 712 万元，其中：批发零售业 80 万元，服务业 3 632 万元；营业用房 147 585 米^2，其中：批发零售业 531 米^2，服务业 147 054 米^2。

六、固定资产投资情况

2014 年风行集团继续推进重点项目建设，全年完成固定资产投资总额 13 915 万元，同比增长 48.16%。其中：第一产业完成投资 10 823 万元，第二产业完成投资 2 910 万元，第三产业完成投资 182 万元。其中：投资资金通过自筹解决 13 527 万元，地方财政性资金拨款 388 万元。当年新增固定资产 4 490 万元。

七、其他生产及社会负担情况

2014 年年末集团没有渔业、林业、建筑业生产企业，也没有受托管理的非国有经济实体；集团原办理的教育、医疗卫生机构已全部移交地方管理。

八、经济发展中存在的主要问题

2014 年，集团通过积极主动采取措施，有效消化了生产成本大幅度上涨等各种不利因素，使得集团经济继续保持稳定发展。但在发展中仍存在一些突出问题，主要是：部分重点项目受客观或主观因素影响，未能按计划推进到位；主导产品研发投入偏低、附加值不高，缺少参与高端市场竞争的产品；人才结构和人力资源仍难以满足集团发展需要；集团现代化管理水平有待进一步提高。

南京农垦2014年经济和社会发展统计公报

南京农垦产业（集团）有限公司

2014年是全面贯彻落实中共十八届三中全会精神的开局之年，也是实施“十二五”规划的攻坚之年。当前，农垦事业发展已站在了新的高起点上，内外部环境呈现出许多根本性的新变化、新态势和新特征。面对错综复杂的宏观经济形势和艰巨繁重的改革稳定任务，南京农垦在农业部的正确领导和市委、市政府的大力支持下，紧紧围绕稳定与发展两大任务多方面地开展工作，坚持以稳定为基础，以项目为抓手，以改革为重点，以提高经济效益为突破口。通过内部产业结构调整和各项措施的贯彻落实，形成了以农产品贸易、职业教育、物业管理、参股金融为主导的多元化产业，为全面促进垦区各项事业的可持续发展打下了坚实基础。

一、综合

南京垦区全年实现生产总值4 175.96万元，比上年减少4.54%，一、二、三产业增加值在生产总值中的比重分别为11：27：62。其中第一产业增加值475.72万元，比上年减少11.98%；第二产业增加值1 127万元，比上年增加3.30%；第三产业增加值2 573.24万元，比上年减少6.19%。生产总值减少主要原因是由于南京市第二轮国企国资改革实施意见，垦区加大了系统内部非主业等企业的关闭清理工作。截至2014年年末，2家房地产公司已关闭清理完毕，1家起重电器厂已实施关停并双集中管理，1家门窗公司已退出市场，1家职业教育学校也已剥离出去。

2014年垦区总人口3 265人，其中农场人口2 682人。国有单位从业人员364人，劳动报酬1 433.15万元，全年人均收入达3.94万元，比上年增加7.36%。全垦区年人均纯收入达2.08万元，比上年增加10%，年末实有住房面积达11.32万米^2。

二、农业

全年实现农业总产值137万元，比上年增加20.18%；渔业产值9万元，比上年减少7.44%；牧业产值1 611万元，比上年增加3.20%。

畜牧业生产方面，南京市青龙山林场是南京农垦唯一一家从事农林牧渔业经营的单位，占比较大的为一家民营禽业养殖单位，占地面积约13.3公顷，主要从事家禽规模化饲养。肉类总产75吨，比上年减少33.63%，减少的直接原因主要是自从禽流感疫情时而冒头之后，南京市就逐步加紧了对于城区活禽交易的管控，造成市场渐渐萎缩，禽业产量迅速递减。禽蛋产量1 345吨，比上年增加10.11%。

林业生产方面，林场成林抚育面积为434公顷，森林覆盖率达到52.1%。因垦区种植的全是生态林，多年来一直没有计算林业产值，故本次也没有列入填报范围。

种植业生产方面，全年茶叶实际产量3吨，与上年持平。为了盘优盘活现有存量土地，拓宽发展渠道，林场2014年平整4公顷土地以扩大茶苗种植范围，由于前期较好保温防冻措施，年底前扦插的30万株茶苗成活率均在90%左右，这为今后茶叶销售奠定了稳固基础，力争做精做强茶产业。

三、工业

2014年，南京垦区工业销售产值1.10亿元，较上年略有所增加；利润总额亏损193万元，较上年减亏104万元，保持了适度缓慢增长水平。而亏损原因：一方面是由于为积极配合南京市青龙山林场棚户区改造项目，对林场下属南京起重电器厂实行了关闭与双集中管理，造成国有工业经济运行情况下滑；另一方面，由于人工成本增长过快，且原有产品技术创新能力不强，产品科技含量不高，附加值低，销售利润薄弱。

四、第三产业

南京垦区第三产业国民生产总值 2 573.24 万元，比上年减少 6.19 %。其中批发和零售业、交通运输仓储业及住宿餐饮业产值较去年略有所增加，而造成商务服务业亏损较大的直接原因是由于政策导向使垦区下属农垦房地产公司退出市场，直接吸收合并至垦区本部，造成亏损额大大增加。

五、科研文教

南京垦区下属一家金陵高级技工学校，始建于1992年，由南京市技工学校青龙山办学点升格为高级技工学校，学校设有数控技术应用、机电设备安装与维修等 13 个各专业，但因其历史问题等多方面因素，20 多年未享受国家拨款，承担着一定的企业与社会责任，承受着各方面的压力，实属举步维艰。2014 年，根据南京市委、市政府文件精神，南京垦区于 12 月末顺利完成下属金陵高级技工学校与市交通技师学院的整合工作。整合后，学校逐步从垦区剥离，主体归市交通局管辖。交通技师学院是一所国有公办国家级重点技工院校，是国家技能型紧缺人才培养培训基地、国家级职业教育实训基地、国家级高技能人才培训基地等，设有汽车应用、交通工程、运输商务、智能信息、机械工程 5 大类别 30 个专业。此次整合，从教学师资力量到教学能力水平、学校教学设施等方面都是一个提优升级。技师学院汽修与机电专业及金陵技工学校数控专业都能得到长足发展，这将使交通技师学院在职业教育领域及办学规模都得以拓展，达到南京市第一水平，有利于培养专业型的工程技术人才。

六、固定资产投资

2014 年，南京垦区全年固定资产投资完成总额为 130 万元，比上年增加 73.33%，全部为国有资产投资，主要用于增加金陵技工学校汽修等教学设备，以提升学校综合竞争能力。

七、其他

南京垦区积极响应农业部提出的“联合、联盟、联营”战略，主动开展交流合作，2014 年与广西农垦达成战略合作协议，引进对方优质农产品，开展农产品贸易业务，目前以销售木薯淀粉和白糖为试营主导产品。下一步垦区将积极利用全国各垦区优质农产品的优势，并结合南京区位优势，整合各类资源，大力发展农产品贸易，提高垦区的综合效益，实现在新起点上重新出发的良好开局和稳健起步。

主要经济与社会指标

综合情况

1－1　主要年份全国农垦经济主要指标

指 标 名 称	计量单位	2000 年	2005 年	2010 年	2013 年	2014 年	2014 年比 2013 年增长	
							绝对数	(%)
一、基本情况								
农垦独立核算企业	个	5 469	6 197	5 261	5 411	5 107	－304	－5.6
#农牧企业	个	2 026	1 923	1 807	1 780	1 789	9	0.5
工业企业	个	1 677	1 809	1 290	1 298	1 192	－106	－8.2
建筑企业	个	237	443	537	509	439	－70	－13.8
运输企业	个	67	270	290	227	244	17	7.5
批零贸易餐饮企业	个	1 462	1 752	1 337	1 597	1 443	－154	－9.6
农垦年末总人口	万人	1 198.49	1 259.53	1 332.31	1 412.74	1 420.34	7.60	0.5
职工总数	万人	391.88	335.93	330.75	319.08	299.15	－19.93	－6.2
耕地面积	千公顷	4 803.54	5 038.13	5 989.27	6 210.51	6 242.72	32.2	0.5
当年造林面积	千公顷	75.76	126.18	88.25	57.23	53.57	－3.66	－6.4
橡胶面积	千公顷	382.34	424.16	469.40	447.82	423.39	－24.43	－5.5
农垦生产总值（现价）	亿元	720.62	1 358.65	3 382.67	5 807.71	6 420.37	612.66	9.5
第一产业增加值	亿元	311.33	560.43	1 171.30	1 661.40	1 743.45	82.05	5.6
第二产业增加值	亿元	219.16	417.18	1 341.69	2 572.14	2 866.25	294.11	12.1
第三产业增加值	亿元	190.13	381.04	869.68	1 574.17	1 810.67	236.50	11.4
各产业占生产总值比重								
第一产业	%	43.2	41.2	34.6	28.6	27.2		－1.4
第二产业	%	30.4	30.7	39.7	44.3	44.6		0.3
第三产业	%	26.4	28.1	25.7	27.1	28.2		1.1
人均生产总值	元/人	5 991	10 851	25 669	42 996	46 129	3 133	8.4
工农业总产值（现价）	亿元	1 379.48	2 472.34	6 535.24	11 346.41	12 101.82	755.41	11.8
农林牧渔业总产值	亿元	644.04	1 118.51	2 342.34	3 245.16	3 415.23	170.07	6.3
占工农业总产值	%	46.7	45.2	35.8	28.6	28.2		－0.4
工业总产值	亿元	735.44	1 353.83	4 192.90	8 101.25	8 686.58	585.33	14.1
占工农业总产值	%	53.3	54.8	64.2	71.4	71.8		0.4
工资总额	亿元	210.97	277.30	546.06	791.17	844.34	53.17	6.7
职工平均工资	元/人	5 384	8 255	16 510	27 660	28 224	564	8.0
人均纯收入	元/（人·年）	3 036	4 195	8 232	12 318	13 495	1 177	7.6
固定资产投资	亿元	153.21	449.54	1 811.22	3 996.28	4 555.78	559.5	14.0
固定资产投资按来源合计	亿元	153.80	448.29	1 808.79	3 917.49	4 430.03	512.54	13.1
#国家预算内资金	亿元	22.51	47.50	169.01	343.89	408.86	64.97	18.9
利用外资	亿元	4.53	20.18	56.89	43.07	51.63	8.56	19.9
自筹资金	亿元	79.96	282.84	1 074.21	2 512.9	3 050.74	537.84	21.4

注：表中生产总值、总产值等价值量均按当年价格计算，增长速度按扣除统计口径变动因素的可比价格计算。

1－1续表1

指 标 名 称	计量单位	2000年	2005年	2010年	2013年	2014年	2014年比2013年增长	
							绝对数	(%)
二、主要农作物播种面积								
农作物播种面积	千公顷	4 755.82	5 145.25	6 310.42	6 664.83	6 907.30	242.47	3.6
粮食作物播种面积	千公顷	3 163.87	3 375.83	4 557.64	4 839.83	4 923.60	83.77	1.7
总产量	万吨	1 465.21	1 858.99	2 953.29	3 419.88	3 538.07	118.19	3.5
公顷产量	千克	4 631	5 507	6 480	7 066	7 186	120	1.7
棉花播种面积	千公顷	527.28	649.37	665.37	769.96	905.26	135.30	17.6
总产量	万吨	83.16	124.69	143.93	176.18	211.39	35.21	20.0
公顷产量	千克	1 577	1 920	2 163	2 288	2 335	47	2.1
油料合计播种面积	千公顷	461.19	371.20	375.36	356.54	364.41	7.87	2.2
总产量	万吨	71.25	66.94	80.34	80.42	82.57	2.15	2.7
公顷产量	千克	1 545	1 803	2 140	2 256	2 266	10	0.4
糖料合计播种面积	千公顷	103.55	100.51	103.89	111.25	84.33	−26.92	−24.2
总产量	万吨	589.48	667.52	766.86	846.16	706.82	−139.34	−16.5
公顷产量	千克	56 927	66 416	73 815	76 063	83 813	7 750	10.2
干胶总产量	万吨	34.68	31.99	32.78	33.14	31.34	−1.80	−5.4
剑麻总产量	万吨	2.79	2.60	3.21	3.05	2.59	−0.46	−15.1
水果总产量	万吨	118.63	178.79	323.40	478.03	547.11	69.08	14.5
#主要热带水果产量	万吨	30.79	55.32	100.00	144.13	175.24	31.11	21.6
茶叶总产量	万吨	3.90	4.64	4.63	4.41	4.96	0.55	12.5
人参总产量	吨	2 365.00	187.22	646.16	150.67	199.70	49.03	32.5
三、畜牧、水产情况								
年末牲畜存栏头数	万头	1 797.45	2 622.04	2 752.10	2 911.52	2 967.64	56.12	1.9
大牲畜年末头数	万头	214.62	305.03	319.22	295.57	276.08	−19.49	−6.6
牛	万头	173.12	270.69	292.01	265.61	246.15	−19.46	−7.3
#良种及改良种乳牛	万头	51.32	101.63	143.15	146.71	139.2	−7.51	−5.1
猪	万头	478.14	722.82	1 134.18	1 313.48	1 256.85	−56.63	−4.3
羊	万只	1 104.69	1 591.57	1 298.74	1 302.47	1 434.70	132.23	10.2
肉类总产量	万吨	84.96	145.76	256.43	286.35	261.46	−24.89	−8.7
牛奶产量	万吨	116.50	245.49	366.09	402.07	375.14	−26.93	−6.7
羊毛产量	万吨	2.09	2.92	2.72	3.23	3.17	−0.06	−1.9
禽蛋产量	万吨	20.44	22.38	39.71	47.75	46.72	−1.03	−2.2
鹿茸产量	吨	41.47	78.56	77.45	77.32	74.34	−2.98	−3.9
蜂蜜产量	吨	2 565	6 504	8 481	11 459	12 675	1 216	10.6
水产品总产量	万吨	49.10	79.48	115.17	150.96	153.43	2.47	1.6

1－1续表2

指 标 名 称	计量单位	2000年	2005年	2010年	2013年	2014年	2014年比2013年增长	
							绝对数	(%)
四、主要农业机械、电、化肥用量								
农业机械总动力	万千瓦	1 159.44	1 463.07	2 126.49	2 621.01	2 725.90	104.89	4.0
大中型拖拉机	万台	6.66	8.00	14.60	17.68	19.25	1.57	8.2
小型及手扶拖拉机	万台	21.35	26.98	32.97	33.30	32.09	－1.21	－3.8
农用运输车	万辆	1.25	5.73	8.33	9.40	8.90	－0.50	－5.3
排灌动力机械	万台	13.89	19.19	24.84	28.84	29.25	0.41	1.4
联合收获机	万台	1.49	2.03	3.92	4.84	5.29	0.45	9.3
农场用电量	亿千瓦时	57.02	72.38	174.12	184.27	186.32	2.05	1.1
农用化肥施用总量（按折纯量计算）	万吨	131.69	159.60	227.81	260.97	273.20	12.23	4.7
五、主要工业产品产量								
原煤	万吨	607.42	576.48	2 901.05	3 430.41	2 661.34	－769.07	－22.4
混配合饲料	万吨	149.54	213.63	483.13	775.32	862.00	86.68	11.2
食用植物油	万吨	38.99	82.06	193.08	343.38	407.32	63.94	18.6
成品糖	万吨	76.10	115.02	205.79	250.62	283.57	32.95	13.1
乳制品	万吨	10.42	15.37	283.99	348.56	371.76	23.20	6.7
液体乳	万吨	74.53	93.59	247.60	301.16	349.44	48.28	16.0
饮料酒（混合量）	万千升	117.65	141.16	144.42	169.33	168.37	－0.96	－0.6
纱	万吨	19.56	26.43	51.16	67.81	64.06	－3.75	－5.5
布	亿米	2.98	4.88	6.48	6.30	4.83	－1.47	－23.3
机制纸及纸板	万吨	74.35	100.44	61.72	45.82	64.47	18.65	40.7
农用氮·磷·钾化学肥料总计（折纯量）	万吨	15.78	23.60	35.67	191.02	198.91	7.89	4.1
水泥	万吨	618.37	1 046.00	2 245.07	3 139.54	2 741.25	－398.29	－12.7
砖	亿块	67.92	60.79	94.02	172.58	176.90	4.32	2.5
发电量	亿千瓦时	34.23	59.04	156.63	490.57	622.35	131.78	26.9
拖拉机配件	万元	2 751	8 852	4 345				
六、粮豆商品量	万吨	1 115.43	1 404.40	2 605.24	3 041.55	3 233.30	191.75	6.3
粮豆商品率	%	76.13	84.29	88.21	88.94	91.4	2.46	1.1
七、外贸出口供货商品金额	（人民币）亿元	98.26	254.22	541.50	838.00	944.84	106.84	12.7
工业品	（人民币）亿元	71.26	215.96	468.25	760.37	798.21	37.84	5.0
八、批发零售贸易业、餐饮业销售总额		472.13	764.25	2 490.73	5 464.42	6 304.28	839.86	15.4
九、服务业营业收入	亿元	44.19	68.38	127.18	256.28	285.13	28.85	11.3

注：乳制品从2009年始含液体乳。

1－2　主要年份全国农垦主要经济指标占全国比重

计量单位：%

指 标 名 称	2008年	2009年	2010年	2011年	2012年	2013年	2014年
农垦年末总人口	0.98	0.99	0.99	1.00	1.01	1.04	1.04
生产总值	0.78	0.82	0.85	0.89	0.98	1.04	1.01
固定资产投资	0.54	0.60	0.65	0.78	0.89	0.89	0.89
农作物播种面积总计	3.73	3.83	3.93	3.95	3.98	4.05	4.17
粮食作物播种面积	3.70	4.02	4.15	4.17	4.25	4.32	4.37
粮食作物总产量	4.58	5.22	5.40	5.60	5.72	5.68	5.83
棉花播种面积	13.14	13.25	13.72	14.27	15.58	17.70	21.45
总产量	21.84	22.15	24.11	24.82	25.19	27.92	34.32
油料合计播种面积	3.20	2.72	2.70	2.74	2.71	2.53	2.59
总产量	2.66	2.57	2.49	2.52	2.25	2.28	2.35
糖料播种面积	5.91	5.41	5.41	5.77	5.52	5.59	4.42
总产量	6.30	6.18	6.37	6.54	6.30	6.15	5.27
大牲畜年末头数		2.57	2.61	2.85	2.90	2.49	2.30
肉类总产量	2.64	2.92	3.24	3.51	3.54	3.35	3.00
牛奶产量	9.02	9.80	10.25	11.10	11.62	11.39	10.07
羊毛产量		6.10	6.33	6.34	6.25	6.86	6.90
禽蛋产量	0.95	1.14	1.44	1.57	1.66	1.66	1.61
蜂蜜产量		1.62	2.11	1.57	2.43	2.55	2.14
农业机械总动力	2.20	2.25	2.29	1.69	2.40	2.57	2.52
大中型（台）	3.91	3.76	3.72	2.34	3.59	3.36	3.39
小型及手扶拖拉机（台）	1.80	1.85	1.85	3.67	1.85	1.93	1.86
原煤	0.39	0.54	0.90	0.85	0.90	0.93	0.70
纱	2.12	1.76	1.88	1.82	2.12	2.12	1.90
布	0.69	0.88	0.81	0.83	0.69	0.71	0.54
发电量	0.30	0.38	0.37	0.48	0.72	0.91	1.10

1－3 农垦基本情况

计量单位：个

地区	农垦国有企业个数					
	合计	农场	工业企业	建筑企业	运输企业	商业企业
全国农垦	**5 107**	**1 789**	**1 192**	**439**	**244**	**1 443**
北京	62	9	27	2	3	21
天津	46	15	16	2	1	12
河北	82	33	19	9	3	18
山西	30	26	2			2
内蒙古	152	104	25		1	22
辽宁	184	109	13	6	1	55
吉林	99	88	2			9
黑龙江	676	113	172	42	1	348
上海	487	19	119	9	50	290
江苏	50	18	21	6		5
浙江	65	56	3			6
安徽	52	20	10	3		19
福建	149	112	30			7
江西	275	156	82	15	4	18
山东	30	14	7	2		7
河南	118	97	10	1		10
湖北	186	53	93	16	4	20
湖南	306	69	127	87	10	13
广东	231	47	99	11	11	63
广西	185	41	78	27	3	36
海南	154	40	39	19	10	46
重庆	28	17	5	1	1	4
四川	47	42	4			1
贵州	43	37	6			0
云南	113	43	36	5	7	22
陕西	65	12	5			48
甘肃	89	20	47	3	1	18
青海	23	19	3			1
宁夏	40	14	15	2		9
新疆(兵团)	627	175	22	156	10	264
新疆(农业)	162	46	47	14	10	45
新疆(畜牧)	134	123	6	1	3	1
热科院	1	1				
广州	2		1			1
南京	4	1	1			2

1－3续表1

地　区	出口商品总金额（万元）	耕地面积（公顷）	大中型农用拖拉机（台）	联合收割机（台）
全国农垦	**9 448 382**	**6 282 613**	**192 547**	**52 879**
北　京	63 448	1 434	69	19
天　津	4 593	2 612	68	3
河　北	154 146	98 017	4 188	500
山　西		6 752	55	11
内蒙古	177	660 308	12 406	2 333
辽　宁	281 884	154 835	4 489	1 061
吉　林	1 700	123 752	5 075	3 433
黑龙江	444 153	2 892 305	73 028	30 362
上　海	94 469	35 763	1 290	175
江　苏	17 059	71 084	3 470	1 815
浙　江	51 912	4 045	44	2
安　徽		30 104	2 760	1 283
福　建	47 811	10 799	85	49
江　西	318 410	83 154	1 784	1 501
山　东		14 613	530	114
河　南	1 596	30 009	1 313	698
湖　北	405 628	135 880	8 090	3 361
湖　南	25 270	67 146	3 879	1 722
广　东	627 790	37 921	548	53
广　西	145 292	33 846	1 300	18
海　南	4 908	34 201	424	
重　庆		306	6	
四　川		898		
贵　州		1 701	56	
云　南	2 165	12 380	791	28
陕　西		9 217	163	39
甘　肃	2 636	65 202	5 146	111
青　海		25 866	354	193
宁　夏	3 618	42 346	2 377	630
新疆（兵团）	6 732 867	1 249 087	49 931	2 888
新疆（农业）	13 021	101 603	3 516	170
新疆（畜牧）		244 810	5 301	307
热科院		617	4	
广　州	3 830		7	
南　京				

1－3 续表 2

地　　区	农垦生产总值（万元）	第一产业		第二产业		第三产业	
		增加值（万元）	占农垦生产总值（%）	增加值（万元）	占农垦生产总值（%）	增加值（万元）	占农垦生产总值（%）
全国农垦	**64 203 662**	**17 434 454**	**27.2**	**28 662 488**	**44.6**	**18 106 720**	**28.2**
北　　京	565 822	135 287	23.9	157 193	27.8	273 342	48.3
天　　津	166 631	27 977	16.8	25 864	15.5	112 790	67.7
河　　北	4 280 685	427 801	10.0	2 310 360	54.0	1 542 525	36.0
山　　西	59 281	14 660	24.7	25 010	42.2	19 611	33.1
内 蒙 古	1 507 076	844 754	56.1	418 401	27.8	243 921	16.2
辽　　宁	3 104 842	979 927	31.6	1 545 424	49.8	579 491	18.7
吉　　林	412 476	179 681	43.6	151 112	36.6	81 683	19.8
黑 龙 江	11 335 478	5 436 584	48.0	2 500 794	22.1	3 398 100	30.0
上　　海	1 528 094	153 679	10.1	507 100	33.2	867 315	56.8
江　　苏	1 261 168	241 898	19.2	654 103	51.9	365 167	29.0
浙　　江	217 026	13 486	6.2	201 212	92.7	2 328	1.1
安　　徽	238 797	108 917	45.6	50 745	21.3	79 135	33.1
福　　建	527 935	102 691	19.5	369 492	70.0	55 752	10.6
江　　西	1 993 943	253 737	12.7	1 298 103	65.1	442 103	22.2
山　　东	218 139	67 790	31.1	135 583	62.2	14 766	6.8
河　　南	174 738	86 420	49.5	57 006	32.6	31 312	17.9
湖　　北	8 680 000	941 715	10.8	5 895 162	67.9	1 843 123	21.2
湖　　南	1 366 132	354 325	25.9	741 345	54.3	270 462	19.8
广　　东	1 394 859	435 309	31.2	613 290	44.0	346 260	24.8
广　　西	4 178 952	471 905	11.3	2 626 342	62.8	1 080 705	25.9
海　　南	1 577 941	781 518	49.5	174 513	11.1	621 910	39.4
重　　庆	166 868	13 877	8.3	106 692	63.9	46 299	27.7
四　　川	22 092	6 382	28.9	12 572	56.9	3 138	14.2
贵　　州	42 168	12 078	28.6	30 090	71.4		
云　　南	420 016	264 376	62.9	37 698	9.0	117 942	28.1
陕　　西	47 213	29 832	63.2	9 332	19.8	8 049	17.0
甘　　肃	145 557	70 035	48.1	61 783	42.4	13 739	9.4
青　　海	49 429	42 814	86.6	668	1.4	5 948	12.0
宁　　夏	220 088	108 414	49.3	70 314	31.9	41 361	18.8
新疆（兵团）	17 386 842	4 169 643	24.0	7 768 658	44.7	5 448 541	31.3
新疆（农业）	237 445	165 472	69.7	39 135	16.5	32 838	13.8
新疆（畜牧）	573 341	484 161	84.4	54 605	9.5	34 575	6.0
热 科 院	73 466					73 466	100.0
广　　州	25 325	6 834	27.0	11 661	46.0	6 830	27.0
南　　京	3 796	476	12.5	1 127	29.7	2 193	57.8

1－3 续表 3

地　区	农垦生产总值（万元）	排序	第一产业		第二产业		第三产业	
			增加值（万元）	排序	增加值（万元）	排序	增加值（万元）	排序
全国农垦	**64 203 662**		**17 434 454**		**28 662 488**		**18 106 720**	
北　京	565 822	15	135 287	18	157 193	16	273 342	12
天　津	166 631	26	27 977	27	25 864	28	112 790	16
河　北	4 280 685	4	427 801	10	2 310 360	5	1 542 525	4
山　西	59 281	29	14 660	28	25 010	29	19 611	26
内蒙古	1 507 076	10	844 754	5	418 401	12	243 921	14
辽　宁	3 104 842	6	979 927	3	1 545 424	6	579 491	8
吉　林	412 476	18	179 681	15	151 112	17	81 683	17
黑龙江	11 335 478	2	5 436 584	1	2 500 794	4	3 398 100	2
上　海	1 528 094	9	153 679	17	507 100	11	867 315	6
江　苏	1 261 168	13	241 898	14	654 103	9	365 167	10
浙　江	217 026	23	13 486	30	201 212	14	2 328	33
安　徽	238 797	19	108 917	19	50 745	24	79 135	18
福　建	527 935	16	102 691	21	369 492	13	55 752	20
江　西	1 993 943	7	253 737	13	1 298 103	7	442 103	9
山　东	218 139	22	67 790	24	135 583	18	14 766	27
河　南	174 738	24	86 420	22	57 006	22	31 312	25
湖　北	8 680 000	3	941 715	4	5 895 162	2	1 843 123	3
湖　南	1 366 132	12	354 325	11	741 345	8	270 462	13
广　东	1 394 859	11	435 309	9	613 290	10	346 260	11
广　西	4 178 952	5	471 905	8	2 626 342	3	1 080 705	5
海　南	1 577 941	8	781 518	6	174 513	15	621 910	7
重　庆	166 868	25	13 877	29	106 692	19	46 299	21
四　川	22 092	34	6 382	33	12 572	30	3 138	32
贵　州	42 168	32	12 078	31	30 090	27		
云　南	420 016	17	264 376	12	37 698	26	117 942	15
陕　西	47 213	31	29 832	26	9 332	32	8 049	29
甘　肃	145 557	27	70 035	23	61 783	21	13 739	28
青　海	49 429	30	42 814	25	668	34	5 948	31
宁　夏	220 088	21	108 414	20	70 314	20	41 361	22
新疆（兵团）	17 386 842	1	4 169 643	2	7 768 658	1	5 448 541	1
新疆（农业）	237 445	20	165 472	16	39 135	25	32 838	24
新疆（畜牧）	573 341	14	484 161	7	54 605	23	34 575	23
热科院	73 466	28					73 466	19
广　州	25 325	33	6 834	32	11 661	31	6 830	30
南　京	3 796	35	476	34	1 127	33	2 193	34

1－3续表4

地　　区	工农业总产值（万元）	农业总产值（万元）	占工农业总产值比重（%）	工业总产值（万元）	占工农业总产值比重（%）
全国农垦	**121 018 156**	**34 152 330**	**28.2**	**86 865 826**	**71.8**
北　　京	1 645 869	874 530	53.1	771 339	46.9
天　　津	230 667	99 408	43.1	131 259	56.9
河　　北	9 931 237	823 377	8.3	9 107 860	91.7
山　　西	81 894	28 835	35.2	53 059	64.8
内 蒙 古	2 119 487	1 586 960	74.9	532 527	25.1
辽　　宁	8 648 772	1 926 306	22.3	6 722 466	77.7
吉　　林	856 119	363 124	42.4	492 995	57.6
黑 龙 江	18 007 076	9 655 405	53.6	8 351 671	46.4
上　　海	3 473 105	550 655	15.9	2 922 451	84.1
江　　苏	2 568 030	611 711	23.8	1 956 319	76.2
浙　　江	1 311 745	68 653	5.2	1 243 092	94.8
安　　徽	408 925	202 326	49.5	206 600	50.5
福　　建	1 413 518	231 735	16.4	1 181 783	83.6
江　　西	6 590 664	482 881	7.3	6 107 783	92.7
山　　东	1 128 604	117 747	10.4	1 010 857	89.6
河　　南	531 314	197 916	37.3	333 398	62.7
湖　　北	19 591 133	1 941 867	9.9	17 649 266	90.1
湖　　南	1 698 829	560 473	33.0	1 138 356	67.0
广　　东	2 591 071	798 068	30.8	1 793 003	69.2
广　　西	6 478 415	787 917	12.2	5 690 498	87.8
海　　南	1 434 160	1 267 084	88.4	167 076	11.6
重　　庆	964 583	86 300	8.9	878 283	91.1
四　　川	36 989	9 405	25.4	27 584	74.6
贵　　州	95 958	31 487	32.8	64 471	67.2
云　　南	645 213	518 147	80.3	127 066	19.7
陕　　西	51 052	37 490	73.4	13 562	26.6
甘　　肃	392 979	208 347	53.0	184 632	47.0
青　　海	32 180	32 037	99.6	142	0.4
宁　　夏	369 792	248 383	67.2	121 409	32.8
新疆（兵团）	26 415 934	8 755 234	33.1	17 660 700	66.9
新疆（农业）	418 499	347 872	83.1	70 627	16.9
新疆（畜牧）	786 832	680 599	86.5	106 233	13.5
热 科 院	3 253	3 253	100.0		
广　　州	51 458	15 042	29.2	36 416	70.8
南　　京	12 800	1 757	13.7	11 043	86.3

1－4 各垦区主要农产品产量

计量单位：吨

地区	粮食	棉花	油料	糖料	水果
全国农垦	**35 380 680**	**2 113 874**	**825 740**	**7 068 165**	**5 471 147**
北京	2 491		6		854
天津	14 230	145			3 520
河北	451 667	18 486	1 424	9 980	22 596
山西	35 714	107	347	45	566
内蒙古	2 005 035		305 725	22 312	11 830
辽宁	1 393 852		6 279	1 200	175 977
吉林	839 127		13 194		16 563
黑龙江	21 806 898		8 414		24 099
上海	332 625	270	110		1 621
江苏	1 011 691	712	925		4 758
浙江	10 221	70	205	42	14 702
安徽	347 015	1 132	1 895		29 819
福建	62 618		3 918	24 029	112 898
江西	720 669	8 952	31 163	8 143	79 418
山东	99 284	3 004	123		1 254
河南	306 816	873	22 379		58 020
湖北	1 027 487	42 449	93 816	8 165	101 249
湖南	627 702	14 186	61 041	61 925	33 243
广东	58 626		7 998	1 405 784	661 381
广西	16 378		3 581	2 345 604	256 846
海南	148 548		4 705	300 926	543 535
重庆	4 600				704
四川	4 332		30		1 903
贵州	6 357		807		9 120
云南	57 132		75	456 820	194 497
陕西	63 347	939	658		7 237
甘肃	257 210	7 697	25 674		34 076
青海	31 297		9 190		
宁夏	354 186		3 681		49 338
新疆（兵团）	2 228 898	1 716 966	169 898	2 035 694	2 784 161
新疆（农业）	276 508	89 169	12 434	63 251	178 554
新疆（畜牧）	776 260	208 717	36 039	323 770	56 557
热科院	1 859		5	475	251
广州					
南京					

1－5 各垦区主要工业产品产量

地　区	发电量（万千瓦时）	原煤（吨）	农用化肥（吨）	水泥（吨）	砖（万块）	机制纸及纸板（吨）
全国农垦	**6 223 450**	**26 613 415**	**879 437**	**27 412 473**	**1 768 996**	**644 740**
北　京						
天　津						
河　北	149 648		17 634	347 987	11 718	26 870
山　西			1 400			
内蒙古	8 000	15 530 000		410 000	25 032	1 920
辽　宁			19 040	191 699	12 148	2 000
吉　林				619 518	1 215	36 080
黑龙江	102 361	150 000	26 762	1 050 508	141 844	4 324
上　海						
江　苏			916		24 378	
浙　江	30 177			1 016 400	1 330	
安　徽					3 189	
福　建	11 342	28 900	40	435 605	20 286	3 820
江　西	76 743	772 482	8 270	172 086	87 832	76 918
山　东			3 776		8 073	
河　南			4 086		6 315	
湖　北	14 449		155 377	3 532 992	352 444	84 796
湖　南	6 733				41 595	39 959
广　东	16 154			401 000	40 525	73 388
广　西	20 049		105 153	494 647	119 271	145 433
海　南	14 493			460 000	13 829	200
重　庆						
四　川	2 159					
贵　州	120	14 600				
云　南	38 748		9 062	213 589	14 724	
陕　西		601 200				
甘　肃				33		
青　海						
宁　夏					28 412	
新疆（兵团）	5 719 042	9 400 367	527 921	18 066 409	771 181	149 032
新疆（农业）	1 467	115 866			37 030	
新疆（畜牧）	11 765				6 625	
热科院						
广　州						
南　京						

1-5续表

地区	纱（吨）	布（万米）	成品糖（吨）	饮料酒（千升）	乳制品（吨）	食用植物油（吨）
全国农垦	**640 572**	**48 254**	**2 835 658**	**1 683 740**	**3 717 634**	**4 073 151**
北京				24	505 020	
天津				20 563	72 199	
河北				5 514	621 457	872
山西				170	320	
内蒙古				1 761	7 456	46 957
辽宁			24 850	356 830	127 478	31 210
吉林				65		
黑龙江			935	121 669	277 660	1 825 329
上海			1 271 964	99 405	1 165 905	
江苏						8 827
浙江		2 702			4 700	
安徽	7 000			6 722	2 508	2 508
福建	1 500	1 850		6 096	1 195	2 970
江西	31 679	506		113 096		21 530
山东						
河南	20 455			2 409	14 306	
湖北	307 521	36 877		269 779	264 113	889 449
湖南	39 389	344	4 439	4 989	5 557	4 018
广东			442 987	2 887	109 250	465 945
广西			847 658	21 086	1 674	848
海南			33 693	95		88
重庆					220 741	
四川				7 431	1 023	
贵州					45 822	
云南			55 407	1 257		
陕西					3 600	
甘肃				179 029		
青海						
宁夏				216 741	24 910	12
新疆（兵团）	210 102	5 975	153 725	241 994	133 616	761 385
新疆（农业）	22 926			4 127	573	11 203
新疆（畜牧）					70 457	
热科院						
广州					36 094	
南京						

1－6　主要农产品商品量

计量单位：吨

地　　区	1. 粮豆合计	＃大豆	2. 棉花	3. 油料	4. 肉类	＃猪肉
全国农垦	**32 333 028**	**1 318 852**	**1 979 652**	**737 989**	**2 489 027**	**1 479 507**
北　　京				6	197 236	5 425
天　　津	14 214	21	145		1 971	1 321
河　　北	404 517	944	18 464	1 332	62 503	36 343
山　　西	25 066	123	106	322	3 591	1 293
内 蒙 古	1 639 182	187 858		261 099	68 947	17 213
辽　　宁	1 145 337	13 301		5 953	263 381	110 171
吉　　林	799 891	6 187		12 038	46 925	21 558
黑 龙 江	20 563 905	1 006 170		5 486	311 232	205 515
上　　海	330 882			103	60 617	59 329
江　　苏	740 329	1 209	712	925	62 442	17 646
浙　　江	6 812	934	70	205	21 643	21 600
安　　徽	330 869	32 453	1 132	1 230	14 386	6 036
福　　建	45 521	1 645		3 700	44 982	39 933
江　　西	563 228	3 454	7 760	16 441	82 457	75 409
山　　东	97 525	1 217	2 541	105	9 965	2 006
河　　南	268 962	16 316	835	17 160	36 603	35 503
湖　　北	817 448	15 477	41 707	89 916	195 000	164 993
湖　　南	627 702	2 675	14 067	61 041	161 624	151 392
广　　东	46 907	202		5 108	109 949	86 844
广　　西	10 250	272		2 740	145 994	134 156
海　　南	132 208	685		3 858	95 420	75 946
重　　庆					10 094	6 496
四　　川	1 131	4		27	1 914	245
贵　　州	4 051	10		313	36	36
云　　南	44 192			58	6 314	4 768
陕　　西	51 003	568	939	591	1 308	1 055
甘　　肃	242 745	710	7 645	25 435	4 841	1 826
青　　海	26 908			7 719	1 930	162
宁　　夏	336 136	183		3 339	4 659	3 185
新疆（兵团）	2 228 900	18 365	1 670 454	169 898	377 222	184 509
新疆（农业）	276 508	2 872	78 169	10 434	9 663	4 238
新疆（畜牧）	510 699	4 998	134 906	31 386	73 723	2 994
热 科 院				20	379	362
广　　州						
南　　京					75	

1-7 固定资产投资完成情况

计量单位：万元

地区	投资总额	投资中：			新增固定资产
		第一产业	第二产业	第三产业	
全国农垦	**45 557 776**	**4 875 180**	**22 390 803**	**18 291 793**	**30 587 857**
北京	180 551	66 490	51 911	62 150	126 894
天津	45 339		3 093	42 246	3 093
河北	4 755 230	367 630	2 891 722	1 495 878	3 159 455
山西	26 593	5 506	21 000	87	35 688
内蒙古	618 967	205 048	283 816	130 103	311 563
辽宁	3 194 434	487 574	1 261 463	1 445 397	3 181 607
吉林	22 898	4 303	16 933	1 662	9 279
黑龙江	2 114 235	591 411	325 892	1 196 932	1 425 280
上海	200 400	63 031	83 412	53 958	160 959
江苏	349 528	38 282	102 937	208 309	152 130
浙江	33 966	918	33 030	18	33 584
安徽	65 875	17 895	1 884	46 097	61 329
福建	615 239	7 971	592 263	15 005	116 339
江西	2 197 281	42 190	1 426 312	728 779	973 375
山东	279 845	66 967	97 795	115 083	266 103
河南	57 944	10 049	43 422	4 473	57 561
湖北	7 795 873	713 952	5 210 955	1 870 966	5 799 310
湖南	1 036 929	294 710	626 177	116 042	758 225
广东	256 170	72 614	65 198	118 358	179 569
广西	2 810 008	190 316	1 236 890	1 382 802	1 127 576
海南	594 184	123 063	22 696	448 425	540 247
重庆	30 183	19 891	5 690	4 602	14 328
四川	8 317	536	7 781		8 095
贵州	4 207	752	3 455		4 207
云南	104 096	21 314	15 782	67 000	41 211
陕西	7 535	2 698	809	4 028	1 458
甘肃	139 520	56 065	21 948	61 507	61 461
青海	2 388	1 355	1 008	25	765
宁夏	180 721	54 863	24 446	101 412	160 630
新疆(兵团)	17 613 292	1 239 348	7 882 070	8 491 874	11 656 021
新疆(农业)	23 475	15 928	3 845	3 702	14 982
新疆(畜牧)	158 495	81 688	22 259	54 549	122 407
热科院	20 012			20 012	18 504
广州	13 915	10 823	2 910	182	4 490
南京	130			130	130

1－8 各垦区粮、油产量的位次及比重

地　　区	粮食总产量（吨）	排序	占全国农垦比重（%）	油料总产量（吨）	排序	占全国农垦比重（%）
全国农垦	**35 380 680**			**825 740**		
北　　京	2 491	32	0.01	6		
天　　津	14 230	27	0.04			
河　　北	451 667	11	1.28	1 424	20	0.17
山　　西	35 714	24	0.10	347	24	0.04
内 蒙 古	2 005 035	3	5.67	305 725	1	37.02
辽　　宁	1 393 852	4	3.94	6 279	14	0.76
吉　　林	839 127	7	2.37	13 194	9	1.60
黑 龙 江	21 806 898	1	61.64	8 414	12	1.02
上　　海	332 625	14	0.94	110	27	0.01
江　　苏	1 011 691	6	2.86	925	21	0.11
浙　　江	10 221	28	0.03	205	25	0.02
安　　徽	347 015	13	0.98	1 895	19	0.23
福　　建	62 618	21	0.18	3 918	16	0.47
江　　西	720 669	9	2.04	31 163	6	3.77
山　　东	99 284	19	0.28	123	26	0.01
河　　南	306 816	15	0.87	22 379	8	2.71
湖　　北	1 027 487	5	2.90	93 816	3	11.36
湖　　南	627 702	10	1.77	61 041	4	7.39
广　　东	58 626	22	0.17	7 998	13	0.97
广　　西	16 378	26	0.05	3 581	18	0.43
海　　南	148 548	18	0.42	4 705	15	0.57
重　　庆	4 600	30	…			
四　　川	4 332	31	0.01	30	29	…
贵　　州	6 357	29	0.02	807	22	0.10
云　　南	57 132	23	0.16	75	28	0.01
陕　　西	63 347	20	0.18	658	23	0.08
甘　　肃	257 210	17	0.73	25 674	7	3.11
青　　海	31 297	25	0.09	9 190	11	1.11
宁　　夏	354 186	12	1.00	3 681	17	0.45
新疆（兵团）	2 228 898	2	6.30	169 898	2	20.58
新疆（农业）	276 508	16	0.78	12 434	10	1.51
新疆（畜牧）	776 260	8	2.19	36 039	5	4.36
热 科 院	1 859	33	…	5	31	…
广　　州						
南　　京						

1－9　各垦区糖料、水果产量的位次及比重

地　　区	糖料总产量（吨）	排序	占全国农垦比重（%）	水果总产量（吨）	排序	占全国农垦比重（%）
全国农垦	**7 068 165**			**5 471 147**		
北　　京				854	29	0.02
天　　津				3 520	25	0.06
河　　北	9 980	11	0.14	22 596	18	0.41
山　　西	45	16	…	566	31	0.01
内 蒙 古	22 312	10	0.32	11 830	21	0.22
辽　　宁	1 200	14	0.02	175 977	7	3.22
吉　　林				16 563	19	0.30
黑 龙 江				24 099	17	0.44
上　　海				1 621	27	0.03
江　　苏				4 758	24	0.09
浙　　江	42	17	…	14 702	20	0.27
安　　徽				29 819	16	0.55
福　　建	24 029	9	0.34	112 898	8	2.06
江　　西	8 143	13	0.12	79 418	10	1.45
山　　东				1 254	28	0.02
河　　南				58 020	11	1.06
湖　　北	8 165	12	0.12	101 249	9	1.85
湖　　南	61 925	8	0.88	33 243	15	0.61
广　　东	1 405 784	3	19.89	661 381	2	12.09
广　　西	2 345 604	1	33.19	256 846	4	4.69
海　　南	300 926	6	4.26	543 535	3	9.93
重　　庆				704	30	0.01
四　　川				1 903	26	0.03
贵　　州				9 120	22	0.17
云　　南	456 820	4	6.46	194 497	5	3.55
陕　　西				7 237	23	0.13
甘　　肃				34 076	14	0.62
青　　海						
宁　　夏				49 338	13	0.90
新疆（兵团）	2 035 694	2	28.80	2 784 161	1	50.89
新疆（农业）	63 251	7	0.89	178 554	6	3.26
新疆（畜牧）	323 770	5	4.58	56 557	12	1.03
热 科 院	475	15	0.01	251	32	…
广　　州						
南　　京						

1-10 各垦区肉类、牛奶产量的位次及比重

地　　区	肉类总产量（吨）	排序	占全国农垦比重（%）	牛奶总产量（吨）	排序	占全国农垦比重（%）
全国农垦	**2 614 584**			**3 751 405**		
北　　京	204 578	4	7.82	306 258	5	8.16
天　　津	1 971	30	0.08	125 579	10	3.35
河　　北	62 982	13	2.41	519 655	3	13.85
山　　西	3 756	27	0.14	34 214	15	0.91
内 蒙 古	90 183	11	3.45	575 166	2	15.33
辽　　宁	312 155	3	11.94	147 345	9	3.93
吉　　林	47 454	16	1.81	10 990	21	0.29
黑 龙 江	324 030	2	12.39	466 405	4	12.43
上　　海	60 617	15	2.32	304 091	6	8.11
江　　苏	62 568	14	2.39	13 220	20	0.35
浙　　江	21 643	19	0.83	4 700	24	0.13
安　　徽	15 313	20	0.59	2 400	28	0.06
福　　建	45 383	17	1.74	4 391	25	0.12
江　　西	90 361	10	3.46	13 701	19	0.37
山　　东	10 077	23	0.39	40 683	13	1.08
河　　南	38 004	18	1.45	7 339	23	0.20
湖　　北	195 991	5	7.50	26 143	16	0.70
湖　　南	161 624	6	6.18	744	30	0.02
广　　东	114 404	8	4.38	37 866	14	1.01
广　　西	147 144	7	5.63	4 111	26	0.11
海　　南	105 973	9	4.05	1	33	…
重　　庆	10 094	22	0.39	85 000	11	2.27
四　　川	2 016	29	0.08	7 592	22	0.20
贵　　州	383	33	0.01	46 245	12	1.23
云　　南	8 035	24	0.31	303	31	0.01
陕　　西	1 494	31	0.06	3 918	27	0.10
甘　　肃	5 232	26	0.20	1 185	29	0.03
青　　海	2 711	28	0.10	152	32	0.00
宁　　夏	6 310	25	0.24	175 912	7	4.69
新疆（兵团）	377 222	1	14.43	590 663	1	15.75
新疆（农业）	10 263	21	0.39	16 220	18	0.43
新疆（畜牧）	74 098	12	2.83	154 541	8	4.12
热 科 院	441	32	0.02			
广　　州				24 672	17	0.66
南　　京	75	34	0.00			

1－11　生产总值

（2014 年）　　计量单位：万元

指标名称	增加值合计（按当年价格计算）	劳动者报酬	固定资产折旧	生产税净额		营业盈余
					补贴	
一、收入总值	**64 188 787**	**29 041 048**	**8 326 105**	**5 821 481**	**578 114**	**21 000 153**
二、生产总值	**64 203 662**	**29 055 923**	**8 326 105**	**5 821 481**	**578 114**	**21 000 153**
第一产业（不含农林牧渔服务业）	17 434 454	10 063 666	1 437 450	－133 549	439 911	6 066 886
第二产业	28 662 488	10 191 706	4 503 514	4 166 242	91 444	9 801 026
采矿业（不含开采辅助活动）	832 338	270 587	160 998	141 931	647	258 823
制造业（不含金属制品机械和设备修理业）	20 414 400	6 127 624	3 608 577	3 020 380	48 856	7 657 819
电力热力燃气及水生产和供应业	894 807	270 299	257 960	150 754	749	215 794
建筑业	6 520 943	3 523 196	475 979	853 177	51 630	1 668 591
第三产业	18 106 720	8 800 551	2 385 140	1 788 788	46 759	5 132 240
批发和零售业	5 455 429	2 346 727	459 509	804 773	30 235	1 844 421
交通运输仓储和邮政业	2 272 068	1 037 673	321 075	195 572	6 605	717 748
住宿和餐饮业	1 386 879	702 689	183 657	119 323	96	381 210
信息传输软件和信息技术服务业	220 044	84 114	41 567	14 758	53	79 605
金融业	948 420	251 000	49 312	79 167		568 941
房地产业	1 869 705	338 460	547 999	375 040		608 206
租赁和商务服务业	335 067	237 296	73 020	53 063	933	－28 313
科学研究和技术服务业	293 555	164 059	68 585	14 920		45 991
水利环境和公共设施管理业	233 769	149 786	49 424	4 599	18	29 960
居民服务修理和其他服务业	1 204 927	668 835	120 156	71 041	120	344 896
教育	925 947	788 090	104 975	2 463	55	30 419
卫生和社会工作	800 793	601 514	76 069	2 544	203	120 666
文化体育和娱乐业	132 382	72 439	22 368	9 942	67	27 634
公共管理社会保障和社会组织	1 353 519	990 455	161 268	25 741	6 270	176 054
国际组织						
农林牧渔业中的服务业，采矿业中的开采辅助活动，制造业中的金属制品机械和设备修理业	692 338	367 396	106 154	15 850	2 107	202 939
三、国（地区）外汇回要素收入	**－14 875**	**－14 875**				
国（地区）外汇回要素收入	4	4				
国（地区）内汇出要素收入	14 879	14 879				

1－12　各垦区按产业分的农垦总收入

（2014年）　　计量单位：万元

地　区	农垦总收入	生产总值	第一产业（农业）	第二产业	采矿业（不含辅助业）	制造业（不含修理业）	电力热力燃气及水生产供应业	建筑业
全国农垦	**64 188 787**	**64 203 662**	**17 434 454**	**28 662 488**	**832 338**	**20 414 400**	**894 807**	**6 520 943**
北　京	565 822	565 822	135 287	157 193		155 485		1 708
天　津	166 631	166 631	27 977	25 864		24 543		1 321
河　北	4 280 685	4 280 685	427 801	2 310 360	921	1 852 738	51 150	405 551
山　西	59 281	59 281	14 660	25 010	160	24 850		
内蒙古	1 507 076	1 507 076	844 754	418 401	163 606	169 251	7 052	78 492
辽　宁	3 104 842	3 104 842	979 927	1 545 424	95 520	1 081 448	82 420	286 036
吉　林	412 476	412 476	179 681	151 112		113 541	34 251	3 320
黑龙江	11 335 478	11 335 478	5 436 584	2 500 794	85 100	1 687 576	141 458	586 660
上　海	1 528 094	1 528 094	153 679	507 100		483 168	245	23 687
江　苏	1 261 168	1 261 168	241 898	654 103		604 626		49 477
浙　江	217 026	217 026	13 486	201 212		193 435	7 777	
安　徽	238 797	238 797	108 917	50 745		32 475	540	17 731
福　建	527 935	527 935	102 691	369 492	6 880	331 388	15 012	16 212
江　西	1 993 943	1 993 943	253 737	1 298 103	93 561	1 053 959	30 925	119 658
山　东	218 139	218 139	67 790	135 583		126 314		9 269
河　南	174 738	174 738	86 420	57 006		52 433		4 573
湖　北	8 680 000	8 680 000	941 715	5 895 162	20 616	4 834 683	44 606	995 257
湖　南	1 366 132	1 366 132	354 325	741 345		289 977		451 368
广　东	1 394 859	1 394 859	435 309	613 290		543 417		69 873
广　西	4 178 952	4 178 952	471 905	2 626 342	52 744	1 933 611	7 032	632 955
海　南	1 577 941	1 577 941	781 518	174 513	1 536	47 615	3 728	121 634
重　庆	166 868	166 868	13 877	106 692		103 363		3 329
四　川	22 092	22 092	6 382	12 572		7 369	5 203	
贵　州	42 168	42 168	12 078	30 090		30 090		
云　南	420 016	420 016	264 376	37 698		22 343	12 698	2 657
陕　西	47 213	47 213	29 832	9 332	5 869	3 463		
甘　肃	145 557	145 557	70 035	61 783	3 040	51 202	4 267	3 274
青　海	49 429	49 429	42 814	668		668		
宁　夏	220 088	220 088	108 414	70 314		46 562		23 751
新疆（兵团）	17 371 967	17 386 842	4 169 643	7 768 658	300 436	4 450 785	440 923	2 576 514
新疆（农业）	237 445	237 445	165 472	39 135	838	23 054	245	14 998
新疆（畜牧）	573 341	573 341	484 161	54 605	1 511	26 181	5 275	21 637
热科院	73 466	73 466						
广　州	25 325	25 325	6 834	11 661		11 661		
南　京	3 796	3 796	476	1 127		1 127		

1-12 续表 1

地　　区	第三产业	批发和零售业	交通运输及仓储业	住宿和餐饮业	信息传输、计算机服务和软件业	金融业	房地产业	租赁和商务服务业
全国农垦	**18 106 720**	**5 455 429**	**2 272 068**	**1 386 879**	**220 044**	**948 420**	**1 869 705**	**335 067**
北　　京	273 342	17 580	19 199	103 663			75 685	21 443
天　　津	112 790	55 570	280	163		28 429	19 466	15 733
河　　北	1 542 525	408 145	275 850	168 547	37 826	55 053	219 998	40 954
山　　西	19 611	15 857	399	1 152				527
内 蒙 古	243 921	74 699	48 877	34 699	1 428	1 500	12 384	964
辽　　宁	579 491	178 732	112 530	88 632	6 818	13 184	67 358	11 308
吉　　林	81 683	53 056	9 786	8 643	9			13
黑 龙 江	3 398 100	968 556	432 385	228 431	41 825	213 330	259 607	56 529
上　　海	867 315	413 223	168 443	19 293	660		266 212	—33 447
江　　苏	365 167	131 210	33 177	21 729	126	1 308	60 588	676
浙　　江	2 328	589	56	422			37	385
安　　徽	79 135	14 676	5 734	16 119			21 381	1 593
福　　建	55 752	17 050	10 263	5 963	973	397	57	1 877
江　　西	442 103	119 576	46 220	84 463	686	3 594	23 730	34 283
山　　东	14 766	5 179	2 895	1 763				
河　　南	31 312	13 353	4 332	2 190	25	2 162	529	160
湖　　北	1 843 123	762 686	183 231	89 463	33 477	86 633	184 316	49 232
湖　　南	270 462	61 009	70 190	17 852	5 800	9 125	33 179	1 778
广　　东	346 260	77 682	37 847	33 464			3 269	
广　　西	1 080 705	511 758	139 583	121 950		26 188	86 196	218
海　　南	621 910	134 979	31 332	28 023	225	11 391	35 307	6 541
重　　庆	46 299	450	13 151	3 253		3 213	22 409	3 707
四　　川	3 138			339				2 398
贵　　州								
云　　南	117 942	29 877	14 917	15 778				
陕　　西	8 049	588		1 651				162
甘　　肃	13 739	3 418	763	1 296				875
青　　海	5 948							5 948
宁　　夏	41 361	8 470	6 928	4 951	23	28	1 339	
新疆（兵团）	5 448 541	1 354 197	583 801	270 470	89 977	492 885	475 238	104 940
新疆（农业）	32 838	11 656	8 908	6 409			1 159	930
新疆（畜牧）	34 575	9 078	10 921	5 665	166			
热 科 院	73 466	132		202				91
广　　州	6 830	1 930						4 900
南　　京	2 193	468	70	241			262	350

1－12 续表 2

地区	第三产业					
	科学研究和综合技术服务业	水利、环境和公共设施管理业	居民服务和其他服务业	教育	卫生、社会保障和社会福利业	文化、体育和娱乐业
全国农垦	**293 555**	**233 769**	**1 204 927**	**925 947**	**800 793**	**132 382**
北京			33 669	455	39	－583
天津	864		10 174	55	192	
河北	4 620	18 509	92 313	49 067	27 592	10 373
山西			268		111	
内蒙古	919	205	20 650	9 143	12 213	434
辽宁	5 001	8 989	29 539	12 780	8 123	4 868
吉林	9		1 307	6 672	1 387	245
黑龙江	28 859	85 834	219 436	199 881	198 924	12 109
上海	2 213	3 917	7 742	8 209	7 378	
江苏	1 207	716	87 158	1 582	18 311	801
浙江			569	23	19	
安徽	540		8 472	242	2 404	
福建	1 628	295	7 911	1 467	655	194
江西	492	2 765	106 758	11 075	1 278	3 634
山东	12		2 732		18	
河南	109	674	505	1 142	507	89
湖北	41 238	29 634	40 957	108 617	49 497	11 112
湖南	468	1 400	18 442	19 400	5 930	17 000
广东	1 767		82 458	36 036	41 348	
广西	8 463		111 528	16 746	7 713	2 965
海南	1 541	92	100 530	5 138	56 110	4 385
重庆	116					
四川			401			
贵州						
云南	6 727	130	20 214		368	
陕西			1 435	669	171	
甘肃	633	－8	1 264	968	506	
青海						
宁夏	260	84	17 263	523	64	
新疆（兵团）	112 444	80 337	176 870	434 537	358 669	64 482
新疆（农业）	286	169	342		727	170
新疆（畜牧）	98	28	3 599	1 139	538	104
热科院	73 041					
广州						
南京			421	382		

1－12 续表 3

地　区	第三产业			国（地区）外净要素收入	国（地区）外汇回要素收入	国（地区）内汇出要素收入
	公共管理和社会组织	国际组织	农林牧渔服务业采矿辅助业制造业中修理业			
全国农垦	**1 353 519**		**692 338**	**－14 875**	**4**	**14 879**
北　京	2 191					
天　津						
河　北	74 877		58 801			
山　西	422		875			
内蒙古	16 216		9 590			
辽　宁	31 629					
吉　林	210		346			
黑龙江	260 228		192 166			
上　海			3 472			
江　苏	6 578					
浙　江	168		60			
安　徽			7 974			
福　建	2 994		4 028			
江　西	2 967		582			
山　东	1 230		937			
河　南	4 239		1 296			
湖　北	133 615		39 415			
湖　南	8 889					
广　东	32 389					
广　西	14 520		32 877			
海　南	154 233		52 083			
重　庆						
四　川						
贵　州						
云　南	7 855		22 076			
陕　西	17		3 356			
甘　肃	3 879		145			
青　海						
宁　夏	1 429					
新疆（兵团）	589 437		260 244	－14 875	4	14 879
新疆（农业）	67		2 015			
新疆（畜牧）	3 240					
热科院						
广　州						
南　京						

1－13 各垦区生产总值构成

（2014年） 生产总值＝100

地区	第一产业（不含农林牧渔服务业）	第二产业	工业	采矿业（不含辅助业）	制造业（不含修理业）	电力热力燃气及水生产供应业	建筑业	第三产业
全国农垦	**27.2**	**44.6**	**34.5**	**1.3**	**31.8**	**1.4**	**10.2**	**28.2**
北京	23.9	27.8	27.5	0.0	27.5	0.0	0.3	48.3
天津	16.8	15.5	14.7	0.0	14.7	0.0	0.8	67.7
河北	10.0	54.0	44.5	0.0	43.3	1.2	9.5	36.0
山西	24.7	42.2	42.2	0.3	41.9	0.0	0.0	33.1
内蒙古	56.0	27.8	22.6	10.9	11.2	0.5	5.2	16.2
辽宁	31.5	49.8	40.6	3.1	34.8	2.7	9.2	18.7
吉林	43.6	36.6	35.8	0.0	27.5	8.3	0.8	19.8
黑龙江	47.9	22.1	16.9	0.8	14.9	1.2	5.2	30.0
上海	10.0	33.2	31.6	0.0	31.6	0.0	1.6	56.8
江苏	19.1	51.9	47.9	0.0	47.9	0.0	3.9	29.0
浙江	6.2	92.7	92.7	0.0	89.1	3.6	0.0	1.1
安徽	45.6	21.3	13.8	0.0	13.6	0.2	7.4	33.1
福建	19.4	70.0	66.9	1.3	62.8	2.8	3.1	10.6
江西	12.7	65.1	59.2	4.7	52.9	1.6	6.0	22.2
山东	31.0	62.2	57.9	0.0	57.9	0.0	4.2	6.8
河南	49.5	32.6	30.0	0.0	30.0	0.0	2.6	17.9
湖北	10.9	67.9	56.4	0.2	55.7	0.5	11.5	21.2
湖南	25.9	54.3	21.2	0.0	21.2	0.0	33.0	19.8
广东	31.2	44.0	39.0	0.0	39.0	0.0	5.0	24.8
广西	11.3	62.8	47.8	1.3	46.3	0.2	15.1	25.9
海南	49.5	11.1	3.3	0.1	3.0	0.2	7.7	39.4
重庆	8.4	63.9	61.9	0.0	61.9	0.0	2.0	27.7
四川	28.9	56.9	57.0	0.0	33.4	23.6	0.0	14.2
贵州	28.6	71.4	71.4	0.0	71.4	0.0	0.0	0.0
云南	62.9	9.0	8.3	0.0	5.3	3.0	0.6	28.1
陕西	63.2	19.8	19.7	12.4	7.3	0.0	0.0	17.0
甘肃	48.2	42.4	40.2	2.1	35.2	2.9	2.2	9.4
青海	86.6	1.4	1.4	0.0	1.4	0.0	0.0	12.0
宁夏	49.3	31.9	21.2	0.0	21.2	0.0	10.8	18.8
新疆（兵团）	24.0	44.7	29.9	1.7	25.6	2.5	14.8	31.3
新疆（农业）	69.7	16.5	10.2	0.4	9.7	0.1	6.3	13.8
新疆（畜牧）	84.5	9.5	5.7	0.3	4.6	0.9	3.8	6.0
热科院	0.0	0.0	0.0	0.0	0.0	0.0	0.0	100.0
广州	27.0	46.0	46.0	0.0	46.0	0.0	0.0	27.0
南京	12.5	29.7	29.7	0.0	29.7	0.0	0.0	57.8

1－14　各垦区按要素分的生产总值

（2014 年）　　　　计量单位：万元

地　　区	合计（按当年价格计算）	劳动者报酬	固定资产折旧	生产税净额	＃补贴	营业盈余
全国农垦	**64 203 662**	**29 055 923**	**8 326 105**	**5 821 481**	**578 114**	**21 000 153**
北　　京	565 822	338 807	66 165	96 644	－1 141	64 206
天　　津	166 631	71 285	23 172	44 615		27 559
河　　北	4 280 685	1 515 942	647 384	392 481	3 589	1 724 878
山　　西	59 281	28 004	7 141	8 288	629	15 848
内 蒙 古	1 507 076	752 147	275 014	88 327	1 371	391 588
辽　　宁	3 104 842	1 287 464	540 035	325 544	9 746	951 799
吉　　林	412 476	353 113	18 617	6 639	173	34 107
黑 龙 江	11 335 478	4 238 481	1 372 739	150 211	317 057	5 574 047
上　　海	1 528 094	868 324	169 046	362 407	28 767	128 317
江　　苏	1 261 168	452 132	135 804	172 316	4 454	500 916
浙　　江	217 026	120 951	23 534	19 873	10	52 667
安　　徽	238 797	148 166	20 287	20 834		49 510
福　　建	527 935	205 964	110 393	46 415	520	165 163
江　　西	1 993 943	1 142 777	236 292	244 386	1 245	370 488
山　　东	218 139	54 392	28 707	21 561	48	113 479
河　　南	174 738	95 453	14 110	8 121	653	57 054
湖　　北	8 680 000	3 380 098	1 029 820	1 477 428		2 792 654
湖　　南	1 366 132	541 859	142 619	138 735	55 500	542 919
广　　东	1 394 859	553 989	120 263	97 172		623 435
广　　西	4 178 952	1 455 719	248 424	311 967		2 162 842
海　　南	1 577 941	1 126 288	118 175	70 124		263 354
重　　庆	166 868	74 289	23 161	26 422	980	42 996
四　　川	22 092	9 045	7 572	3 534	739	1 941
贵　　州	42 168	38 743	1 672	916		837
云　　南	420 016	321 708	74 878	17 056		6 374
陕　　西	47 213	23 984	8 808	2 346	1 043	12 075
甘　　肃	145 557	94 791	27 948	18 211	482	4 607
青　　海	49 429	41 909	3 678	2 026	1 500	1 816
宁　　夏	220 088	119 955	20 438	23 909		55 786
新疆(兵团)	17 386 842	9 001 129	2 697 213	1 542 829	97 942	4 145 671
新疆(农业)	237 445	128 216	26 598	37 368	24 716	45 263
新疆(畜牧)	573 341	426 460	39 022	38 016	27 831	69 842
热 科 院	73 466	28 100	45 009	187		170
广　　州	25 325	13 179	1 713	3 733	261	6 700
南　　京	3 796	3 060	654	838		－757

1－15 各垦区生产总值要素构成

（2014 年）　　　　生产总值＝100

地　区	劳动者报酬	固定资产折旧	生产税净额	营业盈余
全国农垦	**45.2**	**13.0**	**9.1**	**32.7**
北　京	59.9	11.7	17.1	11.3
天　津	42.8	13.9	26.8	16.5
河　北	35.4	15.1	9.2	40.3
山　西	47.3	12.0	14.0	26.7
内蒙古	49.9	18.2	5.9	26.0
辽　宁	41.4	17.4	10.5	30.7
吉　林	85.6	4.5	1.6	8.3
黑龙江	37.4	12.1	1.3	49.2
上　海	56.8	11.1	23.7	8.4
江　苏	35.8	10.8	13.7	39.7
浙　江	55.7	10.8	9.2	24.3
安　徽	62.1	8.5	8.7	20.7
福　建	39.0	20.9	8.8	31.3
江　西	57.2	11.9	12.3	18.6
山　东	24.9	13.2	9.9	52.0
河　南	54.6	8.1	4.6	32.7
湖　北	38.9	11.9	17.0	32.2
湖　南	39.7	10.4	10.2	39.7
广　东	39.7	8.6	7.0	44.7
广　西	34.8	5.9	7.5	51.8
海　南	71.4	7.5	4.4	16.7
重　庆	44.5	13.9	15.8	25.8
四　川	40.9	34.3	16.0	8.8
贵　州	91.8	4.0	2.2	2.0
云　南	76.6	17.8	4.1	1.5
陕　西	50.7	18.7	5.0	25.6
甘　肃	65.1	19.2	12.5	3.2
青　海	84.8	7.4	4.1	3.7
宁　夏	54.5	9.3	10.9	25.3
新疆（兵团）	51.8	15.5	8.9	23.8
新疆（农业）	54.0	11.2	15.7	19.1
新疆（畜牧）	74.4	6.8	6.6	12.2
热科院	38.2	61.3	0.3	0.2
广　州	52.0	6.8	14.7	26.5
南　京	80.6	17.2	22.1	－19.9

1－16　各垦区第一产业增加值

（2014 年）　　计量单位：万元

地　　区	合计（按当年价格计算）	劳动者报酬	固定资产折旧	生产税净额	#补贴	营业盈余
全国农垦	**17 434 454**	**10 063 666**	**1 437 450**	**－133 549**	**439 911**	**6 066 886**
北　京	135 287	115 528	21 094	－167	－1 563	－1 168
天　津	27 977	15 739	5 865	194		6 179
河　北	427 801	247 634	36 770	11 758		131 639
山　西	14 660	8 421	1 458	1 806	629	2 975
内 蒙 古	844 754	480 909	123 475	11 570	1 178	228 800
辽　宁	979 927	508 580	117 124	43 344	8 937	310 879
吉　林	179 681	166 069	3 755	－168	173	10 025
黑 龙 江	5 436 584	2 101 904	462 688	－309 570	310 252	3 181 562
上　海	153 679	76 364	28 615	599	25 548	48 101
江　苏	241 898	114 743	21 632	347	4 454	105 176
浙　江	13 486	8 304	1 105	374	10	3 703
安　徽	108 917	81 245	10 092	209		17 372
福　建	102 691	69 493	6 303	1 804	57	25 091
江　西	253 737	201 544	14 133	7 225	925	30 835
山　东	67 790	35 727	3 283	－30	48	28 810
河　南	86 420	58 313	5 285	750	653	22 072
湖　北	941 715	674 545	48 066	7 902		211 202
湖　南	354 325	139 146	65 678	35 400	7 352	114 101
广　东	435 309	221 484	44 096			169 729
广　西	471 905	272 746	33 209	865		165 085
海　南	781 518	679 214	32 702	6 203		63 399
重　庆	13 877	8 395	3 834	287	315	1 361
四　川	6 382	4 738	1 249	137	3	258
贵　州	12 078	11 593	219			266
云　南	264 376	246 157	26 797	707		－9 285
陕　西	29 832	16 502	1 591	147	933	11 592
甘　肃	70 035	63 964	10 924	467	370	－5 320
青　海	42 814	35 899	3 378	1 522	1 500	2 014
宁　夏	108 414	74 218	10 365	1 215		22 616
新疆（兵团）	4 169 643	2 843 702	255 962	－22 326	26 796	1 092 305
新疆（农业）	165 472	103 243	6 680	30 871	24 716	24 678
新疆（畜牧）	484 161	374 482	29 458	32 940	26 561	47 280
热 科 院						
广　州	6 834	2 643	548	67	64	3 576
南　京	476	478	17	2		－22

1-17 各垦区第二产业增加值

（2014 年） 计量单位：万元

地 区	合计（按当年价格计算）	劳动者报酬	固定资产折旧	生产税净额	# 补贴	营业盈余
全国农垦	**28 662 488**	**10 191 706**	**4 503 514**	**4 166 242**	**91 444**	**9 801 026**
北 京	157 193	93 497	20 608	35 612	304	7 476
天 津	25 864	23 421	7 699	13 172		−18 428
河 北	2 310 360	660 175	337 121	301 481		1 011 583
山 西	25 010	10 722	4 405	4 742		5 141
内 蒙 古	418 401	135 781	109 580	64 203	39	108 837
辽 宁	1 545 424	466 164	346 178	222 775	690	510 307
吉 林	151 112	117 320	13 879	2 814		17 099
黑 龙 江	2 500 794	793 726	283 704	269 797	2 229	1 153 567
上 海	507 100	249 265	67 839	127 395		62 601
江 苏	654 103	175 264	65 486	148 784		264 569
浙 江	201 212	110 255	22 239	19 390		49 328
安 徽	50 745	29 133	4 590	8 321		8 700
福 建	369 492	102 709	100 170	39 880	368	126 733
江 西	1 298 103	620 891	185 082	212 484	226	279 646
山 东	135 583	12 645	23 022	20 426		79 490
河 南	57 006	21 773	4 938	6 647		23 648
湖 北	5 895 162	1 964 431	815 853	1 211 200		1 903 678
湖 南	741 345	260 212	47 562	89 891	48 148	343 680
广 东	613 290	151 909	49 685	66 976		344 720
广 西	2 626 342	546 054	142 959	223 583		1 713 746
海 南	174 513	78 193	22 312	23 563		50 445
重 庆	106 692	52 383	16 416	17 647	665	20 246
四 川	12 572	3 412	4 887	2 637		1 636
贵 州	30 090	27 150	1 453	916		571
云 南	37 698	21 421	8 460	6 476		1 341
陕 西	9 332	3 347	3 638	2 075		272
甘 肃	61 783	22 433	13 441	16 585	90	9 324
青 海	668	668				
宁 夏	70 314	23 093	4 726	17 357		25 139
新疆(兵团)	7 768 658	3 361 626	1 753 259	978 967	38 354	1 674 806
新疆(农业)	39 135	13 235	14 452	4 536		6 912
新疆(畜牧)	54 605	30 336	6 846	3 160	331	14 263
热 科 院						
广 州	11 661	8 203	931	2 384		143
南 京	1 127	859	95	366		−193

1－18 各垦区工业增加值

（2014 年）　　计量单位：万元

地区	采矿业合计（不含辅助业）（按当年价格计算）	劳动者报酬	固定资产折旧	生产税净额	# 补贴	营业盈余
全国农垦	**832 338**	**270 587**	**160 998**	**141 931**	**647**	**258 823**
北京						
天津						
河北	921	595	259	105		－38
山西	160	70	16	27		47
内蒙古	163 606	30 220	50 333	38 213		44 840
辽宁	95 520	30 694	19 176	21 060		24 590
吉林						
黑龙江	85 100	24 679	11 063	9 361	99	39 997
上海						
江苏						
浙江						
安徽						
福建	6 880	4 868	410	621		981
江西	93 561	45 450	18 591	13 709	2	15 811
山东						
河南						
湖北	20 616	6 190	2 331	3 406		8 689
湖南						
广东						
广西	52 744	8 516	2 232	4 444		37 552
海南	1 536	587	347	126		476
重庆						
四川						
贵州						
云南						
陕西	5 869	1 350	2 653	1 778		88
甘肃	3 040	1 633	772	99		536
青海						
宁夏						
新疆（兵团）	300 436	114 369	52 433	48 770	342	84 864
新疆（农业）	838	689	183			－34
新疆（畜牧）	1 511	677	199	212	204	424
热科院						
广州						
南京						

1－18续表1

地　　区	制造业合计（不含修理业）（按当年价计算）	劳动者报酬	固定资产折旧	生产税净额	#补贴	营业盈余
全国农垦	**20 414 400**	**6 127 624**	**3 608 577**	**3 020 380**	**48 856**	**7 657 819**
北　　京	155 485	92 209	20 524	35 308	304	7 443
天　　津	24 543	22 301	7 658	13 027		－18 443
河　　北	1 852 738	497 617	260 840	246 604		847 677
山　　西	24 850	10 652	4 389	4 715		5 094
内 蒙 古	169 251	67 446	49 541	18 339	39	33 925
辽　　宁	1 081 448	286 051	267 112	137 489	667	390 796
吉　　林	113 541	80 562	13 385	2 778		16 816
黑 龙 江	1 687 576	482 155	210 882	185 844	1 965	808 695
上　　海	483 168	240 666	67 452	121 594	10 437	53 456
江　　苏	604 626	153 025	54 636	145 496		251 469
浙　　江	193 435	108 805	20 704	17 040		46 886
安　　徽	32 475	15 875	4 229	5 616		6 754
福　　建	331 388	84 814	96 776	35 026	355	114 772
江　　西	1 053 959	495 552	127 665	180 394	209	250 348
山　　东	126 314	9 325	22 555	19 110		75 324
河　　南	52 433	19 488	4 771	6 060		22 114
湖　　北	4 834 683	1 498 001	727 917	940 644		1 668 121
湖　　南	289 977	146 656	27 877	38 226		77 218
广　　东	543 417	122 439	43 400	60 724		316 854
广　　西	1 933 611	324 296	84 992	169 222		1 355 101
海　　南	47 615	33 384	8 106	8 286		－2 161
重　　庆	103 363	51 716	16 339	16 339	665	18 969
四　　川	7 369	2 858	357	2 637		1 517
贵　　州	30 090	27 150	1 453	916		571
云　　南	22 343	15 012	5 594	4 530		－2 793
陕　　西	3 463	1 997	985	297		184
甘　　肃	51 202	18 400	9 323	14 986	90	8 493
青　　海	668	668				
宁　　夏	46 562	9 930	4 191	15 015		17 427
新疆（兵团）	4 450 785	1 182 275	1 432 244	567 590	34 125	1 268 676
新疆（农业）	23 054	8 912	7 109	2 173		4 860
新疆（畜牧）	26 181	8 325	4 545	1 606		11 705
热 科 院						
广　　州	11 661	8 203	931	2 384		143
南　　京	1 127	859	95	366		－193

1－18续表2

地　　区	电力热力燃气及水生产供应业（按当年价计算）	劳动者报酬	固定资产折旧	生产税净额	#补贴	营业盈余
全国农垦	**894 807**	**270 299**	**257 960**	**150 754**	**749**	**215 794**
北　　京						
天　　津						
河　　北	51 150	12 069	20 966	5 783		12 332
山　　西						
内 蒙 古	7 052	3 692	598	650		2 112
辽　　宁	82 420	20 630	28 070	15 476		18 244
吉　　林	34 251	34 251				
黑 龙 江	141 458	41 023	18 390	15 560	165	66 485
上　　海	245		152	88		5
江　　苏						
浙　　江	7 777	1 450	1 535	2 350		2 442
安　　徽	540	394	93	27		26
福　　建	15 012	4 091	1 680	2 348		6 893
江　　西	30 925	21 403	7 974	605	1	943
山　　东						
河　　南						
湖　　北	44 606	23 959	5 585	3 907		11 155
湖　　南						
广　　东						
广　　西	7 032	1 135	297	592		5 008
海　　南	3 728	1 218	699	352		1 459
重　　庆						
四　　川	5 203	554	4 530			119
贵　　州						
云　　南	12 698	5 345	2 411	1 603		3 339
陕　　西						
甘　　肃	4 267	515	3 296	673		−217
青　　海						
宁　　夏						
新疆（兵团）	440 923	95 221	159 905	99 843	583	85 954
新疆（农业）	245	123	35	20		67
新疆（畜牧）	5 275	3 226	1 744	877		−572
热 科 院						
广　　州						
南　　京						

1－19　各垦区建筑业增加值

（2014 年）　　计量单位：万元

地　　区	合计（按当年价格计算）	劳动者报酬	固定资产折旧	生产税净额	＃补贴	营业盈余
全国农垦	**6 520 943**	**3 523 196**	**475 979**	**853 177**	**51 630**	**1 668 591**
北　　京	1 708	1 287	84	304		33
天　　津	1 321	1 120	41	145		15
河　　北	405 551	149 894	55 056	48 989		151 612
山　　西						
内 蒙 古	78 492	34 423	9 108	7 001		27 960
辽　　宁	286 036	128 789	31 820	48 750	23	76 677
吉　　林	3 320	2 507	494	36		283
黑 龙 江	586 660	245 869	43 369	59 032		238 390
上　　海	23 687	8 599	235	5 713		9 140
江　　苏	49 477	22 239	10 850	3 288		13 100
浙　　江						
安　　徽	17 731	12 865	268	2 678		1 920
福　　建	16 212	8 936	1 304	1 885	13	4 087
江　　西	119 658	58 486	30 852	17 776	14	12 544
山　　东	9 269	3 320	467	1 316		4 166
河　　南	4 573	2 285	167	587		1 534
湖　　北	995 257	436 281	80 020	263 243		215 713
湖　　南	451 368	113 556	19 685	51 665	48 148	266 462
广　　东	69 873	29 470	6 285	6 252		27 866
广　　西	632 955	212 107	55 438	49 325		316 085
海　　南	121 634	43 004	13 160	14 799		50 671
重　　庆	3 329	667	77	1 308		1 277
四　　川						
贵　　州						
云　　南	2 657	1 064	455	343		795
陕　　西						
甘　　肃	3 274	1 885	50	827		512
青　　海						
宁　　夏	23 751	13 163	535	2 342		7 712
新疆(兵团)	2 576 514	1 969 761	108 677	262 764	3 304	235 312
新疆(农业)	14 998	3 511	7 125	2 343		2 019
新疆(畜牧)	21 637	18 108	358	465	128	2 706
热 科 院						
广　　州						
南　　京						

1－20 各垦区第三产业增加值

（2014年） 计量单位：万元

地区	合计（按当年价格计算）	劳动者报酬	固定资产折旧	生产税净额	#补贴	营业盈余
全国农垦	**18 106 720**	**8 800 551**	**2 385 140**	**1 788 788**	**46 759**	**5 132 240**
北京	273 342	129 782	24 463	61 199	118	57 898
天津	112 790	32 125	9 608	31 249		39 808
河北	1 542 525	608 133	273 493	79 242	3 589	581 657
山西	19 611	8 861	1 278	1 740		7 732
内蒙古	243 921	135 457	41 959	12 554	154	53 951
辽宁	579 491	312 720	76 733	59 425	119	130 613
吉林	81 683	69 724	983	3 993		6 983
黑龙江	3 398 100	1 342 851	626 347	189 984	4 576	1 238 918
上海	867 315	542 695	72 592	234 413	3 219	17 615
江苏	365 167	162 125	48 686	23 185		131 171
浙江	2 328	2 392	190	110		－364
安徽	79 135	37 788	5 605	12 304		23 438
福建	55 752	33 762	3 920	4 731	95	13 339
江西	442 103	320 342	37 077	24 677	94	60 007
山东	14 766	6 020	2 402	1 165		5 179
河南	31 312	15 366	3 887	724		11 334
湖北	1 843 123	741 122	165 901	258 326		677 774
湖南	270 462	142 501	29 379	13 444		85 138
广东	346 260	180 596	26 482	30 196		108 986
广西	1 080 705	636 919	72 256	87 519		284 011
海南	621 910	368 881	63 161	40 358		149 510
重庆	46 299	13 511	2 911	8 488		21 389
四川	3 138	895	1 436	760	736	47
贵州						
云南	117 942	54 130	39 621	9 873		14 318
陕西	8 049	4 135	3 579	124	110	211
甘肃	13 739	8 394	3 583	1 159	22	603
青海	5 948	5 342	300	504		－198
宁夏	41 361	22 644	5 347	5 338		8 031
新疆（兵团）	5 448 541	2 795 801	687 992	586 188	32 792	1 378 560
新疆（农业）	32 838	11 738	5 466	1 961		13 673
新疆（畜牧）	34 575	21 642	2 718	1 916	938	8 299
热科院	73 466	28 100	45 009	188		170
广州	6 830	2 333	234	1 282	197	2 981
南京	2 193	1 723	542	470		－542

1－21 各垦区交通运输、仓储和邮政业增加值

（2014 年）　　计量单位：万元

地　区	合计（按当年价格计算）	劳动者报酬	固定资产折旧	生产税净额	# 补贴	营业盈余
全国农垦	**2 272 068**	**1 037 673**	**321 075**	**195 572**	**6 605**	**717 748**
北　京	19 199	9 028	3 900	1 788	118	4 483
天　津	280	341	18	14		−93
河　北	275 850	120 224	26 306	16 389		112 931
山　西	399	221	62	13		103
内蒙古	48 877	24 447	6 900	1 246	89	16 284
辽　宁	112 530	59 776	15 390	12 219		25 145
吉　林	9 786	6 005	148	327		3 306
黑龙江	432 385	152 265	58 940	27 407	772	193 773
上　海	168 443	122 259	23 836	5 308	2 759	17 040
江　苏	33 177	16 274	8 921	2 038		5 944
浙　江	56	112	2			−58
安　徽	5 734	3 619	710	445		960
福　建	10 263	6 240	1 184	709		2 130
江　西	46 220	34 865	3 769	2 403	66	5 183
山　东	2 895	369	775	438		1 313
河　南	4 332	2 516	1 009	107		700
湖　北	183 231	72 562	32 115	22 692		55 862
湖　南	70 190	28 784	2 199	2 599		36 608
广　东	37 847	19 294	4 760	3 515		10 278
广　西	139 583	82 291	8 680	10 606		38 006
海　南	31 332	20 973	4 219	2 396		3 744
重　庆	13 151	3 974	1 336	2 248		5 593
四　川						
贵　州						
云　南	14 917	7 392	2 887	760		3 878
陕　西						
甘　肃	763	549	42	87		85
青　海						
宁　夏	6 928	3 649	1 203	386		1 689
新疆（兵团）	583 801	230 023	109 195	77 972	2 486	166 611
新疆（农业）	8 908	3 856	1 322	621		3 109
新疆（畜牧）	10 921	5 729	1 230	835	315	3 127
热科院						
广　州						
南　京	70	36	16	4		14

1－22 各垦区信息传输、计算机服务和软件业增加值

（2014 年）　　计量单位：万元

地　　区	合计（按当年价格计算）	劳动者报酬	固定资产折旧	生产税净额	＃补贴	营业盈余
全国农垦	**220 044**	**84 114**	**41 567**	**14 758**	**53**	**79 605**
北　　京						
天　　津						
河　　北	37 826	12 109	6 618	930		18 169
山　　西						
内 蒙 古	1 428	472	271	273		412
辽　　宁	6 818	3 758	1 719	357		984
吉　　林	9	9				
黑 龙 江	41 825	24 184	7 215	1 436	53	8 990
上　　海	660	454	21	202		－17
江　　苏	126	118	7			1
浙　　江						
安　　徽						
福　　建	973	440	86	285		162
江　　西	686	324	335	19		8
山　　东						
河　　南	25	12	2			11
湖　　北	33 477	11 548	7 701	6 960		7 268
湖　　南	5 800	4 868	70	11		851
广　　东						
广　　西						
海　　南	225	162	24	7		32
重　　庆						
四　　川						
贵　　州						
云　　南						
陕　　西						
甘　　肃						
青　　海						
宁　　夏	23	13	1	2		7
新疆（兵团）	89 977	25 534	17 484	4 276		42 683
新疆（农业）						
新疆（畜牧）	166	109	13			44
热 科 院						
广　　州						
南　　京						

1－23 各垦区批发和零售业增加值

（2014 年）　　计量单位：万元

地　区	合计（按当年价格计算）	劳动者报酬	固定资产折旧	生产税净额	#补贴	营业盈余
全国农垦	**5 455 429**	**2 346 727**	**459 509**	**804 773**	**30 235**	**1 844 421**
北　京	17 580	6 551	1 675	5 451		3 903
天　津	55 570	11 875	6 855	20 104		16 736
河　北	408 145	162 830	91 070	31 444		122 801
山　西	15 857	6 081	976	1 521		7 279
内蒙古	74 699	35 386	11 399	5 864	65	22 050
辽　宁	178 732	97 479	20 598	18 739		41 916
吉　林	53 056	47 564	136	2 902		2 454
黑龙江	968 556	313 933	108 099	95 805		450 720
上　海	413 223	293 907	22 531	118 422		－21 637
江　苏	131 210	60 866	13 679	5 732		50 933
浙　江	589	622	14	14		－61
安　徽	14 676	9 214	786	1 195		3 481
福　建	17 050	7 327	721	2 295	44	6 707
江　西	119 576	76 151	11 936	8 247	25	23 242
山　东	5 179	1 954	773	594		1 858
河　南	13 353	5 103	1 366	457		6 426
湖　北	762 686	166 203	26 189	149 224		421 070
湖　南	61 009	53 704	3 321	2 356		1 628
广　东	77 682	32 604	5 307	10 250		29 521
广　西	511 758	341 538	14 022	50 769		105 429
海　南	134 979	94 395	3 942	10 924		25 718
重　庆	450	146	188	74		42
四　川						
贵　州						
云　南	29 877	12 958	2 661	2 707		11 551
陕　西	588	325	94			169
甘　肃	3 418	1 442	122	406	22	1 448
青　海						
宁　夏	8 470	5 462	590	898		1 520
新疆（兵团）	1 354 197	492 608	107 326	256 379	29 965	497 884
新疆（农业）	11 656	2 484	2 350	946		5 876
新疆（畜牧）	9 078	5 477	728	388	114	2 485
热科院	132	99				33
广　州	1 930	267	2	506		1 155
南　京	468	172	53	159		84

1－24 各垦区住宿和餐饮业增加值

（2014 年）　　　　计量单位：万元

地　区	合计（按当年价格计算）	劳动者报酬	固定资产折旧	生产税净额	#补贴	营业盈余
全国农垦	**1 386 879**	**702 689**	**183 657**	**119 323**	**96**	**381 210**
北　京	103 663	71 441	9 498	16 053		6 672
天　津	163	249	34	11		－131
河　北	168 547	59 034	16 616	6 113		86 784
山　西	1 152	849	22	39		242
内蒙古	34 699	19 071	5 160	1 198		9 270
辽　宁	88 632	52 789	10 103	7 435		18 305
吉　林	8 643	6 787	50	713		1 093
黑龙江	228 431	85 393	34 133	16 448		92 457
上　海	19 293	14 957	1 933	3 847		－1 444
江　苏	21 729	10 855	4 677	1 328		4 869
浙　江	422	440	22	11		－51
安　徽	16 119	11 677	1 163	1 517		1 761
福　建	5 963	3 626	401	542	45	1 394
江　西	84 463	48 096	9 257	7 295		19 815
山　东	1 763	942	93	52		676
河　南	2 190	1 457	135	90		509
湖　北	89 463	49 799	12 367	8 388		18 909
湖　南	17 852	3 635	7 012	3 365		3 840
广　东	33 464	13 613	4 264	3 567		12 020
广　西	121 950	77 356	5 030	9 023		30 541
海　南	28 023	16 970	6 759	2 321		1 973
重　庆	3 253	2 083	354	374		442
四　川	339	78	240	17		4
贵　州						
云　南	15 778	11 640	14 404	2 726		－12 992
陕　西	1 651	1 360	427			－136
甘　肃	1 296	1 097	286	119		－206
青　海						
宁　夏	4 951	3 517	920	713		－200
新疆（兵团）	270 470	128 287	37 174	25 504		79 505
新疆（农业）	6 409	1 884	775	276		3 474
新疆（畜牧）	5 665	3 459	313	163	51	1 730
热科院	202	150		29		23
广　州						
南　京	241	98	36	45		62

1－25　各垦区金融业增加值

（2014 年）　　计量单位：万元

地　　区	合计（按当年价格计算）	劳动者报酬	固定资产折旧	生产税净额	#补贴	营业盈余
全国农垦	**948 420**	**251 000**	**49 312**	**79 167**		**568 941**
北　　京						
天　　津	28 429	786	160	1 587		25 896
河　　北	55 053	15 797	1 170	4 386		33 700
山　　西						
内 蒙 古	1 500	1 100	188	12		200
辽　　宁	13 184	6 823	1 596	1 308		3 457
吉　　林						
黑 龙 江	213 330	44 757	12 855	15 191		140 526
上　　海						
江　　苏	1 308	284	39	200		785
浙　　江						
安　　徽						
福　　建	397	294	15	6		82
江　　西	3 594	3 115	101	125		253
山　　东						
河　　南	2 162	575	42			1 545
湖　　北	86 633	31 887	4 643	8 219		41 884
湖　　南	9 125	3 609	3 189	677		1 650
广　　东						
广　　西	26 188	1 227	173	365		24 423
海　　南	11 391	500	46	1 436		9 409
重　　庆	3 213	320	15	469		2 409
四　　川						
贵　　州						
云　　南						
陕　　西						
甘　　肃						
青　　海						
宁　　夏	28	22	1	1		4
新疆（兵团）	492 885	139 905	25 078	45 184		282 718
新疆（农业）						
新疆（畜牧）						
热 科 院						
广　　州						
南　　京						

1－26　各垦区房地产业增加值

（2014 年）　　计量单位：万元

地　　区	合计（按当年价格计算）	劳动者报酬	固定资产折旧	生产税净额	# 补贴	营业盈余
全国农垦	**1 869 705**	**338 460**	**547 999**	**375 040**		**608 206**
北　　京	75 685	16 360	2 757	30 125		26 444
天　　津	19 466	3 709	125	4 563		11 069
河　　北	219 998	34 540	73 441	1 054		110 963
山　　西						
内 蒙 古	12 384	3 850	5 395	2 100		1 039
辽　　宁	67 358	18 217	11 618	13 048		24 475
吉　　林						
黑 龙 江	259 607	6 663	224 626	11 308		17 010
上　　海	266 212	46 531	4 974	95 570		119 137
江　　苏	60 588	4 667	2 130	11 900		41 891
浙　　江	37	85	6			－54
安　　徽	21 381	2 410	410	8 088		10 473
福　　建	57	18	1	1		37
江　　西	23 730	14 111	4 046	2 985		2 588
山　　东						
河　　南	529	51	473	1		4
湖　　北	184 316	69 950	20 419	39 305		54 642
湖　　南	33 179	12 569	2 999	388		17 223
广　　东	3 269	1 170	148	5 759		－3 808
广　　西	86 196	4 793	27 111	10 845		43 447
海　　南	35 307	3 102	31 130	2 629		－1 554
重　　庆	22 409	3 437	833	5 139		13 000
四　　川						
贵　　州						
云　　南						
陕　　西						
甘　　肃						
青　　海						
宁　　夏	1 339	256	23	680		380
新疆（兵团）	475 238	90 976	135 240	129 482		119 540
新疆（农业）	1 159	723	91	42		303
新疆（畜牧）						
热 科 院						
广　　州						
南　　京	262	273	3	28		－42

1－27 各垦区租赁和商务服务业增加值

（2014 年） 计量单位：万元

地区	合计（按当年价格计算）	劳动者报酬	固定资产折旧	生产税净额	＃补贴	营业盈余
全国农垦	**335 067**	**237 296**	**73 020**	**53 063**	**933**	**－28 313**
北京	21 443	9 486	3 354	2 457		6 146
天津	15 733	11 215	1 944	2 574		
河北	40 954	26 597	5 966	1 086		7 305
山西	527	286	99	90		52
内蒙古	964	353	214	159		238
辽宁	11 308	5 178	1 948	1 303		2 879
吉林	13	8				5
黑龙江	56 529	20 449	10 259	5 490		20 332
上海	－33 447	42 790	14 508	8 955		－99 700
江苏	676	549	109	5		13
浙江	385	400	70	51		－136
安徽	1 593	1 284	133			176
福建	1 877	537	154	294		892
江西	34 283	28 544	809	987		3 943
山东						
河南	160	127	7	3		23
湖北	49 232	22 285	9 366	8 674		8 907
湖南	1 778	1 484	47	61		186
广东						
广西	218	98	105	10		5
海南	6 541	2 368	1 011	563		2 599
重庆	3 707	3 437	183	184		－97
四川	2 398	471	1 179	736	736	12
贵州						
云南						
陕西	162	145	97	14		－94
甘肃	875	156	347	152		220
青海	5 948	5 342	300	504		－198
宁夏						
新疆（兵团）	104 940	50 638	20 117	17 601		16 584
新疆（农业）	930	368	180	60		322
新疆（畜牧）						
热科院	91	24		67		
广州	4 900	2 066	232	776	197	1 826
南京	350	612	282	208		－752

1－28 各垦区科学研究、技术服务业和地质勘察业增加值

（2014 年）

计量单位：万元

地区	合计（按当年价格计算）	劳动者报酬	固定资产折旧	生产税净额	#补贴	营业盈余
全国农垦	**293 555**	**164 059**	**68 585**	**14 919**		**45 991**
北京						
天津	864	1 268	158	73		−635
河北	4 620	3 190	207	120		1 103
山西						
内蒙古	919	734	160	12		13
辽宁	5 001	3 073	1 319	184		425
吉林	9	9				
黑龙江	28 859	20 330	3 213	1 174		4 142
上海	2 213	1 295	190	40		688
江苏	1 207	961	233	3		10
浙江						
安徽	540	347	104	57		32
福建	1 628	1 584	20	4		20
江西	492	451	41			
山东	12	12				
河南	109	157	24			−72
湖北	41 238	19 874	4 743	4 734		11 887
湖南	468	360	25	1		82
广东	1 767	1 035	603			129
广西	8 463	4 211	2 618	189		1 445
海南	1 541	708	6	436		391
重庆	116	114	2			
四川						
贵州						
云南	6 727	3 123	3 496	76		32
陕西						
甘肃	633	626	2			5
青海						
宁夏	260	260				
新疆（兵团）	112 444	72 270	6 350	7 710		26 114
新疆（农业）	286	142	62	16		66
新疆（畜牧）	98	97				1
热科院	73 041	27 827	45 009	91		114
广州						
南京						

1－29　各垦区水利、环境和公共设施管理业增加值

（2014 年）　　　　计量单位：万元

地　　区	合计（按当年价格计算）	劳动者报酬	固定资产折旧	生产税净额	＃补贴	营业盈余
全国农垦	**233 769**	**149 786**	**49 424**	**4 599**	**18**	**29 960**
北　　京						
天　　津						
河　　北	18 509	6 655	9 816	342	18	1 696
山　　西						
内 蒙 古	205	135	70			
辽　　宁	8 989	4 212	1 767	1 042		1 968
吉　　林						
黑 龙 江	85 834	52 534	15 900	1 192		16 208
上　　海	3 917	2 816	1 877	1 055		－1 831
江　　苏	716	538	150	8		20
浙　　江						
安　　徽						
福　　建	295	281	6	6		2
江　　西	2 765	1 956	809			
山　　东						
河　　南	674	405	269			
湖　　北	29 634	14 651	7 296	683		7 004
湖　　南	1 400	1 206	37	14		143
广　　东						
广　　西						
海　　南	92	92				
重　　庆						
四　　川						
贵　　州						
云　　南	130	130				
陕　　西						
甘　　肃	－8	633	49			－690
青　　海						
宁　　夏	84	84				
新疆（兵团）	80 337	63 340	11 312	257		5 428
新疆（农业）	169	104	65			
新疆（畜牧）	28	15	1			11
热 科 院						
广　　州						
南　　京						

1－30 各垦区居民服务和其他服务业增加值

（2014 年）

计量单位：万元

地　区	合计（按当年价格计算）	劳动者报酬	固定资产折旧	生产税净额	＃补贴	营业盈余
全国农垦	**1 204 927**	**668 835**	**120 156**	**71 041**	**120**	**344 896**
北　京	33 669	15 294	3 112	5 221		10 042
天　津	10 174	2 436	308	2 323		5 107
河　北	92 313	22 876	12 710	2 149		54 578
山　西	268	182	16	21		49
内蒙古	20 650	12 184	3 593	1 361		3 512
辽　宁	29 539	17 619	3 981	2 195		5 744
吉　林	1 307	899	18	38		352
黑龙江	219 436	83 032	33 423	15 759	1	87 223
上　海	7 742	5 205	541	470		1 526
江　苏	87 158	45 569	14 425	1 830		25 334
浙　江	569	502	55	27		－15
安　徽	8 472	3 784	319	474		3 895
福　建	7 911	5 931	441	321	6	1 218
江　西	106 758	96 768	3 745	1 615		4 630
山　东	2 732	1 513	266	81		872
河　南	505	375	48	17		66
湖　北	40 957	27 943	2 846	1 699		8 469
湖　南	18 442	2 814	3 889	2 398		9 341
广　东	82 458	30 931	5 303	7 105		39 119
广　西	111 528	81 273	3 079	4 802		22 374
海　南	100 530	95 161	1 206	1 345		2 818
重　庆						
四　川	401	346	17	7		31
贵　州						
云　南	20 214	8 652	1 119	998		9 445
陕　西	1 435	1 425	2			8
甘　肃	1 264	1 098	62	108		－4
青　海						
宁　夏	17 263	7 370	2 604	2 658		4 631
新疆(兵团)	176 870	94 698	22 564	15 810		43 798
新疆(农业)	342	272	70			
新疆(畜牧)	3 599	2 427	336	183	113	652
热科院						
广　州						
南　京	421	256	58	26		81

1－31 各垦区教育增加值

（2014 年） 计量单位：万元

地区	合计（按当年价格计算）	劳动者报酬	固定资产折旧	生产税净额	# 补贴	营业盈余
全国农垦	**925 947**	**788 090**	**104 975**	**2 463**	**55**	**30 419**
北京	455	432	24	8		－9
天津	55	55				
河北	49 067	42 641	2 814	206		3 406
山西						
内蒙古	9 143	6 999	2 144			
辽宁	12 780	11 881	486	66		347
吉林	6 672	6 606	17	2		47
黑龙江	199 881	166 729	23 969	265	55	8 918
上海	8 209	2 476	525	364		4 844
江苏	1 582	1 325	216	5		36
浙江	23	18	3			2
安徽	242	227	15			
福建	1 467	1 337	68	21		41
江西	11 075	10 088	1 053	10		－76
山东						
河南	1 142	1 042	92			8
湖北	108 617	89 945	12 732	1 067		4 873
湖南	19 400	14 052	3 001	335		2 012
广东	36 036	33 890	1 988			158
广西	16 746	7 968	6 190	80		2 508
海南	5 138	4 174	583	19		362
重庆						
四川						
贵州						
云南						
陕西	669	255	414			
甘肃	968	556	412			
青海						
宁夏	523	523				
新疆（兵团）	434 537	383 492	48 112	14		2 919
新疆（农业）						
新疆（畜牧）	1 139	1 104	23			12
热科院						
广州						
南京	382	276	94			12

1－32 各垦区卫生、社会保障和社会福利业增加值

（2014年）　　计量单位：万元

地区	合计（按当年价格计算）	劳动者报酬	固定资产折旧	生产税净额	#补贴	营业盈余
全国农垦	**800 793**	**601 514**	**76 069**	**2 544**	**203**	**120 666**
北京	39	39				
天津	192	191	6			－5
河北	27 592	17 358	5 641	330	88	4 264
山西	111	89	8	4		10
内蒙古	12 213	8 724	2 390	225		874
辽宁	8 123	4 450	1 032	264	52	2 377
吉林	1 387	1 318	31	7		31
黑龙江	198 924	113 701	19 057	275	63	65 892
上海	7 378	5 495	937			946
江苏	18 311	16 113	1 539	50		609
浙江	19	16	1			2
安徽	2 404	1 695	225	101		384
福建	655	512	41	10		92
江西	1 278	1 071	164	4		39
山东	18	17	1			
河南	507	417	59			31
湖北	49 497	40 247	4 016	552		4 682
湖南	5 930	5 284	249	66		331
广东	41 348	33 130	2 355			5 863
广西	7 713	6 559	490	156		508
海南	56 110	48 244	6 988	36		842
重庆						
四川						
贵州						
云南	368	366	2			
陕西	171	137	2			32
甘肃	506	468	12			26
青海						
宁夏	64	59	5			
新疆（兵团）	358 669	294 735	30 651	463		32 820
新疆（农业）	727	567	160			
新疆（畜牧）	538	513	8	2		16
热科院						
广州						
南京						

1－33 各垦区文化、体育和娱乐业增加值

（2014 年） 计量单位：万元

地区	合计（按当年价格计算）	劳动者报酬	固定资产折旧	生产税净额	＃补贴	营业盈余
全国农垦	**132 382**	**72 439**	**22 368**	**9 942**	**67**	**27 634**
北京	－583	216	13	6		－818
天津						
河北	10 373	5 088	5 034	55		196
山西						
内蒙古	434	219	114	42		59
辽宁	4 868	2 270	964	360	67	1 274
吉林	245	3	583	4		－345
黑龙江	12 109	9 141	1 133	213		1 621
上海						
江苏	801	702	65	8		26
浙江						
安徽						
福建	194	169	7	7		11
江西	3 634	1 807	829	970		28
山东						
河南	89	73	16			
湖北	11 112	5 651	1 321	1 620		2 520
湖南	17 000	3 406	2 458	1 069		10 067
广东						
广西	2 965	2 137	738	35		55
海南	4 385	2 500	1 280	143		462
重庆						
四川						
贵州						
云南						
陕西						
甘肃						
青海						
宁夏						
新疆（兵团）	64 482	38 819	7 776	5 409		12 478
新疆（农业）	170	134	36			
新疆（畜牧）	104	104				
热科院						
广州						
南京						

1－34　各垦区公共管理和社会组织增加值

（2014 年）　　计量单位：万元

地　区	合计（按当年价格计算）	劳动者报酬	固定资产折旧	生产税净额	#补贴	营业盈余
全国农垦	**1 353 519**	**990 455**	**161 268**	**25 741**	**6 270**	**176 054**
北　京	2 191	936	129	89		1 036
天　津						
河　北	74 877	54 763	13 281	4 534	3 484	2 299
山　西	422	410	5	2		5
内蒙古	16 216	12 193	3 961	62		
辽　宁	31 629	25 195	4 212	905		1 317
吉　林	210	210				
黑龙江	260 228	176 158	51 578	－1 429	2 327	33 922
上　海						
江　苏	6 578	3 304	2 496	78		700
浙　江	168	140	10			18
安　徽						
福　建	2 994	1 842	685	152		315
江　西	2 967	2 413	183	17	3	354
山　东	1 230	702	131			397
河　南	4 239	1 777	336	50		2 076
湖　北	133 615	107 430	13 384	2 358		10 443
湖　南	8 889	6 726	883	104		1 176
广　东	32 389	14 929	1 754			15 706
广　西	14 520	8 466	1 706	579		3 769
海　南	154 233	37 497	4 220	17 393		95 123
重　庆						
四　川						
贵　州						
云　南	7 855	7 769	99	8		－21
陕　西	17	38	2	110	110	－133
甘　肃	3 879	1 624	2 249	287		－281
青　海						
宁　夏	1 429	1 429				
新疆(兵团)	589 437	521 846	59 882	96		7 613
新疆(农业)	67	51	16			
新疆(畜牧)	3 240	2 608	66	346	346	220
热科院						
广　州						
南　京						

1－35 各垦区农林牧渔服务业采矿辅助业制造业中修理业增加值

（2014 年） 计量单位：万元

地　　区	合计（按当年价格计算）	劳动者报酬	固定资产折旧	生产税净额	# 补贴	营业盈余
全国农垦	**692 338**	**367 396**	**106 154**	**15 850**	**2 107**	**202 939**
北　　京						
天　　津						
河　　北	58 801	24 432	2 804	10 104		21 461
山　　西	875	743	90	50		−8
内 蒙 古	9 590	9 590				
辽　　宁						
吉　　林	346	306				40
黑 龙 江	192 166	73 585	21 947	−551	1 306	97 186
上　　海	3 472	4 510	719	180	460	−1 937
江　　苏						
浙　　江	60	57	7	7		−11
安　　徽	7 974	3 531	1 741	427		2 276
福　　建	4 028	3 624	90	78		236
江　　西	582	582				
山　　东	937	511	363			63
河　　南	1 296	1 280	9			7
湖　　北	39 415	11 147	6 763	2 151		19 354
湖　　南						
广　　东						
广　　西	32 877	19 002	2 314	60		11 501
海　　南	52 083	42 035	1 747	710		7 591
重　　庆						
四　　川						
贵　　州						
云　　南	22 076	2 100	14 953	2 598		2 425
陕　　西	3 356	450	2 541			365
甘　　肃	145	145				
青　　海						
宁　　夏						
新疆（兵团）	260 244	168 613	49 727	37	341	41 867
新疆（农业）	2 015	1 153	339			523
新疆（畜牧）						
热 科 院						
广　　州						
南　　京						

1－36　各垦区非国有经济基本情况

（2014 年）

项　目	计量单位	合　计	第一产业	第二产业	#工业	第三产业
一、经营单位个数	个	739 004	271 911	42 050	30 620	425 043
1. 集体经济	个	3 305	2 243	501	337	561
#股份合作制经济	个	416	35	258	217	123
2. 个体经济	个	673 605	263 029	27 086	18 136	383 491
3. 私营经济	个	61 613	6 605	14 157	11 838	40 851
4. 港澳台及外商经济	个	415	35	297	295	83
二、从业人员	人	2 656 788	758 423	921 099	701 278	977 266
1. 集体经济	人	139 898	102 008	27 961	20 824	9 929
#股份合作制经济	人	20 796	1 923	17 414	14 703	1 459
2. 个体经济	人	1 559 012	572 389	225 537	130 741	761 086
3. 私营经济	人	872 863	77 404	602 257	480 318	193 202
4. 港澳台及外商经济	人	81 128	5 823	64 258	61 297	11 047
三、从业人员劳动报酬	万元	7 251 252	1 867 811	2 910 502	2 173 227	2 472 939
1. 集体经济	万元	241 563	159 325	56 688	50 294	25 550
#股份合作制经济	万元	62 081	4 212	40 598	37 691	17 271
2. 个体经济	万元	3 946 821	1 509 219	552 426	371 410	1 885 177
3. 私营经济	万元	2 694 534	174 444	2 007 576	1 459 236	512 514
4. 港澳台及外商经济	万元	364 609	26 948	291 312	291 153	46 349
四、生产总值	万元	28 020 848	3 994 188	15 297 948	12 297 268	8 728 713
1. 集体经济	万元	748 722	269 065	346 520	327 628	133 137
#股份合作制经济	万元	178 142	8 425	96 128	90 376	73 588
2. 个体经济	万元	11 116 681	3 200 556	2 155 167	1 505 570	5 760 958
3. 私营经济	万元	13 498 285	500 464	10 477 111	8 145 363	2 520 711
4. 港澳台及外商经济	万元	2 554 818	26 308	2 285 369	2 285 066	243 142

1－36 续表

项　目	计量单位	合　计	第一产业	第二产业	#工业	第三产业
五、当年固定资产投资额	万元	26 990 352	2 014 868	17 056 233	15 139 697	7 919 250
1. 集体经济	万元	113 241	34 529	47 809	31 453	30 903
#股份合作制经济	万元	37 006	1 052	33 621	33 602	2 333
2. 个体经济	万元	3 738 748	661 268	1 192 341	838 931	1 885 138
3. 私营经济	万元	19 061 415	1 289 653	12 173 734	10 418 768	5 598 028
4. 港澳台及外商经济	万元	1 206 552	9 778	1 163 518	1 161 282	33 256
六、资产总额	万元	44 016 386	3 166 625	29 088 184	24 333 408	11 761 577
1. 集体经济	万元	1 777 070	175 740	858 244	702 183	743 086
#股份合作制经济	万元	1 701 906	16 742	1 056 693	916 828	628 471
2. 个体经济	万元	10 402 175	2 039 062	3 132 158	2 166 332	5 230 955
3. 私营经济	万元	27 903 346	794 044	21 966 455	18 330 701	5 142 847
4. 港澳台及外商经济	万元	3 762 978	150 976	2 988 924	2 984 259	623 078
七、固定资产原值	万元	28 306 067	2 486 935	18 906 036	16 237 287	6 913 096
1. 集体经济	万元	480 478	175 827	195 528	173 813	109 122
#股份合作制经济	万元	231 133	5 118	191 841	149 203	34 174
2. 个体经济	万元	7 505 959	1 458 062	2 162 100	1 570 136	3 885 796
3. 私营经济	万元	17 320 503	743 248	13 955 948	11 920 349	2 621 307
4. 港澳台及外商经济	万元	2 819 360	95 365	2 450 495	2 430 762	273 500
八、税金	万元	2 110 415	37 187	1 457 165	1 230 168	616 063
#1. 集体经济	万元	15 376	2 095	9 975	9 426	3 307
2. 港澳台及外商经济	万元	257 211	444	218 139	213 584	38 628
九、利润总额	万元	4 919 417	735 172	3 043 491	2 709 293	1 140 754
#1. 集体经济	万元	61 954	7 891	32 698	18 103	21 366
2. 港澳台及外商经济	万元	1 449 979	－13 172	1 392 397	1 392 397	70 754

1－37 各垦区非国有经济经营单位个数

（2014年） 计量单位：个

地区	合计	第一产业	第二产业	#工业	第三产业
全国农垦	**739 004**	**271 911**	**42 050**	**30 620**	**425 043**
北京	18	4	8	8	6
天津	1		1	1	
河北	21 415	986	3 500	2 910	16 929
山西	1 497	151	61	61	1 285
内蒙古	30 588	18 164	2 066	1 608	10 358
辽宁	59 135	30 219	7 587	5 371	21 329
吉林	7 284	2 055	173	132	5 056
黑龙江	107 936	45 662	4 323	3 372	57 951
上海					
江苏	17 980	9 742	594	313	7 644
浙江	118	15	45	45	58
安徽	4 210	183	295	136	3 732
福建	7 779	2 435	1 164	971	4 180
江西	13 729	3 024	2 476	1 453	8 229
山东	469	69	29	23	371
河南	1 993	729	91	39	1 173
湖北	68 455	2 145	7 333	6 301	58 977
湖南	15 366	8 103	919	651	6 344
广东	5 899	57	653	449	5 189
广西	19 381	1 475	1 119	702	16 787
海南	112 882	74 752	2 553	108	35 577
重庆	7	1	6	6	
四川	6	4	2	2	
贵州					
云南	44 484	33 033	83	47	11 368
陕西	194	31	39	39	124
甘肃	1 768	522	45	16	1 201
青海	3	3			
宁夏	10 351	7 288	57	43	3 006
新疆（兵团）	175 252	24 487	6 382	5 547	144 383
新疆（农业）	2 365	387	289	186	1 689
新疆（畜牧）	8 312	6 184	152	75	1 976
热科院					
广州					
南京	127	1	5	5	121

1－38　各垦区非国有经济从业人员

（2014 年）　　计量单位：人

地　区	合　计	第一产业	第二产业	#工业	第三产业
全国农垦	**2 656 788**	**758 423**	**921 099**	**701 278**	**977 266**
北　京	14 859	3 744	2 065	2 065	9 050
天　津	14		14	14	
河　北	171 189	42 725	63 538	54 477	64 926
山　西	9 307	1 222	4 069	4 069	4 016
内蒙古	68 187	27 385	17 436	9 004	23 366
辽　宁	257 687	63 967	106 477	84 366	87 243
吉　林	42 699	4 082	6 854	6 213	31 763
黑龙江	244 864	75 100	66 095	49 405	103 669
上　海					
江　苏	59 548	15 513	20 612	18 444	23 423
浙　江	9 496	581	8 619	8 619	296
安　徽	20 325	2 709	7 074	5 162	10 542
福　建	62 598	18 806	30 873	27 722	12 919
江　西	140 708	17 600	86 586	74 768	36 522
山　东	5 946	1 972	2 749	2 192	1 225
河　南	8 074	2 263	3 125	2 993	2 686
湖　北	358 573	44 848	199 148	149 552	114 577
湖　南	121 045	57 992	37 052	20 288	26 001
广　东	57 816	19 505	20 628	16 115	17 683
广　西	149 117	21 606	79 733	54 109	47 778
海　南	286 981	181 354	15 773	3 410	89 854
重　庆	6 828	295	6 533	6 533	
四　川	1 238	347	891	891	
贵　州					
云　南	71 042	47 610	2 115	1 720	21 317
陕　西	572	50	255	255	267
甘　肃	2 645	623	512	45	1 510
青　海	554	554			
宁　夏	28 291	18 674	2 646	1 274	6 971
新疆（兵团）	426 146	71 378	125 587	95 648	229 181
新疆（农业）	8 288	2 836	1 556	1 128	3 896
新疆（畜牧）	21 738	13 062	2 310	623	6 366
热科院					
广　州					
南　京	413	20	174	174	219

1－39 各垦区非国有经济从业人员劳动报酬

（2014 年） 计量单位：万元

地　区	合　计	第一产业	第二产业	#工业	第三产业
全国农垦	**7 251 252**	**1 867 811**	**2 910 502**	**2 173 227**	**2 472 939**
北　京	75 409	20 978	18 427	18 427	36 004
天　津	163		163	163	
河　北	341 718	53 095	145 136	125 374	143 487
山　西	19 669	1 773	9 871	9 871	8 025
内蒙古	314 558	158 162	80 173	57 859	76 224
辽　宁	512 925	75 046	294 580	227 776	143 299
吉　林	85 844	11 622	18 808	17 838	55 414
黑龙江	749 176	317 970	190 688	135 306	240 518
上　海					
江　苏	252 644	50 249	97 020	76 527	105 375
浙　江	7 606	1 738	5 203	5 203	665
安　徽	45 259	5 075	18 264	12 833	21 921
福　建	138 397	17 595	99 301	89 368	21 501
江　西	259 449	16 279	171 910	145 053	71 260
山　东	32 880	17 083	11 579	8 963	4 218
河　南	19 759	4 993	9 776	9 263	4 990
湖　北	945 418	81 087	617 563	479 224	246 768
湖　南	129 217	43 693	44 050	39 111	41 474
广　东	231 338	60 659	99 616	78 069	71 063
广　西	511 207	63 534	271 296	175 007	176 377
海　南	719 162	432 002	56 875	19 998	230 285
重　庆	27 238	1 971	25 267	25 267	
四　川	3 213	768	2 445	2 445	
贵　州					
云　南	124 176	83 661	3 773	2 967	36 742
陕　西	989	496	180	180	313
甘　肃	7 064	1 919	1 579	266	3 566
青　海	480	480			
宁　夏	43 464	24 640	4 906	3 179	13 918
新疆（兵团）	1 610 347	302 442	603 072	402 773	704 833
新疆（农业）	10 046	3 629	1 772	1 176	4 645
新疆（畜牧）	30 934	15 126	6 351	2 882	9 457
热科院					
广　州					
南　京	1 504	46	859	859	599

1－40 各垦区非国有经济生产总值

（2014 年） 计量单位：万元

地　区	合　计	第一产业	第二产业	#工业	第三产业
全国农垦	**28 020 848**	**3 994 188**	**15 297 948**	**12 297 268**	**8 728 713**
北　京	174 188	12 703	54 792	54 792	106 692
天　津	－64		－64	－64	
河　北	2 538 429	160 216	1 451 112	1 290 177	927 101
山　西	47 292	3 159	26 099	26 099	18 034
内蒙古	489 238	180 513	198 751	156 740	109 974
辽　宁	2 131 613	314 811	1 276 298	1 025 213	540 504
吉　林	188 874	14 677	160 031	154 878	14 166
黑龙江	4 525 603	1 050 860	1 678 869	1 251 540	1 795 874
上　海					
江　苏	568 307	135 032	216 821	170 230	216 454
浙　江	200 127	5 386	193 823	193 823	919
安　徽	76 809	7 414	35 537	28 116	33 858
福　建	432 922	29 327	367 529	355 870	36 066
江　西	1 008 006	40 783	817 158	719 350	150 065
山　东	184 331	36 805	134 517	126 328	13 009
河　南	37 561	8 176	25 931	24 700	3 454
湖　北	5 011 571	168 028	3 487 909	2 638 799	1 355 634
湖　南	360 877	88 556	197 796	144 831	74 525
广　东	691 081	97 514	424 096	370 792	169 471
广　西	3 523 863	263 956	2 279 524	1 690 686	980 383
海　南	1 009 247	583 299	127 323	29 971	298 625
重　庆	46 912	384	46 528	46 528	
四　川	12 109	1 655	10 454	10 454	
贵　州					
云　南	194 996	94 552	9 847	7 713	90 597
陕　西	3 036	868	1 130	1 130	1 038
甘　肃	8 863	2 778	1 873	130	4 212
青　海	1 145	1 145			
宁　夏	68 570	33 178	13 528	11 008	21 864
新疆（兵团）	4 383 743	619 414	2 035 895	1 748 827	1 728 433
新疆（农业）	43 485	11 822	11 686	8 670	19 977
新疆（畜牧）	55 161	26 626	11 990	8 774	16 545
热科院					
广　州					
南　京	2 953	551	1 164	1 164	1 238

1－41 各垦区非国有经济资产总额

（2014 年）　　计量单位：万元

地区	合计	第一产业	第二产业	#工业	第三产业
全国农垦	**44 016 386**	**3 166 625**	**29 088 184**	**24 333 408**	**11 761 577**
北京	548 287	126 738	149 980	149 980	271 569
天津	1 016		1 016	1 016	
河北	3 392 518	239 779	2 149 601	2 006 018	1 003 138
山西	86 618	3 046	62 796	62 796	20 776
内蒙古	1 596 854	291 997	884 599	819 296	420 258
辽宁	4 375 375	328 450	3 333 206	2 482 816	713 719
吉林	449 038	23 188	418 208	417 687	7 642
黑龙江	5 124 092	713 785	2 522 138	2 223 145	1 888 169
上海					
江苏	795 713	71 410	524 301	465 406	200 002
浙江	142 177	17 682	123 665	123 665	830
安徽	154 039	10 958	86 339	80 598	56 743
福建	1 655 155	38 514	1 535 425	1 312 489	81 216
江西	786 937	78 454	600 263	247 691	108 220
山东	653 290	15 852	586 955	558 677	50 483
河南	119 448	7 122	105 309	104 234	7 017
湖北	8 334 698	227 193	7 182 765	6 412 156	924 740
湖南	618 663	75 335	395 220	277 414	148 108
广东	368 467	22 367	207 031	189 554	139 069
广西	6 540 579	292 451	4 155 969	2 648 660	2 092 159
海南	435 650	66 189	34 830	27 064	334 631
重庆	133 146	8 958	124 188	124 188	
四川	82 951	7 820	75 131	75 131	
贵州					
云南	580 728	76 972	32 562	26 278	471 194
陕西	4 572	905	1 731	1 731	1 936
甘肃	13 035	5 195	3 500	664	4 340
青海	1 921	1 921			
宁夏	76 629	22 965	25 047	23 414	28 617
新疆（兵团）	6 866 933	371 204	3 736 255	3 444 206	2 759 474
新疆（农业）	20 646	2 124	9 173	7 168	9 349
新疆（畜牧）	50 127	17 353	15 477	14 762	17 297
热科院					
广州					
南京	7 084	698	5 504	5 504	882

1－42　各垦区非国有经济利润总额

（2014 年）　　计量单位：万元

地　区	合　计	第一产业	第二产业	#工业	第三产业
全国农垦	**4 919 417**	**735 172**	**3 043 491**	**2 709 293**	**1 140 754**
北　京	3 417	−14 140	10 119	10 119	7 438
天　津	−339		−339	−339	
河　北	367 008	32 268	268 652	251 411	66 088
山　西	9 894	402	5 089	5 089	4 403
内蒙古	116 869	38 174	31 374	28 951	47 321
辽　宁	465 441	105 469	259 544	211 665	100 428
吉　林	85 500	1 040	20 514	19 944	63 946
黑龙江	1 166 113	385 336	255 196	158 976	525 581
上　海					
江　苏	161 064	46 355	60 217	48 691	54 492
浙　江	1 430	−300	1 552	1 552	178
安　徽	11 691	595	6 985	6 053	4 111
福　建	79 765	2 742	69 437	64 882	7 586
江　西	68 640	14 601	39 171	26 222	14 868
山　东	102 691	18 585	79 290	75 260	4 816
河　南	15 481	1 105	13 545	13 516	831
湖　北	375 517	14 341	300 874	255 735	60 302
湖　南	4 015	98	1 859	1 718	2 058
广　东	201 504	16 180	140 129	125 487	45 195
广　西	429 649	6 834	371 749	307 523	51 066
海　南	64 615	39 403	8 005	−1 419	17 207
重　庆	10 240	−1 827	12 067	12 067	
四　川	1 758	82	1 676	1 676	
贵　州					
云　南	22 612	8 317	2 955	2 310	11 340
陕　西	366	95			271
甘　肃	−1 522	−43	−1 680	−1 682	201
青　海	−19	−19			
宁　夏	13 339	5 630	2 699	2 284	5 010
新疆（兵团）	1 118 226	1 762	1 078 098	1 078 098	38 366
新疆（农业）	7 515	572	2 109	1 330	4 834
新疆（畜牧）	16 870	11 520	2 721	2 289	2 629
热科院					
广　州					
南　京	67	−6	−115	−115	188

农场组织

2－1 农场、小城镇和农垦所属乡（镇）情况

（2014 年）　　计量单位：个

地　区	农场个数	小城镇情况			乡（镇）情况		
		小城镇个数	小城镇人口（人）	小城镇占地面积（公顷）	乡（镇）政权个数	村民委员会个数	乡（镇）办工业个数
全国农垦	**1 789**	**943**	**4 557 425**	**567 596**	**161**	**3 723**	**554**
北　京	9						
天　津	15						
河　北	33	44	159 915	25 621	8	91	
山　西	26	1	3 720	25			
内蒙古	104	39	118 118	27 519.4	7	40	1
辽　宁	109	39	177 109	10 152	55	389	
吉　林	88	7	40 168	10 854	4	29	
黑龙江	113	113	1 373 171	35 948			
上　海	19						
江　苏	18	30	125 780	2 785			
浙　江	56						
安　徽	20	10	69 252	1 254.4			
福　建	112	39	93 411	44 686	7	43	18
江　西	156	102	382 130	308 364		2 183	
山　东	14			75		10	
河　南	97	9	33 111	2 234		27	
湖　北	53	52	368 485	9 425	6	170	73
湖　南	69	69	143 965	392	40	419	182
广　东	47	46	156 273	6 672			
广　西	41	25	143 005	2 893			
海　南	40	79	246 546	10 015			
重　庆	17						
四　川	42						
贵　州	37	6	12 473	147			
云　南	43	25	72 905	3 349			
陕　西	12	7	21 554	1 274			
甘　肃	20	2	5 613	143			
青　海	19					1	
宁　夏	14	14	48 386	12 935			
新疆（兵团）	175	175	710 800	1 760	3	36	71
新疆（农业）	46	6	27 569	1 311	2	98	198
新疆（畜牧）	123	4	23 966	47 762.38	29	186	11
热科院	1						
广　州							
南　京	1					1	

2-2 农场按生产总值排序

农场名称	生产总值（万元）	排序	工业增加值（万元）	排序	农业增加值（万元）	排序	耕地面积（公顷）	排序	年平均职工人数（人）	排序
河北省国营中捷友谊农场	1 190 676	1	481 464	2	17 612	223	6 375	212	9 097	79
河北省国营柏各庄农场	1 030 804	2	235 600	6	183 220	2	28 457	52	33 920	4
江西省九江市共青垦殖场	828 618	3	578 983	1	21 057	180	3 100	326	52 143	1
河北省国营南大港农场	780 000	4	458 000	3	28 000	133	6 345	214	7 310	113
新疆兵团八师石河子总场	458 342	5	86 479	22	102 452	15	20 491	73	24 435	7
广西农垦国有新兴农场	387 012	6	256 500	4	9 548	340	2 555	344	13 383	39
黑龙江省友谊农场	352 073	7	66 179	37	211 977	1	106 676	1	7 117	116
河北省芦台农场	350 000	8	246 000	5	32 000	114	7 684	190	3 799	232
辽宁省铁岭市种畜场	306 619	9	173 150	9	31 683	116	1 486	390	16 752	18
湖北省武湖农场	287 272	10	164 457	10	30 998	119	733	439	24 832	5
河北省汉沽农场	284 842	11	125 557	15	44 410	66	6 047	221	2 775	292
黑龙江省八五二农场	276 016	12	51 840	51	144 827	7	79 073	4	8 746	85
黑龙江省查哈阳农场	275 230	13	31 692	99	85 239	23	63 777	9	10 911	55
新疆兵团六师芳草湖农场	265 565	14	69 559	34	65 924	44	38 248	27	19 541	13
黑龙江省八五六农场	241 992	15	25 839	131	164 068	4	78 867	5	4 131	216
黑龙江省七星农场	241 428	16	12 795	242	174 752	3	82 200	3	9 472	73
辽宁省锦州凌海市大有农场	241 222	17	184 450	8	55 606	54	3 412	306	3 700	237
黑龙江省八五三农场	239 617	18	47 362	59	135 314	10	68 000	7	7 929	100
河北省国营察北农场	237 000	19	145 200	11	65 000	45	9 775	148	1 170	461
黑龙江省八五四农场	227 915	20	43 800	65	148 324	5	67 927	8	3 470	248
广西农垦国有西江农场	226 935	21	25 394	135	27 901	134	1 959	368	12 426	44
湖南省岳阳市君山农场	215 743	22	54 335	45	142 698	8	14 561	105	39 543	2
黑龙江省五九七农场	210 247	23	35 116	86	111 570	13	42 800	15	3 890	223
黑龙江省宝泉岭农场	205 915	24	9 158	294	96 747	19	37 334	29	2 696	298
湖北省龙感湖农场	191 074	25	126 000	14	27 483	135	4 102	272	20 178	11
新疆兵团六师新湖农场	189 801	26	77 440	30	27 039	141	34 581	38	14 867	30
杭州市萧山区红山农场	187 974	27	186 826	7	1 148	523	3 497	304	7 656	106
湖北省五三农场	186 228	28	52 096	48	36 504	90	9 300	159	34 914	3
吉林省前郭灌区国营红旗农场	185 816	29	55 893	42	113 138	12	2 755	338	3 255	260
黑龙江省八五九农场	184 881	30	11 500	259	138 706	9	87 200	2	3 674	239
新疆兵团一师十二团	178 606	31	79 837	27	37 642	87	11 569	129	6 916	120
江苏省国营东辛农场	178 435	32	45 688	61	38 621	82	11 400	130	6 467	130
新疆兵团六师奇台农场	177 920	33	47 463	58	67 312	41	26 440	58	13 006	40
黑龙江省兴凯湖农场	177 446	34	14 104	224	98 258	18	39 090	22	1 541	414
黑龙江省前进农场	176 338	35	20 490	163	110 801	14	53 067	11	5 980	146
河北省国营沽源牧场	172 953	36	130 787	13	34 507	102	8 529	169	3 026	277
山东省东营市广北农场	172 534	37	122 545	16	34 678	100	2 947	330	2 678	302

2-2 续表 1

农场名称	生产总值（万元）	排序	工业增加值（万元）	排序	农业增加值（万元）	排序	耕地面积（公顷）	排序	年平均职工人数（人）	排序
辽宁省营口市盖州西海农场	169 840	38	86 560	21	10 400	325	695	442	9 745	66
广西农垦国有九曲湾农场	167 527	39	11 413	260	2 159	504	337	483	4 148	215
湖北省总口农场	166 699	40	121 247	17	31 865	115	5 723	232	14 920	29
黑龙江省八五八农场	166 620	41	31 000	102	98 988	16	40 267	21	2 351	330
江苏省国营海安农场	165 718	42	17 386	194	821	535	323	488	2 669	303
新疆兵团一师十团	163 773	43	85 627	24	42 819	70	8 915	163	7 940	99
黑龙江省八五七农场	162 834	44	36 820	81	86 869	21	36 063	33	2 634	305
新疆兵团八师一四三团	160 869	45	51 724	52	24 519	153	16 922	87	13 525	36
黑龙江省绥滨农场	157 952	46	22 240	153	84 514	24	35 800	35	3 376	253
新疆兵团一师十六团	155 104	47	80 270	26	32 575	110	10 095	143	9 249	77
黑龙江省军川农场	153 176	48	17 538	192	80 053	27	41 329	18	2 443	323
黑龙江省前锋农场	152 464	49	4 192	370	128 458	11	71 334	6	2 054	353
新疆兵团八师一四二团	152 226	50	85 381	25	11 795	303	22 322	67	11 076	53
吉林省四平辽河农垦管理区辽河农场	149 922	51			147 339	6	7 039	199	4 565	190
新疆兵团八师一二一团	148 136	52	74 314	31	15 606	244	30 358	46	14 212	32
黑龙江省八五〇农场	147 651	53	41 802	69	74 348	36	33 445	41	2 549	316
福建省长泰县古农农场	146 953	54	134 843	12	3 370	483	1 393	395	3 958	221
河北省大曹庄农场	146 620	55	87 512	20	29 159	126	5 502	236	1 610	406
新疆兵团二师二十九团	146 124	56	55 203	43	70 733	38	14 443	109	12 792	42
新疆兵团一师一团	139 311	57	72 636	32	34 609	101	14 556	106	7 212	115
黑龙江省二九〇农场	138 496	58	22 506	150	79 234	30	41 111	19	2 685	300
黑龙江省饶河农场	136 343	59	13 130	238	79 445	29	34 667	37	2 160	343
黑龙江省创业农场	135 034	60	25 850	130	74 893	35	37 333	30	3 223	263
辽宁省锦州市果树农场	130 000	61	2 880	402	7 000	402	186	505	1 232	456
黑龙江省勤得利农场	129 400	62	7 993	302	98 674	17	58 972	10	4 184	213
新疆兵团一师二团	128 666	63	69 151	35	22 317	169	15 137	101	4 756	182
辽宁省阜新市农场	128 638	64	78 959	28	7 861	382	192	504	10 627	58
湖北省后湖农场	128 334	65	88 025	19	32 299	112	3 008	327	13 540	35
新疆兵团六师一〇一团	128 114	66	13 509	232	5 885	428	3 783	286	9 706	67
新疆兵团十三师火箭农场	127 477	67	20 643	161	43 226	68	2 499	347	7 668	105
广西农垦国有旺茂农场	127 314	68	68 488	36	33 598	106	257	498	6 536	129
新疆兵团一师十三团	124 104	69	92 187	18	12 346	295	11 600	128	8 642	88
广西农垦国有北部湾总场	124 101	70	27 530	119	39 841	79	5 226	240	13 461	38
黑龙江省二九一农场	123 485	71	8 045	299	77 301	33	37 877	28	2 584	312
黑龙江省胜利农场	123 069	72	9 270	293	85 709	22	46 200	13	3 227	262
黑龙江省共青农场	121 747	73	26 384	125	67 303	42	31 467	44	1 944	364
黑龙江省庆丰农场	121 192	74	25 674	133	78 197	32	44 431	14	1 424	429

2-2续表2

农场名称	生产总值（万元）	排序	工业增加值（万元）	排序	农业增加值（万元）	排序	耕地面积（公顷）	排序	年平均职工人数（人）	排序
黑龙江省云山农场	121 101	75	10 680	271	74 158	37	31 480	43	2 485	320
黑龙江省红卫农场	121 073	76	2 617	413	84 486	25	38 667	24	1 763	387
吉林省四平市双辽种羊场	119 726	77			55 024	55	5 789	228	6 223	134
新疆兵团三师四十五团	118 211	78	56 654	41	12 362	294	12 647	122	9 938	62
黑龙江省普阳农场	117 336	79	19 053	176	70 571	40	30 533	45	2 573	314
黑龙江省大兴农场	115 897	80	2 682	411	94 875	20	50 722	12	1 696	393
新疆兵团八师一四四团	113 560	81	57 157	40	16 331	236	15 823	97	5 823	151
广西农垦国有金光农场	113 519	82	8 744	296	31 419	117	4 784	253	6 555	127
新疆兵团一师三团	113 466	83	77 522	29	17 689	221	11 004	135	5 896	148
广西农垦国有五星总场	112 900	84	85 720	23	12 051	298	289	492	5 444	163
黑龙江省新华农场	112 651	85	19 738	169	66 514	43	29 307	50	2 863	283
黑龙江省红旗岭农场	111 665	86	19 714	171	58 487	49	19 867	77	2 256	336
黑龙江省赵光农场	110 298	87	12 498	248	51 600	57	33 779	39	5 940	147
新疆兵团一师五团	109 874	88	46 720	60	9 339	345	6 353	213	12 844	41
新疆兵团七师一二九团	106 114	89	40 468	72	22 815	165	11 027	134	8 719	87
新疆兵团一师八团	105 552	90	48 636	54	35 687	93	9 037	161	4 624	188
辽宁省抚顺市高湾种畜场	104 226	91	37 831	78	4 380	462	721	441	16 505	19
黑龙江省北兴农场	103 419	92	14 143	222	63 436	47	33 334	42	4 533	193
黑龙江省江川农场	103 306	93	13 908	228	57 545	52	18 947	78	1 860	376
黑龙江省铁力农场	102 681	94	23 048	147	40 690	75	15 872	96	1 682	397
新疆兵团十二师一〇四团	102 226	95	7 693	305	17 197	228	1 688	380	8 085	95
新疆兵团二师二十二团	102 135	96	32 090	96	58 187	50	9 445	157	8 009	98
新疆兵团七师一三〇团	101 059	97	48 618	55	18 380	211	16 341	94	9 890	63
吉林省前郭灌区国营红光农场	100 644	98	12 835	241	78 336	31	3 387	309	3 210	264
辽宁省盘锦市大洼县前进农场	99 205	99	59 101	38	19 217	200	3 673	294	22 689	10
江苏省国营弶港农场	97 021	100	5 744	338	15 901	240	3 327	315	1 961	363
黑龙江省江农场	96 856	101	2 544	417	80 909	26	39 065	23	742	502
新疆兵团十三师淖毛湖农场	96 468	102	3 161	398	80 042	28	1 545	388	1 784	382
新疆兵团五师八十九团	95 723	103	25 806	132	17 755	219	8 273	172	8 022	97
新疆兵团四师六十二团	95 542	104	28 147	117	37 228	88	4 865	250	8 606	89
黑龙江省名山农场	95 371	105	16 535	202	49 228	60	17 672	86	2 781	290
新疆兵团五师八十三团	95 325	106	31 763	97	12 814	276	10 254	141	9 754	65
新疆兵团八师一五〇团	95 287	107	42 762	68	14 833	255	18 010	84	5 253	167
新疆兵团七师一三一团	95 035	108	41 405	70	15 645	243	11 044	133	7 829	101
黑龙江省八五一一农场	94 994	109	20 446	164	46 850	64	22 993	65	1 974	362
黑龙江省江滨农场	93 907	110	18 497	181	45 344	65	22 531	66	2 837	287
新疆兵团一师七团	93 174	111	52 720	47	26 012	145	8 747	165	4 823	179

2－2 续表 3

农场名称	生产总值（万元）	排序	工业增加值（万元）	排序	农业增加值（万元）	排序	耕地面积（公顷）	排序	年平均职工人数（人）	排序
黑龙江省洪河农场	92 367	112	3 215	396	74 983	34	42 666	16	1 030	482
广东省燕塘投资有限公司	91 029	113	44 095	63	11 274	312			1 282	446
湖北省沙市农场	88 269	114	70 081	33	11 998	300	1 011	410	15 108	26
新疆兵团七师一二五团	86 837	115	52 000	49	9 350	344	16 687	88	9 605	71
新疆兵团一师十四团	86 694	116	52 743	46	11 072	316	7 372	196	3 872	224
黑龙江省二道河农场	85 366	117	3 143	399	70 729	39	36 216	32	1 406	431
黑龙江省青龙山农场	84 986	118	3 330	394	64 657	46	37 288	31	1 548	412
新疆兵团四师六十六团	84 932	119	30 255	106	30 247	123	8 029	179	10 861	56
黑龙江省前哨农场	84 064	120	3 542	388	57 960	51	38 333	26	2 204	339
新疆兵团十三师黄田农场	83 942	121	20 679	160	48 222	62	4 032	274	8 059	96
新疆兵团八师一五二团	83 595	122	13 308	235	22 671	167	878	426	3 894	222
新疆兵团一师十一团	83 246	123	55 011	44	10 806	319	9 734	150	4 968	175
新疆兵团三师四十四团	82 597	124	44 312	62	21 426	176	6 791	204	9 589	72
新疆兵团十三师红星一场	82 530	125	21 208	157	42 171	72	3 391	308	3 739	233
新疆兵团七师一二八团	82 479	126	36 997	80	25 996	147	13 085	119	6 025	144
新疆兵团六师一〇二团	82 281	127	18 266	184	15 580	245	8 238	174	8 274	94
黑龙江省二龙山农场	82 011	128	12 230	250	38 087	85	27 286	54	1 254	448
新疆兵团四师七十三团	80 969	129	15 852	209	51 046	58	3 235	318	5 047	172
新疆兵团七师一二三团	80 390	130	32 322	94	10 489	324	12 456	124	9 404	74
新疆兵团八师一四八团	80 140	131	39 573	73	7 672	385	16 195	95	9 667	68
新疆兵团八师一四九团	79 851	132	38 226	77	2 940	490	13 159	118	7 248	114
辽宁省盘锦市大洼县清水农场	79 591	133	50 053	53	18 599	208	4 602	255	15 915	22
黑龙江省克山农场	79 452	134	5 111	351	38 695	81	29 607	49	2 773	293
黑龙江省曙光农场	79 100	135	15 518	212	44 250	67	13 659	115	2 119	349
新疆兵团十师一八三团	79 002	136	31 105	101	21 787	173	9 703	152	3 063	272
新疆农业厅博州精河县八家户农场	78 978	137					18 110	82	8 762	84
辽宁省盘锦市大洼县唐家农场	77 299	138	33 261	92	16 264	238	6 580	210	19 687	12
新疆农业厅哈图布呼农场	77 242	139	19 265	175	40 136	77	5 533	235	12 222	45
新疆兵团二师三十六团	76 842	140	43 946	64	20 197	191	2 951	329	4 231	209
新疆农业厅巴州阿瓦提农场	76 825	141	10 085	279	41 502	73	6 967	200	6 860	122
江苏省国营岗埠农场	76 629	142	18 975	177	14 330	261	5 172	242	2 732	296
新疆兵团十三师红星二场	76 614	143	17 115	199	42 663	71	3 122	324	3 459	249
黑龙江省八五一〇农场	76 061	144	15 695	211	28 465	131	21 629	69	2 643	304
湖北省张集农场	75 702	145	13 687	230	53 097	56	8 716	166	24 716	6
新疆兵团十师一八七团	75 635	146	11 931	255	38 234	84	8 848	164	3 129	269
新疆兵团十师一八八团	75 635	147	38 234	76	12 466	291	7 412	194	6 113	138
黑龙江省海伦农场	75 633	148	6 519	322	28 974	127	16 577	91	2 190	340

2-2续表4

农场名称	生产总值（万元）	排序	工业增加值（万元）	排序	农业增加值（万元）	排序	耕地面积（公顷）	排序	年平均职工人数（人）	排序
辽宁省盘锦市大洼县新兴农场	74 959	149	34 120	88	26 001	146	3 334	312	13 750	34
广西柳州市绿达公司	74 705	150	25 209	137	4 937	443	137	517	5 638	158
湖北省草埠湖农场	74 602	151	34 746	87	20 723	183	4 600	256	16 199	21
新疆兵团八师一三四团	74 149	152	43 002	67	3 670	479	18 286	81	9 630	69
黑龙江省双鸭山农场	74 012	153	11 996	254	35 847	92	14 800	103	1 975	361
黑龙江省海林农场	73 120	154	16 205	208	30 550	120	9 210	160	1 681	398
新疆兵团二师三十三团	72 326	155	40 866	71	15 809	242	8 201	175	4 561	191
新疆兵团八师一三三团	71 937	156	48 477	56	3 219	485	20 654	71	7 746	103
江苏省国营黄海农场	71 639	157	7 854	303	26 158	143	12 300	126	6 093	140
广西农垦国有龙北总场	71 500	158	9 326	292	32 491	111	3 007	328	10 665	57
江苏省国营新曹农场	70 598	159	6 707	316	49 430	59	6 222	217	5 498	161
新疆兵团七师一二四团	69 519	160	47 494	57	4 254	465	11 304	131	5 722	156
黑龙江省引龙河农场	69 123	161	6 800	313	35 010	96	23 532	61	1 594	407
广西农垦国有良圻农场	69 052	162	29 502	111	11 131	314	2 102	365	5 351	165
新疆兵团四师七十一团	68 955	163	21 562	156	28 620	129	6 916	201	5 840	149
黑龙江省鸭绿河农场	68 150	164	1 686	442	55 934	53	29 067	51	1 067	475
黑龙江省鹤山农场	67 581	165	5 890	333	48 913	61	35 578	36	3 815	230
新疆兵团三师四十九团	67 412	166	39 534	74	7 461	393	5 951	222	6 281	133
广西农垦国有山圩农场	67 006	167	57 899	39	4 687	453	1 146	409	2 773	293
新疆兵团八师一四一团	66 762	168	39 379	75	4 375	463	10 287	140	3 837	229
新疆兵团八师一四七团	66 378	169	28 274	115	12 087	297	12 281	127	4 706	185
辽宁省盘锦市大洼县东风农场	66 238	170	12 084	251	21 619	175	5 036	245	15 020	27
海南省国营南田农场	66 056	171	198	513	34 755	99	983	416	3 008	278
黑龙江省七星泡农场	65 994	172	4 938	353	38 501	83	33 529	40	2 151	345
新疆兵团六师一〇三团	65 866	173	28 844	112	15 505	246	11 262	132	7 317	112
黑龙江省梧桐河农场	64 791	174	20 198	165	34 185	104	18 534	80	1 426	427
黑龙江省逊克农场	64 505	175	1 501	447	47 514	63	42 221	17	1 360	437
湖北省运粮湖农场	64 366	176	36 152	85	24 434	155	3 209	320	7 734	104
黑龙江省八五五农场	64 226	177	2 600	416	37 033	89	30 014	48	2 484	321
海南省国营西联农场	64 173	178	2 770	408	43 104	69	1 386	396	3 317	256
新疆兵团四师六十四团	64 078	179	28 831	113	20 304	189	8 305	170	9 367	75
北京三元种业科技股份	63 729	180	598	493	62 608	48	341	481	3 203	265
新疆兵团四师六十一团	63 152	181	25 867	129	28 559	130	5 900	224	5 715	157
新疆兵团五师八十六团	62 460	182	28 825	114	12 532	286	7 682	191	7 593	107
湖北省太湖农场	61 045	183	13 940	226	20 185	192	4 359	262	23 668	8
新疆兵团一师六团	60 567	184	36 323	82	12 684	280	4 446	261	4 094	219
新疆兵团十三师红山农场	60 405	185	11 595	257	37 806	86	5 798	226	4 773	181

2-2 续表 5

农场名称	生产总值（万元）	排序	工业增加值（万元）	排序	农业增加值（万元）	排序	耕地面积（公顷）	排序	年平均职工人数（人）	排序
新疆兵团六师共青团农场	60 014	186	37 119	79	3 387	482	9 533	156	3 860	226
新疆兵团四师七十七团	59 784	187	20 749	158	23 257	162	13 812	114	3 848	228
黑龙江省嘉荫农场	59 053	188	3 509	389	32 221	113	17 790	85	1 246	452
新疆兵团三师五十一团	58 969	189	30 810	103	13 306	270	9 427	158	17 675	15
新疆兵团十二师五一农场	58 891	190	18 966	178	8 072	378	2 779	337	5 305	166
新疆兵团八师一三六团	58 750	191	27 060	122	1 661	515	10 029	145	4 251	208
新疆兵团三师五十三团	58 415	192	32 198	95	7 728	384	6 907	202	8 980	80
河南省黄泛区农场	58 293	193	9 802	284	24 070	158	6 710	205	10 947	54
新疆兵团四师七十团	58 012	194	19 731	170	24 819	151	4 571	258	5 795	154
广东广前糖业发展有限公司	58 000	195	17 799	190	35 299	95	6 632	208	2 905	281
新疆兵团四师六十三团	57 894	196	24 308	142	21 061	179	5 941	223	4 788	180
黑龙江省延军农场	57 447	197	22 280	152	24 957	150	14 675	104	1 691	396
黑龙江省嫩北农场	57 369	198	5 691	339	29 279	125	27 012	56	1 779	385
海南省国营金江农场	57 364	199	1 627	443	27 366	137	448	468	1 908	369
辽宁省盘锦市大洼县新立农场	56 919	200	36 313	83	25 606	149	3 932	280	11 194	51
湖北省中洲垸农场	56 830	201	13 098	239	20 369	187	3 634	297	11 304	49
黑龙江省富裕牧场	56 483	202	2 429	419	40 474	76	13 409	117	1 818	378
新疆兵团十四师二二四团	56 445	203	51 975	50	241	550	2 159	362	8 280	93
光明食品集团上海五四有限公司	56 441	204	11 197	263	18 133	215	2 685	340	3 858	227
黑龙江省尖山农场	56 187	205	2 189	426	34 772	98	27 130	55	1 089	471
广西农垦国有明阳农场	55 915	206	2 777	407	7 484	391	501	462	2 832	288
黑龙江省龙镇农场	55 846	207	4 606	362	26 376	142	23 067	63	1 757	388
黑龙江省襄河农场	55 826	208	5 852	334	27 214	140	18 606	79	1 268	447
新疆兵团二师三十四团	55 791	209	43 454	66	3 032	488	7 965	181	4 514	195
辽宁省盘锦市大洼县城郊农场	55 237	210	33 934	90	16 639	232	1 990	367	6 560	126
黑龙江省和平牧场	55 116	211	14 051	225	20 201	190	7 718	189	2 217	338
广东省华海糖业发展有限公司	55 100	212	5 670	340	39 195	80	5 603	233	2 360	328
黑龙江省大西江农场	54 830	213	4 203	369	33 798	105	20 030	76	1 511	418
辽宁省盘锦市大洼县西安农场	54 331	214	29 987	107	19 292	199	4 707	254	13 518	37
海南省国营八一总场	54 016	215	5 513	341	27 258	138	1 178	407	1 490	422
新疆兵团二师三十一团	53 843	216	33 963	89	8 080	376	6 303	215	4 754	183
黑龙江省红星农场	53 801	217	5 826	336	30 250	122	27 333	53	1 488	423
新疆兵团五师九十团	53 474	218	22 531	149	6 985	403	6 886	203	4 220	211
新疆兵团三师五十团	53 470	219	31 648	100	6 768	410	8 016	180	6 054	142
辽宁省盘锦市大洼县平安农场	53 139	220	28 242	116	20 651	185	3 763	287	14 860	31
新疆兵团十师一八二团	53 043	221	19 671	173	21 664	174	7 819	186	2 381	326
新疆兵团十三师柳树泉农场	52 921	222	16 808	200	26 122	144	920	420	5 514	160

2-2续表6

农场名称	生产总值（万元）	排序	工业增加值（万元）	排序	农业增加值（万元）	排序	耕地面积（公顷）	排序	年平均职工人数（人）	排序
辽宁省辽阳市首山农场	52 487	223	33 511	91	12 380	292	791	432	5 195	168
黑龙江省长水河农场	52 410	224	3 499	390	31 101	118	24 067	60	1 283	445
广东营丰收糖业发展有限公司	52 230	225	24 493	141	15 286	250	3 448	305	2 622	308
黑龙江省宁安农场	52 126	226	16 210	207	23 010	163	4 589	257	1 240	453
新疆兵团十二师头屯河农场	51 645	227	10 854	270	1 878	509	1 212	405	6 191	137
新疆兵团六师红旗农场	51 356	228	25 440	134	7 648	386	12 800	121	6 034	143
内蒙古甘河农场	51 294	229	1 044	471	41 043	74	23 050	64	7 511	109
湖北省人民大垸农场	51 175	230	13 443	233	25 698	148	7 452	192	17 524	16
辽宁省盘锦市大洼县王家农场	51 082	231	26 578	124	18 466	210	3 133	322	9 975	61
新疆兵团十二师二二二团	50 395	232	15 361	215	14 814	256	5 811	225	3 677	238
辽宁省鞍山市台安县新华农场	50 389	233	24 671	140	20 888	181	3 511	303	3 515	245
海南省国营红明农场	50 388	234	383	505	35 576	94	1 317	400	2 776	291
江苏省国营三河农场	49 915	235	11 629	256	10 238	329	3 534	302	2 514	318
新疆兵团二师三十团	49 914	236	28 095	118	13 168	271	6 400	211	4 273	207
新疆兵团五师八十一团	49 528	237	25 985	127	8 143	374	5 591	234	4 609	189
黑龙江省建边农场	49 365	238	3 805	380	17 879	216	20 225	74	1 289	444
江苏省国营滨淮农场	49 302	239	698	487	10 045	333	3 653	295	1 742	390
黑龙江省山河农场	49 002	240	3 048	401	33 046	107	26 767	57	1 073	474
新疆兵团十三师红星四场	48 905	241	15 842	210	16 625	233	3 242	317	3 479	247
海南省国营西培农场	48 585	242	1 607	445	30 371	121	6 055	220	2 975	280
新疆兵团四师七十六团	48 524	243	25 251	136	12 854	274	14 499	108	6 647	125
辽宁省盘锦市大洼县榆树农场	48 432	244	27 348	121	24 471	154	5 004	247	6 778	123
辽宁省盘锦市大洼县高家农场	47 850	245	26 839	123	17 360	226	2 185	361	8 740	86
新疆兵团四师六十七团	47 735	246	27 468	120	7 475	392	8 117	177	4 335	203
新疆兵团十二师三坪农场	47 684	247	14 128	223	8 076	377	3 847	282	4 912	176
新疆兵团十师一八一团	47 249	248	12 301	249	19 123	201	7 942	182	4 654	186
辽宁省盘锦市盘山县太平农场	46 715	249	25 959	128	18 511	209	3 676	293	7 800	102
黑龙江省建设农场	46 646	250	1 795	439	24 536	152	20 080	75	1 418	430
新疆兵团六师一〇五团	46 546	251	22 864	148	5 821	429	10 205	142	5 104	169
黑龙江省绥棱农场	46 546	252	765	483	27 444	136	15 321	99	1 100	468
内蒙古上库力农场	46 500	253	480	499	34 491	103	40 313	20	1 230	457
新疆兵团九师一六八团	46 190	254	18 384	183	1 596	516	8 248	173	6 218	135
辽宁省锦州市小东种畜场	45 980	255	1 804	438	40 030	78	8 299	171	16 475	20
海南省国营南新农场	45 972	256	1 368	453	3 432	481	157	512	1 551	411
新疆兵团三师四十八团	45 638	257	29 948	108	3 717	478	430	470	2 139	347
北京市南郊农场	45 284	258	18 487	182	4 663	454	338	482	2 086	351
湖北省阳新综合农场	44 961	259	4 738	360	8 187	372	1 009	412	11 752	46

2－2续表7

农场名称	生产总值（万元）	排序	工业增加值（万元）	排序	农业增加值（万元）	排序	耕地面积（公顷）	排序	年平均职工人数（人）	排序
黑龙江省荣军农场	44 958	260	3 560	387	22 731	166	16 408	93	465	526
黑龙江省红光农场	44 268	261	1 122	468	19 564	197	9 928	146	1 857	377
辽宁省盘锦市荣兴农场	44 232	262	24 133	143	15 387	247	2 854	335	8 936	81
内蒙古三河马场	44 010	263	52	529	34 788	97	38 352	25	1 360	437
黑龙江省汤原农场	43 954	264	9 372	290	20 643	186	9 690	153	655	513
新疆兵团二师二十四团	43 722	265	24 940	138	8 942	356	6 657	207	4 229	210
辽宁省抚顺市兰山种畜场	43 671	266	30 683	104	4 216	466	515	460	3 868	225
新疆兵团四师七十二团	43 621	267	13 930	227	9 282	348	6 264	216	5 059	171
湖北省华严农场	43 408	268	30 559	105	6 044	424	1 287	402	10 508	59
北京市西郊农场	43 253	269			666	539			971	485
辽宁省盘锦市石山种畜场	43 162	270	18 207	186	17 597	224	5 727	231	9 818	64
黑龙江省嫩江农场	42 521	271	4 170	373	28 418	132	30 038	47	1 425	428
辽宁省朝阳市建平县八家农场	42 455	272	31 697	98	8 947	355	3 123	323	6 450	131
新疆兵团六师军户农场	42 450	273	26 282	126	1 067	527	5 007	246	4 505	196
广西农垦国有东风农场	41 688	274	14 305	220	13 800	265	640	446	3 417	250
海南省国营南滨农场	41 665	275	83	526	18 852	205	334	484	1 923	368
新疆兵团七师一二六团	41 661	276	20 512	162	2 378	502	7 398	195	4 334	204
江西省上饶市五府山场	41 529	277	21 700	155	887	533	665	444	11 638	47
内蒙古拉布大林农牧场	41 112	278	873	475	36 014	91	35 951	34	1 372	433
福建省漳浦县大南坂农场	41 054	279	29 818	109	5 776	430	525	458	4 426	199
湖北省朱湖农场	41 007	280	11 034	266	21 360	177	2 241	360	11 350	48
黑龙江省香坊实验农场	40 411	281	17 207	197	2 486	497	598	448	2 188	341
新疆兵团四师六十九团	39 889	282	12 750	244	15 318	249	5 038	244	3 036	273
黑龙江省红色边疆农场	39 619	283	3 247	395	17 323	227	16 633	90	954	487
湖北省大同湖农场	39 521	284	3 680	385	24 129	157	1 865	371	15 868	23
新疆农业厅库尔勒市普惠农场	39 440	285			32 987	108	15 093	102	1 781	384
新疆兵团七师一二七团	39 267	286	18 117	188	4 725	452	7 929	184	4 354	201
江西省上饶市新岗山场	39 150	287	36 270	84	361	543	34	534	1 883	374
黑龙江省尾山农场	38 494	288	5 160	349	18 334	212	15 238	100	1 697	392
河北省国营御道口牧场	38 381	289	21 767	154	4 103	469	2 120	363	1 096	469
新疆兵团二师二十一团	38 199	290	18 809	180	12 781	278	6 177	218	4 130	217
辽宁省盘锦市大洼县赵圈河苇场	38 086	291	18 169	187	17 427	225	1 893	370	2 561	315
新疆兵团三师伽师总场	38 007	292	23 252	145	5 045	440	5 762	229	4 631	187
江苏省国营白马湖农场	37 946	293	7 257	310	5 892	427	3 358	311	3 365	254
广东省铜锣湖农场	37 436	294	17 693	191	9 265	349	774	436	651	514
江西省宜春市江西黄岗山垦殖场	37 379	295	32 632	93	3 870	477	1 400	394	1 137	463
内蒙古谢尔塔拉种牛场	37 296	296	10 331	277	23 839	161	20 560	72	874	493

2－2续表8

农场名称	生产总值（万元）	排序	工业增加值（万元）	排序	农业增加值（万元）	排序	耕地面积（公顷）	排序	年平均职工人数（人）	排序
新疆兵团五师八十四团	37 291	297	13 385	234	12 601	282	7 759	188	3 165	267
广西农垦国有红河农场	37 288	298	3 120	400	6 532	414	1 285	403	3 401	251
内蒙古特泥河牧场	37 159	299	1 132	466	32 910	109	25 521	59	1 102	467
新疆兵团四师六十八团	36 981	300	16 215	206	9 398	343	6 168	219	3 083	271
海南省国营乌石农场	36 935	301	1 890	436	16 937	230	467	466	1 253	449
黑龙江省肇源农场	36 716	302	6 170	329	20 357	188	4 012	275	794	497
新疆农业厅巴州清水河农场	35 753	303			8 691	359	4 128	270	1 087	472
黑龙江省锦河农场	35 738	304	4 301	366	15 027	253	10 791	137	1 091	470
新疆兵团十师一八六团	35 611	305	10 436	274	15 209	252	2 560	343	1 361	436
江苏省国营江心沙农场	35 015	306	23 205	146	4 461	459	1 373	397	1 221	458
广西农垦国有源头农场	34 957	307	3 645	386	13 134	272	12	545	1 929	367
江西省上饶市大茅山场	34 744	308	29 756	110	4 472	458	280	493	5 102	170
广西农垦国有黔江农场	34 547	309	15 376	214	6 594	413	1 860	372	1 977	359
黑龙江省齐齐哈尔种畜场	34 542	310	4 621	361	18 688	207	5 000	248	1 297	441
新疆农业厅红旗坡农场	34 326	311			17 115	229	16 666	89	5 840	149
湖北省蒋湖农场	34 272	312	9 895	281	10 169	331	3 328	314	9 182	78
内蒙古那吉屯农场	34 228	313	3 861	379	22 301	170	20 663	70	181	551
黑龙江省龙门农场	34 178	314	3 487	391	14 653	257	15 765	98	966	486
湖北省白鹭湖农场	34 082	315	19 419	174	12 380	292	2 887	333	6 902	121
广西农垦国有昌菱农场	34 020	316	357	507	10 493	323	2 414	352	4 990	173
江西省上饶市武夷山场	33 743	317	17 242	196	1 700	512	916	421	1 863	375
海南省国营中建农场	33 691	318	872	476	23 942	160	583	451	1 362	435
辽宁省阜新市彰武县阿尔乡畜牧场	33 392	319	9 456	288	16 046	239	3 889	281	4 436	198
辽宁省铁岭市昌图县新乡农场	33 253	320	17 263	195	14 890	254	781	434	2 989	279
广西农垦国有立新农场	33 238	321	16 506	203	11 092	315	106	520	2 826	289
黑龙江省哈拉海农场	33 116	322	3 789	382	18 192	214	13 512	116	792	498
湖北省荒湖农场	32 999	323	5 007	352	18 220	213	3 700	292	8 853	82
新疆兵团九师一六六团	32 983	324	20 722	159	6 155	421	12 373	125	4 012	220
江苏省国营新洋农场	32 869	325	10 358	276	9 458	342	3 985	277	2 613	310
新疆兵团一师四团	32 768	326	19 845	166	4 964	442	5 198	241	3 574	244
黑龙江省红五月农场	32 746	327	3 348	393	20 084	193	16 487	92	1 989	357
广东省湖光农场	32 700	328	4 306	365	19 349	198	2 420	351	1 753	389
辽宁省盘锦市盘山县坝墙子农场	32 541	329	19 679	172	9 587	338	3 616	299	6 325	132
上海光明米业有限责任公司	32 193	330	2 364	421	28 859	128			2 770	295
上海市上海农场	32 151	331	623	492	29 321	124	14 262	111	1 563	410
江西省上饶市饶丰场	31 984	332	5 114	350	12 487	290	3 719	290	15 326	25
黑龙江省格球山农场	31 781	333	2 810	405	22 082	171	14 400	110	1 008	483

2－2续表9

农场名称	生产总值（万元）	排序	工业增加值（万元）	排序	农业增加值（万元）	排序	耕地面积（公顷）	排序	年平均职工人数（人）	排序
湖北省大沙湖农场	31 751	334	9 768	285	12 794	277	2 889	332	15 517	24
广西农垦国有新光农场	31 655	335	5 397	343	10 707	321	590	449	3 194	266
新疆兵团二师二十七团	31 643	336	12 556	245	12 656	281	4 118	271	4 212	212
湖北省熊口农场	31 601	337	15 111	216	13 767	266	2 436	350	7 573	108
光明食品集团上海东海总公司	31 492	338	7 254	311	5 106	437	558	455	1 816	380
新疆兵团十四师皮山农场	31 365	339	22 308	151	2 422	500	5 362	237	5 819	152
黑龙江省依安农场	31 362	340	7 365	308	16 287	237	5 744	230	758	500
江苏省国营临海农场	31 236	341	6 170	329	9 494	341	4 813	252	2 142	346
黑龙江省绿色草原牧场	30 793	342	1 406	449	20 791	182	7 333	197	664	512
内蒙古哈达图牧场	30 636	343	780	481	27 245	139	21 893	68	828	496
黑龙江省红旗农场	30 537	344	13 679	231	6 973	405	831	430	4 353	202
新疆兵团三师四十一团	30 459	345	12 547	246	848	534	2 105	364	2 578	313
湖北省南湖农场	30 415	346	23 797	144	3 922	473	416	473	3 737	234
湖北省长港农场	30 411	347	6 265	327	15 381	248	1 345	398	9 625	70
新疆兵团七师一三七团	30 369	348	11 158	264	6 660	411	1 593	386	4 733	184
湖北省王集农场	30 148	349	5 967	332	17 660	222	4 180	266	23 425	9
安徽省皖河农场	29 778	350	3 962	376	20 666	184	3 611	300	4 375	200
海南省国营东太农场	29 570	351	642	489	22 979	164	145	515	1 676	400
黑龙江省庆阳农场	29 492	352	11 232	262	12 599	283	4 223	264	460	527
湖北省军垦农场	29 445	353	3 736	383	19 631	196	1 699	378	4 515	194
广西农垦国有桂北农场	28 901	354	16 630	201	2 864	492	46	530	1 940	365
湖北省江北农场	28 747	355	19 787	167	2 948	489			2 882	282
海南省国营乐光农场	28 673	356			23 979	159	261	497	1 300	440
黑龙江省宝山农场	28 588	357	2 118	428	16 506	234	7 430	193	711	507
云南农垦东风农场	28 489	358	473	501	18 865	204	264	496	11 212	50
广东省平岗农场	28 358	359		536	24 307	156	53	526	400	533
新疆兵团四师七十五团	28 270	360	6 403	324	12 580	284	7 090	198	1 696	393
新疆兵团四师七十八团	28 110	361	15 478	213	6 856	408	975	418	2 057	352
云南农垦黎明农场	28 109	362	3 906	378	12 845	275	2 673	342	6 540	128
海南省国营龙江农场	28 001	363	623	491	19 682	195	993	415	1 988	358
北京市双桥农场	27 941	364	4 177	372	1 309	519	149	513	1 393	432
山东省东营市黄河农场	27 865	365			21 971	172	4 134	269	1 040	481
辽宁省盘锦市盘山县胡家农场	27 770	366	16 412	204	12 155	296	8 098	178	5 803	153
新疆兵团四师七十九团	27 568	367	12 011	252	11 634	307	2 510	345	2 295	334
湖北省三湖农场	27 192	368	6 395	325	16 384	235	3 196	321	8 535	90
海南省国营新中农场	27 108	369	192	514	13 759	267	386	476	1 642	403
湖北省万福店农场	26 987	370	6 598	320	8 661	361	1 998	366	14 936	28

2-2续表10

农场名称	生产总值（万元）	排序	工业增加值（万元）	排序	农业增加值（万元）	排序	耕地面积（公顷）	排序	年平均职工人数（人）	排序
黑龙江省闫家岗农场	26 881	371	4 752	359	6 432	416	508	461	748	501
湖北省周矶农场	26 856	372	17 845	189	5 910	426	786	433	6 953	119
海南省国营中坤农场	26 846	373	473	500	19 074	202	635	447	1 467	425
江苏省国营宝应湖农场	26 593	374	9 461	287	7 284	396	2 330	356	2 184	342
江苏省国营淮海农场	26 527	375	3 446	392	12 521	288	5 246	238	2 611	311
新疆兵团十二师西山农场	26 396	376	4 772	358	4 843	449	880	425	2 693	299
新疆兵团二师二二三团	26 386	377	10 389	275	9 746	336	2 731	339	3 032	275
海南省国营东兴农场	26 306	378	554	494	18 838	206	476	463	1 565	409
广东省胜利农场	25 780	379	3 196	397	11 495	308	31	535	1 106	466
辽宁省盘锦市大洼县新开农场	25 647	380	18 846	179	7 142	400	3 333	313	12 626	43
内蒙古苏沁牧场	24 781	381	38	531	22 661	168	23 393	62	692	511
广西农垦国有垌美农场	24 738	382	17 439	193	3 150	486	443	469	2 843	285
新疆畜牧呼图壁种牛场	24 710	383	17 197	198	7 513	389	9 878	147	1 500	420
辽宁省本溪市张其寨畜牧场	24 704	384	24 704	139					1 531	415
海南省国营阳江农场	24 472	385	1 203	460	10 595	322	1 478	391	1 646	402
新疆兵团四师七十四团	23 859	386	9 926	280	6 105	423	4 919	249	1 818	378
广东省曙光农场	23 598	387	1 201	461	14 402	259	78	522	736	503
内蒙古格尼河农场	23 532	388	1 151	465	21 073	178	13 032	120	232	549
新疆兵团六师土墩子农场	23 408	389	10 461	273	6 830	409	5 161	243	2 620	309
云南农垦勐腊农场	23 372	390	3	535	19 936	194	360	479	7 401	111
江西省宜春市上高县墨山垦殖场	23 340	391	19 775	168	1 940	507	550	456	3 705	235
黑龙江省泰来农场	23 323	392	3 980	375	14 544	258	4 854	251	448	529
辽宁省盘锦市盘山县大荒农场	23 306	393	9 540	286	7 362	395	4 550	259	8 424	92
江西省九江市芙蓉农场	23 226	394	13 261	236	4 780	451	854	428	5 761	155
黑龙江省松花江农场	23 019	395	14 288	221	5 080	439	4 206	265	1 502	419
安徽省华阳河农场	22 995	396	850	477	16 835	231	6 582	209	2 488	319
江西省上饶市信丰场	22 995	397	2 728	409	799	536	976	417	2 367	327
新疆兵团六师一〇六团	22 993	398	11 004	267	3 529	480	5 796	227	2 359	329
新疆兵团九师一六四团	22 675	399	16 385	205	1 465	517	10 039	144	3 161	268
江西省宜春市阁山垦殖场	22 560	400	18 260	185	2 033	506	2 478	349	564	521
湖北省清河农场	22 555	401	5 790	337	13 728	268	1 455	392	6 669	124
江西省上饶市旭光场	22 261	402	5 452	342	568	540	299	491	2 338	331
安徽省寿西湖农场	22 193	403	7 611	306	10 772	320	3 720	289	3 264	259
安徽省龙亢农场	21 865	404	4 910	355	8 953	354	2 308	357	1 631	404
湖北省菱角湖农场	21 841	405	5 316	344	12 020	299	2 266	359	6 218	135
新疆兵团九师一六一团	21 544	406	13 180	237	370	542	7 924	185	2 632	306
海南省国营东红农场	21 517	407	1 405	450	15 866	241	276	494	1 234	455

2-2续表 11

农场名称	生产总值（万元）	排序	工业增加值（万元）	排序	农业增加值（万元）	排序	耕地面积（公顷）	排序	年平均职工人数（人）	排序
云南农垦弥勒东风农场	21 463	408	781	480	17 874	217	461	467	1 049	480
广东省团结农场	21 382	409	1 863	437	9 028	353	48	529	863	494
北京市北郊农场	21 330	410	712	486	1 701	511			705	509
海南省国营立才农场	21 125	411	160	517	9 988	334	833	429	2 160	343
黑龙江省四方山农场	21 061	412	1 759	440	15 237	251	7 934	183	2 093	350
湖北省万丈湖农场	20 863	413	10 556	272	9 641	337	1 584	387	7 492	110
江西省上饶市康山场	20 788	414	2 071	429	4 387	461	2 359	354	2 719	297
安徽省十字铺茶场	20 715	415	14 439	217	4 130	468	807	431	1 741	391
广东省红峰农场	20 683	416	4 205	368	7 510	390	27	536	648	516
新疆兵团三师四十六团	20 679	417	14 402	218	1 088	526	565	454	1 294	443
广东省南华农场	20 481	418	1 429	448	14 026	263	1 677	382	1 312	439
新疆兵团九师一六七团	20 465	419	13 834	229	1 179	521	10 644	138	3 035	274
广东省东方红农场	20 401	420	184	516	17 755	219	675	443	1 082	473
辽宁省盘锦市盘山县甜水农场	20 371	421	9 881	282	7 736	383	3 601	301	4 500	197
内蒙古巴彦农场	20 300	422	408	503	17 800	218	13 937	112	3 502	246
海南省国营西达农场	20 115	423			11 428	311	1 726	377	2 534	317
广东省火星农场	20 032	424	758	484	9 236	350	15	542	759	499
云南农垦景洪农场	19 987	425	1 744	441	13 818	264	88	521	9 252	76
广西农垦国有火光农场	19 863	426	8 377	298	2 356	503	15	541	1 889	373
云南农垦勐捧农场	19 842	427			18 979	203	37	532	11 088	52
湖北省龙王咀农场	19 629	428	11 366	261	3 981	471	408	474	4 978	174
黑龙江省五大连池农场	19 600	429	780	481	10 253	328	10 352	139	364	539
广西农垦国有沙塘农场	19 438	430	4 220	367	10 312	327	204	502	1 486	424
新疆兵团九师一六三团	19 275	431	10 946	268	2 584	494	8 604	168	6 113	138
新疆兵团三师四十二团	18 933	432	10 322	278	3 099	487	3 818	284	1 629	405
广西农垦国有东湖农场	18 506	433	2 726	410	8 689	360	385	477	2 125	348
云南农垦橄榄坝农场	18 227	434	1 338	454	14 266	262	176	506	6 995	118
黑龙江省依兰农场	18 155	435	4 042	374	8 008	380	3 632	298	509	524
广东省新时代农场	17 925	436	1 218	458	6 920	406	15	542	696	510
海南省国营东昌农场	17 771	437	70	527	12 993	273	777	435	1 057	479
云南农垦思茅农场	17 727	438	1 305	455	1 219	520	24	537	436	530
新疆农业厅博孜达克农场	17 688	439	456	502	10 842	318	7 780	187	1 220	459
广西农垦国有华山农场	17 463	440	53	528	3 874	476	13	544	2 026	356
河南省国营博爱农场	17 421	441	12 509	247	2 099	505	885	423	2 415	324
新疆兵团十二师二二一团	17 312	442	5 850	335	5 584	431	724	440	2 314	333
湖北省桐湖农场	17 182	443	5 283	346	6 981	404	518	459	2 628	307
湖北省车河农场	16 998	444	4 865	357	8 593	363	1 168	408	5 447	162

2-2 续表 12

农场名称	生产总值（万元）	排序	工业增加值（万元）	排序	农业增加值（万元）	排序	耕地面积（公顷）	排序	年平均职工人数（人）	排序
新疆兵团六师六运湖农场	16 819	445	7 286	309	1 693	513	3 744	288	2 840	286
新疆兵团二师二十五团	16 789	446	7 997	301	4 014	470	1 917	369	2 327	332
江西省上饶市禾斛岭场	16 571	447	1 166	464	1 045	528	5 242	239	3 233	261
江西省南昌市扬子洲农场	16 500	448	12 000	253	300	546	77	524	735	504
海南省国营红华农场	16 466	449	1 065	470	8 180	373	4 001	276	3 800	231
新疆兵团九师一六五团	16 430	450	12 848	240	983	530	3 941	279	2 402	325
内蒙古莫拐农场	16 425	451	1 103	469	11 764	304	14 528	107	542	523
广东省五一农场	16 412	452	940	474	12 512	289	1 683	381	1 062	477
辽宁省朝阳市朝阳县贾家店农场	16 380	453	4 187	371	9 573	339	1 431	393	4 829	178
内蒙古大河湾农场	16 329	454	155	520	12 532	286	10 831	136	233	548
河南省扶沟县农牧场	16 260	455	14 310	219	1 723	510	926	419	1 058	478
黑龙江省繁荣种畜场	16 137	456	2 212	425	9 196	351	9 710	151	458	528
广东省新华农场	16 127	457	1 614	444	5 191	433	36	533	651	514
湖北省六合垸农场	16 050	458	6 789	314	5 457	432	1 776	375	4 274	206
黑龙江省岔林河农场	16 008	459	2 783	406	8 012	379	4 139	268	575	520
江西省上饶市怀玉山场	15 983	460	6 560	321	244	549	162	511	1 431	426
广东省建设农场	15 870	461	2 005	432	8 550	364	123	519	586	519
广东省幸福农场	15 820	462	1 039	472	10 127	332	2 365	353	1 240	453
黑龙江省柳河农场	15 798	463	2 071	429	7 632	387	4 252	263	554	522
江西省抚州市红星垦殖场	15 787	464	11 528	258	3 904	474	882	424	3 357	255
广西农垦国有东方农场	15 710	465	5 301	345	4 291	464	304	490	3 582	243
辽宁省盘锦市荣滨农场	15 632	466	9 439	289	4 846	447	399	475	16 781	17
内蒙古东方红农场	15 604	467	1 576	446	12 541	285	8 710	167	2 461	322
江西省九江市赛湖	15 509	468	6 009	331	5 135	435	741	438	13 882	33
黑龙江省安达牧场	15 506	469	388	504	4 433	460	997	414	301	544
新疆兵团五师八十七团	15 452	470	7 696	304	2 388	501	3 377	310	1 898	371
江苏省国营云台农场	15 446	471	2 507	418	3 899	475	1 813	374	1 144	462
内蒙古欧肯河农场	15 381	472	339	509	13 475	269	9 536	155	3 092	270
海南省国营三道农场	15 174	473	133	521	11 694	306	50	528	1 297	441
内蒙古宜里农场	15 163	474	502	497	12 686	279	8 181	176	3 029	276
湖北省小港农场	15 080	475	5 173	348	4 203	467	741	437	10 365	60
海南省国营南海农场	15 005	476	344	508	8 888	357	1 300	401	2 045	354
内蒙古陶海牧场	14 917	477	36	532	14 399	260	9 600	154	155	553
江西省九江市上十岭	14 900	478	10 880	269	2 930	491	173	508	1 939	366
广东省火炬农场	14 757	479	2 305	422	8 239	369	1 636	384	942	488
宁夏农垦平吉堡农业发展有限公司	14 704	480	630	490	11 991	301	3 403	307	890	491
江西省上饶市花亭场	14 690	481	6 183	328	678	538	468	464	2 862	284

2-2 续表 13

农场名称	生产总值（万元）	排序	工业增加值（万元）	排序	农业增加值（万元）	排序	耕地面积（公顷）	排序	年平均职工人数（人）	排序
云南农垦勐满农场	14 633	482			11 954	302	78	523	6 091	141
新疆兵团五师八十八团	14 556	483	6 457	323	2 574	495	3 978	278	1 677	399
黑龙江省青年农场	14 475	484	6 670	318	2 440	499	331	485	1 513	417
海南省国营山荣农场	14 337	485	49	530	8 766	358	140	516	709	508
广西农垦国有良丰农场	14 116	486	2 248	424	6 017	425	126	518	1 696	393
内蒙古扎兰屯马场	14 000	487	250	512	4 814	450	4 543	260	107	555
光明食品集团上海长江总公司	13 863	488	9 848	283	1 179	522	18 055	83	2 042	355
宁夏农垦灵武农业发展有限公司	13 857	489	1 195	462	9 319	346	3 801	285	1 531	415
湖北省涨渡湖农场	13 835	490	3 690	384	6 640	412	1 626	385	4 118	218
江西省上饶市鸦鹊湖场	13 821	491	6 694	317	1 891	508	1 692	379	4 883	177
辽宁省盘锦市东郭苇场	13 803	492			8 333	368	2 500	346	5 396	164
宁夏农垦农牧场农业发展有限公司	13 752	493	1 988	433	8 659	362	3 642	296	393	535
新疆农业厅包头湖农场	13 650	494	6 782	315	6 265	420	2 880	334	268	545
内蒙古古里农场	13 636	495	156	519	11 743	305	6 667	206	1 976	360
辽宁省营口市盖州熊岳农场	13 586	496	12 761	243	297	547	7	546	1 118	465
广东省红湖农场	13 424	497	375	506	8 213	370	169	509	398	534
海南省国营金安农场	13 398	498			10 328	326	1 008	413	1 571	408
辽宁省朝阳市建平县热水畜牧场	13 371	499	1 278	456	11 456	310	4 175	267	4 534	192
内蒙古牙克石农场	13 363	500	1 213	459	9 796	335	13 897	113	491	525
辽宁省大连三寰集团	13 342	501	120	522	3 965	472	256	499	330	542
海南省国营保国农场	13 316	502			5 114	436	233	500	639	517
湖北省黄盖湖农场	13 310	503	3 944	377	7 182	398	911	422	3 616	241
内蒙古扎兰河农场	13 261	504	308	510	11 467	309	9 015	162	2 258	335
江西省上饶市银山场	13 247	505	4 931	354	1 091	525	582	452	1 771	386
海南省国营东和农场	13 152	506	190	515	9 136	352	326	486	717	506
江西省上饶市永平场	13 014	507	6 610	319	262	548	20	540	322	543
广东省金星农场	13 004	508	113	523	6 383	417	2 341	355	905	490
海南省国营南阳农场	12 774	509			10 197	330	149	514	361	541
云南农垦瑞丽农场	12 704	510	18	534	6 272	419	372	478	3 295	258
湖北省八里湖农场	12 667	511	2 823	404	4 476	457	1 010	411	7 114	117
广东省梅陇农场	12 662	512	1 131	467	7 248	397	575	453	1 005	484
广东省和平农场	12 559	513	286	511	7 099	401	169	509	629	518
新疆兵团九师团结农场	12 383	514	7 551	307	2 766	493	2 937	331	1 492	421
江西省上饶市乐丰场	12 343	515	5 232	347	4 886	444	1 776	375	3 391	252
辽宁省盘锦市羊圈子苇场	12 309	516	8 031	300	2 482	498	3 120	325	19 399	14
广东省红星农场	12 301	517	107	524	11 203	313	1 824	373	1 177	460
海南省国营广坝农场	12 298	518	990	473	5 165	434	270	495	2 245	337

2－2 续表 14

农场名称	生产总值（万元）	排序	工业增加值（万元）	排序	农业增加值（万元）	排序	耕地面积（公顷）	排序	年平均职工人数（人）	排序
湖北省东风农场	12 219	519	1 402	452	7 911	381	587	450	5 998	145
广东省友好农场	12 201	520	650	488	9 314	347	1 201	406	923	489
黑龙江省巨浪牧场	12 162	521	1 405	450	7 550	388	2 272	358	363	540
辽宁省丹东市东港五四农场	12 127	522	2 617	413	8 500	366	1 262	404	4 301	205
云南农垦曼沙农场	12 111	523	532	495	4 843	448	7	547	1 251	450
黑龙江省大山种羊场	12 086	524	2 612	415	6 138	422	3 230	319	268	545
云南农垦孟定农场	11 984	525	487	498	7 433	394	233	501	3 317	256
广东省红阳农场	11 910	526	160	517	6 380	418	53	526	385	537
江苏省国营南通农场	11 725	527			1 664	514	304	489	232	549
内蒙古免渡河农场	11 654	528	23	533	11 044	317	9 759	149	434	531
海南省国营红光农场	11 601	529			8 550	364	2 676	341	727	505
新疆兵团十四师四十七团	11 526	530	8 966	295	1	552	1 638	383	1 892	372
新疆兵团十师一八四团	11 403	531	4 462	363	955	531	12 596	123	3 600	242
新疆兵团九师一七〇团	11 386	532	4 351	364	3 258	484	530	457	1 786	381
钓鱼台医药集团吉林天强制药股有限公司	11 143	533	11 143	265					160	552
湖北省金水农场	11 136	534	2 672	412	4 641	455	855	427	2 680	301
云南农垦陇川农场	10 942	535	795	479	8 425	367	2 838	336	4 181	214
新疆兵团五师九十一团	10 896	536	6 967	312	1 142	524	3 300	316	1 782	383
宁夏农垦前进农业发展有限公司	10 884	537	2 290	423	5 106	438	4 050	273	886	492
辽宁省铁岭市两家子农场	10 865	538	757	485	8 194	371	3 713	291	8 810	83
广西农垦国有荣光农场	10 805	539	2 875	403	737	537	38	531	860	495
广东省三叶农场	10 790	540	1 188	463	5 020	441	175	507	1 247	451
海南省国营蓝洋农场	10 764	541	88	525	4 865	446	358	480	1 066	476
广西农垦国有大明山农场	10 691	542	6 391	326	1 387	518	54	525	1 371	434
江西省上饶市莲花山场	10 626	543	4 870	356	995	529	324	487	3 703	236
广东省红五月农场	10 618	544	508	496	8 140	375	20	539	413	532
河南省国营浚县农场	10 331	545	3 800	381	6 531	415	1 324	399	3 653	240
河北省国营青先农场	10 283	546	9 344	291	353	544	200	503	138	554
新疆兵团十师一八五团	10 250	547	2 151	427	4 868	445	3 822	283	1 548	412
湖北省官庄湖农场	10 221	548	828	478	7 162	399	2 478	348	5 577	159
辽宁省营口市盖州二台农场	10 205	549	2 016	431	4 488	456	419	471	8 491	91
广东省红江农场	10 133	550			6 864	407	651	445	369	538
福建省龙海市程溪农场	10 012	551	8 707	297	479	541	21	538	241	547
新疆兵团六师北塔山牧场	9 882	552	1 930	435	2 526	496	468	465	1 650	401
新疆兵团二师三十七团	4 406	553	1 956	434	897	532			1 126	464
新疆兵团三师叶城牧场	3 805	554	2 365	420	305	545	419	471	388	536
新疆兵团二师三十八团	3 687	555	1 271	457	235	551	1 534	389	1 899	370

人口、从业人员和劳动报酬

3－1 农垦人口和收入情况

（2014 年） 计量单位：人

地区	年末总人口				年内平均人口	年内出生人口	年内死亡人口	人均纯收入（元/年）
		农场人口	乡镇总人口	少数民族人口				
全国农垦	**14 203 383**	**11 616 332**	**2 071 230**	**1 434 794**	**13 918 295**	**109 401**	**67 798**	**13 495**
北京	64 316	22 416	327	160	63 822	78	177	50 910
天津	18 074	9 583		252	18 127	43	306	53 422
河北	454 864	301 445	152 154	10 139	453 246	6 888	2 719	12 881
山西	33 360	27 797		20	32 214	132	89	7 733
内蒙古	495 588	444 251	23 691	109 592	484 331	2 966	1 782	11 580
辽宁	939 983	831 374	66 377	56 840	925 622	7 014	5 234	14 068
吉林	291 367	212 548	77 813	10 912	291 657	1 756	1 295	8 150
黑龙江	1 697 451	1 489 580		40 683	1 710 085	7 917	9 532	25 226
上海	140 547	15 611			140 319			46 505
江苏	202 155	172 753			201 257	1 460	1 248	20 890
浙江	55 009	36 892		124	51 000	248	227	19 371
安徽	124 362	117 083	4 166	2 168	124 183	853	1 022	17 869
福建	235 415	138 662	62 209	1 919	228 521	2 617	1 285	9 707
江西	1 263 606	1 260 029	417 417	2 527	1 208 622	10 443	4 473	10 422
山东	23 062	18 789	4 273	17	23 063	125	132	13 484
河南	180 908	135 943	44 965	351	153 973	1 567	542	11 000
湖北	1 456 407	1 336 384	96 447	7 739	1 452 679	14 404	6 922	14 200
湖南	692 023	589 785	101 935	9 652	645 778	6 756	3 665	10 098
广东	379 765	341 604		8 205	380 064	3 276	1 934	20 041
广西	379 799	258 213		97 492	364 620	1 572	1 943	21 641
海南	893 553	777 196		148 391	877 841	10 758	4 589	13 741
重庆	21 320	3 630		185	21 010	12	16	11 500
四川	13 601	8 876		2 682	11 346	32	34	6 472
贵州	24 336	24 336		4 156	22 144	89	152	6 214
云南	340 474	327 242		94 262	339 962	2 086	2 033	12 734
陕西	27 960	27 097		48	27 877	277	128	8 526
甘肃	86 994	69 363		2 706	94 290	412	417	10 895
青海	50 174	34 118		684	25 413	137	168	7 800
宁夏	143 291	143 291		40 600	132 940	983	469	17 256
新疆（兵团）	2 732 868	1 789 194	943 674	385 309	2 717 148	17 126	12 666	13 930
新疆（农业）	270 944	206 816	64 128	91 496	225 541	2 343	972	8 789
新疆（畜牧）	453 107	441 453	11 654	303 062	453 107	4 827	1 533	8 831
热科院	11 768			2 421	11 657	183	80	23 878
广州	1 667	296			1 551			56 751
南京	3 265	2 682			3 285	21	14	20 825

3－2　农垦社会从业人员

（2014年）　　计量单位：人

地区	总计		第一产业		种植业		林业	
	年末人数	平均人数	年末人数	平均人数	年末人数	平均人数	年末人数	平均人数
全国农垦	**6 756 679**	**6 780 585**	**3 281 717**	**3 169 038**	**2 434 157**	**2 367 413**	**278 634**	**283 379**
北京	47 984	48 368	19 354	19 607	693	765	62	65
天津	7 541	7 562	1 500	1 524	239	254	6	6
河北	282 020	282 671	110 801	111 310	83 617	83 529	999	1 008
山西	16 118	15 637	7 354	7 274	6 000	5 943	166	161
内蒙古	238 102	227 574	181 885	174 307	140 996	135 696	635	667
辽宁	536 603	470 491	285 618	242 325	233 855	196 188	5 336	5 124
吉林	146 688	146 373	100 794	100 885	96 127	96 215	344	346
黑龙江	781 882	861 795	447 260	499 361	377 796	425 365	5 074	5 590
上海	136 595	135 829	8 866	9 381	4 108	4 737		1
江苏	89 108	90 082	27 066	28 460	21 570	22 798	822	855
浙江	13 175	13 319	3 258	3 310	2 670	2 766	88	48
安徽	59 345	59 356	34 587	35 061	33 850	34 337	114	118
福建	108 175	85 194	58 983	47 769	41 979	35 612	4 236	3 001
江西	390 773	368 678	213 490	203 472	164 665	156 439	28 853	27 480
山东	10 231	10 332	5 679	5 796	4 564	4 672	254	262
河南	63 959	63 630	47 169	46 701	44 602	44 327	94	87
湖北	836 332	826 821	348 004	344 831	274 125	271 349	4 371	4 152
湖南	372 698	319 674	204 617	173 217	189 985	160 020	5 456	5 158
广东	120 374	119 757	54 407	54 837	32 257	32 127	10 444	10 788
广西	208 475	206 663	60 972	60 657	40 448	40 360	4 139	4 263
海南	379 985	397 001	232 267	244 640	102 209	105 490	95 747	102 889
重庆	13 239	13 277	1 357	1 305	253	183		
四川	7 086	7 016	5 785	5 778	1 249	1 246	9	9
贵州	5 437		4 812		3 420		28	
云南	126 158	129 056	116 561	118 508	26 918	29 734	88 846	88 057
陕西	9 335	9 682	7 383	7 380	7 269	7 266	20	17
甘肃	28 916	31 156	19 775	20 601	18 887	19 720	109	113
青海	18 547	8 783	16 805	7 907	14 843	6 077	169	41
宁夏	61 646	62 077	46 963	46 614	40 276	40 018	1 084	1 098
新疆（兵团）	1 319 457	1 523 998	328 399	344 582	254 335	277 782	14 121	12 104
新疆（农业）	89 841	89 069	74 845	74 516	59 722	60 024	4 236	3 926
新疆（畜牧）	224 267	143 212	204 665	126 686	110 510	66 252	2 772	5 945
热科院	4 137	4 119						
广州	1 667	1 550	296	294				
南京	783	783	140	142	120	122		

3-2续表1

地区	牧业		渔业		第二产业		采矿业	
	年末人数	平均人数	年末人数	平均人数	年末人数	平均人数	年末人数	平均人数
全国农垦	**445 991**	**398 005**	**122 935**	**120 241**	**1 627 658**	**1 841 806**	**39 217**	**42 042**
北京	18 599	18 777			12 150	12 333	18	21
天津	1 185	1 194	70	70	2 702	2 730		
河北	21 363	21 272	4 822	5 501	92 156	93 168	226	226
山西	1 188	1 170			4 115	3 717	52	52
内蒙古	39 013	36 211	1 241	1 733	21 079	21 487	1 619	3 580
辽宁	26 482	23 451	19 945	17 562	131 724	128 722	2 670	2 543
吉林	3 245	3 243	1 078	1 081	7 625	7 573		
黑龙江	61 658	65 359	2 732	3 047	99 642	128 626	3 405	4 257
上海	4 604	4 490	154	153	43 862	40 983		
江苏	3 121	3 232	1 553	1 575	31 893	31 986		
浙江	312	306	188	190	8 323	8 410		
安徽	418	399	205	207	10 141	10 061		
福建	8 735	5 898	4 033	3 258	29 892	21 896	1 115	1 092
江西	12 258	12 322	7 714	7 231	126 300	118 792	9 502	9 023
山东	361	361	500	501	2 892	2 883		
河南	1 894	1 786	579	501	10 342	10 462		
湖北	16 120	16 499	53 388	52 831	313 983	309 803	3 394	3 285
湖南	2 231	2 014	6 945	6 025	93 810	80 228		
广东	8 609	8 825	3 097	3 097	32 214	31 198		
广西	13 806	13 521	2 579	2 513	95 479	92 996	1 998	1 981
海南	30 125	31 075	4 186	5 186	19 400	22 733	288	286
重庆	958	995	146	127	10 317	10 252		
四川	4 527	4 523			909	846		
贵州	1 347		17		625		83	
云南	130	135	667	582	4 459	4 821	19	20
陕西	94	97			537	559	499	519
甘肃	774	763	5	5	6 586	7 973	203	206
青海	1 793	1 789			549	549		
宁夏	5 223	5 124	380	374	4 811	5 687		
新疆(兵团)	58 247	53 330	1 696	1 366	395 570	616 680	14 060	14 406
新疆(农业)	7 020	6 640	3 867	3 926	6 205	6 428		
新疆(畜牧)	90 255	52 910	1 128	1 579	5 987	5 966	66	545
热科院								
广州	296	294			1 239	1 116		
南京			20	20	140	142		

3－2 续表 2

地　区	制造业		电力热力燃气及水生产和供应业		建筑业		第三产业	
	年末人数	平均人数	年末人数	平均人数	年末人数	平均人数	年末人数	平均人数
全国农垦	**1 070 622**	**1 036 470**	**50 202**	**50 002**	**467 617**	**733 292**	**1 847 304**	**1 723 382**
北　京	11 951	12 128	18	21	163	163	16 480	16 428
天　津	2 633	2 660			69	70	3 339	3 308
河　北	76 946	76 750	1 209	1 387	13 775	14 805	79 063	78 193
山　西	4 063	3 665					4 649	4 646
内蒙古	9 640	8 899	379	625	9 441	8 383	35 138	31 780
辽　宁	98 418	96 574	2 558	2 432	28 078	27 173	119 261	99 444
吉　林	6 556	6 546			1 069	1 027	38 269	37 915
黑龙江	64 895	73 839	9 420	9 691	21 922	40 839	234 980	233 808
上　海	42 924	40 118			938	865	83 867	85 465
江　苏	29 402	29 461			2 491	2 525	30 149	29 636
浙　江	8 102	8 182	221	228			1 594	1 599
安　徽	5 759	5 708	102	107	4 280	4 246	14 617	14 234
福　建	24 099	16 873	1 088	1 052	3 590	2 879	19 300	15 529
江　西	96 201	90 134	5 127	4 972	15 470	14 663	50 983	46 414
山　东	2 205	2 172			687	711	1 660	1 653
河　南	8 582	8 607			1 760	1 855	6 448	6 467
湖　北	165 399	153 709	7 229	7 027	137 961	145 782	174 345	172 187
湖　南	61 805	59 169			32 005	21 059	74 271	66 229
广　东	26 302	25 113			5 912	6 085	33 753	33 722
广　西	65 240	61 558	203	342	28 038	29 115	52 024	53 010
海　南	5 371	5 950	576	554	13 165	15 943	128 318	129 628
重　庆	10 235	10 172			82	80	1 565	1 720
四　川	909	846					392	392
贵　州	528		14					
云　南	3 799	4 031	591	616	50	154	5 138	5 727
陕　西	38	40					1 415	1 744
甘　肃	5 633	6 999	124	145	626	623	2 555	2 582
青　海	247	247			302	302	1 193	327
宁　夏	2 636	2 865			2 175	2 822	9 872	9 776
新疆(兵团)	222 706	216 618	21 097	20 557	137 707	385 099	595 488	516 376
新疆(农业)	4 342	4 372			1 863	2 056	8 791	8 125
新疆(畜牧)	1 677	1 207	246	246	3 998	3 968	13 615	10 560
热科院							4 137	4 119
广　州	1 239	1 116					132	140
南　京	140	142					503	499

3－2续表3

地　区	批发和零售业		交通运输及仓储业		住宿和餐饮业		信息传输、计算机服务和软件业	
	年末人数	平均人数	年末人数	平均人数	年末人数	平均人数	年末人数	平均人数
全国农垦	**540 859**	**513 613**	**229 892**	**223 489**	**203 164**	**192 015**	**16 129**	**15 316**
北　京	705	699	2 316	2 278	9 347	9 281		
天　津	1 961	1 929	10	24	29	25		
河　北	22 523	22 135	14 724	14 403	10 058	10 268	570	550
山　西	3 166	3 156	127	128	387	392		
内蒙古	12 132	11 059	4 241	3 773	6 484	5 891	66	82
辽　宁	35 091	23 759	26 652	24 345	17 599	16 576	2 689	2 357
吉　林	27 094	26 973	2 798	2 793	3 288	3 341		
黑龙江	50 042	49 911	20 463	20 874	23 031	23 345	3 399	3 374
上　海	49 096	50 250	23 790	24 487	2 965	2 681	40	45
江　苏	13 096	12 774	2 375	2 394	2 505	2 437	26	24
浙　江	402	403	112	107	265	267		
安　徽	5 647	5 509	899	911	4 029	3 929		
福　建	6 342	5 565	2 074	1 446	2 175	1 745	352	261
江　西	14 069	13 485	4 811	4 579	8 217	6 440	1 102	1 085
山　东	667	658	160	160	246	246		
河　南	2 142	2 195	555	581	712	702	85	85
湖　北	58 955	58 181	24 323	24 041	14 059	13 869	4 496	4 476
湖　南	19 656	18 955	7 011	6 521	10 055	8 866	570	489
广　东	7 409	7 087	3 883	4 102	3 446	3 412		
广　西	21 806	22 615	10 220	10 407	6 678	6 473		
海　南	25 914	25 154	7 435	8 133	8 195	8 156	71	109
重　庆	19	19	394	532	372	383		
四　川					18	18		
贵　州								
云　南	234	348	219	283	401	485		
陕　西	76	375			258	231		
甘　肃	542	523	210	200	295	311		
青　海	472		262		24	24		
宁　夏	2 564	2 453	1 486	1 488	1 932	1 934	35	22
新疆(兵团)	153 289	143 573	65 528	61 929	62 080	57 248	2 518	2 303
新疆(农业)	1 964	1 688	1 283	1 105	1 402	1 397	53	45
新疆(畜牧)	3 676	2 064	1 512	1 449	2 512	1 539	57	9
热科院	15	15			52	52		
广　州	28	28						
南　京	65	75	19	16	48	51		

3-2续表4

地 区	金融业		房地产业		租赁和商务服务业		科学研究和综合技术服务业	
	年末人数	平均人数	年末人数	平均人数	年末人数	平均人数	年末人数	平均人数
全国农垦	**20 702**	**19 981**	**38 985**	**37 541**	**40 582**	**39 367**	**24 831**	**24 652**
北　京			1 315	1 350	1 249	1 268		
天　津	27	27	123	135	619	598	117	114
河　北	989	983	901	907	3 484	3 435	310	311
山　西					212	211		
内蒙古	102	87	186	112	470	336	259	213
辽　宁	834	798	2 364	2 134	2 354	1 987	871	756
吉　林							7	7
黑龙江	5 058	5 045	1 621	1 415	2 779	3 024	2 615	2 551
上　海			3 715	3 769	2 139	2 154	117	101
江　苏	33	32	450	397	22	25	233	202
浙　江			48	44	498	510		
安　徽			569	553	85	85	97	95
福　建	101	86	87	60	256	226	639	349
江　西	970	934	2 948	2 865	678	676	353	345
山　东					6	6	1	1
河　南	81	82	28	29	126	118	112	108
湖　北	3 931	3 831	4 574	4 497	4 575	4 375	1 482	1 430
湖　南	1 055	989	4 451	3 651	1 688	1 515	330	325
广　东			72	64			367	361
广　西	148	144	354	373	58	53	774	794
海　南	45	49	1 993	1 390	919	840	218	222
重　庆	30	20	642	655	83	86	25	25
四　川					304	304		
贵　州								
云　南							451	505
陕　西					35	38		
甘　肃				25	31	34	168	170
青　海					69		24	24
宁　夏	12	6	80	80			61	71
新疆(兵团)	7 222	6 858	12 192	12 791	15 978	15 628	11 010	11 420
新疆(农业)			180	153	1 725	1 688	198	178
新疆(畜牧)	64	10					12	12
热科院					3	3	3 980	3 962
广　州					104	112		
南　京			92	92	33	32		

3－2 续表 5

地　区	水利、环境和公共设施管理业		居民服务和其他服务业		教　育		卫生、社会保障和社会福利业	
	年末人数	平均人数	年末人数	平均人数	年末人数	平均人数	年末人数	平均人数
全国农垦	**41 464**	**38 304**	**218 873**	**210 925**	**122 078**	**120 019**	**90 159**	**87 419**
北　京			1 404	1 412	73	73	14	14
天　津			422	424	4	6	27	26
河　北	850	851	6 469	6 453	5 091	5 049	2 491	2 455
山　西			202	202			90	90
内蒙古	258	139	3 328	3 276	1 058	953	2 219	2 034
辽　宁	1 954	1 754	13 908	11 356	6 197	5 768	2 454	2 213
吉　林			2 586	2 508	1 583	1 585	874	669
黑龙江	18 914	16 473	19 175	21 716	25 052	24 568	15 942	14 730
上　海	310	308	662	666	214	218	563	535
江　苏	161	171	9 366	9 290	210	205	1 192	1 188
浙　江			232	231	8	8	2	2
安　徽			1 947	1 917			682	677
福　建	7	7	4 232	2 951	312	298	259	215
江　西	607	491	5 570	5 144	4 253	3 963	1 557	1 263
山　东			364	364			3	3
河　南	265	262	271	272	382	378	355	449
湖　北	3 114	3 113	11 989	11 883	15 361	15 334	9 207	9 112
湖　南	955	901	5 425	4 225	5 505	4 556	2 433	2 416
广　东			6 669	6 743	4 934	5 007	4 765	4 835
广　西			8 309	8 314	1 424	1 400	708	693
海　南	48	52	49 953	51 867	3 338	2 853	9 885	9 434
重　庆								
四　川			70	70				
贵　州								
云　南	97	109	269	492		138	59	56
陕　西			582	582	81	76	97	104
甘　肃	153	142	642	620	123	129	235	234
青　海					184	184	95	95
宁　夏	16	16	2 805	2 781	68	75	27	28
新疆（兵团）	13 017	12 819	58 059	51 263	45 777	46 459	33 356	33 394
新疆（农业）	735	693	264	256			176	165
新疆（畜牧）	3	3	3 538	3 499	688	578	378	276
热科院					73	73	14	14
广　州								
南　京			161	148	85	85		

3-2续表6

地区	文化、体育和娱乐业		公共管理和社会组织		国际组织		农林牧渔中的服务业采矿中的辅助活动和制造业中修理业	
	年末人数	平均人数	年末人数	平均人数	年末人数	平均人数	年末人数	平均人数
全国农垦	**21 631**	**19 926**	**149 178**	**145 647**	**22**	**22**	**88 755**	**81 507**
北京	18	14	39	39				
天津								
河北	694	685	8 743	8 634			1 166	1 074
山西			118	118			347	349
内蒙古	344	230	2 783	2 473			1 208	1 122
辽宁	1 111	987	5 183	4 654				
吉林							39	39
黑龙江	1 439	1 450	32 327	31 577			13 123	13 755
上海							256	251
江苏	195	221	285	276				
浙江			20	20			7	7
安徽							662	558
福建	127	52	892	825			1 445	1 443
江西	1 374	1 354	2 680	1 956			1 794	1 834
山东			152	151			61	64
河南	30	32	545	445			759	729
湖北	2 557	2 638	11 252	11 115	22	22	4 448	4 270
湖南	812	815	14 325	12 005				
广东			2 208	2 111				
广西	421	410	309	543			815	791
海南	1 398	1 125	12 491	13 533			6 415	6 711
重庆								
四川								
贵州								
云南	18	16	2 454	2 327			936	968
陕西			108	127			178	212
甘肃			130	121			26	73
青海			63					
宁夏			355	367			431	455
新疆(兵团)	10 745	9 582	50 540	51 109			54 177	46 360
新疆(农业)	180	155	169	160			462	442
新疆(畜牧)	168	160	1 007	961				
热科院								
广州								
南京								

3-3 国有经济从业人员

（2014 年） 计量单位：人

地区	从业人员	在岗职工	其他从业人员	年平均从业人员	离开本单位仍保留劳动关系的职工	内部退养职工
全国农垦	**3 861 652**	**2 783 443**	**1 072 079**	**3 830 738**	**208 104**	**34 999**
北京	46 223	42 124	4 099	46 292	372	286
天津	7 527	4 728	277	7 529	734	429
河北	70 497	63 814	6 683	67 442	2 878	394
山西	4 284	3 409	875	4 328	776	35
内蒙古	216 419	83 484	132 935	213 057	9 887	1 033
辽宁	289 327	234 270	55 057	273 138	11 227	6 957
吉林	49 199	31 170	18 029	50 870	2 949	19
黑龙江	518 116	318 992	199 124	562 205	33 732	3 935
上海	136 595	88 019	48 576	135 829	5 447	312
江苏	55 087	54 854	233	55 828	5 449	2 537
浙江	3 716	1 471	2 245	3 716	377	44
安徽	38 688	23 928	14 760	39 031	547	498
福建	47 956	25 808	22 148	24 846	2 010	274
江西	306 898	305 622	1 276	296 241	49 095	2 072
山东	7 023	4 511	2 512	7 052	219	203
河南	47 876	33 554	14 322	45 963	2 797	778
湖北	392 689	339 573	53 116	372 054	33 348	3 987
湖南	227 542	143 921	83 621	233 711	4 632	1 275
广东	68 343	48 575	19 768	68 965	1 226	543
广西	59 358	27 524	31 834	57 489	2 700	418
海南	340 536	96 160	244 376	349 670	30 830	3 691
重庆	6 411	6 411		6 286	30	
四川	7 086	2 926	4 160	3 028	82	1
贵州	4 743	4 743		4 743		
云南	126 158	57 973	68 185	123 923	3 715	3 715
陕西	4 519	4 441	78	4 637		
甘肃	27 335	16 745	10 590	29 368	433	348
青海	7 500	7 000	500	7 400	58	41
宁夏	15 692	15 593	99	17 408	382	189
新疆（兵团）	533 489	524 453	5 428	534 303		
新疆（农业）	58 703	44 583	14 120	59 829	1 521	446
新疆（畜牧）	129 673	117 395	12 278	117 940	191	112
热科院	4 413	3 706	707	4 417		
广州	1 667	1 667		1 550		
南京	364	296	68	650	460	427

3－4 国有经济从业人员劳动报酬

（2014年）　　计量单位：万元

地区	从业人员劳动报酬			离开本单位仍保留劳动关系的职工生活费
		在岗职工劳动报酬总额	其他从业人员劳动报酬	
全国农垦	**10 725 414**	**8 277 618**	**2 415 926**	**165 830**
北京	235 795	219 312	16 483	957
天津	53 143	40 196	667	1 634
河北	159 910	141 845	18 065	1 252
山西	5 898	4 846	1 052	1 285
内蒙古	586 971	282 380	304 591	13 586
辽宁	512 136	417 962	94 174	12 911
吉林	60 607	35 357	25 250	4 627
黑龙江	1 597 150	933 203	663 947	22 953
上海	657 351	483 568	173 783	3 881
江苏	293 598	283 896	9 702	2 924
浙江	9 093	5 363	3 730	222
安徽	107 940	71 321	36 619	339
福建	60 455	42 143	18 312	49 561
江西	488 874	486 364	2 510	3 682
山东	18 515	12 253	6 262	241
河南	66 108	50 211	15 897	497
湖北	928 393	815 679	112 714	5 766
湖南	370 522	190 900	179 622	27 800
广东	322 468	263 486	58 982	1 845
广西	163 374	94 996	68 378	924
海南	802 797	345 990	456 807	3 528
重庆	44 100	44 100		20
四川	8 802	6 433	2 369	1
贵州	12 185	12 185		
云南	139 095	89 049	50 046	3 908
陕西	9 241	9 052	189	
甘肃	85 133	65 344	19 789	591
青海	5 100	4 760	340	7
宁夏	56 982	56 782	200	336
新疆（兵团）	2 466 842	2 432 569	14 683	
新疆（农业）	62 941	41 340	21 601	23
新疆（畜牧）	288 056	251 247	36 809	184
热科院	31 373	29 224	2 149	
广州	13 033	13 033		
南京	1 433	1 229	204	344

3－5　农场国有经济从业人员

（2014 年）

计量单位：人

地　区	从业人员			年平均从业人员	离开本单位仍保留劳动关系的职工	
		在岗职工	其他从业人员			内部退养职工
全国农垦	**3 174 169**	**2 243 368**	**930 571**	**3 119 927**	**188 094**	**29 282**
北　京	7 915	7 382	533	7 797	234	157
天　津	1 668	1 486	107	1 695	332	150
河　北	70 378	63 695	6 683	67 305	2 878	394
山　西	3 701	3 379	322	3 365	744	35
内蒙古	208 850	78 503	130 347	202 504	9 837	952
辽　宁	271 829	223 289	48 540	259 957	9 819	5 967
吉　林	48 247	31 111	17 136	49 815	2 948	18
黑龙江	430 036	264 763	165 273	466 630	27 998	3 266
上　海	11 659	8 913	2 746	12 255	4 491	50
江　苏	35 364	35 364		36 384	5 311	2 394
浙　江	3 716	1 471	2 245	3 716	377	44
安　徽	33 295	21 939	11 356	33 586	539	490
福　建	31 295	21 335	9 960	14 724	1 093	76
江　西	306 595	305 328	1 267	295 950	49 070	2 072
山　东	7 023	4 511	2 512	7 052	219	203
河　南	47 876	33 554	14 322	45 963	2 797	778
湖　北	386 779	333 950	52 829	366 561	33 333	3 903
湖　南	161 933	93 608	68 325	163 115	1 823	688
广　东	51 167	34 722	16 445	52 477	962	409
广　西	47 865	18 179	29 686	47 940	1 766	283
海　南	266 330	24 431	241 899	270 140	25 859	2 611
重　庆	1 062	1 062		1 028		
四　川	5 675	1 634	4 041	1 666	82	1
贵　州	4 743	4 743		4 743		
云　南	120 677	53 904	66 773	118 299	3 338	3 338
陕　西	4 216	4 193	23	4 371		
甘　肃	18 972	10 632	8 340	21 664	42	42
青　海	6 800	6 300	400	4 700	45	37
宁　夏	12 485	12 393	92	12 991	250	163
新疆（兵团）	380 148	378 122	1 971	363 630		
新疆（农业）	58 703	44 583	14 120	59 829	1 521	446
新疆（畜牧）	126 763	114 485	12 278	117 438	156	112
热科院						
广　州	296	296		294		
南　京	108	108		343	230	203

3－6 农场国有经济从业人员劳动报酬

（2014 年） 计量单位：万元

地 区	从业人员劳动报酬			离开本单位仍保留劳动关系的职工生活费
		在岗职工劳动报酬总额	其他从业人员劳动报酬	
全国农垦	**7 563 456**	**5 576 744**	**1 979 774**	**122 761**
北 京	55 251	53 439	1 812	614
天 津	12 587	11 699	286	841
河 北	159 412	141 347	18 065	1 252
山 西	5 550	4 803	747	1 163
内 蒙 古	556 860	259 176	297 684	13 277
辽 宁	486 383	403 735	82 648	11 321
吉 林	60 283	35 054	25 229	627
黑 龙 江	1 325 635	774 558	551 076	19 051
上 海	76 259	60 190	16 069	1 614
江 苏	146 655	146 655		2 759
浙 江	9 093	5 363	3 730	222
安 徽	87 040	61 597	25 443	329
福 建	46 739	34 750	11 989	49 485
江 西	488 401	485 901	2 500	3 678
山 东	18 515	12 253	6 262	241
河 南	66 108	50 211	15 897	497
湖 北	878 576	766 639	111 937	5 612
湖 南	216 084	86 419	129 665	1 231
广 东	193 282	151 594	41 688	849
广 西	100 667	46 216	54 451	867
海 南	528 075	77 120	450 955	2 963
重 庆	5 298	5 298		
四 川	4 917	2 850	2 067	1
贵 州	12 185	12 185		
云 南	119 191	71 336	47 855	3 577
陕 西	8 459	8 409	50	
甘 肃	64 928	47 224	17 704	41
青 海	4 624	4 284	310	5
宁 夏	33 012	32 908	104	228
新疆（兵团）	1 440 993	1 429 374	5 313	
新疆（农业）	62 941	41 340	21 601	23
新疆（畜牧）	286 536	249 897	36 639	184
热 科 院				
广 州	2 643	2 643		
南 京	275	275		208

固定资产投资

4-1 固定资产投资完成情况

（2014 年） 计量单位：万元

地区	本年完成投资总额				资金来源合计	
		第一产业	第二产业	第三产业		国家预算内资金
全国农垦	**45 557 776**	**4 875 180**	**22 390 803**	**18 291 793**	**44 300 259**	**4 088 607**
北京	180 551	66 490	51 911	62 150	180 551	310
天津	45 339		3 093	42 246	45 339	
河北	4 755 230	367 630	2 891 722	1 495 878	4 755 230	35 509
山西	26 593	5 506	21 000	87	26 593	580
内蒙古	618 967	205 048	283 816	130 103	626 336	118 807
辽宁	3 194 434	487 574	1 261 463	1 445 397	3 194 434	24 975
吉林	22 898	4 303	16 933	1 662	22 898	3 761
黑龙江	2 114 235	591 411	325 892	1 196 932	1 988 073	383 590
上海	200 400	63 031	83 412	53 958	206 489	8 169
江苏	349 528	38 282	102 937	208 309	349 528	34 414
浙江	33 966	918	33 030	18	33 966	97
安徽	65 875	17 895	1 884	46 097	65 875	29 422
福建	615 239	7 971	592 263	15 005	615 239	6 929
江西	2 197 281	42 190	1 426 312	728 779	2 197 281	383 014
山东	279 845	66 967	97 795	115 083	279 845	270
河南	57 944	10 049	43 422	4 473	57 944	1 624
湖北	7 795 873	713 952	5 210 955	1 870 966	7 795 873	498 507
湖南	1 036 929	294 710	626 177	116 042	750 594	82 956
广东	256 170	72 614	65 198	118 358	256 170	61 601
广西	2 810 008	190 316	1 236 890	1 382 802	2 810 008	63 725
海南	594 184	123 063	22 696	448 425	594 184	20 347
重庆	30 183	19 891	5 690	4 602	30 183	1 463
四川	8 317	536	7 781		8 317	369
贵州	4 207	752	3 455		4 207	1 869
云南	104 096	21 314	15 782	67 000	104 096	31 464
陕西	7 535	2 698	809	4 028	7 535	1 208
甘肃	139 520	56 065	21 948	61 507	139 520	33 018
青海	2 388	1 355	1 008	25	2 173	1 804
宁夏	180 721	54 863	24 446	101 412	180 721	4 744
新疆（兵团）	17 613 292	1 239 348	7 882 070	8 491 874	16 753 047	2 198 555
新疆（农业）	23 475	15 928	3 845	3 702	23 475	4 137
新疆（畜牧）	158 495	81 688	22 259	54 549	160 478	42 629
热科院	20 012			20 012	20 012	8 741
广州	13 915	10 823	2 910	182	13 915	
南京	130			130	130	

4－1续表

地　　区	资金来源合计					当年新增固定资产	附记
	国内贷款	债券	利用外资	自筹资金	其他资金		年末实有住房面积（万米²）
全国农垦	**4 213 671**	**59 875**	**516 316**	**30 507 447**	**4 914 344**	**30 587 857**	**44 984**
北　　京	18 412			134 177	27 651	126 894	136
天　　津				45 339		3 093	80
河　　北	185 070			4 282 501	252 151	3 159 455	1 440
山　　西				142	25 871	35 688	39
内 蒙 古	7 294		4 667	463 027	32 541	311 563	1 425
辽　　宁	467 055		157 951	2 447 532	96 921	3 181 607	3 069
吉　　林	245		300	18 579	13	9 279	640
黑 龙 江	130 341		23 770	899 775	550 597	1 425 280	5 362
上　　海	2 181			184 530	11 609	160 959	39
江　　苏	9 735			292 873	12 506	152 130	889
浙　　江				33 407	462	33 584	144
安　　徽				32 764	3 690	61 329	463
福　　建	350		217 000	362 828	28 132	116 339	757
江　　西	38 796		1 900	1 650 273	123 298	973 375	3 794
山　　东	1 150		6 519	253 504	18 402	266 103	107
河　　南				54 784	1 536	57 561	374
湖　　北	506 410	31 502	8 200	5 673 924	1 077 330	5 799 310	5 198
湖　　南	248 721	216	25 565	391 565	1 571	758 225	3 580
广　　东	3 913	68	13 910	95 635	81 043	179 569	1 057
广　　西	302 228		500	2 171 084	272 471	1 127 576	1 162
海　　南	12 777		45 000	217 341	298 719	540 247	2 059
重　　庆				28 720		14 328	67
四　　川	2 100			5 808	40	8 095	34
贵　　州					2 338	4 207	67
云　　南	3 900			65 729	3 003	41 211	939
陕　　西				6 207	120	1 458	69
甘　　肃	14 433			72 906	19 163	61 461	265
青　　海				369		765	57
宁　　夏	3 000	28 089	10 954	44 544	89 391	160 630	421
新疆（兵团）	2 234 379			10 448 177	1 871 936	11 656 021	9 420
新疆（农业）	11 490			3 995	3 853	14 982	587
新疆（畜牧）	9 691		80	101 398	6 680	122 407	1 099
热 科 院				10 353	918	18 504	134
广　　州				13 527	388	4 490	1
南　　京				130		130	11

4－2 国有单位固定资产投资完成情况

（2014 年）　　计量单位：万元

地　区	本年完成投资总额				资金来源合计	
		第一产业	第二产业	第三产业		国家预算内资金
全国农垦	**13 803 588**	**2 601 169**	**2 751 733**	**8 450 685**	**13 129 425**	**3 661 971**
北　京	153 031	63 197	44 908	44 926	153 031	310
天　津	45 339		3 093	42 246	45 339	
河　北	450 048	29 342	30 378	390 328	450 048	30 209
山　西	5 497	5 495		2	5 497	580
内蒙古	410 258	130 032	202 518	77 708	410 313	102 504
辽　宁	336 045	172 911	27 699	135 435	336 045	21 944
吉　林	6 458	4 303	1 030	1 125	6 458	3 761
黑龙江	1 155 344	365 148	161 039	629 157	1 055 649	380 011
上　海	212 058	66 655	74 627	70 776	237 048	22 178
江　苏	257 792	37 572	51 257	168 963	257 792	34 414
浙　江	495	477		18	495	97
安　徽	59 066	15 461		43 605	59 066	27 155
福　建	24 589	3 614	9 074	11 901	24 589	6 825
江　西	521 623	9 168	76 495	435 960	507 242	361 832
山　东	141 790	28 279	19 852	93 659	141 790	270
河　南	49 674	9 907	35 342	4 425	49 674	1 624
湖　北	762 788	87 589	220 075	455 124	762 788	181 556
湖　南	650 430	282 536	309 939	57 955	493 552	78 109
广　东	154 442	57 453	37 463	59 526	154 442	60 611
广　西	497 434	79 246	180 762	237 426	497 434	58 882
海　南	276 741	97 533	20 467	158 741	276 741	20 232
重　庆	29 622	19 891	5 129	4 602	29 622	1 463
四　川	470	470			470	369
贵　州	4 207	752	3 455		4 207	1 869
云　南	74 929	19 598	15 621	39 710	74 929	31 239
陕　西	6 733	2 548	492	3 693	6 733	1 208
甘　肃	133 841	54 606	18 045	61 190	133 841	31 674
青　海	2 387	1 354	1 008	25	2 173	1 804
宁　夏	176 587	53 532	24 446	98 609	176 587	4 446
新疆（兵团）	7 053 067	821 638	1 156 773	5 074 656	6 652 659	2 150 754
新疆（农业）	18 178	12 323	2 973	2 882	18 178	3 756
新疆（畜牧）	98 568	57 716	14 864	25 988	70 936	31 546
热科院	20 012			20 012	20 012	8 741
广　州	13 915	10 823	2 910	182	13 915	
南　京	130			130	130	

4-2续表

地　　区	资金来源合计					当年新增固定资产
	国内贷款	债券	利用外资	自筹资金	其他资金	
全国农垦	**970 274**	**28 373**	**46 490**	**7 029 850**	**1 392 468**	**10 672 713**
北　　京	18 412			106 657	27 651	100 045
天　　津				45 339		3 093
河　　北	23 500			367 591	28 749	136 013
山　　西				46	4 871	26 592
内 蒙 古	2 919			300 902	3 988	195 269
辽　　宁	33 660			280 163	278	336 045
吉　　林	90			2 594	13	2 030
黑 龙 江	108 319		3 054	537 947	26 318	945 865
上　　海	33 229			175 809	5 833	320 850
江　　苏	9 735			201 137	12 506	120 738
浙　　江				397	1	103
安　　徽				29 188	2 723	39 667
福　　建	120		750	16 674	220	21 252
江　　西	396			131 484	13 530	343 859
山　　东	1 150			121 968	18 402	134 567
河　　南				46 514	1 536	49 321
湖　　北	400			399 442	181 390	490 306
湖　　南	142 449	216	22 361	249 234	1 183	473 083
广　　东	3 760	68	9 371	60 769	19 863	110 578
广　　西	68 328			329 115	41 109	256 933
海　　南	12 777			200 808	42 924	240 889
重　　庆				28 159		13 767
四　　川				61	40	245
贵　　州					2 338	4 207
云　　南	3 822			37 089	2 779	36 275
陕　　西				5 405	120	1 458
甘　　肃	13 846			69 938	18 383	50 131
青　　海				369		724
宁　　夏	3 000	28 089	10 954	42 883	87 217	158 919
新疆(兵团)	478 953			3 178 759	844 193	5 960 827
新疆(农业)	10 928			1 122	2 372	12 020
新疆(畜牧)	481			38 278	631	63 919
热 科 院				10 353	918	18 504
广　　州				13 527	388	4 490
南　　京				130		130

4－3 新增生产能力

（2014 年）

地　区	有效灌溉面积（公顷）	#喷灌面积（公顷）	造林（公顷）	果树定植（公顷）	茶树定植（公顷）	草原建设（公顷）	农用运输车（辆）	大中型拖拉机	
								台	千瓦
全国农垦	**172 239**	**26 576**	**34 131**	**14 512**	**160**	**6 979**	**3 186**	**13 945**	**711 653**
北　京	2	2	381				7	15	1 043
天　津									
河　北	347	332	697				8	215	8 803
山　西	106			8					
内蒙古	5 019	4 426	3 842	87		804	81	1 067	50 508
辽　宁	10 269	573	2 197	562		63		159	5 565
吉　林	1 747		131	1		3 676	771	916	28 719
黑龙江	8 064	2 493					197	2 940	173 876
上　海							83	67	4 158
江　苏	3 246		500	18				308	11 657
浙　江									
安　徽	436		26	104	14		9	96	6 308
福　建	158	88	742		11		19		
江　西	1 989		1 122	12	12			1 629	22 567
山　东	1 599		592				2	18	353
河　南	867	170	135	73			35	198	8 100
湖　北	18 740	10 625	1 939	310	10		273	399	24 582
湖　南	171		802	33	103			332	12 800
广　东	442	442	2 112	2 900				12	381
广　西	741	708	164	353	7		26	62	
海　南	13	13	234	1 743	3			3	290
重　庆									
四　川									
贵　州									
云　南	123	123		423			146		
陕　西	67			2			16	1	37
甘　肃	6 199	1 038	467	77			121	172	8 446
青　海						1 200		4	871
宁　夏							975	123	4 570
新疆（兵团）	76 608	5 543	12 911	7 409		903	195	4 829	320 137
新疆（农业）			3 308				115	55	5 238
新疆（畜牧）	35 285		1 828	397		333	107	324	12 599
热科院				0					
广　州								1	45
南　京									

4－3续表1

地区	小型及手扶拖拉机		联合收割机		机引农具（部）	植保机械（部）	林业机械（台）	畜牧机械（台）	烘干机（台）
	台	千瓦	台	千瓦					
全国农垦	**12 331**	**110 196**	**2 974**	**234 243**	**17 123**	**7 367**	**185**	**2 520**	**238**
北京			2	6 809	1	3		19	
天津									
河北	3	58	32	1 570			6	1	
山西	2	30						2	
内蒙古	744	14 081	253	23 874	1 330	9	22	530	2
辽宁			135	10 800	417		8	99	42
吉林	70	1 958	250	15 037	37				
黑龙江	2 416	7 705	1 414	104 911	3 906	1 933	114	290	28
上海	45	844	11	1 569	311	83	3	1	6
江苏	14	942	40	3 053	206	8			6
浙江									
安徽	68	611	49	4 389	412	15			6
福建	21	17							
江西	3 676	30 141	152	5 602	12			23	10
山东	4		20	882	10				
河南	434	3 898	28	2 787	752	242		9	1
湖北	1 051	9 857	256	14 258	2 552	1 543	18	25	25
湖南	365	3 061	31	486		980			
广东	159	888	5	122		2 084		973	
广西	31		1		75			50	
海南	33	477			28	45	9		
重庆								38	
四川	4	186							
贵州									
云南			1	16	87				
陕西					7				
甘肃	118	1 966	14	809	146	5		4	
青海			6	520					
宁夏	36	30	20			20		7	
新疆（兵团）	788	15 039	220	34 920	6 692	390		321	96
新疆（农业）	22	833	5	520					9
新疆（畜牧）	2 227	17 574	29	1 309	142	7	2	128	5
热科院							3		2
广州									
南京									

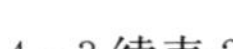

4-3续表2

地区	水泥晒场（万米²）	水库		发电（千瓦）	输电线路（千米）	变电设备		公路（千米）	电话线路（千米）	畜禽生产用房（万米²）
		座	万米³			台	千伏安			
全国农垦	**1 356.56**	**26**	**2 734.93**	**2 492 981**	**3 101**	**1 129**	**1 542 106**	**3 656**	**298**	**3 165.43**
北京						2	250			4.64
天津										
河北				1 272	17	35	11 798	90		0.40
山西	2.40				55	16	3 200	31		1.50
内蒙古	12.10	2	2.40		244	82	10 490	488	20	16.11
辽宁	0.10	8	0.50		64	2	500	102	67	3.60
吉林								14		1.51
黑龙江	190.20	1	0.03	4 281	193	36	4 065	349	2	19.50
上海	0.10									3.44
江苏	46.00			142	28	46	1 038		18	4.00
浙江										
安徽	0.59				2			27	6	0.20
福建				615	4			45		2.62
江西	16.06	2	1 190.00		10	11	3 900	729	2	1.44
山东	3.80				43	13	26 415	22	2	
河南	2.59				138	14	720	66	12	14.71
湖北	10.00	7		720 172	136	79	6 830	501	89	20.26
湖南	610.00			1 732	286	22		337	58	
广东	0.08				29			104		18.00
广西	0.34							89		23.97
海南				3 472		1	4 000	5		0.44
重庆										0.80
四川										
贵州								14		0.30
云南						97	24 197			
陕西					1			2		1.00
甘肃	0.42			50	3			74		0.23
青海	400.00									
宁夏	2.42	1	7.00		10	34	1 945	20		
新疆（兵团）	58.77	3	1 535.00	1 761 000	1 811	632	1 442 098	260		262.85
新疆（农业）					3	3	660	33	3	
新疆（畜牧）	0.60	2		245	25	4		253	19	2 763.73
热科院										0.18
广州										
南京										

4－3续表3

地　区	仓库		学校（万米²）	医院（万米²）	住房（万米²）	棉纺锭（锭）	机制糖		机制纸及纸板（吨）
	座	万米²					年产（吨）	日处理原料（吨）	
全国农垦	**529**	**102.95**	**28.10**	**14.97**	**5 463.91**	**98 000**		**1 000**	**2 387**
北　京	1	0.05							
天　津									
河　北			0.50		10.90				558
山　西	11	0.11			0.50				
内蒙古	20	3.02			61.65				
辽　宁	7	0.21	0.84	0.17	61.81				
吉　林				0.03	3.60				
黑龙江	68	44.10	7.20	1.40	28.00				1 829
上　海	2	0.03							
江　苏	10	3.70			72.00				
浙　江									
安　徽	8	0.69			29.68				
福　建	8	0.43		0.01	3.01				
江　西	7	0.39			117.84				
山　东	1	0.77			32.99				
河　南	21	0.89	2.25	0.21	11.51				
湖　北	26	0.66	2.58	1.10	3 110.94	60 000			
湖　南	45	15.00			31.00				
广　东	132	3.12	1.68	0.30	29.80				
广　西	14	5.46	3.36	0.20	168.63			1 000	
海　南				4.25	99.83				
重　庆									
四　川					8.04				
贵　州					2.20				
云　南					49.47				
陕　西				0.16	1.50				
甘　肃	32	0.21			10.00				
青　海	1								
宁　夏					57.00				
新疆（兵团）	113	23.67	6.69	5.54	1 329.33	38 000			
新疆（农业）					9.42				
新疆（畜牧）	2	0.43	3.00	1.60	121.33				
热科院					1.93				
广　州									
南　京									

农　业

5－1 按行业分的农业总产值

（2014 年） 计量单位：万元

地 区	农林牧渔业总产值				
		农业产值	林业产值	牧业产值	渔业产值
全国农垦	**34 152 330**	**22 011 780**	**1 248 743**	**8 993 092**	**1 898 714**
北 京	874 530	20 164	585	853 781	
天 津	99 408	13 819	176	73 734	11 679
河 北	823 377	284 091	9 430	317 725	212 131
山 西	28 835	12 390	384	16 061	
内 蒙 古	1 586 960	940 175	8 666	628 013	10 106
辽 宁	1 926 306	867 174	34 644	507 401	517 087
吉 林	363 124	215 738	60	145 071	2 255
黑 龙 江	9 655 405	7 482 788	90 530	2 016 693	65 394
上 海	550 655	193 119	4 763	297 854	54 919
江 苏	611 711	413 995	11 636	118 359	67 721
浙 江	68 653	22 399	803	38 194	7 257
安 徽	202 326	156 229	3 592	35 730	6 775
福 建	231 735	113 716	8 577	83 662	25 780
江 西	482 881	263 949	38 232	133 662	47 039
山 东	117 747	47 921	2 744	17 756	49 326
河 南	197 916	110 329	1 137	78 435	8 015
湖 北	1 941 867	957 014	28 066	468 915	487 872
湖 南	560 473	304 845	33 199	145 012	77 417
广 东	798 068	418 517	52 647	249 470	77 434
广 西	787 917	319 032	33 226	410 135	25 524
海 南	1 267 084	571 447	370 407	278 604	46 626
重 庆	86 300	10 000		72 600	3 700
四 川	9 405	3 413	24	5 936	32
贵 州	31 487	16 754	117	14 560	56
云 南	518 147	137 034	349 121	22 564	9 428
陕 西	37 490	27 909	93	9 444	44
甘 肃	208 347	185 352	2 065	20 729	201
青 海	32 037	23 025	191	8 821	
宁 夏	248 383	145 864	5 309	86 313	10 897
新疆（兵团）	8 755 234	7 106 453	121 930	1 458 195	68 656
新疆（农业）	347 872	278 459	8 008	57 059	4 346
新疆（畜牧）	680 599	347 702	27 024	304 962	911
热 科 院	3 253	826	1 359	991	78
广 州	15 042			15 042	
南 京	1 757	137		1 611	9

5－2　按经济类型分的农业总产值

（2014 年）　　　　计量单位：万元

地　区	国有	集体	个体	其他
全国农垦	**23 879 798**	**1 234 696**	**7 733 266**	**1 304 570**
北　京	414 957			459 573
天　津	99 408			
河　北	492 681	167 436	157 845	5 415
山　西	13 942	746	9 349	4 798
内蒙古	651 379	10 620	917 424	7 537
辽　宁	1 045 138	25 404	778 185	77 579
吉　林	175 179	176 376	11 540	29
黑龙江	7 436 579		2 149 148	69 678
上　海	550 655			
江　苏	267 211		344 500	
浙　江	16 706	1 075	28 349	22 523
安　徽	167 089	1 567	26 702	6 969
福　建	128 428	29 564	49 276	24 467
江　西	284 729	24 522	145 929	27 701
山　东	29 157	12 272	66 954	9 364
河　南	129 139	13 103	31 043	24 631
湖　北	1 668 768	159 208	61 329	52 562
湖　南	275 079	19 946	208 903	56 545
广　东	629 781	3 749	164 538	
广　西	324 313		334 158	129 446
海　南	276 992	362	979 670	10 060
重　庆	72 300			14 000
四　川	7 720			1 685
贵　州	20 714		10 773	
云　南	360 560		157 587	
陕　西	36 826	664		
甘　肃	205 900		1 119	1 328
青　海	29 401	2 636		
宁　夏	248 383			
新疆（兵团）	7 355 045	524 825	622 709	252 655
新疆（农业）	240 985	42 384	61 354	3 149
新疆（畜牧）	208 096	18 237	413 022	41 243
热科院	1 394		1 859	
广　州	15 042			
南　京	124			1 633

5－3 土地利用情况

（2014 年）　　　　计量单位：公顷

地区	土地总面积	耕地面积		牧草地面积		新增种草面积	林地面积		水面面积
			高标准农田面积		已利用面积			橡胶面积	
全国农垦	**36 187 917**	**6 242 716**	**2 045 084**	**14 887 142**	**8 229 035**	**1 729 389**	**3 970 539**	**423 392**	**839 002**
北京	7 347	1 434					1 283		33
天津	7 149	2 612					387		857
河北	393 290	98 017	333	96 152	58 591		77 375		26 717
山西	22 782	6 752		5 761	411		6 018		10
内蒙古	5 356 981	660 308	35 490	2 447 321	1 464 979	51	248 108		82 693
辽宁	512 421	154 835	18 933	22 182	5 118	63	69 887		84 259
吉林	316 299	123 752	10 447	69 508	24 018	3 676	33 991		3 120
黑龙江	5 536 583	2 892 305	1 654 520	343 505	137 413		922 789		254 241
上海	64 915	35 763					4 884		13 202
江苏	124 398	71 084	61 175				19 934		12 538
浙江	13 719	4 045	244				1 898		1 346
安徽	64 661	30 104	5 233	200	95		12 536		4 952
福建	115 359	10 799	1 482	3 120	287		54 781	74	3 655
江西	691 497	83 154	6 789	9 749		439	474 708		30 369
山东	37 809	14 613	3 656	1 479	600		1 257		7 950
河南	47 087	30 009	439	158	120		2 950		962
湖北	346 393	135 880	74 495	522			50 934		57 351
湖南	197 563	67 146	23 525	5 580	2 075		28 571		40 670
广东	228 696	37 921	25 782	141	141		70 440	45 280	6 417
广西	168 188	33 846	2 626	2 292	27		43 979	2 482	2 876
海南	694 195	34 201	46				326 964	248 796	3 804
重庆	3 873	306	80				27		2 028
四川	500 041	898		348 431	332 743		42 102		89
贵州	17 171	1 701	483	2 014	717		3 120		551
云南	226 704	12 380	325				135 325	125 049	3 515
陕西	25 823	9 217		1 544	136		1 989		58
甘肃	549 836	65 202	41 912	257 965	257 965	133	30 813		7 432
青海	502 088	25 866	1 192	370 939	88 669		51 023		267
宁夏	184 661	42 346	5 315	60 024	29 180		8 277		10 542
新疆（兵团）	7 106 879	1 250 017		1 722 047		1 722 043	917 201		161 147
新疆（农业）	721 067	101 603	1 393	299 170	140 934	1 063	48 514		4 348
新疆（畜牧）	11 397 017	203 983	69 168	8 817 337	5 684 816	1 921	276 010		10 960
热科院	4 542	617					2 030	1 711	42
广州	51								
南京	833						434		

5-3续表

地区	水面面积 养殖水面面积	茶果桑园面积	可垦荒地面积	宜林地面积	居民点及工矿用地面积	其他面积
全国农垦	**289 020**	**386 098**	**718 290**	**170 149**	**856 616**	**8 254 326**
北京		445	3		1 344	2 806
天津	641	314	434		858	1 687
河北	17 922	1 793	4 685	572	40 799	47 180
山西	10	44	547	241	1 470	1 939
内蒙古	5 437	1 193	123 484	42 075	78 376	1 673 423
辽宁	73 101	12 069	5 607	3 714	53 394	106 474
吉林	1 179	2 782	6 621	3 383	24 538	48 604
黑龙江	26 373	3 269	156 942	15 713	227 480	720 339
上海	3 438	636	1 536		8 192	702
江苏	4 317	397	9		6 280	14 156
浙江	909	2 192	159	476	1 830	1 773
安徽	919	3 719	899	648	4 170	7 432
福建	1 989	16 628	2 643	5 524	4 318	13 891
江西	18 588	15 524	8 140	6 703	29 816	33 333
山东	5 762	83	1 137	38	4 418	6 834
河南	721	2 122	87	242	3 833	6 724
湖北	48 032	7 883	3 688	2 591	50 675	36 869
湖南	32 028	7 565	1 406	7 235	14 200	25 190
广东	3 811	29 006	1 355	18 177	14 387	50 852
广西	1 272	13 201	4 375	11 247	13 659	42 713
海南	2 328	30 344	10 466	17 347	24 428	246 641
重庆	2 028	227			170	1 115
四川	36	1 113	369	1 131	4 958	100 950
贵州	124	5 086	1 296	331	428	2 644
云南	1 046	16 903	1 724	141	10 170	46 546
陕西	49	979	4 208	1 368	1 776	4 684
甘肃	499	3 758	20 458	5 902	4 339	153 967
青海			1 263	2 060	1 411	49 258
宁夏	7 230	9 054	6 605	7 863	4 579	35 371
新疆(兵团)	25 111	157 452			154 574	2 744 441
新疆(农业)	3 621	36 536	17 821	12 352	28 803	171 920
新疆(畜牧)	472	3 719	330 292	2 976	36 472	1 852 227
热科院	27	24	31	99	339	1 360
广州					51	
南京		38			81	280

5－4　耕地面积

（2014 年）　　　　计量单位：公顷

地　区	年初实有耕地面积	当年增加的耕地面积	当年减少的耕地面积			
				国家基建占地	农场（集体）占地	个人建房占地
全国农垦	**6 203 083**	**54 970**	**15 337**	**3 300**	**3 184**	**214**
北　京	1 482		48	48		
天　津	2 687		75	38		
河　北	95 423	2 674	80			
山　西	6 767	15	30	30		
内蒙古	658 942	1 568	202	27	9	
辽　宁	155 145	797	1 107	517	256	42
吉　林	121 876	1 973	97	38		58
黑龙江	2 885 341	7 588	624	485	139	
上　海	29 169	6 594				
江　苏	67 669	7 030	3 615	1 005	2 610	
浙　江	4 039	238	232	232		
安　徽	29 843	312	51	31	4	
福　建	10 937	17	155	113		
江　西	81 101	2 090	36	5	1	
山　东	13 663	998	48		48	
河　南	29 266	937	194	7		
湖　北	135 945	541	606	554	38	
湖　南	67 181		35	15		20
广　东	37 820	142	41	40		
广　西	33 760	406	320	13		
海　南	32 828	1 977	604	19	24	
重　庆	306					
四　川	899		1			
贵　州	1 722		21			21
云　南	12 369	68	57	25		1
陕　西	9 176	67	26			
甘　肃	63 651	2 628	1 077	6		
青　海	25 862	4				
宁　夏	41 274	1 239	167	38	26	
新疆（兵团）	1 247 047	5 781	2 811			
新疆（农业）	101 233	370				
新疆（畜牧）	198 042	8 917	2 976	13	30	72
热科院	618	0	1			0
广　州						
南　京						

5－4续表

地区	当年减少的耕地面积		年末实有耕地面积		
	退耕还林	退耕还草		水田	旱地
全国农垦	**2 078**	**1 313**	**6 242 716**	**2 034 464**	**4 208 252**
北京			1 434		1 434
天津	25		2 612	853	1 759
河北	80		98 017	25 488	72 529
山西			6 752		6 752
内蒙古	115	51	660 308	3 025	657 283
辽宁	292		154 835	94 126	60 709
吉林	1		123 752	41 768	81 984
黑龙江			2 892 305	1 512 093	1 380 212
上海			35 763	34 032	1 731
江苏			71 084	64 411	6 673
浙江			4 045	2 369	1 676
安徽			30 104	9 624	20 481
福建	42		10 799	7 319	3 480
江西			83 154	66 497	16 657
山东			14 613	2 555	12 058
河南			30 009	975	29 034
湖北			135 880	49 821	86 059
湖南			67 146	34 096	33 050
广东			37 921	3 115	34 806
广西	2		33 846	937	32 909
海南			34 201	11 437	22 764
重庆			306		306
四川			898	1	897
贵州			1 701	484	1 217
云南	18		12 380	5 384	6 996
陕西			9 217	206	9 011
甘肃			65 202		65 202
青海			25 866		25 866
宁夏	7		42 346	42 346	
新疆（兵团）	415	578	1 250 017	7 739	1 242 278
新疆（农业）			101 603	2 192	99 411
新疆（畜牧）	1 080	684	203 983	11 031	192 952
热科院	1		617	540	77
广州					
南京					

5－5 农作物播种面积和产量

（2014 年）

项　目	播种面积（公顷）	总产量（吨）	每公顷产量（千克）
农作物播种面积总计	6 907 295		
一、粮食作物	4 923 597	35 380 680	7 186
＃夏收作物	453 582	2 763 014	6 092
（一）谷物合计	4 205 730	33 362 455	7 933
1. 稻谷	2 083 439	18 162 955	8 718
＃早稻	91 878	589 501	6 416
2. 小麦	618 190	3 136 046	5 073
＃春小麦	259 799	1 071 343	4 124
3. 玉米	1 433 033	11 707 765	8 170
4. 谷子	3 177	8 144	2 564
5. 高粱	12 491	94 306	7 550
6. 其他谷物	55 401	253 239	4 571
（二）豆类合计	658 833	1 595 159	2 421
1. 大豆	610 958	1 495 199	2 447
2. 杂豆	47 876	99 959	2 088
（三）薯类	59 034	423 066	7 166
二、油料合计	364 413	825 740	2 266
＃花生	30 061	106 432	3 541
油菜籽	229 041	449 599	1 963
芝麻	7 911	12 974	1 640
胡麻子	2 488	4 653	1 870
向日葵	88 496	242 357	2 739
三、棉花	905 259	2 113 874	2 335
＃ 长绒棉	12 583	19 046	1 514
四、麻类合计	3 327	13 821	4 155
＃ 黄红麻	7	23	3 194
苎麻	1 087	3 114	2 865
大麻（线麻）	800	7 200	9 000
亚麻	1 411	16 661	11 804
五、糖料合计	84 333	7 068 165	83 812
＃ 甘蔗	56 182	4 611 913	82 088
甜菜	28 151	2 456 252	87 253
六、烟叶合计	2 302	4 876	2 118
＃ 烤烟叶	2 005	4 092	2 041
七、药材类合计	32 196	155 806	4 839
八、蔬菜、瓜类	292 668	14 503 134	49 555
＃ 蔬菜	222 834	11 796 392	52 938
瓜类	69 834	2 706 312	38 753
九、其他作物	290 410	1 077 865	
＃ 啤酒花	2 833	10 098	3 565
青饲料	142 208	5 587 254	39 289

5－6　各垦区农作物播种面积和产量

（2014 年）

地　区	农作物总播种面积（公顷）	一、粮食作物			＃夏收作物		
		播种面积（公顷）	总产量（吨）	公顷产量（千克）	播种面积（公顷）	总产量（吨）	公顷产量（千克）
全国农垦	**6 907 295**	**4 923 597**	**35 380 680**	**7 186**	**453 582**	**2 763 014**	**6 092**
北　京	984	441	2 491	5 649	110	550	5 000
天　津	2 743	1 924	14 230	7 396	233	1 518	6 515
河　北	101 119	72 511	451 667	6 229	13 571	69 142	5 095
山　西	6 301	5 388	35 714	6 628	257	1 029	4 004
内蒙古	693 997	503 294	2 005 035	3 984			
辽　宁	169 864	152 444	1 393 852	9 143	378	2 024	5 355
吉　林	122 516	113 836	839 127	7 371			
黑龙江	2 872 462	2 831 264	21 806 898	7 702			
上　海	59 036	42 870	332 625	7 759	19 750	128 917	6 528
江　苏	141 657	134 189	1 011 691	7 539	61 929	442 365	7 143
浙　江	4 716	1 920	10 221	5 323	415	1 690	4 072
安　徽	59 407	55 370	347 015	6 267	27 908	187 825	6 730
福　建	22 032	11 361	62 618	5 512	2 463	11 545	4 687
江　西	140 443	104 997	720 669	6 864			
山　东	20 152	15 675	99 284	6 334	2 845	16 685	5 865
河　南	57 093	44 819	306 816	6 846	24 075	181 048	7 520
湖　北	295 388	170 721	1 027 487	6 019	83 393	346 802	4 159
湖　南	151 003	95 547	627 702	6 531	2 002	8 970	4 480
广　东	42 430	8 750	58 626	6 700	3 315	20 942	6 317
广　西	33 026	2 926	16 378	5 584	1 966	11 230	5 712
海　南	53 670	25 150	148 548	5 906	12 059	74 214	6 154
重　庆	800	800	4 600	5 750			
四　川	1 067	510	4 332	8 494	21	85	4 048
贵　州	2 693	1 194	6 357	5 324	232	1 645	7 091
云　南	17 561	10 805	57 132	5 288	1 473	5 166	3 507
陕　西	16 119	13 369	63 347	4 738	4 397	22 875	5 202
甘　肃	70 696	32 556	257 210	7 901	13 791	80 841	5 862
青　海	28 126	16 341	31 297	1 915			
宁　夏	41 511	35 479	354 186	9 983	855	5 679	6 642
新疆（兵团）	1 327 850	279 140	2 228 898	7 985	154 970	1 030 244	6 648
新疆（农业）	92 255	36 180	276 508	7 643	12 571	62 338	4 959
新疆（畜牧）	258 345	101 634	776 260	7 638	8 487	46 899	5 526
热科院	230	192	1 859	9 671	116	745	6 434
广　州							
南　京	4						

5-6 续表 1

地　　区	(一) 谷　物			稻　　谷		
	播种面积 (公顷)	总产量 (吨)	公顷产量 (千克)	播种面积 (公顷)	总产量 (吨)	公顷产量 (千克)
全国农垦	**4 205 730**	**33 362 455**	**7 933**	**2 083 439**	**18 162 955**	**8 718**
北　　京	441	2 490	5 646			
天　　津	1 909	14 193	7 435	895	7 779	8 692
河　　北	66 362	415 375	6 259	21 882	190 871	8 723
山　　西	4 964	34 085	6 866			
内 蒙 古	365 180	1 685 455	4 615	2 801	20 246	7 228
辽　　宁	147 016	1 376 664	9 364	97 052	1 026 752	10 579
吉　　林	106 820	827 870	7 750	40 288	360 668	8 952
黑 龙 江	2 348 467	20 513 039	8 735	1 500 396	13 293 509	8 860
上　　海	42 870	332 625	7 759	22 842	201 783	8 834
江　　苏	133 767	1 010 482	7 554	64 044	518 712	8 099
浙　　江	1 454	8 679	5 969	1 021	6 835	6 694
安　　徽	42 528	312 616	7 351	12 199	109 022	8 937
福　　建	8 308	47 598	5 729	7 667	44 772	5 840
江　　西	100 055	696 872	6 965	98 420	690 017	7 011
山　　东	15 128	97 692	6 458	4 670	31 210	6 683
河　　南	38 391	286 881	7 473	1 004	7 566	7 538
湖　　北	160 746	992 623	6 175	53 118	479 823	9 033
湖　　南	91 874	614 283	6 686	83 806	576 391	6 878
广　　东	6 220	43 250	6 953	5 334	37 382	7 008
广　　西	2 000	12 358	6 159	663	4 440	6 697
海　　南	21 320	127 615	5 986	20 054	118 700	5 919
重　　庆	800	4 600	5 750	133	400	3 008
四　　川	308	1 256	4 078	73	540	7 397
贵　　州	970	4 535	4 675	411	2 634	6 409
云　　南	10 478	56 273	5 371	3 869	29 900	7 728
陕　　西	11 443	58 400	5 104	175	1 424	8 137
甘　　肃	29 619	240 664	8 125			
青　　海	16 322	30 987	1 898			
宁　　夏	35 361	353 982	10 011	10 700	84 985	7 943
新疆(兵团)	266 440	2 156 957	8 095	19 410	219 874	11 328
新疆(农业)	34 497	268 696	7 789	4 072	36 857	9 051
新疆(畜牧)	93 505	732 440	7 833	6 273	58 943	9 396
热 科 院	167	920	5 508	167	920	5 508
广　　州						
南　　京						

5－6续表2

地　区	#早　稻			小　麦		
	播种面积（公顷）	总产量（吨）	公顷产量（千克）	播种面积（公顷）	总产量（吨）	公顷产量（千克）
全国农垦	**91 878**	**589 501**	**6 416**	**618 190**	**3 136 046**	**5 073**
北　京				110	550	5 000
天　津				233	1 518	6 515
河　北				17 254	75 888	4 398
山　西				257	1 029	4 004
内蒙古				150 310	431 693	2 872
辽　宁				43	228	5 302
吉　林						
黑龙江				7 601	38 272	5 035
上　海				11 803	78 729	6 670
江　苏				53 549	374 905	7 001
浙　江	414	2 579	6 229	303	1 298	4 284
安　徽				27 521	184 718	6 712
福　建	2 412	13 287	5 509	26	142	5 462
江　西	37 020	240 123	6 486	551	1 761	3 196
山　东				5 151	30 266	5 876
河　南				23 990	180 576	7 527
湖　北	1 801	12 267	6 811	80 683	337 192	4 179
湖　南	35 488	225 682	6 359	2 889	10 603	3 670
广　东	2 537	16 408	6 467			
广　西	354	2 471	6 980			
海　南	10 299	64 566	6 269			
重　庆						
四　川				63	277	4 397
贵　州				43	79	1 837
云　南	702	3 853	5 489	229	340	1 485
陕　西				5 565	16 873	3 032
甘　肃				12 397	72 050	5 812
青　海				6 660	9 931	1 491
宁　夏				855	5 679	6 642
新疆(兵团)				153 890	1 023 976	6 654
新疆(农业)				13 189	76 894	5 830
新疆(畜牧)	738	7 540	10 215	43 024	180 579	4 197
热科院	113	724	6 396			
广　州						
南　京						

5－6 续表 3

地　区	#春小麦			玉　米		
	播种面积（公顷）	总产量（吨）	公顷产量（千克）	播种面积（公顷）	总产量（吨）	公顷产量（千克）
全国农垦	**259 799**	**1 071 343**	**4 124**	**1 433 033**	**11 707 765**	**8 170**
北　京				331	1 940	5 861
天　津	80	468	5 850	781	4 896	6 269
河　北	3 686	6 748	1 831	23 602	144 852	6 137
山　西				4 510	32 493	7 205
内蒙古	138 203	390 235	2 824	195 574	1 167 172	5 968
辽　宁	43	228	5 302	46 609	339 467	7 283
吉　林				63 320	449 247	7 095
黑龙江	7 601	38 272	5 035	839 089	7 170 555	8 546
上　海				278	1 925	6 916
江　苏				2 544	18 048	7 094
浙　江				107	466	4 355
安　徽				2 099	14 619	6 965
福　建				580	2 467	4 253
江　西				992	4 544	4 581
山　东				3 710	26 179	7 056
河　南				13 346	98 452	7 377
湖　北				25 192	168 426	6 686
湖　南				5 112	27 111	5 303
广　东				810	5 571	6 878
广　西				1 331	7 868	5 911
海　南				1 258	8 879	7 058
重　庆				667	4 200	6 297
四　川				62	187	3 016
贵　州				516	1 822	3 531
云　南				6 380	26 028	4 080
陕　西				5 703	40 103	7 032
甘　肃	11 757	69 750	5 933	15 752	159 612	10 133
青　海	702	4 214	6 003			
宁　夏	824	5 428	6 587	23 806	263 318	11 061
新疆（兵团）	75 730	486 186	6 420	88 720	873 331	9 844
新疆（农业）	4 316	19 408	4 497	17 087	154 320	9 031
新疆（畜牧）	16 857	50 406	2 990	43 165	489 667	11 344
热科院						
广　州						
南　京						

5－6 续表 4

地 区	谷 子			高 粱		
	播种面积（公顷）	总产量（吨）	公顷产量（千克）	播种面积（公顷）	总产量（吨）	公顷产量（千克）
全国农垦	**3 177**	**8 144**	**2 564**	**12 491**	**94 306**	**7 550**
北 京						
天 津						
河 北				2	8	4 000
山 西	38	165	4 342			
内 蒙 古	764	2 220	2 906	2 342	15 860	6 772
辽 宁	2 015	4 591	2 278	908	5 237	5 767
吉 林	207	599	2 894	2 928	17 309	5 912
黑 龙 江	118	413	3 500	1 263	10 290	8 147
上 海						
江 苏						
浙 江						
安 徽						
福 建						
江 西						
山 东	35	156	4 457	1 562	9 881	6 326
河 南				21	121	5 762
湖 北				158	1 154	7 304
湖 南				22	58	2 652
广 东						
广 西						
海 南						
重 庆						
四 川						
贵 州						
云 南						
陕 西						
甘 肃				75	212	2 827
青 海						
宁 夏						
新疆（兵团）				3 030	32 888	10 854
新疆（农业）				83	383	4 614
新疆（畜牧）				97	905	9 330
热 科 院						
广 州						
南 京						

5－6 续表 5

地 区	其他谷物			(二) 豆 类		
	播种面积（公顷）	总产量（吨）	公顷产量（千克）	播种面积（公顷）	总产量（吨）	公顷产量（千克）
全国农垦	**55 401**	**253 239**	**4 571**	**658 833**	**1 595 159**	**2 421**
北 京					1	
天 津				12	21	1 750
河 北	3 622	3 756	1 037	458	962	2 100
山 西	159	398	2 503	374	841	2 249
内 蒙 古	13 389	48 264	3 605	129 550	220 553	1 702
辽 宁	389	389	1 000	5 228	15 721	3 007
吉 林	77	47	610	6 976	11 100	1 591
黑 龙 江				462 823	1 207 334	2 609
上 海	7 947	50 188	6 316			
江 苏	13 630	98 817	7 250	422	1 209	2 865
浙 江	22	80	3 636	442	1 377	3 115
安 徽	709	4 257	6 004	12 707	33 538	2 639
福 建	35	217	6 200	892	2 155	2 416
江 西	92	550	5 953	2 660	6 023	2 264
山 东				504	1 267	2 514
河 南	30	166	5 605	6 205	16 937	2 730
湖 北	1 595	6 028	3 779	7 641	20 715	2 711
湖 南	45	120	2 666	2 014	3 655	1 814
广 东	76	297	3 908	223	447	2 004
广 西	6	50	7 143	233	710	3 047
海 南	8	36	4 500	549	1 551	2 825
重 庆						
四 川	110	252	2 291	2	4	2 000
贵 州				48	52	1 083
云 南	1	5	5 000	165	185	1 121
陕 西				1 721	605	352
甘 肃	1 395	8 790	6 301	502	1 101	2 193
青 海	9 662	21 056	2 179			
宁 夏				118	204	1 729
新疆(兵团)	1 390	6 888	4 955	7 820	26 794	3 426
新疆(农业)	66	242	3 667	1 570	4 111	2 618
新疆(畜牧)	946	2 346	2 480	6 974	15 987	2 292
热 科 院						
广 州						
南 京						

5－6 续表 6

地区	大豆			杂豆		
	播种面积（公顷）	总产量（吨）	公顷产量（千克）	播种面积（公顷）	总产量（吨）	公顷产量（千克）
全国农垦	**610 958**	**1 495 199**	**2 447**	**47 876**	**99 959**	**2 088**
北京		1				
天津	12	21	1 750			
河北	448	947	2 114	10	15	1 500
山西	139	272	1 957	235	569	2 421
内蒙古	124 776	213 952	1 715	4 774	6 601	1 383
辽宁	4 641	15 427	3 324	587	293	500
吉林	3 077	6 981	2 269	3 899	4 119	1 056
黑龙江	436 264	1 148 247	2 632	26 559	59 087	2 225
上海						
江苏	422	1 209	2 865			
浙江	356	1 154	3 242	86	223	2 593
安徽	12 699	33 522	2 640	8	16	1 928
福建	712	1 645	2 310	180	510	2 833
江西	1 986	4 584	2 308	674	1 439	2 135
山东	495	1 246	2 517	9	21	2 333
河南	6 198	16 929	2 731	7	8	1 100
湖北	6 281	16 717	2 662	1 360	3 998	2 940
湖南	1 412	2 675	1 894	602	980	1 627
广东	142	221	1 556	81	226	2 790
广西	150	478	3 187	83	232	2 795
海南	272	685	2 518	277	866	3 126
重庆						
四川	2	4	2 000			
贵州	16	14	875	32	38	1 188
云南				165	185	1 121
陕西	1 706	568	333	15	37	2 467
甘肃	353	710	2 011	149	391	2 624
青海						
宁夏	118	204	1 729			
新疆（兵团）	4 970	18 365	3 695	2 850	8 429	2 958
新疆（农业）	1 048	2 922	2 788	522	1 189	2 278
新疆（畜牧）	2 263	5 500	2 431	4 711	10 487	2 226
热科院						
广州						
南京						

5-6 续表 7

地 区	(三) 薯 类			二、油 料		
	播种面积(公顷)	总产量(吨)	公顷产量(千克)	播种面积(公顷)	总产量(吨)	公顷产量(千克)
全国农垦	**59 034**	**423 066**	**7 166**	**364 413**	**825 740**	**2 266**
北 京				2	6	3 000
天 津	3	16	5 333			
河 北	5 691	35 330	6 208	1 596	1 424	892
山 西	50	788	15 760	130	347	2 669
内 蒙 古	8 564	99 027	11 563	166 713	305 725	1 834
辽 宁	200	1 468	7 340	2 627	6 279	2 390
吉 林	40	157	3 925	6 151	13 194	2 145
黑 龙 江	19 974	86 525	4 332	4 915	8 414	1 712
上 海				67	110	1 650
江 苏				247	925	3 745
浙 江	24	165	6 875	109	205	1 881
安 徽	134	861	6 421	820	1 895	2 311
福 建	2 161	12 865	5 953	1 532	3 918	2 557
江 西	2 282	17 774	7 790	15 507	31 163	2 010
山 东	43	325	7 558	39	123	3 154
河 南	223	2 998	13 444	6 559	22 379	3 412
湖 北	2 334	14 149	6 062	32 998	93 816	2 843
湖 南	1 659	9 764	3 471	23 631	61 041	2 583
广 东	2 307	14 929	6 471	2 965	7 998	2 697
广 西	693	3 310	4 783	1 064	3 581	3 366
海 南	3 281	19 382	5 907	1 738	4 705	2 707
重 庆						
四 川	200	3 072	15 360	18	30	1 667
贵 州	176	1 770	10 057	625	807	1 291
云 南	162	674	4 160	58	75	1 293
陕 西	205	4 342	21 180	200	658	3 290
甘 肃	2 435	15 445	6 343	6 925	25 674	3 707
青 海	19	310	16 316	9 216	9 190	997
宁 夏				1 078	3 681	3 415
新疆(兵团)	4 880	45 147	9 251	53 520	169 898	3 174
新疆(农业)	113	3 701	32 752	5 150	12 434	2 414
新疆(畜牧)	1 156	27 833	24 078	18 212	36 039	1 979
热 科 院	25	939	37 250	1	5	3 797
广 州						
南 京						

5－6续表8

地　区	花　生			油菜籽		
	播种面积（公顷）	总产量（吨）	公顷产量（千克）	播种面积（公顷）	总产量（吨）	公顷产量（千克）
全国农垦	**30 061**	**106 432**	**3 541**	**229 041**	**449 599**	**1 963**
北　京						
天　津						
河　北	273	899	3 293	611	138	226
山　西	73	212	2 904	9	31	3 444
内蒙古				128 357	222 380	1 733
辽　宁	2 520	5 969	2 369			
吉　林	2 095	5 721	2 731			
黑龙江	934	2 475	2 650			
上　海				67	110	1 650
江　苏	10	22	2 200	237	903	3 810
浙　江	3	6	2 000	106	199	1 877
安　徽	317	897	2 829	434	912	2 102
福　建	1 391	3 740	2 689	120	145	1 208
江　西	3 744	11 154	2 979	10 984	18 625	1 696
山　东	37	122	3 297			
河　南	6 221	21 813	3 506	302	514	1 701
湖　北	4 847	28 204	5 819	22 956	56 297	2 452
湖　南	601	1 130	1 880	22 911	59 708	2 606
广　东	2 834	7 852	2 771			
广　西	1 057	3 574	3 381			
海　南	1 736	4 701	2 708			
重　庆						
四　川	1	2	2 000	17	28	1 647
贵　州				625	807	1 291
云　南	35	41	1 171	23	34	1 478
陕　西	128	552	4 313			
甘　肃				348	538	1 546
青　海				9 216	9 190	997
宁　夏						
新疆（兵团）	1 160	7 149	6 163	22 270	65 036	2 920
新疆（农业）	42	191	4 548	3 029	6 393	2 111
新疆（畜牧）				6 419	7 611	1 186
热科院	1	5	3 797			
广　州						
南　京						

5－6 续表 9

地　区	芝　麻			胡麻籽		
	播种面积（公顷）	总产量（吨）	公顷产量（千克）	播种面积（公顷）	总产量（吨）	公顷产量（千克）
全国农垦	**7 911**	**12 974**	**1 640**	**2 488**	**4 653**	**1 870**
北　京						
天　津						
河　北				708	373	527
山　西				3	6	2 000
内蒙古						
辽　宁	7	14	2 000			
吉　林						
黑龙江						
上　海						
江　苏						
浙　江						
安　徽	69	86	1 245			
福　建						
江　西	779	1 384	1 777			
山　东	2	1	500			
河　南	36	52	1 444			
湖　北	5 153	9 209	1 787			
湖　南	119	203	1 705			
广　东	90	99	1 100			
广　西	7	7	1 000			
海　南	2	4	2 000			
重　庆						
四　川						
贵　州						
云　南						
陕　西						
甘　肃				681	1 211	1 778
青　海						
宁　夏						
新疆（兵团）	10			890	2 760	3 101
新疆（农业）				154	268	1 740
新疆（畜牧）	1 638	1 916	1 170	52	35	673
热科院						
广　州						
南　京						

5－6 续表 10

地区	向日葵			三、棉花		
	播种面积（公顷）	总产量（吨）	公顷产量（千克）	播种面积（公顷）	总产量（吨）	公顷产量（千克）
全国农垦	**88 496**	**242 357**	**2 739**	**905 259**	**2 113 874**	**2 335**
北京	2	6	3 000			
天津				101	145	1 436
河北	4	14	3 575	12 231	18 486	1 511
山西	45	98	2 178	73	107	1 466
内蒙古	38 356	83 345	2 173			
辽宁	100	296	2 960			
吉林	4 046	7 459	1 844			
黑龙江	467	1 028	2 201			
上海				20	270	13 500
江苏				678	712	1 050
浙江				62	70	1 129
安徽				669	1 132	1 693
福建						
江西				2 915	8 952	3 071
山东				2 961	3 004	1 015
河南				980	873	891
湖北	42	106	2 524	29 834	42 449	1 423
湖南				7 012	14 186	2 023
广东						
广西						
海南						
重庆						
四川						
贵州						
云南						
陕西	72	106	1 472	275	939	3 415
甘肃	5 896	23 925	4 058	4 666	7 697	1 650
青海						
宁夏	1 078	3 681	3 415			
新疆（兵团）	26 360	90 233	3 423	700 570	1 716 966	2 451
新疆（农业）	1 925	5 582	2 900	42 569	89 169	2 095
新疆（畜牧）	10 103	26 477	2 621	99 643	208 717	2 095
热科院						
广州						
南京						

5-6 续表 11

地 区	# 长绒棉			四、麻 类		
	播种面积（公顷）	总产量（吨）	公顷产量（千克）	播种面积（公顷）	总产量（吨）	公顷产量（千克）
全国农垦	**12 583**	**19 046**	**1 514**	**3 327**	**13 821**	**4 155**
北 京						
天 津						
河 北						
山 西						
内 蒙 古				1	2	2 000
辽 宁						
吉 林						
黑 龙 江				899	7 676	8 538
上 海						
江 苏						
浙 江						
安 徽						
福 建						
江 西						
山 东				7	22	3 143
河 南						
湖 北				44	40	909
湖 南				1 043	3 074	2 947
广 东						
广 西				…	1	5 000
海 南						
重 庆						
四 川						
贵 州						
云 南						
陕 西						
甘 肃						
青 海						
宁 夏						
新疆（兵团）	1 410	3 087	2 189	510		
新疆（农业）	9 935	14 211	1 430	520	2 541	4 887
新疆（畜牧）	1 238	1 748	1 412	300	455	1 519
热 科 院				3	10	3 392
广 州						
南 京						

5-6续表12

地　区	黄红麻			苎　麻		
	播种面积（公顷）	总产量（吨）	公顷产量（千克）	播种面积（公顷）	总产量（吨）	公顷产量（千克）
全国农垦	**7**	**23**	**3 194**	**1 087**	**3 114**	**2 865**
北　京						
天　津						
河　北						
山　西						
内蒙古						
辽　宁						
吉　林						
黑龙江						
上　海						
江　苏						
浙　江						
安　徽						
福　建						
江　西						
山　东	7	22	3 143			
河　南						
湖　北				44	40	909
湖　南				1 043	3 074	2 947
广　东						
广　西	0	1	5 000			
海　南						
重　庆						
四　川						
贵　州						
云　南						
陕　西						
甘　肃						
青　海						
宁　夏						
新疆（兵团）						
新疆（农业）						
新疆（畜牧）						
热科院						
广　州						
南　京						

5－6 续表 13

地　区	大麻			亚麻		
	播种面积（公顷）	总产量（吨）	公顷产量（千克）	播种面积（公顷）	总产量（吨）	公顷产量（千克）
全国农垦	**800**	**7 200**	**9 000**	**1 411**	**16 661**	**11 804**
北　京						
天　津						
河　北						
山　西						
内蒙古						
辽　宁						
吉　林						
黑龙江	800	7 200	9 000	99	476	4 808
上　海						
江　苏						
浙　江						
安　徽						
福　建						
江　西						
山　东						
河　南						
湖　北						
湖　南						
广　东						
广　西						
海　南						
重　庆						
四　川						
贵　州						
云　南						
陕　西						
甘　肃						
青　海						
宁　夏						
新疆（兵团）				490	13 179	26 896
新疆（农业）				520	2 541	4 887
新疆（畜牧）				300	455	1 519
热科院				3	10	3 392
广　州						
南　京						

5－6续表14

地　区	五、糖　料			#甘　蔗		
	播种面积（公顷）	总产量（吨）	公顷产量（千克）	播种面积（公顷）	总产量（吨）	公顷产量（千克）
全国农垦	**84 333**	**7 068 165**	**83 812**	**56 182**	**4 611 913**	**82 088**
北　京						
天　津						
河　北	201	9 980	49 652			
山　西	7	45	6 429			
内蒙古	576	22 312	38 736			
辽　宁	30	1 200	40 000			
吉　林						
黑龙江						
上　海						
江　苏						
浙　江	1	42	42 000	1	42	42 000
安　徽						
福　建	331	24 029	72 595	331	24 029	72 595
江　西	271	8 143	30 081	271	8 143	30 081
山　东						
河　南						
湖　北	98	8 165	83 316	98	8 165	83 316
湖　南	870	61 925	71 178	870	61 925	71 178
广　东	23 220	1 405 784	60 542	23 220	1 405 784	60 542
广　西	21 984	2 345 604	106 696	21 984	2 345 604	106 696
海　南	4 655	300 926	64 646	4 655	300 926	64 646
重　庆						
四　川						
贵　州						
云　南	4 744	456 820	96 294	4 744	456 820	96 294
陕　西						
甘　肃						
青　海						
宁　夏						
新疆（兵团）	23 900	2 035 694	85 175			
新疆（农业）	1 215	63 251	52 058			
新疆（畜牧）	2 222	323 770	145 711			
热科院	9	475	54 598	9	475	54 598
广　州						
南　京						

5-6续表15

地区	甜菜			六、烟叶		
	播种面积（公顷）	总产量（吨）	公顷产量（千克）	播种面积（公顷）	总产量（吨）	公顷产量（千克）
全国农垦	**28 151**	**2 456 252**	**87 253**	**2 302**	**4 876**	**2 118**
北京						
天津						
河北	201	9 980	49 652			
山西	7	45	6 429			
内蒙古	576	22 312	38 736	13	49	3 769
辽宁	30	1 200	40 000	106	394	3 717
吉林						
黑龙江				707	1 640	2 320
上海						
江苏						
浙江						
安徽						
福建				363	813	2 240
江西				182	371	2 036
山东						
河南						
湖北				33	33	1 000
湖南				466	902	1 935
广东						
广西						
海南						
重庆						
四川				3	2	667
贵州				362	533	1 472
云南				67	139	2 075
陕西						
甘肃						
青海						
宁夏						
新疆（兵团）	23 900	2 035 694	85 175			
新疆（农业）	1 215	63 251	52 058			
新疆（畜牧）	2 222	323 770	145 711			
热科院						
广州						
南京						

5-6续表16

地　　区	#烤烟叶			七、药材类（公顷）	八、蔬菜、瓜类（公顷）	
	播种面积（公顷）	总产量（吨）	公顷产量（千克）			蔬菜（公顷）
全国农垦	**2 005**	**4 092**	**2 041**	**32 196**	**292 668**	**222 834**
北　　京					64	63
天　　津					7	7
河　　北				34	6 611	4 330
山　　西					473	378
内 蒙 古				8 832	4 877	2 972
辽　　宁	106	394	3 717	477	14 030	13 085
吉　　林				332	670	427
黑 龙 江	667	1 500	2 249	2 072	7 864	3 594
上　　海				191	5 388	4 682
江　　苏					6 303	3 264
浙　　江					1 614	1 073
安　　徽				18	1 752	1 101
福　　建	304	591	1 944	68	5 234	4 653
江　　西				606	10 252	8 324
山　　东				80	582	344
河　　南				12	4 525	2 195
湖　　北	33	33	1 000	786	48 671	37 705
湖　　南	466	902	1 935	121	20 298	17 321
广　　东				47	6 254	5 892
广　　西				59	5 389	2 695
海　　南				37	15 926	15 380
重　　庆						
四　　川					142	141
贵　　州	362	533	1 472		277	218
云　　南	67	139	2 075	1	1 612	1 336
陕　　西				120	1 054	481
甘　　肃				4 676	3 873	2 729
青　　海				597	249	248
宁　　夏				996	1 789	1 234
新疆（兵团）				10 900	103 440	81 210
新疆（农业）				474	5 251	3 142
新疆（畜牧）				660	8 173	2 586
热 科 院					20	20
广　　州						
南　　京					4	4

5－6 续表 17

地　　区	八、蔬菜、瓜类	九、其他作物（公顷）		
	瓜　　类（公顷）		啤酒花（公顷）	青饲料（公顷）
全国农垦	**69 834**	**290 410**	**2 833**	**142 208**
北　　京	1	477		463
天　　津		711		471
河　　北	2 281	7 935		7 930
山　　西	95	230		230
内 蒙 古	1 905	9 691		9 691
辽　　宁	945	150		150
吉　　林	243	1 527		139
黑 龙 江	4 270	24 741		20 131
上　　海	706	10 500		4 839
江　　苏	3 039	240		50
浙　　江	541	1 010		3
安　　徽	651	779		408
福　　建	581	3 143		739
江　　西	1 928	5 713		1 485
山　　东	238	808		808
河　　南	2 330	198		
湖　　北	10 966	12 203		8 391
湖　　南	2 977	2 015		1 988
广　　东	362	1 194		256
广　　西	2 694	1 604		57
海　　南	546	6 164		30
重　　庆				
四　　川	1	394	190	204
贵　　州	59	235		235
云　　南	276	274		274
陕　　西	573	1 101		1 101
甘　　肃	1 144	18 000	845	9 819
青　　海	1	1 723		1 723
宁　　夏	555	2 169		2 169
新疆（兵团）	22 230	147 080	1 490	42 390
新疆（农业）	2 109	896	210	686
新疆（畜牧）	5 587	27 502	98	25 348
热 科 院		4		
广　　州				
南　　京				

5－7 林业生产情况

（2014 年）

地区	当年造林面积（公顷）	用材林（公顷）	经济林（公顷）	防护林（公顷）	薪炭林（公顷）	特种用材林（公顷）
全国农垦	**53 571**	**11 779**	**14 827**	**26 406**	**428**	**583**
北京	420			400		20
天津	216			216		
河北	4 507	173	330	3 865		139
山西						
内蒙古	4 425	713	764	2 948		
辽宁	4 264	1 216	631	1 793	400	224
吉林	222	28	15	179		
黑龙江	2 504	689		1 747		68
上海	149	64	67	18		
江苏	500	210	151	129	10	
浙江						
安徽	26	16		10		
福建	1 575	735	532	303		5
江西	4 679	3 711	638	307		23
山东	622	10	26	586		
河南	150	12	128	8	2	
湖北	3 437	2 032	1 116	276		13
湖南	1 527	558	910	57	2	
广东	2 112	42	2 010	60		
广西	164	57	107			
海南	234		201	33		
重庆						
四川	1		1			
贵州						
云南	86	66	8		12	
陕西						
甘肃	501	241	10	238		11
青海	5		5			
宁夏	342		150	192		
新疆（兵团）	13 116	554	3 407	9 608		
新疆（农业）	3 308	201	2 095	1 010	2	
新疆（畜牧）	4 448	451	1 494	2 423		80
热科院	31		31			
广州						
南京						

5-7续表

地区	当年零星植树	年末实有育苗面积	#当年新育面积	幼林抚育面积	成林抚育面积	森林覆盖率
全国农垦	**3 833**	**18 890**	**7 169**	**263 166**	**121 329**	**30.4**
北京				42	100	
天津		28	28			
河北	116	750	297	800	2 033	15.4
山西	2	684		53		26.4
内蒙古	65	316	186	586	6 872	4.6
辽宁	169	177	53	3 744	5 049	42.0
吉林	19	7		4 675	329	32.0
黑龙江	447	3 022	1 709	12 250	31 902	17.1
上海	4	578	48	1 021	2 988	
江苏	75	454	198	2 693	2 319	16.0
浙江	5	20		4	128	20.0
安徽	77	85	85	3 145	3 545	19.4
福建	717	901	18	2 373	4 655	47.5
江西	516	208	80	17 896	10 089	68.7
山东	114	117	3	293	588	
河南	18	172	73	178	407	8.3
湖北	305	2 947	1 449	7 389	12 208	19.0
湖南	238	335	98	1 999	2 385	48.0
广东	5			5 727	5 917	49.0
广西		88	7	2 266	5 295	26.6
海南	27			892	1 581	61.5
重庆						
四川						8.4
贵州				184	203	16.0
云南	1	1	1	519	475	
陕西	4	143	4	86	346	
甘肃	31	306	69	3 748	10 020	6.0
青海						
宁夏	24	411	207	3 164	1 875	
新疆(兵团)	314	6 345	2 446	180 482		17.1
新疆(农业)	368	436	88	2 854	3 521	23.0
新疆(畜牧)	174	361	23	3 624	4 726	63.3
热科院				479	1 338	53.7
广州						
南京					434	52.1

5－8 林产品产量

（2014 年）

地区	生漆（吨）	油茶籽（吨）	乌桕籽（吨）	五倍子（吨）	棕片（吨）	松脂（吨）	竹笋干（吨）	核桃（吨）	板栗（吨）	竹木采伐	
										木材（米^3）	毛竹（万根）
全国农垦	**27**	**3 058**	**69**	**2**	**158**	**1 135**	**1 892**	**3 904**	**1 355**	**1 385 203**	**3 555**
北京											
天津											
河北										10 697	
山西											
内蒙古										536	
辽宁										15 635	
吉林										1 638	
黑龙江								207		21 377	
上海										1 707	
江苏										14 268	
浙江										60	1
安徽									91	17 080	1
福建		200			38	145	731		158	24 359	320
江西	27	2 509		2	107	762	733			109 648	1 098
山东										1 077	
河南									5	6 709	
湖北		115	25				1		724	82 547	60
湖南		110			13	221	230	3	6	31 665	144
广东						7				187 239	237
广西							84		30	268 247	410
海南		17					92			349 751	1 227
重庆											
四川										135	
贵州										72	9
云南							10			101 785	3
陕西								1		2	
甘肃								90		28	
青海											
宁夏								9			
新疆（兵团）		107	44				1		341	70 640	45
新疆（农业）								706		4 061	
新疆（畜牧）								2 888		61 652	
热科院							10			2 589	
广州											
南京											

5－9 畜牧业生产情况

（2014年）

地区	大牲畜总头数（万头）				牛（万头）				
		从事农事劳役（万头）	规模化养殖场（个）	规模化养殖量（万头）		能繁殖的母畜（万头）	当年生仔畜（万头）	规模化养殖场（个）	规模化养殖量（万头）
全国农垦	**276.08**	**11.90**	**435**	**52.13**	**246.15**	**134.05**	**75.98**	**371**	**47.41**
北京	8.00		39	8.00	8.00	3.00	3.00	39	8.00
天津	2.72		15	2.72	2.43	2.00	0.41	14	2.43
河北	18.36	0.04	58	13.83	18.13	11.72	3.58	58	13.83
山西	1.35	0.02			1.33	0.76	0.44	14	0.63
内蒙古	38.58	0.50	31	2.65	35.12	18.42	13.18	5	0.70
辽宁	10.37	2.92	12	1.30	8.04	3.60	1.70	12	1.30
吉林	4.83	0.07			4.43	2.07	1.09		
黑龙江	19.73	0.00	60	5.37	19.64	9.25	3.06	60	5.37
上海	6.20		41	6.20	6.20	3.27	1.82	41	6.20
江苏	0.54	0.04	22	0.47	0.54	0.26	0.21		
浙江	0.12		1	0.10	0.12	0.06	0.05	1	0.10
安徽	0.27	0.01	3	0.07	0.27	0.14	0.04	1	0.07
福建	1.19	0.15			1.19	0.31	0.11		
江西	4.03	1.25	2	0.44	4.03	1.55	0.60	2	0.43
山东	0.85				0.85	0.04	0.03		
河南	1.18	0.01			1.18	0.57	0.21	8	0.49
湖北	4.17	1.53	14	1.57	4.17	1.96	1.21	14	1.57
湖南	5.20	0.95	2	0.29	5.20	1.35	0.40		
广东	2.63	1.16	4	0.93	2.63	1.27	0.39	4	0.93
广西	0.79	0.36	11	0.50	0.79	0.31	0.19	11	0.50
海南	5.07	1.49			5.07	1.90	0.94		
重庆	2.30		28	2.30	2.30	1.30	0.60	28	2.30
四川	7.42	0.11	2	0.10	7.10	3.26	1.02	2	0.10
贵州	2.57	0.10	4	2.47	2.55	2.20			
云南	0.60	0.10			0.59	0.10	0.10		
陕西	0.22	0.04			0.22	0.14	0.05		
甘肃	1.47		12	0.37	1.40	0.85	0.25	12	0.37
青海	4.69				4.54	2.29	1.35		
宁夏	5.12		17	1.18	5.11	2.96	1.13	17	1.18
新疆（兵团）	48.26	0.23			44.37	30.38	19.54		
新疆（农业）	7.12	0.52			5.19	2.50	1.80		
新疆（畜牧）	59.44	0.30	54	0.61	42.72	23.91	17.25	25	0.24
热科院	0.03	0.00			0.03	0.02	0.00		
广州	0.66		3	0.66	0.66	0.34	0.22	3	0.66
南京									

5－9续表1

地　　区	黄　　牛（万头）	能繁殖的母畜（万头）	当年生仔畜（万头）	规模化养殖场（个）	规模化养殖量（万头）
全国农垦	**98.62**	**50.49**	**32.47**	**56**	**2.61**
北　　京					
天　　津					
河　　北	1.22	0.81	0.30	2	0.06
山　　西	0.17	0.09	0.07		
内 蒙 古	14.02	8.24	5.14	6	0.10
辽　　宁	4.94	2.10	1.40	4	0.50
吉　　林	4.03	2.04	1.07	2	0.20
黑 龙 江	4.51	1.82	0.78	20	0.92
上　　海					
江　　苏	0.07				
浙　　江					
安　　徽	0.04	0.00	0.00		
福　　建	0.68	0.17	0.07		
江　　西	2.17	0.99	0.40		
山　　东	0.01		0.01		
河　　南	0.43	0.08	0.07	1	0.05
湖　　北	2.38	0.91	0.84	7	0.42
湖　　南	3.15	0.60	0.20	2	0.29
广　　东	1.20	0.30	0.21		
广　　西	0.31	0.12	0.06		
海　　南	2.24	0.90	0.50		
重　　庆					
四　　川	6.99	3.20	0.99		
贵　　州	0.04	0.02	0.01		
云　　南	0.35	0.06	0.07		
陕　　西	0.10	0.06	0.03		
甘　　肃	0.86	0.25	0.14	6	0.02
青　　海	1.21	0.59	0.36		
宁　　夏	0.51	0.14	0.08		
新疆（兵团）	20.48	13.26	10.21		
新疆（农业）	3.51	1.40	1.10		
新疆（畜牧）	22.99	12.32	8.36	6	0.05
热 科 院	0.02	0.02	0.00		
广　　州					
南　　京					

5-9续表2

地　　区	良种及改良种乳牛（万头）				
		能繁殖的母畜（万头）	当年生仔畜（万头）	规模化养殖场（个）	规模化养殖量（万头）
全国农垦	**139.20**	**80.12**	**43.84**	**323**	**48.26**
北　　京	8.00	3.00	3.00	39	8.00
天　　津	2.43	2.00	0.41	14	2.43
河　　北	16.91	10.91	3.28	56	13.77
山　　西	1.16	0.67	0.37	14	0.63
内 蒙 古	21.10	10.06	8.00	27	2.75
辽　　宁	3.10	1.50	0.30	8	0.80
吉　　林	0.40	0.04	0.02	2	0.28
黑 龙 江	15.13	7.42	2.28	40	4.45
上　　海	6.20	3.27	1.82	41	6.20
江　　苏	0.47	0.26	0.21		
浙　　江	0.12	0.06	0.05	1	0.10
安　　徽	0.10	0.03	0.01	1	0.07
福　　建	0.29	0.04	0.01		
江　　西	0.45	0.07	0.05		
山　　东	0.84	0.04	0.02		
河　　南	0.73	0.49	0.14	7	0.44
湖　　北	1.14	0.64	0.14	7	1.15
湖　　南	0.02	0.02			
广　　东	0.95	0.84	0.10	4	0.93
广　　西	0.18	0.09	0.04	3	0.14
海　　南	0.01				
重　　庆	2.30	1.30	0.60	28	2.30
四　　川	0.10	0.06	0.03	2	0.10
贵　　州	2.47	2.19	1.74	4	2.47
云　　南	0.02	0.01	0.01		
陕　　西	0.12	0.08	0.02		
甘　　肃	0.54	0.41	0.01	2	0.35
青　　海	3.33	1.70	0.99	1	0.04
宁　　夏	4.60	2.82	1.05		
新疆(兵团)	23.89	17.12	9.33		
新疆(农业)	1.68	1.07	0.7		
新疆(畜牧)	19.73	11.59	8.89	19	0.20
热 科 院					
广　　州	0.66	0.34	0.22	3	0.66
南　　京					

5-9 续表 3

地　　区	水　　牛（万头）	能繁殖母畜（万头）	当年生仔畜（万头）	马（万匹）	能繁殖母畜（万匹）	当年生仔畜（万匹）
全国农垦	**8.33**	**3.04**	**1.28**	**19.51**	**9.54**	**6.67**
北　　京						
天　　津						
河　　北				0.19	0.07	0.04
山　　西						
内 蒙 古				2.04	1.08	1.02
辽　　宁				0.22	0.10	0.10
吉　　林				0.17	0.08	0.03
黑 龙 江				0.08	0.03	0.01
上　　海						
江　　苏						
浙　　江						
安　　徽	0.13	0.10	0.02			
福　　建	0.22	0.10	0.03			
江　　西	1.41	0.49	0.16			
山　　东						
河　　南	0.02	0.01	0.01			
湖　　北	0.65	0.41	0.23			
湖　　南	2.03	0.65	0.20			
广　　东	0.48	0.13	0.08			
广　　西	0.30	0.10	0.09			
海　　南	2.82	1.00	0.44			
重　　庆						
四　　川	0.01			0.24	0.06	0.02
贵　　州	0.04	0.02	0.01	0.02	0.01	0.01
云　　南	0.22	0.03	0.02	0.01		
陕　　西						
甘　　肃				0.01		
青　　海				0.07	0.01	0.01
宁　　夏						
新疆（兵团）				2.31	1.14	0.69
新疆（农业）				1.08	0.30	0.21
新疆（畜牧）				13.08	6.66	4.54
热 科 院	0.01	0.00	0.00			
广　　州						
南　　京						

5－9 续表 4

地　　区	驴（万头）			骡（万头）		骆驼（万头）		
		能繁殖母畜（万头）	当年生仔畜（万头）		当年生仔畜（万头）		能繁殖母畜（万头）	当年生仔畜（万头）
全国农垦	**6.31**	**2.75**	**1.64**	**0.42**	**…**	**3.70**	**1.76**	**1.17**
北　　京								
天　　津	0.29	0.26	0.03					
河　　北	0.04	0.02	0.01					
山　　西	0.01			0.01				
内 蒙 古	1.16	0.59	0.40	0.25	…	…		
辽　　宁	2.04	0.70	0.20	0.07				
吉　　林	0.23	0.13	0.06	…				
黑 龙 江	0.01	0.01	…	…				
上　　海								
江　　苏								
浙　　江								
安　　徽								
福　　建								
江　　西								
山　　东								
河　　南								
湖　　北								
湖　　南								
广　　东								
广　　西								
海　　南								
重　　庆								
四　　川				0.08				
贵　　州								
云　　南								
陕　　西								
甘　　肃	0.06	0.02	0.02					
青　　海						0.08	0.06	0.01
宁　　夏	0.01	…	…			…	…	
新疆（兵团）	1.15	0.46	0.64			0.43	0.22	0.14
新疆（农业）	0.65	0.13	0.11			0.20	0.05	0.03
新疆（畜牧）	0.65	0.43	0.17	0.01		2.99	1.43	0.99
热 科 院								
广　　州								
南　　京								

5－9 续表 5

地区	猪（万头）				羊（万只）			
		能繁殖母畜（万头）	规模化养殖场（个）	规模化养殖量（万头）		能繁殖的母畜（万只）	规模化养殖场（个）	规模化养殖量（万只）
全国农垦	**1 256.85**	**314.75**	**3 284**	**5 284.18**	**1 434.70**	**1 057.11**	**559**	**28.87**
北京	7.00	1.00	15	8.00				
天津	0.95	0.09	1	0.95				
河北	31.93	3.78	104	29.05	12.84	8.58	1	0.06
山西	0.92	0.34	4	0.86	7.07	4.70	7	6.42
内蒙古	21.00	3.29			312.29	205.59	9	0.96
辽宁	101.66	12.00	43	8.00	12.70	7.20	5	0.20
吉林	20.96	3.43	1	0.50	20.50	9.02		
黑龙江	99.75	11.46	54	99.93	27.83	12.73	31	6.08
上海	55.10	5.03	45	137.52				
江苏	7.32	0.58	72	6.00	1.51	0.14		
浙江	9.30	1.02	23	16.05				
安徽	4.34	0.47	15	3.29	0.81	0.29		
福建	39.56	4.08	36	8.88	1.02	0.28		
江西	60.90	7.13	39	18.49	1.69	0.32	1	0.01
山东	1.00	0.12			1.00	0.31		
河南	39.19	4.38	60	33.00	1.24	0.28	1	0.05
湖北	157.00	175.00	429	150.40	5.86	2.67	16	1.09
湖南	127.13	23.00	1 566	90.00	2.88	0.65	79	1.56
广东	66.48	10.09	102	49.22	0.22			
广西	164.40	14.23	547	324.73	0.11	0.04	8	0.51
海南	59.43	9.00	60	10.00	8.68	3.50		
重庆	5.67	0.58	8	5.67				
四川	0.32	0.06			2.50	1.10		
贵州	0.40	0.10			0.89	0.63		
云南	6.86	0.70	1	4 281	0.41			
陕西	1.29	0.12			4.26	1.62		
甘肃	2.26	0.39	45	1.18	21.91	11.00	328	7.88
青海	0.71	0.11			34.98	19.83	1	0.20
宁夏	3.95	0.48	13	0.96	8.10	4.41		
新疆(兵团)	151.97	20.70			530.55	431.44		
新疆(农业)	5.15	1.36	1	0.50	32.10	20.30		
新疆(畜牧)	2.54	0.55			380.68	310.41	72	3.85
热科院	0.40	0.09			0.08	0.05		
广州								
南京								

5－9 续表 6

地　　区	山　　羊（万只）				绵　　羊（万只）	
		能繁殖的母畜（万只）	规模化养殖场（个）	规模化养殖量（万只）		能繁殖的母畜（万只）
全国农垦	**231.14**	**170.86**	**113**	**11.11**	**1 203.60**	**886.25**
北　京						
天　津						
河　北	0.27	0.04			12.57	8.54
山　西	6.61	4.42	5	6.22	0.46	0.28
内蒙古	46.78	27.30	1	0.25	265.51	178.30
辽　宁	5.90	2.70	1	0.10	6.80	4.50
吉　林	3.50	1.30			17.00	7.72
黑龙江	7.21	2.75			20.63	9.98
上　海						
江　苏	1.51	0.14				
浙　江						
安　徽	0.81	0.29				
福　建	1.02	0.28				
江　西	1.69	0.32	1	0.01		
山　东	0.26	0.05			0.74	0.27
河　南	1.04	0.27	1	0.05	0.20	0.02
湖　北	5.86	2.67	16	1.09		
湖　南	2.88	0.65	79	1.56		
广　东	0.22					
广　西	0.11	0.04	8	0.51		
海　南	8.68	3.50				
重　庆						
四　川	0.40	0.25			2.10	0.84
贵　州	0.39	0.20			0.50	0.40
云　南	0.41					
陕　西	3.66	1.20			0.60	0.42
甘　肃	2.79	1.28		0.54	19.12	9.72
青　海	0.81	0.60			34.17	19.23
宁　夏	2.44	1.32			5.65	3.09
新疆（兵团）	48.80	37.55			481.75	393.89
新疆（农业）	5.25	3.17			26.85	17.15
新疆（畜牧）	71.72	78.50	1	0.78	308.96	231.91
热科院	0.11	0.07				
广　州						
南　京						

5－9 续表 7

地　区			绵　　羊（万只）			
	规模化养殖场（个）	规模化养殖量（万只）		能繁殖的母畜（万只）	规模化养殖场（个）	规模化养殖量（万只）
全国农垦	**415**	**11.48**	**37.02**	**52.80**	**1**	**3.07**
北　京						
天　津						
河　北	1	0.06				
山　西	2	0.20				
内蒙古	9	0.71	1.14	0.88		
辽　宁	4	0.10	0.40	0.20		
吉　林			2.32	0.93		
黑龙江			4.11	3.30		
上　海						
江　苏						
浙　江						
安　徽						
福　建						
江　西						
山　东						
河　南						
湖　北						
湖　南						
广　东						
广　西						
海　南						
重　庆						
四　川						
贵　州						
云　南						
陕　西			0.49	0.13		
甘　肃	328	7.34	1.72	0.71		
青　海						
宁　夏			0.25	0.20		
新疆（兵团）						
新疆（农业）						
新疆（畜牧）	71	3.07	26.60	46.46	1	3.07
热科院						
广　州						
南　京						

5-9续表8

地区	家禽（万只）			兔（万只）		
		规模化养殖场（个）	规模化养殖量（万只）		规模化养殖场（个）	规模化养殖量（万只）
全国农垦	**13 157.81**	**612**	**5 515.97**	**70.16**	**8**	**5.60**
北京	653.00	67	740.00			
天津	6.52	1	6.23			
河北	264.88	46	445.09	2.07		
山西	3.41			0.03		
内蒙古	99.67			1.12		
辽宁	5 683.00	73	1 416.00	0.30		
吉林	389.61			0.05		
黑龙江	466.64	47	576.12	1.49		
上海	83.63	7	166.06			
江苏	443.05			1.71		
浙江	3.60					
安徽	118.48	12	241.45	0.11		
福建	198.99	5	36.49	4.72		
江西	236.03	9	60.04	0.08		
山东	102.51			0.15		
河南	50.37	7	8.36	0.14		
湖北	1 265.00	128	646.00	4.29	3	5.50
湖南	358.00	53	270.00	0.12	5	0.10
广东	460.05	26	399.70	1.67		
广西	246.42	64	360.50	0.10		
海南	500.00	1	12.00	4.53		
重庆	58.60	8	58.60			
四川	0.56			0.09		
贵州	5.00					
云南	119.61	3	42.10			
陕西	1.15					
甘肃	24.12	53	19.23	0.27		
青海	0.18					
宁夏	0.37					
新疆（兵团）	1 092.31			44.26		
新疆（农业）	136.20			2.30		
新疆（畜牧）	74.44	1	2.00	0.56		
热科院	2.40					
广州						
南京	10.00	1	10.00			

5－10　畜产品产量

（2014 年）

地　　区	肉类总产量（吨）	当年出栏肉猪（万头）	猪肉产量（吨）	当年出售和自宰的肉用牛（万头）	牛肉产量（吨）	当年出售和自宰的肉用羊（万只）	羊肉产量（吨）
全国农垦	**2 614 584**	**1 903.62**	**1 518 258**	**139.79**	**202 643**	**1 209.25**	**203 297**
北　　京	204 578	9.49	5 425				
天　　津	1 971	1.19	1 321	0.28	596		
河　　北	62 982	47.45	36 488	1.76	3 039	8.11	1 267
山　　西	3 756	1.20	1 370	0.06	146	3.02	2 155
内 蒙 古	90 183	21.15	19 794	17.86	27 217	200.15	34 713
辽　　宁	312 155	133.69	127 989	7.54	14 271	14.71	2 590
吉　　林	47 454	29.72	23 516	2.66	3 968	7.45	1 200
黑 龙 江	324 030	264.65	204 954	34.15	58 412	77.55	12 818
上　　海	60 617	79.11	59 329				
江　　苏	62 568	21.26	17 646	0.15	305	2.77	757
浙　　江	21 643	24.90	21 600				
安　　徽	15 313	7.20	6 470	0.17	257	1.00	223
福　　建	45 383	55.66	40 127	0.60	618	1.07	159
江　　西	90 361	91.32	82 731	2.06	2 481	0.96	134
山　　东	10 077	2.26	2 006	0.03	35	0.86	102
河　　南	38 004	51.77	36 581	0.25	498	0.83	141
湖　　北	195 991	205.60	164 532	2.29	4 584	7.02	1 404
湖　　南	161 624	179.00	148 392	9.87	3 737	3.80	684
广　　东	114 404	104.46	90 721	0.26	463	0.25	67
广　　西	147 144	193.30	135 307	0.40	605	0.11	21
海　　南	105 973	87.30	79 110	1.90	1 970	14.47	2 170
重　　庆	10 094	7.20	6 496				
四　　川	2 016	0.20	245	1.30	1 546	0.49	212
贵　　州	383	0.30	287	0.01	21	0.21	46
云　　南	8 035	7.33	5 989	0.24	307	0.18	41
陕　　西	1 494	1.48	1 136	0.06	55	1.61	239
甘　　肃	5 232	1.57	2 248	0.45	773	11.36	1 884
青　　海	2 711	0.32	165	1.04	702	9.87	1 838
宁　　夏	6 310	5.08	3 345	1.01	1 562	4.54	730
新疆（兵团）	377 222	259.14	184 509	35.69	50 717	506.36	88 520
新疆（农业）	10 263	5.18	4 238	1.17	1 986	15.04	2 615
新疆（畜牧）	74 098	3.60	3 816	16.54	21 769	315.38	46 558
热 科 院	441	0.55	376	0.00	4	0.08	10
广　　州							
南　　京	75						

5－10 续表 1

地　　区	肉类总产量		牛奶产量（吨）	山羊毛产量（吨）	绵羊毛产量（吨）		
	兔肉产量（吨）	禽肉产量（吨）				细羊毛（吨）	半细羊毛（吨）
全国农垦	**6 699**	**673 774**	**3 751 405**	**1 996**	**29 708**	**11 267**	**10 681**
北　　京		199 153	306 258				
天　　津		52	125 579				
河　　北	69	22 119	519 655	3	247	85	158
山　　西		85	34 214	12	30	7	27
内 蒙 古	105	6 830	575 166	388	5 966	2 015	2 345
辽　　宁	13	167 294	147 345	19	238		
吉　　林	1	18 531	10 990	23	431	243	116
黑 龙 江	232	46 321	466 405	23	1 043	258	785
上　　海		1 288	304 091				
江　　苏	82	43 778	13 220				
浙　　江		43	4 700				
安　　徽		8 363	2 400				
福　　建	77	4 402	4 391				
江　　西	16	4 999	13 701				
山　　东	5	7 929	40 683		9		9
河　　南	1	782	7 339				
湖　　北	2 235	23 234	26 143				
湖　　南	11	8 800	744	748			
广　　东	112	22 504	37 866				
广　　西	8	11 203	4 111				
海　　南	192	20 262	1				
重　　庆		3 598	85 000				
四　　川	4	9	7 592		1	1	
贵　　州		29	46 245		3		3
云　　南	3	1 694	303				
陕　　西		64	3 918	20	2	2	
甘　　肃	15	293	1 185	29	182	37	58
青　　海		7	152	9	538	200	239
宁　　夏		671	175 912	10	111	52	59
新疆(兵团)	3 429	46 022	590 663	239	14 967	5 355	5 793
新疆(农业)	14	1 410	16 220	37	498	408	90
新疆(畜牧)	75	1 880	154 541	437	5 443	2 604	999
热 科 院		51					
广　　州			24 672				
南　　京		75					

5－10续表 2

地　　区	羊绒产量（吨）	蜂蜜产量（吨）	禽蛋产量（吨）	蚕茧产量（吨）		鹿茸产量（千克）
					桑蚕茧产量（吨）	
全国农垦	**5 032**	**12 675**	**467 249**	**1 666**	**1 135**	**74 336**
北　　京			47 296			
天　　津			902			
河　　北			11 265			160
山　　西			616			
内 蒙 古	196	3 082	5 772	115		
辽　　宁		13	92 719			3 193
吉　　林	11	11	51 222			15 081
黑 龙 江	39	1 183	42 626			18 024
上　　海			6 506			
江　　苏		16	13 385	416		
浙　　江			104			
安　　徽		71	3 081			
福　　建		117	5 659			
江　　西		400	9 421	241	241	
山　　东			582			10
河　　南		1	3 324	77	77	
湖　　北		823	50 553	4	4	11 280
湖　　南		341	8 522			12
广　　东		56	3 347	813	813	
广　　西		141	3 208			
海　　南		79	4 107			
重　　庆			4 557			
四　　川			2			
贵　　州			42			
云　　南			3 720			
陕　　西	3	2	109			
甘　　肃	6		2 657			5
青　　海	11		4			
宁　　夏	10		1 005			
新疆(兵团)	78	6 194	76 208			25 855
新疆(农业)	18	57	9 968			658
新疆(畜牧)	4 661	88	3 406			58
热 科 院			8			
广　　州						
南　　京			1 345			

5－11　渔业生产情况

（2014 年）

地　　区	水产品总产量（吨）			#养殖产量（吨）		
	合　计（吨）	海　水（吨）	淡　水（吨）	合　计（吨）	海　水（吨）	淡　水（吨）
全国农垦	**1 534 261**	**300 703**	**1 233 557**	**1 270 704**	**169 833**	**1 100 871**
北　　京						
天　　津	8 671		8 671	8 671		8 671
河　　北	134 960	33 061	101 899	115 483	13 933	101 550
山　　西	6		6	6		6
内 蒙 古	6 034		6 034	3 877		3 877
辽　　宁	497 780	247 245	250 535	309 626	137 891	171 735
吉　　林	950		950	653		653
黑 龙 江	38 903		38 903	28 383		28 383
上　　海	41 220		41 220	41 220		41 220
江　　苏	47 644		47 644	46 546		46 546
浙　　江	3 217	831	2 386	2 319	831	1 488
安　　徽	5 543		5 543	4 876		4 876
福　　建	30 046	922	29 124	20 515	415	20 100
江　　西	44 728		44 728	32 181		32 181
山　　东	7 999	5 693	2 306	5 220	3 812	1 408
河　　南	7 615		7 615	7 615		7 615
湖　　北	426 196		426 196	426 196		426 196
湖　　南	81 650		81 650	67 991		67 991
广　　东	36 328	11 237	25 091	36 122	11 237	24 885
广　　西	16 320	1 154	15 166	16 320	1 154	15 166
海　　南	29 413	560	28 853	28 615	560	28 055
重　　庆	2 606		2 606	2 606		2 606
四　　川	54		54	54		54
贵　　州	46		46	46		46
云　　南	7 800		7 800	7 800		7 800
陕　　西	44		44	44		44
甘　　肃	88		88	88		88
青　　海						
宁　　夏	11 599		11 599	11 599		11 599
新疆（兵团）	44 238		44 238	43 476		43 476
新疆（农业）	1 875		1 875	1 875		1 875
新疆（畜牧）	526		526	526		526
热 科 院	155		155	155		155
广　　州						
南　　京	7		7			

5－11 续表 1

地 区	在水产品产量中：					
	鱼 类（吨）			虾蟹类（吨）		
		海 水（吨）	淡 水（吨）		海 水（吨）	淡 水（吨）
全国农垦	**1 109 972**	**78 597**	**1 031 375**	**227 521**	**63 065**	**164 456**
北 京						
天 津	8 353		8 353	188		188
河 北	92 700	8 910	83 790	29 836	11 727	18 109
山 西	6		6			
内 蒙 古	6 034		6 034			
辽 宁	207 131	66 119	141 012	146 393	36 890	109 503
吉 林	850		850	100		100
黑 龙 江	38 255		38 255	648		648
上 海	38 759		38 759	2 461		2 461
江 苏	41 060		41 060	4 548		4 548
浙 江	1 683	18	1 665	949	228	721
安 徽	5 071		5 071	470		470
福 建	26 941	602	26 339	905	150	755
江 西	44 728		44 728			
山 东	2 781	1 000	1 781	3 398	3 118	280
河 南	7 615		7 615			
湖 北	390 625		390 625	20 555		20 555
湖 南	63 029		63 029	1 536		1 536
广 东	22 566	1 728	20 838	13 553	9 509	4 044
广 西	15 158		15 158	1 103	1 103	
海 南	29 061	220	28 841	340	340	
重 庆	2 606		2 606			
四 川	54		54			
贵 州	46		46			
云 南	7 797		7 797			
陕 西	44		44			
甘 肃	88		88			
青 海						
宁 夏	11 573		11 573	26		26
新疆(兵团)	42 989		42 989	487		487
新疆(农业)	1 688		1 688	19		19
新疆(畜牧)	520		520	6		6
热 科 院	155		155			
广 州						
南 京	7		7			

5－11 续表 2

地　　区	在水产品产量中：						
	#对虾（吨）		贝　类（吨）			藻　类（吨）	
		海　水（吨）		海　水（吨）	淡　水（吨）		海　水（吨）
全国农垦	**47 473**	**21 571**	**168 894**	**153 944**	**14 950**	**51**	**51**
北　　京							
天　　津							
河　　北	22 702	6 471	8 262	8 262			
山　　西							
内 蒙 古							
辽　　宁	4 446	4 446	144 256	144 236	20		
吉　　林							
黑 龙 江							
上　　海							
江　　苏	4 106		16		16		
浙　　江	822	108	586	586			
安　　徽			2		2		
福　　建	772	50	1 180	170	1 010		
江　　西							
山　　东	2 034	1 949	935	690	245		
河　　南							
湖　　北							
湖　　南			13 657		13 657		
广　　东	11 488	7 444					
广　　西	1 103	1 103				51	51
海　　南							
重　　庆							
四　　川							
贵　　州							
云　　南							
陕　　西							
甘　　肃							
青　　海							
宁　　夏							
新疆（兵团）							
新疆（农业）							
新疆（畜牧）							
热 科 院							
广　　州							
南　　京							

5-11 续表 3

地区	在水产品产量中：其他产量（吨）	海水（吨）	淡水（吨）	养殖面积（公顷）	海水（公顷）	淡水（公顷）	# 对虾（公顷）	海水（公顷）
全国农垦	**27 061**	**5 047**	**22 014**	**340 001**	**36 839**	**303 162**	**14 694**	**10 829**
北京								
天津	130		130	641		641		
河北	4 162	4 162		17 837	7 916	9 921	4 785	2 390
山西				8		8		
内蒙古				3 910		3 910		
辽宁				92 780	21 229	71 551	3 690	3 690
吉林				1 179		1 179		
黑龙江				26 373		26 373		
上海				3 438		3 438		
江苏	2 020		2 020	3 834		3 834	506	
浙江				910	177	733	611	96
安徽				919		919		
福建	1 020		1 020	1 989	283	1 706	268	147
江西				19 483		19 483		
山东	885	885		5 660	5 267	393	3 443	3 433
河南				721		721		
湖北	15 016		15 016	48 032		48 032		
湖南	3 428		3 428	51 022		51 022		
广东	209		209	4 062	1 676	2 386	1 119	801
广西	8		8	1 386	278	1 108	272	272
海南	12		12	3 473	13	3 460		
重庆				2 028		2 028		
四川				47		47		
贵州								
云南	3		3	1 328		1 328		
陕西				33		33		
甘肃				339		339		
青海								
宁夏				7 230		7 230		
新疆(兵团)				37 462		37 462		
新疆(农业)	168		168	3 378		3 378		
新疆(畜牧)				472		472		
热科院				21		21		
广州								
南京				6		6		

5－12 茶、果、桑和人参生产情况

（2014 年）

地区	茶叶		水果					
	年末实有面积（公顷）	实际产量（吨）	年末实有面积（公顷）	实际产量（吨）	香蕉		苹果	
					年末实有面积（公顷）	实际产量（吨）	年末实有面积（公顷）	实际产量（吨）
全国农垦	**28 536**	**49 579**	**406 906**	**5 471 147**	**21 930**	**596 725**	**41 004**	**640 849**
北京			283	854			168	678
天津			313	3 520			62	85
河北			1 649	22 596			280	11 914
山西			50	566			32	347
内蒙古			1 169	11 830			360	4 119
辽宁			12 069	175 977			7 485	117 027
吉林			2 782	16 563			660	2 308
黑龙江			2 715	24 099				
上海	21	6	418	1 621				
江苏			368	4 758	184	2 379		
浙江	1 419	3 660	663	14 702				
安徽	2 379	12 743	1 322	29 819				
福建	4 372	6 991	12 216	112 898	1 155	27 870	92	700
江西	5 982	4 228	9 307	79 418			27	25
山东			118	1 254			45	405
河南	30	6	2 057	58 020			717	22 697
湖北	947	635	7 908	101 249			36	170
湖南	2 120	3 114	7 413	33 243				
广东	562	779	31 972	661 381	7 842	200 426		
广西	595	968	10 172	256 846	2 459	71 547		
海南	590	485	33 812	543 535	5 419	186 355		
重庆			227	704				
四川	792	1 036	261	1 903			50	389
贵州	4 019	4 377	1 097	9 120			24	47
云南	4 670	10 548	9 797	194 497	4 868	108 145		
陕西			979	7 237			163	2 509
甘肃			3 758	34 076			732	9 801
青海								
宁夏			8 129	49 338			1 115	19 417
新疆（兵团）			198 693	2 784 161			15 890	386 242
新疆（农业）			40 370	178 554			11 971	50 684
新疆（畜牧）			4 748	56 557			1 095	11 284
热科院			71	251	3	3		
广州								
南京	38	3						

5-12续表1

地区	水果							
	柑、橘、橙、柚		梨		桃		葡萄	
	年末实有面积（公顷）	实际产量（吨）	年末实有面积（公顷）	实际产量（吨）	年末实有面积（公顷）	实际产量（吨）	年末实有面积（公顷）	实际产量（吨）
全国农垦	**23 145**	**326 824**	**41 579**	**526 263**	**10 950**	**146 864**	**69 141**	**866 315**
北京			6	39	23	105	1	3
天津			49	1 253	24	346	168	1 741
河北			152	3 701	87	2 412	112	2 811
山西			8	99	3	55	6	57
内蒙古			206	5 516	1	20	89	130
辽宁			1 631	18 369	1 155	16 431	713	13 433
吉林			1 895	13 685	1	6	11	7
黑龙江			27	319			54	916
上海	18	264	132	100	146	551	81	544
江苏			133	1 548	14	32	14	411
浙江	377	10 667	25	516	61	1 303	100	1 910
安徽		300	784	23 820	368	4 558	77	552
福建	2 048	28 580	216	1 583	257	2 029	26	337
江西	6 788	63 659	1 247	5 567	745	6 369	207	1 765
山东					13	262	13	239
河南	30	40	583	23 938	362	9 118	168	1 557
湖北	2 012	31 236	1 258	18 373	3 476	33 946	613	12 058
湖南	6 022	17 810	762	1 788	115	745	92	910
广东	503	6 882						
广西	3 515	141 270	27	662	3	70	66	1 332
海南	593	8 856						
重庆	148	355	1	10	2	1	21	295
四川	83	399	19	100	15	276		102
贵州	441	4 878	34	57	36	133	562	4 005
云南	567	11 628					1 554	45 243
陕西			95	271	54	143	32	218
甘肃			1 041	16 252			563	5 426
青海								
宁夏			32	722	20	357	6 452	26 524
新疆（兵团）			16 106	341 294	2 712	56 946	49 929	640 391
新疆（农业）			15 065	45 810	701	1 735	5 259	72 298
新疆（畜牧）			46	871	556	8 915	2 159	31 100
热科院								
广州								
南京								

5-12 续表 2

地 区	水果					
	菠萝		红枣		柿子	
	年末实有面积（公顷）	实际产量（吨）	年末实有面积（公顷）	实际产量（吨）	年末实有面积（公顷）	实际产量（吨）
全国农垦	**13 546**	**445 177**	**114 496**	**1 324 056**	**502**	**4 838**
北京						
天津						
河北			937	1 306		
山西						
内蒙古						
辽宁			21	660		
吉林						
黑龙江						
上海						
江苏					14	347
浙江						
安徽					21	569
福建	198	6 258			299	1 555
江西						
山东			47	348		
河南			20	140		
湖北			15	50	163	1 687
湖南						
广东	10 618	376 465				
广西	1	5			5	680
海南	1 864	50 618				
重庆						
四川						
贵州						
云南	862	11 816				
陕西			279	3 380		
甘肃			929	1 217		
青海						
宁夏			446	1 924		
新疆（兵团）			108 340	1 309 096		
新疆（农业）			2 851	2 636		
新疆（畜牧）			611	3 299		
热科院	3	15				
广州						
南京						

5-12续表3

地　区	水　果					
	荔　枝		龙　眼		芒　果	
	年末实有面积（公顷）	实际产量（吨）	年末实有面积（公顷）	实际产量（吨）	年末实有面积（公顷）	实际产量（吨）
全国农垦	**16 656**	**124 274**	**10 117**	**54 701**	**15 091**	**186 067**
北　京						
天　津						
河　北						
山　西						
内 蒙 古						
辽　宁						
吉　林						
黑 龙 江						
上　海						
江　苏						
浙　江						
安　徽						
福　建	2 270	9 931	2 557	8 704	24	1
江　西						
山　东						
河　南						
湖　北						
湖　南						
广　东	6 659	42 894	3 545	16 608	76	172
广　西	1 206	5 280	1 376	7 798	696	4 605
海　南	6 345	65 572	2 452	20 324	13 307	169 882
重　庆						
四　川	20	122	2	5		
贵　州						
云　南	147	473	182	1 252	955	11 221
陕　西						
甘　肃						
青　海						
宁　夏						
新疆（兵团）						
新疆（农业）						
新疆（畜牧）						
热 科 院	9	2	3	10	33	186
广　州						
南　京						

5－12 续表 4

地　区	水果							
	杨桃		火龙果		番石榴		红毛丹	
	年末实有面积（公顷）	实际产量（吨）	年末实有面积（公顷）	实际产量（吨）	年末实有面积（公顷）	实际产量（吨）	年末实有面积（公顷）	实际产量（吨）
全国农垦	**572**	**4 009**	**318**	**5 600**	**332**	**6 057**	**607**	**2 955**
北　京								
天　津								
河　北								
山　西								
内蒙古								
辽　宁								
吉　林								
黑龙江								
上　海								
江　苏								
浙　江								
安　徽								
福　建	52	1 065	21	441	38	508		
江　西								
山　东								
河　南								
湖　北								
湖　南								
广　东	388	1 890	202	4 987	205	4 094		
广　西	4	102						
海　南	128	952			89	1 455	607	2 955
重　庆								
四　川								
贵　州								
云　南			94	157				
陕　西								
甘　肃								
青　海								
宁　夏								
新疆（兵团）								
新疆（农业）								
新疆（畜牧）								
热科院			1	15				
广　州								
南　京								

5－12续表5

地　　区	其　　他		桑园年末实有面积（公顷）	人　　参	
	年末实有面积（公顷）	实际产量（吨）		年末实有面积（米²）	实际产量（千克）
全国农垦	**26 919**	**209 573**	**2 069**	**5 201 727**	**199 701**
北　　京	85	29			
天　　津	10	95			
河　　北	81	452			
山　　西	1	8			
内 蒙 古	513	2 045	727		
辽　　宁	1 066	10 057		327	400
吉　　林	215	557		1 061 400	187 301
黑 龙 江	2 634	22 864		4 140 000	12 000
上　　海	41	162	2		
江　　苏	9	41	213		
浙　　江	100	306	110		
安　　徽	72	20			
福　　建	2 963	23 336	40		
江　　西	294	2 033	235		
山　　东					
河　　南	177	530	35		
湖　　北	335	3 729	154		
湖　　南	422	11 990			
广　　东	1 934	6 963	475		
广　　西	814	23 495			
海　　南	3 008	36 566			
重　　庆	55	43			
四　　川	72	510	58		
贵　　州			21		
云　　南	568	4 562			
陕　　西	356	716			
甘　　肃	493	1 380			
青　　海					
宁　　夏	64	394			
新疆（兵团）	5 716	50 192			
新疆（农业）	4 523	5 391			
新疆（畜牧）	281	1 088			
热 科 院	17	20			
广　　州					
南　　京					

5－13 全国农垦热带作物生产情况

（2014 年）

项　　目	计量单位	全国农垦	福建	广东	广西	海南	云南	热科院
总面积合计	**公顷**	**43 167**	**147**	**2 906**	**6 559**	**30 290**	**3 074**	**191**
# 当年新植	公顷	10 447	17	658	3 166	6 039	555	12
# 收获面积	公顷	35 322	67	2 824	6 458	24 184	1 696	93
1. 剑麻（按纤维计算）								
年末实有面积	公顷	5 899	130	2 346	3 420			3
当年新植面积	公顷	281		193	86			2
收获面积	公顷	5 641	50	2 271	3 319			1
每公顷产量	千克	4 588	4 000	2 704	5 853			90 226
总产量	吨	25 886	200	6 140	19 426			120
2. 香辛料								
年末实有面积	公顷	6 904		95	1 390	5 358	56	5
当年新植面积	公顷	1 525			1 390	135		
收获面积	公顷	6 306		88	1 390	4 823	4	1
每公顷产量	千克	2 106		2 580	685	2 500	12 500	6 000
总产量	吨	13 285		227	952	12 059	41	6
# 胡椒（按籽计算）								
年末实有面积	公顷	5 461		95		5 358	3	5
当年新植面积	公顷	135				135		
收获面积	公顷	4 915		88		4 823	3	1
每公顷产量	千克	2 502		2 580		2 500	2 000	5 663
总产量	吨	12 298		227		12 059	6	6
# 肉桂（按干皮计算）								
年末实有面积	公顷	549			496		53	
当年新植面积	公顷	496			496			
收获面积	公顷	497			496		1	
每公顷产量	千克	1 298			1 230		35 000	
总产量	吨	645			610		35	
# 八角（按干果计算）								
年末实有面积	公顷	894			894			
当年新植面积	公顷	894			894			
收获面积	公顷	894			894			
每公顷产量	千克	383			383			
总产量	吨	342			342			
3. 咖啡（按干豆计产量）								
年末实有面积	公顷	1 151				5	1 143	3
当年新植面积	公顷	11					11	
收获面积	公顷	955				4	949	2
每公顷产量	千克	1 552				2 250	1 551	912
总产量	吨	1 483				9	1 472	2
4. 椰子（按果计产量）								
年末实有面积	公顷	1 488				1 375		113
当年新植面积	公顷	50				40		10
收获面积	公顷	1 252				1 176		76
每公顷产量	千克	942				986		260
总产量	万个	1 180				1 160		20
5. 油棕（按油计产量）								
年末实有面积	公顷	42				7		35

5－13 续表

项　　目	计量单位	全国农垦	福建	广东	广西	海南	云南	热科院
当年新植面积	公顷							
收获面积	公顷							
每公顷产量	千克							
总产量	吨							
6. 可可（按豆计产量）								
年末实有面积	公顷	6						6
当年新植面积	公顷							
收获面积	公顷	4						4
每公顷产量	千克	1 286						1 286
总产量	吨	5						5
7. 南药								
年末实有面积	公顷	18 229	2		59	18 141		27
当年新植面积	公顷	463	2			460		1
收获面积	公顷	12 847	2		59	12 777		9
每公顷产量	千克	2 953	15		11 627	2 914		1 691
总产量	吨	37 939	…		686	37 238		15
#槟榔（按果计产量）								
年末实有面积	公顷	18 131				18 104		27
当年新植面积	公顷	424				423		1
收获面积	公顷	123 749				123 740		9
每公顷产量	千克	300				300		1 691
总产量	吨	37 180				37 165		15
#益智（干果）								
年末实有面积	公顷	37				37		
当年新植面积	公顷	37				37		
收获面积	公顷	37				37		
每公顷产量	千克	1 973				1 973		
总产量	吨	73				73		
#其他								
年末实有面积	公顷	61	2		59			
当年新植面积	公顷	2	2					
收获面积	公顷	61	2		59			
每公顷产量	千克	11 046	15		11 627			
总产量	吨	686	…		686			
8. 澳洲坚果（按干果计产量）								
年末实有面积	公顷	2 034			286		1 748	
当年新植面积	公顷	816			286		530	
收获面积	公顷	911			286		625	
每公顷产量	千克	1 951			832		2 464	
总产量	吨	1 778			238		1 540	
9. 木薯（按干薯产量）								
年末实有面积	公顷	7 293	15	465	1 404	5 404	5	
当年新植面积	公顷	7 289	15	465	1 404	5 404	1	
收获面积	公顷	7 293	15	465	1 404	5 404	5	
每公顷产量	千克	7 393	28 000	20 211	11 182	5 244		
总产量	吨	53 916	420	9 398	15 700	28 337	61	

5－14 主要农业机械年末拥有量

（2014 年） 计量单位：千瓦

地区	农业机械总动力	柴油发动机动力	汽油发动机动力	电动机动力	其他机械动力
全国农垦	**27 259 003**	**21 883 947**	**1 369 961**	**3 696 059**	**309 036**
北京	9 991	9 187	134	670	
天津	21 989	13 452	205	8 332	
河北	1 104 494	779 791	13 520	274 503	36 680
山西	25 338	11 600	4 450	8 236	1 052
内蒙古	1 970 033	1 745 287	108 760	108 901	7 084
辽宁	1 181 275	859 778	91 943	179 290	50 264
吉林	1 066 046	962 578	58 714	44 417	337
黑龙江	9 309 562	8 160 175	468 693	629 459	51 235
上海	186 027	112 446	4 400	69 181	
江苏	443 280	379 955	5 783	57 240	302
浙江	12 495	4 099	999	6 467	930
安徽	437 397	344 422	15 082	77 893	
福建	77 619	47 952	9 277	18 703	1 687
江西	529 124	362 660	63 073	94 927	8 464
山东	59 538	46 475	808	9 380	2 875
河南	290 024	227 469	20 263	41 734	558
湖北	1 835 124	1 330 789	129 120	354 613	20 602
湖南	975 265	672 513	76 776	195 795	30 181
广东	367 407	213 145	59 185	85 409	9 668
广西	276 951	197 864	30 600	29 493	18 994
海南	319 831	218 939	48 112	17 786	34 994
重庆	7 290	7 050	40	200	
四川	3 330	2 716	132	252	230
贵州	19 773	18 789	527	442	15
云南	225 718	137 811	23 647	50 944	13 316
陕西	42 066	30 252	670	11 144	
甘肃	348 104	241 412	6 154	93 492	7 046
青海	65 379	58 117	5 016	768	1 478
宁夏	306 715	256 479	2 523	47 618	95
新疆（兵团）	4 841 622	3 700 580	54 131	1 086 911	
新疆（农业）	367 040	303 943	16 506	37 828	8 764
新疆（畜牧）	531 042	424 450	50 582	53 835	2 175
热科院	1 175	1 022	137	17	
广州	680	550		120	10
南京	260	200		60	

5－14 续表 1

地　　区	拖拉机				拖拉机配套农具	
	大中型（台）	大中型（千瓦）	小型（台）	小型（千瓦）	大中型（部）	小型（部）
全国农垦	**192 547**	**8 462 659**	**320 949**	**3 822 251**	**308 744**	**325 499**
北　京	69	2 958	49	792	43	6
天　津	68	2 901	8	99		
河　北	4 188	160 997	22 766	274 745	3 529	15 913
山　西	55	2 830	334	4 668	42	120
内蒙古	12 406	513 380	49 085	726 659	19 417	47 639
辽　宁	4 489	156 506	11 753	115 760	7 364	8 965
吉　林	5 075	168 706	21 617	310 559	4 908	32 529
黑龙江	73 028	3 313 158	55 178	777 378	138 001	65 426
上　海	1 290	76 681	192	1 734	1 132	
江　苏	3 470	223 612	1 090	11 946	8 362	2 535
浙　江	44	808	66	418	5	3
安　徽	2 760	123 366	5 638	53 771	4 739	6 686
福　建	85	2 602	800	6 809	33	1 608
江　西	1 784	66 108	7 301	74 980	550	4 997
山　东	530	13 999	1 372	14 879	538	814
河　南	1 313	56 689	7 593	84 598	2 489	7 002
湖　北	8 090	297 625	48 114	360 276	14 284	45 762
湖　南	3 879	121 002	10 900	53 808	4 261	3 018
广　东	548	28 722	4 218	44 864	978	
广　西	1 300	64 059	5 219	57 545	2 009	6 880
海　南	424	21 460	5 702	72 109	276	765
重　庆	6	528	2	30	6	2
四　川			5	222		
贵　州	56	10 150	141	627		31
云　南	791	20 092	2 445	28 015	230	1 796
陕　西	163	6 888	795	10 112	252	292
甘　肃	5 146	150 276	2 701	30 146	2 755	5 720
青　海	354	23 039	1 209	7 648	420	957
宁　夏	2 377	110 775	1 773	20 758	4 544	1 817
新疆（兵团）	49 931	2 412 769	32 030	416 337	79 191	27 662
新疆（农业）	3 516	132 151	8 452	102 421	4 735	27 969
新疆（畜牧）	5 301	177 455	12 328	156 913	3 647	8 585
热科院	4	69	69	510		
广　州	7	298	4	116	4	
南　京						

5－14 续表 2

地　区	耕整地及种植机械					农用排灌机械	
	播种机（台）	精量半精量播种机（台）	机动水稻插秧机（台）	化肥深施机（台）	机引铺膜机（台）	排灌动力机械（台）	排灌动力机械（千瓦）
全国农垦	**113 494**	**63 321**	**89 652**	**22 708**	**16 660**	**292 488**	**4 206 329**
北　京	11	2		1		25	316
天　津	28					65	3 343
河　北	1 883	610	946	39	485	13 146	146 411
山　西	95	14			43	717	8 651
内蒙古	25 026	14 148	96	1 996	2 726	5 212	62 369
辽　宁	2 995	2 093	4 854	170	48	21 434	275 860
吉　林	11 198	6 717	5 705	31	117	14 086	140 303
黑龙江	35 101	23 147	74 645	3 620	605	95 757	1 278 300
上　海	495	7	100	74		815	19 154
江　苏	965	603	922	200	60	909	38 119
浙　江			6			778	3 564
安　徽	1 673	911	564	135		4 939	74 970
福　建			2			3 904	17 454
江　西	54	51	417	75	17	10 291	87 944
山　东	573	132	77	21	25	914	8 347
河　南	3 931	1 501		1 844	26	7 418	53 771
湖　北	2 845	1 978	518	3 009	3 477	25 287	348 637
湖　南	1 223		65		6	15 757	187 625
广　东						11 332	87 889
广　西	50			341		3 611	71 042
海　南						9 671	43 933
重　庆						6	140
四　川						38	2 330
贵　州						294	1 840
云　南	77					1 061	6 524
陕　西	780	62	3	35	40	877	9 805
甘　肃	2 114	365		326	1 545	13 022	172 983
青　海	166	1			1	27	489
宁　夏	422	197	3	76	58	1 363	40 157
新疆（兵团）	15 045	8 100	345	9 788	4 524	26 619	937 716
新疆（农业）	3 968	1 185	22	760	2 231	2 387	54 622
新疆（畜牧）	2 776	1 497	362	167	626	721	21 703
热科院						5	18
广　州							
南　京							

5－14续表3

地　区	农用排灌机械						植保机械	
	柴油机（台）	柴油机（千瓦）	电动机（台）	电动机（千瓦）	农用水泵（台）	滴喷灌溉机械（套）	机动喷雾(粉)机（台）	机动喷雾(粉)机（千瓦）
全国农垦	**146 213**	**1 657 999**	**139 534**	**2 467 876**	**306 811**	**42 151**	**131 743**	**296 599**
北　京	3	53	62	763	76	193	11	31
天　津	4	733	61	2 610	95	5		
河　北	5 191	56 011	7 955	90 400	11 165	960	1 025	4 609
山　西	25	432	691	8 280	77	271	1	15
内 蒙 古	6 320	63 790	5 447	58 018	18 321	2 694	3 982	10 673
辽　宁	11 356	127 412	8 114	115 847	30 273	1 786	1 966	12 330
吉　林	12 631	113 239	1 343	16 602	24 632	172	919	796
黑 龙 江	58 233	777 569	37 524	500 731	93 012	10 723	25 171	69 384
上　海	2	11	795	19 141	792	23	1 095	2 189
江　苏	24	732	758	41 247	786	168	1 187	3 890
浙　江	318	509	494	3 732	526	71	574	681
安　徽	4 172	23 184	767	51 786	2 358	1 938	5 423	10 908
福　建	980	7 529	3 139	10 424	1 467	86	606	2 167
江　西	3 533	23 487	6 406	60 114	5 546	470	2 183	2 786
山　东	485	5 205	402	5 292	1 548	143	965	1 337
河　南	1 327	13 464	5 857	38 971	8 211	571	698	1 992
湖　北	12 464	152 176	11 439	239 627	32 813	3 285	36 172	44 883
湖　南	8 255	99 588	5 567	83 334	34 531		7 220	21 552
广　东	5 752	39 479	1 605	11 168	3 994	337	13 980	28 225
广　西	1 956	19 526	1 555	19 575	3 120	1 424	2 742	10 987
海　南	7 365	36 405	1 636	4 290	5 691	129	5 635	19 657
重　庆	1	12	3	9	3	3		
四　川	7	88	31	2 242	12		40	63
贵　州	86	1 346	208	3 144	267		18	129
云　南	614	2 917	447	3 607	2 040	31	4 824	13 934
陕　西	101	1 271	766	8 534	1 288	88	559	869
甘　肃	3	592	9 662	122 900	818	568	568	7 053
青　海	21	261	7	273	7	1	1	3
宁　夏	81	1 969	1 314	38 538	1 261	45	334	785
新疆(兵团)	3 233	63 567	23 386	874 149	18 891	15 148	9 666	17 855
新疆(农业)	952	18 288	1 435	3 791	1 682	203	2 649	3 536
新疆(畜牧)	716	7 141	648	28 712	1 466	612	1 463	3 101
热 科 院	2	13	4	15	36	3	66	181
广　州								
南　京			6	10	6			

5－14 续表 4

地 区	收 获 机 械							
	联合收获机（台）	联合收获机（千瓦）	# 自走式（台）	# 自走式（千瓦）	机动割晒机（台）	机动割晒机（千瓦）	其他作物收获机械（台）	其他作物收获机械（千瓦）
全国农垦	**52 879**	**4 118 978**	**44 082**	**3 622 330**	**7 434**	**159 925**	**18 180**	**488 720**
北 京	19	10 246	18	10 246			4	529
天 津	3	726	3	726				
河 北	500	30 864	342	24 458	1 101	9 326	148	3 040
山 西	11	1 160	6	740			3	300
内 蒙 古	2 333	243 342	1 920	219 476	826	27 968	138	6 218
辽 宁	1 061	65 043	505	46 249	107	2 935	883	14 355
吉 林	3 433	162 766	704	42 277	8	320	168	6 876
黑 龙 江	30 362	2 466 655	29 138	2 348 171	4 993	105 712	948	74 018
上 海	175	23 959	158	23 959			97	
江 苏	1 815	129 501	1 692	119 194			1 458	2 012
浙 江	2	20						
安 徽	1 283	88 542	1 086	71 978	75	799		
福 建	49	841	36	766			579	905
江 西	1 501	55 926	276	7 656	20	309	325	1 220
山 东	114	5 941	15	595				
河 南	698	46 686	541	40 590	15	330	206	4 161
湖 北	3 361	190 210	2 178	105 940	37	611	625	12 075
湖 南	1 722	58 332	1 429	48 720				
广 东	53	2 914	16	130				
广 西	18	2 148	10	1 501			49	1 051
海 南					68	2 265		
重 庆							3	900
四 川								
贵 州							49	151
云 南	28	636			2	82	719	1 726
陕 西	39	2 867	20	1 156	4	242	42	1 355
甘 肃	111	9 043	66	6 191	47	1 997	164	5 541
青 海	193	16 801	96	9 487				
宁 夏	630	46 518	622	44 983	1	317	31	214
新疆（兵团）	2 888	417 510	2 888	417 510	83	4 839	11 101	347 800
新疆（农业）	170	12 280	116	9 371	36	1 278	22	472
新疆（畜牧）	307	27 502	201	20 260	11	595	418	3 801
热 科 院								
广 州								
南 京								

5－14续表5

地区	脱粒烘干机械		种子加工设备		设施农业设备			
	机动脱粒机（台）	谷物烘干机（台）	种子包衣机（台）	种子清洗机（台）	水稻工厂化育秧设备（套）	温室（米²）	大棚（米²）	田园管理机（台）
全国农垦	**29 273**	**2 198**	**774**	**2 082**	**8 997**	**19 709 240**	**232 255 630**	**3 109**
北京						309 793	285 898	2
天津						10 000	227 677	
河北	5 913	1	3	9	58	3 656 883	5 416 672	
山西	15	2	2	2		470 224	160 687	
内蒙古	1 724	90	62	245		338 730	1 259 767	187
辽宁	4 208	39	3	28	315	2 968 120	11 614 925	29
吉林	2 029	3		3	10	97 132	1 049 467	5
黑龙江	2 625	492	243	927	320	2 471 900	185 783 000	43
上海	5	62		8	49	842 947	1 992 284	12
江苏	1 028	85	50	60	55	1 065 763	254 760	21
浙江	26		2			43 300	173 345	
安徽	60	161	15	113		118 927	5 604 422	935
福建	2 400					65 000	229 758	
江西	765	43	26	11	8	22 765	417 560	5
山东	52		10	18		388 183		18
河南	66	3	42	213		346 930	247 733	
湖北	1 444	176	30	36	8 177	1 597 259	7 300 503	1 083
湖南	2 620	918				3 398	3 952	
广东	487					98 555	599 818	
广西	205					129 802		20
海南	455			1			70 944	
重庆			2	2		20 000		
四川							32 690	
贵州						8 722	23 881	
云南	839					41 056	282 081	
陕西	118	1		2		254 175	901 389	7
甘肃	122	3	10	2		20 000	2 000	
青海				2		825 880	192 096	
宁夏	230	26	10	49		3 026 066	317 596	666
新疆（兵团）	1 309	69	258	254				
新疆（农业）	225	6	5	35			6 896 100	76
新疆（畜牧）	302	15	1	62	5	458 470	894 402	
热科院	1	3				9 260	20 224	
广州								
南京								

5-14 续表 6

地　　区	农副产品加工机械（台）				畜牧业机械（台）		
	粮食加工机械	棉花加工机械	油料加工机械	橡胶加工机械	牧草播种机	牧草收割机	牧草打捆机
全国农垦	**10 557**	**2 073**	**4 016**	**4 464**	**966**	**21 577**	**2 458**
北　　京					2	11	5
天　　津							
河　　北	499	123	66		26	300	42
山　　西	19		6		3	1	
内 蒙 古	1 020	1	99		431	17 234	1 751
辽　　宁	1 574	113	104		6	504	5
吉　　林	354		8		1	32	36
黑 龙 江	651		40		84	466	197
上　　海	13						
江　　苏	148	20	11				
浙　　江	4	40	1				
安　　徽	22	4	11				
福　　建	209		12			16	
江　　西	1 403	179	2 356	14			
山　　东	21	8	4		2	2	2
河　　南	241	7	14		14	6	7
湖　　北	1 446	1 010	606	18		1 927	
湖　　南	1 211	171	191	220			
广　　东	187		66	996			
广　　西	201		32	109		10	1
海　　南	864		66	184			
重　　庆						2	10
四　　川							
贵　　州	32		11				
云　　南	34			2 923			
陕　　西	12	1	3		17	7	5
甘　　肃	4	4	3				
青　　海			2		19	198	20
宁　　夏	90		35		21	93	99
新疆（兵团）							
新疆（农业）	240	392	236		69	36	88
新疆（畜牧）	58		33		271	732	190
热 科 院							
广　　州							
南　　京							

5－14 续表 7

地区	畜牧业机械		林业机械		渔业机械	运输机械	
	机动剪毛机（把）	机动挤奶器（套）	挖坑机（台）	植树机（台）	渔用机动船（艘）	农用运输车（辆）	农用运输车（千瓦）
全国农垦	**736**	**8 627**	**736**	**184**	**3 103**	**89 008**	**2 078 633**
北京		13	2			28	717
天津		25	1			105	2 504
河北		555	33		143	7 804	184 869
山西		147				185	5 058
内蒙古	79	724	47	18	237	4 594	127 451
辽宁		673	3	8	1 275	15 237	205 993
吉林	2	13	5	6	1	4 056	171 740
黑龙江	133	5 322	52	11	429	4 809	142 099
上海		185				39	921
江苏		24			3	609	2 419
浙江						44	1 266
安徽		18			3	1 211	19 582
福建		21			30	767	15 532
江西			7	60	27	1 725	70 213
山东		180	5		28	193	4 266
河南		2				1 023	20 357
湖北		1	23	2	446	8 897	218 862
湖南			62		281	2 203	38 265
广东		25	15	8	6	897	75 511
广西						1 154	35 915
海南			137		14	1 782	105 810
重庆		210			18	5	373
四川		1					
贵州							
云南						1 125	64 448
陕西		2				685	6 834
甘肃			2			1 856	21 074
青海	69					756	19 383
宁夏	1	182	18		8	2 625	51 765
新疆（兵团）			287	69	154	19 452	375 200
新疆（农业）	83	19		2		1 265	35 799
新疆（畜牧）	369	271	37			3 865	53 628
热科院						7	21
广州		14				5	759
南京							

5－14 续表 8

地　区	农田基本建设机械					
	推土机（台）	推土机（千瓦）	挖掘机（台）	挖掘机（千瓦）	开沟机（台）	开沟机（千瓦）
全国农垦	**5 755**	**326 556**	**5 305**	**276 116**	**2 424**	**36 444**
北　京	4	335	6	450		
天　津	9	457	19	884	1	23
河　北	363	31 631	279	27 594	50	5 144
山　西	2	112	6	341		
内蒙古	729	31 368	2 532	11 402	27	1 007
辽　宁	244	24 204	393	44 729	45	1 710
吉　林	95	6 448	48	4 285	3	194
黑龙江	368	25 301	168	21 335	14	1 054
上　海	6	704	6	480	1	69
江　苏	101	8 685	59	754	915	3 846
浙　江						
安　徽	88	4 099	25	1 587	109	2 804
福　建	32	1 771	83	5 015	13	1 550
江　西	281	14 799	68	4 707	7	630
山　东	22	1 589	16	1 564	19	282
河　南	43	3 509	25	1 764	13	783
湖　北	1 251	78 112	663	68 275	258	11 389
湖　南	217	2 331	21	2 870		
广　东	127	7 037	15	810		
广　西	43	3 562	51	6 175		
海　南	184	12 062	137	9 302	28	2 688
重　庆						
四　川						
贵　州						
云　南	58	8 682	38	13 569		
陕　西	30	1 811	1	110	1	110
甘　肃	12	578	9	493	11	161
青　海	7	628				
宁　夏	83	6 856	45	7 209		
新疆（兵团）	897	21 111	454	29 978	664	
新疆（农业）	263	16 780	95	7 855	230	2 712
新疆（畜牧）	196	11 994	43	2 579	15	288
热科院						
广　州						
南　京						

5－15 农业机械化、用电、化肥和水利情况

（2014 年）　　　　计量单位：公顷

地　区	农业机械化情况				飞机作业情况			
	当年实际机耕面积	当年实际机播面积	机械插秧面积	当年机械收割面积	飞机播种面积	飞机施肥面积	飞机病虫害防治面积	自有农用飞机（架）
全国农垦	**6 029 803**	**5 922 638**	**1 897 866**	**5 393 795**	**1 691 863**	**1 346 742**	**1 553 648**	**90**
北　京	731	1 127		864				
天　津	2 497	2 707	378	2 036				
河　北	81 177	89 655	23 033	62 349				
山　西	5 924	5 334		1 501				
内 蒙 古	634 966	643 146	33 897	538 104				
辽　宁	141 620	105 405	71 450	93 904				
吉　林	106 388	105 732	31 603	65 034				
黑 龙 江	2 951 370	2 918 657	1 516 658	2 892 648	1 675 624	1 342 201	1 414 116	57
上　海	27 502	45 006	7 747	45 580				
江　苏	86 940	126 827	58 186	125 316			3 967	
浙　江	1 112	89	45	583				
安　徽	28 739	40 272	6 226	47 845				
福　建	4 235	435		1 244				
江　西	59 188	18 265	2 929	52 548	790			
山　东	14 330	17 151		13 464				
河　南	27 682	39 025	33	34 873			111	
湖　北	167 100	66 500	18 276	146 553				
湖　南	36 441	25 440	1 710	49 890				
广　东	31 799	2 551		3 820				
广　西	20 938	665		1 127				
海　南	18 333	1 375	335	6 407				
重　庆	135	65						
四　川								
贵　州	562	638	112	479				
云　南	4 842	1 471		2 026				
陕　西	13 068	14 321		12 501				
甘　肃	65 537	57 852		46 602				
青　海	22 748	21 178	753	20 495				
宁　夏	38 250	37 254		36 248				
新疆（兵团）	1 101 100	1 210 144	11 004	897 111	7 457	4 541	135 454	33
新疆（农业）	87 354	92 695	4 045	75 442				
新疆（畜牧）	247 191	231 653	109 445	117 200	7 992			
热 科 院	3	3						
广　州								
南　京								

5－15 续表 1

地　区	农用化肥施用总量（按折纯量计算）（吨）						生物肥施用量（实物量）（吨）	有机肥施用量（实物量）（吨）	测土配方施肥面积（米²）
		施用于农作物的数量（吨）	氮肥（吨）	磷肥（吨）	钾肥（吨）	复合肥（吨）			
全国农垦	**2 731 955**	**2 122 576**	**1 102 481**	**541 166**	**345 495**	**777 097**	**429 188**	**4 047 818**	**3 077 307**
北　京	375	51	80	94	76	125	130	6 598	215
天　津	619	619	205	152	161	101		120	
河　北	28 866	26 939	13 096	4 693	3 018	8 059	9	881	519
山　西	4 464	4 033	1 076	857	284	2 247	320	68 540	24
内蒙古	148 869	103 181	61 351	41 961	12 017	45 663	22 422	158 102	109 282
辽　宁	100 981	51 062	42 759	22 671	12 156	23 394	9 355	157 500	3 937
吉　林	79 668	75 307	31 959	15 716	7 299	24 694	3 830	19 144	9 533
黑龙江	593 272	593 272	220 291	146 448	118 611	107 922	14 344	1 562 918	2 323 841
上　海	23 631	23 631	12 191	814	565	10 061		87 696	
江　苏	65 384		43 661	12 265	412	9 046	10 056	82 622	
浙　江	4 887	2 901	1 511	630	1 106	1 639	9	2 377	41
安　徽	29 476	26 340	13 066	3 297	4 791	8 322	77	12 387	22 014
福　建	38 288	28 657	10 634	6 147	7 220	14 287	3 374	35 693	455
江　西	70 603	44 082	21 501	10 435	9 730	28 937	7 514	22 051	22 997
山　东	9 273	9 253	3 932	1 293	414	3 635	360	3 206	2 977
河　南	27 390	26 927	11 576	4 391	2 354	8 606	88	21 553	16 547
湖　北	160 567	121 860	61 836	29 514	19 307	49 910	129 680	165 672	70 229
湖　南	126 210	50 452	64 299	28 655	12 312	21 541	631	9 750	1 357
广　东	61 470	43 815	19 651	12 958	13 898	14 963	47 905	232 196	56 693
广　西	55 108	38 521	13 263	5 988	9 223	26 634	4 312	213 358	16 700
海　南	88 722	20 478	20 468	6 706	7 322	54 226	139 647	818 054	300 041
重　庆	35	35	9	12	7	7		1 000	
四　川	1 698	1 635	732	761	105	152		359	35
贵　州	3 309	3 309	985	712	163	1 449		8 540	2 760
云　南	53 051	53 051	13 360	5 770	5 303	28 618		38 728	10 187
陕　西	8 534	8 183	4 166	1 701	852	1 815	4 495	4 755	14
甘　肃	45 002	14 645	15 935	9 105	3 399	16 563	6 601	239 859	5 790
青　海	3 485	4 999	2 990	1 803	216	389	730	10 470	
宁　夏	37 548	31 569	20 252	1 782	2 062	13 452	18 533	12 804	16 807
新疆（兵团）	742 496	641 220	319 905	127 103	76 873	218 515			
新疆（农业）	28 120	28 010	14 376	8 971	1 827	1 928	115	19 988	64 265
新疆（畜牧）	89 882	44 204	41 194	27 668	12 373	29 228	4 604	22 839	20 047
热科院	665	335	169	91	38	356	48	8 008	
广　州									
南　京	7		2	2	1	12		50	

5－15 续表 2

地　区	农药施用量			农用塑料薄膜使用量			沼气池	
	合计（吨）	化学除草剂（吨）	化学除草面积（公顷）	合计（吨）	地膜（吨）	地膜覆盖面积（公顷）	数量（个）	体积（米³）
全国农垦	**98 640**	**37 592**	**7 795 221**	**124 683**	**97 432**	**1 458 439**	**59 670**	**637 617**
北　京	10	8	544	4		7	2	800
天　津	22	13	2 293	15	15	224		
河　北	1 040	219	22 268	1 143	901	19 220	2 064	23 648
山　西	30	18	1 670	187	182	2 826	2	32
内蒙古	5 225	3 438	605 410	3 066	1 949	34 194	1 350	10 800
辽　宁	2 500	843	669 540	5 199	1 873	14 066	3 036	67 619
吉　林	687	662	92 975	640	404	4 254	66	396
黑龙江	18 033	13 494	2 881 670	17 633	2 853	33 893	780	13 004
上　海	928	329	27 734	449	49	543		
江　苏	2 095	233	125 486	1 714	424	3 085		
浙　江	279	31	2 036	328	145	975	34	4 150
安　徽	1 279	236	42 138	570	297	812		
福　建	1 336	437	7 254	338	193	2 871	4 331	44 017
江　西	4 239	1 137	54 145	850	484	3 454	2 795	36 499
山　东	351	175	16 770	453	434	3 497	21	2 170
河　南	1 241	193	35 592	558	472	5 522	593	5 864
湖　北	7 801	1 438	89 194	3 535	2 301	38 379	15 141	106 880
湖　南	2 570	595	20 933	3 766	3 785	11 759	22 139	251 299
广　东	6 374	1 717	44 243	832	758	18 032	361	7 277
广　西	3 431	835	34 398	836	573	10 048	1 397	11 753
海　南	14 282	2 876	2 763 757	518	518	2 156	3 666	33 615
重　庆							5	620
四　川	17	4	191	13	13	27	11	190
贵　州	130	31	1 844	167	49	288	217	1 893
云　南	4 108	718	37 329	848	197	2 793	456	2 825
陕　西	72	54	3 408	139	127	891	256	4 156
甘　肃	983	280	34 723	1 880	2 137	33 054		
青　海	29	10	3 260					
宁　夏	439	329	33 860	132	56	2 697	611	5 928
新疆（兵团）	11 974			67 963	63 603	912 244		
新疆（农业）	382	32	16 810	3 414	3 103	54 605		
新疆（畜牧）	6 741	7 185	122 649	7 493	9 537	242 022	156	708
热科院	14	22	1 098				180	1 474
广　州								
南　京								

5－15 续表 3

地　区	农田水利情况						
	有效灌溉面积（公顷）	机灌面积（公顷）	电灌面积（公顷）	节水灌溉面积（公顷）	漫灌面积（公顷）	喷灌面积（公顷）	滴灌面积（公顷）
全国农垦	**4 091 161**	**2 049 680**	**1 215 075**	**1 593 172**	**239 437**	**1 094 968**	**246 978**
北　　京	700	73	463	424		392	224
天　　津	2 612		2 612	27		27	
河　　北	64 480	44 037	20 443	40 756	11 373	9 523	2 513
山　　西	3 820	1 100	2 659	2 091	267	67	1 757
内 蒙 古	167 257	47 474	50 178	113 632	57 912	42 395	14 494
辽　　宁	146 393	42 991	59 411	3 996	1 537	2 991	2 285
吉　　林	52 598	31 649	20 949	4 088	1 130	412	2 546
黑 龙 江	1 610 100	792 162	705 209	271 078		165 498	105 580
上　　海	23 889		23 889			20	126
江　　苏	72 576	4 170	61 296	11 324	2 910	3 648	2 300
浙　　江	1 917	740	1 185	130		81	49
安　　徽	26 748	13 006	13 229		9 484	4 110	2 378
福　　建	5 209	1 107	1 043	113	93		21
江　　西	52 632	5 129	21 717	1 114	1 640	1	53
山　　东	12 336	9 747	2 216	2 154			
河　　南	27 026	11 994	12 741	9 252	780	8 271	405
湖　　北	157 993	29 690	83 383	70 994	86 999	3 588	1 323
湖　　南	62 009	12 334	47 651	32	11	11	10
广　　东	18 400	4 405	9 998	3 997			3 997
广　　西	13 571	6 040	7 083	6 625	448	5 026	1 599
海　　南	15 034	4 096	2 180	8 758	8 217	541	
重　　庆	75	75		20			20
四　　川	104		73	31	31		
贵　　州		865	865				
云　　南	8 024	2 471	46	410	5 097	273	137
陕　　西	10 153	2 816	3 104	255		1 366	667
甘　　肃	66 703	16 026	13 400	35 961	23 371		27 007
青　　海	4 835		210	2 890	86	1 192	
宁　　夏	40 733	17 969	5 245	2 633	10 772	1 460	1 454
新疆（兵团）	1 206 907	881 854		940 119		841 533	
新疆（农业）	78 047	36 982	29 115	18 990			18 290
新疆（畜牧）	138 266	28 678	13 482	41 193	17 280	2 541	57 659
热 科 院	14			85			85
广　　州							
南　　京							

5－15 续表 4

地区	农田水利情况				农业电气化情况		
	机电井数量（眼）		排灌站数量（座）		农场用电量（万千瓦时）	水电站（个）	水电站发电能力（千瓦）
		已配套（眼）		排灌能力（米³/秒）			
全国农垦	**165 189**	**145 735**	**5 079**	**16 094**	**1 863 241**	**397**	**1 494 794**
北京	87	65			4 624		
天津	64	64	28	35	4 609		
河北	4 559	3 953	189	650	189 935		
山西	287	264	6	4	2 414	1	100
内蒙古	22 603	18 508	47	52	22 022		
辽宁	4 663	4 227	263	578	176 761		
吉林	4 421	2 506	2	145	36 098		
黑龙江	85 917	79 836	249	3 243	174 175		
上海			448	232			
江苏	78	27	1 023	1 060	34 726		
浙江	8	6	16	57	26 588	2	500
安徽	1 353	1 104	274	452	11 945		
福建	174	128	23	7	9 608	29	1 134 847
江西	1 333	10	411	557	59 844	118	121 434
山东	889	364	14	31	1 442		
河南	7 221	5 240	11	88	13 237		
湖北	1 347	1 083	1 252	3 731	46 592	4	278
湖南			273	3 155	32 675	6	28 785
广东	2 367	2 358	47	14	45 090	10	3 413
广西	953	562	244	48	41 518	4	3 920
海南	444	200	21	1 711	37 258	48	68 044
重庆					555		
四川	1	1	2	1	48		
贵州	64	64			23 775	1	120
云南	11	11	11	16	28 887	20	61 628
陕西	1 343	941	6	3	1 554		
甘肃	2 005	1 978			18 421		
青海	1	1			278		
宁夏	908	908	188	122	9 436		
新疆（兵团）	19 744	19 744			340 483	35	69 600
新疆（农业）	813	802	6	3	13 565	11	1 675
新疆（畜牧）	1 523	780	25	100	454 778	108	450
热科院	8				120		
广州							
南京					180		

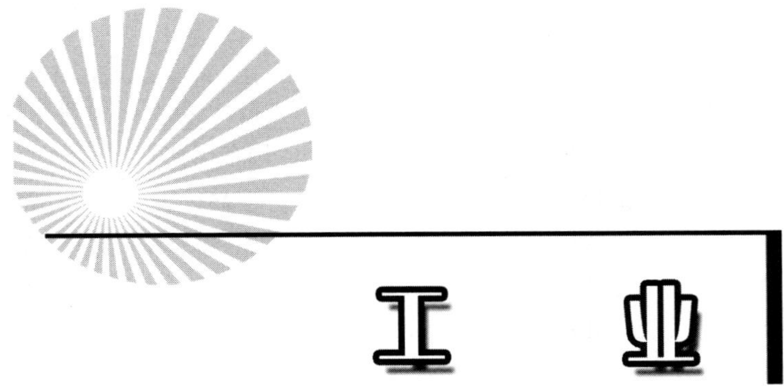

工　业

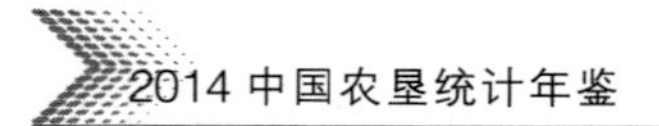

6－1　工业企业基本情况

（2014年）

地　　区	企业个数（个）		#亏损企业数（个）		工业销售产值（现价）（万元）	
		国有（个）		国有（个）		国有（万元）
全国农垦	**6 596**	**1 192**	**610**	**252**	**78 768 827**	**17 277 582**
北　　京	35	27	11	10	760 111	605 802
天　　津	17	16	10	9	141 200	140 862
河　　北	188	19	32	3	8 075 371	2 175 654
山　　西	56	2	4	1	45 014	
内 蒙 古	325	25	16	4	525 806	278 251
辽　　宁	515	13	7	3	7 324 565	32 213
吉　　林	34	2	2		513 974	2 699
黑 龙 江	1 249	172	41	6	8 512 700	4 184 719
上　　海	119	119	39	39	2 909 787	2 909 787
江　　苏	335	21	18	8	1 938 938	1 203 775
浙　　江	38	3	5	1	1 217 366	520
安　　徽	28	10	3	2	135 925	30 851
福　　建	143	30	8	3	983 781	31 117
江　　西	378	82	52	35	5 348 689	277 388
山　　东	19	7			983 972	3 224
河　　南	25	10	3	3	318 612	102 498
湖　　北	838	93	74	7	14 308 663	1 567 816
湖　　南	402	127	21	2	2 176 798	813 228
广　　东	114	99	24	24	1 556 855	787 744
广　　西	377	78	16	13	5 067 589	792 879
海　　南	148	39	17	8	151 492	68 944
重　　庆	11	5	1	1	873 213	511 939
四　　川	10	4	2	1	27 743	589
贵　　州	6	6	2	2	69 465	69 465
云　　南	83	36	22	20	127 066	96 274
陕　　西	5	5	1	1	13 579	13 579
甘　　肃	49	47	25	24	141 035	139 632
青　　海	4	3				
宁　　夏	59	15	9	7	120 079	86 567
新疆（兵团）	671	22	131	6	14 178 691	169 582
新疆（农业）	276	47	6	6	66 623	45 050
新疆（畜牧）	32	6	4	2	91 124	82 976
热 科 院						
广　　州	1	1			51 958	51 958
南　　京	6	1	4	1	11 043	

6-1续表1

地　　区	主营业务收入（万元）		主营业务成本（万元）		主营业务费用（万元）	
		国有（万元）		国有（万元）		国有（万元）
全国农垦	**78 968 603**	**18 628 022**	**66 401 217**	**15 421 583**	**5 823 878**	**1 836 034**
北　　京	783 679	620 250	584 912	468 684	157 396	128 857
天　　津	256 662	256 324	230 458	230 156	19 035	18 956
河　　北	7 807 103	1 530 700	6 569 764	1 025 769	647 815	248 409
山　　西	37 733		24 725		4 994	
内 蒙 古	506 016	276 624	363 596	171 918	101 897	91 789
辽　　宁	6 610 446	32 011	5 914 818	22 166	345 679	4 740
吉　　林	511 326	2 699	443 059	1 976	32 148	78
黑 龙 江	9 484 915	4 764 992	8 760 745	4 639 350	539 713	135 431
上　　海	4 047 711	4 047 711	3 380 078	3 380 078	462 811	462 811
江　　苏	1 986 370	1 258 068	1 079 699	488 663	426 738	389 213
浙　　江	1 223 011	523	1 094 163	395	63 347	25
安　　徽	135 469	31 554	120 612	29 458	5 061	1 964
福　　建	974 055	30 326	810 054	25 239	63 877	1 571
江　　西	5 424 774	287 286	4 670 168	226 766	281 968	37 488
山　　东	1 035 308	3 145	911 957	2 076	27 569	412
河　　南	320 597	108 011	288 750	93 944	5 680	3 800
湖　　北	12 699 935	1 355 263	9 894 638	1 100 723	588 437	34 717
湖　　南	1 989 417	543 270	1 860 812	475 700	88 984	46 230
广　　东	1 769 595	1 016 099	1 351 417	941 315	114 997	31 137
广　　西	5 313 773	1 051 205	3 987 179	967 111	298 111	33 984
海　　南	136 146	53 270	115 361	43 934	4 393	2 314
重　　庆	871 941	516 933	769 214	450 559	51 875	40 701
四　　川	28 016	1 099	20 098	732	6 863	138
贵　　州	81 688	81 688	56 741	56 741	23 209	23 209
云　　南	120 487	95 069	103 393	84 383	5 710	4 814
陕　　西	13 250	13 250	9 804	9 804	2 450	2 450
甘　　肃	212 638	211 191	138 231	136 894	41 830	41 171
青　　海	1 312		1 750		260	
宁　　夏	120 330	87 056	78 434	51 496	26 467	23 538
新疆(兵团)	14 247 491	177 179	12 580 816	145 395	1 362 730	7 610
新疆(农业)	63 206	38 088	53 911	32 196	3 944	2 267
新疆(畜牧)	91 024	85 118	82 878	79 086	3 944	3 325
热 科 院						
广　　州	51 958	51 958	38 676	38 676	12 885	12 885
南　　京	11 220	61	10 307	201	1 061	

6-1续表2

地区	主营业务税金及附加（万元）	国有（万元）	主营业务利润（万元）	国有（万元）	利润总额（万元）	国有（万元）
全国农垦	**1 493 419**	**293 382**	**6 328 875**	**1 205 912**	**4 471 929**	**700 017**
北京	3 468	2 146	195 299	149 420	13 514	3 395
天津	5 817	5 776	−16 525	−16 441	−17 856	−17 517
河北	325 937	185 939	263 394	69 699	230 399	65 294
山西	2 895		5 068		5 089	−102
内蒙古	12 065	6 617	24 657	6 300	7 449	−6 308
辽宁	100 901	441	249 048	4 664	263 035	3 875
吉林	1 021	1	16 103	500	18 127	500
黑龙江	39 892	2 698	144 565	−12 487	132 443	17 252
上海	15 405	15 405	255 659	255 659	271 143	271 143
江苏	17 087	14 718	438 554	341 363	246 372	197 681
浙江	2 265	5	49 149	98	2 150	−5
安徽	556	105	9 241	28	3 628	−136
福建	30 354	894	69 770	2 622	59 770	793
江西	39 931	3 898	432 707	19 134	360 060	10 095
山东	2 570	229	74 709	428	74 001	37
河南	5 644	3 510	20 523	6 757	15 790	2 503
湖北	684 499	11 213	1 532 361	208 610	987 780	107 190
湖南	16 113	8 550	23 508	12 790	21 900	16 740
广东	35 616	6 311	267 565	37 336	88 279	7 267
广西	46 154	7 252	982 329	42 858	418 721	12 641
海南	2 225	700	14 167	6 322	−4 494	−3 462
重庆	5 730	1 141	45 122	24 532	19 900	7 833
四川	2 203	45	−1 148	184	1 683	−65
贵州	917	917	821	821	821	821
云南	1 048	578	−2 622	−6 217	−1 423	−3 734
陕西	321	321	675	675	98	98
甘肃	5 403	5 395	27 173	27 731	−15 545	−14 076
青海	19		−717	−717	−717	−717
宁夏	6 339	5 774	9 049	6 208	8 154	5 944
新疆(兵团)	79 714	1 843	1 190 600	13 021	1 256 174	12 893
新疆(农业)	813	579	4 285	2 442	2 144	923
新疆(畜牧)	203	125	3 831	1 571	3 388	1 127
热科院						
广州	254	254	143	143	146	146
南京	39	1	−187	−141	−193	−51

6－1续表3

地　区	#亏损企业亏损额（万元）	国有（万元）	固定资产原值（万元）	国有（万元）	#生产经营用（万元）	国有（万元）
全国农垦	**758 726**	**290 613**	**39 024 965**	**6 919 600**	**18 436 996**	**5 372 317**
北　京	28 349	31 802	374 937	278 205	355 599	274 693
天　津	20 199	19 860	148 116	147 077	145 496	144 472
河　北	18 564	10 852	1 464 831	652 939	1 157 857	539 654
山　西	166	102	40 657	4 008	36 060	3 935
内蒙古	12 562	12 438	589 796	406 714	524 268	405 505
辽　宁	3 009	923	4 379 422	68 155	2 711 342	67 856
吉　林	96		298 735	496	282 360	480
黑龙江	105 924	11 479	3 012 976	972 330	2 739 620	394 100
上　海	80 942	80 942	1 389 356	1 389 356	1 222 633	1 222 633
江　苏	5 536	4 850	558 471	332 079	501 723	306 897
浙　江	28	28	49 600	118	4 315	116
安　徽	880	832	38 102	16 512	35 646	15 783
福　建	1 400		701 071	4 519	598 022	2 442
江　西	1 470	1 099	466 778	87 108	270 350	50 517
山　东			119 786	1 636	100 422	1 636
河　南	2 960	2 960	111 846	48 130	80 942	26 866
湖　北	41 140	6 027	5 572 100	443 240	4 793 814	382 045
湖　南	890	721	365 143	3 340	138 200	3 105
广　东	26 067	27 067	494 305	412 927	432 961	366 325
广　西	28 715	20 988	1 647 865	581 704	1 524 036	540 985
海　南	9 091	6 166	173 919	68 311	114 133	63 396
重　庆	981	981	212 064	139 413	120 949	97 944
四　川	79	69	19 038	1 629	14 057	407
贵　州	192	192	47 226	47 226	42 131	42 131
云　南	8 022	8 236	120 617	102 895	83 175	67 989
陕　西	33	33	11 331	11 331	8 261	8 261
甘　肃	22 981	21 458	330 290	298 585	220 401	220 378
青　海			4 214		380	
宁　夏	3 154	3 046	102 875	86 144	90 331	76 236
新疆(兵团)	327 713	9 523	16 073 028	233 771		
新疆(农业)	418	412	28 543	26 969	22 954	15 771
新疆(畜牧)	6 968	7 386	65 480	42 219	62 624	29 758
热科院						
广　州			10 502	10 502		
南　京	197	141	1 946	11	1 935	

6－1续表 4

地　　区	固定资产净值（万元）		本年折旧（万元）		从业人员年末人数（人）	
		国有（万元）		国有（万元）		国有（人）
全国农垦	**29 293 418**	**4 521 155**	**2 855 752**	**563 587**	**700 013**	**177 543**
北　　京	207 912	163 516	20 733	15 853	12 082	9 511
天　　津	69 865	69 624	7 578	7 546	2 633	2 619
河　　北	1 129 849	532 868	114 180	56 978	41 307	5 032
山　　西	31 493	2 502	4 508	217	4 568	504
内 蒙 古	350 772	260 962	183 655	133 677	5 712	1 992
辽　　宁	3 525 195	47 976	186 549	2 764	63 654	1 409
吉　　林	269 381	659	13 662	413	5 713	18
黑 龙 江	2 012 376	667 710	127 395	78 411	78 403	11 277
上　　海	790 467	790 467	67 605	67 605	42 924	42 924
江　　苏	401 299	247 862	54 225	35 034	29 442	10 998
浙　　江	21 343	21	22 117	2	7 603	161
安　　徽	26 949	12 544	1 686	688	2 729	641
福　　建	520 715	2 386	59 477	366	19 986	1 126
江　　西	328 134	43 680	23 663	2 649	81 703	9 501
山　　东	104 662	381	21 652	156	1 924	56
河　　南	78 989	28 165	3 277	1 904	7 151	4 389
湖　　北	3 181 444	306 873	423 767	35 693	140 261	22 192
湖　　南	333 408	2 834	53 287	499	33 109	3 309
广　　东	302 735	240 007	39 896	36 096	20 882	10 206
广　　西	1 566 717	430 968	81 148	23 675	55 517	13 345
海　　南	70 445	45 981	9 152	3 861	6 370	2 594
重　　庆	126 459	89 409	16 339	13 200	10 235	3 702
四　　川	9 212	918	960	47	1 626	388
贵　　州	38 014	38 014	1 652	1 652	1 594	1 594
云　　南	59 480	46 602	7 210	5 792	6 129	4 409
陕　　西	3 931	3 931	2 689	2 689	636	636
甘　　肃	210 523	192 016	23 940	10 766	6 528	6 079
青　　海	3 813		113		80	
宁　　夏	71 003	62 693	4 181	3 179	2 638	1 244
新疆（兵团）	13 392 940	145 301	1 270 203	13 606		
新疆（农业）	14 932	12 100	2 854	2 696	4 185	3 286
新疆（畜牧）	32 588	26 894	5 374	4 932	1 276	1 158
热 科 院						
广　　州	5 290	5 290	931	931	1 239	1 239
南　　京	1 085	1	95	11	174	4

6-1续表5

地　　区	从业人员年平均人数（人）	国有（人）	从业人员年工资总额（万元）	国有（万元）	期末在用计算机数（台）	国有（台）	期末拥有网站数（个）	国有（个）
全国农垦	**698 524**	**171 133**	**2 495 445**	**805 701**	**77 054**	**35 144**	**767**	**342**
北　京	12 262	9 696	68 440	47 821	2 714	1 881	11	7
天　津	2 660	2 624	18 884	18 717	506	494	8	8
河　北	45 584	4 689	165 083	19 285	7 731	4 541	40	2
山　西	4 227	515	10 090	474	97	14		
内蒙古	6 146	2 181	18 624	9 496	493	357	2	
辽　宁	65 684	1 439	172 480	1 786				
吉　林	5 705	16	16 138	364	168	2	2	
黑龙江	88 474	11 630	257 225	60 132	7 361	6 910	24	19
上　海	40 118	40 118	174 610	174 610	4 220	4 220	30	30
江　苏	29 409	10 763	157 925	79 916	2 422	856	126	14
浙　江	7 287	164	7 222	178	105	2	2	
安　徽	2 689	649	7 114	1 808	319	100	19	2
福　建	19 269	1 068	78 492	3 418	1 329	216	166	152
江　西	80 859	9 418	179 926	23 028	2 773	363	20	10
山　东	1 925	57	6 268	191	260	2	31	
河　南	7 209	4 423	16 667	10 972	274	241	5	5
湖　北	133 944	21 708	597 348	136 679	12 270	2 409	123	10
湖　南	29 656	2 912	68 313	5 435	22 122	5 561	16	16
广　东	20 431	9 721	100 469	44 370	1 835	1 504	15	11
广　西	52 495	11 662	185 303	42 356	3 473	1 610	66	16
海　南	6 381	2 612	35 189	14 795	320	165	2	2
重　庆	10 093	3 920	51 716	26 449	927	573	8	4
四　川	1 582	388	3 677	463	105	17	3	1
贵　州	1 594	1 594	4 957	4 957	343	343	2	2
云　南	5 701	4 031	16 510	13 543	598	546	20	12
陕　西	583	583	2 204	2 204	109	109	2	2
甘　肃	6 309	5 859	20 979	19 924	1 083	941	10	9
青　海	80		220		18			
宁　夏	2 842	1 327	9 920	6 561	290	290	4	4
新疆（兵团）								
新疆（农业）	4 274	3 310	28 185	22 638	2 352	487		
新疆（畜牧）	1 113	936	6 227	4 915	213	203	5	2
热科院								
广　州	1 116	1 116	8 203	8 203	181	181	1	1
南　京	823	4	837	14	43	6	4	1

6－2 各垦区分行业工业企业个数和工业总产值

（2014 年）

地区	企业个数（个）	工业总产值（万元）	#国有		#轻工业		#规模以上	
			企业个数（个）	工业总产值（万元）	企业个数（个）	工业总产值（万元）	企业个数（个）	工业总产值（万元）
全国农垦	**14 626**	**86 865 826**	**1 528**	**19 359 213**	**8 544**	**53 078 880**	**3 440**	**76 016 732**
北京	35	771 339	27	615 793	12	71 711	9	200 010
天津	17	131 259	16	131 226	15	127 753	10	129 354
河北	1 122	9 107 860	19	2 198 569	684	4 469 567	179	8 277 779
山西	56	53 059	2	68	11	21 580		
内蒙古	233	532 527	25	331 662	69	193 463	25	488 381
辽宁	881	6 722 466	13	32 959	233	2 884 045	369	6 557 291
吉林	57	492 995	2	2 698	51	412 632	29	474 032
黑龙江	1 249	8 351 671	172	3 980 790	881	7 557 178	189	6 315 214
上海	119	2 922 451	119	2 922 451	89	2 545 040	87	2 871 222
江苏	335	1 956 319	21	1 199 259	133	1 366 421	44	1 781 244
浙江	48	1 243 092	3	549	16	1 708	35	1 238 090
安徽	145	206 600	10	34 005	125	114 111	28	148 363
福建	1 143	1 181 783	30	35 982	497	810 967	130	944 955
江西	1 034	6 107 783	82	229 837	713	4 866 549	224	5 279 009
山东	27	1 010 857	7	3 224	5	1 119	6	979 881
河南	54	333 398	10	102 929	30	289 130	22	313 887
湖北	3 058	17 649 266	93	3 294 316	2 808	15 708 389	721	16 382 815
湖南	373	1 138 356	127	316 877	225	488 122	166	455 211
广东	539	1 793 003	99	864 774	373	1 624 893	114	1 642 013
广西	780	5 690 498	78	874 958	321	1 952 176	329	5 141 890
海南	148	167 076	39	82 202	57	53 134	4	40 687
重庆	11	878 283	5	521 153	10	861 409	10	877 145
四川	10	27 584	4	572	9	24 279	2	24 309
贵州	6	64 471	6	64 471	6	64 471	5	64 429
云南	83	127 066	36	96 274	25	24 050	13	86 359
陕西	5	13 562	5	13 562	3	2 108	2	11 454
甘肃	49	184 632	47	182 387	49	184 630	7	19 485
青海	3	142	3	142				
宁夏	59	121 409	15	87 230	42	100 049	9	101 712
新疆（兵团）	2 604	17 660 700	358	970 951	997	6 087 727	657	15 132 451
新疆（农业）	276	70 627	47	46 464	49	54 709	3	18 097
新疆（畜牧）	60	106 233	6	84 464	5	79 345	9	12 150
热科院								
广州	1	36 416	1	36 416	1	36 416	1	
南京	6	11 043	1				2	7 813

6-2续表1

地区	一、煤炭开采和洗选业		二、石油和天然气开采业		三、黑色金属矿采选业		四、有色金属矿采选业	
	企业个数（个）	工业总产值（万元）	企业个数（个）	工业总产值（万元）	企业个数（个）	工业总产值（万元）	企业个数（个）	工业总产值（万元）
全国农垦	**57**	**705 388**	**9**	**848 675**	**77**	**380 641**	**23**	**252 676**
北京								
天津								
河北			1	840 095	1	8 016		
山西								
内蒙古	4	303 769			19	7 683	6	3 786
辽宁					4	14 513		
吉林								
黑龙江	10	53 515					2	39 252
上海								
江苏								
浙江								
安徽								
福建	1	5 873						
江西	5	44 451	8	8 580	9	39 600	2	139 690
山东								
河南								
湖北					6	17 900		
湖南								
广东								
广西					9	154 718	7	39 310
海南					2	2 850		
重庆								
四川								
贵州	1	1 425						
云南								
陕西	2	11 454						
甘肃								
青海								
宁夏	4	779						
新疆（兵团）	25	281 726			27	135 361	6	30 638
新疆（农业）	5	2 396						
新疆（畜牧）								
热科院								
广州								
南京								

6－2续表2

地　区	五、非金属矿采选业		＃采盐业		六、其他矿采选业		七、农副食品加工业	
	企业个数（个）	工业总产值（万元）	企业个数（个）	工业总产值（万元）	企业个数（个）	工业总产值（万元）	企业个数（个）	工业总产值（万元）
全国农垦	**380**	**614 760**	**167**	**19 199**	**82**	**215 130**	**2 451**	**18 978 491**
北　京							4	67 955
天　津							1	333
河　北	3	1 869	3	1 869			58	295 603
山　西					38	21 098	4	4 666
内蒙古					1	185	48	37 951
辽　宁	164	29 619	158	9 200	15	113 612	124	1 335 338
吉　林							39	180 231
黑龙江	43	128 907					504	6 373 134
上　海							45	921 020
江　苏							39	408 555
浙　江							3	119 453
安　徽							30	65 664
福　建	8	5 919			6	6 408	121	64 349
江　西	9	2 687			11	34 857	66	178 533
山　东	4	7 860	4	7 860			3	1 499
河　南							10	102 461
湖　北	1	765			4	28 043	530	3 197 623
湖　南	9	4 989					124	435 618
广　东	36	15 381					73	443 936
广　西	32	241 659			2	10 189	89	1 087 115
海　南							13	24 454
重　庆							5	442 162
四　川								
贵　州							2	6 147
云　南	1	1 000					4	21 240
陕　西							1	283
甘　肃	1	214	1	214	1	382	12	43 785
青　海	1	56	1	56				
宁　夏	2				2		12	20 989
新疆（兵团）	65	173 625			1	205	423	3 061 315
新疆（农业）	1	210					44	11 680
新疆（畜牧）					1	151	19	24 479
热科院								
广　州								
南　京							1	920

6－2续表3

地　　区	#谷物磨制业		饲料加工业		制糖业		八、食品制造业	
	企业个数（个）	工业总产值（万元）	企业个数（个）	工业总产值（万元）	企业个数（个）	工业总产值（万元）	企业个数（个）	工业总产值（万元）
全国农垦	**942**	**3 532 566**	**380**	**3 336 588**	**71**	**1 502 507**	**701**	**7 063 660**
北　　京			2	56 589			18	664 459
天　　津			1	333			2	48 656
河　　北	29	5 834	10	144 393			26	825 025
山　　西			3	4 526			4	13 234
内 蒙 古	12	14 926	31	4 720			12	79 271
辽　　宁	39	512 974	17	278 973	2	45 565	51	126 552
吉　　林	25	150 621	1	19 311			3	131 878
黑 龙 江	367	1 981 812	31	71 081	2	1 725	43	504 577
上　　海	6	45 820	9	112 972	22	441 627	32	1 542 857
江　　苏			17	47 508			9	31 455
浙　　江			1	114 082				
安　　徽	6	29 685	3	11 023			4	1 574
福　　建	20	883	18	8 615	1	120	59	47 578
江　　西	33	94 522	15	18 115			30	114 643
山　　东	1	111	2	1 388			2	465
河　　南	4	23 416	3	50 079			4	47 846
湖　　北	176	297 380	73	922 929	12	77 233	177	971 073
湖　　南	80	63 185	42	252 277	2	120 156	31	79 220
广　　东	21	6 971	5	1 437	11	248 806	25	343 601
广　　西	12	52 701	26	301 510	10	455 188	14	33 486
海　　南	7	505	2	7 000	2	15 983	2	1 820
重　　庆			3	140 178			2	218 031
四　　川							2	1 169
贵　　州	1	4 119	1	2 028			2	56 857
云　　南			2	1 102	2	20 138	3	3 210
陕　　西	1	283					2	1 825
甘　　肃			2	1 024			3	23 178
青　　海								
宁　　夏	6	9 304	6	11 685			3	4 983
新疆(兵团)	56	219 663	44	732 719	5	75 966	123	1 040 174
新疆(农业)	32	10 292	7	1 388			5	9 636
新疆(畜牧)	8	7 559	2	16 683			7	58 911
热 科 院								
广　　州							1	36 416
南　　京			1	920				

6-2 续表 4

地　区	#液体乳及乳制品制造业		罐头制造业		九、酒、饮料和精制茶料制造业		十、烟草制品业	
	企业个数（个）	工业总产值（万元）	企业个数（个）	工业总产值（万元）	企业个数（个）	工业总产值（万元）	企业个数（个）	工业总产值（万元）
全国农垦	**117**	**4 132 235**	**85**	**643 808**	**608**	**2 498 343**	**4**	**1 585 322**
北　京	12	523 142	2	26 483	1	512		
天　津	2	48 656			5	43 920		
河　北	13	820 252			7	5 849		
山　西	1	192			1	170		
内蒙古					6	15 434		
辽　宁	2	9 306			12	75 921		
吉　林	1	18 673						
黑龙江	13	405 249			50	120 485		
上　海	18	1 280 807	5	114 664	12	150 565		
江　苏	2	6 515			6	2 979		
浙　江					1	4 000		
安　徽					17	12 386		
福　建	2	840	6	14 595	76	57 175		
江　西	2	27 311	7	2 295	27	104 692	3	999
山　东	1	345						
河　南					7	77 903		
湖　北	3	342 878	7	92 258	144	834 975	1	1 584 323
湖　南			3	36 921	5	26 512		
广　东	4	112 444	1	6 017	25	22 021		
广　西	2	1 352	2	5 338	63	124 923		
海　南					8	7 080		
重　庆	1	198 818	1	19 213				
四　川	2	1 169			6	22 638		
贵　州	2	56 857						
云　南					20	12 807		
陕　西	2	1 825						
甘　肃					6	60 936		
青　海								
宁　夏	1	1 786			11	70 370		
新疆（兵团）	24	178 204	48	317 063	90	640 875		
新疆（农业）	2	675	3	8 961	2	3 216		
新疆（畜牧）	4	58 523						
热科院								
广　州	1	36 416						
南　京								

6－2续表5

地　　区	十一、纺织业		十二、纺织服装、鞋、帽制造业		#机织服装制造业		十三、皮革、毛皮、羽毛（绒）及其制品业	
	企业个数（个）	工业总产值（万元）	企业个数（个）	工业总产值（万元）	企业个数（个）	工业总产值（万元）	企业个数（个）	工业总产值（万元）
全国农垦	**497**	**2 694 139**	**583**	**2 456 979**	**280**	**1 727 780**	**166**	**294 999**
北　　京								
天　　津	1	4 158						
河　　北	22	34 850	40	35 918	7	30 485	6	1 602
山　　西								
内 蒙 古								
辽　　宁	8	117 284	4	77 365			1	700
吉　　林			1	3 809			1	5 735
黑 龙 江	19	37 226	1	1 500			2	1 978
上　　海								
江　　苏	4	15 705	47	32 935				
浙　　江	12	66 948						
安　　徽	2	21 046	11	10 506	11	10 506	1	16
福　　建	37	26 841	7	12 094			44	49 793
江　　西	19	183 049	178	1 469 676	166	1 415 526	7	34 034
山　　东								
河　　南	4	45 664						
湖　　北	187	1 143 440	205	737 362	17	232 973	48	124 986
湖　　南	14	80 829	5	8 982	5	7 509	4	4 811
广　　东	24	22 200	61	29 288	61	29 288	42	8 491
广　　西	27	79 523	6	32 015	1	252	8	53 253
海　　南								
重　　庆								
四　　川	1	472						
贵　　州								
云　　南								
陕　　西								
甘　　肃	3	2 890	1					
青　　海								
宁　　夏								
新疆(兵团)	98	785 712	13	5 294	12	1 241	2	9 600
新疆(农业)	15	26 302						
新疆(畜牧)			3	235				
热 科 院								
广　　州								
南　　京								

6-2 续表 6

地区	十四、木材加工及竹、藤、棕、草制品业		十五、家具制造业		十六、造纸及纸制品业		#造纸业	
	企业个数（个）	工业总产值（万元）	企业个数（个）	工业总产值（万元）	企业个数（个）	工业总产值（万元）	企业个数（个）	工业总产值（万元）
全国农垦	**582**	**1 273 947**	**547**	**1 684 343**	**237**	**1 137 183**	**58**	**384 113**
北京								
天津					2	6 534		
河北	11	3 095	29	187 280	24	67 120	3	34 792
山西			1	70	1		1	
内蒙古	7	2 990			1	571		
辽宁	31	203 317	3	21 097	4	11 675	2	1 775
吉林					1	18 984	1	18 984
黑龙江	47	101 647	7	5 914	4	3 307	4	3 307
上海					1	5 335		
江苏			1	1 663	5	14 021		
浙江			1	500	4	14 651		
安徽	8	2 013			1	1 103		
福建	103	47 736	60	59 103	29	3 977	2	479
江西	81	161 863	20	107 173	23	170 163	10	68 892
山东								
河南			3	3 885	1	562		
湖北	50	115 106	335	861 296	38	330 715	6	72 733
湖南	8	13 011	26	149 800	11	125 023	9	31 989
广东	46	23 886	15	45 486	7	59 182	2	52 033
广西	106	485 228	14	25 119	24	134 102	3	60 087
海南	30	55 675	16	7 319	1	50		
重庆			1	191 395				
四川								
贵州								
云南	12	14 155						
陕西								
甘肃								
青海								
宁夏								
新疆(兵团)	37	43 634	12	17 177	53	169 015	14	38 711
新疆(农业)	3	171	3	66	1	762		
新疆(畜牧)	2	420			1	331	1	331
热科院								
广州								
南京								

6-2续表7

地区	十七、印刷业、记录媒介复制业		十八、文教体育娱乐用品制造业		十九、石油加工、炼焦及核燃料加工业		二十、化学原料及化学制品制造业	
	企业个数（个）	工业总产值（万元）	企业个数（个）	工业总产值（万元）	企业个数（个）	工业总产值（万元）	企业个数（个）	工业总产值（万元）
全国农垦	**144**	**720 697**	**65**	**155 515**	**205**	**7 161 316**	**599**	**4 220 628**
北京							2	3 310
天津			2	718				
河北	10	4 111	12	19 312	99	4 367 702	35	187 312
山西							2	3 350
内蒙古							1	54
辽宁	2	11 228			49	1 356 573	59	473 996
吉林								
黑龙江	9	7 225	2	2 050			42	90 125
上海	4	47 536					6	46 820
江苏	6	728	8	10 710			7	17 107
浙江							3	3 914
安徽	4	316	4	510				
福建	7	3 001	7	2 775			39	56 064
江西	10	11 604	3	2 362	14	78 189	44	309 474
山东					2	703 085	8	291 095
河南	1	89					2	4 471
湖北	34	546 383	8	53 917			77	580 151
湖南	5	1 028	3	56			10	60 102
广东	2	378					7	10 821
广西	5	62 172	6	45 257	1	20 075	48	235 428
海南			1	1 450			5	4 006
重庆								
四川								
贵州								
云南							2	3 817
陕西								
甘肃	1	799					7	21 589
青海								
宁夏							3	1 097
新疆（兵团）	44	24 100	9	16 397	40	635 692	190	1 816 526
新疆（农业）								
新疆（畜牧）								
热科院								
广州								
南京								

6－2 续表 8

地　　区	# 肥料制造业		日用化学产品制造业		二十一、医药制造业		# 中药饮片加工业	
	企业个数（个）	工业总产值（万元）	企业个数（个）	工业总产值（万元）	企业个数（个）	工业总产值（万元）	企业个数（个）	工业总产值（万元）
全国农垦	**234**	**816 863**	**55**	**450 666**	**120**	**2 028 526**	**17**	**157 000**
北　　京					3	23 061		
天　　津								
河　　北	6	42 904	4	14 656	7	29 032		
山　　西					1	2 967		
内 蒙 古	1	54						
辽　　宁			3	69 152	7	136 032	6	104 685
吉　　林					4	49 008		
黑 龙 江	33	67 942			9	61 264	2	4 030
上　　海	5	26 638			3	6 967	1	5 594
江　　苏	2	4 508			5	865 620		
浙　　江								
安　　徽					1	2 214		
福　　建	1	340	13	41 052	1	125		
江　　西	1	1 659	11	190 238	23	280 133	2	8 437
山　　东	2	959						
河　　南	1	4 321	1	150	1	15 000		
湖　　北	29	148 706	5	100 157	33	461 228	2	30 640
湖　　南								
广　　东	5	10 010	2	811	1		1	
广　　西	23	104 055	3	2 790	4	1 656		
海　　南	3	2 644	2	1 362	1	7 664		
重　　庆					1	1 138		
四　　川								
贵　　州								
云　　南		1 915						
陕　　西								
甘　　肃	3	1 222			1	3 500	1	3 500
青　　海								
宁　　夏	2	503	1	594				
新疆（兵团）	117	398 484	10	29 704	13	81 277	2	114
新疆（农业）					1	640		
新疆（畜牧）								
热 科 院								
广　　州								
南　　京								

6－2 续表 9

地　区	中成药制造业		二十二、化学纤维制造业		二十三、橡胶和塑料制品业	
	企业个数（个）	工业总产值（万元）	企业个数（个）	工业总产值（万元）	企业个数（个）	工业总产值（万元）
全国农垦	**39**	**461 951**	**68**	**592 700**	**606**	**2 106 170**
北　京	1	6 245				
天　津					1	13 430
河　北	3	1 379	5	27 346	64	83 431
山　西						
内蒙古					1	1 364
辽　宁			1	3 750	16	21 142
吉　林	4	49 008			2	22 987
黑龙江	5	54 657			1	1 000
上　海					4	102 843
江　苏			1	4 556	10	4 831
浙　江			1	423 569	3	12 396
安　徽	1	2 214			1	735
福　建	1	125	41	4 501	66	48 545
江　西	9	150 235	2	1 487	12	45 133
山　东						
河　南	1	15 000			3	3 645
湖　北	8	133 550	6	26 466	64	595 635
湖　南					7	1 964
广　东					16	86 444
广　西					33	348 855
海　南	1	7 664			6	18 218
重　庆					1	8 683
四　川						
贵　州						
云　南					2	8 033
陕　西						
甘　肃			2	147		
青　海						
宁　夏						
新疆（兵团）	5	41 873	9	100 878	288	674 390
新疆（农业）					1	240
新疆（畜牧）					4	2 227
热科院						
广　州						
南　京						

6-2续表10

地　　区	二十四、非金属矿制品业		#水泥制造业		砖瓦、石灰和轻质建筑材料制造业		二十五、黑色金属冶炼及压延加工业	
	企业个数（个）	工业总产值（万元）	企业个数（个）	工业总产值（万元）	企业个数（个）	工业总产值（万元）	企业个数（个）	工业总产值（万元）
全国农垦	**1 562**	**4 457 105**	**177**	**1 160 386**	**754**	**1 136 342**	**104**	**1 796 503**
北　　京	2	7 865			1	2 214	1	1 385
天　　津							1	
河　　北	46	172 988	2	11 396	17	20 171	14	576 712
山　　西								
内 蒙 古	21	58 909	4	52 369	15	5 622		
辽　　宁	46	280 879	13	212 245	13	12 149	11	83 633
吉　　林	2	20 688	1	19 111	1	1 577	1	1 876
黑 龙 江	125	237 430	13	39 663	79	111 541		
上　　海								
江　　苏	29	39 500	11	15 104				
浙　　江	5	66 176	1	33 274	4	32 902	1	383 005
安　　徽	26	14 990			18	14 180		
福　　建	179	341 128	8	23 986	63	54 376	12	32 054
江　　西	111	297 726	25	67 339	44	101 481	3	6 756
山　　东	4	3 990	1	3 386	3	604		
河　　南	6	4 800	2	1 670	4	3 130		
湖　　北	216	589 211	24	128 649	122	256 403	17	91 188
湖　　南	68	39 328			38	15 003		
广　　东	39	39 112	4	18 707	32	19 480		
广　　西	94	312 834	13	79 111	61	154 970	14	186 844
海　　南	26	26 553	2	17 278	24	9 275		
重　　庆	1	16 874						
四　　川								
贵　　州								
云　　南	18	10 986	16	5 725	1	4 933		
陕　　西								
甘　　肃	4	12 955	3	12 955	1			
青　　海	2	86			2	86		
宁　　夏	7	12 703			7	12 703		
新疆（兵团）	443	1 836 520	31	415 795	197	293 479	29	433 050
新疆（农业）	32	4 723				4 723		
新疆（畜牧）	10	8 151	3	2 623	7	5 340		
热 科 院								
广　　州								
南　　京								

6－2续表11

地区	二十六、有色金属冶炼及压延加工业		二十七、金属制品业		#搪瓷制品制造业		不锈钢及金属制日用品制造业	
	企业个数（个）	工业总产值（万元）	企业个数（个）	工业总产值（万元）	企业个数（个）	工业总产值（万元）	企业个数（个）	工业总产值（万元）
全国农垦	**76**	**3 989 779**	**1 063**	**2 655 045**	**7**	**13 749**	**100**	**290 941**
北京	1	1 382						
天津								
河北	2	7 698	210	177 860	1	11 605	5	7 190
山西	1	4 435	2	2 769			2	2 769
内蒙古			1	10				
辽宁	9	553 649	61	290 708			4	35 824
吉林								
黑龙江	4	4 005	27	47 382				
上海			7	55 404			3	41 884
江苏								
浙江	2	6 089	4	2 710				
安徽			8	47 001				
福建			110	211 936			8	27 535
江西	7	40 646	27	98 560	5	2 134	5	29 216
山东			1	316			1	316
河南								
湖北	9	51 791	380	1 311 588			10	38 200
湖南			5	8 993			3	4 251
广东			38	77 933			33	77 356
广西	12	163 618	36	104 743			4	23 001
海南			11	1 500			10	1 260
重庆								
四川								
贵州								
云南	1	9 384	2	1 618				
陕西								
甘肃			1				1	
青海								
宁夏			15	10 487			11	2 139
新疆（兵团）	28	3 147 082	117	203 527	1	10		
新疆（农业）								
新疆（畜牧）								
热科院								
广州								
南京								

6－2 续表 12

地　　区	二十八、通用设备制造业		二十九、专用设备制造业		#农、林、牧、渔专用机械制造业		三十、汽车制造业		三十一、铁路、船舶、航空航天和其他运输设备制造业	
	企业个数（个）	工业总产值（万元）	企业个数（个）	工业总产值（万元）	企业个数（个）	工业总产值（万元）	企业个数（个）	工业总产值（万元）	企业个数（个）	工业总产值（万元）
全国农垦	**301**	**1 260 072**	**471**	**1 992 897**	**248**	**388 876**	**167**	**1 907 653**	**225**	**485 627**
北　　京										
天　　津	1	3 506								
河　　北	38	113 868	20	101 603	1	2 050	4	32 519	136	400 235
山　　西										
内 蒙 古			90	5 708	90	5 708				
辽　　宁	24	91 736	51	567 474	3	8 320	23	268 323		
吉　　林										
黑 龙 江	13	15 224	44	85 876	44	85 876			4	7 860
上　　海	3	41 073	1	926	1	926				
江　　苏	37	78 020	10	13 339	4	12 006				
浙　　江	1	15 274							2	14 620
安　　徽	3	4 570	6	7 656	2	8	2	1 708		
福　　建	22	7 324	38	1 230			5	6 834	4	450
江　　西	35	300 195	12	10 842	3	6 501			4	9 794
山　　东	3	2 547								
河　　南	5	17 913	2	4 218	1	218				
湖　　北	43	373 194	49	398 664	5	24 134	88	980 543	44	45 497
湖　　南	6	75 470	6	4 999	3	3 045				
广　　东			10	7 370	6	6 943			28	6 447
广　　西	8	47 900	28	607 199	7	97 465	38	608 249		
海　　南			3	1 571	3	1 571			2	651
重　　庆										
四　　川										
贵　　州										
云　　南			1	1 415	1	1 415	2	3 500		
陕　　西										
甘　　肃			1	7 500	1	7 500				
青　　海										
宁　　夏										
新疆（兵团）	53	60 598	99	165 308	73	125 189	5	5 977	1	73
新疆（农业）										
新疆（畜牧）	2	1 537								
热 科 院										
广　　州										
南　　京	4	10 123								

6-2续表13

地区	三十二、电气机械及器材制造业		#家用电力器具制造业		三十三、通信设备、计算机及其电子设备制造业	
	企业个数（个）	工业总产值（万元）	企业个数（个）	工业总产值（万元）	企业个数（个）	工业总产值（万元）
全国农垦	**153**	**1 919 331**	**5**	**363 355**	**159**	**1 849 534**
北京					1	87
天津	1	10 004				
河北	11	86 079			1	420
山西						
内蒙古						
辽宁	2	8 400			3	68 937
吉林					1	9 054
黑龙江						
上海						
江苏					27	84 909
浙江	3	63 081				
安徽	1	149				
福建	4	1 013			5	4 772
江西	21	183 137	1	520	94	1 462 906
山东						
河南						
湖北	53	1 090 107	2	359 403	16	128 241
湖南						
广东						
广西	11	240 699	1	1 995	7	37 190
海南						
重庆						
四川						
贵州						
云南						
陕西						
甘肃						
青海						
宁夏						
新疆（兵团）	45	236 663	1	1 437	4	53 018
新疆（农业）						
新疆（畜牧）						
热科院						
广州						
南京	1					

6-2 续表 14

地　　区	# 家用视听设备制造业		三十四、仪器仪表及文化、办公机械制造业		三十五、其他未列明制造业		三十六、废弃资源和废旧材料回收加工业	
	企业个数（个）	工业总产值（万元）	企业个数（个）	工业总产值（万元）	企业个数（个）	工业总产值（万元）	企业个数（个）	工业总产值（万元）
全国农垦	**7**	**48 965**	**149**	**89 731**	**568**	**1 502 904**	**31**	**315 543**
北　　京					1	1 165		
天　　津								
河　　北			126	39 001	17	16 928	11	75 711
山　　西					1	300		
内 蒙 古								
辽　　宁			9	12 415	81	304 834		
吉　　林								
黑 龙 江					26	26 908		
上　　海								
江　　苏					84	329 686		
浙　　江								
安　　徽					7	9 033		
福　　建	1	42	3	2 756	21	24 865		
江　　西	2	6 441	3	359	66	83 322	5	2 058
山　　东								
河　　南					2	750		
湖　　北	4	42 482	4	17 792	115	75 861	4	173 454
湖　　南							2	886
广　　东					36	548 782		
广　　西			2	10 684	9	60 537	4	43 186
海　　南								
重　　庆								
四　　川								
贵　　州								
云　　南					6	6 726		
陕　　西								
甘　　肃					4	1 687		
青　　海								
宁　　夏								
新疆（兵团）			2	6 724	3	1 680	5	20 248
新疆（农业）					83	9 797		
新疆（畜牧）					6	43		
热 科 院								
广　　州								
南　　京								

6－2续表15

地区	#电力生产业		三十八、燃气生产和供应业		三十九、水的生产和供应业		#自来水生产和供应	
	企业个数（个）	工业总产值（万元）	企业个数（个）	工业总产值（万元）	企业个数（个）	工业总产值（万元）	企业个数（个）	工业总产值（万元）
全国农垦	**226**	**1 725 008**	**86**	**231 814**	**165**	**143 309**	**128**	**98 470**
北京						158		
天津								
河北	9	105 617	7	63 044	3	17 307	2	17 252
山西								
内蒙古	1	5 800			6	244	9	797
辽宁	4	51 793					2	112
吉林	1	41 059	1	7 686				
黑龙江	10	82 943			47	28 102	47	28 102
上海								
江苏								
浙江	2	46 706						
安徽	2	2 737			6	676	6	676
福建	18	2 058	1	3 820	4	5 283	3	557
江西	26	77 975	2	70	6	1 020	3	377
山东								
河南	1	3 987			1	83	1	83
湖北	7	25 676	27	21 364	33	42 828	25	19 230
湖南	6	3 270			9	4 235	7	4 229
广东	8	2 244						
广西	3	262	4	6 624	7	14 656	2	254
海南	20	6 079						
重庆								
四川	1	3 305						
贵州	1	42						
云南	9	29 175						
陕西								
甘肃	1	5 070						
青海								
宁夏								
新疆（兵团）	83	1 219 768	14	128 848	20	27 994	19	26 121
新疆（农业）	11	386	30	358	21	44		
新疆（畜牧）	2	9 056			2	680	2	680
热科院								
广州								
南京								

6－3 主要工业产品产量

（2014 年）

地区	原煤（吨）	无烟煤（吨）	烟煤（吨）	一般烟煤（吨）	褐煤（吨）	洗煤（吨）	洗精煤（吨）	天然原油（吨）
全国农垦	**26 613 415**	**245 019**	**9 692 196**	**9 662 481**	**15 530 000**	**1 280 252**	**1 280 252**	**1 700 000**
北京								
天津								
河北								1 700 000
山西								
内蒙古	15 530 000				15 530 000			
辽宁								
吉林								
黑龙江	150 000		150 000	150 000		206 363	206 363	
上海								
江苏								
浙江								
安徽								
福建	28 900		28 900					
江西	772 482	226 667	815					
山东								
河南								
湖北								
湖南								
广东								
广西								
海南								
重庆								
四川								
贵州	14 600	14 600						
云南								
陕西	601 200							
甘肃								
青海								
宁夏						20 850	20 850	
新疆（兵团）	9 400 367		9 400 367	9 400 367		1 053 039	1 053 039	
新疆（农业）	115 866	3 752	112 114	112 114				
新疆（畜牧）								
热科院								
广州								
南京								

6-3续表1

地　区	天然气（万米³）	液化天然气（吨）	铁矿石原矿（吨）	铜金属含量（吨）	锌金属含量（吨）	锡金属含量（吨）	钨精矿折合量（折三氧化钨65%）（吨）	磷矿石（折含五氧化二磷30%）（吨）
全国农垦	**7**	**69 600**	**3 342 009**	**10 887**	**36 532**	**1 800**	**1 790**	**42 763**
北　京								
天　津								
河　北	7		310 000					
山　西								
内蒙古								6 179
辽　宁								
吉　林								
黑龙江								
上　海								
江　苏								
浙　江								
安　徽								
福　建		69 600	540	600		1 800		
江　西			1 180 000	5 940	3 672		1 790	
山　东								
河　南								
湖　北								
湖　南								
广　东								
广　西			1 593 861		30 000			36 584
海　南								
重　庆								
四　川								
贵　州								
云　南								
陕　西								
甘　肃								
青　海								
宁　夏								
新疆（兵团）			257 608	4 347	2 860			
新疆（农业）								
新疆（畜牧）								
热科院								
广　州								
南　京								

6-3续表2

地　区	原盐 （吨）	大米 （吨）	小麦粉 （吨）	饲料 （吨）	配合饲料 （吨）	混合饲料 （吨）	食用植物油 （吨）	机制糖
全国农垦	**484 030**	**8 991 478**	**821 242**	**8 763 132**	**4 030 737**	**4 589 184**	**4 073 151**	**2 835 658**
北　京				204 703	185 733	18 970		
天　津								
河　北	82 065	673	5 763	382 520	339 241	43 279	872	
山　西				14 410	14 050	360		
内蒙古		5 100	27 190	54 203	10 200	15 375	46 957	
辽　宁	42 000	957 731	3 985	101 740	53 500	101 740	31 210	24 850
吉　林		240 157		76 837				
黑龙江		4 869 765	137 408	355 233	195 537	152 735	1 825 329	935
上　海		91 663		512 068	366 473	145 596		1 271 964
江　苏		370 382	65 914	106 959	60 233	46 726	8 827	
浙　江				320 838	320 838			
安　徽		32 974	36 784	52 707	19 025	33 682	2 508	
福　建		86 397	8 000	20 858	11 210	9 138	2 970	
江　西		1 368 739	2 000	29 795	18 350	11 445	21 530	
山　东	359 923		251	4 250	4 083	167		
河　南			74 480	154 270		74 270		
湖　北		507 360	98 493	1 373 021	703 856	669 165	889 449	
湖　南		80 512	2 285	1 131 689	11 523	1 129 758	4 018	4 439
广　东		16 695		5 865	3 824		465 945	442 987
广　西		104 814		637 774	623 644	14 130	848	847 658
海　南		9 975					88	33 693
重　庆				363 357	363 357			
四　川								
贵　州		3 460		2 613	2 613			
云　南				3 840	3 840			55 407
陕　西					1 843			
甘　肃				8 060	8 060			
青　海	42							
宁　夏		19 365		38 445		38 445	12	
新疆（兵团）		213 055	341 049	2 732 576	651 035	2 068 320	761 385	153 725
新疆（农业）		10 819	16 632	15 621	3 018	12 103	11 203	
新疆（畜牧）		1 842	1 008	55 650	55 650	550		
热科院								
广　州								
南　京				3 230		3 230		

6－3续表3

地区	鲜、冷藏肉（吨）	冷冻水产品（吨）	糖果（吨）	速冻米面食品（吨）	方便面（吨）	乳制品（吨）	#奶粉（吨）	液体乳（吨）
全国农垦	**596 626**	**14 126**	**62 384**	**18 776**	**170 124**	**3 717 634**	**153 130**	**3 494 418**
北京	7 635			10 842		505 020	18 744	468 529
天津						72 199		72 199
河北				55		621 457	39 531	581 926
山西	20 100					320		320
内蒙古	9 793					7 456	7 456	
辽宁						127 478	7 800	119 678
吉林			2 000					
黑龙江	173 733			4 611	477	277 660	42 523	235 098
上海	205 404		20 909		3 925	1 165 905	8 436	1 154 225
江苏								
浙江						4 700		4 700
安徽						2 508		
福建		4 700	320			1 195		1 195
江西		860		505				
山东								
河南					68 861	14 306		14 306
湖北	106 747		37 100		64 084	264 113		223 441
湖南			2 055			5 557		5 557
广东						109 250		109 250
广西		5 900				1 674		1 674
海南								
重庆						220 741	553	220 188
四川						1 023		1 023
贵州						45 822		45 822
云南								
陕西						3 600		3 600
甘肃								
青海								
宁夏	1 381					24 910		24 910
新疆（兵团）	71 833	2 666		2 741	32 777	133 616	27 542	103 494
新疆（农业）						573	256	317
新疆（畜牧）				22		70 457	289	70 168
热科院								
广州						36 094		32 798
南京								

6-3续表4

地　区	罐头（吨）	番茄酱罐头（吨）	味精（吨）	酱油（吨）	冷冻饮品（吨）	食品添加剂（吨）	发酵酒精（折96度，商品量）（千升）	饮料酒（混合量）（吨）
全国农垦	**710 703**	**509 884**	**23 469**	**9 717**	**21 442**	**36 118**	**434 916**	**1 683 740**
北　京	9 470							24
天　津						61		20 563
河　北								5 514
山　西								170
内蒙古								1 761
辽　宁	2 934							356 830
吉　林								65
黑龙江	107			4 713				121 669
上　海	65 345		22 906	1 854	17 022	141	23 644	99 405
江　苏								
浙　江								
安　徽								6 722
福　建	5 895			200		1 821		6 096
江　西	4 155		470	470	1 700			113 096
山　东								
河　南							81 760	2 409
湖　北	64 073			2 002				269 779
湖　南	9 556							4 989
广　东	3 421							2 887
广　西	5 375					3 351	276 787	21 086
海　南								95
重　庆	10 228							
四　川								7 431
贵　州								
云　南								1 257
陕　西								
甘　肃	4 069	4 069						179 029
青　海								
宁　夏								216 741
新疆（兵团）	516 502	496 242	93	478	2 720	30 744	52 725	241 994
新疆（农业）	9 573	9 573						4 127
新疆（畜牧）								
热科院								
广　州								
南　京								

6－3 续表 5

地　　区	＃白酒（吨）	啤酒（吨）	葡萄酒（吨）	软饮料（吨）	碳酸饮料类（汽水）（吨）	包装饮用水类（吨）	果汁和蔬菜汁饮料类（吨）	精制茶（吨）
全国农垦	**214 895**	**1 246 397**	**66 081**	**3 620 881**	**460 138**	**1 584 134**	**430 140**	**27 989**
北　　京			24	2 460		2 460		
天　　津			20 563	8 996		8 996		
河　　北	5 514							
山　　西	170							
内 蒙 古	1 761			15 000				
辽　　宁	13 005	343 825		7 395				
吉　　林	65							
黑 龙 江	80 162			567 783	32	534 869	2 245	
上　　海	1 166			366 695	14 023	253 687	2 497	233
江　　苏								
浙　　江								1 800
安　　徽	2 987			732				2 800
福　　建	2 569			4 910	2 124	2 786		4 495
江　　西	2 196	110 000		12 600		12 600		916
山　　东								
河　　南	168		2 241					
湖　　北	15 998	253 781		1 784 509	381 444	52 187	371 671	549
湖　　南	4 989							4 699
广　　东	2 395							74
广　　西	14 385			178 130		163 941		2 710
海　　南	95			5 466	1 685	3 781		485
重　　庆								
四　　川	7 431							980
贵　　州								
云　　南	1 257							6 942
陕　　西								
甘　　肃	100	171 930	7 000					
青　　海								
宁　　夏	416	211 888	4 337					
新疆（兵团）	54 710	154 973	31 145	666 205	60 830	548 827	53 727	1 306
新疆（农业）	3 356		771					
新疆（畜牧）								
热 科 院								
广　　州								
南　　京								

6-3 续表 6

地　　区	纱（万吨）	棉纱（吨）	棉混纺纱（吨）	化学纤维纱（吨）	精梳纱（吨）	气流纺纱（吨）	布（万米）	其中：色织布（含牛仔布）（万米）
全国农垦	**640 572**	**571 995**	**63 020**	**31 264**	**58 229**	**4 414**	**48 254**	**2 066**
北　　京								
天　　津								
河　　北								
山　　西								
内 蒙 古								
辽　　宁								
吉　　林								
黑 龙 江								
上　　海								
江　　苏		26 082						
浙　　江							2 702	
安　　徽	7 000	7 000						
福　　建	1 500			1 500			1 850	
江　　西	31 679	24 420		7 259	7 259		506	506
山　　东								
河　　南	20 455	20 455						
湖　　北	307 521	253 886	34 224	19 411			36 877	1 216
湖　　南	39 389	14 525	22 238	2 251	2 251		344	344
广　　东								
广　　西								
海　　南								
重　　庆								
四　　川								
贵　　州								
云　　南								
陕　　西								
甘　　肃								
青　　海								
宁　　夏								
新疆（兵团）	210 102	202 701	6 558	843	48 719	4 414	5 975	
新疆（农业）	22 926	22 926						
新疆（畜牧）								
热 科 院								
广　　州								
南　　京								

6-3续表7

地　　区	其中：棉布（万米）	棉混纺布（万米）	化学纤维布（万米）	印染布（万米）	毛线（吨）	呢绒（万米）	蚕丝（吨）	无纺布（无纺织物）（吨）
全国农垦	**39 966**	**6 373**	**221**	**27 383**	**1 987**	**286**	**632**	**7 194**
北　　京								
天　　津								
河　　北					1 987	16		1
山　　西								
内 蒙 古								
辽　　宁								
吉　　林								
黑 龙 江								
上　　海								
江　　苏				4 263				
浙　　江	2 702			22 020				
安　　徽								
福　　建	1 850							
江　　西	285		221	1 100			68	3 260
山　　东								
河　　南								
湖　　北	30 218	5 767						3 933
湖　　南								
广　　东								
广　　西							564	
海　　南								
重　　庆								
四　　川								
贵　　州								
云　　南								
陕　　西								
甘　　肃								
青　　海								
宁　　夏								
新疆（兵团）	4 911	606				270		
新疆（农业）								
新疆（畜牧）								
热 科 院								
广　　州								
南　　京								

6－3续表8

地　区	帘子布（吨）	服装（万件）	梭织服装（万件）	羽绒服装（万件）	西服套装（万件）	衬衫（万件）	针织服装（万件）	棉化纤针织衫裤（万件）	毛针织衫裤（万件）
全国农垦	**30**	**17 451**	**9 712**	**4 810**	**1 502**	**55**	**9 118**	**408**	**15**
北　京									
天　津									
河　北		260	235				25	11	14
山　西									
内蒙古									
辽　宁		514							
吉　林									
黑龙江		12					12		
上　海									
江　苏		226		226			3 246		
浙　江									
安　徽		137	137						
福　建	30	65	1				2		
江　西		4 796	4 611	4 300			129		
山　东									
河　南									
湖　北		4 438	3 019	284	6	54	1 419		
湖　南		365							
广　东		1 494	1 494		1 494				
广　西		1 729	212				886		
海　南									
重　庆									
四　川									
贵　州									
云　南									
陕　西									
甘　肃									
青　海									
宁　夏									
新疆（兵团）		415	2		2	1	399	397	1
新疆（农业）									
新疆（畜牧）		3 000					3 000		
热科院									
广　州									
南　京									

6－3 续表 9

地　　区	鞣制皮革（折合牛皮）（万张）	鞣制毛皮（折羊毛皮）（张）	皮鞋（万双）	人造板（米³）	胶合板（米³）	纤维板（米³）	刨花板（米³）	人造板表面装饰板（米³）
全国农垦	**7 778**	**991 300**	**3 075**	**2 691 907**	**1 109 018**	**1 054 142**	**427 534**	**2 471 055**
北　　京								
天　　津								
河　　北		970 000	49	87 200	17 200	70 000		
山　　西								
内 蒙 古				225 000	225 000			
辽　　宁			60	5 234	5 234			
吉　　林								
黑 龙 江				54 376			54 376	
上　　海								
江　　苏								
浙　　江								
安　　徽			…					
福　　建	7 778		2 312	100 100	79 720	11 200		1
江　　西			250	70 372	44 197	18 970	900	3 000
山　　东								
河　　南								
湖　　北			7	151 351	39 294	56 132		2 455 794
湖　　南				20 775	5 289	16 589	3 959	
广　　东				33 005	25 364	1 404	6 237	
广　　西		21 300	396	1 612 137	543 520	724 808	343 809	
海　　南				37 949	23 417			
重　　庆								
四　　川								
贵　　州								
云　　南				63 426	45 173		18 253	
陕　　西								
甘　　肃								
青　　海								
宁　　夏								
新疆（兵团）			…	199 032	23 660	155 039		12 260
新疆（农业）				31 950	31 950			
新疆（畜牧）								
热 科 院								
广　　州								
南　　京								

6－3 续表 10

地　　区	实木木地板（米²）	复合木地板（米²）	家具（万件）				纸浆（原生浆及废纸浆）（吨）	机制纸及纸板（吨）
				木质家具（件）	金属家具（件）	软体家具（件）		
全国农垦	**52 087**	**1 118 395**	**15 136 182**	**4 821 489**	**2 656 392**	**216 821**	**168 381**	**644 740**
北　　京								
天　　津								
河　　北			2 387 900		2 387 900		5 552	26 870
山　　西			700	700				
内 蒙 古								1 920
辽　　宁			7 285 300					2 000
吉　　林								36 080
黑 龙 江			42 644	42 644				4 324
上　　海							16 431	
江　　苏								
浙　　江			450	450				
安　　徽								
福　　建	6 134		472 764	335 739	137 025			3 820
江　　西	43 500	6 305	70 970	690			495	76 918
山　　东								
河　　南								
湖　　北		1 112 090	694 203	405 485	90 110	198 608		84 796
湖　　南			19 720	18 995				39 959
广　　东	2 453		3 541 000	3 541 000				73 388
广　　西			80 993	73 799	94	7 100	123 226	145 433
海　　南			140 000	80 000				200
重　　庆								
四　　川								
贵　　州								
云　　南								
陕　　西								
甘　　肃								
青　　海								
宁　　夏								
新疆（兵团）			399 538	321 987	41 263	11 113	22 677	149 032
新疆（农业）								
新疆（畜牧）								
热 科 院								
广　　州								
南　　京								

6－3续表11

地　　区	未涂布印刷书写用纸（吨）	卫生用纸原纸（吨）	箱纸板（吨）	纸制品（吨）	其中：瓦楞纸箱（吨）	单色印刷品（令）	多色印刷品（对开色令）	汽油（吨）
全国农垦	**161 357**	**20 798.33**	**122 062**	**1 550 211**	**444 271**	**775 717**	**2 140 743**	**9 550**
北　　京								
天　　津				4 507	3 105			
河　　北			16 107	9 071	71			
山　　西								
内 蒙 古			1 920					
辽　　宁						370		9 550
吉　　林	36 080							
黑 龙 江	4 324			1 130				
上　　海							10 200	
江　　苏								
浙　　江				1 270				
安　　徽						8 650		
福　　建				23 300	1 430	2 151	1 210	
江　　西				1 003 340	113		6	
山　　东								
河　　南				2 900		245 000		
湖　　北				306 989	284 054	329 913	1 504 996	
湖　　南				29 965	29 965			
广　　东			15 424					
广　　西	120 840	9 124	3 028	6 445	5 156			
海　　南								
重　　庆								
四　　川								
贵　　州								
云　　南								
陕　　西								
甘　　肃								
青　　海								
宁　　夏								
新疆（兵团）	113	11 674.33	85 583	159 829	120 377	189 633	624 331	
新疆（农业）								
新疆（畜牧）				1 465				
热 科 院								
广　　州								
南　　京								

6-3 续表 12

地　　区	柴油（吨）	燃料油（吨）	溶剂油（吨）	液化石油气（吨）	石油沥青（吨）	焦炭（吨）	其中：机焦（吨）	硫酸（吨）
全国农垦	**112 420**	**1 191 910**	**502**	**133 887**	**580 690**	**9 133 465**	**9 132 192**	**78 823**
北　　京								
天　　津								
河　　北	99 742	904 025			20 690	253 000	253 000	
山　　西								
内 蒙 古								
辽　　宁	12 678				560 000			
吉　　林								
黑 龙 江								
上　　海								
江　　苏								
浙　　江								
安　　徽								
福　　建								
江　　西			502			1 273		5 726
山　　东		287 885		133 887				
河　　南								48 045
湖　　北								13 150
湖　　南								
广　　东								
广　　西								
海　　南								
重　　庆								
四　　川								
贵　　州								
云　　南								
陕　　西								
甘　　肃								
青　　海								
宁　　夏								
新疆（兵团）						8 879 192	8 879 192	11 902
新疆（农业）								
新疆（畜牧）								
热 科 院								
广　　州								
南　　京								

6－3续表13

地　　区	盐酸（氯化氢，含量31%）（吨）	浓硝酸（折100%）（吨）	氢氧化钠（烧碱）（吨）	其中：离子膜法烧碱（折100%）（吨）	碳化钙（电石，折300升/千克）（吨）	合成氨（吨）	农用氮、磷、钾化学肥料总计（折纯量）（吨）	氮肥（吨）
全国农垦	**274 254**	**2 800**	**949 258**	**949 178**	**2 087 707**	**487 138**	**879 437**	**517 517**
北　　京								
天　　津								
河　　北							17 634	5 876
山　　西							1 400	
内 蒙 古								
辽　　宁							19 040	12 060
吉　　林								
黑 龙 江						20 936	26 762	18 527
上　　海								
江　　苏							916	132
浙　　江								
安　　徽								
福　　建			80				40	28
江　　西		2 800					8 270	1 940
山　　东	17 879						3 776	
河　　南							4 086	
湖　　北							155 377	
湖　　南								
广　　东								
广　　西						48 000	105 153	61 716
海　　南								
重　　庆								
四　　川								
贵　　州								
云　　南							9 062	
陕　　西								
甘　　肃								
青　　海								
宁　　夏								
新疆（兵团）	256 375		949 178	949 178	2 087 707	418 202	527 921	417 238
新疆（农业）								
新疆（畜牧）								
热 科 院								
广　　州								
南　　京								

6-3续表14

地　　区	其中：尿素（折含N100%）（吨）	磷肥（吨）	钾肥（吨）	磷酸一铵（实物量）（吨）	化学农药（折有效成份100%）（吨）	其中：杀虫剂原药（吨）	杀菌剂原药（吨）	除草剂原药（吨）
全国农垦	**433 298**	**215 469**	**77 223**	**8 485**	**5 118**	**3 339**	**30**	**15**
北　　京								
天　　津								
河　　北		7 955	3 803					
山　　西					2 932	2 932		
内 蒙 古								
辽　　宁		5 676	1 304		68			
吉　　林					15			15
黑 龙 江	15 188	3 135	5 100					
上　　海								
江　　苏		605	179					
浙　　江								
安　　徽								
福　　建		6	6					
江　　西	40	5 440	130	800	150	120	30	
山　　东								
河　　南		4 086						
湖　　北		155 377			786			
湖　　南								
广　　东								
广　　西	832	29 207	14 229		26	26		
海　　南								
重　　庆								
四　　川								
贵　　州								
云　　南								
陕　　西								
甘　　肃								
青　　海								
宁　　夏								
新疆(兵团)	417 238	3 982	52 472	7 685	1 141	261		
新疆(农业)								
新疆(畜牧)								
热 科 院								
广　　州								
南　　京								

6－3 续表 15

地　　区	涂料（吨）	其中：建筑涂料（吨）	初级形态的塑料（吨）	聚氯乙烯树脂（吨）	合成橡胶（吨）	乙二醇（吨）	煤制乙二醇（吨）	化学试剂（吨）
全国农垦	**215 514**	**96 641**	**1 363 822**	**1 359 022**	**129 276**	**47 607**	**47 607**	**2 704**
北　京	2 803	2 803						
天　津								
河　北								
山　西								
内蒙古								
辽　宁			4 780					
吉　林								
黑龙江								
上　海								
江　苏								
浙　江								
安　徽								
福　建	22 168	20 858	20		110			
江　西	3 040				50			27
山　东								
河　南								
湖　北	41 737	12						
湖　南								
广　东								
广　西	81 533	8 763			129 116			
海　南								
重　庆								
四　川								
贵　州								
云　南								
陕　西								
甘　肃								
青　海								
宁　夏								
新疆（兵团）	64 233	64 205	1 359 022	1 359 022		47 607	47 607	2 677
新疆（农业）								
新疆（畜牧）								
热科院								
广　州								
南　京								

6－3 续表 16

地　　区	多晶硅（千克）	合成洗涤剂（吨）	化学原料药（吨）	中成药（吨）	化学纤维用浆粕（吨）	化学纤维（吨）	其中：人造纤维（纤维素纤维）（吨）	其中：粘胶短纤维（吨）
全国农垦	**6 560 869**	**120**	**95 099**	**45 927**	**132 845**	**268 690**	**10 240**	**10 240**
北　　京								
天　　津								
河　　北		45	500					
山　　西								
内 蒙 古								
辽　　宁								
吉　　林				1 095				
黑 龙 江			1 753	1 739				
上　　海								
江　　苏			9 928	302				
浙　　江						258 780		
安　　徽				356				
福　　建				57		1 650		
江　　西			10 581	17 441	1 700	4 440	4 440	4 440
山　　东								
河　　南				2 800				
湖　　北			72 307	21 368				
湖　　南								
广　　东								
广　　西								
海　　南								
重　　庆								
四　　川								
贵　　州								
云　　南								
陕　　西								
甘　　肃								
青　　海								
宁　　夏								
新疆（兵团）	6 560 869	75	30	769	131 145	3 820	5 800	5 800
新疆（农业）								
新疆（畜牧）								
热 科 院								
广　　州								
南　　京								

6－3 续表 17

地　　区	合成纤维（吨）	锦纶（吨）	轮胎外胎（吨）	塑料制品（吨）	其中：塑料薄膜（吨）	农用地膜（吨）	塑料板、片（吨）	塑料管及其附件（吨）	滴灌管带（吨）
全国农垦	**258 780**	**258 780**	**104 775**	**1 415 007**	**131 608**	**113 230**	**169 356**	**625 305**	**384 261**
北　　京									
天　　津				7 998					
河　　北				3 200	2 740	780			
山　　西									
内 蒙 古				1 406	1 406	1 406			
辽　　宁									
吉　　林				13 782					
黑 龙 江									
上　　海				48 177	14 256	18			
江　　苏				2 087					
浙　　江	258 780	258 780		5 150					
安　　徽				980					
福　　建			58 000	32 208	400	400			
江　　西				29 102	2 263	970			
山　　东									
河　　南				1 477					
湖　　北			5 400	266 228	351			1 700	
湖　　南				201					
广　　东			41 375	2 378					
广　　西				188 641			130 819	130 099	
海　　南				518	252	252			
重　　庆									
四　　川									
贵　　州									
云　　南									
陕　　西									
甘　　肃									
青　　海									
宁　　夏									
新疆（兵团）				811 145	109 940	109 404	38 537	493 506	384 261
新疆（农业）									
新疆（畜牧）				329					
热 科 院									
广　　州									
南　　京									

6－3续表18

地　　区	塑料条、棒、型材（吨）	塑料丝、绳及编织品（吨）	泡沫塑料（吨）	塑料包装箱及容器（吨）	日用塑料制品（吨）	硅酸盐水泥熟料（吨）	其中：窑外分解窑水泥熟料（吨）
全国农垦	**23 866**	**107 737**	**33 685**	**49 790**	**78 993**	**15 114 922**	**13 477 293**
北　　京							
天　　津				7 998			
河　　北	30	20		171	182		
山　　西							
内 蒙 古						850 000	850 000
辽　　宁							
吉　　林		13 782					
黑 龙 江						201 069	201 069
上　　海				12 940			
江　　苏							
浙　　江							
安　　徽							
福　　建	286	23	966	2 213	12 400	6	
江　　西	7 164				14 032	958 000	
山　　东							
河　　南							
湖　　北		10 155			5		
湖　　南							
广　　东		638					
广　　西		18 187	5 583		34 052		
海　　南		266				285 389	
重　　庆							
四　　川							
贵　　州							
云　　南							
陕　　西							
甘　　肃						32	
青　　海							
宁　　夏							
新疆（兵团）	16 386	64 666	27 136	26 236	18 322	12 820 426	12 426 224
新疆（农业）							
新疆（畜牧）				232			
热 科 院							
广　　州							
南　　京							

6－3 续表 19

地　　区	水泥（万吨）	强度等级42.5水泥（含R型）（吨）	强度等级52.5水泥（含R型）（吨）	商品混凝土（米³）	水泥混凝土排水管（千米）	水泥混凝土压力管（千米）	水泥混凝土电杆（根）	预应力混凝土桩（米）
全国农垦	**27 412 473**	**9 958 397**	**19 622**	**25 179 527**	**4 567**	**331**	**329 856**	**1 163 851**
北　　京				139 737				
天　　津								
河　　北	347 987	347 987		272 000	83			535 000
山　　西								
内 蒙 古	410 000	307 572						
辽　　宁	191 699							
吉　　林	619 518			48 000				
黑 龙 江	1 050 508	1 050 508						
上　　海								
江　　苏								
浙　　江	1 016 400	1 016 400						
安　　徽								
福　　建	435 605	435 600		1 334 550	233			
江　　西	172 086	172 086		906 200		254		
山　　东								
河　　南								
湖　　北	3 532 992	21 600		1 262 094	371	59		
湖　　南								
广　　东	401 000							
广　　西	494 647	494 647		1 714 851	3 772		25 176	
海　　南	460 000							
重　　庆								
四　　川								
贵　　州								
云　　南	213 589							
陕　　西								
甘　　肃	33							
青　　海								
宁　　夏								
新疆（兵团）	18 066 409	6 111 997	19 622	19 417 770	108	18	258 680	628 851
新疆（农业）								
新疆（畜牧）				84 325			46 000	
热 科 院								
广　　州								
南　　京								

6－3 续表 20

地　　区	石膏板（万米²）	砖（万块）	瓦（万片）	瓷质砖（米²）	细炻砖（米²）	陶质砖（米²）	天然大理石建筑板材（米²）	天然花岗石建筑板材（米²）
全国农垦	**121**	**1 768 996**	**37 084**	**731 984**	**2 398**	**7 650 000**	**1 162 657**	**855 723**
北　　京								
天　　津								
河　　北		11 718						
山　　西								65 000
内 蒙 古		25 032						
辽　　宁		12 148						
吉　　林		1 215						
黑 龙 江		141 844	9 142					
上　　海								
江　　苏		24 378						
浙　　江		1 330						
安　　徽		3 189						
福　　建		20 286	1 931	405 500			25 000	147 200
江　　西		87 832	2 833		2 398		236 000	197 500
山　　东		8 073						
河　　南		6 315						
湖　　北		352 444	14 933				408 508	316 095
湖　　南		41 595	7 998					
广　　东		40 525						
广　　西	88	119 271				7 650 000		
海　　南		13 829	73					78 981
重　　庆								
四　　川								
贵　　州								
云　　南		14 724						
陕　　西								
甘　　肃								
青　　海								
宁　　夏		28 412						
新疆（兵团）	33	771 181	174	326 484			493 149	50 947
新疆（农业）		37 030						
新疆（畜牧）		6 625						
热 科 院								
广　　州								
南　　京								

6-3 续表 21

地　　区	沥青和改性沥青防水卷材（米²）	平板玻璃（重量箱）	钢化玻璃（米²）	中空玻璃（米²）	日用玻璃制品（吨）	玻璃包装容器（吨）	玻璃保温容器（万个）	纤维增强塑料制品（吨）
全国农垦	**2 787 590**	**17 897 199**	**129 046**	**92 018**	**17 478**	**92 050**	**1 023**	**27 186**
北　　京								
天　　津								
河　　北		2 399 947						
山　　西								
内 蒙 古								
辽　　宁								
吉　　林								
黑 龙 江								
上　　海								
江　　苏								
浙　　江								
安　　徽								
福　　建	6 500							
江　　西					7 638		1 023	
山　　东								
河　　南								
湖　　北		12 513 336	1 046					
湖　　南								
广　　东								
广　　西								
海　　南								
重　　庆								
四　　川								
贵　　州								
云　　南								
陕　　西								
甘　　肃								
青　　海								
宁　　夏								
新疆（兵团）	2 781 090	2 983 916	128 000	92 018	9 840	92 050		27 186
新疆（农业）								
新疆（畜牧）								
热 科 院								
广　　州								
南　　京								

6－3 续表 22

地　　区	卫生陶瓷制品（件）	耐火材料制品（吨）	石墨及炭素制品（吨）	生铁（吨）	钢（吨）	铸铁管（吨）	铸钢件（吨）	成品钢材（吨）
全国农垦	**718 203**	**324 555**	**691 909**	**2 004 727**	**1 242 736**	**33 297**	**313 381**	**2 399 891**
北　　京								272
天　　津						2 334		
河　　北	668 000			1 045 000				1 139 047
山　　西						350		
内 蒙 古		80 000						
辽　　宁								1 680
吉　　林								
黑 龙 江								
上　　海								
江　　苏								
浙　　江								
安　　徽						6 735		
福　　建				8 000	1 500	731	14 617	91 470
江　　西	49 545					2 265		15 500
山　　东								
河　　南								
湖　　北						3 219		
湖　　南								
广　　东								
广　　西		17 253	44 612	65 703		13 654	287 220	126 994
海　　南								
重　　庆								
四　　川								
贵　　州								
云　　南								
陕　　西								
甘　　肃								
青　　海								
宁　　夏						1 590		
新疆（兵团）	658	227 302	647 297	886 024	1 241 236	2 173	11 544	1 024 928
新疆（农业）						246		
新疆（畜牧）								
热 科 院								
广　　州								
南　　京								

6-3 续表 23

地　　区	中小型型钢（吨）	钢筋（吨）	线材（盘条）（吨）	特厚板（吨）	厚钢板（吨）	热轧窄钢带（吨）	电工钢板（带）（吨）	无缝钢管（吨）
全国农垦	**1 950**	**677 771**	**311 242**	**965 000**	**3 770**	**158 151**	**150**	**54 024**
北　　京								
天　　津								
河　　北				965 000	75	158 151		
山　　西								
内 蒙 古								
辽　　宁								
吉　　林								
黑 龙 江								
上　　海								
江　　苏								
浙　　江								
安　　徽								
福　　建					3 695			
江　　西							150	150
山　　东								
河　　南								
湖　　北								
湖　　南								
广　　东								
广　　西								53 874
海　　南								
重　　庆								
四　　川								
贵　　州								
云　　南								
陕　　西								
甘　　肃								
青　　海								
宁　　夏								
新疆（兵团）		677 771	311 242					
新疆（农业）								
新疆（畜牧）								
热 科 院								
广　　州								
南　　京	1 950							

6－3 续表 24

地　　区	焊接钢管（吨）	其他钢材（吨）	用外购国产钢材再加工生产的钢材（吨）	铁合金（吨）	其中：硅铁（折合含硅75%）（吨）	锰硅合金（吨）	十种有色金属（吨）	精炼铜（电解铜）（吨）
全国农垦	**50 007**	**6 850**	**337 506**	**44 990**	**17 985**	**4 633**	**2 269 253**	**1 575**
北　　京								
天　　津								
河　　北	15 896		158 901					
山　　西		6 850		22 372				
内 蒙 古								
辽　　宁								
吉　　林								
黑 龙 江								
上　　海								
江　　苏								
浙　　江								
安　　徽								
福　　建			86 750					
江　　西			880					
山　　东								
河　　南								
湖　　北								
湖　　南								
广　　东								
广　　西								
海　　南								
重　　庆								
四　　川								
贵　　州								
云　　南				14 819	14 819			
陕　　西								
甘　　肃								
青　　海								
宁　　夏								
新疆（兵团）	34 111		90 975	7 799	3 166	4 633	2 266 753	1 575
新疆（农业）								
新疆（畜牧）								
热 科 院								
广　　州								
南　　京							2 500	

6－3 续表 25

地　　区	锑品（吨）	原铝（电解铝）（吨）	镁（吨）	黄金（千克）	铝合金（吨）	铜材（吨）	铝材（吨）	金属切削工具（万件）
全国农垦	**11 600**	**2 232 245**	**32 634**	**4 012**	**21 744**	**23 732**	**377 498**	**2**
北　　京								
天　　津								
河　　北								
山　　西								
内 蒙 古								
辽　　宁								
吉　　林								
黑 龙 江								
上　　海								
江　　苏								
浙　　江								
安　　徽								
福　　建								
江　　西				4 012				2
山　　东								
河　　南								
湖　　北						4 298		
湖　　南								
广　　东							1 533	
广　　西	11 600					19 434	1 500	
海　　南								
重　　庆								
四　　川								
贵　　州								
云　　南								
陕　　西								
甘　　肃								
青　　海								
宁　　夏								
新疆（兵团）		2 232 245	32 634		21 744		374 465	
新疆（农业）								
新疆（畜牧）								
热 科 院								
广　　州								
南　　京								

6-3 续表 26

地　　区	钢丝绳（吨）	不锈钢日用制品（吨）	锻件（吨）	工业锅炉蒸发量（吨）	发动机（千瓦）	金属切削机床（台）	其中：数控金属切削机床（台）	金属成形机床（台）
全国农垦	**196**	**8 974**	**4 485**	**976**	**5 500**	**207**	**35**	**877**
北　　京								
天　　津								
河　　北		365	883					
山　　西								
内 蒙 古								
辽　　宁								
吉　　林								
黑 龙 江								442
上　　海	196	3 969						
江　　苏								
浙　　江								
安　　徽								
福　　建						172		
江　　西								
山　　东								
河　　南								
湖　　北		3 800						435
湖　　南								
广　　东								
广　　西		840			5 500			
海　　南								
重　　庆								
四　　川								
贵　　州								
云　　南								
陕　　西								
甘　　肃								
青　　海								
宁　　夏								
新疆（兵团）			3 602	976				
新疆（农业）								
新疆（畜牧）								
热 科 院								
广　　州								
南　　京						35	35	

6－3续表27

地　　区	铸造机械（台）	机床数控装置（套）	输送机械（输送机和提升机）（吨）	泵（包括工业泵和农用水泵）（万台）	其中：真空泵（台）	阀门（吨）	滚动轴承（万套）	齿轮（吨）
全国农垦	**5**	**787**	**2 157**	**32 528**	**13 628**	**9 891**	**742**	**2 087**
北　　京							8	
天　　津								
河　　北		787	2 137	13 600	5 200			
山　　西								
内 蒙 古								
辽　　宁								
吉　　林								
黑 龙 江								
上　　海							700	
江　　苏								
浙　　江								
安　　徽								
福　　建								
江　　西								1 762
山　　东				10 500				
河　　南								
湖　　北						9 423		
湖　　南								
广　　东								
广　　西							34	325
海　　南								
重　　庆								
四　　川								
贵　　州								
云　　南								
陕　　西								
甘　　肃								
青　　海								
宁　　夏								
新疆（兵团）	5		20	8 428	8 428			
新疆（农业）								
新疆（畜牧）								
热 科 院								
广　　州								
南　　京						468		

6－3 续表 28

地　　区	风机（台）	衡器（秤）（台）	包装专用设备（台）	金属密封件（万件）	金属紧固件（吨）	弹簧（吨）	减速机（台）	矿山专用设备（吨）
全国农垦	**15 416**	**3 440**	**450**	**10**	**30 723**	**1 730**	**2 121**	**12 323**
北　　京								
天　　津								
河　　北								12 149
山　　西								
内 蒙 古								
辽　　宁								
吉　　林								
黑 龙 江								
上　　海					20 650			
江　　苏							2 121	
浙　　江								
安　　徽								
福　　建								
江　　西								
山　　东								
河　　南								
湖　　北	14 762							
湖　　南								
广　　东								
广　　西								
海　　南								
重　　庆								
四　　川								
贵　　州								
云　　南								
陕　　西								
甘　　肃								
青　　海								
宁　　夏								
新疆（兵团）	654	3 440	450	10	10 073	1 730		174
新疆（农业）								
新疆（畜牧）								
热 科 院								
广　　州								
南　　京								

6－3续表29

地　　区	石油钻井设备台（套）	挖掘、铲土运输机械（台）	其中：挖掘机（台）	混凝土机械（台）	金属冶炼设备（吨）	金属轧制设备（吨）	塑料加工专用设备（台）	模具（套）
全国农垦	**1 520**	**197**	**197**	**8 164**	**1 110**	**138**	**89**	**61 900**
北　　京								
天　　津								
河　　北					1 110			23 000
山　　西								
内 蒙 古								
辽　　宁								
吉　　林								
黑 龙 江								
上　　海								
江　　苏								
浙　　江								
安　　徽								
福　　建								35 316
江　　西								
山　　东								
河　　南								
湖　　北	1 520	197	197			138	89	3 584
湖　　南								
广　　东								
广　　西				8 164				
海　　南								
重　　庆								
四　　川								
贵　　州								
云　　南								
陕　　西								
甘　　肃								
青　　海								
宁　　夏								
新疆（兵团）								
新疆（农业）								
新疆（畜牧）								
热 科 院								
广　　州								
南　　京								

6-3 续表 30

地　区	农产品初加工机械（台）	饲料加工机械（台）	大型拖拉机（台）	中型拖拉机（台）	小型拖拉机（台）	收获机械（台）	谷物收获机械（台）	收获后处理机械（台）
全国农垦	**1 480**	**11**	**1 867**	**4**	**36 973**	**1 409**	**534**	**5 625**
北京								
天津								
河北								
山西								
内蒙古								5 224
辽宁	7	2						
吉林								
黑龙江						534	534	
上海								
江苏								
浙江								
安徽								
福建								
江西								
山东								
河南								
湖北	65	9			36 965			
湖南								
广东								
广西	589		1 865			631		
海南	128							
重庆								
四川								
贵州								
云南								189
陕西								
甘肃								
青海			2	4	8			
宁夏								
新疆（兵团）	691					244		212
新疆（农业）								
新疆（畜牧）								
热科院								
广州								
南京								

6－3 续表 31

地　　区	棉花加工机械（台）	环境污染防治专用设备台（套）	固体废弃物处理设备（台）	改装汽车（辆）	发电机组（发电设备）（千瓦）	其中：水轮发电机组（千瓦）	风力发电机组（千瓦）
全国农垦	**441**	**324**	**324**	**1 022**	**473 301**	**4 500**	**454 801**
北　　京							
天　　津							
河　　北				605			
山　　西							
内 蒙 古							
辽　　宁							
吉　　林							
黑 龙 江							
上　　海							
江　　苏							
浙　　江							
安　　徽				150			
福　　建		324	324		14 000		
江　　西					4 500	4 500	
山　　东							
河　　南							
湖　　北							
湖　　南							
广　　东							
广　　西							
海　　南							
重　　庆							
四　　川							
贵　　州							
云　　南							
陕　　西							
甘　　肃							
青　　海							
宁　　夏							
新疆(兵团)	441			267	454 801		454 801
新疆(农业)							
新疆(畜牧)							
热 科 院							
广　　州							
南　　京							

6-3 续表 32

地　　区	变压器（千伏安）	互感器（台）	高压开关板（面）	低压开关板（面）	通信及电子网络用电缆（对千米）	电力电缆（千米）	锂离子电池只（自然只）	铅酸蓄电池（千伏安时）
全国农垦	**4 472 446**	**47 135**	**4 472**	**489 173**	**962 250**	**151 555**	**26 540 489**	**660 312**
北　　京								
天　　津						53 953		
河　　北		749					4 587 000	
山　　西								
内 蒙 古								
辽　　宁								
吉　　林								
黑 龙 江								
上　　海								
江　　苏								
浙　　江								
安　　徽								
福　　建								
江　　西								
山　　东								
河　　南								
湖　　北	4 461 565				962 250	58 289	21 586 434	660 312
湖　　南								
广　　东								
广　　西						33 027	367 055	
海　　南								
重　　庆								
四　　川								
贵　　州								
云　　南								
陕　　西								
甘　　肃								
青　　海								
宁　　夏								
新疆（兵团）	10 881	46 386	4 472	489 173		6 286		
新疆（农业）								
新疆（畜牧）								
热 科 院								
广　　州								
南　　京								

6-3 续表 33

地　区	家用电冰箱（台）	房间空气调节器（台）	家用洗衣机（台）	太阳能热水器（平方米）	灯具及照明装置套（台、个）	服务器（台）	显示器（台）	平板显示器（台）
全国农垦	**75**	**1 888 332**	**80**	**1 903 188**	**28 637**	**146**	**251 700**	**14 826**
北　京								
天　津								
河　北					23 000			
山　西								
内蒙古								
辽　宁								
吉　林								
黑龙江								
上　海								
江　苏				1 902 388				
浙　江								
安　徽								
福　建								
江　西		100 000		800		146	251 700	14 826
山　东								
河　南								
湖　北		1 788 332						
湖　南								
广　东								
广　西								
海　南								
重　庆								
四　川								
贵　州								
云　南								
陕　西								
甘　肃								
青　海								
宁　夏								
新疆（兵团）					5 637			
新疆（农业）								
新疆（畜牧）	75		80					
热科院								
广　州								
南　京								

6－3 续表 34

地　区	移动通信手持机（手机）（台）	集成电路（万块）	电子元件（万只）	工业自动调节仪表与控制系统台（套）	电工仪器仪表（台）	汽车仪器仪表（台）	光学仪器台（个）	船舶修理（载重吨）
全国农垦	**32 000 000**	**330**	**128 990**	**1 669**	**7 302**	**28 690**	**25 316**	**7 947**
北　京			43					
天　津								
河　北								
山　西								
内蒙古								
辽　宁								
吉　林								
黑龙江								
上　海								
江　苏			46 850					
浙　江								
安　徽								
福　建			3				25 316	
江　西	32 000 000	330	11 078					
山　东								
河　南								
湖　北			9 527					7 925
湖　南								
广　东								
广　西			61 489			28 690		
海　南								
重　庆								
四　川								
贵　州								
云　南								
陕　西								
甘　肃								22
青　海								
宁　夏								
新疆（兵团）				1 669	6 206			
新疆（农业）								
新疆（畜牧）								
热科院								
广　州								
南　京					1 096			

6－3续表35

地　　区	发电量（万千瓦时）	＃火电（万千瓦时）	水电（万千瓦时）	风力发电量（万千瓦时）	太阳能发电（万千瓦时）	生物质能发电（万千瓦时）	供热量（万吉焦）	自来水生产量（万米³）
全国农垦	**6 223 450**	**5 581 680**	**266 117**	**258 520**	**117 054**	**80**	**10 951**	**311 836**
北　　京								
天　　津								
河　　北	149 648			149 648				
山　　西								
内 蒙 古	8 000			8 000			44	143
辽　　宁								
吉　　林								
黑 龙 江	102 361	66 966		35 395			2 932	5 453
上　　海								
江　　苏								
浙　　江	30 177	30 177						
安　　徽								303
福　　建	11 342		11 342					3 607
江　　西	76 743		76 743					508
山　　东								
河　　南								38
湖　　北	14 449	12 919	1 450			80		10 228
湖　　南	6 733		6 733					
广　　东	16 154	14 281	1 873					
广　　西	20 049	18 259	1 790					7 487
海　　南	14 493		7 693		6 800			
重　　庆								
四　　川	2 159		2 159					
贵　　州	120		120					
云　　南	38 748		38 748					
陕　　西								
甘　　肃								
青　　海								
宁　　夏								
新疆(兵团)	5 719 042	5 427 463	115 849	65 477	110 254		7 975	17 985
新疆(农业)	1 467		1 467					
新疆(畜牧)	11 765	11 615	150					266 084
热 科 院								
广　　州								
南　　京								

6－4 农垦大中型工业

企业名称	行业类别	中型	增加值（现价）（万元）	排序
河北省中国石油天然气股份有限公司冀东油田分公司	石油和天然气开采	大型	715 093	1
黑龙江九三粮油工业集团有限公司	大豆加工	大型	395 536	2
新疆天业股份有限公司（母公司）	无机碱制造	大型	371 157	3
＊光明乳业股份有限公司	乳制品制造	龙头	345 456	4
江苏正大天晴药业股份有限公司	医药	大型	290 113	5
河北省中海石油中捷石化	石油加工	中型	274 236	6
五家渠中基蕃茄制品有限责任公司	蔬菜、水果罐头制造	中型	246 537	7
伊犁伊力特玻璃制品有限公司	玻璃包装容器制造	中型	228 501	8
＊海南天然橡胶产业集团股份有限公司	农业	龙头	225 551	9
天辰化工有限公司	初级形态塑料及合成树脂制造	大型	198 709	10
河北省唐山文丰机械设备有限公司	黑色金属冶炼压延业加工	中型	184 255	11
益海嘉里（武汉）粮油工业有限公司	食品加工	中型	174 728	12
＊广西农垦糖业集团股份有限公司	农副食品加工业	大型	167 327	13
光明乳业股份有限公司	乳制品制造	大型	163 435	14
新疆阿拉尔新农塑业有限公司	塑料薄膜制造	中型	163 163	15
湖南正虹科技发展有限公司	饲料加工业	大型	159 285	16
＊农工商超市（集团）有限公司	超级市场零售	龙头	152 349	17
新疆昌恒纺织有限责任公司	棉纺纱加工	中型	123 246	18
江西省鸭鸭股份公司	机织服装制造	中型	103 917	19
河北省蒙牛塞北乳业有限公司	乳品制造业	中型	100 514	20
伊犁南岗化工有限责任公司	初级形态塑料及合成树脂制造	大型	100 460	21
浙江红剑集团有限公司	合成纤维	大型	89 121	22
新疆动力源生物科技有限公司	酒精制造	中型	87 440	23
江西回圆服饰有限公司	机织服装制造	大型	81 762	24
武汉凌云科技集团有限责任公司	机电产品	大型	80 411	25
武汉玛丽文化用品有限公司	文化用品	大型	77 090	26
河北省蒙牛乳业（察北）有限公司	乳品制造	中型	75 647	27
广西中国重汽集团柳州运力专用汽车有限公司	汽车制造业	中型	74 875	28
＊上海牛奶（集团）有限公司	企业总部管理	龙头	74 851	29
TCL 空调器（武汉）有限公司	机电产品	大型	74 629	30
北京三元食品股份有限公司	液体乳及乳制品制造业	中型	74 434	31
黑龙江省完达山乳业股份有限公司	生产奶粉	大型	71 817	32
南京正大天晴制药有限公司	医药	中型	67 906	33
江西深傲服装有限公司	机织服装制造	中型	67 570	34
山东东营齐润化工有限公司	石油化工	中型	62 128	35
湖北武汉双汇食品有限公司	食品制造	大型	59 470	36

企业、龙头企业一览表

总产值（现价）（万元）	排序	销售产值（万元）	排序	年末资产总额（万元）	排序	固定资产原值年末数（万元）	排序	年平均从业人员（人）	排序
840 095	11	837 686	11	2 639 423	5	4 384 856	2	7 652	5
37 004 378	1	39 140 516	1	33 266 430	1	5 323 549	1	4 001	16
1 305 793	6	1 188 271	7	1 965 247	6	1 654 166	6	1 963	46
1 330 273	5	1 336 661	5	1 775 041	8	486 271	22	20 769	3
607 849	16	607 849	16	434 534	37	129 408	50	4 260	15
1 874 245	4	1 752 310	4	850 640	20	650 000	13	1 097	90
321 658	35	321 658	34	962 683	17	624 940	15	720	144
1 287 010	7	1 232 611	6	1 551 866	10	813 034	11	303	375
1 173 639	8	1 110 832	8	1 237 173	13	2 301 112	4	60 967	1
400 787	28	322 953	33	820 968	21	638 702	14	5 267	11
526 437	19	494 410	19	535 550	30	19 961	213	1 330	66
753 138	12	537 506	18	336 743	46	69 687	85	528	222
476 060	21	403 007	25	716 598	22	387 255	25	6 811	9
557 404	17	553 072	17	953 175	18	215 327	36	6 868	8
406 847	27	372 575	27	1 326 483	12	906 986	9	309	367
265 896	42	249 862	44	123 155	93	63 912	90	5 935	10
10 600	387	9 991	391	1 007 753	14	265 943	31	31 073	2
167 740	64	167 740	63	185 939	64	46 968	118	451	264
496 022	20	490 062	20	128 238	91	19 112	219	3 015	24
346 601	32	297 044	36	108 398	111	39 760	138	322	354
295 219	38	295 176	37	981 348	15	702 008	12	1 020	96
425 319	24	422 549	23	272 410	53	123 414	54	2 006	43
350 845	30	350 845	29	1 391 903	11	487 720	21	672	158
414 174	26	402 541	26	128 541	90	12 659	289	3 510	20
295 410	37	295 173	38	315 630	49	136 363	48	2 656	33
272 017	41	197 763	53	139 981	81	16 080	254	1 000	98
260 993	44	260 490	43	42 016	229	22 653	201	526	224
204 100	55	193 875	56	84 150	135	21 300	206	671	161
252 648	46	276 333	41	592 184	25	165 476	41	3 830	17
347 921	31	337 599	31	122 264	95	11 784	295	2 030	42
435 511	22	427 270	21	418 202	39	216 801	35	7 706	4
3 634 130	2	3 642 060	2	3 769 870	3	2 437 100	3	5 147	13
142 329	78	142 329	76	101 516	118	25 628	187	1 450	59
344 794	33	331 860	32	46 239	216	2 702	432	787	129
644 921	14	664 831	13	380 194	42	77 687	77	573	197
233 126	49	194 812	54	78 184	145	32 639	161	2 256	39

6-4续表1

企业名称	行业类别	中型	增加值（现价）（万元）	排序
伊犁玖红硅业有限公司	其他稀有金属冶炼	中型	57 925	37
武汉统一企业食品有限公司	食品制造	大型	56 777	38
广西柳州市威鹏汽车配件制造有限公司	汽车制造业	中型	56 492	39
湖北友芝友乳业有限责任公司	食品制造	中型	52 809	40
重庆市天友乳业股份有限公司	乳制品制造	大型	50 588	41
新疆天业节水灌溉股份有限公司	塑料板、管、型材制造	大型	50 510	42
*上海蔬菜（集团）有限公司	企业总部管理	龙头	46 098	43
新疆华世丹药业股份有限公司	化学药品制剂制造	中型	45 511	44
黑龙江省北大荒肉业有限公司	分割肉产品	大型	45 299	45
浙江协和集团	镀锌板	中型	41 995	46
武汉虹之彩包装印刷有限公司	印刷包装	中型	41 950	47
燕京啤酒（阿拉尔）有限公司	啤酒制造	中型	41 903	48
广西农垦糖业集团昌菱制糖有限公司	农副食品加工业	中型	41 678	49
广西柳州市动力宝电源科技有限公司	通用设备制造业	中型	41 161	50
*广东省东方剑麻集团有限公司	农业	大型	40 965	51
新疆大黄山鸿基焦化有限责任公司	炼焦	大型	38 931	52
联塑科技发展（武汉）有限公司	塑料制品	中型	37 321	53
江西省德兴市百勤异vc钠有限公司	化工	中型	36 270	54
湖南正虹海原绿色食品有限公司	肉制品加工业	中型	36 221	55
广东广垦糖业集团公司	制糖业	大型	35 696	56
吉林省四平市慧良牧业有限公司	食品制造业	中型	35 000	57
新疆光大山河化工科技有限公司	其他家用纺织制成品制造	中型	34 791	58
*广西农垦明阳生化集团股份有限公司	农副食品加工业	大型	34 391	59
武汉娃哈哈恒枫饮料有限公司	饮料酒类	中型	33 805	60
吉林省延边宝利祥蜂业有限公司	农副食品加工业	小型	33 210	61
东风（武汉）实业有限公司	汽车制造	中型	32 277	62
*光明米业（集团）有限公司	米、面制品及食用油批发	龙头	32 052	63
*广西农垦永新畜牧集团有限公司	畜牧业	大型	31 599	64
上海石库门酿酒有限公司	黄酒制造	大型	30 831	65
河北省张家口察哈尔乳业有限公司	乳品制造	中型	30 641	66
江苏正大丰海制药有限公司	医药	中型	29 482	67
广西农垦糖业集团防城精制糖有限公司	农副食品加工业	中型	29 116	68
武汉际华三五零六纺织服装有限公司	纺织业	中型	28 927	69
石河子开发区天业化工有限责任公司	初级形态塑料及合成树脂制造	大型	28 877	70
武汉百事可乐饮料有限公司	饮料酒类	大型	28 420	71
东风扬子江汽车（武汉）有限责任公司	汽车制造	大型	27 256	72
新疆生产建设兵团农八师天山铝业有限公司	铝冶炼	大型	27 251	73

总产值（现价）（万元）	排序	销售产值（万元）	排序	年末资产总额（万元）	排序	固定资产原值年末数（万元）	排序	年平均从业人员（人）	排序
88 479	111	86 423	107	320 631	47	216 815	34	256	404
214 415	52	214 415	49	149 071	76	94 378	66	2 831	27
151 378	71	143 810	74	39 262	240	19 400	218	714	145
236 600	48	236 600	47	57 726	180	49 043	109	531	219
200 000	56	198 450	52	120 340	98	90 057	67	2 583	35
140 033	80	140 033	77	633 135	23	552 532	18	1 207	71
				419 540	38	125 634	51	2 553	36
259 082	45	249 326	45	319 956	48	98 589	62	588	190
3 411 320	3	3 238 200	3	1 701 190	9	537 082	20	2 972	25
374 319	29	361 169	28	250 080	56	49 158	108	647	170
148 023	74	125 784	82	96 787	123	16 433	248	540	214
211 461	54	201 650	51	275 650	52	124 721	52	429	274
105 275	100	53 140	167	133 168	88	80 649	73	873	114
109 811	94	104 320	96	20 113	320	9 900	316	686	153
87 254	114	24 788	263	97 838	121	65 720	89	2 938	26
60 053	150	60 053	145	133 957	84	110 434	59	1 629	50
123 537	86	121 330	84	78 492	144	18 027	226	477	245
107 705	97	60 000	146	14 605	355	8 156	342	558	207
44 982	189	40 891	199	16 188	345	11 512	297	541	213
134 195	83	121 089	85	133 252	86	84 746	70	1 726	49
193 610	58	193 610	57	64 670	173	30 810	164	102	444
104 539	101	104 539	95	490 143	31	172 687	40	480	243
90 729	110	86 111	109	391 568	41	46 816	119	1 206	72
127 664	85	98 760	101	53 790	198	42 527	127	392	304
33 000	237	30 000	242	69 230	165	39 830	137	65	455
113 931	89	113 931	88	72 205	159	22 913	200	648	167
111 312	93	114 285	87	349 677	45	138 293	46	2 770	30
68 940	135	67 022	131	32 029	273	7 194	354	550	210
97 016	108	95 796	102	160 378	71	75 431	80	1 284	68
96 659	109	60 572	144	19 077	328	25 606	188	187	428
75 927	129	75 927	119	73 123	155	19 958	214	960	104
84 845	118	83 779	112	76 826	148	47 484	116	745	137
101 180	104	86 221	108	44 219	221	16 534	247	1 128	81
57 216	158	53 249	166	629 302	24	146 355	44	1 105	86
107 327	98	99 344	99	50 140	207	20 455	211	1 121	82
102 196	103	64 840	133	147 751	77	26 591	180	1 130	80
151 041	72	151 041	69	27 317	291	14 742	272	4 916	14

6-4 续表 2

企业名称	行业类别	中型	增加值（现价）（万元）	排序
华芳石河子纺织有限公司	棉纺纱加工	中型	27 021	74
阿拉尔新农棉浆有限责任公司	化纤浆粕制造	中型	26 304	75
上海冠生园食品有限公司	糖果、巧克力制造	大型	26 166	76
*黑龙江红兴隆农垦弘盛粮油加工有限公司	谷物加工	龙头	26 053	77
*广东省燕塘乳业有限公司	食品制造业	中型	25 410	78
广西柳州市双飞汽车电器配件制造有限公司	汽车制造业	大型	25 363	79
新疆蒙鑫水泥有限公司	水泥制造	中型	25 318	80
辽宁华润雪花啤酒（鞍山）有限公司	饮料制造业	中型	24 602	81
*广东省丰收糖业发展有限公司	制糖业	大型	24 493	82
奎屯天北矿业投资有限责任公司	烟煤和无烟煤开采洗选	中型	24 402	83
新疆梅花氨基酸有限责任公司	其他调味品、发酵制品制造	大型	23 790	84
广西东正木业有限公司	木材加工和木、竹、藤、棕、草制品业	中型	23 723	85
广西农垦糖业集团柳兴制糖有限公司	农副食品加工业	中型	23 611	86
江西中国黄金集团金山矿业有限公司	黄金采选业	中型	23 560	87
广西柳州市永兴赛福机械制造有限公司	通用设备制造业	中型	23 488	88
新疆生产建设兵团第四师电力有限责任公司	电力供应	中型	23 317	89
武汉航达航空科技发展有限公司	交通运输	中型	23 235	90
辽宁大成（铁岭）农牧有限公司	农副食品加工业	中型	22 487	91
江西省共青焕利实业有限公司	机织服装制造	中型	22 360	92
华润雪花啤酒（武汉）有限公司	饮料酒类	大型	22 252	93
武汉长玻璃（汉南）有限公司	建材玻璃	中型	22 194	94
*上海都市农商社有限公司	其他企业管理服务	龙头	22 150	95
钓鱼台医药集团吉林天强制药股有限公司	医药制造业	中型	21 780	96
湖北周黑鸭食品工业园有限公司	食品制造	中型	21 666	97
西夏嘉酿啤酒有限公司	啤酒制造	大型	21 661	98
浙江中大饲料	饲料加工	中型	21 364	99
光明乳业（德州）有限公司	乳制品制造	大型	21 335	100
北京市华都峪口禽业有限责任公司	饲养加工业	大型	21 294	101
新疆农六师大黄山豫新煤业有限公司	烟煤和无烟煤开采洗选	中型	20 808	102
河北省唐山北田油气开发有限公司	石油天然气	中型	20 807	103
北京艾莱发喜食品有限公司	液体乳及乳制品制造业	中型	20 036	104
上海乳品四厂有限公司	乳制品制造	中型	19 885	105
江西省共青城金源服装有限公司	机织服装制造	中型	19 572	106
武汉径河化工有限公司	化工制造	中型	19 406	107
伟福科技工业（武汉）有限公司	食品制造	中型	19 098	108
河北省现代牧业（察北）有限公司	乳品制造	中型	18 575	109
吉林省四平市种鹿场有限公司	农副食品加工业	中型	18 505	110

总产值（现价）（万元）	排序	销售产值（万元）	排序	年末资产总额（万元）	排序	固定资产原值年末数（万元）	排序	年平均从业人员（人）	排序
178 392	62	106 747	94	237 247	58	76 856	79	912	110
154 755	69	152 102	67	154 685	73	89 562	68	361	320
53 876	167	51 080	173	116 739	101	4 519	400	1 162	77
930 410	10	930 410	10	461 228	33			300	379
112 129	92	116 213	86	91 609	127	29 868	169	962	103
66 394	138	66 394	132	35 000	257	15 890	257	2 350	37
42 641	197	30 394	239	84 092	136	43 452	124	400	293
39 016	211	39 347	207	27 482	289	27 051	177	617	176
81 643	123	79 213	115	133 252	86	56 737	100	917	108
83 111	122	83 198	113	32 185	271	7 015	356	732	141
109 267	96	108 045	92	250 983	55	113 799	57	3 708	18
12 306	371	11 808	377	16 993	339	8 937	326	321	355
70 903	133	64 408	134	103 534	115	52 443	103	860	117
87 594	113	60 000	146	39 460	238	16 807	244	752	135
62 069	146	58 965	149	47 760	214	8 408	336	387	306
155 939	68	142 531	75	400 893	40	199 908	39	596	183
100 323	105	72 576	125	63 350	175	16 228	251	316	360
107 081	99	107 081	93	12 013	384	9 325	321	984	99
113 292	90	113 292	89	16 123	347	3 869	410	410	290
60 617	149	60 729	142	115 905	103	58 424	97	1 063	91
81 639	124	79 399	114	108 494	110	57 396	99	881	113
77 435	127	77 773	117	187 760	63	59 648	95	1 565	53
54 450	165	52 360	170	80 826	138	61 204	94	160	433
84 930	117	84 930	110	29 169	282	1 744	447	403	292
57 670	156	58 037	150	60 993	178	46 535	122	620	175
114 082	88	95 023	103	61 536	177	16 111	253	310	366
147 371	75	143 945	72	56 313	188	27 256	175	1 104	88
113 027	91	113 027	90	110 363	109	82 069	72	3 678	19
64 384	139	52 403	169	78 669	143	39 840	136	1 055	92
41 614	201	41 614	198	37 478	244	1 552	449	345	341
87 631	112	86 488	106	66 043	168	17 033	242	675	156
74 843	130	74 844	122	29 709	280	12 099	293	572	198
98 841	107	98 841	100	16 521	343	2 687	433	523	226
62 560	143	62 457	140	26 841	295	5 614	381	351	333
67 413	137	67 413	130	55 723	190	39 341	140	640	171
58 048	154	56 817	154	116 347	102	123 021	56	515	229
71 180	132	68 337	129	165 522	67	96 937	64	1 386	64

6－4 续表 3

企业名称	行业类别	中型	增加值（现价）（万元）	排序
武汉艾帕克汽车配件有限公司	汽车配件	中型	18 064	111
新疆昌平矿业有限责任公司	烟煤和无烟煤开采洗选	中型	18 060	112
＊广东省广前糖业发展有限公司	制糖业	中型	17 799	113
河北省唐山市汉沽利源金属制品有限公司	黑色金属冶炼压延业	中型	17 616	114
武汉光明乳品有限公司	食品制造	中型	17 418	115
＊广西农垦国有金光农场	农业	大型	17 195	116
荷贝克电源系统（武汉）有限公司	机电产品	中型	17 015	117
新疆绿翔牧业有限责任公司	牲畜屠宰	中型	16 599	118
广西农垦糖业集团红河制糖有限公司	农副食品加工业	中型	16 414	119
广西南宁市恒丰化肥有限责任公司	化学原料和化学制品制造业	中型	16 259	120
武汉森六汽车配件有限公司	汽车配件	中型	16 092	121
新疆锦域纺织有限公司	棉纺纱加工	中型	16 045	122
河北省唐山市蓝欣玻璃有限公司	非金属矿物制造业	中型	15 939	123
黑龙江北大荒药业有限公司	中成药制造	中型	15 920	124
河北省唐山冀东石油机械有限公司	烘炉、熔炉、电炉制造业	中型	15 877	125
新疆庆回归化肥有限公司	复混肥料制造	中型	15 752	126
天津光明梦得乳品有限公司	乳制品制造	中型	15 654	127
黑龙江北大荒薯业	马铃薯精淀粉、粉丝、粉皮、全粉生产销售	中型	15 549	128
承德苏垦银河连杆股份有限公司	机械	中型	15 478	129
新疆农六师煤电有限公司	火力发电	大型	15 395	130
武汉采之韵服饰有限公司	服装加工	大型	15 269	131
湖北建华管桩有限公司	建筑建材	中型	15 267	132
黑龙江北大荒丰缘集团有限公司	面粉加工	大型	15 032	133
武汉非凡电源有限公司	机电产品	中型	14 574	134
甘肃莫高实业发展股份有限公司	制造业	中型	14 520	135
新疆华兴玻璃有限公司	玻璃包装容器制造	中型	14 357	136
上海梅林食品有限公司	肉、禽类罐头制造	中型	14 312	137
广西南宁明源木业有限公司	木材加工和木、竹、藤、棕、草制品业	中型	14 197	138
广西康明斯工业动力有限公司	汽车制造业	中型	14 182	139
新疆伊力特实业股份有限公司	白酒制造	大型	13 954	140
＊广西农垦永新畜牧集团西江有限公司	畜牧业	龙头	13 725	141
辽宁阜新市驰宇石油机械有限公司	石油钻采专用设备制造	中型	13 718	142
新疆兵团农五师新赛精纺有限公司	棉纺纱加工	中型	13 607	143
新疆鑫能天源碳化硅有限公司	其他非金属矿物制品制造	中型	13 493	144
吉林省四平金满春保健科技有限公司	食品制造业	中型	13 464	145
奎屯锦孚纺织有限公司	棉纺纱加工	中型	13 441	146
广东省燕塘亨氏联合有限公司	食品制造业	中型	13 439	147

总产值（现价）（万元）	排序	销售产值（万元）	排序	年末资产总额（万元）	排序	固定资产原值年末数（万元）	排序	年平均从业人员（人）	排序
63 763	140	63 763	138	73 763	153	78 070	76	571	199
45 942	187	45 942	185	33 953	260	35 166	154	1 020	96
86 586	115	44 052	190	114 562	104	104 355	60	829	125
62 470	144	60 656	143	18 698	330	6 247	363	2 745	31
78 038	126	78 038	116	32 730	267	13 409	283	458	261
26 778	256	22 618	274	158 161	72	14 935	267	2 229	40
62 464	145	61 201	141	33 165	264	17 399	237	460	259
31 284	241	31 059	234	73 090	156	35 470	153	332	348
53 808	169	48 248	178	65 108	171	47 946	115	666	162
43 680	193	43 680	192	4 714	451	5 514	384	475	247
56 803	159	56 803	155	48 877	211	38 402	145	416	286
38 193	214	38 279	211	120 874	97	98 061	63	420	284
54 959	164	53 365	165	39 912	237	28 786	172	1 482	55
420 708	25	413 544	24	579 990	26	371 232	26	1 548	54
39 693	207	39 693	203	35 898	253	7 956	344	201	422
61 493	147	64 300	135	111 174	107	39 663	139	379	311
140 266	79	136 219	79	79 843	140	35 688	152	437	270
694 162	13	685 766	12	1 917 778	7	1 246 431	8	797	128
39 477	209	37 433	213	44 329	220	23 003	199	757	132
43 988	192	43 988	191	276 675	51	208 447	37	1 116	83
53 408	173	53 408	163	55 722	191	10 774	305	966	102
54 447	166	54 447	160	28 053	286	16 129	252	735	140
1 059 397	9	974 084	9	2 882 928	4	1 353 496	7	1 356	65
53 610	171	57 571	152	47 445	215	19 725	216	948	107
38 500	212	30 829	236	121 901	96	63 025	91	1 200	74
69 456	134	69 456	128	71 468	161	68 544	87	320	357
53 862	168	51 817	172	35 017	256	17 600	232	536	216
39 874	206	39 447	205	12 750	379	7 376	350	255	405
38 143	215	36 237	217	13 970	364	211	472	308	368
46 010	186	46 010	184	44 161	222	17 782	229	2 338	38
27 622	251	28 600	247	10 448	397	4 713	397	203	420
43 000	195	42 430	194	4 381	453	9 227	322	188	427
36 767	220	30 037	240	71 765	160	5 751	377	359	324
46 788	185	46 788	180	57 721	181	34 906	156	530	220
51 789	174	49 717	176	92 813	125	51 980	105	386	308
40 549	202	39 413	206	32 896	266	29 995	167	1 575	51
42 243	198	41 919	195	23 569	308	13 705	280	617	176

6－4续表4

企业名称	行业类别	中型	增加值（现价）（万元）	排序
广西南宁市横县君盈纸业公司	造纸和纸制品业	中型	13 436	148
阿拉尔青松化工有限责任公司	无机碱制造	中型	13 309	149
新疆嘉和毛纺织有限公司	毛织造加工	中型	13 188	150
黑龙江省清河泉米业有限责任公司	水稻加工	中型	13 168	151
重庆星星套装门（集团）有限责任公司	农产品加工	大型	13 151	152
＊重庆万吨冷储物流有限公司	仓储业	龙头	13 151	153
新疆农六师铝业有限公司	铝冶炼	中型	13 128	154
广州光明乳品有限公司	乳制品制造	大型	13 123	155
康地饲料（中国）有限公司	饲料产品	中型	13 004	156
浙江杭申集团	日用电器	中型	12 851	157
云垦集团电力公司	水力发电	中型	12 698	158
江西省共青城赛龙通信技术有限责任公司	通信终端设备制造	大型	12 470	159
新疆昆仑钢铁有限公司	钢压延加工	中型	12 430	160
黑龙江省农垦总局建三江分局电业局	电力供应	中型	12 374	161
广西农垦糖业集团良圻制糖有限公司	农副食品加工业	中型	12 359	162
天能化工有限公司	初级形态塑料及合成树脂制造	中型	12 354	163
新疆天智辰业化工有限公司	合成纤维单（聚合）体制造	中型	12 341	164
乌鲁木齐西城热力有限公司	热力生产和供应	中型	12 322	165
广西农垦糖业集团金光制糖有限公司	农副食品加工业	中型	12 285	166
湖北省龙感湖力达棉花纺织有限公司	纺织加工	中型	12 006	167
广西上上糖业有限公司	制糖业	大型	11 933	168
武汉电信光电科技有限公司	通讯电子	中型	11 922	169
广州风行牛奶有限公司	液体乳及乳制品	中型	11 661	170
河北滦平华都食品有限公司	食品加工业	大型	11 574	171
新疆青松建材化工（集团）股份有限公司	水泥制造	中型	11 569	172
伊力特煤化工有限责任公司	炼焦	中型	11 533	173
哈密星鑫镍铁合金有限责任公司	炼铁	中型	11 514	174
新疆叶河源果业股份有限公司	水果和坚果加工	中型	11 486	175
江西省共青城欧唯诺太阳能科技股份有限公司	光伏设备及元器件制造	中型	11 420	176
黑龙江省光明松鹤乳品有限责任公司	乳制品制造	大型	11 233	177
武汉金鼎食品有限公司	食品制造	中型	11 160	178
广西农垦糖业集团黔江制糖有限公司	农副食品加工业	中型	10 697	179
武汉新世界制冷工业有限公司	机电产品	中型	10 693	180
广西柳州湖桥汽配有限公司	汽车制造业	中型	10 619	181
湖北卓尔雪龙纺织有限公司	纺织加工	中型	10 571	182
江西南昌济生制药厂	中成药	中型	10 505	183
＊河北省唐山市腾龙畜禽养殖有限公司	畜牧业	龙头	10 440	184

总产值（现价）（万元）	排序	销售产值（万元）	排序	年末资产总额（万元）	排序	固定资产原值年末数（万元）	排序	年平均从业人员（人）	排序
44 849	190	44 800	186	9 755	404	7 900	345	471	248
26 859	255	26 813	253	65 394	170	52 337	104	465	252
23 408	277	20 198	294	58 133	179	38 462	144	528	222
427 240	23	427 240	22	176 380	66	839 560	10	388	305
191 395	59	191 396	58	66 549	166	39 907	135	5 201	12
12 493	369	12 493	366	55 776	189	17 755	230	325	351
17 737	324	15 063	337	91 870	126	84 253	71	3 125	23
53 515	172	53 369	164	25 638	298	16 001	255	1 206	72
57 952	155	57 952	151	22 717	313	3 667	413	300	379
85 543	116	87 074	105	248 997	57	30 646	165	858	118
25 378	263	25 378	260	32 332	270	41 033	132	591	189
634 058	15	634 058	14	269 113	54	165 154	42	2 600	34
37 022	219	36 207	218	13 095	375	10 961	302	1 400	63
313 530	36	313 530	35	485 996	32	591 287	16	562	203
34 537	233	33 570	228	43 666	223	17 159	240	594	186
34 051	236	33 426	229	103 072	117	77 254	78	7 480	7
35 481	228	34 784	224	22 957	310	12 792	286	1 982	45
30 203	244	29 302	245	161 350	70	40 139	134	294	391
35 788	225	35 476	221	97 072	122	39 321	141	902	111
47 351	184	46 659	182	33 150	265	20 689	209	1 030	94
128 027	84	71 774	126	53 839	197	58 571	96	984	99
44 335	191	44 335	188	19 700	321	3 334	421	395	301
36 416	222	51 958	171	52 263	201	10 502	312	1 116	83
179 324	61	181 795	60	104 721	113	52 850	102	3 415	21
55 795	160	63 883	137	104 242	114	68 861	86	1 465	57
17 569	325	14 439	344	70 421	163	29 627	170	525	225
43 270	194	44 272	189	33 432	263	26 033	186	395	301
29 269	246	28 005	248	29 946	279	26 738	179	823	126
78 503	125	70 652	127	76 044	150	14 562	274	420	284
84 650	119	91 893	104	85 872	133	38 372	146	1 440	60
37 973	216	27 871	251	14 592	357	5 538	382	493	235
28 582	248	24 585	264	25 614	300	17 574	233	533	218
37 663	217	35 602	220	45 014	218	21 480	205	839	123
27 639	250	26 257	255	212 650	61	4 692	398	200	423
35 238	229	34 786	223	25 536	301	10 520	311	740	139
48 866	180	46 238	183	23 569	308	8 822	328	1 160	78
18 000	323	18 000	310	11 483	390	4 300	405	203	420

6－4续表5

企业名称	行业类别	中型	增加值（现价）（万元）	排序
北京大发正大有限公司	饲养加工业	大型	10 383	185
湖北黄冈霞客环保色纺有限公司	纺织加工	中型	10 325	186
新疆锦龙电力有限责任公司	火力发电	中型	10 187	187
武汉光明乳品有限公司	乳制品制造	中型	10 186	188
辽宁华润雪花啤酒厂	饮料制造业	中型	10 088	189
新疆宇硅科技有限公司	其他稀有金属冶炼	中型	9 993	190
广西柳州市华侨紧固件厂	汽车制造业	中型	9 943	191
武汉嘉华汽车塑料制品有限公司	塑料制品	中型	9 874	192
北京荷美尔食品有限公司	食品制造业	中型	9 859	193
黑龙江省建三江农垦三江热电有限责任公司	火力发电	中型	9 840	194
武汉富拉司特汽车零部件有限公司	汽车配件	中型	9 837	195
湖南德科纺织有限公司	纺织业	中型	9 651	196
河南省焦作市方便面厂	食品加工	中型	9 641	197
江苏正大清江制药有限公司	医药	中型	9 631	198
河北省华润风力发电有限公司	风力发电	大型	9 487	199
北京华都肉鸡公司	饲养加工业	大型	9 475	200
辽宁阜新鲁花浓香花生油有限公司	食品加工业	中型	9 331	201
河北鑫泉石油化工有限公司	石油制品业	中型	9 280	202
黑龙江牡丹江垦区兴凯湖电业局	电力供应	中型	9 279	203
河北省唐山市三元食品有限公司	食品制造业	中型	9 253	204
天津海河乳业有限公司	食品制造业	中型	9 201	205
广西柳州市洪金汽车部件有限公司	汽车制造业	中型	9 196	206
新疆宝新盛源建材有限公司	非金属废料和碎屑加工处理	中型	8 992	207
湖北纽兰药业有限公司	医药制造	中型	8 759	208
新疆红星镁业有限公司	镁冶炼	中型	8 759	209
新疆石河子八棉纺织有限公司	棉纺纱加工	中型	8 748	210
新疆三新煤业有限责任公司	烟煤和无烟煤开采洗选	中型	8 669	211
新疆顶益食品有限公司	方便面及其他方便食品制造	中型	8 557	212
湖南常德汇美农业科技有限公司	食品加工业	中型	8 520	213
上海正广和饮用水有限公司	瓶（罐）装饮用水制造	中型	8 497	214
*广西农垦茶业集团有限公司	酒、饮料和精制茶制造业	中型	8 466	215
上海梅林股份（绵阳）有限公司	肉、禽类罐头制造	中型	8 431	216
江西南昌桑海制药厂	中成药	中型	8 425	217
新疆燕京啤酒有限公司	啤酒制造	中型	8 225	218
新疆伍怡天宇建筑工程有限公司	水泥制品制造	中型	8 191	219
新疆一和生物有限责任公司	淀粉及淀粉制品制造	中型	8 188	220
新疆生产建设兵团第一师电力有限责任公司	电力供应	中型	8 066	221

总产值（现价）（万元）	排序	销售产值（万元）	排序	年末资产总额（万元）	排序	固定资产原值年末数（万元）	排序	年平均从业人员（人）	排序
145 920	76	139 901	78	65 521	169	51 346	106	2 823	28
40 351	204	40 146	201	25 897	297	24 150	194	698	148
31 650	239	31 629	232	45 076	217	34 802	157	693	150
58 487	153	74 324	123	32 582	269	17 354	238	260	403
16 231	334	16 354	325	15 587	349	13 924	277	554	209
20 907	291	20 971	287	8 292	419	4 750	395	295	388
26 030	260	26 030	256	10 600	395	8 520	333	700	147
36 322	224	34 561	225	30 252	278	21 574	204	336	346
31 280	242	30 528	238	26 188	296	15 575	261	479	244
264 360	43	264 360	42	550 823	29	395 639	24	439	268
34 724	232	35 659	219	43 178	225	15 609	260	421	281
19 171	315	14 692	340	13 482	370	6 089	368	916	109
38 496	213	40 189	200	10 702	392	4 998	391	1 296	67
35 058	230	33 705	227	20 839	317	9 353	320	648	167
22 427	281	22 427	277	144 975	78	162 732	43	52	461
173 849	63	173 849	62	74 641	152	31 219	163	3 293	22
83 315	121	75 204	121	124 263	92	17 854	228	387	306
226 364	50	187 432	59	112 676	106	353 086	27	449	265
222 084	51	222 084	48	437 665	35	544 643	19	567	201
37 416	218	36 405	216	11 554	388	47 120	117	682	154
45 405	188	47 839	179	36 927	248	20 918	208	752	135
23 232	278	22 070	280	17 250	336	4 730	396	236	411
77 219	128	73 319	124	373 588	43	307 346	29	624	172
23 228	279	24 352	267	8 119	424	4 049	407	312	363
39 150	210	41 700	197	19 213	327	11 253	298	744	138
24 885	265	24 529	265	73 668	154	73 777	82	1 107	85
34 083	235	32 553	230	49 306	210	30 210	166	521	227
55 745	161	55 745	156	86 372	132	41 310	131	487	239
31 050	243	30 982	235	17 121	338	3 604	417	1 101	89
19 506	311	19 391	300	16 659	342	10 787	304	651	165
8 466	407	37 103	214	13 429	371	12 775	287	766	130
36 608	221	34 262	226	24 691	304	10 756	306	490	236
35 593	227	32 511	231	15 024	353	5 064	389	836	124
24 135	271	14 652	342	39 454	239	12 550	290	1 138	79
15 488	338	20 075	295	79 367	141	46 584	121	290	394
20 860	293	20 860	289	50 177	206	39 012	143	355	329
24 610	266	24 100	268	22 794	312	18 550	223	1 460	58

6-4续表6

企业名称	行业类别	中型	增加值（现价）（万元）	排序
*黑龙江农垦爱邦实业有限公司	谷物磨制	龙头	7 931	222
广西柳州商泰机械零部件有限公司	通用设备制造业	中型	7 864	223
伊犁青松南岗建材有限责任公司	水泥制造	大型	7 850	224
*黑龙江农垦荣氏粮油工贸有限公司	食品加工	龙头	7 850	225
阿拉尔市金鲁纺织有限责任公司	棉纺纱加工	中型	7 832	226
辽宁北票市电力电杆有限公司	水泥制造业	中型	7 800	227
*黑龙江省牡丹江农垦绿源农业开发有限公司	谷物磨制	龙头	7 673	228
江苏淮安苏食肉品有限公司	牲畜屠宰	中型	7 562	229
广西农垦集团天成纸业有限公司	造纸和纸制品业	中型	7 476	230
新疆睿盛纺织有限公司	棉纺纱加工	中型	7 476	231
新疆石河子银河纺织有限责任公司	棉纺纱加工	中型	7 368	232
新疆鑫立植物蛋白科技有限公司	饲料加工	中型	7 362	233
新疆芳婷针纺织有限责任公司	针织或钩针编织服装制造	中型	7 342	234
上海思乐得不锈钢制品有限公司	金属制餐具和器皿制造	中型	7 341	235
宜宾市叙府酒业股份有限公司	工业	中型	7 149	236
石河子市国能能源投资有限公司	火力发电	中型	7 125	237
北京安德鲁水果食品有限公司	食品加工业	中型	7 081	238
*广东省广垦橡胶集团有限公司	农业	大型	7 046	239
新疆浩源发饰制品有限公司	其他工艺美术品制造	中型	6 970	240
安徽皖垦种业有限公司	种子加工	龙头	6 641	241
新疆大安特种钢有限责任公司	钢压延加工	中型	6 613	242
新疆新业能源化工有限责任公司	人造原油制造	中型	6 562	243
湖北宏业水产公司	水产加工	中型	6 520	244
新疆天润乳业股份有限公司	乳制品制造	中型	6 500	245
河北省华能风力发电有限公司	风力发电	中型	6 452	246
湖南常德天宏纸业有限公司	造纸业	中型	6 448	247
金士达实业（武汉）有限公司	建筑建材	中型	6 414	248
北京百麦食品加工有限公司	食品加工业	中型	6 336	249
广西农垦糖业集团星星制糖有限公司	农副食品加工业	中型	6 323	250
大朋电子（武汉）有限公司	机电产品	中型	6 255	251
*广东省湛江农垦畜牧有限公司	农业	中型	6 230	252
江西奉新县万盐砂轮有限公司	农业	中型	6 210	253
武汉五景药业有限公司	医药制造	中型	6 110	254
辽宁阜新小东北食品有限公司	食品制造业	中型	6 091	255
广西凤糖生化股份有限公司	制糖业	中型	5 948	256
湖南益阳丰源纸业	造纸业	中型	5 905	257
广西博白县亿丰工艺制品有限公司	文教、工美、体育和娱乐用品制造业	中型	5 898	258

总产值（现价）（万元）	排序	销售产值（万元）	排序	年末资产总额（万元）	排序	固定资产原值年末数（万元）	排序	年平均从业人员（人）	排序
284 470	39	294 200	39	117 050	100	27 840	174	215	417
19 661	307	18 678	305	14 000	363	652	463	672	158
42 093	199	37 610	212	966 251	16	103 249	61	1 196	75
325 607	34	339 119	30	162 771	68	37 092	149	120	438
24 898	264	24 898	262	75 362	151	53 502	101	303	375
24 000	274	2 400	465	6 260	440	8 420	335	430	272
275 210	40	283 560	40	89 980	129	27 080	176	198	424
139 394	81	132 766	80	24 359	305	14 929	268	692	151
22 425	282	22 505	275	110 567	108	62 589	92	487	239
27 173	253	23 971	269	9 790	403	5 692	379	499	233
14 375	354	13 293	360	41 282	233	24 910	189	586	191
109 797	95	111 318	91	55 698	192	18 061	225	400	293
9 114	397	9 114	403	103 191	116	14 662	273	351	333
32 410	238	30 681	237	14 403	359	5 362	386	468	249
21 004	290	20 881	288	41 703	230	6 791	358	601	180
21 149	288	20 567	292	19 008	329	14 034	276	2 006	43
18 256	318	17 965	311	12 647	380	7 543	347	296	386
184 235	60	167 258	64	551 238	28	74 948	81	1 811	47
49 096	176	49 732	175	84 574	134	66 483	88	273	400
8 873	401	44 730	187	42 576	226	18 721	222	312	363
148 709	73	148 603	70	90 620	128	139 424	45	849	120
42 910	196	42 773	193	12 460	382	10 707	309	648	167
17 500	326	15 000	338	31 560	275	16 670	246	560	205
27 508	252	16 569	321	35 808	254	24 763	191	624	172
15 254	343	15 254	333	133 948	85	138 047	47	29	470
24 301	269	22 435	276	8 802	415	8 956	325	691	152
20 559	297	19 632	299	15 108	352	4 869	394	350	335
19 543	309	18 612	306	22 850	311	15 404	262	245	408
18 067	321	15 795	327	32 121	272	23 678	196	485	241
20 814	294	17 443	315	5 517	446	1 398	450	300	379
25 670	262	25 663	257	29 648	281	10 399	313	415	287
17 236	329	11 095	385	7 409	429	1 169	454	1 218	70
17 434	328	14 326	348	21 958	314	8 009	343	215	417
22 021	284	22 021	282	10 235	400	5 802	373	400	293
14 963	347	27 884	250	95 759	124	62 423	93	1 737	48
23 465	276	19 155	302	13 602	368	7 523	349	608	179
15 599	337	15 199	335	3 385	462	3 370	420	301	378

6－4 续表 7

企 业 名 称	行 业 类 别	中型	增加值（现价）（万元）	排序
哈密明阳新能源有限公司	发电机及发电机组制造	中型	5 848	259
河北省建投新能源风能公司	风力发电	中型	5 828	260
＊广东省湛江市金丰糖业有限公司	制糖业	中型	5 823	261
石河子开发区天业热电有限责任公司	火力发电	中型	5 791	262
＊广东省廉江市华南糖业有限公司	制糖业	中型	5 733	263
＊广东省华海糖业发展有限公司	制糖业	中型	5 670	264
新疆普耀新型建材有限公司	平板玻璃制造	中型	5 665	265
新疆新光油脂有限公司	食用植物油加工	中型	5 599	266
江西省旭光造纸厂	造纸	中型	5 554	267
库尔勒金川矿业有限公司	烟煤和无烟煤开采洗选	中型	5 544	268
重庆正大有限公司	农产品加工	中型	5 538	269
新疆绿翔糖业有限责任公司	制糖业	中型	5 505	270
江苏省农垦麦芽有限公司	加工	中型	5 492	271
新疆乌鲁木齐正大畜牧有限公司	饲料加工	中型	5 487	272
山东大地石化集团有限公司	石油化工	中型	5 471	273
新疆西部合盛硅业有限公司	其他稀有金属冶炼	中型	5 457	274
武汉瀚兴日月电源有限公司	机电制造	中型	5 423	275
湖南伟业农牧发展有限公司	饲料加工	中型	5 374	276
重庆双桥正大有限公司	农产品加工	中型	5 367	277
＊黑龙江双盛米业	谷物磨制	龙头	5 359	278
广泽精机（武汉）有限公司	机械制造	中型	5 297	279
＊广西农垦国有源头农场	农业	中型	5 258	280
广东省四明燕塘乳业有限公司	食品制造业	中型	5 246	281
第二师天泰电力有限责任公司	电力供应	中型	5 245	282
新疆兵团农五师电力公司	电力供应	中型	5 242	283
新疆华春毛纺有限公司	针织或钩针编织物织造	中型	5 214	284
黑龙江宝泉岭电业局	电力供应	中型	5 174	285
石河子开发区青松天业水泥有限公司	水泥制造	中型	5 115	286
黑龙江乌苏里江制药有限公司	刺五加注射液	中型	5 070	287
河南省孟州市华兴有限责任公司	农加	中型	5 059	288
新疆爱立泽纺织有限公司	棉纺纱加工	中型	5 043	289
黑龙江省九三农垦电业局	电力供应	中型	5 020	290
石河子天富农电有限责任公司	电力供应	中型	5 001	291
上海申光高强度螺栓有限公司	紧固件制造	中型	4 997	292
重庆大正畜牧科技发展有限公司	生猪养殖	中型	4 954	293
江西省中南（共青城）科技有限公司	家用美容、保健电器具制造	中型	4 950	294
重庆德佳肉类科技有限公司	农产品加工	中型	4 945	295

总产值（现价）（万元）	排序	销售产值（万元）	排序	年末资产总额（万元）	排序	固定资产原值年末数（万元）	排序	年平均从业人员（人）	排序
35 037	231	34 964	222	36 677	250	15 728	259	306	371
13 777	361	13 777	357	113 866	105	111 146	58	25	472
20 102	301	20 002	296	14 325	361	11 895	294	465	252
26 530	259	27 538	252	64 278	174	48 313	112	447	266
19 798	306	19 882	297	19 436	325	11 211	299	375	314
20 567	296	22 035	281	14 604	356	29 989	168	490	236
29 000	247	22 883	273	42 249	228	17 472	236	348	338
18 042	322	18 042	308	51 674	203	31 790	162	350	335
18 538	317	17 572	314	7 300	431	24 500	193	300	379
22 221	283	22 221	279	37 815	243	8 979	324	1 237	69
63 564	141	64 207	136	14 312	362	9 208	323	304	374
40 006	205	39 598	204	51 023	204	26 847	178	575	195
68 927	136	75 595	120	122 279	94	46 810	120	204	419
14 388	353	14 388	346	57 656	182	48 106	114	348	338
57 546	157	57 546	153	99 878	119	9 831	317	550	210
15 456	339	15 456	329	49 717	209	41 782	130	2 732	32
19 948	304	15 250	334	12 467	381	14 230	275	600	181
8 855	402	7 923	408	7 351	430	5 789	374	350	335
41 758	200	41 816	196	8 571	418	7 536	348	218	414
214 355	53	214 355	50	214 115	60	46 325	123	54	459
19 484	312	19 066	303	13 213	373	3 577	418	305	372
9 505	395	9 487	400	31 999	274	5 376	385	815	127
13 737	363	13 310	359	13 893	365	11 113	300	218	414
24 113	272	25 444	259	136 492	82	14 899	270	324	352
16 911	332	16 396	324	15 146	351	17 521	235	840	122
20 756	295	21 259	285	18 599	331	19 909	215	421	281
194 404	57	194 404	55	364 166	44	422 891	23	538	215
19 549	308	17 149	318	43 266	224	26 375	183	358	326
99 823	106	99 823	97	562 962	27	265 093	32	870	115
104 525	102	99 466	98	80 129	139	49 274	107	765	131
20 441	298	20 644	290	40 124	235	20 499	210	421	281
84 580	120	84 580	111	181 120	65	233 490	33	395	301
49 075	177	29 676	243	117 838	99	88 583	69	615	178
31 500	240	28 909	246	42 342	227	6 951	357	464	255
13 946	359	13 946	354	35 476	255	14 863	271	439	268
24 502	267	14 279	350	11 873	386	2 760	431	248	407
19 213	313	18 917	304	14 452	358	5 656	380	305	372

6－4续表8

企业名称	行业类别	中型	增加值（现价）（万元）	排序
广西柳州市利威车业橡胶机械制造有限公司	通用设备制造业	中型	4 944	296
武汉智迅创源科技发展股份有限公司	机电产品	中型	4 929	297
云南农垦陇川糖厂	制糖业	中型	4 890	298
江西省振兴纺织有限公司	工业	中型	4 872	299
新疆屯南煤业有限责任公司	烟煤和无烟煤开采洗选	中型	4 871	300
新疆天富能源股份有限公司	火力发电	中型	4 870	301
奎屯锦疆化工有限公司	氮肥制造	中型	4 820	302
北京家禽育种有限公司	种禽饲养业	大型	4 803	303
哈密屹利煤化工有限公司	炼焦	中型	4 789	304
江西省九江华达医用材料有限公司	卫生材料及医药用品制造	中型	4 786	305
江西省德润油脂有限公司	工业	中型	4 725	306
四川西昌泸山铁合金有限责任公司	工业	中型	4 711	307
辽宁阜新杰超煤矸石热电有限公司	火力发电	中型	4 656	308
南京光明乳品有限公司	乳制品制造	中型	4 630	309
石河子佳美包装工贸有限公司	纸和纸板容器制造	中型	4 570	310
上海联豪食品有限公司	牲畜屠宰	中型	4 525	311
新疆天康畜牧生物技术股份有限公司	饲料加工	中型	4 476	312
广西杨氏鲜果有限公司	农副食品加工业	中型	4 465	313
＊广西杨氏鲜果有限公司	农副食品加工业	中型	4 465	314
重庆华牧实业（集团）有限公司	生猪养殖及加工	中型	4 462	315
新疆天宏新八棉产业有限公司	棉纺纱加工	中型	4 422	316
台玻武汉工程玻璃有限公司	玻璃建材	中型	4 317	317
武汉市华宇泰新型墙体材料有限公司	建筑建材	中型	4 277	318
辽宁营口建华管桩有限公司	砼结构构件制造	中型	4 200	319
＊广西农垦国有立新农场	农业	中型	4 145	320
黑龙江红兴隆电力有限公司	电力供应	中型	4 119	321
北京辛普劳食品加工有限公司	食品加工业	中型	4 071	322
甘肃亚盛实业（集团）股份有限公司	农副产品加工业	中型	4 029	323
江西省鸿奕实业（九江）有限公司	皮鞋制造	中型	3 972	324
武汉市东西湖自来水公司	自来水生产	中型	3 958	325
广西农垦糖业集团西江制糖有限公司	农副食品加工业	中型	3 939	326
广西凤糖鹿寨制糖有限责任公司	制糖业	中型	3 900	327
和田昆仑山枣业股份有限公司	水果和坚果加工	中型	3 878	328
＊黑龙江富油商贸	谷物磨制	龙头	3 789	329
＊中法合营王朝葡萄酿酒有限公司	饮料制造业	中型	3 744	330
石河子郑氏化纤有限公司	化纤浆粕制造	中型	3 739	331
图木舒克市天华纺织有限公司	棉纺纱加工	中型	3 679	332

总产值（现价）（万元）	排序	销售产值（万元）	排序	年末资产总额（万元）	排序	固定资产原值年末数（万元）	排序	年平均从业人员（人）	排序
12 360	370	11 742	381	6 071	442	800	460	430	272
15 797	335	13 930	355	15 244	350	5 723	378	397	299
18 130	319	18 121	307	13 500	369	13 909	278	429	274
24 359	268	24 359	266	3 499	459	8 261	340	279	399
14 240	356	14 100	353	36 888	249	26 148	185	842	121
26 776	257	26 776	254	19 296	326	2 217	439	2 818	29
34 476	234	31 338	233	24 700	303	8 609	330	728	142
14 672	350	14 672	341	50 077	208	22 021	203	477	245
29 931	245	30 032	241	38 917	241	4 073	406	330	349
23 193	280	23 193	271	13 030	376	5 527	383	380	310
23 624	275	23 624	270	10 602	394	3 641	414	282	396
4 325	447	3 180	459	6 608	436	6 608	359	238	410
21 055	289	21 055	286	48 395	212	26 552	181	425	278
36 414	223	36 414	215	18 511	332	9 651	318	424	279
11 700	381	9 977	392	10 623	393	9 414	319	321	355
19 530	310	22 353	278	9 214	409	2 857	429	295	388
14 959	348	14 534	343	25 636	299	17 069	241	867	116
11 750	379	11 750	378	6 350	437	3 170	423	352	331
11 750	379	11 750	378	6 350	437	3 170	423	352	331
143 904	77	143 904	73	72 362	158	26 355	184	555	208
11 057	384	11 057	387	33 604	261	4 984	392	891	112
20 015	303	17 427	316	56 675	187	42 567	126	596	183
13 941	360	14 290	349	13 641	367	5 324	387	327	350
15 600	336	15 000	338	40 500	234	33 580	159	235	412
5 923	430	5 822	434	24 173	306	4 462	402	517	228
247 643	47	247 643	46	310 580	50	346 062	28	561	204
21 478	286	24 973	261	37 244	246	23 652	197	315	361
20 306	299	15 452	330	52 767	200	48 699	110	698	148
19 187	314	17 203	317	8 197	422	311	470	1 183	76
11 700	382	11 700	382	219 616	59	23 251	198	371	317
12 267	373	11 893	376	18 250	334	10 540	310	335	347
6 986	422	12 892	361	32 627	268	24 139	195	678	155
20 160	300	17 876	312	37 410	245	12 269	291	375	314
151 540	70	151 540	68	52 983	199	6 170	366	34	467
40 543	203	39 854	202	142 507	80	80 091	74	426	277
9 288	396	9 162	402	16 836	340	10 740	307	341	342
12 880	365	12 880	362	47 807	213	34 092	158	579	194

6－4 续表 9

企业名称	行业类别	中型	增加值（现价）（万元）	排序
新疆天富天源燃气有限公司	燃气生产和供应业	中型	3 634	333
辽宁华丰食品（阜新）有限公司	食品制造业	中型	3 615	334
新疆石河子中发化工有限责任公司	初级形态塑料及合成树脂制造	中型	3 577	335
新疆北屯电力工业有限公司	水力发电	中型	3 546	336
新疆绿原糖业有限公司	制糖业	中型	3 525	337
辽宁营口大新不锈钢有限公司	金属制餐具盒器皿制造	中型	3 400	338
广西剑麻集团山圩剑麻制品有限公司	纺织业	中型	3 400	339
江西共青羽绒制品有限公司	机织服装制造	中型	3 370	340
江西春蕾服饰有限公司	机织服装制造	中型	3 345	341
广西农垦糖业集团达华制糖有限公司	农副食品加工业	中型	3 311	342
江西南丰振宇实业有限公司	竹木制品	中型	3 301	343
新疆青松水泥有限责任公司	水泥制造	中型	3 247	344
湖南大通湖口口香米业	食品加工业	中型	3 166	345
西夏王葡萄酒业有限公司	葡萄酒制造	中型	3 157	346
海南金路水泥有限责任公司	炼铁	中型	3 116	347
湖南大通湖三星养殖	肉制品加工业	中型	3 088	348
新疆哈密瓜乡果业股份有限公司	水果和坚果加工	中型	3 074	349
江西省共青城雪狐服饰有限公司	机织服装制造	中型	3 012	350
河南省淅川县制药集团	制药	中型	3 002	351
广西凤糖融水和睦制糖有限责任公司	制糖业	中型	2 974	352
辽宁铁岭特种阀门有限公司	专用设备制造业	中型	2 969	353
新疆兵团农三师电力公司	电力供应	中型	2 911	354
云垦集团南湖橡胶厂	橡胶鞋制造	中型	2 894	355
武汉市地缘医用材料有限公司	纺织加工	中型	2 885	356
*广西农垦钦州企业总公司	渔业	中型	2 875	357
新疆农六师碳素有限公司	石墨及碳素制品制造	中型	2 863	358
*黑龙江大强米业有限责任公司	谷物磨制	龙头	2 770	359
武汉市地缘柴田纸业有限公司	纸制品	中型	2 745	360
河北省张家口察北草原乳业有限公司	乳品制造	中型	2 744	361
江苏省勤奋药业有限公司	医药	中型	2 704	362
武汉新东棉纺织有限公司	纺织业	中型	2 702	363
*上海都市生活企业发展有限公司	果品、蔬菜批发	龙头	2 698	364
河北省察北乳业有限责任公司	乳品制造	中型	2 693	365
广西富川富隆果业有限公司	农副食品加工业	中型	2 682	366
新疆银纺棉业有限责任公司	棉纺纱加工	中型	2 656	367
新疆中硅科技有限公司	其他稀有金属冶炼	中型	2 648	368
*上海鲜花港企业发展有限公司	蜜饯制作	龙头	2 565	369

总产值（现价）（万元）	排序	销售产值（万元）	排序	年末资产总额（万元）	排序	固定资产原值年末数（万元）	排序	年平均从业人员（人）	排序
7 829	411	6 185	428	8 245	421	8 678	329	338	344
18 714	316	17 616	313	86 709	131	8 343	338	673	157
24 085	273	11 093	386	62 999	176	94 810	65	462	258
73 330	131	76 744	118	209 347	62	201 798	38	364	319
35 787	226	38 448	210	21 754	315	7 082	355	465	252
12 300	372	12 300	368	16 500	344	13 560	281	460	259
9 716	390	9 945	393	13 100	374	8 258	341	339	343
16 931	331	16 761	320	9 547	407	2 801	430	368	318
16 551	333	16 551	323	5 283	448	2 035	443	280	397
11 116	383	11 521	383	72 453	157	29 212	171	302	377
8 005	410	7 904	409	11 500	389	5 900	372	725	143
3 528	455	3 254	458	28 533	283	42 177	129	398	297
15 132	345	12 531	365	5 875	444	2 325	437	7 485	6
8 600	403	8 225	407	57 191	184	8 572	331	161	432
14 390	352	14 390	345	10 502	396	10 878	303	396	300
14 417	351	12 821	363	3 701	457	2 285	438	595	185
13 110	364	12 158	370	16 163	346	8 534	332	300	379
15 200	344	15 118	336	2 726	468	1 005	458	358	326
14 271	355	13 921	356	41 392	231	17 236	239	1 423	62
4 500	443	2 348	466	19 507	324	16 422	249	593	187
14 141	357	14 141	352	20 552	319	14 925	269	581	192
59 082	152	54 082	161	98 644	120	72 528	83	338	344
8 033	409	7 527	414	14 371	360	3 189	422	1 037	93
12 541	368	11 920	375	7 078	432	6 210	365	592	188
6 121	428	5 546	435	6 158	441	4 473	401	378	312
12 656	367	12 362	367	37 180	247	36 971	150	754	134
122 550	87	122 550	83	57 140	185	24 510	192	445	267
11 870	377	11 192	384	7 041	434	6 111	367	581	192
3 559	454	3 559	454	2 701	469	3 024	426	129	435
4 457	444	4 457	446	4 030	454	3 025	425	125	436
9 714	391	9 685	397	3 897	455	6 232	364	437	270
				87 698	130	5 110	388	377	313
9 594	393	9 789	396	2 850	466	791	461	60	457
7 058	419	7 058	419	3 542	458	2 060	442	226	413
25 831	261	23 031	272	54 444	195	15 194	265	755	133
24 139	270	21 432	284	442 928	34	12 185	292	534	217
15 371	341	15 371	331	54 685	194	42 299	128	250	406

6－4 续表 10

企 业 名 称	行 业 类 别	中型	增加值（现价）（万元）	排序
江西省义鑫服饰有限公司	工业	中型	2 558	370
海南三叶制药厂有限公司	化学药品制剂制造	中型	2 540	371
河南宏展实业有限公司	饲料加工	中型	2 528	372
武汉长印包装印务有限公司	印刷包装	中型	2 518	373
江西省天祥科技有限公司	工业	中型	2 391	374
广西黄浦江制衣（贵港）有限公司	纺织服装、服饰业	中型	2 387	375
辽宁本溪寨香生态农业有限公司	农副食品加工业	中型	2 367	376
广西凤糖罗城制糖有限责任公司	制糖业	中型	2 308	377
广西凤糖六塘制糖有限责任公司	制糖业	中型	2 307	378
广东湛江碧丽华模压木制品有限公司	木材加工制造业	中型	2 274	379
广西凤糖鹿寨纸业有限公司	非木竹浆制造	中型	2 225	380
内蒙古麦福劳公司	食品加工	中型	2 187	381
新疆大全新能源有限公司	信息化学品制造	中型	2 170	382
广西柳州延龙汽车有限公司	汽车制造业	中型	2 168	383
上海新三花薄膜有限公司	塑料薄膜制造	中型	2 166	384
广西农垦南宁金光淀粉公司	农副食品加工业	中型	2 164	385
辽宁铁岭新优特彩板有限公司	有色金属冶炼及压延加工业	中型	2 142	386
阿拉尔天丰纺织有限责任公司	棉纺纱加工	中型	2 137	387
江西省金淞电器（九江）有限公司	家用空气调节器制造	中型	2 057	388
*天津市今日健康乳业有限公司	黑色金属冶炼和压延加工业	龙头	2 039	389
辽宁陆平机器股份有限公司	专用设备制造业	中型	2 027	390
*广西平乐宏源农业发展有限公司	农副食品加工业	中型	1 992	391
上海方信包装材料有限公司	其他塑料制品制造	中型	1 921	392
*黑龙江龙王食品有限责任公司	乳粉、豆粉生产	龙头	1 918	393
广西凤糖融安制糖有限责任公司	制糖业	中型	1 909	394
新疆六孚纺织工业园有限公司	棉纺纱加工	中型	1 879	395
海南椰威糖业有限公司	制糖业	中型	1 871	396
辽宁营口海宇农水产品有限公司	脱水蔬菜和海产品	中型	1 850	397
图木舒克市前海棉纺织有限责任公司	棉纺纱加工	中型	1 831	398
*上海大瀛食品有限公司	肉制品及副产品加工	龙头	1 829	399
辽宁铁岭大牛乳品公司	乳制品制造	中型	1 799	400
海南如来木业有限公司	木质家具制造	中型	1 791	401
广西凤糖柳江制糖有限责任公司	制糖业	中型	1 756	402
重庆今普食品有限公司	牲畜屠宰	中型	1 695	403
武汉蓝盾门业有限公司	建筑建材	中型	1 693	404
新疆绿华糖业有限责任公司	制糖业	中型	1 662	405
武汉雅致集成房屋有限公司	建筑建材	中型	1 644	406

总产值（现价）（万元）	排序	销售产值（万元）	排序	年末资产总额（万元）	排序	固定资产原值年末数（万元）	排序	年平均从业人员（人）	排序
12 790	366	12 790	364	2 660	471	126	476	86	449
7 664	415	7 633	413	34 172	258	15 967	256	560	205
5 019	440	3 097	460	57 528	183	4 383	404	1 025	95
8 885	400	7 639	412	5 920	443	7 202	353	354	330
11 956	376	11 956	374	2 635	472	5 000	390	72	453
6 600	425	6 480	422	5 333	447	1 158	455	972	101
8 456	408	7 175	417	9 635	405	1 283	451	35	466
7 480	417	14 380	347	37 823	242	26 487	182	657	164
3 234	458	5 181	439	27 583	287	16 774	245	569	200
7 008	421	6 293	425	14 701	354	22 620	202	307	369
5 335	436	5 287	437	11 954	385	13 515	282	464	255
4 640	442	6 926	420	21 584	316	17 613	231	307	369
6 223	426	6 223	426	3 404	461	191	473	850	119
5 420	435	5 151	440	8 812	414	320	469	297	385
19 823	305	19 751	298	9 095	411	2 577	434	375	314
5 544	434	5 976	431	7 535	427	4 617	399	165	430
10 200	388	10 200	390	6 684	435	48 621	111	651	165
15 418	340	12 212	369	19 592	323	6 398	361	361	320
12 067	374	12 067	372	12 964	378	5 768	375	398	297
9 079	399	8 323	406	15 801	348	8 885	327	122	437
9 654	392	9 654	398	79 179	142	48 312	113	1 431	61
6 822	423	5 832	433	4 580	452	2 430	436	70	454
53 785	170	53 828	162	23 636	307	2 894	428	175	429
165 743	65	175 461	61	129 506	89	18 925	221	290	394
2 816	460	5 080	441	18 017	335	21 137	207	458	261
48 968	178	46 703	181	27 000	293	40 929	133	1 574	52
10 915	386	10 915	388	13 865	366	6 396	362	358	326
7 500	416	7 500	415	9 600	406	8 450	334	500	232
28 477	249	29 568	244	64 818	172	17 547	234	467	250
21 642	285	21 680	283	8 573	417	3 624	415	280	397
8 567	405	8 567	405	2 583	473	16 356	250	464	255
7 718	412	5 193	438	5 833	445	7 223	352	312	363
2 613	461	3 059	461	28 252	284	13 790	279	565	202
135 041	82	145 908	71	30 266	277	16 847	243	497	234
6 221	427	6 221	427	2 692	470	411	467	268	401
8 581	404	9 360	401	19 606	322	11 771	296	530	220
6 042	429	4 441	447	41 325	232	19 657	217	360	323

6－4 续表 11

企业名称	行业类别	中型	增加值（现价）（万元）	排序
新疆昌茂矿业股份有限公司	铁矿采选	中型	1 635	407
*黑龙江省农垦胜利粮油食品有限责任公司	粮食加工	龙头	1 566	408
五家渠恒信铝业有限公司	铝压延加工	中型	1 556	409
武汉多美丽服饰有限公司	服装服饰	中型	1 469	410
*重庆市三峡生态渔业发展有限公司	水产养殖	龙头	1 456	411
上海向明轴承有限公司	轴承制造	中型	1 450	412
江西羽博服饰有限公司	机织服装制造	中型	1 412	413
新疆唐成棉业有限公司	棉纺纱加工	中型	1 411	414
新疆汇祥农业发展有限公司	其他未列明农副食品加工	中型	1 391	415
广西凤糖雒容制糖有限责任公司	制糖业	中型	1 357	416
浙江御茶村茶业有限公司	农业种植业	中型	1 350	417
上海海丰米业有限公司	谷物磨制	中型	1 345	418
河南省黄泛区绿原化工公司	化工	中型	1 343	419
江西佰仕通电子科技有限公司	电子	中型	1 334	420
*重庆金穗种业有限责任公司	农业	龙头	1 313	421
河南省黄泛区天鹰缸套公司	机械	中型	1 260	422
*黑龙江建三江嘉良米业	大米加工	龙头	1 196	423
江西省天翌光电有限公司	光电子器件及其他电子器件制造	中型	1 178	424
江西省共青城兴龙实业有限公司	羽毛（绒）加工	中型	1 157	425
*上海一只鼎食品有限公司	水产品罐头制造	龙头	1 147	426
安徽光明槐祥工贸集团有限公司	谷物磨制	中型	1 145	427
广西凤糖白沙制糖有限责任公司	制糖业	中型	1 136	428
*黑龙江伍峰工贸	水稻加工	龙头	1 104	429
*黑龙江建三江鑫盛源粮油	大米加工	龙头	1 104	430
安徽雁湖面粉有限公司	碾磨业	中型	1 093	431
辽宁东港市港珠食品有限公司	农副食品加工业	中型	1 084	432
江苏省金象传动设备股份有限公司	机械	中型	1 048	433
北京光明健能乳业有限公司	乳制品制造	中型	1 030	434
*黑龙江北斗星米厂	谷物磨制	龙头	1 012	435
黑龙江红兴隆农垦宝利采金有限公司	金矿采选	中型	999	436
江西省顺昌塑料包装有限公司	工业	中型	970	437
上海梅林（荣成）食品有限公司	蔬菜、水果罐头制造	中型	919	438
辽宁铁岭冀东专用车有限公司	改装车制造	中型	890	439
江西省红杉树有限责任公司	轻工	中型	857	440
内蒙古合适佳公司	食品制造	中型	843	441
*广东省农垦集团进出口有限公司	农业	中型	841	442
新疆若羌子母河枣业有限公司	水果和坚果加工	中型	815	443

总产值（现价）（万元）	排序	销售产值（万元）	排序	年末资产总额（万元）	排序	固定资产原值年末数（万元）	排序	年平均从业人员（人）	排序
4 053	450	4 228	450	9 967	401	4 010	408	296	386
62 643	142	62 643	139	76 502	149	33 072	160	119	439
20 030	302	16 552	322	27 503	288	15 257	264	412	289
5 138	438	6 394	424	7 972	426	6 032	369	400	293
4 364	446	4 364	448	10 993	391	4 872	393	146	434
9 573	394	10 248	389	6 266	439	2 214	440	323	353
7 022	420	6 863	421	3 421	460	82	477	705	146
17 115	330	14 193	351	13 233	372	3 834	411	956	105
5 092	439	4 920	442	20 687	318	24 887	190	190	426
2 047	466	3 432	457	28 059	285	12 670	288	405	291
4 000	452	6 123	430	10 419	398	11 109	301	118	440
7 686	414	7 077	418	50 507	205	17 956	227	117	441
4 321	448	4 793	444	13 013	377	10 290	315	294	391
4 380	445	3 640	452	9 300	408	3 900	409	1 105	86
1 359	470	7 789	410	16 835	341	1 747	446	106	442
4 049	451	3 562	453	8 290	420	6 579	360	265	402
59 800	151	59 800	148	66 549	166	7 252	351	26	471
9 846	389	9 846	395	9 956	402	3 439	419	359	324
5 726	431	5 506	436	11 592	387	2 500	435	600	181
8 477	406	6 174	429	7 045	433	1 246	452	165	430
15 046	346	20 600	291	31 287	276	10 392	314	218	414
2 272	463	2 277	467	8 184	423	8 383	337	346	340
55 200	162	55 200	158	151 842	75	131 501	49	65	455
55 200	162	55 200	158	44 542	219	13 284	284	45	464
20 891	292	18 007	309	12 065	383	4 431	403	194	425
3 650	453	3 650	451	5 270	449	1 927	444	300	379
6 663	424	9 572	399	36 396	251	28 375	173	505	231
48 925	179	52 866	168	70 831	162	15 846	258	455	263
50 600	175	50 600	174	154 560	74	79 198	75	45	464
47 610	183	55 511	157	54 100	196	39 289	142	482	242
4 850	441	4 850	443	1 356	474	565	466	52	461
14 057	358	15 280	332	27 007	292	18 328	224	660	163
4 242	449	4 242	449	7 992	425	12 862	285	621	174
3 328	457	3 018	462	689	478	1 244	453	242	409
61 400	148	25 537	258	51 888	202	20 011	212	317	359
1 920	467	126 120	81	77 096	147	668	462	73	452
18 104	320	15 693	328	106 067	112	34 989	155	546	212

6-4续表12

企业名称	行业类别	中型	增加值（现价）（万元）	排序
*河北省唐山旺地种业有限公司	种植	龙头	738	444
武汉机床有限责任公司	金属加工	中型	689	445
辽宁东港市江源机械有限公司	交通运输设备制造业	中型	670	446
江西省大地蔬菜制品有限公司	农业	中型	670	447
辽宁铁岭大河建业公司	金属制品业	中型	620	448
*黑龙江新华农场北珠精米公司	谷物磨制	龙头	521	449
安徽华阳河棉花产业化集团	轧花	龙头	513	450
上海梅林正广和重庆食品有限公司	农产品加工	中型	503	451
安徽倮倮米业有限公司	碾磨业	龙头	478	452
北京百年栗园生态农业有限公司	食品加工业	大型	465	453
安徽省青草湖酒业公司	酿酒	龙头	438	454
*重庆市长江农产品批发有限公司	农产品批发	龙头	390	455
*重庆正大农牧食品有限公司	畜牧业	龙头	384	456
*黑龙江省农垦胜利东北黑蜂产品开发有限责任公司	蜂蜜加工	龙头	360	457
贺兰山清真牛羊肉产业集团公司	牲畜屠宰	中型	327	458
*黑龙江省宝泉岭农垦山林粮食加工有限责任公司	稻米加工	龙头	319	459
安徽省安禽有限公司	禽业养殖	龙头	268	460
辽宁东港市五四农场米业	农副食品加工业	中型	252	461
安徽省绿魁茶业有限公司	茶叶	龙头	220	462
*重庆市渝人园林工程有限公司	农业	龙头	195	463
上海光明饲料有限公司	饲料加工	中型	69	464
黑龙江北大荒股份浩良河化肥厂分公司	氮肥制造业	中型	0	465
新疆中基蕃茄制品有限责任公司	蔬菜、水果罐头制造	中型	−56	466
*黑龙江绥化管局晨环科技	生物钾肥	龙头	−173	467
*重庆农投乡村建设发展有限公司	农业	龙头	−194	468
云南德宏英茂糖业有限公司	制糖业	大型	−449	469
新疆兵团建工金石商品混凝土有限责任公司	水泥制品制造	中型	−1 563	470
新疆天康食品有限责任公司	牲畜屠宰	中型	−1 754	471
广西田林和平糖业有限公司	制糖业	中型	−2 191	472
新疆美丰化工有限公司	氮肥制造	中型	−2 206	473
云南西双版纳英茂糖业有限公司	制糖业	中型	−2 321	474
黑龙江北大荒五大连池矿泉水股份有限公司	生产矿泉水	中型	−2 388	475
新疆伊力特糖业有限公司	制糖业	中型	−2 707	476
云南文山英茂糖业有限公司	制糖业	中型	−6 868	477
黑龙江北大荒米业上市分公司	大米加工	大型	−26 058	478

总产值（现价）（万元）	排序	销售产值（万元）	排序	年末资产总额（万元）	排序	固定资产原值年末数（万元）	排序	年平均从业人员（人）	排序
1 292	471	1 292	471	1 287	475	1 074	456	15	476
2 256	464	2 001	468	10 307	399	3 739	412	319	358
3 515	456	3 515	455	3 117	464	1 821	445	103	443
2 205	465	118	475	1 008	477	943	459	90	448
2 956	459	2 956	463	4 851	450	7 635	346	415	287
15 330	342	16 100	326	34 050	259	5 990	370	30	469
7 693	413	7 683	411	3 798	456	3 610	416	91	446
158 141	66	158 000	65	39 978	236	15 113	266	423	280
5 561	433	6 429	423	8 972	412	2 930	427	91	446
9 081	398	9 081	404	27 348	290	8 267	339	574	196
1 136	472	1 157	472	3 218	463	1 008	457	80	451
7 416	418	7 416	416	7 510	428	5 759	376	16	475
12 000	375	12 000	373	8 958	413	279	471	295	388
13 770	362	13 770	358	18 293	333	1 739	448	31	468
				9 210	410	5 941	371	3	478
11 000	385	9 900	394	80 850	137	57 986	98	99	445
1 733	469	1 718	470	1 208	476	641	464	58	458
2 433	462	2 433	464	2 927	465	396	468	18	473
1 900	468	1 800	469	2 761	467	595	465	47	463
157	474	4 472	445	8 790	416	130	475	5	477
325	473	176	474	25 450	302	163	474	17	474
47 834	182	49 606	177	899 310	19	1 870 911	5	1 470	56
27 010	254	19 211	301	77 796	146	43 004	125	513	230
5 564	432	5 957	432	33 488	262	18 932	220	85	450
−202	475	195	473	17 143	337	2 164	441	54	459
157 767	67	152 532	66	162 752	69	123 193	55	2 120	41
14 900	349	12 085	371	143 582	79	123 507	53	466	251
17 486	327	16 982	319	134 753	83	71 634	84	291	393
21 305	287	20 287	293	56 890	186	37 103	148	488	238
26 530	258	27 962	249	69 296	164	10 725	308	361	320
39 560	208	39 318	208	36 272	252	36 869	151	672	158
48 630	181	38 904	209	435 715	36	307 230	30	313	362
5 301	437	3 494	456	26 991	294	15 307	263	383	309
11 771	378	11 747	380	55 607	193	37 291	147	427	276
530 042	18	617 094	15	3 971 756	2	573 691	17	953	106

建筑业、交通运输业、
批发零售贸易、餐饮业

7－1 建筑业基本情况

（2014 年）

地区	年末单位个数（个）		有工作量的单位个数（个）		年末从业人员（人）		全年从业人员报酬（万元）	
		国有（个）		国有（个）		国有（人）		国有（万元）
全国农垦	**4 203**	**439**	**3 901**	**424**	**292 777**	**75 572**	**1 915 760**	**644 337**
北京	4	2	2	2	72	57	556	479
天津	2	2	2	2	69	69	1 120	1 120
河北	140	9	136	7	8 338	1 062	22 441	4 959
山西								
内蒙古	295		229		7 674		19 192	
辽宁	316	6	316	6	27 602	673	70 522	1 831
吉林	28		25		1 069		2 629	
黑龙江	315	42	315	42	24 131	2 327	127 699	6 816
上海	9	9	9	9	938	938	7 056	7 056
江苏	70	6	70	6	2 491	326	22 225	1 748
浙江								
安徽	164	3	131	3	4 280	2 332	12 865	7 884
福建	252		165		2 518		5 420	
江西	84	15	54	11	6 858	938	15 140	2 319
山东	6	2	6	2	551	59	2 487	140
河南	11	1	10	1	1 760	1 240	4 735	3 421
湖北	795	16	785	15	137 961	53 951	544 693	143 865
湖南	291	87	291	87	12 921	4 801	22 785	10 230
广东	208	11	208	11	5 912	522	29 470	7 923
广西	444	27	444	27	28 038	2 414	108 980	12 691
海南	350	19	350	19	13 165	1 854	42 567	5 721
重庆	1	1	1	1	82	82	667	667
四川								
贵州								
云南	41	5	21	3	445	50	1 005	199
陕西								
甘肃	19	3	19	3	588	133	1 861	580
青海								
宁夏	18	2	12	2	2 175	745	12 419	10 596
新疆(兵团)	236	156	229	151			830 824	412 361
新疆(农业)	68	14	68	14	1 863	980	3 511	1 682
新疆(畜牧)	36	1	3		1 276	19	2 891	49
热科院								
广州								
南京								

7－1续表1

地　区	年末固定资产原值（万元）	国有（万元）	年末拥有机械设备总台数（台）	国有（台）	全年施工房屋建筑面积（万米²）	国有（万米²）
全国农垦	**3 105 750**	**948 254**	**92 656**	**161 195**	**34 905.59**	**10 397.67**
北　京	912	897	16	16	3.60	3.60
天　津	356	356	4	4	8.08	8.08
河　北	42 610	15 497	4 661	921	165.41	8.10
山　西						
内蒙古	36 028		1 097		52.75	
辽　宁	144 123	4 419	4 626	442	578.98	19.00
吉　林	1 491		215		16.00	
黑龙江	236 810	43 257	4 543	886	325.20	71.40
上　海	2 567	2 567	75	75	201.32	201.32
江　苏	49 199	3 998	729	58	16.99	6.62
浙　江						
安　徽	3 208	401	411	199	138.48	96.69
福　建	999		330		43.35	
江　西	20 597	1 151	2 412	823	190.93	9.32
山　东	5 020	4	156	30	5.30	0.30
河　南	3 608	3 306	473	370	26.09	23.04
湖　北	477 503	50 505	33 803	1 379	8 233.94	4 044.05
湖　南	31 998	15 425	6 852	4 322	414.00	68.00
广　东	25 383	9 901	753	60	99.00	12.00
广　西	1 002 372	64 216	9 886	869	610.82	80.34
海　南	166 951	2 972	864	8	193.31	23.73
重　庆	2 046	2 046	6	6	31.00	31.00
四　川						
贵　州						
云　南	5 750	224	83		7.53	3.96
陕　西						
甘　肃	1 760	236	43	9	15.00	8.00
青　海						
宁　夏	1 679	856	428	233	55.80	48.00
新疆（兵团）	835 023	721 561	19 312	150 102	6 869.00	5 612.00
新疆（农业）	6 751	4 423	753	383	37.00	19.00
新疆（畜牧）	1 006	35	125		16 566.72	0.12
热科院						
广　州						
南　京						

7-1续表2

地　　区	本年新开工面积（万米²）		单位工程竣工个数（个）		房屋建筑竣工面积（万米²）	
		国有（万米²）		国有（个）		国有（万米²）
全国农垦	**26 607.02**	**5 170.62**	**20 112**	**3 270**	**24 378.32**	**3 695.74**
北　　京	3.60	3.60	2	2	1.00	1.00
天　　津	5.28	5.28	1	1	6.50	6.50
河　　北	130.41	1.00	208	1	130.33	0.24
山　　西						
内 蒙 古	38.99		454		30.26	
辽　　宁	318.44	19.00	439	2	350.20	8.40
吉　　林	10.47		721		12.44	
黑 龙 江			4 072	668	277.90	229.30
上　　海	65.28	65.28	157	157	65.32	65.32
江　　苏	13.03	5.19	272	85	30.17	5.98
浙　　江						
安　　徽	74.06	52.04	18	12	45.59	7.08
福　　建	17.10		107		26.49	
江　　西	89.12	5.92	5 912	1 113	57.68	5.02
山　　东			36	35	2.10	0.10
河　　南	7.57	6.32	37	18	3.80	1.37
湖　　北	4 153.10	1 824.75	1 847	116	2 789.71	680.30
湖　　南	370.00	62.00			289.00	56.00
广　　东	89.00	10.00	2 936	411	82.00	10.00
广　　西	610.82	80.34	308	101	337.02	34.05
海　　南	86.55	6.81	1 572	402	118.72	16.12
重　　庆	9.00	9.00	7	7	5.00	5.00
四　　川						
贵　　州						
云　　南	5.56	3.96	107	80	3.58	1.83
陕　　西						
甘　　肃	12.00	5.00	79	8	8.00	6.00
青　　海						
宁　　夏	40.00		31	21	28.30	20.00
新疆（兵团）	3 865.00	2 988.00			3 095.00	2 531.00
新疆（农业）	28.00	17.00	62	29	16.00	5.00
新疆（畜牧）	16 564.64	0.12	727	1	16 566.21	0.12
热 科 院						
广　　州						
南　　京						

7-2 交通运输业基本情况

（2014年）

地区	年末单位个数（个）		年末从业人员（人）		全年从业人员报酬（万元）		年末固定资产原值（万元）	
		国有（个）		国有（人）		国有（万元）		国有（万元）
全国农垦	**33 823**	**244**	**233 652**	**35 300**	**969 185**	**131 290**	**1 903 399**	**297 389**
北京	3	3	2 503	2 503	5 725	5 725	21 594	21 594
天津	1	1	10	10	68	68	13	13
河北	5 918	3	11 877	56	31 408	195	93 828	183
山西	48		134		283		655	
内蒙古	2 134	1	4 484	17	14 303	93	81 213	209
辽宁	6 362	1	16 317	3	45 308	24	100 681	1 255
吉林	346		2 779		6 162		10 421	
黑龙江	333	111	20 463	4 407	51 631	11 461	297 864	38 128
上海	50	50	23 790	23 790	91 743	91 743	180 518	180 518
江苏	36		2 375		16 274		21 726	
浙江								
安徽	558		899		3 619		7 079	
福建	1 041		1 768		5 657		5 962	
江西	287	4	1 765	290	4 217	530	4 523	936
山东	12		152		808		2 698	
河南								
湖北	11 409	4	18 122	257	59 711	636	723 885	2 419
湖南	562	10	4 089	617	8 486	985	17 385	3 004
广东	847	11	3 883	900	19 294	7 997	25 860	7 814
广西	17	3	10 275	66	40 968	344	94 720	2 397
海南	10	10	7 228	274	20 329	1 450	35 473	7 894
重庆	1	1	38	38	228	228	1 275	1 275
四川								
贵州								
云南	2 189	7	4 449	136	7 058	345	40 149	4 139
陕西								
甘肃	111	1	168	6	503	25	1 053	2
青海								
宁夏	790		1 486		3 649		5 895	
新疆（兵团）	58	10	87 038	1 703	522 228	8 700	91 659	22 275
新疆（农业）	522	10	1 200	168	3 856	566	29 756	3 116
新疆（畜牧）	177	3	6 341	59	5 628	175	7 361	218
热科院								
广州								
南京	1		19		41		153	

7-2 续表 1

地　区	年末拥有主要运输工具（台）					
		国有（台）	载货汽车（辆）		载货汽车（吨位）	
				国有（辆）		国有（吨位）
全国农垦	**303 756**	**7 795**	**119 916**	**3 855**	**506 547**	**23 686**
北　京	1 706	1 706	120	120	259	259
天　津	318	318				
河　北	6 560	15	5 219	15	68 399	40
山　西	43		27		272	
内蒙古	3 230	11	1 815	11	8 066	149
辽　宁	10 934	23	4 558	2	22 255	26
吉　林	3 320		3 113		42 251	
黑龙江	25 746	1 331	9 336	472	129 015	11 324
上　海			859	859	2 260	2 260
江　苏	986		660		9 547	
浙　江						
安　徽	628		473		3 477	
福　建	1 163		888		3 755	
江　西	901	85	789	23	3 388	130
山　东	40		30		1 970	
河　南						
湖　北	25 627	213	24 047	20	119 986	700
湖　南	2 047	625	1 564	544	6 988	2 956
广　东	2 721	1 158	1 743	515	12 531	3 967
广　西	9 123	29	4 364	8	39 786	120
海　南	2 837	44	2 401	40	12 061	200
重　庆	60	60	60	60	90	90
四　川						
贵　州						
云　南	6 624	381	1 418	41	6 806	51
陕　西						
甘　肃	148		72		1 009	
青　海						
宁　夏	951		332		3 450	
新疆（兵团）	195 989	1 591	54 890	981		
新疆（农业）	970	195	595	144	5 180	1 414
新疆（畜牧）	1 065	10	535		3 700	
热科院						
广　州						
南　京	19		8		46	

7－2 续表 2

地　　区	年末拥有主要运输工具			
	载客汽车（辆）		载客汽车（客位）	
		国有（辆）		国有（客位）
全国农垦	**179 245**	**15 831**	**339 545**	**119 405**
北　　京	1 586	1 586	6 332	6 332
天　　津	318	318	1 272	1 272
河　　北	1 341		11 240	
山　　西	16		214	
内 蒙 古	662		1 842	
辽　　宁	1 662	2	33 244	
吉　　林	186		3 691	
黑 龙 江	14 397	844	140 836	31 930
上　　海	11 369	11 369	70 116	70 116
江　　苏	326		1 617	
浙　　江				
安　　徽	78		1 124	
福　　建	69		711	
江　　西	112	62	892	582
山　　东	10		165	
河　　南				
湖　　北	1 580	193	20 156	2 069
湖　　南	483	81	8 301	2 181
广　　东	978	643	8 533	3 143
广　　西	389	20	4 649	760
海　　南	436	4	6 284	60
重　　庆				
四　　川				
贵　　州				
云　　南	611	38	7 185	327
陕　　西				
甘　　肃	76		591	
青　　海				
宁　　夏	570		4 920	
新疆(兵团)	141 099	610		
新疆(农业)	375	51	4 266	633
新疆(畜牧)	505	10	1 330	
热 科 院				
广　　州				
南　　京	11		34	

7-2 续表 3

地　区	年末货运量（吨）	国有（个）	年末客运量（万人）	国有（人）	年末营业	国有（万元）	营业网点个数（个）	国有（个）
全国农垦	**420 916**	**5 043**	**42 996**	**5 285**	**4 151 211**	**615 698**	**2 743 652**	**105 055**
北　京	15	15	1 301	1 301	21 674	21 674	7 733	7 733
天　津			216	216	105	105		
河　北	56 132	70	669		217 395	4 233	176 975	4 233
山　西	93		456		559		500	
内蒙古	12 377	284	382		73 511	300	60 323	300
辽　宁	28 570	73	4 581		177 814	23	123 790	15
吉　林	66		202		5 729		1 374	
黑龙江	16 040	904	8 496	2 060	920 645	277 831	358 760	14 173
上　海	460	460			214 800	214 800	40 450	40 450
江　苏	245		111		56 683		25 348	
浙　江								
安　徽	328		207		10 647		6 944	
福　建	1 559		1 016		14 613		12 283	
江　西	77	2	50	42	2		1	
山　东	110		2		3 480		3 480	
河　南								
湖　北	8 431	2 095	1 658	362	171 938	3 786	125 416	
湖　南	3 694	266	364	80	20 844	5 695	13 456	2 566
广　东	588	259	754	327	69 916	16 732	40 136	5 125
广　西	4 786	52	1 216	18	300 519	1 656	244 091	377
海　南	941	7	67	4	60 805	18 134	32 574	369
重　庆					1 000	1 000	1 000	1 000
四　川								
贵　州								
云　南	40 189		2 293		19 571	3	8 393	1
陕　西								
甘　肃	30 137	8	45		1 784	50	758	
青　海								
宁　夏	152		357		8 424		4 378	
新疆(兵团)	41 050	495	18 191	830	1 745 967	45 005	1 437 163	25 730
新疆(农业)	247	53	127	44	23 646	4 625	13 350	2 983
新疆(畜牧)	174 616		230	2	8 963	46	4 899	
热科院								
广　州								
南　京	13		6		178		76	

7－3　批发零售业基本情况

（2014 年）

地　　区	年末单位个数（个）		年末从业人员（人）		全年从业人员报酬（万元）		营业网点个数（个）	
		国有（个）		国有（人）		国有（万元）		国有（个）
全国农垦	**81 558**	**1 155**	**560 045**	**70 917**	**1 908 871**	**367 050**	**205 587**	**7 202**
北　　京	12	11	705	679	5 277	5 103	65	62
天　　津	10	10	1 961	1 961	14 568	14 568	279	279
河　　北	6 094	13	21 106	300	46 238	417	8 125	17
山　　西	877	2	3 186	42	6 066	24	979	4
内 蒙 古	3 359	17	9 856	479	21 330	2 240	2 070	44
辽　　宁	8 505	46	36 733	156	67 831	170	8 295	58
吉　　林	3 755	9	27 094	94	77 694	276	3 615	7
黑 龙 江	899	296	50 135	6 520	135 893	50 449	28 879	1 571
上　　海	275	275	49 096	49 096	232 053	232 053	4 019	4 019
江　　苏	4 110	3	12 865	520	60 009	2 624	2 789	3
浙　　江	20		146		298		20	
安　　徽	1 784	10	5 647	47	9 214	180	2 411	9
福　　建	2 283	4	6 081	23	7 375	40	2 013	7
江　　西	2 124	15	15 144	345	34 572	268	4 814	11
山　　东	208	6	627	61	1 337	226	168	15
河　　南	191	10	1 257	352	2 245	951	200	47
湖　　北	32 396	15	77 347	2 838	150 447	13 131	24 502	28
湖　　南	4 961	8	17 325	45	21 955	94	5 833	11
广　　东	2 532	45	7 409	563	32 604	2 822	2 521	39
广　　西	126	29	21 806	454	77 982	2 023	7 500	29
海　　南	50	26	25 553	1 495	102 809	14 477	12 679	17
重　　庆	2	2	19	19	123	123		
四　　川								
贵　　州								
云　　南	247	9	7 867	234	12 733	1 254	4 721	10
陕　　西	27	27	65	65	110	110	23	23
甘　　肃	200	8	492	244	1 771	900	122	5
青　　海	3				18			
宁　　夏	1 139	3	2 564	238	5 463	874	1 238	57
新疆（兵团）	3 112	236	153 289	3 466	771 088	20 546	76 115	801
新疆（农业）	698	18	1 964	546	2 484	786	786	28
新疆（畜牧）	1 534		2 598		6 748		781	
热 科 院	1		15		99		2	
广　　州	1	1	28	28	267	267		
南　　京	23	1	65	7	169	54	23	1

7－3 续表

地　区	年末固定资产原值（万元）		年末营业用房面积（米²）		销售总额或营业收入（万元）	
		国有（万元）		国有（米²）		国有（万元）
全国农垦	**3 533 577**	**1 593 374**	**16 177 599**	**3 352 538**	**59 837 964**	**25 279 135**
北　京	28 144	27 260	75 415	74 657	411 768	405 559
天　津	59 052	59 052	440 345	440 345	1 083 631	1 083 631
河　北	129 764	55 387	204 688	28 084	2 062 710	131 033
山　西	2 932	68	41 395	2 220	303 727	10
内蒙古	60 164	14 569	282 817	25 371	263 410	132 693
辽　宁	142 730	2 831	768 130	5 088	584 523	1 721
吉　林	38 461	77	1 045 921	980	266 463	908
黑龙江	754 479	356 320	1 511 978	1 050 082	9 399 914	6 812 342
上　海	502 872	502 872	1 013 612	1 013 612	8 455 427	8 455 427
江　苏	86 899	15 278	462 034	8 004	879 947	40 332
浙　江	173		918		1 144	
安　徽	17 553	1 244	167 605	14 588	115 518	3 400
福　建	10 121	14	90 936	505	96 218	171
江　西	36 107	1 523	296 131	7 487	160 091	1 550
山　东	2 028	92	14 712	2 066	16 277	2 437
河　南	7 693	6 576	29 243	17 748	61 113	41 036
湖　北	241 061	129 882	1 134 807	33 158	5 681 068	1 479 940
湖　南	20 183	37	151 423	2 805	101 730	1 221
广　东	154 187	120 673	190 686	11 968	1 661 974	1 285 153
广　西	259 327	29 078	482 473	34 805	2 087 303	335 966
海　南	82 973	38 394	525 089	131 456	1 467 253	1 172 084
重　庆	5 759	5 759	9 975	9 975	8 523	8 523
四　川						
贵　州						
云　南	36 761	12 002	211 776	42 479	145 257	36 636
陕　西	331	331	2 764	2 764	374	374
甘　肃	8 575	7 650	9 235	2 024	44 529	40 957
青　海						
宁　夏	8 244	3 364	47 327	2 499	31 863	13 966
新疆(兵团)	821 345	201 242	6 817 345	365 423	24 372 552	3 759 087
新疆(农业)	4 322	1 655	56 927	20 544	43 321	18 531
新疆(畜牧)	10 924		86 843		13 178	
热科院	42		1 598		800	
广　州	80	80	531	531	14 245	14 245
南　京	291	64	2 920	1 270	2 112	202

7－4 餐饮业基本情况

（2014 年）

地区	年末单位个数（个）		年末从业人员（人）		全年从业人员报酬（万元）		营业网点个数（个）	
		国有（个）		国有（人）		国有（万元）		国有（个）
全国农垦	**17 352**	**288**	**204 183**	**22 690**	**614 776**	**80 394**	**50 421**	**907**
北京	11	10	9 356	8 965	37 905	34 915	293	292
天津	2	2	29	29	170	170	1	1
河北	1 273	5	9 992	638	33 121	1 840	1 586	5
山西	166		379		853		173	
内蒙古	1 264	5	3 944	197	9 584	540	947	3
辽宁	1 955	9	17 546	129	39 889	145	1 678	16
吉林	710		3 288		6 755		702	
黑龙江	75	52	22 236	2 130	52 133	4 865	9 927	89
上海	15	15	2 965	2 965	11 322	11 322	179	179
江苏	426	2	2 255	130	8 408	621	282	1
浙江	18	6	67	5	174		28	16
安徽	415	9	4 029	2 502	11 657	8 299	695	103
福建	440	3	4 310	24	3 614	38	648	1
江西	656	3	6 366	30	12 646	49	594	2
山东	48	1	172	11	376	42	47	1
河南	67		376	5	453	15	75	12
湖北	6 346	5	21 504	96	41 489	307	5 035	5
湖南	876	5	4 210	30	11 093	50	1 218	8
广东	481	18	3 446	529	13 613	2 935	478	17
广西	25	7	6 678	141	24 383	361	1 411	7
海南	25	20	8 025	766	17 028	2 573	2 041	17
重庆	2	2	372	372	2 086	2 086	1	1
四川	1	1	18	18	78	78	1	1
贵州								
云南	124	13	5 088	401	11 315	1 154	1 690	13
陕西	21	21	228	228	226	226	22	22
甘肃	45	10	271	181	1 052	763	41	4
青海	2	1	24	24	68	59	1	1
宁夏	403	6	1 932	616	3 517	1 399	403	5
新疆（兵团）	312	28	62 080	1 442	254 053	5 411	19 441	56
新疆（农业）	440	27	1 423	72	1 884	93	417	27
新疆（畜牧）	681	1	1 474	2	3 599		338	1
热科院	2		52		150		3	
广州								
南京	25	1	48	12	81	38	25	1

7－4 续表

地　　区	年末固定资产原值（万元）		年末营业用房面积（米^2）		销售总额或营业收入（万元）	
		国有（万元）		国有（米^2）		国有（万元）
全国农垦	**1 692 524**	**567 608**	**5 534 805**	**930 844**	**3 204 791**	**473 592**
北　　京	161 020	118 636	115 713	70 973	293 085	278 167
天　　津	556	556	473	473	283	283
河　　北	41 101	2 809	119 007	2 210	205 708	7 160
山　　西	192		2 874		60 785	
内 蒙 古	25 404	2 045	186 937	21 571	33 717	1 501
辽　　宁	73 861	5 017	266 910	6 010	160 538	1 545
吉　　林	25 667		323 190		7 913	
黑 龙 江	283 700	101 335	1 165 969	214 782	458 399	36 254
上　　海	79 497	79 497	191 977	191 977	47 030	47 030
江　　苏	16 753	2 012	56 443	3 820	30 269	4 124
浙　　江	516	165	6 744	5 124	448	54
安　　徽	21 304	12 929	86 452	35 244	39 664	28 450
福　　建	12 354	16	105 265	134	13 832	112
江　　西	20 240	360	108 682	8 505	98 914	153
山　　东	798	260	7 795	2 000	3 071	159
河　　南	1 053		11 035	410	6 274	110
湖　　北	86 121	2 091	491 753	9 402	388 895	2 589
湖　　南	13 109	40	57 123	491	24 318	433
广　　东	37 365	18 838	139 169	57 066	67 699	9 639
广　　西	78 265	11 632	221 719	13 356	235 712	2 732
海　　南	134 771	79 598	312 626	106 122	51 569	8 918
重　　庆	9 044	9 044	31 030	31 030	5 264	5 264
四　　川	385	385	3 328	3 328	279	279
贵　　州						
云　　南	184 489	14 903	249 040	27 392	33 490	4 448
陕　　西	1 598	1 598	40 175	40 175	1 100	1 100
甘　　肃	7 119	6 774	28 162	27 107	3 173	2 557
青　　海	357	357	1 406	1 406	110	110
宁　　夏	17 900	14 850	57 500	24 707	9 813	4 072
新疆（兵团）	349 887	79 887	1 049 343	17 676	913 460	25 767
新疆（农业）	2 565	547	36 255	3 353	2 520	455
新疆（畜牧）	3 776		50 492		5 685	
热 科 院	155		3 118		736	
广　　州						
南　　京	1 602	1 427	7 100	5 000	1 038	128

7-5 服务业基本情况

(2014 年)

地区	年末单位个数（个）	国有（个）	年末从业人员（人）	国有（人）	全年从业人员报酬（万元）	国有（万元）	营业网点个数（个）	国有（个）
全国农垦	**27 289**	**630**	**210 402**	**47 219**	**600 489**	**200 550**	**76 615**	**1 044**
北京	77	77	3 151	3 151	25 389	25 388	35	35
天津	21	21	733	733	8 422	8 422	21	21
河北	5 401	2	24 475	72	54 142	216	5 450	2
山西	51		317		409		96	
内蒙古	1 052	11	2 689	333	4 304	963	727	29
辽宁	3 192	5	17 852	85	36 844	97	3 451	98
吉林	680	1	2 494	65	6 059	215	700	1
黑龙江	50	38	19 175	3 930	40 904	3 474	7 470	39
上海	65	65	2 581	2 581	19 106	19 106	21	21
江苏	1 940	6	11 958	3 206	51 995	4 208	1 042	3
浙江	24	1	101	11	246	46	631	
安徽	729	11	1 947	196	3 749	638	811	9
福建	640	4	2 015	44	3 893	223	620	4
江西	629	2	3 875	32	10 780	57	488	2
山东	109	1	381	1	855	9	90	
河南	43	1	190	28	203	14	51	
湖北	4 899	1	12 253	13	26 423	39	5 127	1
湖南	3 398	9	5 829	431	11 360	577	3 701	15
广东	1 450	47	6 669	1 732	30 931	11 625	1 443	42
广西	29	14	6 498	254	18 667	783	1 385	14
海南	26	26	9 592	1 509	21 569	5 439	3 064	20
重庆								
四川	3	3	347	347	549	549	1	1
贵州								
云南	199	15	4 259	269	8 464	928	2 853	21
陕西	17	17	180	180	370	370	46	46
甘肃	59	10	272	165	785	467	86	53
青海	2	2	120	120	844	844	243	243
宁夏	676	6	2 805	689	7 371	3 187	676	6
新疆(兵团)	405	180	62 891	26 500	196 824	110 000	35 000	270
新疆(农业)	806	39	2 821	356	3 197	368	813	40
新疆(畜牧)	507	1	1 632	1	3 287	8	370	
热科院	1		3		24			
广州	13	13	104	104	2 066	2 066		
南京	96	1	193	81	459	224	103	8

7-5 续表

地　区	年末固定资产原值（万元）		年末营业用房面积（米²）		销售总额或营业收入（万元）	
		国有（万元）		国有（米²）		国有（万元）
全国农垦	**1 490 219**	**807 181**	**5 801 068**	**2 075 120**	**2 851 290**	**2 189 825**
北　京	195 804	195 804	313 178	313 178	306 519	306 445
天　津	43 884	43 884	282 407	282 407	262 740	262 740
河　北	122 383	180	176 265	160	397 663	250
山　西	331		1 960		15 414	
内蒙古	10 753	4 439	54 135	19 137	28 327	16 002
辽　宁	71 650	1 108	206 152	3 152	117 387	2 730
吉　林	6 736	3 160	371 820	5 000	14 583	2 982
黑龙江	167 579	14 257	629 862	47 917	342 789	16 559
上　海	205 749	205 749	12 586	12 586	131 780	1 317 780
江　苏	134 468	28 726	334 548	102 472	340 802	62 322
浙　江	716	178	967		589	149
安　徽	6 912	2 017	26 979	4 287	14 456	5 242
福　建	12 504	1 982	46 788	1 288	38 135	30 196
江　西	5 342	549	35 908	2 360	103 173	312
山　东	1 118	2	5 538	120	2 289	22
河　南	993	371	8 820	5 326	867	20
湖　北	29 551	3 773	236 902	49 000	111 464	360
湖　南	11 988	2 115	39 991	1 101	23 601	714
广　东	60 041	43 114	257 838	185 498	133 845	56 250
广　西	37 328	7 044	240 619	13 036	120 527	4 591
海　南	70 286	60 452	206 848	69 168	45 774	18 980
重　庆						
四　川	6 316	6 316	5 400	5 400	2 009	2 009
贵　州						
云　南	16 328	6 852	175 219	35 388	44 040	1 969
陕　西	3 567	3 567	10 582	10 582	3 064	3 064
甘　肃	12 345	12 173	11 879	11 191	2 008	1 464
青　海	6 067	6 067	70 480	70 480	3 300	3 300
宁　夏	48 763	42 703	40 601	19 802	26 478	19 749
新疆（兵团）	190 000	105 000	1 750 000	645 000	200 000	47 500
新疆（农业）	5 037	1 900	70 515	11 990	4 803	138
新疆（畜牧）	1 689	56	26 917	640	4 429	
热科院						
广　州	3 632	3 632	147 054	147 054	5 480	5 480
南　京	359	13	2 310	400	2 955	505

商品量、出口、物资

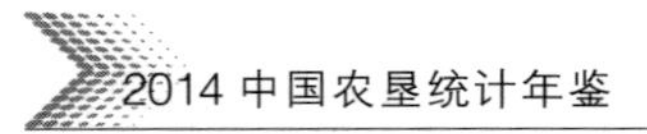

8－1　农业商品产值及商品量

（2014 年）

地　　区	农业商品产值（万元）	主要农产品商品量						
		粮豆合计（吨）		棉花（吨）	油料（吨）	肉类（吨）		肉猪（万头）
			大豆（吨）				猪肉（吨）	
全国农垦	**29 170 158**	**32 333 028**	**1 318 852**	**1 979 652**	**737 989**	**2 489 027**	**1 479 507**	**9 754.56**
北　　京	852 149				6	197 236	5 425	9.49
天　　津	85 145	14 214	21	145		1 971	1 321	1.19
河　　北	782 868	404 517	944	18 464	1 332	62 503	36 343	45.29
山　　西	22 763	25 066	123	106	322	3 591	1 293	1.17
内 蒙 古	940 666	1 639 182	187 858		261 099	68 947	17 213	18.93
辽　　宁	1 479 670	1 145 337	13 301		5 953	263 381	110 171	112.82
吉　　林	346 472	799 891	6 187		12 038	46 925	21 558	26.70
黑 龙 江	8 870 068	20 563 905	1 006 170		5 486	311 232	205 515	259.50
上　　海	535 757	330 882			103	60 617	59 329	79.11
江　　苏	604 372	740 329	1 209	712	925	62 442	17 646	21.26
浙　　江	59 563	6 812	934	70	205	21 643	21 600	24.80
安　　徽	188 184	330 869	32 453	1 132	1 230	14 386	6 036	6.46
福　　建	183 531	45 521	1 645		3 700	44 982	39 933	55.09
江　　西	433 071	563 228	3 454	7 760	16 441	82 457	75 409	82.69
山　　东	117 747	97 525	1 217	2 541	105	9 965	2 006	2.26
河　　南	187 808	268 962	16 316	835	17 160	36 603	35 503	49.84
湖　　北	1 409 117	817 448	15 477	41 707	89 916	195 000	164 993	206.00
湖　　南	537 585	627 702	2 675	14 067	61 041	161 624	151 392	179.00
广　　东	762 472	46 907	202		5 108	109 949	86 844	101.77
广　　西	778 824	10 250	272		2 740	145 994	134 156	191.66
海　　南	1 178 388	132 208	685		3 858	95 420	75 946	83.81
重　　庆	84 574					10 094	6 496	7.20
四　　川	9 223	1 131	4		27	1 914	245	0.30
贵　　州	28 733	4 051	10		313	36	36	0.07
云　　南	413 698	44 192			58	6 314	4 768	5.96
陕　　西	33 545	51 003	568	939	591	1 308	1 055	1.60
甘　　肃	15 117	242 745	710	7 645	25 435	4 841	1 826	1.40
青　　海	30 246	26 908			7 719	1 930	162	7.32
宁　　夏	233 139	336 136	183		3 339	4 659	3 185	4.88
新疆（兵团）	7 047 271	2 228 900	18 365	1 670 454	169 898	377 222	184 509	259.14
新疆（农业）	333 299	276 508	2 872	78 169	10 434	9 663	4 238	5.18
新疆（畜牧）	565 042	510 699	4 998	134 906	31 386	73 723	2 994	7 902.13
热 科 院	3 253				20	379	362	0.54
广　　州	15 042							
南　　京	1 757					75		

8－2　出口商品总金额

计量单位：万元

地　区	总金额				其中：工业品金额		
	2014年	2013年	2014年比2013年增长（%）	排序	2014年	2013年	2014年比2013年增长（%）
全国农垦	**9 448 382**	**8 379 986**	**12.8**		**7 982 054**	**7 603 749**	**5.0**
北　京	63 448	70 072	－9.5	10	18 029	28 963	－37.8
天　津	4 593	4 272	7.5	17	4 593	4 272	7.5
河　北	154 146	100 099	54.0	7	146 022	86 258	69.3
山　西							
内蒙古	177	140	26.4	24		140	
辽　宁	281 884	278 000	1.4	6	220 150	210 337	4.7
吉　林	1 700	1 430	18.9	22			
黑龙江	444 153	401 139	10.7	3	162 127	147 251	10.1
上　海	94 469	91 501	3.2	9	91 417	87 035	5.0
江　苏	17 059	41 803	－59.2	14	9 190	14 289	－35.7
浙　江	51 912	54 602	－4.9	11	70 412	54 602	29.0
安　徽							
福　建	47 811	42 177	13.4	12	24 569	20 723	18.6
江　西	318 410	301 619	5.6	5	309 452	292 550	5.8
山　东							
河　南	1 596	1 426	11.9	23			
湖　北	405 628	342 078	18.6	4	331 037	265 827	24.5
湖　南	25 270	25 060	0.8	13	18 077	18 072	0.0
广　东	627 790	575 922	9.0	2	592 664	538 521	10.1
广　西	145 292	127 557	13.9	8	130 064	111 652	16.5
海　南	4 908	4 776	2.8	16	4 788	4 671	2.5
重　庆							
四　川		490	－100.0				
贵　州							
云　南	2 165	2 988	－27.5	21	1 097	2 988	－63.3
陕　西							
甘　肃	2 636			20	2 366		
青　海							
宁　夏	3 618	6 120	－40.9	19			
新疆（兵团）	6 732 867	5 892 723	14.3	1	5 846 000	5 715 298	2.3
新疆（农业）	13 021	10 715	21.5	15			
新疆（畜牧）							
热科院							
广　州	3 830	3 277	16.9	18			
南　京							

8-3 外贸出口供货商品量

(2014 年)

种类和地区	计量单位	出口供货商品数量
大豆	**吨**	**136 659**
黑龙江		136 659
玉米	**吨**	**102 736**
黑龙江		102 736
甜瓜	**吨**	**629**
新疆农业		629
白瓜籽	**吨**	**25 929**
辽宁		20 000
黑龙江		5 929
食用油籽	**吨**	**1**
新疆兵团		1
莲子	**吨**	**262**
湖南		262
红小豆	**吨**	**44 020**
黑龙江		44 020
芸豆	**吨**	**990 044.1**
黑龙江		990 044.1
小黄豆	**吨**	**25 520**
黑龙江		25 520
蔬菜	**吨**	**116 246.6**
黑龙江		67 803
上海		4 465
江苏		4 969
浙江		5 705
福建		22 684
湖南		5 912
宁夏		3 553.6
新疆兵团		19
新疆农业		1 136
新鲜蔬菜	**吨**	**93 982.3**
黑龙江		51 581.3
上海		4 465
福建		17 760
湖北		13 270
湖南		5 912
新疆农业		994
速冻蔬菜	**吨**	**13 929**
黑龙江		8 082
浙江		5 705
新疆农业		142
脱水蔬菜	**吨**	**18 033**
黑龙江		8 140
江苏		4 969
福建		4 924
干辣椒	**吨**	**0.47**
新疆兵团		0.47
水果	**吨**	**29 874**
辽宁		6 592
广西		23 282
柑橘	**吨**	**22 647**
湖南		5 185
广西		17 462
甜橙	**吨**	**6 492**
湖南		672
广西		5 820
苹果	**吨**	**22 755**
辽宁		6 532
新疆农业		16 223
香梨	**吨**	**21 386**
新疆农业		21 386
黄桃	**吨**	**60**
辽宁		60
葡萄	**吨**	**729**
新疆农业		729
枣	**吨**	**159**
新疆农业		159
咖啡豆	**吨**	**961**
云南		961
调味产品	**吨**	**5 400**
辽宁		5 400
白胡椒	**吨**	**30**
海南		30
猪	**头**	**238 871**
黑龙江		50 500

8－3续表1

种类和地区	计量单位	出口供货商品数量
河南		10 720
湖北		52 950
湖南		22 125
广东		69 575
广西		33 001
瘦肉型猪	**头**	**238 871**
黑龙江		50 500
河南		10 720
湖北		52 950
湖南		22 125
广东		69 575
广西		33 001
猪肉	**吨**	**10 973**
黑龙江		3 580
广东		7 393
鲜猪肉	**吨**	**7 393**
广东		7 393
冻猪肉	**吨**	**3 699**
北京		119
黑龙江		3 580
家禽肉	**吨**	**18 163**
北京		17 263
辽宁		900
鸡肉	**吨**	**16 615**
北京		16 615
鸭肉	**吨**	**1 548**
北京		648
辽宁		900
肠衣	**把**	**2 039 328**
黑龙江		2 039 328
猪肠衣	**把**	**2 039 328**
黑龙江		2 039 328
牛奶	**吨**	**6 281**
广州		6 281
蜂蜜	**吨**	**1 000**
吉林		1 000
皮张类	**张**	**36 250**
黑龙江		36 250
绒类	**吨**	**67**
黑龙江		67
山羊绒	**吨**	**67**
黑龙江		67
鱼类	**吨**	**15 038**
河北		1 556
福建		2 360
湖南		10 336
广东		786
海水鱼	**吨**	**3 916**
河北		1 556
福建		2 360
淡水鱼	**吨**	**11 122**
湖南		10 336
广东		786
虾类	**吨**	**11 860**
辽宁		3 160
广东		8 700
对虾	**吨**	**11 860**
辽宁		3 160
广东		8 700
原料药	**吨**	**1 537**
北京		87
辽宁		1 340
黑龙江		110
食用油类	**吨**	**59 473**
黑龙江		59 191
江西		282
味精	**吨**	**580**
上海		580
淀粉	**吨**	**30 282**
河北		56
广西		30 226
再制蛋	**吨**	**732**
湖北		732
松花蛋	**吨**	**350**

8-3 续表 2

种类和地区	计量单位	出口供货商品数量	种类和地区	计量单位	出口供货商品数量
湖北		350	**精制红茶**	**吨**	**782**
咸蛋	**吨**	**382**	广西		165
湖北		382	云南		617
奶粉	**吨**	**1 421**	**精制绿茶**	**吨**	**700**
黑龙江		1 421	浙江		700
烤花生	**吨**	**200**	**豆粕**	**吨**	**40 518**
吉林		200	黑龙江		40 518
咸蕨菜	**吨**	**742**	**饲料**	**吨**	**8 552**
黑龙江		742	黑龙江		8 552
西红柿酱	**吨**	**1 340**	**松香**	**吨**	**1 278**
甘肃		1 340	广东		1 278
罐头	**吨**	**53 398**	**苇帘**	**万片**	**89**
上海		21 596	河北		89
湖北		4 082	**柳编织品**	**万件**	**238**
湖南		10 498	黑龙江		238
广西		1 475	**纸板**	**吨**	**17**
青海		10 498	新疆兵团		17
新疆畜牧		5 249	**雕花家具**	**件**	**155**
猪肉罐头	**吨**	**16 912**	辽宁		155
上海		16 912	**地毯**	**平方米**	**84 005**
水果罐头	**吨**	**6 648**	辽宁		5
上海		1 211	广东		84 000
湖北		3 962	**服装**	**万件**	**2 592**
广西		1 475	河北		50
蔬菜罐头	**吨**	**120**	江苏		38
湖北		120	江西		1 005
酒类	**吨**	**183**	湖北		131
天津		3	广东		540
上海		180	新疆兵团		828
葡萄酒	**吨**	**3**	**工艺品**	**万件**	**50**
天津		3	福建		50
茶叶	**吨**	**874**	**胶鞋**	**万双**	**116**
浙江		700	福建		116
湖南		9	**多用车**	**台**	**200 000**
广西		165	新疆畜牧		200 000
绿茶	**吨**	**9**	**活性炭**	**吨**	**5 215**
湖南		9	江西		5 215

8－4 主要物资消费

（2014年）

地　区	钢材（吨）	木材（米^3）	水泥（吨）	纯碱（吨）	烧碱（吨）	化肥（实物量）（吨）	聚乙烯、聚丙烯（吨）
全国农垦	**3 867 051**	**3 301 567**	**18 848 281**	**31 699**	**63 842**	**5 457 782**	**316 299**
北　京	7 490	1 223	10 293			2 015	
天　津	1 039	4 625	905		2	1 869	8 008
河　北	62 409	48 788	484 969	8 279	87	40 868	5 028
山　西	7 165	158	2 598			3 492	
内 蒙 古	22 253	36 484	190 371			239 771	1 274
辽　宁	136 909	823 026	524 356	5 181	4 300	169 141	4 227
吉　林	5 827	7 306	65 914	3 970	300	98 166	743
黑 龙 江	118 025	166 140	846 820	171	1 610	1 240 284	29 812
上　海	95 900	22 807	271 616			54 235	13 445
江　苏	44 442	5 115	419 495	100	4 493	138 119	73
浙　江	3 750	749	1 133			3 611	919
安　徽	54 400	17 928	140 037			69 508	480
福　建	18 715	6 197	100 346	10	10	29 970	15
江　西	100 914	129 068	331 076	912	229	100 407	2 717
山　东	27 318	5 080	143 226		240	15 618	10
河　南	12 796	1 249	28 304	150	313	59 987	405
湖　北	401 682	409 100	800 947	715	966	568 983	90 829
湖　南	110 350	189 740	632 535	5 800	308	154 018	308
广　东	68 490	66 541	282 279	114	234	236 704	465
广　西	456 266	158 786	1 645 242		26 878	194 833	2 113
海　南	62 499	27 991	988 222		4	207 999	
重　庆	28 390		29 796				
四　川	4 041	354	1 218	1		282	
贵　州	2 234	371	6 974			7 630	
云　南	9 422	45 593	22 120	11	2	53 051	8
陕　西	16 800	143	8 974			9 942	20
甘　肃	5 846	2 025	24 003		309	64 082	372
青　海			100			6 740	
宁　夏	38 196	4 139	83 972	6	28	84 006	47
新疆（兵团）	1 905 438	1 003 469	10 334 324	6 262	23 399	1 497 129	151 694
新疆（农业）	17 596	94 077	290 010	10	85	57 213	3 208
新疆（畜牧）	17 982	23 256	131 243		44	47 019	78
热 科 院	516	38	4 863			1 090	1
广　州	1	1		7	1		
南　京	1 950						

8-4 续表 1

地　　区	原煤（吨）	原煤（吨标准煤）	焦炭（吨）	焦炭（吨标准煤）	汽油（吨）	汽油（吨标准煤）
全国农垦	**59 938 379**	**41 549 065**	**2 480 313**	**2 406 938**	**1 135 363**	**1 645 673**
北　　京	202 356	144 539			10 522	15 478
天　　津	20 450	14 607			766	1 127
河　　北	902 311	646 540	226 499	220 021	8 088	11 898
山　　西	16 918	12 085	9 458	9 188	405	596
内 蒙 古	480 293	197 631			23 406	23 644
辽　　宁	1 143 536	816 827	144 177	140 054	188 001	276 624
吉　　林	21 632	16 036	3	3	36 086	51 150
黑 龙 江	3 904 886	2 801 981	318	308	155 923	229 353
上　　海	100 815	72 012			115 398	169 797
江　　苏	30 717				9 177	13 502
浙　　江	503 616				1 158	1 704
安　　徽	20 412	14 580			2 004	2 949
福　　建	8 066	4 218	17 055	16 511	8 006	7 585
江　　西	190 655	30 915	1 678	53	23 030	15 344
山　　东	7 634	546			1 356	590
河　　南	79 021	56 445	5	5	4 288	6 309
湖　　北	413 030	294 903	13 453	13 068	117 063	172 246
湖　　南	358 084	261 030			29 920	43 981
广　　东	40 744	29 103			23 802	35 022
广　　西	773 669	501 220	5 764	5 418	31 234	45 958
海　　南	166	119	27	26	18 539	27 278
重　　庆	1 297	1 297			347	511
四　　川	745	532	5 141	4 994	111	163
贵　　州	522	522			530	780
云　　南	51 822	37 016			5 899	8 665
陕　　西	2 688	4 063	10	10	1 306	1 922
甘　　肃	157 349	112 395			1 628	2 369
青　　海	31 105	30 843			604	15 088
宁　　夏	90 296	64 498	3	3	2 345	3 451
新疆（兵团）	49 250 600	35 179 704	2 056 080	1 997 276	282 459	415 611
新疆（农业）	792 125	56 868			12 666	18 637
新疆（畜牧）	340 798	145 974	642		5 762	5 101
热 科 院					13 464	21 138
广　　州					58	85
南　　京	21	15			12	18

8-4 续表 2

地　区	柴油（吨）	柴油（吨标准煤）	电力（万千瓦时）	电力（吨标准煤）	其他燃料（吨标准煤）
全国农垦	**1 985 578**	**2 859 636**	**9 153 988**	**13 588 107**	**1 120 881**
北　京	5 179	7 547	52 148	64 085	3 185
天　津	1 215	1 770	10 282	12 637	29
河　北	27 135	39 535	214 870	264 068	5 716
山　西	1 211	1 764	18 124	22 274	
内蒙古	67 968	62 827	33 969	620 353	
辽　宁	175 123	255 172	142 223	174 791	13 079
吉　林	37 075	54 018	42 091	51 729	564
黑龙江	449 668	655 204	422 663	1 707 467	816 077
上　海	21 003	30 603	94 249	115 832	53 587
江　苏	30 737	45 060	40 484	49 755	
浙　江	5 718	8 332	54 389	66 843	
安　徽	12 581	18 332	10 257	12 606	
福　建	7 528	8 910	15 402	15 267	74
江　西	26 267	17 645	92 370	52 828	2 310
山　东	1 657	1 727	4 216	1 052	287
河　南	5 830	8 495	17 872	21 964	
湖　北	75 125	109 465	317 129	1 024 327	228
湖　南	20 986	30 931	77 100	94 766	
广　东	33 565	48 907	65 464	73 328	131 073
广　西	37 614	54 807	120 152	147 667	84 700
海　南	14 541	21 188	54 355	66 802	
重　庆	4 056	5 910	12 758	15 680	
四　川	69	101	5 742	18 719	
贵　州	773	1 124	23 775	29 126	
云　南	8 716	12 700	29 667	36 461	
陕　西	5 463	7 960	2 183	2 683	
甘　肃	5 244	7 641	23 426	28 791	17
青　海	1 588	24 094	258	349	
宁　夏	15 005	21 864	12 741	15 658	269
新疆（兵团）	860 609	1 253 993	7 038 258	8 650 020	2 364
新疆（农业）	17 429	25 396	95 484	117 349	7 322
新疆（畜牧）	7 701	14 866	7 251	6 975	
热科院	86	126	1 047	1 287	
广　州	1 111	1 618	1 281	4 190	
南　京	2	3	308	379	

8-4 续表 3

地　区	燃气消费（米³）	其中工业用气（米³）	#天然气（米³）	其中农业用气（米³）	#天然气 2（米³）
全国农垦	**661 869 262**	**459 280 387**	**604 448 938**	**8 714 514**	**9 159 197**
北　京	17 300 537	17 912 305	18 475 705	2 278 093	2 714 953
天　津	92 999	90 438	77 714	2 542	
河　北	34 032 060	32 024 200	31 114 200	2 007 860	2 007 400
山　西					
内蒙古	4 404				
辽　宁	22 478	22 438	22 000	40	20
吉　林	5			5	
黑龙江	41 230 000	13 180 000	20 960 000	1 800 000	1 800 000
上　海	38 970 726	33 210 625	33 210 625		
江　苏					
浙　江	15 108 670		15 108 670		
安　徽					
福　建	2 573	4 073	1 503	6 000	6 000
江　西	489 150	75 084	3 215		
山　东					
河　南					
湖　北	85 605 629	47 349 225	47 347 701	2 592	18 085
湖　南					
广　东	78 941	73 012	872	5 929	1 276
广　西	6 959				
海　南					
重　庆	19 270 752	18 307 214	18 307 214	963 538	963 538
四　川	1 109 738	1 109 738	11 097 378		
贵　州	412 000	412 000	412 000		
云　南	323 401	323 401	323 401		
陕　西	2 200		2 200		
甘　肃	2 416 952	2 300 508	2 265 000	151 952	151 952
青　海					
宁　夏	5 853 000	5 853 000	5 853 000		
新疆（兵团）	399 536 078	287 033 126	399 334 940	1 495 963	1 495 963
新疆（农业）					
新疆（畜牧）	10				10
热科院					
广　州			531 600		
南　京					

8-4 续表 4

地　　区	热力消费			
	供热耗热量（万千焦耳）	供热耗热量 2（吨标准煤）	供冷耗冷量（万千焦耳）	供冷耗冷量 2（吨标准煤）
全国农垦	**7 467 709 910**	**3 864 971**	**3**	**205 729**
北　　京	29 663 035	5 979		
天　　津				
河　　北	122 598 449	114 239		51
山　　西				
内 蒙 古	43 990 539	43 798		
辽　　宁	61 073 618	19 198		
吉　　林				
黑 龙 江	35 151 225	1 198 646		
上　　海	22 726 000	7 750		
江　　苏				
浙　　江				
安　　徽				
福　　建			3	5
江　　西				
山　　东				
河　　南				
湖　　北				
湖　　南				
广　　东				
广　　西				
海　　南				
重　　庆				
四　　川				
贵　　州				
云　　南				
陕　　西				
甘　　肃				
青　　海				
宁　　夏	417	34 374		
新疆（兵团）	7 137 745 771	2 433 971		
新疆（农业）				
新疆（畜牧）	14 760 856	7 016		205 673
热 科 院				
广　　州				
南　　京				

8-4 续表 5

地区	水消费（米³）				
	工业用水总量	#地表水源用水量	地下水源用水量	其他水源用水量	工业废水排放量
全国农垦	**579 709 005**	**297 963 229**	**150 754 200**	**59 382 514**	**125 782 866**
北京	6 297 402	2 513 633	3 274 795	502 528	3 789 796
天津	778 357	56 187	474 866	247 304	314 812
河北	14 394 475	979 332	13 303 193	111 950	2 166 928
山西	362 380		62 380	300 000	10 000
内蒙古	603 936		603 936		440
辽宁	60 130 300	38 057 423	3 040 015	32 862	2 777 503
吉林	180 028	5 580	173 598	850	380
黑龙江	38 006 234				
上海	23 876 521	9 445 096	2 745 707	11 685 718	19 565 482
江苏	2 030 782	1 147 536	883 246		702 346
浙江	6 373 579	1 349 725	25 101	4 998 753	2 200 405
安徽	478 529	80 449	443 980	14 000	1 710
福建	385 773	172 262	9 281	204 230	65 699
江西	27 641 503	26 447 422	584 769	409 594	986 786
山东	95 000				
河南	2 249 595	754 000	1 190 444	305 151	899 105
湖北	67 964 000	52 079 266	1 302 865	2 633 576	11 254 849
湖南	158 955	157 770			138 400
广东	5 710 678	3 983 043	1 520 316	207 319	1 239 997
广西	43 537 499	36 629 497	3 852 903	3 055 099	21 810 873
海南	1 117 849	607 414	484 492	25 943	516 482
重庆	5 544 285	5 544 285			3 847 734
四川	241 963	236 963	5 000		103 780
贵州	146 500	146 500			
云南	4 956 441	4 403 444	54 552	498 445	1 665 996
陕西	6 000 000	6 000 000			
甘肃	4 634 721		2 133 663	38 400	2 222 813
青海					
宁夏	1 386 617		1 377 615	9 002	356 356
新疆（兵团）	224 910 345	77 806 745	113 001 810	34 101 790	49 000 250
新疆（农业）	123 200	123 200			
新疆（畜牧）	29 061 798	28 906 697	205 673		
热科院					
广州	329 760	329 760			143 944
南京					

8－4 续表 6

地区	水消费（米³）			
	农业用水总量	#地表水源用水量	地下水源用水量	其他水源用水量
全国农垦	**18 615 638 722**	**12 008 269 087**	**608 639 838**	**155 400 553**
北京	2 057 614	4 360	1 679 123	115 181
天津	2 611 907	2 349 476	262 431	
河北	110 035 279	32 954 678	77 076 601	4 000
山西	3 635 809	648 000	2 982 809	15 000
内蒙古	21 842 666	4 458 570	13 584 096	
辽宁	984 722 620	894 303 320	90 419 300	56 020 120
吉林	671 548 356	541 605 689	129 962 667	
黑龙江	5 599 533 809			
上海	115 322 469	110 371 039	45 923	4 905 507
江苏	108 234 690	108 070 962	163 728	
浙江	2 585 839	2 585 839		
安徽	43 228 820	78 843 560	53 945 260	
福建	988 720	614 794	117 926	256 000
江西	7 590 468	6 831 748	460 400	200 000
山东	55 837 000			
河南	59 760 139	10 184 842	49 467 111	108 186
湖北	392 263 627	273 849 452	1 640 502	23 407 748
湖南	370 087	368 332		
广东	14 904 944	10 588 911	4 146 390	169 643
广西	49 418 778	36 174 540	11 335 034	1 909 204
海南	34 079 823	17 976 409	2 067 294	14 036 120
重庆	1 649 854	1 435 373	214 481	
四川	57 800	44 500	5 300	8 000
贵州				
云南	16 608 117	16 592 516	13 200	2 400
陕西				
甘肃	403 204 538	138 992 500	111 245 461	53 950 000
青海	3 082 400	3 082 400		
宁夏	548 062 084	539 569 704	8 492 380	
新疆（兵团）	8 968 992 720	8 968 992 720		
新疆（农业）	308 096	280 170	27 926	
新疆（畜牧）	392 506 635	206 296 162	48 890 002	293 444
热科院	295 796	198 521	97 275	
广州	297 219		297 219	
南京				

8－4续表 7

地　　区	附　　记			
	供暖面积（万米²）	集中供暖面积（万米²）	供冷面积（万米²）	集中供冷面积（万米²）
全国农垦	**241 110.67**	**78 766.55**	**8.6**	**7.3**
北　　京	2 076.00	267.00	6	6
天　　津				
河　　北	473.54	415.09	0.5	
山　　西	23.24	22.22		
内 蒙 古	165 002.37	60 878.35		
辽　　宁	582.38	341.98		
吉　　林	22.13	0.30		
黑 龙 江	5 108.00	4 118.90		
上　　海				
江　　苏				
浙　　江				
安　　徽				
福　　建				
江　　西				
山　　东	1.80	1.80		
河　　南				
湖　　北				
湖　　南				
广　　东				
广　　西				
海　　南				
重　　庆				
四　　川				
贵　　州				
云　　南				
陕　　西				
甘　　肃	5 373.00	61.00	0.3	0.3
青　　海	1.50	1.50		
宁　　夏	287.00	286.00	1	1
新疆（兵团）		7 500.00		
新疆（农业）	15.20	15.20		
新疆（畜牧）	62 144.51	4 857.21		
热 科 院			0.8	
广　　州				
南　　京				

科研、教育、卫生

9－1 农垦科研基本情况

（2014 年）

地区	个数（个）	从业人员（人）			科技经费（万元）				实验地面积（公顷）
			科技人员（人）	其他人员（人）		国家拨款（万元）	省地局自筹（万元）	企业自筹（万元）	
全国农垦	**361**	**40 973**	**32 607**	**8 215**	**398 077**	**78 949**	**132 636**	**186 493**	**13 964**
北京	7	212	189	23	26 311	1 485	1 231	23 595	1
天津	3	117	40	77	155		155		
河北	11	191	143	48	2 865	1 167	282	1 416	156
山西	3	174	14	160	100			100	74
内蒙古	12	169	92	77	267	15		252	540
辽宁	26	580	405	175	593	110	60	423	270
吉林	1	7	5	2	7			7	
黑龙江	19	585	479	106	5 927	3 545	1 570	812	151
上海	1	8	7						
江苏	24	1 261	826	435	53 319	617		52 702	498
浙江									
安徽	6	110	46	64	165	17	45	103	61
福建	1	30		30					
江西	7	706	418	184	2 980	1		2 979	28
山东	6	45	18	27	3 797	60	1 380	2 357	848
河南	14	545	195	350	472		173	299	1 302
湖北	35	1 244	383	834	2 954	1 094	326	1 534	539
湖南	22	763	384	379	891	194	67	630	1 868
广东	50	461	267	175	2 952	1 862	30	1 060	3 260
广西	3	620	277	343	7 828	7 426	381	21	328
海南	6	190	116	74	283	226		57	174
重庆	3	74	70	4	973	540		433	15
四川	2	93	76	17	188		35	153	
贵州									
云南	4	654	344	310	6 609	5 657	7	945	627
陕西									
甘肃	10	483	213	270	2 982	1 387	47	1 548	156
青海	3	84	33	51	125			125	1 190
宁夏	1	26	15	11	22	20		2	
新疆（兵团）	58	27 295	26 057	1 238	242 989	24 370	124 087	94 532	1 585
新疆（农业）	8	109	90	19	281			281	
新疆（畜牧）									
热科院	15	4 137	1 405	2 732	32 043	29 156	2 760	127	293
广州									
南京									

9-2 部、省、地属科研单位基本情况

(2014年)

地区	个数(个)	从业人员(人)			科技经费(万元)				实验地面积(公顷)
			科技人员(人)	其他人员(人)		国家拨款(万元)	省地局自筹(万元)	企业自筹(万元)	
全国农垦	**90**	**12 195**	**7 874**	**4 311**	**230 493**	**76 321**	**77 843**	**76 329**	**2 580**
北京	1	16	10	6	1 124	1 124			
天津	3	117	40	77	155		155		
河北	1	45	30	15	1 437	1 165	272		93
山西									
内蒙古	2	43	18	25	15			15	142
辽宁	1	300	212	88	320	60	60	200	35
吉林									
黑龙江	19	585	479	106	5 927	3 545	1 570	812	151
上海									
江苏									
浙江									
安徽									
福建									
江西									
山东									
河南	3	304	57	247	177		168	9	10
湖北	10	157	59	98	1 002	902		100	13
湖南									
广东	5	119	72	37	1 263	1 263			74
广西	2	583	252	331	7 328	6 926	381	21	324
海南	3	156	106	50	226	226			50
重庆	1	27	25	2	540	540			15
四川									
贵州									
云南	4	654	344	310	6 609	5 657	7	945	627
陕西									
甘肃	2	188	121	67	1 957	1 387		570	73
青海									
宁夏									
新疆(兵团)	18	4 764	4 644	120	170 370	24 370	72 470	73 530	680
新疆(农业)									
新疆(畜牧)									
热科院	15	4 137	1 405	2 732	32 043	29 156	2 760	127	293
广州									
南京									

9－3　场属科研单位基本情况

（2014 年）

地　区	个数（个）	从业人员（人）			科技经费（万元）				实验地面积（公顷）
			科技人员（人）	其他人员（人）		国家拨款（万元）	省地局自筹（万元）	企业自筹（万元）	
全国农垦	**271**	**28 778**	**24 733**	**3 904**	**167 585**	**2 628**	**54 793**	**110 164**	**11 384**
北　京	6	196	179	17	25 187	361	1 231	23 595	1
天　津									
河　北	10	146	113	33	1 428	2	10	1 416	63
山　西	3	174	14	160	100			100	74
内蒙古	10	126	74	52	252	15		237	398
辽　宁	25	280	193	87	273	50		223	235
吉　林	1	7	5	2	7			7	
黑龙江									
上　海	1	8	7						
江　苏	24	1 261	826	435	53 319	617		52 702	498
浙　江									
安　徽	6	110	46	64	165	17	45	103	61
福　建	1	30		30					
江　西	7	706	418	184	2 980	1		2 979	28
山　东	6	45	18	27	3 797	60	1 380	2 357	848
河　南	11	241	138	103	295		5	290	1 292
湖　北	25	1 087	324	736	1 952	192	326	1 434	526
湖　南	22	763	384	379	891	194	67	630	1 868
广　东	45	342	195	138	1 689	599	30	1 060	3 186
广　西	1	37	25	12	500	500			4
海　南	3	34	10	24	57			57	124
重　庆	2	47	45	2	433			433	
四　川	2	93	76	17	188		35	153	
贵　州									
云　南									
陕　西									
甘　肃	8	295	92	203	1 025		47	978	83
青　海	3	84	33	51	125			125	1 190
宁　夏	1	26	15	11	22	20		2	
新疆（兵团）	40	22 531	21 413	1 118	72 619		51 617	21 002	905
新疆（农业）	8	109	90	19	281			281	
新疆（畜牧）									
热科院									
广　州									
南　京									

9－4 农垦各类学校基本情况

（2014年）

地区	学校数（所）	教职工（人）		在校学生合计（人）		当年毕业生人数（人）
			教师（人）		新招生（人）	
全国农垦	**1 305**	**91 065**	**73 023**	**1 001 648**	**255 135**	**266 235**
北京	1	9				
天津	1	4	2			
河北	97	4 595	4 165	47 962	11 820	12 467
山西						
内蒙古	25	956	798	4 029	849	813
辽宁						
吉林						
黑龙江	174	22 128	16 312	190 332	47 594	63 605
上海	1	31	11	830	172	274
江苏						
浙江						
安徽						
福建						
江西	52	1 091	951	13 683	3 747	3 166
山东						
河南	38	640	566	6 848	1 585	1 546
湖北	266	11 452	9 799	125 867	31 907	31 152
湖南	144	6 379	5 091	66 385	11 544	10 674
广东	147	5 145	3 809	86 140	22 543	21 250
广西	5	1 308	840	25 419	9 786	8 255
海南						
重庆						
四川	2	3	3	36		9
贵州						
云南						
陕西	1	26	26	761	351	626
甘肃	2	123	105	9 387	3 765	2 278
青海	13	405	384	3 464	422	342
宁夏	1	68	40	1 037	302	319
新疆（兵团）	328		29 909	416 069	107 913	108 185
新疆（农业）						
新疆（畜牧）						
热科院	6	181	137	1 906	552	459
广州						
南京	1	85	75	1 493	283	815

9-5 普通高等学校基本情况

（2014年）

地　区	学校数（所）	教职工（人）		在校学生合计（人）		当年毕业生人数（人）
			教师（人）		新招生（人）	
全国农垦	**13**	**8 854**	**5 594**	**123 384**	**37 511**	**33 812**
北　京						
天　津						
河　北						
山　西						
内蒙古						
辽　宁						
吉　林						
黑龙江	3	2 215	1 581	30 927	9 085	8 428
上　海						
江　苏						
浙　江						
安　徽						
福　建						
江　西						
山　东						
河　南						
湖　北						
湖　南						
广　东	1	1 019	375	20 730	6 257	6 159
广　西	3	1 081	674	21 865	8 316	6 916
海　南						
重　庆						
四　川						
贵　州						
云　南						
陕　西						
甘　肃						
青　海						
宁　夏						
新疆（兵团）	6	4 539	2 964	49 862	13 853	12 309
新疆（农业）						
新疆（畜牧）						
热科院						
广　州						
南　京						

9-6 成人高等学校基本情况

（2014年）

地 区	学校数（所）	教职工（人）		在校学生合计（人）		当年毕业生人数（人）
			教师（人）		新招生（人）	
全国农垦	**8**	**1 036**	**686**	**40 282**	**15 106**	**9 664**
北 京	1	9				
天 津						
河 北	1	37	34			
山 西						
内蒙古						
辽 宁						
吉 林						
黑龙江	1	184	102	6 395	2 505	1 507
上 海	1	31	11	830	172	274
江 苏						
浙 江						
安 徽						
福 建						
江 西						
山 东						
河 南						
湖 北	1	104	75	1 795	894	1 154
湖 南						
广 东						
广 西						
海 南						
重 庆						
四 川						
贵 州						
云 南						
陕 西						
甘 肃	1	42	35	7 607	2 913	1 544
青 海						
宁 夏				824	302	258
新疆（兵团）	2	629	429	22 831	8 320	4 927
新疆（农业）						
新疆（畜牧）						
热科院						
广 州						
南 京						

9－7 普通中等专业学校基本情况

（2014 年）

地 区	学校数（所）	教职工（人）		在校学生合计（人）		当年毕业生人数（人）
			教师（人）		新招生（人）	
全国农垦	**30**	**2 536**	**1 735**	**51 796**	**16 372**	**22 296**
北 京						
天 津						
河 北	2	50	40	1 780	363	427
山 西						
内 蒙 古	1	88	37	159	25	110
辽 宁						
吉 林						
黑 龙 江	2	400	234	5 259	1 475	7 212
上 海						
江 苏						
浙 江						
安 徽						
福 建						
江 西	1	82	68	2 890	924	1 412
山 东						
河 南						
湖 北	3	237	186	6 310	2 617	2 271
湖 南						
广 东	1	171	148	6 951	2 392	1 650
广 西						
海 南						
重 庆						
四 川						
贵 州						
云 南						
陕 西						
甘 肃						
青 海						
宁 夏						
新疆（兵团）	20	1 508	1 022	28 447	8 576	9 214
新疆（农业）						
新疆（畜牧）						
热 科 院						
广 州						
南 京						

9-8 成人中等专业学校基本情况

（2014 年）

地　区	学校数（所）	教职工（人）		在校学生合计（人）		当年毕业生人数（人）
			教师（人）		新招生（人）	
全国农垦	**17**	**531**	**394**	**23 500**	**6 986**	**16 734**
北　京						
天　津	1	4	2			
河　北	1	6	6	26	9	12
山　西						
内蒙古						
辽　宁						
吉　林						
黑龙江	10	148	92	14 329	2 811	11 880
上　海						
江　苏						
浙　江						
安　徽						
福　建						
江　西						
山　东						
河　南						
湖　北						
湖　南						
广　东	2	140	114	2 738	1 158	868
广　西						
海　南						
重　庆						
四　川						
贵　州						
云　南						
陕　西						
甘　肃	1	81	70	1 780	852	734
青　海						
宁　夏	1	68	40	213		61
新疆（兵团）	1	84	70	4 414	2 156	3 179
新疆（农业）						
新疆（畜牧）						
热科院						
广　州						
南　京						

9－9 普通中学基本情况

（2014 年）

地区	学校数（所）	教职工（人）		在校学生合计（人）		当年毕业生人数（人）
			教师（人）		新招生（人）	
全国农垦	**565**	**38 918**	**31 719**	**339 463**	**105 850**	**108 159**
北京						
天津						
河北	17	1 753	1 572	16 857	6 264	6 178
山西						
内蒙古	3	155	138	946	336	247
辽宁						
吉林						
黑龙江	126	10 979	8 189	72 225	22 100	22 471
上海						
江苏						
浙江						
安徽						
福建						
江西	5	262	256	2 503	546	409
山东						
河南	6	213	183	1 763	540	668
湖北	80	5 771	4 681	45 032	14 805	16 050
湖南	31	1 542	1 211	25 776	4 301	4 128
广东	44	1 526	1 201	20 606	6 497	6 537
广西	1	215	155	3 230	1 428	1 303
海南						
重庆						
四川						
贵州						
云南						
陕西						
甘肃						
青海	4	232	219	1 988	182	133
宁夏						
新疆（兵团）	247	16 158	13 843	147 701	48 629	49 702
新疆（农业）						
新疆（畜牧）						
热科院	1	112	71	836	222	333
广州						
南京						

9－10　职业中学基本情况

（2014 年）

地　区	学校数（所）	教职工（人）		在校学生合计（人）		当年毕业生人数（人）
			教师（人）		新招生（人）	
全国农垦	**13**	**698**	**568**	**6 695**	**1 895**	**3 996**
北　京						
天　津						
河　北	1	216	181	1 603	417	1 317
山　西						
内蒙古						
辽　宁						
吉　林						
黑龙江	6	158	115	567	216	407
上　海						
江　苏						
浙　江						
安　徽						
福　建						
江　西	1	62	45	595	208	175
山　东						
河　南						
湖　北	1	36	34	388	178	435
湖　南	2	115	92	1 288	242	221
广　东						
广　西						
海　南						
重　庆						
四　川						
贵　州						
云　南						
陕　西	1	26	26	761	351	626
甘　肃						
青　海						
宁　夏						
新疆(兵团)						
新疆(农业)						
新疆(畜牧)						
热科院						
广　州						
南　京	1	85	75	1 493	283	815

9－11 小学基本情况

（2014 年）

地区	学校数（所）	教职工（人）		在校学生合计（人）		当年毕业生人数（人）
			教师（人）		新招生（人）	
全国农垦	**659**	**38 492**	**32 327**	**416 528**	**71 415**	**71 574**
北　京						
天　津						
河　北	75	2 533	2 332	27 696	4 767	4 533
山　西						
内蒙古	21	713	623	2 924	488	456
辽　宁						
吉　林						
黑龙江	26	8 044	5 999	60 630	9 402	11 700
上　海						
江　苏						
浙　江						
安　徽						
福　建						
江　西	45	685	582	7 695	2 069	1 170
山　东						
河　南	32	427	383	5 085	1 045	878
湖　北	181	5 304	4 823	72 342	13 413	11 242
湖　南	111	4 722	3 788	39 321	7 001	6 325
广　东	99	2 289	1 971	35 115	6 239	6 036
广　西	1	12	11	324	42	36
海　南						
重　庆						
四　川	2	3	3	36		9
贵　州						
云　南						
陕　西						
甘　肃						
青　海	9	173	165	1 476	240	209
宁　夏						
新疆（兵团）	52	13 518	11 581	162 814	26 379	28 854
新疆（农业）						
新疆（畜牧）						
热科院	5	69	66	1 070	330	126
广　州						
南　京						

9－12　农垦卫生事业基本情况

（2014 年）

地　区	医疗单位个数（个）			病床（张）	职工合计（人）		
		医院（个）	疗养院（个）			医务人员（人）	
							医生（人）
全国农垦	**4 705**	**1 865**	**8**	**65 306**	**78 948**	**67 759**	**25 829**
北　京	1	1		20	14	7	7
天　津	3	3		60	27	24	12
河　北	131	36		1 719	1 824	1 546	754
山　西	12	6		127	122	77	36
内蒙古	302	72	1	1 455	2 066	1 769	1 007
辽　宁	628	94		3 167	2 642	2 085	1 212
吉　林	96	29		475	856	658	326
黑龙江	985	984	1	10 777	12 705	12 705	4 498
上　海	3	3		1 230	527	437	91
江　苏	17	17		1 082	1 047	591	456
浙　江							
安　徽	22	15		470	227	200	111
福　建	87	11		134	195	170	56
江　西	39	23		341	391	343	186
山　东	7	2		32	11	11	8
河　南	74	29		629	546	476	246
湖　北	608	85	4	7 377	7 934	6 651	2 802
湖　南	110	51		1 611	2 404	1 661	743
广　东	62	54		5 692	4 755	3 919	1 539
广　西	11	11		193	213	176	85
海　南	81	81		6 958	8 789	6 895	2 612
重　庆							
四　川							
贵　州							
云　南							
陕　西	12	12		184	157	108	48
甘　肃	37	23		602	357	225	116
青　海	7	4		107	102	99	70
宁　夏							
新疆（兵团）	1 354	211		20 731	30 920	26 850	8 765
新疆（农业）							
新疆（畜牧）	14	7	2	133	101	64	37
热科院	2	1			16	12	6
广　州							
南　京							

9-13 省局、地区属卫生事业基本情况

(2014年)

地区	医疗单位个数(个)	医院(个)	疗养院(个)	病床(张)	职工合计(人)	医务人员(人)	医生(人)
全国农垦	**97**	**70**	**2**	**24 284**	**29 638**	**24 708**	**8 044**
北京							
天津							
河北							
山西							
内蒙古	9	7		686	927	756	470
辽宁							
吉林							
黑龙江	12	11	1	5 692	5 072	5 072	2 016
上海	1	1		1 172	515	425	86
江苏							
浙江							
安徽							
福建							
江西							
山东							
河南							
湖北	23	22	1	2 828	3 028	2 446	752
湖南							
广东	4	4		2 358	2 399	1 960	624
广西							
海南	3	3		2 992	4 737	3 597	1 187
重庆							
四川							
贵州							
云南							
陕西	1	1		50	62	46	16
甘肃	1	1		14	6	3	3
青海							
宁夏							
新疆(兵团)	43	20		8 492	12 892	10 403	2 890
新疆(农业)							
新疆(畜牧)							
热科院							
广州							
南京							

9－14　场（厂）属卫生事业基本情况

（2014 年）

地　区	医疗单位个数（个）			病床（张）	职工合计（人）		
		医院（个）	疗养院（个）			医务人员（人）	
							医生（人）
全国农垦	**2 237**	**842**	**4**	**37 432**	**42 742**	**37 255**	**14 600**
北　京	1	1		20	14	7	7
天　津	3	3		60	27	24	12
河　北	37	22		1 234	1 307	1 101	495
山　西	10	5		123	105	66	31
内蒙古	88	61	1	702	948	825	412
辽　宁	129	76		1 856	1 471	1 319	710
吉　林	31	22		336	723	563	254
黑龙江	113	113		5 085	5 650	5 650	1 517
上　海	2	2		58	12	12	5
江　苏	17	17		1 082	1 047	591	456
浙　江							
安　徽	13	12		384	193	166	86
福　建	41	11		100	127	106	46
江　西	19	15		324	349	308	165
山　东	6	2		28	10	10	7
河　南	25	21		440	411	341	158
湖　北	150	60	3	3 681	3 630	2 999	1 356
湖　南	49	28		1 301	1 906	1 301	605
广　东	55	50		3 334	2 343	1 947	908
广　西	11	11		193	213	176	85
海　南	78	78		3 966	3 617	2 867	1 167
重　庆							
四　川							
贵　州							
云　南							
陕　西	8	8		131	90	59	30
甘　肃	20	19		506	295	192	92
青　海	6	6		123	112	104	79
宁　夏							
新疆(兵团)	1 311	191		12 239	18 028	16 447	5 875
新疆(农业)							
新疆(畜牧)	12	7		126	98	62	36
热科院	2	1			16	12	6
广　州							
南　京							

9－15 分场属卫生事业基本情况

（2014 年）

地区	医疗单位个数（个）			病床（张）	职工合计（人）		
		医院（个）	疗养院（个）			医务人员（人）	
							医生（人）
全国农垦	**2 210**	**959**	**2**	**3 496**	**6 265**	**5 506**	**2 962**
北京							
天津							
河北	94	14		485	517	445	259
山西	2	1		4	17	11	5
内蒙古	209	7		75	197	196	135
辽宁	499	18		1 311	1 171	766	502
吉林	65	7		139	133	95	72
黑龙江	860	860			1 983	1 983	965
上海							
江苏							
浙江							
安徽	9	3		86	34	34	25
福建	46			34	68	64	10
江西	20	8		17	42	35	21
山东	1			4	1	1	1
河南	49	8		189	135	135	88
湖北	267	3		722	941	890	449
湖南	61	23		310	498	360	138
广东	3				13	12	7
广西							
海南					435	431	258
重庆							
四川							
贵州							
云南							
陕西	3	3		3	5	3	2
甘肃	16	3		82	56	30	21
青海	4	1		28	16	13	3
宁夏							
新疆（兵团）							
新疆（农业）							
新疆（畜牧）	2		2	7	3	2	1
热科院							
广州							
南京							

附　录

附录一 中华人民共和国 2014 年国民经济和社会发展统计公报

中华人民共和国 2014 年国民经济和社会发展统计公报[1]

中华人民共和国国家统计局

2015 年 2 月 26 日

2014 年，面对复杂多变的国际环境和艰巨繁重的国内发展改革稳定任务，党中央、国务院团结带领全国各族人民，牢牢把握国内外发展大势，坚持稳中求进工作总基调，全力推进改革开放，着力创新宏观调控，奋力激发市场活力，努力培育创新动力，国民经济在新常态下平稳运行，结构调整出现积极变化，发展质量不断提高，民生事业持续改善，实现了经济社会持续稳定发展。

一、综合

年末全国总人口为 136 782 万人，比上年末增加 710 万人，其中城镇常住人口为 74 916 万人，占总人口比重为 54.77%。全年出生人口 1 687 万人，出生率为 12.37‰；死亡人口 977 万人，死亡率为 7.16‰；自然增长率为 5.21‰。全国人户分离的人口[2]为 2.98 亿人，其中流动人口[3]为 2.53 亿人（表 1）。

表 1 2014 年年末人口数及其构成

单位：万人

指 标	年末数	比重（%）
全国总人口	136 782	100.0
其中：城镇	74 916	54.77
乡村	61 866	45.23
其中：男性	70 079	51.2
女性	66 703	48.8
其中：0～15 岁（含不满 16 周岁）[4]	23 957	17.5
16～59 岁（含不满 60 周岁）	91 583	67.0
60 周岁及以上	21 242	15.5
其中：65 周岁及以上	13 755	10.1

国民经济稳定增长。初步核算，全年国内生产总值[5] 636 463 亿元，比上年增长 7.4%。其中，第一产业增加值 58 332 亿元，增长 4.1%；第二产业增加值 271 392 亿元，增长 7.3%；第三产业增加值 306 739 亿元，增长 8.1%。第一产业增加值占国内生产总值的比重为 9.2%，第二产业增加值比重为 42.6%，第三产业增加值比重为 48.2%（图 1）。

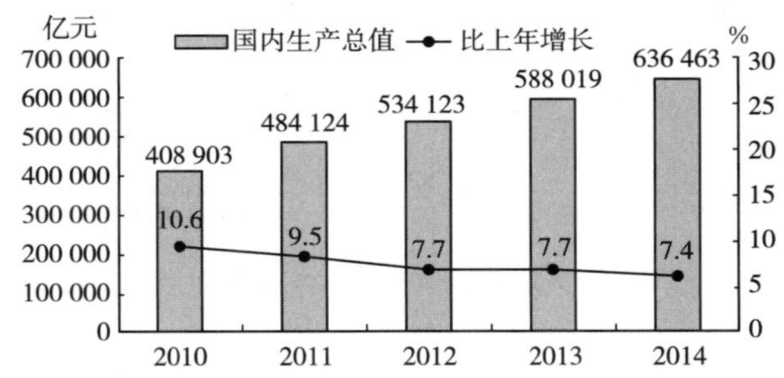

图 1 2010—2014 年国内生产总值及其增长速度

就业继续增加。年末全国就业人员 77 253 万人，其中城镇就业人员 39 310 万人。全年城镇新增就业 1 322 万人。年末城镇登记失业率为 4.09%。全国农民工[6]总量为 27 395 万人，比上年增长 1.9%。其中，外出农民工 16 821 万人，增长 1.3%；本地农民工 10 574 万人，增长 2.8%（图 2）。

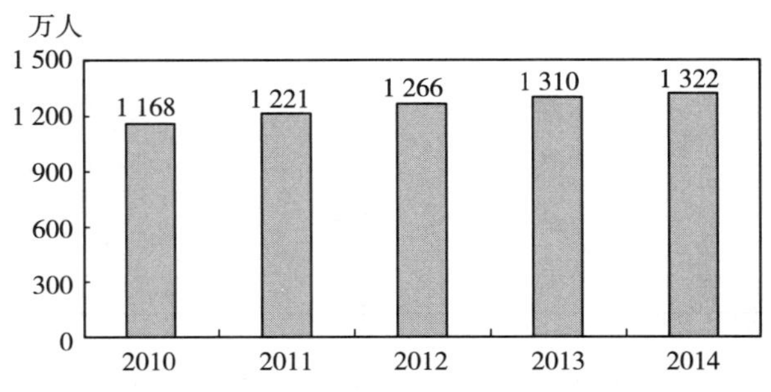

图 2 2010—2014 年城镇新增就业人数

劳动生产率稳步提高。全年国家全员劳动生产率[7]为 72 313 元/人，比上年提高 7.0%（图 3）。

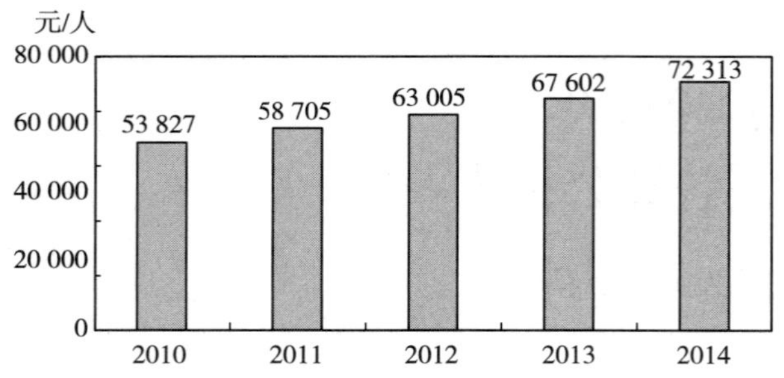

图 3　2010—2014 年国家全员劳动生产率

价格水平涨幅较低。全年居民消费价格比上年上涨 2.0%，其中食品价格上涨 3.1%。固定资产投资价格上涨 0.5%。工业生产者出厂价格下降 1.9%。工业生产者购进价格下降 2.2%。农产品生产者价格[8]下降 0.2%（图 4、表 2）。

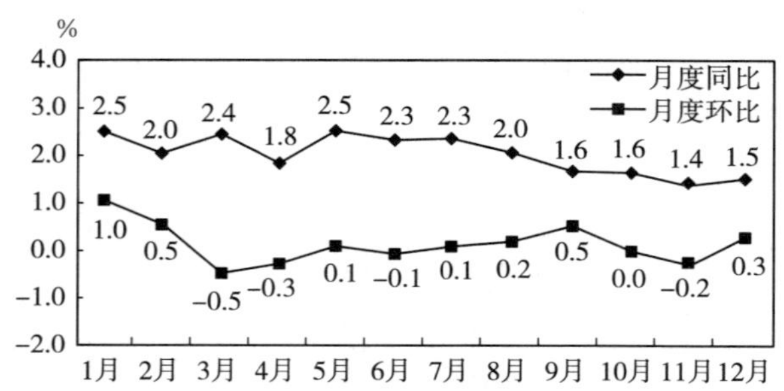

图 4　2014 年居民消费价格月度涨跌幅度

表 2　2014 年居民消费价格比上年涨跌幅度

单位：%

指　　标	全国	城市	农村
居民消费价格	2.0	2.1	1.8
其中：食品	3.1	3.3	2.6
烟酒及用品	−0.6	−0.7	−0.5
衣着	2.4	2.4	2.4
家庭设备用品及维修服务	1.2	1.2	1.2
医疗保健和个人用品	1.3	1.2	1.5
交通和通信	−0.1	−0.2	0.0
娱乐教育文化用品及服务	1.9	1.9	1.7
居住[9]	2.0	2.1	1.9

70 个大中城市新建商品住宅销售价格月同比上涨城市个数上半年各月均为 69 个，下半年月同比上涨城市个数逐月减少，12 月份为 2 个，月同比价格下降城市个数增加至 68 个（图 5）。

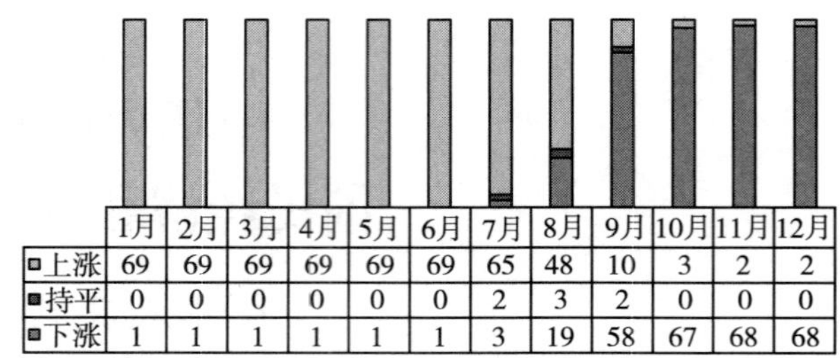

	1月	2月	3月	4月	5月	6月	7月	8月	9月	10月	11月	12月
上涨	69	69	69	69	69	69	65	48	10	3	2	2
持平	0	0	0	0	0	0	2	3	2	0	0	0
下涨	1	1	1	1	1	1	3	19	58	67	68	68

图 5　2014 年新建商品住宅月环比价格下降、持平、上涨城市个数变化情况

财政收入稳定增长。全年全国一般公共财政收入 140 350 亿元，比上年增加 11 140 亿元，增长 8.6%，其中税收收入 119 158 亿元，增加 8 627 亿元，增长 7.8%（图 6）。

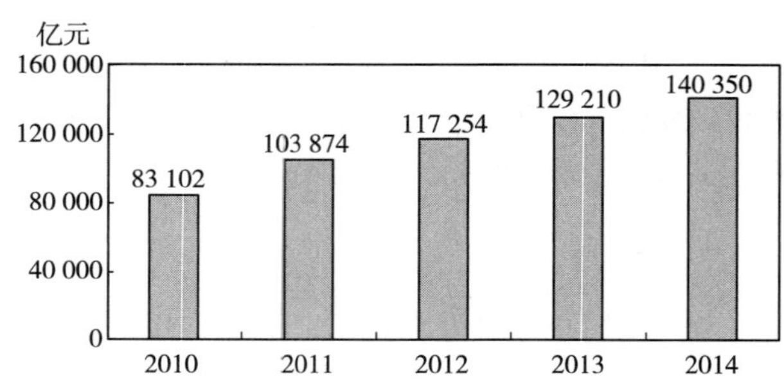

图 6　2010—2014 年全国一般公共财政收入

注：图中 2010—2013 年数据为全国一般公共财政收入决算数，2014 年为执行数。

外汇储备略有增加。年末国家外汇储备 38 430 亿美元，比上年末增加 217 亿美元。全年人民币平均汇率为 1 美元兑 6.1 428 元人民币，比上年升值 0.8%（图 7）。

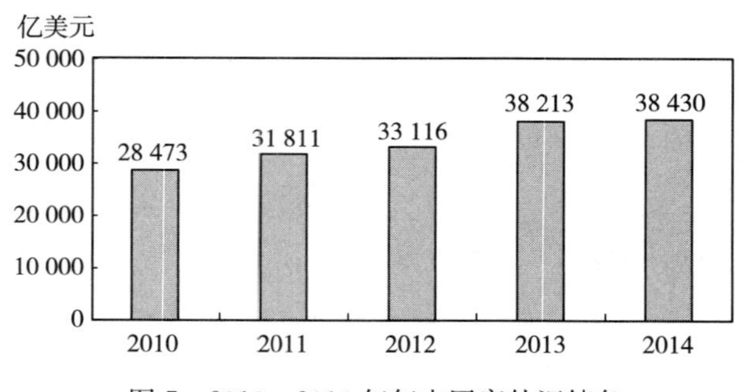

图 7　2010—2014 年年末国家外汇储备

二、农业

全年粮食种植面积 11 274 万公顷，比上年增

加78万公顷。棉花种植面积422万公顷，减少13万公顷。油料种植面积1 408万公顷，增加6万公顷。糖料种植面积191万公顷，减少9万公顷。

粮食再获丰收。全年粮食产量60 710万吨，比上年增加516万吨，增产0.9%。其中，夏粮产量13 660万吨，增产3.6%；早稻产量3 401万吨，减产0.4%；秋粮产量43 649万吨，增产0.1%。全年谷物产量55 727万吨，比上年增产0.8%。其中，稻谷产量20 643万吨，增产1.4%；小麦产量12 617万吨，增产3.5%；玉米产量21 567万吨，减产1.3%（图8）。

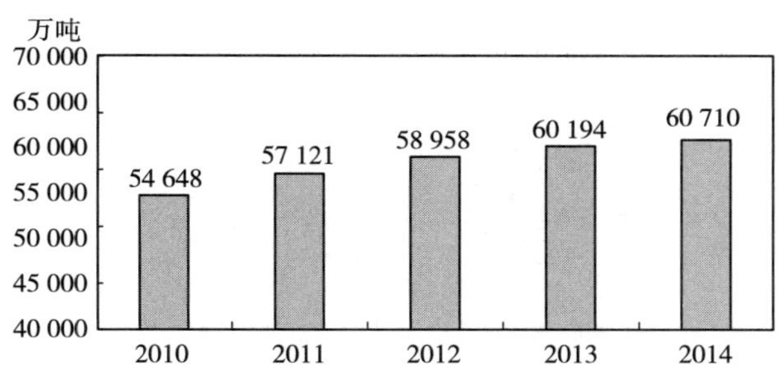

图8　2010—2010年粮食产量

全年棉花产量616万吨，比上年减产2.2%。油料产量3 517万吨，与上年持平。糖料产量13 403万吨，减产2.5%。茶叶产量209万吨，增产8.7%。

全年肉类总产量8 707万吨，比上年增长2.0%。其中，猪肉产量5 671万吨，增长3.2%；牛肉产量689万吨，增长2.4%；羊肉产量428万吨，增长4.9%；禽肉产量1 751万吨，下降2.7%。禽蛋产量2 894万吨，增长0.6%。牛奶产量3 725万吨，增长5.5%。年末生猪存栏46 583万头，下降1.7%；生猪出栏73 510万头，增长2.7%。

全年水产品产量6 450万吨，比上年增长4.5%。其中，养殖水产品产量4 762万吨，增长4.9%；捕捞水产品产量1 688万吨，增长3.5%。

全年木材产量8 178万米^3，比上年下降3.1%。

全年新增耕地灌溉面积132万公顷，新增节水灌溉面积223万公顷。

三、工业和建筑业

工业生产平稳增长。全年全部工业增加值227 991亿元，比上年增长7.0%。规模以上工业增加值增长8.3%。在规模以上工业中，分经济类型看，国有及国有控股企业增长4.9%；集体企业增长1.7%，股份制企业增长9.7%，外商及港澳台商投资企业增长6.3%；私营企业增长10.2%。分门类看，采矿业增长4.5%，制造业增长9.4%，电力、热力、燃气及水生产和供应业增长3.2%（图9）。

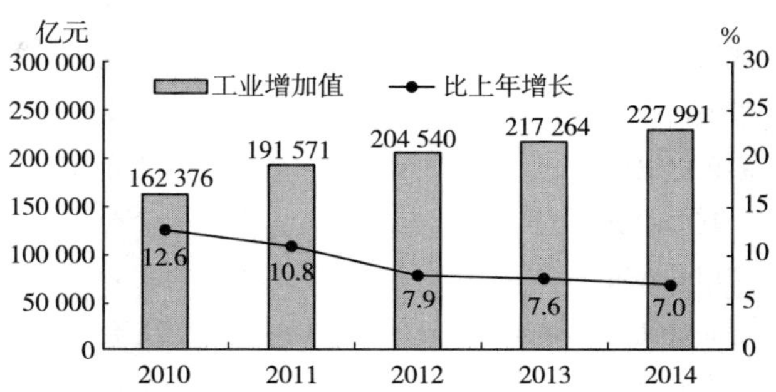

图9　2010—2014年全部工业增加值及其增长速度

全年规模以上工业中，农副食品加工业增加值比上年增长7.7%，纺织业增长6.7%，通用设备制造业增长9.1%，专用设备制造业增长6.9%，汽车制造业增长11.8%，计算机、通信和其他电子设备制造业增长12.2%，电气机械和器材制造业增长9.4%。六大高耗能行业增加值比上年增长7.5%。其中，非金属矿物制品业增长9.3%，化学原料和化学制品制造业增长10.3%，有色金属冶炼和压延加工业增长12.4%，黑色金属冶炼和压延加工业增长6.2%，电力、热力生产和供应业增长2.2%，石油加工、炼焦和核燃料加工业增长5.4%。高技术制造业[10]增加值比上年增长12.3%，占规模以上工业增加值的比重为10.6%。装备制造业[11]增加值增长10.5%，占规模以上工业增加值的比重为30.4%（表3）。

年末全国发电装机容量136 019万千瓦，比上年末增长8.7%。其中[15]，火电装机容量91 569万千瓦，增长5.9%；水电装机容量30 183万千瓦，增长7.9%；核电装机容量1 988万千瓦，增长36.1%；并网风电装机容量9 581万千瓦，增长25.6%；并网太阳能发电装机容量2 652万千瓦，增长67.0%。

全年规模以上工业企业实现利润64 715亿元，比上年增长3.3%，其中国有及国有控股企业14 007亿元，下降5.7%；集体企业538亿元，增长0.4%，股份制企业42 963亿元，增长1.6%，外商及港澳台商投资企业15 972亿元，增长9.5%；私营企业22 323亿元，增长4.9%。

表 3　2014 年主要工业产品产量及其增长速度[12]

产品名称	单　位	产　量	比上年增长（%）
纱	万吨	3 379.2	5.6
布	亿米	893.7	−0.4
化学纤维	万吨	4 389.8	5.5
成品糖	万吨	1 642.7	3.1
卷 烟	亿支	26 098.5	1.9
彩色电视机	万台	14 128.9	10.9
其中：液晶电视机	万台	13 865.9	13.3
家用电冰箱	万台	8 796.1	−5.0
房间空气调节器	万台	14 463.3	10.7
一次能源生产总量	亿吨标准煤	36.0	0.5
原煤	亿吨	38.7	−2.5
原油	万吨	21 142.9	0.7
天然气[13]	亿米^3	1 301.6	7.7
发电量	亿千瓦时	56 495.8	4.0
其中：火电	亿千瓦时	42 337.3	−0.3
水电	亿千瓦时	10 643.4	15.7
核电	亿千瓦时	1 325.4	18.8
粗钢	万吨	82 269.8	1.2
钢材[14]	万吨	112 557.2	4.0
十种有色金属	万吨	4 380.1	7.4
其中：精炼铜（电解铜）	万吨	764.4	15.0
原铝（电解铝）	万吨	2 435.8	10.3
氧化铝	万吨	4 777.3	7.3
水泥	亿吨	24.8	2.3
硫酸（折 100%）	万吨	8 846.3	8.5
纯碱	万吨	2 514.2	3.4
烧碱（折 100%）	万吨	3 059.0	4.5
乙烯	万吨	1 696.7	6.1
化肥（折 100%）	万吨	6 887.2	−2.0
发电机组（发电设备）	万千瓦	15 053.0	6.0
汽车	万辆	2 372.5	7.3
其中：基本型乘用车（轿车）	万辆	1 248.3	3.1
大中型拖拉机	万台	64.4	−3.3
集成电路	亿块	1 015.5	12.4
程控交换机	万线	3 123.1	15.7
移动通信手持机	万台	162 719.8	6.8
微型计算机设备	万台	35 079.6	−0.8

全年全社会建筑业增加值44 725亿元，比上年增长8.9%。全国具有资质等级的总承包和专业承包建筑业企业实现利润6 913亿元，增长13.7%，其中国有及国有控股企业1 639亿元，增长11.7%（图10）。

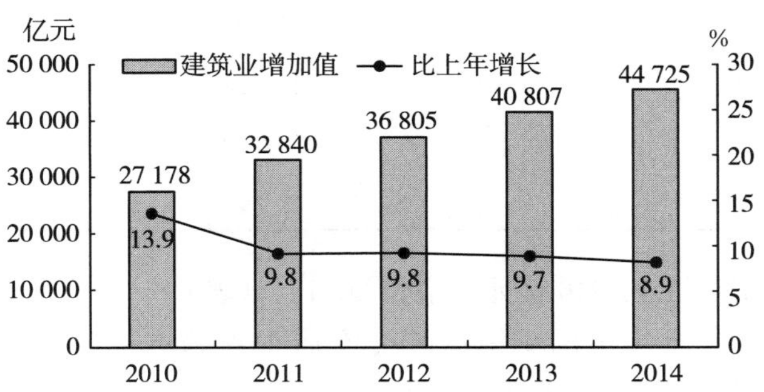

图10　2010—2014年建筑业增加值及其增长速度

四、固定资产投资

固定资产投资增速放缓。全年全社会固定资产投资512 761亿元，比上年增长15.3%[16]，扣除价格因素，实际增长14.7%。其中，固定资产投资（不含农户）502 005亿元，增长15.7%，农户投资10 756亿元，增长2.0%。东部地区投资[17] 206 454亿元，比上年增长15.4%；中部地区投资124 112亿元，增长17.6%；西部地区投资129 171亿元，增长17.2%；东北地区投资46 096亿元，增长2.7%（图11）。

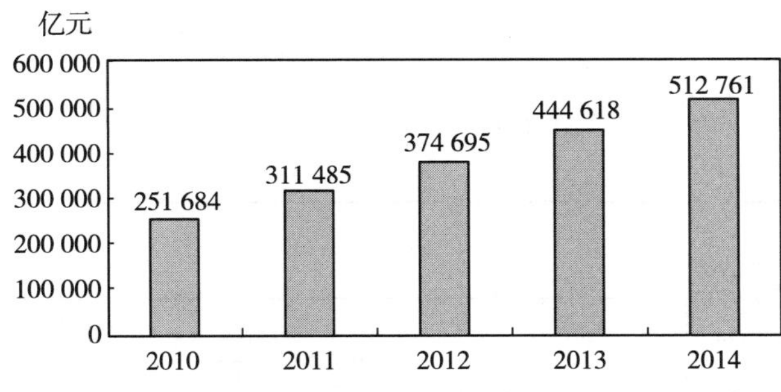

图11　2010—2014年全社会固定资产投资

在固定资产投资（不含农户）中，第一产业投资11 983亿元，比上年增长33.9%；第二产业投资208 107亿元，增长13.2%；第三产业投资281 915亿元，增长16.8%。民间固定资产投资[18] 321 576亿元，增长18.1%，占固定资产投资（不含农户）的比重为64.1%（表4、表5）。

表4　2014年分行业固定资产投资（不含农户）及其增长速度

单位：亿元

行　业
总计
农、林、牧、渔业
采矿业
制造业
电力、热力、燃气及水生产和供应业
建筑业
批发和零售业
交通运输、仓储和邮政业
住宿和餐饮业
信息传输、软件和信息技术服务业
金融业
房地产业[19]
租赁和商务服务业
科学研究和技术服务业
水利、环境和公共设施管理业
居民服务、修理和其他服务业
教育
卫生和社会工作
文化、体育和娱乐业
公共管理、社会保障和社会组织

表5　2014年固定资产投资新增主要生产与运营能力

指　标	单位	绝对数
新增220千伏及以上变电设备	万千伏安	22 394
新建铁路投产里程	千米	8 427
其中：高速铁路[20]	千米	5 491
增、新建铁路复线投产里程	千米	7 892

（续）

指　　标	单位	绝对数
电气化铁路投产里程	千米	8 653
新建公路里程	千米	65 260
其中：高速公路	千米	7 394
港口万吨级码头泊位新增吞吐能力	万吨	43 553
新增民用运输机场	个	9
新增光缆线路长度	万千米	301

全年房地产开发投资 95 036 亿元，比上年增长 10.5%。其中，住宅投资 64 352 亿元，增长 9.2%；办公楼投资 5 641 亿元，增长 21.3%；商业营业用房投资 14 346 亿元，增长 20.1%（表 6）。

全年全国城镇保障性安居工程基本建成住房 511 万套，新开工 740 万套。

表 6　2014 年房地产开发和销售主要指标完成情况及其增长速度

指　　标	单　　位	绝对数	比上年增长（%）
投资额	亿元	95 036	10.5
其中：住宅	亿元	64 352	9.2
其中：90 米^2 及以下	亿元	20 335	4.6
房屋施工面积	万米^2	726 482	9.2
其中：住宅	万米^2	515 096	5.9
房屋新开工面积	万米^2	179 592	−10.7
其中：住宅	万米^2	124 877	−14.4
房屋竣工面积	万米^2	107 459	5.9
其中：住宅	万米^2	80 868	2.7
商品房销售面积	万米^2	120 649	−7.6
其中：住宅	万米^2	105 182	−9.1
本年到位资金	亿元	121 991	−0.1
其中：国内贷款	亿元	21 243	8.0
其中：个人按揭贷款	亿元	13 665	−2.6

五、国内贸易

市场销售稳定增长。全年社会消费品零售总额[21] 262 394 亿元，比上年增长 12.0%，扣除价格因素，实际增长 10.9%。按经营地统计，城镇消费品零售额 226 368 亿元，增长 11.8%；乡村消费品零售额 36 027 亿元，增长 12.9%。按消费类型统计，商品零售额 234 534 亿元，增长 12.2%；餐饮收入额 27 860 亿元，增长 9.7%（图 12）。

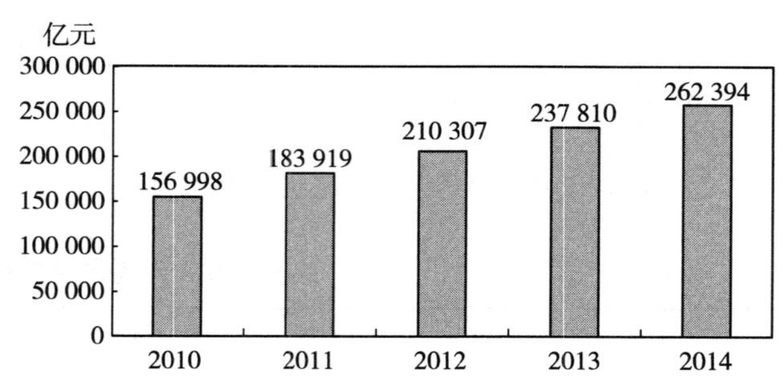

图 12　2010—2014 年社会消费品零售总额

在限额以上企业商品零售额中，粮油、食品、饮料、烟酒类零售额比上年增长 11.1%，服装、鞋帽、针纺织品类增长 10.9%，化妆品类增长 10.0%，金银珠宝类与上年持平，日用品类增长 11.6%，家用电器和音像器材类增长 9.1%，中西药品类增长 15.0%，文化办公用品类增长 11.6%，

家具类增长 13.9%，通讯器材类增长 32.7%，石油及制品类增长 6.6%，建筑及装潢材料类增长 13.9%，汽车类增长 7.7%。

全年网上零售额[22] 27 898 亿元，比上年增长 49.7%，其中限额以上单位网上零售额 4 400 亿元，增长 56.2%。

六、对外经济[23]

全年货物进出口总额 264 334 亿元，比上年增长 2.3%。其中，出口 143 912 亿元，增长 4.9%；进口 120 423 亿元，下降 0.6%。进出口差额（出口减进口）23 489 亿元，比上年增加 7 395 亿元（图 13、表 7 至表 10）。

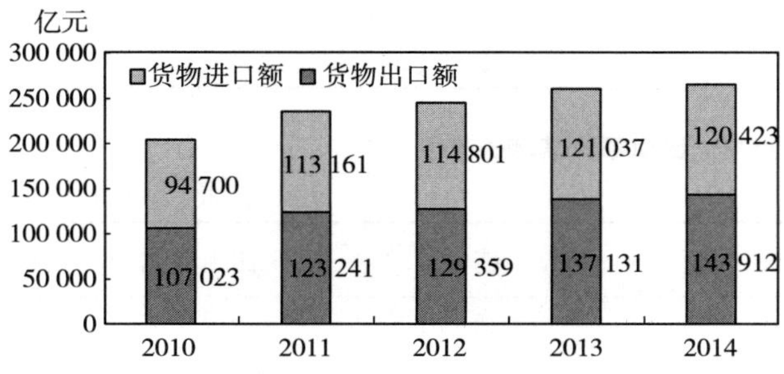

图 13　2012—2014 年货物进出口总额

表 7　2014 年货物进出口总额及其增长速度

单位：亿美元

指　　标	绝对数	比上年增长（%）
货物进出口总额	264 334	2.3
货物出口额	143 912	4.9
其中：一般贸易	73 944	9.6
加工贸易	54 320	1.8
其中：机电产品	80 527	2.6
高新技术产品	40 570	−1.0
货物进口额	120 423	−0.6
其中：一般贸易	68 162	−1.0
加工贸易	32 211	4.5
其中：机电产品	52 509	0.7
高新技术产品	33 876	−2.2
进出口差额（出口减进口）	23 489	—

表 8　2013 年主要商品出口数量、金额及其增长速度

商品名称	单位	数量	比上年增长（%）	金额（亿美元）	比上年增长（%）
煤（包括褐煤）	万吨	574	−23.5	43	−35.5
钢材	万吨	9 378	50.5	4 350	31.6
纺织纱线、织物及制品	—	—	—	6 888	3.8
服装及衣着附件	—	—	—	11 445	4.2
鞋类	—	—	—	3 455	9.7
家具及其零件	—	—	—	3 195	−0.7
自动数据处理设备及其部件	万台	191 836	2.6	11 159	−1.3
手持或车载无线电话	万台	131 199	10.6	7 085	20.2
集装箱	万个	302	12.1	553	13.0
液晶显示板	万个	245 080	−25.0	1 952	−12.4
汽车	万辆	90	−2.8	770	3.5

表 9　2014 年主要商品进口数量、金额及其增长速度

商品名称	数量（万吨）	比上年增长（%）	金额（亿美元）	比上年增长（%）
谷物及谷物粉	1 951	33.8	382	20.7
大豆	7 140	12.7	2 474	5.0
食用植物油	650	−19.7	364	−27.3
铁矿砂及其精矿	93 251	13.8	5 748	−12.8
氧化铝	528	37.7	118	35.5
煤（包括褐煤）	29 122	−10.9	1 366	−24.4
原油	30 838	9.5	14 017	2.8
成品油	3 000	−24.2	1 439	−27.7
初级形状的塑料	2 535	3.0	3 167	4.0
纸浆	1 796	6.6	741	4.9
钢材	1 443	2.5	1 101	4.0
未锻轧铜及铜材	483	7.4	2 188	0.8

表 10　2014 年对主要国家和地区货物进出口额及其增长速度

单位：亿美元

国家和地区	出口额	比上年增长（%）	进口额	比上年增长（%）
欧盟	22 787	8.3	15 031	9.7
美国	24 328	6.4	9 764	3.1
东盟	16 712	10.3	12 794	3.3
中国香港	22 307	−6.6	792	−21.5
日本	9 187	−1.4	10 027	−0.5
韩国	6 162	8.9	11 677	2.8
中国台湾	2 843	12.7	9 337	−3.9
俄罗斯	3 297	7.2	2 555	3.7
印度	3 331	10.7	1 005	−4.6

全年服务进出口[24]总额 6 043 亿美元，比上年增长 12.6%。其中，服务出口 2 222 亿美元，增长 7.6%；服务进口 3 821 亿美元，增长 15.8%。服务进出口逆差 1 599 亿美元。

全年非金融领域新设立外商直接投资企业 23 778 家，比上年增长 4.4%。实际使用外商直接投资金额 7 364 亿元，按美元计价为 1 196 亿美元，增长 1.7%（表 11）。

表 11　2014 年非金融领域外商直接投资及其增长速度

行　业	企业数（家）	比上年增长（%）	实际使用金额（亿美元）	比上年增长（%）
总　计	23 778	4.4	1 195.6	1.7
其中：农、林、牧、渔业	719	−5.0	15.2	−15.4
制造业	5 178	−20.4	399.4	−12.3
电力、燃气及水生产和供应业	208	4.0	22.0	−9.3
交通运输、仓储和邮政业	376	−6.2	44.6	5.7
信息传输、计算机服务和软件业	981	23.2	27.6	−4.4

（续）

行　业	企业数（家）	比上年增长（%）	实际使用金额（亿美元）	比上年增长（%）
批发和零售业	7 978	8.6	94.6	−17.8
房地产业	446	−15.9	346.3	20.2
租赁和商务服务业	3 963	18.0	124.9	20.5
居民服务和其他服务业	181	9.0	7.2	9.3

全年非金融领域对外直接投资额 6 321 亿元，按美元计价为 1 029 亿美元，比上年增长 14.1%（表 12）。

全年对外承包工程业务完成营业额 8 748 亿元，按美元计价为 1 424 亿美元，比上年增长 3.8%。对外劳务合作派出各类劳务人员 56.2 万人，增长 6.6%。

表 12　2014 年非金融领域对外直接投资额及其增长速度

行　业	对外直接投资金额（亿美元）	比上年增长（%）
总　计	1 028.9	14.1
其中：农、林、牧、渔业	17.4	19.2
采矿业	193.3	−4.1
制造业	69.6	−19.8
电力、热力、燃气及水生产和供应业	18.4	36.3
建筑业	70.2	7.5
批发和零售业	172.7	26.3
交通运输、仓储和邮政业	29.3	17.2
信息传输、软件和信息技术服务业	17.0	100.0
房地产业	30.9	45.8
租赁和商务服务业	372.5	26.5

七、交通、邮电和旅游

交通运输平稳增长。全年货物运输总量 439 亿吨，比上年增长 7.1%。货物运输周转量 184 619亿吨公里，增长 9.9%。全年规模以上港口完成货物吞吐量 111.6 亿吨，比上年增长 4.8%，其中外贸货物吞吐量 35.2 亿吨，增长 5.9%。规模以上港口集装箱吞吐量 20 093 万标准箱，增长 6.1%（表 13）。

表 13　2014 年各种运输方式完成货物运输量及其增长速度

指　标	单　位	绝对数	比上年增长（%）
货物运输总量	亿吨	439.1	7.1
铁路	亿吨	38.1	−3.9
公路	亿吨	334.3	8.7
水运	亿吨	59.6	6.4
民航	万吨	593.3	5.7
管道	亿吨	6.9	5.2
货物运输周转量	亿吨公里	184 619.2	9.9
铁路	亿吨公里	27 530.2	−5.6

（续）

指　标	单　位	绝对数	比上年增长（%）
公路	亿吨公里	61 139.1	9.7
水运	亿吨公里	91 881.1	15.7
民航	亿吨公里	186.1	9.3
管道	亿吨公里	3 882.7	10.9

全年旅客运输总量 221 亿人次，比上年增长 3.9%。旅客运输周转量 29 994 亿人公里，增长 8.8%（表 14）。

表 14　2014 年各种运输方式完成旅客运输量及其增长速度

指　标	单　位	绝对数	比上年增长（%）
旅客运输总量	亿人次	220.7	3.9
铁路	亿人次	23.6	11.9
公路	亿人次	190.5	2.8
水运	亿人次	2.6	12.3
民航	亿人次	3.9	10.6
旅客运输周转量	亿人公里	29 994.2	8.8
铁路	亿人公里	11 604.8	9.5
公路	亿人公里	11 981.7	6.5
水运	亿人公里	74.4	8.9
民航	亿人公里	6 333.3	12.0

年末全国民用汽车保有量达到 15 447 万辆（包括三轮汽车和低速货车 972 万辆），比上年末增长 12.4%，其中私人汽车保有量 12 584 万辆，增长 15.5%。民用轿车保有量 8 307 万辆，增长 16.6%，其中私人轿车 7 590 万辆，增长 18.4%。

邮电业务快速增长。全年完成邮电业务总量[25] 21 846 亿元，比上年增长 19.0%。其中，邮政业务总量 3 696 亿元，增长 35.6%；电信业务总量 18 150 亿元，增长 16.1%。邮政业全年完成邮政函件业务 56.1 亿件，包裹业务 0.6 亿件，快递业务量 139.6 亿件；快递业务收入 2 045 亿元。电信业全年新增移动电话交换机容量[26] 7 980 万户，达到 204 537 万户。年末全国电话用户总数达到 153 552 万户，其中固定电话用户 24 943 万户，移动电话用户 128 609 万户。固定电话普及率下降至 18.3 部/百人，移动电话普及率上升至 94.5 部/百人。固定互联网宽带接入用户[27] 20 048 万户，比上年增加 1 157 万户；移动宽带用户[28] 58 254 万户，增加 18 093 万户。互联网上网人数 6.49 亿人，增加 3 117 万人，其中手机上网人数[29] 5.57 亿人，增加 5 672 万人。互联网普及率达到 47.9%（图 14）。

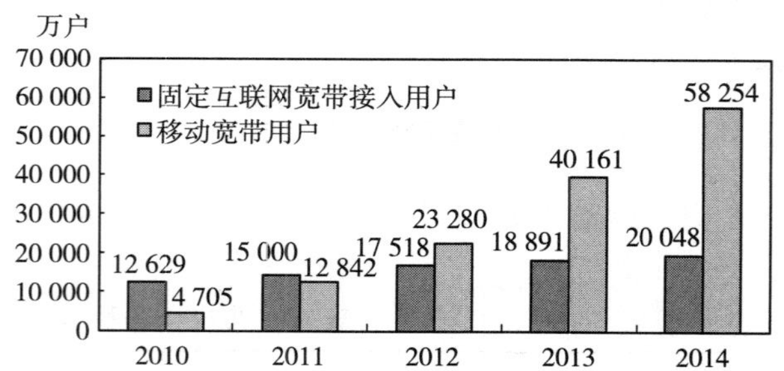

图 14　2010—2014 年年末固定互联网宽带接入用户和移动宽带用户数

全年国内游客 36.1 亿人次，比上年增长 10.7%，国内旅游收入 30 312 亿元，增长 15.4%。入境游客 12 849 万人次，下降 0.5%。其中，外国人 2 636 万人次，增长 0.3%；香港、澳门和台湾同胞 10 213 万人次，下降 0.6%。在入境游客中，过夜游客 5 562 万人次，与上年基本持平。国际旅游外汇收入 569 亿美元，增长 10.2%。国内居民

出境 11 659 万人次，增长 18.7%，其中因私出境 11 003 万人次，增长 19.6%。

八、金融

金融市场运行总体平稳。年末广义货币供应量（M2）余额为 122.8 万亿元，比上年末增长 12.2%；狭义货币供应量（M1）余额为 34.8 万亿元，增长 3.2%；流通中货币（M0）余额为 6.0 万亿元，增长 2.9%。

全年社会融资规模[30]为 16.5 万亿元，按可比口径计算，比上年少 8 598 亿元。年末全部金融机构本外币各项存款余额 117.4 万亿元，比年初增加 10.2 万亿元，其中人民币各项存款余额 113.9 万亿元，增加 9.5 万亿元。全部金融机构本外币各项贷款余额 86.8 万亿元，增加 10.2 万亿元，其中人民币各项贷款余额 81.7 万亿元，增加 9.8 万亿元（表 15）。

表 15　2014 年年末全部金融机构本外币存贷款余额及其增长速度

单位：亿元

指　　标	年末数	比上年末增长（%）
各项存款余额	1 173 735	9.6
其中：住户存款	506 890	8.9
其中：人民币	502 504	8.9
非金融企业存款	400 420	5.4
各项贷款余额	867 868	13.3
其中：境内短期贷款	336 371	7.9
境内中长期贷款	471 818	15.0

年末主要农村金融机构（农村信用社、农村合作银行、农村商业银行）人民币贷款余额 105 742 亿元，比年初增加 14 105 亿元。全部金融机构人民币消费贷款余额 153 660 亿元，增加 23 938 亿元。其中，个人短期消费贷款余额 32 491 亿元，增加 5 902 亿元；个人中长期消费贷款余额 121 169亿元，增加 18 037 亿元。

全年上市公司通过境内市场累计筹资 8 397 亿元，比上年增加 1 512 亿元。其中，首次公开发行 A 股 125 只，筹资 669 亿元；A 股再筹资（包括配股、公开增发、非公开增发[31]、认股权证）4 165 亿元，增加 1 362 亿元；上市公司通过发行可转债、可分离债、公司债、中小企业私募债筹资 3 563亿元，减少 519 亿元。全年公开发行创业板股票 51 只，筹资 159 亿元。

全年发行公司信用类债券[32] 5.15 万亿元，比上年增加 1.48 万亿元。

全年保险公司原保险保费收入[33] 20 235 亿元，比上年增长 17.5%。其中，寿险业务原保险保费收入 10 902 亿元，健康险和意外伤害险业务原保险保费收入 2 130 亿元，财产险业务原保险保费收入 7 203亿元。支付各类赔款及给付 7 216 亿元。其中，寿险业务给付 2 728 亿元，健康险和意外伤害险赔款及给付 700 亿元，财产险业务赔款 3 788 亿元。

九、人民生活和社会保障

城乡居民收入继续增加。全年全国居民人均可支配收入 20 167 元，比上年增长 10.1%，扣除价格因素，实际增长 8.0%。按常住地分，城镇居民人均可支配收入[34] 28 844 元，比上年增长 9.0%，扣除价格因素，实际增长 6.8%；城镇居民人均可支配收入中位数[35]为 26 635 元，增长 10.3%。农村居民人均可支配收入 10 489 元，比上年增长 11.2%，扣除价格因素，实际增长 9.2%；农村居民人均可支配收入中位数为 9 497 元，增长 12.7%。全年农村居民人均纯收入为 9 892 元。全国居民人均消费支出 14 491 元，比上年增长 9.6%，扣除价格因素，实际增长 7.5%。按常住地分，城镇居民人均消费支出 19 968 元，增长 8.0%，扣除价格因素，实际增长 5.8%；农村居民人均消费支出 8 383 元，增长 12.0%，扣除价格因素，实际增长 10.0%（图 15）。

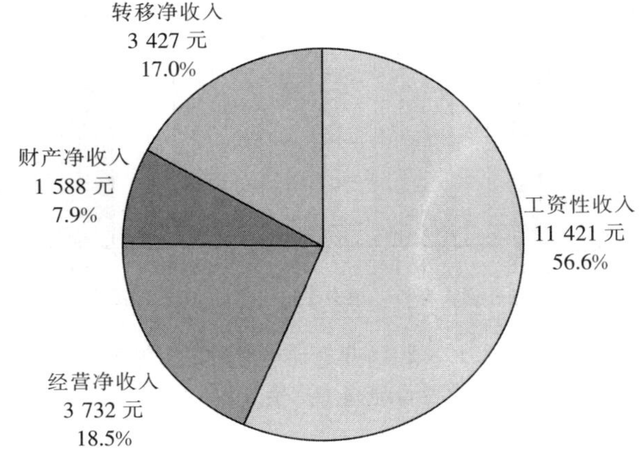

图 15　2014 年按收入来源分的全国居民人均可支配收入及占比

社会保障建设取得新进展。年末全国参加城镇职工基本养老保险人数 34 115 万人，比上年末增加 1 897 万人。参加城乡居民基本养老保险人数 50 107万人，增加 357 万人。参加基本医疗保险人数 59 774 万人，增加 2 702 万人。其中，参加职工基本医疗保险人数 28 325 万人，增加 882 万人；参加居民基本医疗保险人数 31 449 万人，增加 1 820万人。参加失业保险人数 17 043 万人，增加 626 万人。年末全国领取失业保险金人数 207 万人。参加工伤保险人数 20 621 万人，增加 703 万人，其中参加工伤保险的农民工 7 362 万人，增加 98 万人。参加生育保险人数 17 035 万人，增加 643 万人。按照年人均收入 2 300 元（2010 年不变价）的农村扶贫标准计算，2014 年农村贫困人口为 7 017 万人，比上年减少 1 232 万人。

十、教育、科学技术和文化体育

教育科技和文化体育事业较快发展。全年研究生招生 62.1 万人，在学研究生 184.8 万人，毕业生 53.6 万人。普通本专科招生 721.4 万人，在校生 2 547.7 万人，毕业生 659.4 万人。中等职业教育[36]招生 628.9 万人，在校生 1 802.9 万人，毕业生 633.0 万人。普通高中招生 796.6 万人，在校生 2 400.5 万人，毕业生 799.6 万人。初中招生 1 447.8万人，在校生 4 384.6 万人，毕业生 1 413.5万人。普通小学招生 1 658.4 万人，在校生 9 451.1 万人，毕业生 1 476.6 万人。特殊教育招生 7.1 万人，在校生 39.5 万人，毕业生 4.9 万人。幼儿园在园幼儿 4 050.7 万人（图 16）。

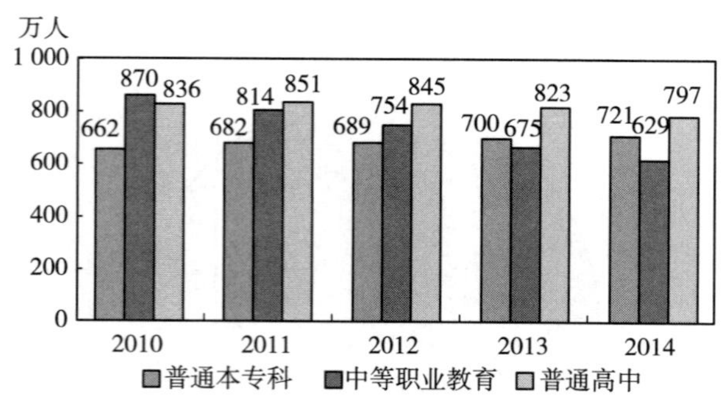

图 16　2010—2014 年普通本专科、中等职业教育及普通高中招生人数

全年研究与试验发展（R&D）经费支出 13 312亿元，比上年增长 12.4%，与国内生产总值之比为 2.09%，其中基础研究经费 626 亿元。全年国家安排了 3 997 项科技支撑计划课题，2 129 项“863”计划课题。截至年底，累计建设国家工程研究中心 132 个，国家工程实验室 154 个，国家认定企业技术中心 1 098 家。全年国家新兴产业创投计划[37]累计支持设立 213 家创业投资企业，资金总规模 574 亿元，投资创业企业 739 家。全年受理境内外专利申请 236.1 万件，授予专利权 130.3 万件。截至年底，有效专利 464.3 万件。全年共签订技术合同 29.7 万项，技术合同成交金额 8 577 亿元，比上年增长 14.8%（图 17、表 16）。

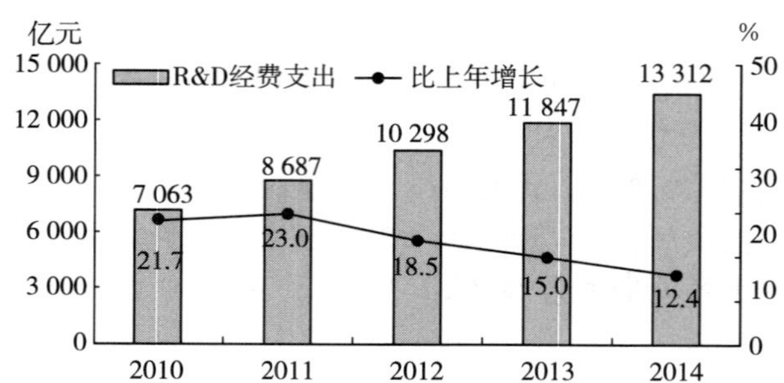

图 17　2010—2014 年研究与试验发展（R&D）经费支出

全年成功发射卫星 16 次。探月工程三期再入返回试验圆满完成。高分二号卫星成功发射。

年末全国共有产品检测实验室 27 051 个，其中国家检测中心 597 个。全国现有产品质量、体系认证机构 183 个，已累计完成对 118 354 个企业的产品认证。全国共有法定计量技术机构 4 056 个，全年强制检定计量器具 6 162 万台（件）。全年制定、修订国家标准 1 530 项，其中新制定 1 067 项。全国共有地震台站 1 687 个，区域地震台网 32 个。全国共有海洋观测站 79 个。测绘地理信息部门公开出版地图 1 678 种。

表 16　2014 年专利申请受理、授权和有效专利情况

指　　标	专利数（万件）	比上年增长（%）
专利申请受理数	236.1	−0.7
其中：境内专利申请受理数	218.6	−1.0
其中：发明专利申请受理数	92.8	12.5
其中：境内发明专利	79.0	13.9
专利申请授权数	130.3	−0.8
其中：境内专利授权	119.2	−1.5
其中：发明专利授权	23.3	12.3
其中：境内发明专利	15.8	14.1

（续）

指　　标	专利数（万件）	比上年增长（%）
年末有效专利数	464.3	10.7
其中：境内有效专利	391.8	11.1
其中：有效发明专利	119.6	15.7
其中：境内有效发明专利	66.3	21.7

年末全国文化系统共有艺术表演团体 2 008 个，博物馆 2 760 个。全国共有公共图书馆 3 110 个，总流通[38] 52 252 万人次；文化馆 3 311 个。有线电视用户 2.31 亿户，有线数字电视用户 1.87 亿户。年末广播节目综合人口覆盖率为 98.0%，电视节目综合人口覆盖率为 98.6%。全年生产电视剧 429 部 15 983 集，电视动画片 138 496 分钟。全年生产故事影片 618 部，科教、纪录、动画和特种影片[39] 140 部。出版各类报纸 465 亿份，各类期刊 32 亿册，图书 84 亿册（张），人均图书拥有量[40] 6.12 册（张）。年末全国共有档案馆 4 246 个，已开放各类档案 12 835 万卷（件）。

根据第六次全国体育场地普查结果[41]，全国共有体育场地 169.5 万个，场地面积[42] 19.9 亿平方米。全年我国运动员在 22 个运动大项中获得 98 个世界冠军，共创 10 项世界纪录。全年我国残疾人运动员在 19 项国际赛事中获得 122 个世界冠军。

十一、卫生和社会服务

卫生和社会服务事业不断改善。年末全国共有医疗卫生机构 982 443 个，其中医院 25 865 个，乡镇卫生院 36 899 个，社区卫生服务中心（站）34 264 个，诊所（卫生所、医务室）188 415 个，村卫生室 646 044 个，疾病预防控制中心 3 491 个，卫生监督所（中心）2 975 个。卫生技术人员 739 万人，其中执业医师和执业助理医师 282 万人，注册护士 292 万人。医疗卫生机构床位 652 万张，其中医院 484 万张，乡镇卫生院 117 万张（图 18）。

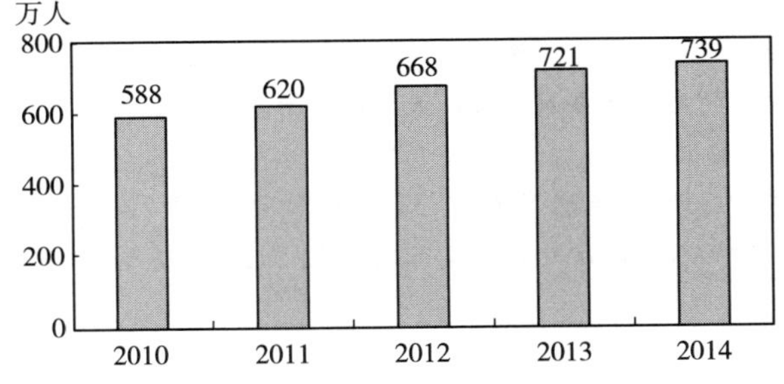

图 18　2010—2014 年卫生技术人员人数

年末全国各类提供住宿的社会服务机构[43] 3.8 万个，其中养老服务机构 3.4 万个。社会服务床位[44] 586.5 万张，其中养老床位 551.4 万张。收留抚养和救助各类人员 304.6 万人，其中养老人员 288.7 万人。年末共有社区服务中心 2.2 万个，社区服务站 11.4 万个。年末全国共有 1 880.2 万人享受城市居民最低生活保障，5 209.0 万人享受农村居民最低生活保障，农村五保供养[45] 529.5 万人。全年资助 1 310.9 万城市困难群众参加医疗保险，资助 4 118.9 万农村困难群众参加新型农村合作医疗。

十二、资源、环境和安全生产

全年全国国有建设用地供应总量[46] 61 万公顷，比上年下降 16.5%。其中，工矿仓储用地 15 万公顷，下降 29.9%；房地产用地[47] 15 万公顷，下降 25.5%；基础设施等其他用地 31 万公顷，下降 1.9%。

全年水资源总量 28 370 亿米^3。全年平均降水量 648 毫米。年末全国监测的 609 座大型水库蓄水总量 3 663 亿米^3，比上年末蓄水量增加 7.0%。全年总用水量 6 220 亿米^3，比上年增长 0.6%。其中，生活用水增长 2.7%，工业用水增长 1.0%，农业用水增长 0.1%，生态补水增长 0.6%。万元国内生产总值用水量[48] 112 米^3，比上年下降 6.3%。万元工业增加值用水量 64 米^3，下降 5.6%。人均用水量 456 米^3，比上年增长 0.1%。

全年完成造林面积 603 万公顷，其中人工造林 427 万公顷。林业重点工程完成造林面积 200 万公顷，占全部造林面积的 33.2%。截至年底，自然保护区达到 2 729 个，其中国家级自然保护区 428 个。新增水土流失治理面积 5.4 万千米^2，新增实施水土流失地区封育保护面积 2.0 万千米^2。

全年平均气温为 10.1℃，共有 5 个台风登陆。

初步核算，全年能源消费总量 42.6 亿吨标准煤，比上年增长 2.2%。煤炭消费量下降 2.9%，原油消费量增长 5.9%，天然气消费量增长 8.6%，电力消费量增长 3.8%。煤炭消费量占能源消费总量的 66.0%，水电、风电、核电、天然气等清洁能源消费量占能源消费总量的 16.9%。全国万元国内生产总值能耗下降 4.8%。工业企业吨粗铜综合能耗同比下降 3.76%，吨钢综合能耗下降 1.65%，单位烧碱综合能耗下降 2.33%，吨水泥综合能耗下降 1.12%，每千瓦时火力发电标准煤耗下降 0.67%。

十大流域[49]的 702 个水质监测断面中，Ⅰ～Ⅲ类水质断面比例占 71.2%，劣Ⅴ类水质断面比例占 9.0%。十大流域水质总体为轻度污染，水质保持稳定。

近岸海域 301 个海水水质监测点中，达到国家一、二类海水水质标准的监测点占 66.8%，三类海水占 7.0%，四类、劣四类海水占 26.2%。

在按照《环境空气质量标准》（GB 3095—2012）监测的 161 个城市中，城市空气质量达标的城市占 9.9%，未达标的城市占 90.1%。

在监测的 319 个城市中，城市区域声环境质量好的城市占 1.3%，较好的占 70.8%，一般的占 27.3%，较差的占 0.6%。

年末城市污水处理厂日处理能力达到 12 896 万米^3，比上年末增长 3.5%，城市污水处理率达到 90.2%，提高 0.8 个百分点。城市集中供热面积 59.1 亿米^2，增长 3.3%。城市建成区绿地率达到 35.9%，提高 0.2 个百分点。

全年农作物受灾面积 2 489 万公顷，其中绝收 309 万公顷。全年因洪涝和地质灾害造成直接经济损失 1 030 亿元，因旱灾造成直接经济损失 836 亿元，因低温冷冻和雪灾造成直接经济损失 129 亿元，因海洋灾害造成直接经济损失 136 亿元。全年共发生 5 级以上地震 30 次，成灾 10 次，造成直接经济损失 356 亿元。全年共发生森林火灾 3 703 起，森林火灾受害森林面积 1.9 万公顷。

全年各类生产安全事故共死亡 68 061 人。亿元国内生产总值生产安全事故死亡人数为 0.107 人，比上年下降 13.7%；工矿商贸企业就业人员 10 万人生产安全事故死亡人数为 1.328 人，下降 12.9%；道路交通事故万车死亡人数为 2.22 人，下降 5.1%；煤矿百万吨死亡人数为 0.255 人，下降 11.5%。

注释：

[1] 本公报中数据均为初步统计数。各项统计数据均未包括香港特别行政区、澳门特别行政区和台湾省。部分数据因四舍五入的原因，存在着与分项合计不等的情况。

[2] 人户分离的人口是指居住地与户口登记地所在的乡镇街道不一致且离开户口登记地半年以上的人口。

[3] 流动人口是指人户分离人口中扣除市辖区内人户分离的人口。市辖区内人户分离的人口是指一个直辖市或地级市所辖区内和区与区之间，居住地和户口登记地不在同一乡镇街道的人口。

[4] 2014 年年末，0～14 岁（含不满 15 周岁）人口为 22 558 万人，15～59 岁（含不满 60 周岁）人口为 92 982 万人。

[5] 国内生产总值、各产业增加值绝对数按现价计算，增长速度按不变价格计算；根据第三次全国经济普查结果和国家统计局 2012 年制定的《三次产业划分规定》对相关数据进行了修订。

[6] 年度农民工数量包括年内在本乡镇以外从业 6 个月以上的外出农民工和在本乡镇内从事非农产业 6 个月以上的本地农民工两部分。

[7] 国家全员劳动生产率为国内生产总值（以 2010 年不变价格计算）与全部就业人员的比率。

[8] 农产品生产者价格是指农产品生产者直接出售其产品时的价格。

[9] 居住类价格包括建房及装修材料、住房租金、自有住房和水电燃料等价格。

[10] 高技术制造业包括医药制造业，航空、航天器及设备制造业，电子及通信设备制造业，计算机及办公设备制造业，医疗仪器设备及仪器仪表制造业，信息化学品制造业。

[11] 装备制造业包括金属制品业，通用设备制造业，专用设备制造业，汽车制造业，铁路、船舶、航空航天和其他运输设备制造业，电气机械和器材制造业，计算机、通信和其他电子设备制造业，仪器仪表制造业，金属制品、机械和设备修理业。

[12] 根据第三次全国经济普查结果对相关数据进行了修订，其中 2013 年原煤产量由 36.8 亿吨修订为 39.7 亿吨。

[13] 天然气包括气田天然气、油田天然气（分为油田气层气、油田伴生溶解气）和煤田天然气（也称煤层气）。

[14] 钢材产量数据中含企业之间重复加工钢材约 33 400 万吨。

[15] 少量发电装机容量（如地热等）文中未列出。

[16] 根据第三次全国经济普查结果，对 2013 年全社会固定资产投资数据进行了修订。

[17] 固定资产投资按东部、中部、西部和东北地区计算的合计数据小于全国数据，是因为有部分跨地区的投资未计算在地区数据中。其中，东部地区是指北京、天津、河北、上海、江苏、浙江、福建、山东、广东和海南10省（直辖市）；中部地区是指山西、安徽、江西、河南、湖北和湖南6省；西部地区是指内蒙古、广西、重庆、四川、贵州、云南、西藏、陕西、甘肃、青海、宁夏和新疆12省（自治区、直辖市）；东北地区是指辽宁、吉林和黑龙江3省。

[18] 民间固定资产投资是指具有集体、私营、个人性质的内资企事业单位以及由其控股（包括绝对控股和相对控股）的企业单位建造或购置固定资产的投资。

[19] 房地产业投资除房地产开发投资外，还包括建设单位自建房屋以及物业管理、中介服务和其他房地产投资。

[20] 高速铁路是指最高营运速度达到200千米/小时及以上的铁路。

[21] 2014年社会消费品零售总额及相关数据均为快报数。

[22] 网上零售额是指通过公共网络交易平台（包括自建网站和第三方平台）实现的商品和服务零售额。其中，网上零售额包括的服务类商品，以及少部分用于生产经营用或被转卖的商品不统计在社会消费品零售总额中。

[23] 根据有关规定，货物贸易改用人民币计价。服务贸易、利用外资、对外投资和对外承包工程由于技术原因仍主要沿用美元计价。

[24] 服务进出口按照《国际收支手册（第六版）》标准统计，不含政府服务，增速按可比口径计算。

[25] 邮电业务总量按2010年不变价格计算。

[26] 移动电话交换机容量是指移动电话交换机根据一定话务模型和交换机处理能力计算出来的最大同时服务用户的数量。

[27] 固定互联网宽带接入用户是指报告期末在电信企业登记注册，通过xDSL、FTTx＋LAN、FTTH/0以及其他宽带接入方式和普通专线接入公众互联网的用户。

[28] 移动宽带用户是指报告期末在计费系统拥有使用信息，占用3G或4G网络资源的在网用户。

[29] 手机上网人数是指过去半年通过手机接入并使用互联网的6周岁及以上中国居民数量。

[30] 社会融资规模是指一定时期内实体经济从金融体系获得的资金总额，是增量概念。

[31] 非公开增发又叫定向增发，不含资产认购部分。

[32] 公司信用类债券包括非金融企业债务融资工具、企业债券以及公司债、可转债等。

[33] 原保险保费收入是指保险企业确认的原保险合同保费收入。

[34] 按一体化住户调查改革前的城镇住户调查老口径推算，全年全国城镇居民人均可支配收入为29 381元。

[35] 人均收入中位数是指将所有调查户按人均收入水平从低到高（或从高到低）顺序排列，处于最中间位置调查户的人均收入。

[36] 中等职业教育包括普通中专、成人中专、职业高中和技工学校，其中技工学校数据为2013年数据。

[37] 国家新兴产业创投计划是指中央财政专项资金通过与地方政府资金、社会资本共同发起设立创业投资企业，或以股权投资模式直接投资创业企业等方式，培育和促进新兴产业发展的活动。

[38] 总流通人次是指本年度内到图书馆场馆接受图书馆服务的总人次，包括借阅书刊、咨询问题以及参加各类读者活动等。

[39] 特种影片是指那些采用与常规影院放映在技术、设备、节目方面不同的电影展示方式，如巨幕电影、立体电影、立体特效（4D）电影、动感电影、球幕电影等。

[40] 人均图书拥有量是指在一年内全国平均每人能拥有的当年出版图书册数。

[41] 数据为截至2013年年底。

[42] 场地面积是指可供训练、比赛、健身活动的场地有效面积，场地除包括比赛规定的尺寸外，还包括必要的安全区、缓冲区和无障碍地带。

[43] 根据第三次全国经济普查，对提供住宿的社会服务机构、社区服务中心进行归类清理，2014年相应数据有所调整。

[44] 社会服务床位数除收养性机构外，还包括救助类机构、社区类机构以及军休所、军供站等机构的床位。

[45] 农村五保供养是指老年、残疾和未满16周岁的村民，无劳动能力、无生活来源又无法定赡养、抚养、扶养义务人，或者其法定赡养、抚养、扶养义务人无赡养、抚养、扶养能力的村民，在吃、穿、住、医、葬方面得到的生活照顾和物质帮助。

[46] 国有建设用地供应总量是指报告期内市、县人民政府根据年度土地供应计划依法以出让、划拨、租赁等方式将

土地使用权提供给单位或个人使用的国有建设用地总量。

[47] 房地产用地是指商服用地和住宅用地的总和。

[48] 万元国内生产总值用水量、万元工业增加值用水量和万元国内生产总值能耗按2010年不变价格计算。

[49] 十大流域包括长江、黄河、珠江、松花江、淮河、海河、辽河、浙闽片河流、西北诸河和西南诸河。

资料来源：

本公报中城镇新增就业、登记失业率、社会保障数据来自人力资源社会保障部；财政数据来自财政部；外汇储备、汇率、货币金融、公司信用类债券数据来自人民银行；水产品产量数据来自农业部；木材产量、林业、森林火灾数据来自林业局；灌溉面积、水资源数据来自水利部；发电装机容量、新增220千伏及以上变电设备数据来自中电联；新建铁路投产里程、增新建铁路复线投产里程、电气化铁路投产里程、铁路运输数据来自铁路总公司；新建公路里程、港口万吨级码头泊位新增吞吐能力、公路运输、水运、港口货物吞吐量数据来自交通运输部；新增民用运输机场、民航数据来自民航局；新增光缆线路长度、电话交换机容量、电话用户、宽带用户、上网人数等通信数据来自工业和信息化部；保障性住房、城市污水处理、城市集中供热面积、建成区绿地率数据来自住房城乡建设部；货物进出口数据来自海关总署；服务进出口、外商直接投资、对外直接投资、对外承包工程、对外劳务合作等数据来自商务部；管道数据来自中石油、中石化、中海油；民用汽车、交通事故数据来自公安部；邮政业务数据来自邮政局；旅游数据来自旅游局、公安部；上市公司数据来自证监会；保险业数据来自保监会；教育数据来自教育部；安排科技计划课题、技术合同等数据来自科技部；国家工程研究中心、企业技术中心、新兴产业创投等数据来自发展改革委；专利数据来自知识产权局；发射卫星数据来自国防科工局；质量检验、国家标准制定修订等数据来自质检总局；地震数据来自地震局；海洋观测站、海洋灾害造成直接经济损失数据来自海洋局；测绘数据来自测绘地信局；艺术表演团体、博物馆、公共图书馆、文化馆数据来自文化部；广播电视、电影、报纸、期刊、图书数据来自新闻出版广电总局；档案数据来自档案局；体育数据来自体育总局；残疾人运动员数据来自中国残联；卫生数据来自卫生计生委；社会服务、低保和五保供养数据、农作物受灾面积、洪涝地质灾害造成直接经济损失、旱灾造成直接经济损失、低温冷冻和雪灾造成直接经济损失来自民政部；国有建设用地供应数据来自国土资源部；自然保护区、环境监测数据来自环境保护部；平均气温、登陆台风数据来自气象局；安全生产数据来自安全监管总局；其他数据均来自国家统计局。

附录二　中国农业统计资料选编

全国主要农作物面积和产量增减情况

单位　面积：千公顷
总产量：粮食：万吨，其他：吨
公顷产量：千克

项　目	2014年			2013年			2014年比2013年增减			
	播种面积	总产量	公顷产量	播种面积	总产量	公顷产量	播种面积	总产量		公顷产量
								绝对数	%	
农作物总播种面积	**165 446.25**			**164 626.93**			**819.3**			
一、粮食作物合计	112 722.58	60 702.61	5 385	111 955.56	60 193.84	5 377	767.0	508.8	0.8	8
其中：夏收粮食	27 581.57	13 659.58	4 952	27 588.11	13 184.84	4 779	−6.5	474.7	3.6	173
秋收粮食	79 346.04	43 641.87	5 500	78 563.02	43 595.48	5 549	783.0	46.4	0.1	−49
（一）谷物	94 603.49	55 740.72	5 892	93 768.65	55 269.21	5 894	834.8	471.5	0.9	−2
1. 稻谷	30 309.87	20 650.74	6 813	30 311.75	20 361.22	6 717	−1.9	289.5	1.4	96
2. 小麦	24 069.42	12 620.84	5 244	24 117.26	12 192.64	5 056	−47.8	428.2	3.5	188
3. 玉米	37 123.39	21 564.63	5 809	36 318.40	21 848.90	6 016	805.0	−284.3	−1.3	−207
（二）豆类合计	9 178.84	1 625.49	1 771	9 223.65	1 595.27	1 730	−44.8	30.2	1.9	41
其中：大豆	6 799.89	1 215.37	1 787	6 790.51	1 195.05	1 760	9.4	20.3	1.7	27
（三）薯类（折粮）	8 940.26	3 336.40	3 732	8 963.26	3 329.35	3 714	−23.0	7.1	0.2	18
其中：马铃薯	5 573.26	1 910.31	3 428	5 614.60	1 918.83	3 418	−41.3	−8.5	−0.4	10
二、油料作物	14 042.75	35 074 262	2 498	14 022.62	35 169 950	2 508	20.1	−95 688	−0.3	−10
其中：花生	4 603.85	16 481 688	3 580	4 632.99	16 972 155	3 663	−29.1	− 490 467	−2.9	−83
油菜籽	7 587.92	14 772 248	1 947	7 531.03	14 458 300	1 920	56.9	313 948	2.2	27
三、棉花	4 222.33	6 178 318	1 463	4 345.63	6 298 989	1 449	−123.3	− 120 671	−1.9	14
四、糖类合计	1 899.23	133 611 635	70 350	1 998.34	137 461 273	68 788	−99.1	−3 849 638	−2.8	1 562
（一）甘蔗	1 760.45	125 611 254	71 352	1 816.49	128 200 908	70 576	−56.0	−2 589 654	−2.0	776
（二）甜菜	138.78	8 000 381	57 647	181.84	9 259 822	50 922	−43.1	−1 259 441	−13.6	6 725
五、蔬菜类	21 404.79	760 054 810	35 509	20 899.44	735 119 903	35 174	505.4	24 934 907	3.4	335
六、瓜果类	2 491.27	95 540 746	38 350	2 455.39	93 217 794	37 965	35.9	2 322 952	2.5	385

注：本附录二所有数据取自《全国农业统计提要》，正式数据请以国家统计局出版的《中国统计年鉴》为准。

各地区主要农作物播种面积和产量（一）

地　　区	农作物总播种面积（千公顷）	一、粮食作物合计			（一）谷　物		
		播种面积（千公顷）	产量（万吨）	公顷产量（千克）	播种面积（千公顷）	产量（万吨）	公顷产量（千克）
全国合计	**165 446.25**	**112 722.58**	**60 702.61**	**5 385**	**94 603.49**	**55 740.72**	**5 892**
北　京	196.10	120.17	63.94	5 320	114.02	62.59	5 490
天　津	479.03	345.82	175.95	5 088	336.80	174.35	5 177
河　北	8 713.08	6 332.00	3 360.17	5 307	5 912.15	3 224.91	5 455
山　西	3 783.43	3 286.38	1 330.78	4 049	2 772.85	1 260.29	4 545
内蒙古	7 355.96	5 650.99	2 753.01	4 872	4 455.47	2 493.07	5 596
辽　宁	4 164.09	3 235.13	1 753.90	5 421	3 032.40	1 674.80	5 523
吉　林	5 615.29	5 000.72	3 532.84	7 065	4 595.04	3 420.85	7 445
黑龙江	12 225.92	11 696.41	6 242.19	5 337	8 833.44	5 665.49	6 414
上　海	356.98	164.86	112.54	6 826	158.45	110.48	6 973
江　苏	7 678.62	5 376.07	3 490.62	6 493	5 014.73	3 386.33	6 753
浙　江	2 274.00	1 266.81	757.41	5 979	1 008.11	664.19	6 588
安　徽	8 945.53	6 628.93	3 415.83	5 153	5 543.33	3 260.23	5 881
福　建	2 305.24	1 197.75	667.03	5 569	860.96	519.74	6 037
江　西	5 570.55	3 697.34	2 143.50	5 797	3 389.60	2 041.53	6 023
山　东	11 037.93	7 440.04	4 596.60	6 178	7 014.44	4 361.48	6 218
河　南	14 378.30	10 209.82	5 772.30	5 654	9 408.47	5 604.60	5 957
湖　北	8 112.26	4 370.35	2 584.17	5 913	3 887.92	2 454.53	6 313
湖　南	8 764.47	4 975.14	3 001.26	6 033	4 520.31	2 839.78	6 282
广　东	4 744.95	2 507.01	1 357.34	5 414	2 078.14	1 171.04	5 635
广　西	5 929.94	3 067.68	1 534.41	5 002	2 631.16	1 435.68	5 456
海　南	859.61	394.01	186.60	4 736	312.33	155.50	4 979
重　庆	3 540.35	2 242.52	1 144.54	5 104	1 276.88	796.84	6 241
四　川	9 668.61	6 467.40	3 374.90	5 218	4 720.40	2 784.20	5 898
贵　州	5 516.46	3 138.35	1 138.50	3 628	1 869.72	816.00	4 364
云　南	7 194.43	4 508.20	1 860.70	4 127	3 274.40	1 534.90	4 688
西　藏	250.95	176.40	97.97	5 554	169.68	95.22	5 612
陕　西	4 262.14	3 076.54	1 197.78	3 893	2 554.75	1 079.81	4 227
甘　肃	4 197.51	2 842.46	1 158.65	4 076	1 983.91	887.60	4 474
青　海	553.70	280.10	104.81	3 742	160.17	63.18	3 945
宁　夏	1 253.16	771.33	377.90	4 899	565.61	332.36	5 876
新　疆	5 517.63	2 255.85	1 414.47	6 270	2 147.84	1 369.14	6 374

各地区主要农作物播种面积和产量（二）

地 区	其中：稻谷			（二）豆类合计			其中：大豆		
	播种面积（千公顷）	产量（万吨）	公顷产量（千克）	播种面积（千公顷）	产量（万吨）	公顷产量（千克）	播种面积（千公顷）	产量（万吨）	公顷产量（千克）
全国合计	**30 309.87**	**20 650.74**	**6 813**	**9 178.84**	**1 625.49**	**1 771**	**6 799.89**	**1 215.37**	**1 787**
北 京	0.18	0.13	6 943	4.85	0.66	1 362	4.14	0.60	1 458
天 津	16.37	12.14	7 414	8.17	1.08	1 321	7.89	1.03	1 306
河 北	84.84	54.15	6 383	162.33	34.75	2 141	122.30	25.01	2 045
山 西	0.90	0.62	6 889	323.21	31.36	970	191.79	20.71	1 080
内 蒙 古	78.10	52.36	6 704	653.41	98.51	1 508	503.69	81.90	1 626
辽 宁	562.10	451.50	8 032	117.00	25.65	2 192	106.40	22.30	2 096
吉 林	747.07	587.62	7 866	331.61	55.45	1 672	213.60	37.36	1 749
黑 龙 江	3 205.47	2 251.05	7 023	2 621.71	469.59	1 791	2 576.72	460.40	1 787
上 海	98.43	84.10	8 544	5.37	1.27	2 365			
江 苏	2 271.69	1 912.00	8 417	306.23	70.39	2 299	203.37	47.34	2 328
浙 江	824.21	590.11	7 160	141.08	35.84	2 540	89.40	24.20	2 707
安 徽	2 217.33	1 394.55	6 289	934.80	122.15	1 307	851.60	115.00	1 350
福 建	804.50	497.06	6 179	85.24	22.30	2 617	66.51	17.20	2 586
江 西	3 339.45	2 025.15	6 064	162.20	31.93	1 969	101.37	23.46	2 314
山 东	122.40	101.01	8 252	168.69	41.73	2 474	149.47	36.72	2 457
河 南	649.67	528.60	8 136	453.67	59.00	1 301	399.70	54.59	1 366
湖 北	2 143.95	1 729.47	8 067	173.62	36.42	2 098	98.90	23.93	2 420
湖 南	4 120.71	2 634.00	6 392	170.21	36.40	2 139	95.56	21.30	2 229
广 东	1 893.28	1 091.64	5 766	79.70	21.14	2 652	62.63	16.27	2 598
广 西	2 026.24	1 166.12	5 755	162.76	24.58	1 510	99.58	13.65	1 371
海 南	312.19	155.45	4 978	8.36	2.50	2 986	3.18	0.73	2 307
重 庆	689.67	503.19	7 296	237.51	46.60	1 962	103.43	20.38	1 970
四 川	1 991.80	1 526.50	4 664	485.20	96.20	1 987	224.80	51.90	2 309
贵 州	681.96	403.24	5 913	324.13	32.59	1 005	130.62	11.78	902
云 南	1 144.70	666.10	5 819	559.90	133.10	2 377	124.10	33.90	2 732
西 藏	0.99	0.47	4 747	5.71	2.21	3 870	0.11	0.04	3 636
陕 西	123.42	90.87	7 363	189.40	28.14	1 486	112.45	18.11	1 610
甘 肃	5.14	3.54	6 887	176.00	33.16	1 884	88.24	16.92	1 917
青 海				27.03	5.68	2 101			
宁 夏	78.05	61.84	7 923	28.37	3.43	1 209	10.45	1.30	1 244
新 疆	75.06	76.17	10 148	72.36	21.67	2 995	57.89	17.34	2 995

各地区主要农作物播种面积和产量（三）

地区	（三）薯类（折粮）			二、油料作物			其中：油菜籽		
	播种面积（千公顷）	产量（万吨）	公顷产量（千克）	播种面积（千公顷）	产量（吨）	公顷产量（千克）	播种面积（千公顷）	产量（吨）	公顷产量（千克）
全国合计	**8 940.26**	**3 336.40**	**3 742**	**14 042.75**	**35 074 262**	**2 498**	**7 587.92**	**14 772 248**	**1 947**
北京	1.31	0.68	5 221	2.59	6 730	2 597			
天津	0.85	0.53	6 176	1.68	5 215	3 099			
河北	257.52	100.51	3 903	466.32	1 502 033	3 221	19.90	32 052	1 611
山西	190.32	39.13	2 056	129.70	173 246	1 336	3.72	5 772	1 551
内蒙古	542.10	161.42	2 978	862.29	1 703 134	1 975	313.36	396 034	1 264
辽宁	85.73	53.45	6 234	314.04	636 881	2 028	1.08	1 856	1 712
吉林	74.07	56.54	7 634	266.31	857 014	3 218			
黑龙江	241.26	107.11	4 440	87.25	171 457	1 965	0.02	630	31 500
上海	1.04	0.79	7 596	5.73	12 752	2 226	4.80	10 474	2 182
江苏	55.11	33.90	6 151	499.20	1 465 989	2 937	398.08	1 100 550	2 765
浙江	117.62	57.38	4 878	145.00	306 622	2 115	126.37	258 959	2 049
安徽	150.80	33.45	2 218	788.44	2 288 047	2 902	550.99	1 277 548	2 319
福建	251.55	124.99	4 969	117.11	298 234	2 547	12.43	18 238	1 467
江西	145.53	70.04	4 813	741.48	1 217 081	1 641	547.91	723 497	1 320
山东	256.91	193.39	7 528	773.18	3 358 878	4 344	9.64	24 494	2 541
河南	347.68	108.70	3 126	1 598.21	5 843 341	3 656	361.62	863 900	2 389
湖北	308.81	93.22	3 019	1 542.46	3 417 344	2 216	1 248.70	2 571 600	5 059
湖南	284.62	125.08	4 395	1 424.71	2 337 699	1 641	1 298.21	2 026 471	1 561
广东	349.17	165.16	4 730	366.78	1 054 773	2 876	6.60	7 927	1 201
广西	273.76	74.15	2 709	237.09	613 036	2 586	24.18	25 005	1 034
海南	73.31	28.61	3 902	40.44	115 713	2 861			
重庆	728.14	301.10	4 135	299.96	569 359	1 989	232.58	439 652	1 890
四川	1 262.80	494.50	3 916	1 285.27	3 007 862	2 340	1 016.66	2 331 233	2 293
贵州	944.50	289.91	3 069	582.14	980 471	1 684	521.61	866 922	1 662
云南	673.90	192.70	2 859	359.51	646 829	1 799	296.18	549 324	1 855
西藏	1.01	0.54	5 347	24.48	63 770	2 605	24.36	63 433	2 604
陕西	332.39	89.83	2 703	300.83	622 994	2 071	203.64	415 629	2 041
甘肃	682.55	237.89	3 485	328.99	724 226	2 201	167.77	345 336	2 058
青海	92.90	35.95	3 780	150.88	315 093	2 088	148.15	310 385	2 095
宁夏	177.35	42.11	2 374	80.15	165 170	2 061	0.84	2 264	2 695
新疆	35.65	23.66	6 637	220.53	593 269	2 690	48.52	103 063	2 124

各地区主要农作物播种面积和产量（四）

地　区	三、棉　花			四、糖类合计		
	播种面积（千公顷）	产量（吨）	公顷产量（千克）	播种面积（千公顷）	产量（吨）	公顷产量（千克）
全国合计	**4 222.33**	**6 178 318**	**1 463**	**1 899.23**	**133 611 635**	**70 350**
北　京	0.10	107	1 071			
天　津	30.16	38 168	1 265			
河　北	410.90	431 000	1 049	15.25	756 153	49 584
山　西	18.72	23 565	1 259	1.76	80 408	45 772
内蒙古	1.03	1 510	1 463	39.54	1 601 806	40 508
辽　宁	0.09	100	1 111	2.05	101 387	49 457
吉　林	0.48	794	1 651	1.86	63 565	34 175
黑龙江				10.24	410 571	40 099
上　海	0.80	1 220	1 525	0.12	5 968	48 481
江　苏	131.80	159 500	1 210	1.64	101 084	61 637
浙　江	17.26	24 825	1 438	10.10	626 753	62 049
安　徽	265.20	263 300	993	4.98	196 701	39 506
福　建	0.11	85	797	8.58	531 219	61 892
江　西	84.92	133 682	1 574	14.30	645 242	45 125
山　东	592.90	665 000	1 122	…	51	36 429
河　南	153.30	146 861	958	3.86	272 727	70 655
湖　北	344.80	359 513	1 043	7.61	304 134	39 965
湖　南	130.10	129 000	992	13.35	658 640	49 336
广　东				168.51	15 046 749	89 291
广　西	2.31	2 503	1 083	1 081.54	79 525 711	73 530
海　南				61.93	4 248 792	68 610
重　庆				2.66	102 927	38 713
四　川	13.16	12 422	944	13.78	558 401	40 534
贵　州	1.63	1 097	673	27.85	1 682 777	60 423
云　南	0.13	300	2 341	339.72	21 103 982	62 122
西　藏						
陕　西	31.04	42 171	1 359	0.08	1 478	18 475
甘　肃	38.09	64 446	1 692	4.99	264 062	52 918
青　海				0.04	980	24 500
宁　夏						
新　疆	1 953.30	3 677 150	1 883	62.89	4 719 367	75 042

各地区主要农作物播种面积和产量（五）

地区	五、蔬菜类			六、瓜果类		
	播种面积（千公顷）	产量（吨）	公顷产量（千克）	播种面积（千公顷）	产量（吨）	公顷产量（千克）
全国合计	**21 404.79**	**760 054 810**	**35 509**	**2 491.27**	**95 540 746**	**38 350**
北京	57.48	2 361 635	41 086	6.48	251 633	38 832
天津	90.14	4 601 973	51 054	6.17	313 769	50 894
河北	1 237.49	81 256 860	65 663	114.15	5 983 887	52 421
山西	257.06	12 714 008	49 459	26.72	882 523	33 033
内蒙古	281.66	14 726 806	52 285	68.84	2 576 815	37 432
辽宁	473.72	30 900 797	65 231	58.51	2 784 942	47 595
吉林	211.06	8 759 511	41 503	51.21	1 708 491	33 362
黑龙江	268.85	9 856 073	36 660	56.71	2 011 053	35 465
上海	127.42	3 931 814	30 858	10.73	403 086	37 577
江苏	1 372.39	54 169 713	39 471	149.86	5 554 563	37 065
浙江	606.00	17 627 941	29 089	95.74	2 711 838	28 326
安徽	862.06	25 509 729	29 591	181.22	6 807 255	37 564
福建	723.86	18 013 504	24 885	37.40	891 284	23 832
江西	572.27	13 124 363	22 934	77.72	2 062 966	26 542
山东	1 862.41	99 736 978	53 553	282.01	14 685 661	52 076
河南	1 725.62	72 724 616	42 144	326.43	16 642 298	59 983
湖北	1 173.52	36 715 244	31 286	103.62	3 580 908	34 558
湖南	1 329.96	37 635 124	28 298	145.78	3 980 070	27 302
广东	1 350.40	32 747 495	24 250	43.90	1 222 281	27 845
广西	1 162.47	26 100 784	22 453	122.80	3 273 016	26 654
海南	248.76	5 514 556	22 168	33.09	1 016 476	39 717
重庆	708.07	16 891 140	23 855	20.98	444 951	21 207
四川	1 315.46	40 693 133	30 935	48.56	1 248 907	25 721
贵州	924.25	16 256 199	17 589	29.95	704 066	23 508
云南	947.46	17 355 395	18 318	26.27	637 416	24 266
西藏	23.86	682 133	28 589	0.11	1 806	16 417
陕西	502.62	17 246 847	34 314	84.74	2 959 352	34 923
甘肃	506.86	17 051 934	33 642	50.09	2 113 434	42 193
青海	48.10	1 585 846	32 970	0.35	12 500	35 714
宁夏	123.36	5 408 288	43 840	86.79	1 990 671	22 938
新疆	310.14	18 154 371	58 536	144.38	6 082 829	42 132

全国牧业主要产品生产情况

项　目	计量单位	2014 年	2013 年	2014 年比 2013 年增减	
				绝对数	%
一、牲畜存栏量					
（一）大牲畜存栏	万头	12 022.9	11 853.2	169.7	1.4
1. 牛	万头	10 578.0	10 385.1	192.9	1.9
2. 马	万头	604.3	602.7	1.6	0.3
3. 驴	万头	582.6	603.4	−20.8	−3.4
4. 骡	万头	224.6	230.4	−5.8	−2.5
5. 骆驼	万头	35.4	31.6	3.8	12.0
（二）猪	万头	46 582.7	47 411.3	−828.6	−1.7
（三）羊	万只	30 314.9	29 036.3	1 278.6	4.4
二、肉类总产量	万吨	8 706.7	8 535.0	171.7	2.0
其中：猪牛羊肉产量	万吨	6 688.8	6 574.3	114.5	1.7
1. 猪肉产量	万吨	5 671.4	5 493.0	178.4	3.2
平均每头产肉量	千克/头	77.2	76.8	0.4	0.5
2. 牛肉产量	万吨	589.2	673.2	−84.0	−12.5
平均每头产肉量	千克/头	119.5	139.4	−19.9	−14.3
3. 羊肉产量	万吨	428.2	408.1	20.1	4.9
平均每头产肉量	千克/头	14.9	14.8	0.1	0.7
三、其他畜产品产量					
1. 牛奶产量	万吨	3 724.6	3 531.4	193.2	5.5
2. 山羊毛产量	吨	40 045.5	59 989.0	−19 943.5	−33.2
3. 绵羊毛产量	吨	419 517.6	411 122.0	8 395.6	2.0
其中：细羊毛	吨	124 915.2	133 247.0	−8 331.8	−6.3
其中：半细羊毛	吨	142 253.3	135 330.0	6 923.3	5.1
4. 蜂蜜产量	万吨	46.8	45.0	1.8	4.0
5. 禽蛋产量	万吨	2 893.9	2 876.1	17.8	0.6

全国主要农业机械年末拥有量

项　　目	计量单位	数　量	项　　目	计量单位	数　量
一、农业机械总动力	万千瓦	108 056.58	2. 排灌动力机械动力	万千瓦	14 488.88
1. 柴油发动机动力	万千瓦	86 717.03	3. 农用水泵	万台	2 224.51
2. 汽油发动机动力	万千瓦	3 477.98	4. 节水灌溉类机械	万套	210.72
3. 电动机动力	万千瓦	17 748.82	（四）田间管理机械		
4. 其他机械动力	万千瓦	86.63	1. 机动喷雾（粉）机	万台	614.04
二、拖拉机及配套机械			2. 茶叶修剪机	万台	35.22
（一）拖拉机	万台	2 297.72	（五）收获机械		
	万千瓦	34 437.72	1. 联合收获机	万台	158.46
1. 大中型	万台	567.95	2. 割晒机	万台	45.20
	万千瓦	17 529.27	3. 其他收获机械	万台	152.57
2. 小型	万台	1 729.77	（六）收获后处理机械		
	万千瓦	16 908.45	1. 机动脱粒机	万台	1 048.96
（二）拖拉机配套农具			2. 谷物烘干机	万台	5.44
1. 大中型	万部	889.64	3. 种子加工机械	万台	3.07
2. 小型	万部	3 053.63	4. 保鲜贮藏设备	万台（套）	9.19
三、种植业机械			（七）设施农业设备		
（一）耕整地及种植机械			1. 水稻工厂化育秧设备	万套	1.50
1. 耕整机	万台	865.43	2. 温室	万米^2	2 079.71
2. 机耕船	万艘	1 316.66	四、农产品初加工机械		
3. 机引犁	万台	584.63	（一）农产品初加工动力机械	万台	1 501.15
4. 旋耕机	万台	22.48		万千瓦	8 888.25
（二）种植施肥机械			（二）农产品初加工作业机械	万台	1 397.74
1. 播种机	万台	623.36	五、畜牧养殖机械	万台	710.82
其中：免耕播种机	万台	86.81		万千瓦	2 340.25
精少量播种机	万台	386.66	六、渔业机械	万台	402.99
2. 水稻种植机械				万千瓦	1 796.94
（1）水稻直播机	万台	3.00	七、林果业机械	万台	42.72
（2）水稻插秧机	万台	67.00		万千瓦	148.28
3. 化肥深施机	万台	83.34	八、运输机械	万台	46.31
4. 地膜覆盖机	万台	56.36	九、农田基本建设机械	万台	461.00
（三）农用排灌机械			十、其他机械	亿元	8 787.46
1. 排灌动力机械数量	万台	2 295.69	十一、农业机械原值和净值	亿元	6 402.17

附录三 全国农垦系统实施无公害食品发展情况

绿色、有机食品、无公害农产品生产情况（一）

（2014年）

项　目	认证个数（个）	带动农户数量（户）	已认证绿色食品				已认证有机食品		已认证无公害农产品	
			A级		AA级					
			面积（公顷）	产量（吨）	面积（公顷）	产量（吨）	面积（公顷）	产量（吨）	面积（公顷）	产量（吨）
一、种植业										
（一）主要农作物	1 020	454 041	926 319	5 739 632	1 005	8 945	144 953	747 687	1 925 188	15 126 775
1. 水稻	296	143 157	202 005	1 522 017	1 005	8 945	44 620	259 835	1 217 866	9 540 228
2. 小麦	55	15 562	76 769	220 473			2 303	9 004	65 485	337 302
3. 玉米	83	70 613	240 386	2 195 705			46 725	320 350	304 367	2 770 612
4. 大豆	97	35 108	238 022	670 500			43 633	107 415	191 869	471 390
5. 油料	14	28 929	40 883	54 941					14 538	29 903
6. 糖料	15	16 718	37 526	259 000					3 957	116 149
7. 药材	1	20	25	300						
8. 蔬菜	332	121 355	14 639	214 631			941	23 994	45 812	1 272 786
9. 其他	127	22 579	76 064	602 065			6 732	27 089	81 293	588 405
（二）茶叶	52	40 625	3 536	9 722	28	50	1 515	672	15 818	13 217
（三）水果	186	66 556	80 542	606 472	1 692	76 000	9 229	27 429	24 933	482 979
1. 香蕉	4	3 369	742	13 389					1 124	14 025
2. 苹果	31	7 093	13 407	140 389			638	12 493	3 745	17 527
3. 柑橘、橙、柚	25	8 389	1 221	15 625	1 425	68 000	12	125	1 825	29 954
4. 梨	15	18 560	15 188	116 029			283	4 253	236	6 441
5. 桃	8	1 255	6 008	21 061			3	2	10	158
6. 葡萄	28	4 423	17 212	155 603			8 105	7 917	2 526	53 796
7. 菠萝	8	3 600	1 100	8 600					1 300	30 000
8. 荔枝	7	3 407	4	15					2 199	17 829
9. 龙眼	5	1 129	333	6 200					627	7 675
10. 芒果	5	5 694	667	17 500	267	8 000			3 308	68 287
11. 西瓜	17	6 799	5 579	41 412					5 300	196 913
12. 其他水果	33	2 838	19 081	70 649			188	2 639	2 733	40 374
（四）食用菌	19	75	61	73 205			1	91	14	413
二、渔业										
1. 淡水鱼	95	15 711	2 298	20 562					14 512	64 878
2. 海水鱼	1	89							450	438
3. 虾	9	860							1 947	17 350
4. 蟹	13	6 919	5 830	4 560			468	325	2 913	1 902
5. 甲鱼	2	200							302	103
6. 贝	2	100							600	3 700
7. 其他水产品	19	2 208	1 140	8 364	3	60	6	20	24	180

绿色、有机食品、无公害农产品生产情况（二）

（2014 年）

项　　目	认证个数（个）	带动农户数量（户）	已认证绿色食品				已认证有机食品		已认证无公害农产品	
			A 级		AA 级					
			数量（万头、万只）	产量（吨）	数量（万头、万只）	产量（吨）	数量（万头、万只）	产量（吨）	数量（万头、万只）	产量（吨）
三、畜牧业										
（一）家畜类	119	30 663	13 516	401 333	13	8 685	10	276 142	489 640	503 385
1. 生猪	67	20 482	13 500	945	9	8 067	3	3 000	489 614	163 110
2. 肉牛	8	473	6	3 090					2	3 083
3. 奶牛	36	8 948	7	396 523			3	272 524	9	334 706
4. 羊	8	760	3	775	4	618	4	618	13	2 417
5. 其他家畜			0						3	69
（二）禽类	38	3 088	35 030	5 047	1 452	29 021	33	363	41 233	145 033
1. 肉鸡	8	2 058	0		1	12	25	250	5 220	104 749
2. 蛋鸡	19	59	30	5 000	1	9	8	113	216	30 122
3. 鸭	10	959	35 000	45	1 450	29 000			35 798	10 162
4. 其他禽类	1	12	0	2						
四、加工品										
1. 面粉加工类	12	17	10	5 346	29 550			693	2 200	
2. 蔬菜加工类	13	7	3	3 000	34 000			146	3 090	
3. 饮品类	11	30 703	1 333	6 000		153 266		32		
4. 乳制品	54	12 882	27	124 104						246 947
5. 果脯类	5	467							326	880
6. 酒类	58	4 362	1 913	10 061						

附录四 西藏国有农场基本情况

西藏国有农场基本情况统计表（一）

项　　目	计量单位	合计	八一农场	察隅农场	米林农场	易贡茶场
一、人口总数	人	4 840	2 209	496	627	1 508
在职职工人数	人	1 238	982	55	92	109
在岗职工人数	人	329	82	55	92	100
退休职工人数	人	1 059	208	112	264	475
离休职工人数	人					
中小学在校生人数	人	562	120	45	117	280
二、从业人员数	人	1 546	994	95	227	230
三、土地面积	亩	36 018	13 878	5 000	9 800	7 340
其中：耕地面积	亩	13 080	2 800	1 100	5 600	3 580
草原面积	亩	3 455	2 895		560	
林地面积	亩	7 405	4 005	3 400		
果园面积	亩	4 380			3 640	740
茶园面积	亩	3 020				3 020
橡胶园面积	亩					
水产养殖面积	亩					
其他土地面积	亩	4 678	4 178	500		
四、生产总值	万元	18 035	11 340	1 062	5 176	457
其中：第一产业增加值	万元	8 111	6 540	312	929	330
所占比重	%	45.0	57.7	29.4	18.0	72.2
第二产业增加值	万元	3 310		660	2 650	
所占比重	%	18.4		62.2	51.2	
第三产业增加值	万元	6 614	4 800	90	1 597	127
所占比重	%	36.7	42.3	8.5	30.9	27.8
五、收入						
营业收入	万元	5 874	4 876	183	406	409
从业人员收入	万元	2 088	1 450	130	330	178
从业人员年均收入	元	13 506	14 588	13 684	14 537	7 739
职均年收入	元	11 395	11 200	9 760	21 890	5 120
人均纯收入	元	5 566	5 200	13 000	8 110	2 600
六、生活条件						
年末实有住房面积	米^2	155 467	42 427	14 450	41 080	57 510
人均占有面积	米^2	32.12	19.21	29.13	65.52	38.14
教学用房年末实有面积	米^2					
学生人均占有教学用房面积	米^2					
医疗用房年末实有面积	米^2					
人均占有医疗用房面积	米^2					
七、符合生活饮用水卫生标准人数	人	4 802	2 198	496	600	1 508
八、农业机械化情况						
农机总动力	千瓦	565	265	150		150
九、灌溉情况						
可灌溉耕地面积	亩	10 660	1 580	1 100	5 600	2 380

西藏国有农场主要农产品生产情况表（二）

项　　目	计量单位	合计	八一农场	察隅农场	米林农场	易贡茶场
一、种植业						
（一）农作物播种面积	亩	10 362		1 100	5 480	3 782
1. 粮豆作物播种面积	亩	6 150			4 500	1 650
总产量	吨	1 927			1 340	587
亩产量	千克	313			298	356
2. 棉花播种面积	亩					
总产量	吨					
亩产量	千克					
3. 油料作物播种面积	亩	1 800			200	1 600
总产量	吨	201			25	176
亩产量	千克	112			125	110
4. 糖料作物播种面积	亩					
总产量	吨					
亩产量	千克					
5. 其他农作物播种面积	亩	2 412		1 100	780	532
其他农作物总产量	吨	480		240	195	45
（二）干胶总产量	吨					
（三）水果总产量	吨	470		9	453	8
（四）茶叶总产量	吨	20				20
二、养殖业						
当年出栏畜禽数	头（只）	3 550		3 000	550	
年末存栏畜禽数	头（只）	46 388			46 388	
肉类总产量	吨	668		49	570	49
禽蛋总产量	吨	760			760	
水产品总产量	吨					
牛奶总产量	吨	38		22	3	13

西藏国有农场当年新增生产能力情况表（三）

项目	计量单位	当年新增情况				
		合计	八一农场	察隅农场	米林农场	易贡茶场
一、基础设施建设						
中低产田改造	亩					
喷、滴灌面积	亩					
农机具购置	台（套）	7	2			5
水泥晒场	米^2					
机耕路（含田间路）	千米	3				3
植树造林	亩	140			20	120
机电井（灌溉用）	眼					
输电线路	千米					
仓储设施	米^2					
排灌渠系	千米					
通信线路	千米					
通信设备	台（套）					
饮水井	眼	3	1		2	
供水管线（饮水用）	千米					
供水设施	台（套）					
公路	千米	1				1
桥涵、闸	座					
草原建设（含草场改良）	亩					
危旧房改造	米^2	2 580			2 580	
医疗用房建设	米^2					
医疗设备购置	台（套）	12				12
教学用房建设	米^2					
二、生产发展						
设施农业面积	亩	38	38			
种植业技术推广	亩	500				500
实用技能培训	人次	230			110	120

附录五　内蒙古海拉尔农牧场管理局 2014 年基本情况

内蒙古海拉尔农牧场管理局 2014 年主要经济指标表

指标名称	计量单位	数　量	指标名称	计量单位	数　量
一、基本情况	×	×	其中：小麦播种面积	公顷	100 161
单位个数	个	26	公顷产量	千克	4 430
其中：国有农场	个	16	小麦总产量	吨	443 729
总人口	人	85 600	四、畜牧业生产指标	×	×
职工人数	人	11 552	牧业年度牲畜总头数	头、匹、只	971 727
土地总面积	公顷	1 414 685	其中：大畜存栏	头、匹	158 798
其中：耕地面积	公顷	311 491	小畜存栏	只	768 561
草原面积	公顷	635 423	生猪存栏	口	44 368
农业机械总动力	千瓦	656 786	梅花鹿存栏	只	
大中型农用拖拉机	台	4 794	年末牲畜总头数	头、匹、只	860 764
小型农用拖拉机	台	11 019	其中：大畜存栏	头、匹	160 505
联合收割机	台	953	小畜存栏	只	663 925
二、综合指标	×	×	生猪存栏	口	36 334
生产总值	万元	426 854	梅花鹿存栏	只	
其中：第一产业增加值	万元	325 838	五、特色养殖	×	×
第二产业增加值	万元	51 267	年末实有獭兔	只	2 668
其中：工业增加值	万元	25 004	年末实有貂	只	
第三产业增加值	万元	49 749	年末实有貉	只	
自营经济增加值	万元	156 974	六、畜产品产量	×	×
农垦人均纯收入	元/人	29 180	肉类总产量	吨	17 172
农牧场人均收入	元/人	29 421	牛奶总产量	吨	410 160
人均生产总值	元/人	49 852	绵羊毛产量	吨	1 638
职均收入	元/人	59 696	山羊绒产量	吨	4
利润总额	万元	78 663	禽蛋总产量	吨	1 297
固定资产投资	万元	114 649	蜂蜜总产量	吨	3 038
其中：国有投资	万元	91 255	七、工业产品产量	×	×
工农业总产值（现行价）	万元	800 220	马铃薯雪花全粉	吨	4 640
其中：农业总产值	万元	646 570	面粉	吨	911
工业总产值	万元	153 650	植物油	吨	41 800
三、农作物总播种面积	公顷	287 307	干酪素	吨	
其中：粮食大豆播种面积	公顷	161 150	奶粉	吨	7 456
公顷产量	千克	5 296	奶油	吨	
粮豆总产量	吨	853 471	混合饲料	吨	3 781
其中：油菜播种面积	公顷	114 118	石灰	吨	
公顷产量	千克	2 135	红砖	万块	5 963
油菜总产量	吨	243 642			

内蒙古海拉尔农牧场管理局2014年经济和社会发展统计公报

2014年，海拉尔垦区认真贯彻中央决策部署，贯彻落实全国和自治区农业工作会议、农垦专业会议精神，认真贯彻中共十八届三中、四中全会精神，以科学发展观统揽全局，冷静沉着、创新思路，战胜了各种自然灾害，农业生产创历史新高，农牧场人均纯收入、职均收入较快增长，使海拉尔农垦继续保持良好发展局面，为经济平稳较快发展、维护社会和谐稳定做出了重大贡献。

一、综合

2014年海拉尔垦区经济继续保持健康增长。产业结构、产品结构进一步优化，经济运行质量进一步提高。2014年海拉尔垦区实现总收入（产值）1 095 320万元，同比增长9.23%。其中：第一产业总收入646 570万元，同比增长20.04%；第二产业总收入252 440万元，同比下降12.9%；第三产业总收入196 310万元，同比增长12.51%。实现国内生产总值426 854万元，同比增长5.56%。其中：第一产业增加值325 838万元，同比增长8.2%；第二产业增加值51 267万元，同比下降8.3%；第三产业增加值49 749万元，同比增长5.02%。实现人均生产总值49 852元，同比增长6.35%。人均收入29 180元，同比增长20.69%。职均收入59 696元，同比增长15.34%。垦区实现利润78 663万元，同比下降0.1%。其中：统一经营实现利润36 784万元，同比下降11.8%。

二、农牧业

2014年，海拉尔垦区认真贯彻落实中央1号文件精神及中央支持农业特别是粮食生产的政策措施，极大地调动了广大职工群众的积极性，面对各种不利因素的影响，垦区上下采取措施，积极应对，将负面影响降到了最低，为垦区今后经济的持续、健康、快速发展奠定了坚实的基础。

2014年垦区实现农业总产值（现行价）646 570万元，同比增长20.04%。其中：种植业产值168 617.8万元，同比增长27.5%，牧业产值281 267万元，同比增长10.83%。

农业坚持以防灾减灾为中心，进一步提升现代农业发展水平，加大结构调整力度，引进试验推广先进的科学技术，为发展现代农业提供了强大的技术支撑。2014年总播种面积28.73万公顷，同比增长2.63%，粮油总产量109.8万吨，同比增长21.6%，其中：粮豆总产量85.3万吨，同比增长21.39%，油料总产量24.46万吨，同比增长22.32%。其中小麦播种面积10.01万公顷，同比增长30.5%（表1）。海拉尔垦区农业生产从育种到粮食销售实现全程机械化，农业机械化装备程度不断提高，进一步改善了垦区农业生产条件，以满足农业生产的需要。2014年机械总动力65.6万千瓦，同比增长4.02%；拥有大中型拖拉机4 794台；联合收割机953台，全年化肥施用量（折纯量）4.89万吨。

表1　2014年垦区主要农产品产量

产品名称	计量单位	2014年实际	同比增长（%）
粮豆油合计	万吨	109.8	21.6
1. 粮豆合计	万吨	85.3	21.39
其中：小麦	万吨	44.37	82.7
大麦	万吨	3.8	−64.8
大豆	万吨	2.35	41
2. 油料	万吨	24.46	22.32

2014年海拉尔垦区进一步加大对畜牧业的政策扶持和项目带动，畜牧业快速发展的基础和机制已经形成。年内各类牲畜存栏86.07万头（匹、只），同比增长16.7%，各类牲畜出栏率40%（表2）。

表2　2014年牲畜头数及主要畜产品产量

产品名称	计量单位	2014年实际	同比增长（%）
年末牲畜存栏	头（匹、只）	860 764	16.7
其中：牛	头	152 248	8.97
羊	只	663 925	20.27
猪	头	36 334	−6.1

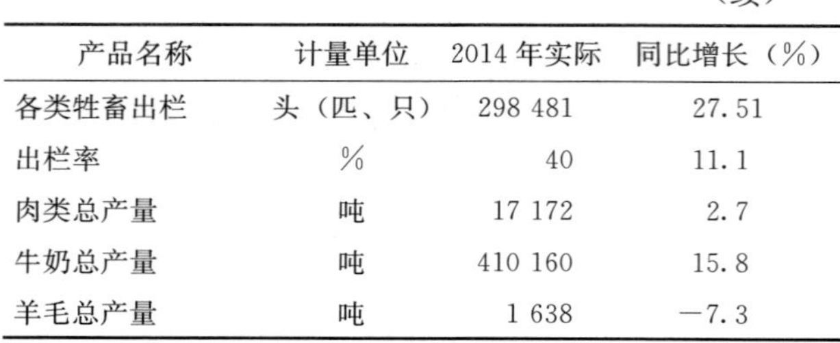

（续）

产品名称	计量单位	2014 年实际	同比增长（%）
各类牲畜出栏	头（匹、只）	298 481	27.51
出栏率	%	40	11.1
肉类总产量	吨	17 172	2.7
牛奶总产量	吨	410 160	15.8
羊毛总产量	吨	1 638	−7.3

三、工业、商贸

工业生产态势下降。2014 年垦区实现工业增加值（现价）25 004 万元，同比下降 24.6%，完成工业总产值（现价）153 650 万元，同比下降 31.8%（表 3）。

表 3　2014 年主要工业产品产量

产品名称	计量单位	2014 年实际	同比增长（%）
马铃薯全粉	吨	4 640	−55.9
红砖	万块	5 963	25.48
奶粉	吨	7 456	−14.4
植物油	吨	41 800	−48.1

2014 年垦区实现进出口商品总金额 177 万元，实现社会商品零售额 70 282 万元。

四、固定资产投资

2014 年垦区固定资产投资较上年大幅增长。垦区全年完成固定资产投资 114 649 万元，同比增长 34.6%，当年新增固定资产 62 508 万元，同比增长 4.94%。

其中：用于第一产业的投资 94 649 万元，占总投资的 82.6%；用于第二产业的投资 5 800 万元，占总投资的 5.1%；用于第三产业的投资 14 200万元，占总投资的 12.3%。

2014 年垦区自主投资进一步增强，在固定资产投资中，自筹资金 65 175 万元，占总投资的 56.8%，占投资比重最大，表明垦区经济自主增长的能力增强。

五、非国有经济

随着垦区企业改制的进一步深入，非国有经济经营范围不断扩展，一、二、三产业中的非国有经济成分逐步扩大，垦区经济结构进一步优化，2014 年完成非国有经济生产总值 156 974 万元，占垦区经济总量的 36.7%，同比增长 6.08%。

附录六 内蒙古大兴安岭农场管理局2014年基本情况

内蒙古大兴安岭农场管理局2014年主要经济指标表

指标名称	计量单位	数量	指标名称	计量单位	数量
一、基本情况			①小麦播种面积	公顷	5 108
1. 单位个数	个	19	公顷产量	千克	4 585
其中：国有农场	个	8	总顷产量	吨	23 420
2. 总人口	人	66 949	②玉米播种面积	公顷	31 399
3. 在岗职工人数	人	9 007	公顷产量	千克	8 173
4. 土地总面积	公顷	1 269 467	总顷产量	吨	256 633
其中：耕地面积	公顷	83 444	③大豆播种面积	公顷	107 091
5. 农业机械总动力	千瓦	229 597	公顷产量	千克	2 382
6. 大中型拖拉机	台	982	总顷产量	吨	255 139
7. 小型拖拉机	台	4 088	**四、畜牧业生产指标**		
8. 联合收割机	台	418	1. 牧业年度牲畜存栏	头、匹、只	307 113
二、综合指标			其中：大畜存栏	头	6 482
1. 生产总值	万元	168 599	小畜存栏	只	293 127
其中：第一产业增加值	万元	126 632	生猪存栏	口	7 504
第二产业增加值	万元	15 625	2. 年末牲畜存栏	头、匹、只	231 632
第三产业增加值	万元	26 342	其中：大畜存栏	头	5 787
2. 自营经济增加值	万元	79 401	小畜存栏	只	220 668
3. 人均纯收入	元/（人·年）	16 097	生猪存栏	口	5 177
4. 职均收入	元/（人·年）	55 386	**五、畜产品产量**		
5. 人均生产总值	元/（人·年）	25 381	1. 肉类总产量	吨	4 824
6. 利润总额	万元	5 519	2. 绵羊毛产量	吨	1 103
7. 固定资产投资	万元	48 281	3. 禽蛋产量	吨	1 240
其中：国有投资	万元	25 390	4. 鹿茸产量	吨	333
8. 工农业总产值	万元	308 409	5. 蜂蜜产量	吨	44
其中：工业总产值	万元	41 491	**六、工业产品产量**		
农业总产值	万元	266 918	1. 小麦粉	吨	18 685
三、农业生产指标			2. 植物油	吨	5 157
总播种面积	公顷	148 082	3. 豆粕	吨	23 719
1. 粮食作物播种面积	公顷	147 217	4. 红砖	万块	3 010
公顷产量	千克	3 688	5. 塑窗	平方米	17 350
粮食总产量	吨	542 895	6. 饲料	吨	5 459

内蒙古大兴安岭农场管理局2014年经济和社会发展统计公报

2014年，垦区紧紧围绕中央决策部署，以上率下，带头学习中共十八届三中、四中全会精神和习近平总书记系列重要讲话，广大党员干部的理论知识水平、解决问题能力和市场开发意识得到了明显提升。通过深入开展党的群众路线教育实践活动，在垦区上下形成了为民务实清廉的良好风气。党员、干部一心谋发展，为民办实事，教育实践活动取得了重大成果。集中开展干部下基层活动，涌现出了一批爱民典范、道德模范，展示了农垦人的良好风貌，各级党组织的战斗堡垒作用和服务意识显著增强。以党的群众路线活动为载体，坚决贯彻落实中央八项规定和反"四风"要求，垦区党风、政风、民风、社风得到了明显改善，进一步凝聚了力量，赢得了民心。通过开展教育实践活动，广大干部群众思想观念进一步更新，党群干群关系进一步融洽，党内政治生活进一步规范，务实敬业的良好氛围进一步浓厚，有效夯实了垦区加快发展的政治基础和思想基础，形成了推动改革发展的强大正能量。深入贯彻落实垦区"稳农、兴牧、强工、搞活流通"十字经营方针，强力推进"六大产业"体系，以科学发展观为统领，以民生为根本，以发展为动力，加大招商引资力度，积极开展对外合作。通过不懈努力，垦区经济社会保持了健康稳定的发展势头。

一、综合

2014年垦区经济健康发展，经济实力显著增强，产业结构调整进一步优化，经济运行质量进一步提高，实现工农业总产值30.8亿元，增长8.1%；生产总值16.9亿元，增长23.4%；其中：第一产业增加值12.6亿元，增长36.8%；第二产业增加值1.6亿元，下降18.7%；第三产业增加值2.6亿元，与上年持平；销售收入42.7亿元，增长9.8%；人均生产总值25 381元/人，增长19.4%；人均纯收入16 097元/人，增长14.3%；职均收入55 386元/人，增长20.7%；固定资产投资4.8亿元，增长6.7%；利润总额5 519万元，增长42.2%；播种面积148.1千公顷（外部流转耕地64.6千公顷），增长8.9%；粮食总产量54.2万吨，增长40.8%；年末牲畜存栏23.2万头（只），增长5%。

二、农牧业

2014年是近十年特大丰收年。垦区在农业生产上以发展现代农业为主线，以增加粮食产量为抓手，以更新先进农机装备为支撑，着力抓好农业结构调整，推广农业增产实用技术，完善农业基础设施，试验探索农作物专用性种植，发展优质、绿色、安全、环保的生态农业。

2014年实现农业总产值26.7亿元，增长18.1%；完成农林牧渔业增加值12.7万元，增长36.6%。播种面积148.1千公顷，增长8.9%，粮食产量实现了"六连增"，结构调整优化，粮食产量达到54.2万吨，比2013年增加15.7万吨，增长40.8%。可供商品粮46.8万吨，比2013年增加14.1万吨，商品率为86.3%（表1）。

表1　2014年主要农产品产量

产品名称	产量（万吨）	比上年增长（%）
粮食合计	54.29	40.75
其中：小麦	2.34	168.41
玉米	25.66	20.58
大豆	25.51	56.88

1. 结构优化调整成效显著　紧紧围绕增加粮食产量这条主线，本着"调优、调高、调特"的原则，优化种植结构，成效显著。一是玉米面积大幅度增加。从2010年不足千公顷发展到2014年31.4千公顷，产量由以往的每亩460千克逐年提高，今年全局平均亩产达到545千克，使职工的种植收益提高40%以上。二是发展特色种植业。根据市场需求，适度发展白瓜、食用南瓜、中草药、

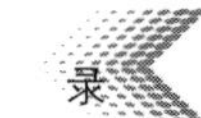

人工牧草等高效特色作物，全力打造亩产值超千元、纯效益500元的效益田。扎兰河、诺敏河白瓜丰收，诺敏河食用南瓜丰收，扎兰河、巴彦早熟水稻试验成功；巴彦、欧肯河、古里等农场试种矮高粱成功，为今后规模化种植积累了经验，也为垦区今后发展饲料加工及制酒产业提供了条件。三是积极发展设施农业。甘河农场、东方红农场设施农业取得了较好经济效益，在助推高效特色农业发展，拓宽职工群众就业创收渠道。

早高密栽培技术形成。在不断探索、总结、完善和提高的基础上，垦区广大职工和技术人员的不懈努力，玉米、大豆、小麦“早、高、密”栽培技术基本形成，并扩展到扎兰屯、阿荣旗、莫旗等旗市县广大农村地区，累计推广面积达到1 300千公顷，为区域化、规模化种植，提高粮食产量提供了有力支撑和保障。垦区的大豆高产栽培技术已经列入全国农垦高产栽培方案之中，被确定为北方高寒地区大豆模式。同时，结合近两年来探索总结的玉米茬浅旋，玉米大豆互相免耕卡种等方法，整地费用可节省450～750元/公顷，亩收入提高15%左右，达到了节本增效的目的。

现代农业示范引领综合能力逐渐突显。通过整合流转周边乡镇耕地，进一步扩大了土地经营规模，使垦区耕地总播种面积达到了148.1千公顷。同时，通过调整结构改变了大豆“一统天下”的局面，玉米、经济作物种植面积逐年增加，种植结构更加合理。不断创新完善土地经营模式，促进了土地集约化、规模化、科技化生产水平的提高。农机装备更新力度不断加大，耕作水平大幅度提升，实现了玉麦豆全程机械化，垦区农业生产实力和粮食综合生产能力显著提升，2014年粮食总产突破5亿千克大关，开创了垦区粮食总产历史的先河。

更新先进农机具，提升农业装备水平。为加速农机装备更新、提高农机作业标准化水平，2014年通过银行贷款2 681万元鼓励扶持干部职工购买200马力以上的进口拖拉机及配套农机具138台套；使用国家农机购置补贴专项资金500万元，购买中型以上拖拉机及配套农具221台（套）。以上新购农机具在今年春播、夏管、秋收中发挥了重要作用，为农作物丰收提供了有力保障。

全面落实各项惠农政策，垦区职工群众得到了实惠。2014年垦区享受各项惠农政策补贴总计达到10 837万元，其中：良种补贴1 111万元、农机补贴500万元、粮食直补367万元、农资综合补贴7 869万元、农业保险理赔990万元，通过惠农政策补贴的实施，极大地提高了职工种粮的积极性；全面加入农业保险，解除了职工的后顾之忧，降低了农业生产的风险，为职工增收致富提供了保障。

2. 畜牧业资金投入逐年加大，产业支撑力更加坚实　垦区以呼伦贝尔市农区畜牧业转型升级为契机，确定了“全局一品，肉羊为主”的畜牧业发展思路，建立了局、场、队三级畜牧服务体系和“六统一”的养殖模式，提高了养殖水平和养殖效益。积极搭建融资平台，累计投入2.2亿元用于扶持职工购畜、建设各类规模化人畜分离养殖小区达17处145栋。2014年度牲畜存栏达到了30.7万头（只）。为构建畜牧产业链条，垦区招商引资成立了荣垦食品公司，为全局肉羊产业发展打通了销路，养殖户吃上了定心丸，使600多个贫困户、土地流转户、职工子女依靠发展畜牧业实现了脱贫致富，更加坚定了职工群众发展畜牧业的信心，有力推动了垦区畜牧业规模化、标准化、科学化发展进程（表2）。

表2　2014年年末牲畜存栏

产品名称	计量单位	实际数量	比上年增长（%）
牲畜存栏	头（只）	231 632	4.7
其中：大畜	头	5 787	−27.2
小畜	只	220 668	6.0
生猪	口	5 177	6.2

三、工业和建筑业

垦区以“肉、豆、粮、薯、特、贸”六大产业体系为支撑，突出抓好“肉、油、水、面”四个方面的龙头加工项目。一是与天津中荣集团共同注资500万元成立了呼伦贝尔市荣垦食品有限公司，该企业为呼伦贝尔市重点扶持的龙头加工企业，自投产以来，屠宰加工肉羊2.4万只，实现良好开局。二是与蒙佳集团深入合作，改造了高温豆粕生产线，进一步延伸了农产品的产业链条，使自产大豆实现转化增值，同时鼓励支持甘河农场私营企业实施的非转基因物理压榨笨榨油加工项目。三是认真研究实施夏日矿泉水扩能改造工程，研究确定了技改方案，签署了设备订购合同，同时对矿泉水的瓶型、商标、包装等进行了创新设计，强力打造“高端水”，实现夏日矿泉水品牌的全新改造升级。四是以东方红面粉厂为龙头，以甘河、巴彦小型面粉加工厂为补充，不断培育壮大本地的粮食深加工企业。同时我们还积极运作，盘活了停产三年的欧肯河绿元淀粉厂，目前绿原的粉丝粉皮已于年前进入大众消费市场。五是投资 1 900 万元对夏日矿泉水公司进行了技改，引进了国内最先进的吹灌旋一体化生产线，生产的中高端两种三款夏日新品覆盖了呼伦贝尔 13 个旗市区，并在北京、呼和浩特、大庆等大中城市设立了经销网点，夏日品牌走出垦区赢得了广泛赞誉。

2014 年垦区工业步入增长阶段，结构调整成效显著，产销衔接良好，产品销售正常，完成现价工业总产值 4.1 亿元。

2014 年建筑业生产增长较快。全年实现建筑业增加值 3 亿元，房屋改造面积 8.7 万米^2，建筑业企业年末固定资产原值 7 177 万元，全年承包的施工单位单项工程 126 个。

四、运输业、批发零售贸易业、服务业

运输业年末 649 个，从业人员 736 人，从业人员劳动报酬 2 921 万元，全年完成货运周转量 231 万吨公里，客运周转量 79 万人公里，实现营业总收入8 276万元，完成运输业增加值 3 469 万元。

批发零售贸易业、餐饮业、服务业共有营业单位总数 1 496 个，拥有固定资产原值 25 120 万元，营业用房面积 12.1 万米^2，从业人员 4 685 人，从业人员报酬 10 522 万元，完成商品销售额和营业收入 80 422 万元，完成商业、餐饮业和服务业增加值 15 066 万元。

在经贸合作上，垦区与中国科学院、约翰迪尔、长城皮卡、福田雷沃、云天化、大连松辽、北大荒薯业、加格达奇卉友公司加强多方合作，有效推进了垦区多元产业和经贸流通业的良性发展。重点加强了粮食流通体系建设，既为国家产好粮，也要为国家储好粮，自筹资金 4 732 万元，新建 17 万吨的国家粮食仓储库容，使垦区总库容达到 31.8 万吨。为使烘干后的玉米第一时间进入国储、确保粮食颗粒归仓，积极协调区、市、旗三级粮食局、中储粮公司和农发行，历经 40 天的不懈努力，使垦区成为内蒙古农垦系统首家被列为自治区粮食委托收购企业，为今后进入国家粮食收储行列、解决群众卖粮难、实现双增目标奠定了坚实基础。

五、固定资产投资

2014 年垦区完成固定资产投资 48 281 万元，比 2013 年增加 3 182 万元，增长 7.1%，其中：第一产业投资 37 034 万元，占总投资的 76.7%；第二产业投资 1 732 万元，占总投资的 3.6%；第三产业投资 9 515 万元，占总投资的 19.7%。国有固定资产投资 25 390 万元，占总投资的 52.6%。

新增固定资产主要是：大型拖拉机 138 台、中型以上配套农具 221 台套，新建楼房 8.7 万米^2，新增粮食临储库容 17 万吨。实施了“十个”全覆盖项目，极大改善了职工生产生活环境。

六、文化、卫生

（1）文化事业稳步发展。全局电视实现了数字网络，电视人口覆盖率 100%。

7 月 10 日，垦区成功举办了呼伦贝尔农垦知青文化艺术节，来自全国各地的 400 多名当年知青重新踏上故土，领略垦区日新月异的发展变化，告慰了他们当年为之奋斗的青春足迹，使他们不虚此行，流连忘返，使他们亲身感受到第二故乡就是他们的家，是他们人生的根，通过各层面的广泛接触和深入交流，进一步提升了农垦在社会各界的影响力。

垦区成功承办了呼伦贝尔农垦集团第二届党建成果展示会、中德示范场的“田间日”活动、全市节水灌溉暨种植结构调整现场会、全市粮食系统检验员、保管员培训班、全市“美丽乡村”建设现场观摩会等大型活动，进一步提升了垦区在社会各界的影响力，农垦发展的内生动力得到充分激发。

（2）积极落实中央八项规定和狠刹“四风”，对“三公经费”进行了大幅度改革和调整，对制度标准都做了明确规定，以老一辈勤俭节约、艰苦朴素的优良传统为标尺，规范企业运行，为经济发展助力，党风、政风、干部作风进一步改善。深入开展群众性精神文明创建，取得了实际效果。以《呼伦贝尔农垦报》《农垦新闻》为载体，不断加大媒体的内外宣传和企业文化建设，扩大了企业的知名度和美誉度，发挥了很好的舆论导向作用。

（3）社会事业全面发展。进一步加强社会治安管理，建立打防控立体化体系，推进“平安和谐垦区”建设，社会治安综合治理取得明显成效，职工群众安全感持续增强。安全生产保持了平稳发展态

势。积极稳妥地落实离退休人员政策待遇，在第一个老年节到来之际，垦区投入100万元，为2 000多名70岁以上老人发放了米面油等生活物资，充分体现了老有所养的社会保障制度。

（4）垦区卫生事业得到加强。医疗卫生条件进一步改善，初步建立起了疫情等突发公共卫生应急机制。垦区现有卫生医疗机构70个，其中：医院9所，生产队卫生室61所。垦区医疗卫生单位拥有病床239张，其中：医院拥有病床213张，生产队卫生室拥有病床26张。年末拥有职工488人，其中卫生技术人员424人，其中：医院拥有卫生技术人员202人，生产队卫生室拥有卫生技术人员61人。垦区十分重视卫生工作。2014年投资1 529万元资金解决了中心医院办公面积不足、专业设备不强的问题，职工就医更加舒心快捷。提高了整体医疗水平，为垦区职工就医创造良好的医疗环境。垦区中心医院被呼伦贝尔市确定为出血热治疗的定点医院，几年来，出血热治愈率达到100%。

七、人口、人民生活和社会保障

人口自然增长率继续在较低水平。2014年垦区人口出生率为3.53‰，人口死亡率为3.04‰，人口自然增长率为0.49‰。年末垦区总人口达66 949人。

垦区居民生活水平明显提高，由于各项增资措施的出台，加之社会保障资金的落实到位，使职工工资和福利提高，2014年职均收入55 386元/人，人均纯收入16 097元/人。居民住房条件进一步改善，人均住房20米^2。

垦区职工共享受优农、惠农补贴资金达10 837万元，在职职工养老保险、医疗保险、工伤保险、计划生育保险、失业保险全面启动，覆盖面达100%。

社会保障体系逐步建立。新增了生育保险和失业保险，到2014年年底垦区在职职工9 007人，离退休7 496人，帮助垦区内非职工人员参加“五七工”“集体工”，截至目前已经有5 955人办理了退休手续，这些企业离退休人员每年可享受养老金2.2亿元，真正实现了老有所养。

2014年，在农业部农垦局和呼伦贝尔市委、政府的正确领导下，以中共十八届三中、四中全会精神和科学发展观为指导，按照“稳农、兴牧、强工、搞活流通”的十字经营方针，不断深化改革、加快发展、强化管理、维护稳定，紧紧依靠广大干部职工，垦区上下人心顺，干劲足，经济社会等各项事业取得了丰硕成果，企业经济实力和粮食综合生产能力显著增强，广大职工幸福指数大幅攀升，形成社会进步、政治稳定的良好局面，取得显著的经济效益和社会效益。

附录七 全国农垦 2014 年大事记

全国农垦 2014 年大事记

一　月

6～7 日　商务部副部长李金早到黑龙江垦区就“走出去”工作进行调研。李金早一行先后参观了香坊实验农场北大荒现代农业园、九三粮油工业集团惠康食品公司和完达山阳光乳业公司。

10 日　垦区特困职工家庭住房建设工作布置会在北京召开。

10 日　首农集团公司与中国农大战略合作协议正式签订。未来 5 年，双方将本着校企联动、搭建平台、优势互补、互惠互利、共同发展的原则，重点在畜禽养殖、作物生产等各个环节，开展联合研发、科技公关，在增强科技创新能力等方面深度合作。

15 日　农业部农垦局局长王守聪到黑龙江垦区调研，并在总局机关与总局领导干部进行座谈。

15 日　中国残联副主席吕世明一行到黑龙江省农垦总局，转达了中国残联主席张海迪对垦区残疾兄弟姐妹的问候，并就垦区残疾人事业发展等有关事宜进行专题调研。

16 日　由国际文化旅游促进会、中国旅游品牌协会、中国生态旅游发展协会、中国旅游经济网联合举办的第三届国际旅游品牌营销年会在北京举行，宁夏沙湖旅游景区荣获“中国最具特色旅游目的地”。

23 日　广西壮族自治区副主席黄日波到广西农垦亲切看望慰问自治区优秀专家、广西农垦永新畜牧集团总经理吴志君，送上节日的问候和祝福。

29 日　首农集团董事长、党委书记张福平作为企业家和劳动模范代表，参加了在人民大会堂举办的中共中央国务院 2014 年春节团拜会，接受中共中央总书记、国家主席、中央军委主席习近平的亲切慰问。

29 日　黑龙江省委书记王宪魁在省委常委、省委秘书长李海涛等人的陪同下，专程到黑龙江省农垦总局机关，看望慰问机关干部并与大家座谈，同时向垦区 173 万人民致以新春的问候。

二　月

17 日　河北省省委常委、统战部部长范照兵一行到河北省农垦察北牧场就民营经济发展情况进行调研。

17 日　广西壮族自治区党委常委、自治区常务副主席黄道伟，自治区副主席黄日波，到广西垦区金光农场、金光制糖公司，就优质高产高糖糖料蔗基地建设试点工作进行调研。

18 日　广西农垦集团公司与南方电网综合能源有限公司战略合作协议签约仪式在南宁举行。

20 日　捷克驻华大使利博尔·塞奇卡一行到河北省农垦中捷友谊农场访问。

24 日　斯洛伐克大使弗兰季谢克·德霍波切克一行到河北省农垦中捷友谊农场进行友好访问。

25 日　国内电商巨头阿里巴巴集团正式向宁夏宁垦电子商务有限责任公司授权，成立淘宝大学宁夏办学机构。

26 日　加拿大国务部长姚丽慈等一行 9 人到首农集团绿荷牛业金银岛牧场参观访问。

26 日　由重庆晨报主办，由重庆市各政府主管部门、商界、学界和媒体组成的评委，历经 3 个月的评选，重庆农投集团王义昭董事长被评选为 2013 十大重庆经济年度人物。

三 月

7日 海南橡胶集团与中橡集团曙光橡胶工业研究设计院联合成立空军航空橡胶科研生产中心。

10日 宁夏回族自治区党委常委、政府副主席李锐调研宁夏农垦太阳梁生态移民。

10日 宁夏回族自治区人大常委会副主任吴玉才调研宁夏农垦，充分肯定了农垦全产业链发展葡萄产业的思路。

12日 海南省副省长陈志荣出席海南农垦加钗农场移交琼中县管理签约挂牌仪式。

13日 首农集团、三元食品分别与河北省石家庄市人民政府、新乐市人民政府就建设“河北三元工业园”签署协议。

18日 广西壮族自治区副主席黄日波到广西农垦召开专题协调会，研究解决广西农垦“双高”示范基地建设试点工作推进过程中遇到的问题。

20～21日 农业部农垦局局长王守聪到安徽龙亢农场试验区调研。

25日 农业部草原防火指挥部总指挥于康震率领农业部草原防火督导检查组检查了河北农垦御道口牧场草原防火野外视频监控系统、指挥中心、物资储备库。

27日 2014年全国南亚热带作物工作会议在云南省昆明市召开。

30日 广西壮族自治区副主席黄日波到广西农垦明阳生化集团考察非粮生物质酶解国家重点实验室及1.5万吨/年纤维素乙醇项目建设情况。

31日 海南农垦三江农场移交海口市人民政府管理签约揭牌仪式在该场举行。海南省委常委、海口市委书记陈辞，省政府副省长、省深化农垦管理体制改革领导小组副组长兼办公室主任陈志荣，省农垦总局局长吕勇等出席揭牌仪式。

3月下旬 杂交水稻之父、中国工程院士袁隆平到拥有45家科研单位的海南农垦南滨南繁育种基地，了解杂交水稻种植情况，对南滨南繁育种基地提出建设性意见。

四 月

9日 全国农垦工作会议在京召开，会议明确提出要加快实施联合联盟联营战略，启动国际大粮商培育计划。农业部党组成员杨绍品出席会议并讲话。

11日 浙江省副省长黄旭明调研余杭区国有农场。

11日 中国—古巴辣木科技合作中心在云南省热带作物科学研究所挂牌成立。农业部部长韩长赋、古巴驻华大使白诗德、云南省省委副书记仇和等出席成立仪式。

12～13日 中国农垦经济研究会理事长暨常务理事扩大会议在海南南田农场召开。农业部原常务副部长、中国农垦经济研究会名誉理事长刘成果出席。

14日 辽宁省副省长赵化明到盘锦市检查国有农场环境治理工作，对盘锦垦区国有农场环境治理工作予以充分肯定。

14日 海南省委书记罗保铭主持召开农场移交市县管理专题座谈会。

15日 北大荒通用航空公司购置的美国32架农用飞机项目交接仪式在佳木斯举行。至此，该公司农用飞机数量达到87架。

15日 塔吉克斯坦共和国总统拉赫蒙，到位于杜尚别市瓦赫达区正在建设的河南农垦经研银海黄泛区农业科技有限公司的种子加工厂视察，塔吉克斯坦副总理阿里马尔东、农业部部长卡西莫夫等陪同视察。

16日 首农集团公司与承德市政府举行项目对接洽谈会，拟共同将御道口牧场打造为生态休闲度假旅游区。

18日 黑龙江省委书记王宪魁到牡丹江管理局八五七农场，就春耕生产和境外开发建设等工作进行调研。

18日 宁夏回族自治区党委书记李建华在自治区党委常委（扩大）会议讲话中指出：农垦体制综合改革，不能沿用传统的办法，要坚持政企分开、政事分开，理顺管理体制和运行机制，包括内部经营管理、人事和分配制度，激活农垦集团内部干事创业活力；同时要盘活国有资产，推进土地资源变资本，让一部分企业成为融资合作平台，引导各类投资主体进入。农垦改革要加快修订完善方案，加快启动实施，确保年内完成。

19日 首期北大荒讲坛在总局机关二楼大会堂举行，国务院发展研究中心副主任韩俊作为主讲嘉宾，为黑龙江垦区领导干部作了题为“中国特色新型农业现代化若干重大政策问题”的报告。

21～22 日 宁夏回族自治区党委书记李建华在自治区党委副书记崔波、自治区副主席屈冬玉，农垦局党委书记、局长、农垦集团公司董事长王永忠等陪同下，到宁夏农垦调研，在轩尼诗夏桐酒庄及葡萄基地、西夏王葡萄酒业公司、玉泉国际葡萄酒庄、葡萄苗木繁育中心，详细了解农垦葡萄产业发展情况；在平吉堡第六奶牛场、牛文化科技馆和平吉堡奶牛场场史馆、暖泉新建万头奶牛场、贺兰山茂盛草业公司牧草试验站，了解农垦奶产业发展情况；在平吉堡现代农业示范基地、沙湖水镇和前进农场场镇，了解农垦设施园艺、科技创新、职工居住等情况。

25 日 北京市委常委、统战部部长牛有成、北京市副市长林克庆等一行到河北首农定州循环农场科技示范园考察调研。

26 日 河北省省委常委、常务副省长杨崇勇到河北农垦界围农场文安鲁能生态区项目现场调研。

26 日 首农集团总经理薛刚荣获“全国五一劳动奖章”。

28 日 广西壮族自治区党委常委唐仁健到区农垦局调研，与区农垦局领导座谈，了解广西农垦发展情况。

29 日 农业部副部长余欣荣、总经济师钱克明，率全国 20 个承担粮食增产模式攻关任务的省、自治区、直辖市农业相关部门负责人和专家到安徽龙亢农场观摩小麦高产示范区、机械育秧流程、了解车载土壤成分速测系统和农业物联网。安徽省副省长梁卫国，安徽农垦集团公司党委书记、董事长田文俊等陪同观摩。

29 日 汪洋副总理主持会议，听取农垦改革发展情况汇报。

五　月

6 日 中共中央政治局委员、国务院副总理汪洋，在广西壮族自治区党委书记、自治区人大常委会主任彭清华，自治区主席陈武，自治区党委副书记危超安陪同下，就农垦改革发展问题到广西农垦进行调研。中央农村工作领导小组副组长陈锡文，国务院副秘书长毕井泉，国家发改委副主任林念修，农业部副部长余欣荣，国研室副主任黄守宏，国家扶贫办主任刘永富陪同调研。

6 日 宁夏回族自治区党委原书记毛如柏参观考察宁夏农垦葡萄产业。

6 日 中共中央对外联络部副部长李进军参观考察宁夏农垦西夏王酒业公司、玉泉国际葡萄酒庄。

8 日 水利部副部长蔡其华考察宁夏农垦沙湖景区。

9 日 海南橡胶产学研合作项目签约仪式暨高端产品推介会在海口举行，海南橡胶集团与北京化工大学等单位签署战略合作框架协议，就天然橡胶产品以及橡胶新材料研发项目进行产学研合作，促进国内天然橡胶产品的研发和应用升级。

12 日 农垦局局长王守聪到黄泛区农场丰硕农作物原种场麦田和农机合作社，以及鑫欣牧业公司、初中教学楼施工现场、场中心医院、地神公司进行调研。

13 日 农业部农垦局在河南省黄泛区农场召开“推进农垦种业联合联盟联营发展座谈会”，研究农垦种业联合联盟联营发展的具体路径和方法。

13 日 8 时 40 分，被誉为“寒地水稻之父”的徐一戎，因病医治无效去世，享年 91 岁。

13 日 纪念中法建交 50 周年活动“2014·中法诗歌节”银川站在宁夏农垦西夏王玉泉国际葡萄酒庄开幕。

14 日 农业部副部长牛盾一行，视察了河南农垦经研银海黄泛区农业科技有限公司在塔吉克斯坦建设的种子加工厂。

14 日 广西农垦集团与南京农垦产业（集团）战略合作框架协议签订仪式在南宁举行。

14 日 以色列耐特菲姆公司亚太区总裁狄仕文一行考察宁夏农垦节水滴灌技术。

16 日 农业部副部长于康震到河北农垦御道口牧场检查春季森林草原防火工作。

17 日 “绿色北大荒·首都米袋子”暨黑龙江物美农超对接工程启动仪式在北京举行。

20 日 辽宁省代省长李希到盘锦市盘山县太平农场调研。

20 日 农业部部长韩长赋一行在上海市副市长时光辉、市农委主任孙雷陪同下到光明食品集团调研，参观了光明乳业华东中心工厂。农业部总经济师毕美家、农垦局局长王守聪等参加调研。

20 日 宁夏回族自治区党委李建华书记在渠

口调研经果林示范基地、太阳梁生态移民点，渠口奶牛场。宁夏农垦局党委书记、局长、农垦集团公司董事长王永忠等陪同调研。

21日　农业部副部长张桃林在宁夏玉泉营调研农垦葡萄产业发展情况。

21日　宁夏回族自治区党委副书记崔波调研宁夏农垦暖泉清真牛羊肉产业和种羊产业。

22日　黑龙江省委书记王宪魁在省委常委、秘书长李海涛，农垦总局局长王有国的陪同下，到逊克农场，就蓝莓产业、现代化大农业发展以及提高城镇化建设水平等工作进行调研。

22日　广西壮族自治区党委副书记危朝安到良圻管区调研广西农垦系统深化改革和现代农业发展情况。

23～26日　河北省中捷友谊农场成功举办第二届中国捷克斯洛伐克友谊农场对外合作推介会，此次推介会包括"开放·合作·共赢"主题推介会、魅力中捷行、中国黄骅港万国（国际）石材商贸城开工仪式、2014首届中国北方石材产业发展论坛等内容。来自斯洛伐克、捷克、波兰、立陶宛等17个国家的驻华使节，欧、亚、美客商华侨共计600多人参加。

24日　宁夏回族自治区党委书记李建华在关于农垦改革的专报上作出批示："刘慧、崔波、冬玉同志：我区农垦事业管理局的改革，可参照北京、上海、甘肃等省区做法，原则上不再单独分设农垦局作为事业单位保留，这样可以简化行政管理层次，减少事业编制，原农垦局管理下属事业单位，除技术推广服务中心作为事业单位保留外，其他事业单位或撤销、或并入有关厅局。人员原则上老人老办法，逐步过渡为企业。农垦的改革关键是农垦内部的改革，我赞成政府提出的六条实施意见"。

26日　重庆农投集团所属天友乳业公司承办"2014首届大中华巴氏鲜奶高峰论坛"活动。中国奶业协会秘书长谷继承、台湾乳业协会会长施宗雄、重庆市农委主任夏祖相，20多家乳品加工企业参加了此次论坛。

26日　宁夏回族自治区召开农垦改革发展座谈会，自治区党委书记李建华、自治区副主席屈冬玉出席会议并做重要讲话，自治区党委副书记崔波主持会议。

29日　宁夏回族自治区党委书记、自治区全面深化改革领导小组组长李建华主持召开了自治区全面深化改革领导小组第二次全体（扩大）会议，会议审议了《关于进一步深化农垦改革发展的实施意见》（送审稿）。

29日　重庆农投集团首次入选"2013年重庆市企业集团纳税50强"，也是迄今为止重庆首个从事第一产业的企业获此殊荣。

30日　重庆农投集团与广东省农垦集团对接洽谈会暨战略合作签约仪式在重庆天友乳业公司举行。

30日　海南省农垦集团与德宝实业总公司、丰宁缘天然乳业有限公司、国富农业投资集团等3家企业举行战略合作意向签约仪式。此举标志着海南省农垦集团正式进军中国乳业，打造零污染、零添加、零隐患、安全、放心的有机牛奶。

六　月

1日　广西壮族自治区党委副书记危朝安到广西农垦九曲湾农场调研，实地考察了九曲湾温泉度假村、嘉和集团温泉谷、嘉和集团花卉园林基地和天桃实验学校嘉和城分校。

5日　率团在印度尼西亚访问的广西壮族自治区副主席张晓钦专程到中国·印度尼西亚经贸合作区考察。

5日　农业部农垦局局长王守聪在海南农垦调研时指出，农垦要明确定位，找到适合国家农业产业发展要求以及农垦改革发展的新路子，加快产业化、集团化、股份化的改革力度，为新时期农垦的发展改革凝心聚力。

6日　河南省委常委、省纪委书记尹晋华一行到河南农垦黄泛区农场考察调研。

7日　河北省省委副书记、省长张庆伟一行到河北农垦界围农场文安鲁能生态区调研。

7日　福建省委书记尤权、省长苏树林到福建农垦绍武综合农场紫金新苑安置点检查危房改造工作。

9日　宁夏回族自治区党委副书记崔波、自治区副主席屈冬玉到宁夏农垦连湖农场调研农业新技术示范推广工作。

10日　广西壮族自治区党委常委、自治区副主席唐仁健率广西糖料蔗生产考察组一行，到广东垦区考察甘蔗基地建设。

11 日 内蒙古自治区党委副书记、政府主席巴特尔到大兴安岭垦区调研。

11 日 广西壮族自治区党委副书记危朝安到广西农垦新兴农场调研，希望农场进一步加强农业现代化建设和制度创新探索，不断提高甘蔗生产全程机械化水平，落实好自治区“双高”示范基地建设，齐心协力使广西农垦成为“双高”建设的排头兵，不断增强广西农垦的辐射示范带动作用。

13 日 中央文献研究室原副主任杨胜群考察宁夏农垦沙湖自然保护区。

16 日 农垦改革发展重大问题调研和文件起草工作启动会在京召开，农业部韩长赋部长、国务院研究室黄守宏副主任出席并作重要讲话，杨绍品党组成员主持，中央农办、国研室、发展改革委、财政部、人力资源社会保障部、国土部、商务部、农业部等单位参加会议。

16 日 宁夏回族自治区党委发文《关于王永忠等同志职务任免的通知》（宁党干字〔2014〕51号），王永忠任宁夏农垦集团公司党委委员、书记；常利民任农垦集团公司党委委员、副书记；刘润琦任农垦集团公司党委委员、副书记，纪委书记；毛荣业、苟金萍、段志强、王宏、成进任农垦集团公司党委委员。上述人员原任的宁夏农垦局党委职务自然免除。

17～18 日 广东省副省长邓海光到广东农垦调研现代农业建设情况，先后实地考察了湖光农场、湛垦科研所、国家现代农业示范区广前核心区、广垦沃而多原种猪场等单位。

18 日 河北省省委副书记赵勇到河北农垦界围农场调研文安鲁能生态区项目。

18 日 “淘宝特色中国·宁夏馆”正式开馆，由宁夏农垦与上海维果公司合作组建的宁夏宁垦电子商务有限责任公司负责运营维护。宁夏回族自治区副主席王和山、阿里巴巴集团副总裁高红冰等出席开馆仪式。

21 日 河北省省长张庆伟到河北农垦沽源牧场调研弘基农业。

23 日 河北省省长张庆伟到河北农垦察北牧场调研旗帜乳业项目建设情况。

24 日 全国工商总局党组成员、副局长马正其参观宁夏农垦沙湖自然保护区。

25 日 宁夏回族自治区党委副书记崔波到宁夏农垦长山头农场天湖湿地调研。

26 日 400 余名参加全国产粮大县培训班的领导和学员分成两组到黑龙江农垦建三江和红兴隆管理局参观考察。

26 日 宁夏回族自治区党委、政府出台《关于进一步深化农垦改革发展的实施意见》（宁党发〔2014〕23 号）。

25 日 世界品牌实验室在北京发布了 2014 年（第十一届）“中国 500 最具价值品牌”排行榜，垦区“北大荒”、“完达山”和“九三”3 个品牌入选。“北大荒”品牌已经是连续第十一次入选中国 500 最具价值品牌榜，2014 年其品牌价值首次突破 460 亿元大关，以 462. 42 亿元位居榜单第 42 位。

26～27 日 黑龙江省人大常委会副主任、党组书记盖如垠带领省人大视察组一行 27 人到黑龙江农垦牡丹江管理局，就城镇化建设情况进行调研。

27 日 宁夏回族自治区政府发文《关于王永忠等同志职务任免的通知》（宁政干字〔2014〕12号），王永忠提名为农垦集团公司董事长人选；毛荣业、苟金萍、段志强、王宏提名为农垦集团公司副总经理人选；成进提名为农垦集团公司财务总监人选。上述人员原任的农垦局、农垦集团公司职务自然免除。

28 日 宁夏回族自治区人民政府发文《关于常利民等职务任免的通知》（宁政干发［2014］13号），常利民提名为农垦集团公司总经理人选，免去农垦局副局长职务。

30 日 首届中俄博览会暨第 25 届“哈洽会”各展馆正式开放。黑龙江省委常委、哈尔滨市委书记林铎，副省长孙永波，哈尔滨市市长宋希斌分别参观北大荒集团展区。

30 日 农业部副部长余欣荣、总经济师钱克明率国家现代农业示范区农业改革与建设培训班学员一行 300 余人到黑龙江垦区红星农场有机大豆高产示范基地、现代农业发展中心参观考察。

七　月

1 日 非洲 11 国商贸代表团成员参观黑龙江农垦香坊实验农场北大荒现代农业园。

1 日 中国科学院党组副书记方新一行到宁夏农垦平吉堡现代农业示范园区调研。

1 日 宁夏农垦西夏王玉泉国际葡萄酒庄霞多

丽干白（佳品）荣获2014年WINE100葡萄酒大赛银奖。

2日　国家发展和改革委员会副主任林念修一行到黑龙江垦区调研。

2日　北大荒集团与五粮液集团战略合作签约仪式暨“北大荒鸿福”酒新品上市会在北大荒国际饭店举行。

2日　俄罗斯联邦农业部第一副部长伊戈尔·马尼洛夫一行参观九三粮油工业集团惠康公司和完达山阳光乳业。

3日　农业部原副部长，中国奶业协会会长高鸿宾考察重庆农投集团，详细了解重庆农垦经营发展情况，对集团乳业产业的发展情况给予高度评价，中国农业科学院副院长李金祥陪同考察。

3日　宁夏回族自治区党委、政府召开深化农垦改革发展动员大会，对进一步深化农垦改革做了动员部署，自治区党委副书记崔波作动员讲话，自治区副主席屈冬玉主持会议，农业部农垦局巡视员何子阳出席会议并讲话，自治区政协副主席张守志等出席会议。

8日　宁夏回族自治区副主席屈冬玉到宁夏农垦长山头农业分公司玉米万亩高产创建示范基地、长山头天湖湿地、巴浪湖农场设施园艺示范基地、平吉堡现代农业示范园区调研。

9日　广西壮族自治区副主席黄日波到广西农垦西江乳业公司检查乳制品安全工作。

10日　河北省副省长杨汭到河北农垦界围农场文安鲁能生态区项目调研。

10～12日　在生态文明贵阳国际论坛2014年会上，宁夏沙湖跻身“中国十大生态旅游景区”。

12日　中华人民共和国国史学会农垦史研究分会第一次会员代表大会在黑龙江农垦总局机关二楼大会堂召开，农业部原常务副部长刘成果、农业部原总经济师朱秀岩、黑龙江省农垦总局局长王有国出席会议。农业部农垦局原局长魏克佳作农垦史研究分会工作报告，黑龙江省农垦总局党委副书记邹积慧、农业部农垦局副局长胡建锋致辞。

15日　中央政治局委员、重庆市委书记孙政才，市委副书记、市长黄奇帆，市委副书记张国清，市委常委、常务副市长翁杰明，市委常委、市委秘书长吴政隆到天友乳业调研，重庆市农投集团董事长兼天友乳业董事长王义昭就天友乳业的相关情况作了汇报。

16日　中共中央政治局原常委李长春视察宁夏农垦沙湖湿地管理工作，宁夏回族自治区主席刘慧，自治区党委常委、宣传部长蔡国英，农垦集团公司董事长、党委书记王永忠陪同。

16日　宁夏回族自治区党委常委、宣传部长蔡国英调研宁夏农垦博物馆。

17日　黑龙江农垦总局局长王有国会见莫桑比克农业部部长若泽·帕谢科率领的代表团一行，双方就开展农业开发合作等事宜进行了交流。

18～19日　莫桑比克农业部长若泽·帕谢科率领的代表团一行8人考察了红兴隆博物馆、红兴隆局直第二幼儿园和友谊、双鸭山以及江川农场等地。

19日　斯洛文尼亚前总统图尔克夫妇参观宁夏农垦西夏王酒业公司、玉泉国际葡萄酒庄。

19～20日　老挝副总理宋沙瓦等一行8人到黑龙江垦区考察，并在北大荒商贸集团召开座谈会，研究探讨开展农业合作等事宜。

21日　中国农业部部长韩长赋与古巴农业部部长罗德里格斯举行了会谈，就中古农业合作特别是古中农业示范园区建设深入交换了意见，并见证了云南省热带作物科学研究所与古巴农业部草料饲料研究所签署中古辣木合作行动计划，出席了古中农业示范园区、古中辣木科技合作中心的揭牌仪式。

21日　国防部部长常万全在宁夏回族自治区副主席李锐陪同下考察宁夏农垦沙湖自然保护区。

22日　国家文化部副部长、文物局局长励小捷参观宁夏农垦玉泉国际葡萄酒庄，自治区政府特邀顾问、自治区政府党组副书记郝林海等陪同。

24日　国家土地副总督察张德霖在宁夏回族自治区副主席白雪山陪同下考察宁夏农垦沙湖自然保护区。

25日　全国人大农业与农村委员会主任陈建国调研宁夏农垦，宁夏回族自治区主席刘慧，自治区政府特邀顾问、自治区政府党组副书记郝林海等陪同。

25日　外交部副部长张明考察宁夏农垦沙湖自然保护区。

31日　内蒙古自治区副主席常军政到大兴安岭垦区甘河农场考察耕地生态环境保护工作。

八　月

1 日　农业部农垦局与中央农业广播电视学校签订《共同推进河南农垦新型职业农工带动新型职业农民培育战略合作协议》。

6 日　全国政协原副主席钱运录视察宁夏沙湖自然保护区。

6～7 日　共青团中央书记处第一书记秦宜智到黑龙江共青农场，开展“走进青年、转变作风、改进工作”大宣传大调研活动。团省委书记李豪岩陪同调研。

7 日　贵州省委书记赵克志、省长陈敏尔率领贵州省党政代表团到宁夏农垦玉泉营农场南大滩葡萄种植基地和玉泉国际葡萄酒庄考察。宁夏回族自治区主席刘慧，自治区党委常委、银川市委书记徐广国等领导陪同考察。

11 日　宁夏回族自治区人大常委会副主任王儒贵到农垦贺兰山农牧场调研。

14 日　农垦改革发展重大问题调研汇报交流会在京召开，农业部韩长赋部长、国务院研究室黄守宏副主任出席并作重要讲话，杨绍品党组成员主持，农垦改革发展重大问题调研综合组和专题组全体成员参加会议。

15 日　农垦改革发展文件起草汇报会在农业部管理干部学院召开，农业部韩长赋部长、国务院研究室黄守宏主任出席会议并对文件修改作出重要指示。会议由农业部党组成员杨绍品主持，国研室农村司、中央农办二局、部内有关单位负责人参加会议。

15 日　贵州茅台葡萄酒业公司董事长钟怀利考察宁夏农垦葡萄产业。

15 日　“民生携手北大荒·共筑幸福中国梦”全面战略合作签约仪式在香港举行。根据协议，民生银行将作为主承销商，协助北大荒集团向交易商协会申请注册 150 亿元超短期融资券和 20 亿元永续债券。

15 日　重庆农投集团与宁夏吴忠红寺堡区对接洽谈会暨项目合作签约仪式在重庆举行。

17 日　中国工程院院士罗锡文在宁夏农垦连湖现代农业发展公司调研水稻良种繁育及技术示范推广工作。

18 日　荷兰食品工业协会会长杨哈克一行到河北省察北牧场就中荷现代农业园项目推进进行洽谈考察。

19 日　首农集团公司与吉林省辽源市签署全面战略合作协议。

19 日　中直工委常务副书记张建平调研宁夏农垦葡萄产业发展情况，宁夏回族自治区党委副书记崔波陪同调研。

19～20 日　中央纪委常委、中央国家机关工委副书记俞贵麟参观宁夏农垦沙湖自然保护区，调研农垦葡萄产业发展情况。

21 日　重庆农投集团与甘肃省文县对接洽谈会暨项目合作签约仪式在银河大酒店 5 楼多功能厅举行。

19～22 日　农业部农垦局局长王守聪一行就农垦改革发展重大问题到河北沧州、承德有关农牧场进行调研。

22 日　国家质检总局局长支树平调研宁夏农垦葡萄产业，宁夏自治区党委书记李建华、自治区副主席王和山，自治区农垦集团公司董事长、党委书记王永忠等陪同。

22～23 日　黑龙江省委副书记陈润儿到宝泉岭管理局的名山、共青、汤原农场，就三江连通工程规划、中国青年志愿垦荒精神及场地融合等情况进行调研。

25 日　广西壮族自治区党委常委、自治区常务副主席黄道伟到广西农垦良丰产业园调研，了解“玉圭园·环球名胜”项目建设的进展情况。

25 日　重庆农投集团与北京京西风光旅游开发公司共同出资建设的重庆鲜花港项目在江北区石马河江北农场举行开工奠基仪式。

27 日　由农业部国际合作司、外交部亚洲司主办，黑龙江省农垦总局、红兴隆管理局承办的东亚现代农业研修班在红兴隆管理局开班，越南、缅甸、马来西亚、文莱、老挝、柬埔寨、泰国、菲律宾、韩国 9 个国家和世界粮食计划署的 17 名官员、专家、学者参加了研修。此班是为了贯彻国务院总理李克强在第十六次东盟与中日韩领导人会议讲话中提出要建立东亚现代农业培训基地的精神，由国务院拟定，由农业部和外交部组织举办的国际型交流研修班。

27 日　住建部部长陈政高在宁夏农垦集团公司总经理常利民陪同下考察宁夏农垦沙湖自然保护区。

27日　贵州省委常委、常务副省长谌贻琴，副省长王江平，政协副主席、茅台集团党委书记陈敏到宁夏农垦调研，宁夏回族自治区党委常委、副主席李锐，自治区政府特邀顾问、政府党组副书记郝林海，农垦集团公司党委书记、董事长王永忠等陪同。茅台集团公司与宁夏农垦集团公司就合作事宜进行了座谈，贵州省副省长王江平，政协副主席、茅台集团党委书记陈敏，宁夏回族自治区政府特邀顾问、政府党组副书记郝林海出席座谈会。

28日　中国农垦种业联盟成立大会在黑龙江垦区建三江管理局召开。农业部农垦局局长王守聪、巡视员何子阳，农业部种子管理局副局长廖西元，黑龙江省农垦总局副局长徐学阳，中国农垦经济发展中心副主任杨培生出席。黑龙江农垦总局局长王有国、中国种子协会副会长李立秋分别致辞。

29日　重庆农投集团与甘肃省临泽县人民政府对接洽谈会暨项目合作签约仪式在重庆举行。

29日　黑龙江省人大常委会党组书记、副主任盖如垠率领驻黑龙江省全国人大代表考察团一行30人到完达山乳业股份有限公司，就企业生产经营、奶源基地建设、食品安全管理等方面的情况进行考察。

29日　全国政协原副主席王志珍参观沙湖自然保护区，宁夏回族自治区政协副主席张学武陪同。

26～29日　农业部农垦局局长王守聪一行就农垦改革发展问题到黑龙江垦区调研。

8月　根据云南省政府批准的《云南省农垦总局与农垦集团公司政企分开方案》，农垦总局与农垦集团公司实现职能分开、机构分设、独立运行。机构改革后，云南省农垦总局履行全省农垦系统管理、行业指导、服务职责，内设办公室、政策研究室、规划统计处、产业发展处、财务处、组织人事处、离退休人员办公室7个处室，下辖5个事业单位。云南农垦集团有限责任公司为云南省政府授权省国资委履行出资人职责的省属重要骨干企业，为国有独资企业。

九　月

1日　黑龙江省委书记王宪魁在省委秘书长李海涛、省农垦总局局长王有国的陪同下，深入红星农场，就绿色有机食品产业发展等情况调研。

2日　中国农垦天然橡胶产业联盟大会在北京召开，农业部农垦局、海南省农垦总局、云南省农垦总局、广东省农垦总局和中国热带农业科学院橡胶研究所的主要领导以及相关单位和部门负责人参加了会议。会上，合作各方共同签订了中国天然橡胶产业联盟协议、中国农垦天然橡胶种业合作框架协议和中国农垦天然橡胶科技工程创新中心框架协议。

2日　中国工程院“院士宁夏环保行”到宁夏农垦调研，院士孟伟一行参观了宁夏农垦南大滩葡萄基地、西夏王酒业公司、玉泉国际葡萄酒庄，宁夏回族自治区政协副主席刘小河，农垦集团公司董事长、党委书记王永忠等陪同。

3日　黑龙江省政协主席杜宇新在副省长吕维峰陪同下，到黑龙江农垦九三粮油工业集团惠康公司调研，并就九三集团与哈药集团开展保健品合作事宜与企业负责人座谈。

9日　老挝党中央政治局委员、政府副总理、中老合作委员会主席宋沙瓦·凌沙瓦率领老挝农林部部长维莱万·蓬克、甘蒙省省长坎拜·丹拉等代表团成员一行到黑龙江垦区考察，研究探讨开展农业合作等事宜。代表团一行参观了完达山乳业集团松北牧场和阳光乳业公司及北大荒博物馆。

10日　广东省邓海光副省长在省农垦集团公司主持召开广东发展现代农业座谈会，专题研讨广东加快推进现代农业进程，尤其是进一步发挥农垦和供销社作用、服务全省农业现代化建设等问题。

11日　黑龙江省委副书记、省长陆昊在北大荒国际饭店会见老挝党中央政治局委员、政府副总理、中老合作委员会主席宋沙瓦·凌沙瓦一行，黑龙江省农垦总局局长王有国参加会见。总局副局长周昊旬陪同宋沙瓦一行赴佳木斯和建三江考察。

12日　宁夏回族自治区召开秋冬农田水利基本建设暨高效节水农业现场观摩会。自治区党委副书记崔波、自治区副主席屈冬玉率与会代表观摩了宁夏农垦黄羊滩酩悦轩尼诗夏桐酒庄节水灌溉葡萄园、黄羊滩玉米滴灌水肥一体化技术试验示范田及玉泉营东大滩葡萄节水滴灌种植基地。

12日　台湾海峡交流基金会原董事长、台湾经济研究院董事长江丙坤参观宁夏农垦沙湖自然保护区。

12日　参加“塞上新丝路”中央媒体宁夏行记者采访团到宁夏农垦黄羊滩、玉泉营采访农垦葡萄产业发展情况。

13 日 河北省省长张庆伟带队到河北省中捷友谊农场（中欧产业园），就加快推进河北省与中东欧国家合作项目建设进行调研。

15 日 阿拉伯国家文化部长参观宁夏农垦沙湖自然保护区，宁夏回族自治区副主席姚爱兴陪同。

16 日 由澳大利亚农业部部长巴纳比·乔伊斯、驻华大使孙芳安率领的澳大利亚农业考察团一行 30 余人到黑龙江农垦完达山奶牛养殖公司考察。

16 日 广西壮族自治区党委书记彭清华，农业部副部长牛盾，自治区副主席张晓钦等领导先后到中国—东盟博览会农垦展厅巡视。

16～18 日 2014 年京津沪渝穗五垦区经济研讨会在津召开。农业部农垦局局长王守聪出席会议并讲话，由五垦区主要领导带队的各垦区代表共计 19 人参加了此次会议。

19 日 以色列农业部副部长参观首农集团中以示范牛场。

22 日 国务院副总理汪洋在宁夏回族自治区主席刘慧、自治区党委副书记崔波陪同下视察宁夏农垦，在宁夏农垦贺兰山奶业公司茂盛牧场调研农垦改革和草畜产业，宁夏农垦集团公司董事长、党委书记王永忠汇报了农垦改革发展情况，集团副总经理毛荣业汇报了草畜产业发展情况。汪洋副总理对农垦改革发展和草畜一体化给予了充分肯定。

22 日 水利部部长陈雷在宁夏农垦集团公司董事长、党委书记王永忠，总经理常利民陪同下调研宁夏农垦黄羊滩农业公司玉米、葡萄节水灌溉工程。

23～26 日 农业部党组成员杨绍品到辽宁盘锦新兴农场进行联系点对接，并就农垦改革发展问题到盘锦垦区进行调研。

24 日 宁夏回族自治区党委书记李建华、自治区主席刘慧率全区产业发展和重点工作交流会观摩团，参观宁夏农垦巴浪湖农场设施园艺葡萄限根栽培技术。

十　月

8 日 重庆农投集团荣获“2014 重庆企业 100 强”和“2014 重庆企业效益 50 佳”称号。

11 日 河北省副省长沈小平带领省政府有关部门负责同志就推进乳粉业发展到省农垦察北牧场调研。

11～12 日 我国出口俄罗斯的 800 吨猪肉，分别在宝泉岭双汇北大荒食品公司和望奎双汇北大荒食品公司装车，将由大连港销往俄罗斯圣彼得堡市。这是自 2004 年以来俄罗斯首次从中国进口猪肉。

17 日 汪洋副总理主持会议，听取推进农垦改革发展文件起草情况汇报。

18～19 日 摩尔多瓦驻华大使阿纳托利·乌列基安一行 3 人到河北省中捷友谊农场访问。

22 日 中荷（张家口）现代农业园项目在石家庄市翠屏山迎宾馆正式签约，河北省副省长秦博勇、南荷兰省省长斯密特出席并讲话，河北农垦察北牧场场长赵光宇出席签约揭牌仪式。

24～25 日 中共中央政治局原委员、中央文明委原副主任、北京市委原书记、中国志愿服务联合会会长刘淇调研宁夏农垦葡萄产业及沙湖自然保护区，宁夏回族自治区党委书记李建华、自治区主席刘慧，农垦集团公司董事长、党委书记王永忠等陪同。

27 日 宁夏回族自治区政府国有资产监督管理委员会发文《关于委派宁夏农垦集团有限公司董事会董事的通知》（宁国资任字〔2014〕13 号），委派王永忠、常利民、刘润琦、马建泽、尉安宁为农垦集团公司董事会董事；《关于调整宁夏农垦集团有限公司等企业监事会主席 监事的通知》（宁国资发〔2014〕74 号），郭春萍为农垦集团公司监事会监事、主席，王格林为农垦集团公司监事会监事。

30 日 由黑龙江省委副书记、省长陆昊率领的黑龙江省党政代表团到新疆生产建设兵团十师北屯市，考察垦区援疆项目，看望慰问垦区援疆干部，指导垦区援疆工作。黑龙江省委副书记陈润儿、副省长孙东生，黑龙江省农垦总局党委副书记、局长王有国参加考察慰问。

31 日 农业部副部长于康震考察首农集团峪口禽业公司。

31 日 云南省副省长张祖林到云南省农垦总局调研指导工作。

10 月中旬 海南省委办公厅、省政府办公厅出台《关于加强农垦土地利用管理意见》，规定海南农垦土地纳入全省土地规划管理，统一进入省级土地交易平台交易和配置，农垦土地出让收益将与地方共享。

十一月

2 日　中共中央政治局委员、国务院副总理汪洋在海南省委书记罗保铭、省长蒋定之、省委副书记李宪生、省委常委孙新阳、副省长陈志荣，以及省农垦总局党委书记、省农垦集团党委书记周公卒，省农垦总局局长吕勇的陪同下，深入到南田农场对海南农垦进行考察。在考察调研时，汪洋强调，农垦是中国特色农业经济体系的重要组成部分。要深化体制改革，增强发展活力，努力发挥农业现代化“排头兵”、“领头羊”的作用。要坚持社会主义公有制，坚持以农业经营为主，坚持走规模化道路，决不能把公有制改没、把农业改弱、把规模改小。

2 日　中央农村工作领导小组副组长袁纯清在黑龙江省副省长吕维峰的陪同下，到黑龙江农垦完达山阳光乳业有限公司、九三集团惠康食品有限公司以及北大荒博物馆调研参观。

5 日　黑龙江省委常委会研究部署设立黑龙江农垦共青农场管委会试点并赋予财税职能工作。

5 日　黑龙江省农垦总局局长王有国在总局机关会见了中国进出口银行副行长刘连舸一行，双方就进一步发挥各自优势、拓展合作领域等事宜进行了洽谈。

9 日　宁夏回族自治区党委书记李建华调研宁夏农垦沙湖自然保护区。

17 日　北京市副市长林克庆到首农集团峪口禽业调研流动蛋鸡超市建设工作。

19 日　由重庆农投集团作为主发起人发起的宁夏天宁现代牧场管理学院、阿牧网云有限公司在宁夏回族自治区中宁县签订发起人协议。宁夏天宁现代牧场管理学院将引进国际牧场场长专业培训课程，整合以色列、美国、新西兰奶牛养殖专家，国内知名大学、科研院所教授等专家团队资源，打造中国首个办在牧场现场的场长培训学院，并充分应用数字技术，着力培养一批拥有现代养殖理念、掌握核心技术的专业型、复合型现代养牛人。

14 日　宁夏回族自治区副主席、中卫市委书记马廷礼率中卫市党政领导在宁夏农垦渠口农场调研并召开座谈会，中卫市委和农垦集团公司就社会管理、生态移民、产业发展、天湖旅游资源开发等方面达成共识，形成会议纪要。

18 日　农业部农垦局局长王守聪一行到宁夏农垦，就深化农垦改革、产业发展、民生改善等工作进行调研并召开座谈会。王守聪一行先后调研了茂盛草业、平吉堡第六奶牛场、平吉堡场史馆、牛文化馆、平吉堡现代农业示范园区、西夏王国宾酒庄、玉泉国际葡萄酒庄，听取了相关产业发展、场镇建设、农业科技推广等工作汇报。

20～21 日　农业部党组成员杨绍品、中国农垦经济发展中心主任冯广军、农业部农垦局副局长胡建锋一行在海南省农垦总局局长吕勇，省农垦总局巡视员、神泉集团董事长彭隆荣的陪同下到南田农场调研。杨绍品要求，海南农垦要充分发挥资源优势将农垦建设成为国家重要农产品生产的大基地。

21 日　农业部部长韩长赋一行在广东省副省长邓海光的陪同下，到广东农垦“佳鲜农庄”旗舰店、广垦橡胶集团考察调研。

21 日　海南省农垦集团与海通证券股份有限公司战略合作签约仪式在海垦国际金融中心举行。海通证券将发挥其在股权管理方面的专业优势，为省农垦集团提供股权资产保值增值、产业结构调整等服务。

26 日　宁夏石嘴山市人民政府与宁夏农垦集团公司在银川签署合作发展协议。自治区副主席屈冬玉出席仪式并讲话，石嘴山市委书记、人大常委会主任彭友东和宁夏农垦集团公司董事长、党委书记王永忠分别致辞，石嘴山市政府市长王永耀与宁夏农垦集团公司总经理常利民代表合作双方签约。

28 日　共青团中央支持黑龙江共青农场发展领导小组第一次联席会议在北京召开。会议研究部署了领导小组协调议事制度和支持共青农场加强全国青少年教育基地、全国青年创业基地、全国团干部培训基地建设的有关举措，以及纪念中国青年志愿垦荒 60 周年系列活动。

十二月

5 日　中共黑龙江省委员会印发《中共黑龙江省委关于隋凤富免职的通知》（黑发干字［2014］259 号），经 2014 年 12 月 3 日省委常委会决定，免去隋凤富农垦总局党委书记职务。

5 日　广东农垦旗下的燕塘乳业股份有限公司在深圳证券交易所成功挂牌上市。这是广东农垦第一家上市公司，同时也是广东本土第一家上市乳品企业。

6 日　中共黑龙江省委员会印发《中共黑龙江省委关于王兆力同志任职的通知》（黑发干字〔2014〕283 号），经 2014 年 12 月 5 日省委常委会决定，王兆力同志任农垦总局党委书记。

14 日　北京市委书记郭金龙、市长王安顺、市委常委牛有成，副市长程红、林克庆，市政府秘书长林伟等领导，到首农集团峪口禽业公司考察调研。

14 日　海南橡胶与清华大学在海口签订战略合作协议，决定在科技研发、成果转化、人才培养、产业联盟等方面进行长期稳定的合作，建立校企战略合作长效机制。与此同时，海南橡胶正式加入清华大学企业合作委员会。清华大学党委书记陈旭，海南省副省长陈志荣，清华大学科研院院长周羽，海南省人民政府副秘书长许云，省农垦总局党委书记、省农垦集团党委书记周公卒，省农垦总局局长吕勇，省农垦集团董事长、总经理林进挺，海南橡胶党委书记、总裁刘大卫出席仪式。

16 日　辽宁省委印发《关于王永鹏同志免职的通知》（辽委干发〔2014〕533 号），决定免去王永鹏同志的辽宁省农垦局局长、党组书记职务；辽宁省委印发《关于卢江宁职务任免的通知》（辽委干发〔2014〕534 号），决定卢江宁同志任辽宁省农垦局局长、党组书记（正厅级）。

18 日　宁夏农垦第二届董事会第一次会议召开，审议通过了《关于选举宁夏农垦集团有限公司董事长的议案》，选举王永忠为宁夏农垦集团有限公司董事长；审议通过了《关于聘任宁夏农垦集团有限公司经理层人员的议案》，决定聘任常利民为宁夏农垦集团有限公司总经理，聘任毛荣业、荀金萍、段志强、王宏为宁夏农垦集团有限公司副总经理，聘任成进为宁夏农垦集团有限公司财务总监。

21 日　广西农垦集团与北京二商集团 2014 年度合作成果汇报会在北京举行。北京市市委常委、统战部部长牛有成，北京市副市长林克庆，广西壮族自治区党委副书记危朝安，自治区党委常委、政府副主席唐仁健出席并作重要讲话。

30 日　由中国医药集团总公司下属的中国科学器材公司与海南省农垦集团、海南橡胶集团在琼共同设立的合资公司——国药集团健康实业（海南）有限公司在海口揭牌。

图书在版编目（CIP）数据

2014中国农垦统计年鉴／中华人民共和国农业部农垦局编．—北京：中国农业出版社，2015.8
ISBN 978-7-109-20859-9

Ⅰ．①2…　Ⅱ．①中…　Ⅲ．①农垦地区－统计资料－中国－2014－年鉴　Ⅳ．①C832-54

中国版本图书馆CIP数据核字（2015）第202603号

中国农业出版社出版
（北京市朝阳区麦子店街18号楼）
（邮政编码100125）
责任编辑　郑　君

中国农业出版社印刷厂印刷　　新华书店北京发行所发行
2015年9月第1版　　2015年9月北京第1次印刷

开本：889mm×1194mm 1/16　　印张：30.25　　插页：20
字数：815千字
定价：300.00元